Wege des Marketing

Festschrift zum 60. Geburtstag von Erwin Dichtl

SCHRIFTEN ZUM MARKETING

hrsg. von Prof. Dr. Erwin Dichtl, Mannheim
Prof. Dr. Franz Böcker †, Regensburg
Prof. Dr. Hermann Diller, Nürnberg
Prof. Dr. Hans H. Bauer, Mannheim
Prof. Dr. Stefan Müller, Dresden

Band 36

Wege des Marketing

Festschrift zum 60. Geburtstag von Erwin Dichtl

Herausgegeben von

Hans H. Bauer und Hermann Diller

Duncker & Humblot · Berlin

Die Deutsche Bibliothek – CIP-Einheitsaufnahme

Wege des Marketing : Festschrift zum 60. Geburtstag von Erwin Dichtl / von Hans H. Bauer; Hermann Diller. – Berlin : Duncker und Humblot, 1995
(Schriften zum Marketing ; Bd. 36)
ISBN 3-428-08249-4
NE: Bauer, Hans H.; Dichtl, Erwin: Festschrift

Fremddatenübernahme: Klaus-Dieter Voigt, Berlin
Druck: Berliner Buchdruckerei Union GmbH, Berlin
Printed in Germany

ISSN 0343-5970
ISBN 3-428-08249-4

Gedruckt auf alterungsbeständigem (säurefreiem) Papier
entsprechend ISO 9706 ♾

Vorwort

Prof. Dr. Dr. h.c. Erwin Dichtl feiert am 20. März 1995 seinen 60. Geburtstag. Er steht dabei keineswegs am Ende, sondern eher im Zenit seiner wissenschaftlichen Schaffenskraft, weshalb wir an dieser Stelle darauf verzichten wollen, das wissenschaftliche Werk des Jubilars umfassend zu würdigen; dies wäre einfach zu voreilig. Die Festschrift versteht sich stattdessen als Ausdruck der fachlichen und persönlichen Verbundenheit aller Autoren mit Erwin Dichtl. Es handelt sich um Mitglieder seiner „akademischen Familie“, die inzwischen auch „Enkel“ umfaßt, und die auf eine Schar von einem knappen Dutzend Universitäts- und Fachhochschul-Professoren angewachsen ist, um einige seiner ihm besonders nahestehenden Weggefährten aus früheren und heutigen Tagen sowie um ehemalige Mitarbeiter an den Lehrstühlen von Prof. Dichtl in Nürnberg und Mannheim. Wir alle gedenken an dieser Stelle auch unseres Freundes, des tragisch ums Leben gekommenen Franz Böcker, einem der engsten Schüler und Weggenossen von Erwin Dichtl.

Das Motto der in diesem Buch gesammelten Beiträge lautet „Wege des Marketing“, womit signalisiert wird, daß es hier darum geht, aus einer Vogelperspektive heraus wichtige Entwicklungen und Meilensteine in der Geschichte des Marketing aufzuzeigen, einzuordnen, zu analysieren und zu werten. Diese Entwicklungen waren in den vergangenen 25 Jahren gleichzeitig oft mit Denkanstößen, Modellvorschlägen, Begriffsschöpfungen und Kommentaren Erwin Dichtls eng verbunden. Er darf deshalb mit Fug und Recht selbst als Wegbereiter des Marketing in Deutschland bezeichnet werden. Beispielhaft seien hier nur seine jeweils bahnbrechenden Arbeiten zur Management-Orientierung in der Marketingwissenschaft, zum Einsatz der Multivariatenanalyse in der Marktforschung, zur Sozialverantwortlichkeit des Marketing oder zu den vielfältigen Aspekten des Makro-Marketing – von der Binnenhandelspolitik über die Exportförderung bis hin zu Mittelstandförderung und vielen anderen gesellschaftspolitischen Herausforderungen – angeführt.

Die vorliegende Festschrift greift zumindest fünf dieser Themenkreise wieder auf, sei es als kritische Retrospektive, als historische Bestandsaufnahme, als aktuelle Diskussion oder als Reflexion aus dem Blickwinkel der Praxis: Zunächst werden Entwicklungen im Marketing-Management und bei den dort verwendeten Methoden und Modellen beleuchtet. Es folgen drei Beiträge zum Makro-Marketing im weiteren Sinne. Anschließend werden ausgewählte Aspekte des verhaltenswissenschaftlichen Ansatzes im Marketing bzw. des Marketingverhaltens – sei es auf Anbieter- oder auf Nachfragerseite – analysiert. Den Abschluß bilden drei Beiträge zum Internationalen Marketing und schließlich vier Aufsätze zum Handelsmarketing.

Erwin Dichtl hat auch selbst auf allen diesen Gebieten sowohl durch eigene Arbeiten Zeichen gesetzt als auch die Entwicklungen durch seine wissenschaftspolitischen und publizistischen Funktionen vorangetrieben. Nicht zuletzt durch seine treibende und tragende Funktion als Lehrbuchautor waren diese Anstöße meist nicht nur für eine begrenzte Schar Fachwissenschaftler, sondern für große Teile des Marketing-Nachwuchses im deutschsprachigen Raum (und in den letzten Jahren auch außerhalb davon, z.B. in Rußland und China) prägend. Die Autoren und der Verlag gratulieren anläßlich des 60. Geburtstages von Erwin Dichtl zu dieser großartigen Leistung und wünschen dem Jubilar auch für die Zukunft volle Schaffenskraft und Erfüllung in allen Lebensbereichen.

Mannheim und Nürnberg,
im Oktober 1994

Hans H. Bauer
Hermann Diller

Inhaltsverzeichnis

Erster Teil

Marketing-Management

Zweiter Teil

Makro-Aspekte des Marketing

Dritter Teil

Verhaltenswissenschaften und Marketing

Erster Teil

Marketing-Management

Entwicklungspfade des Marketing-Management

Von Hermann Diller

1. Ausgangspunkte und Ziele der Betrachtung

Erwin Dichtls Verständnis des Marketing trug von Anfang an den Anspruch des Systematischen und einer im Sinne der Management-Lehre gestalteten Vorgehensweise in sich. Zwei der zahlreichen Belege hierfür sind die Dissertationsschrift über „Wesen und Struktur absatzpolitischer Entscheidungen" (vgl. Dichtl, 1967) sowie die Charakterisierung des Marketing als Maxime, Mittel und Methode (vgl. Nieschlag/Dichtl/Hörschgen, 1991), wo zur Marketing-Grundhaltung explizit eine „systematische, moderne Techniken nutzende Entscheidungsfindung (Marketing als Methode)" gezählt wird (S. 8). Ebenso wie andere Elemente des Marketing hat auch diese, im vorliegenden Beitrag herausgegriffene Komponente im Laufe der vergangenen 40 Jahre vielfältige Entwicklungen genommen, aber auch Gegenentwicklungen und Kritik erfahren. Der im vorliegenden Band gewählte Blickwinkel einer historischen Vogelperspektive erscheint deshalb auch hier besonders reizvoll.

Unser Verständnis des Marketing-Management deckt sich mit jenem von Erwin Dichtl, der es als „Analyse von Problemen sowie Planung, Organisation, Durchsetzung und Kontrolle der zu deren Lösung ergriffenen Maßnahmen" (im Marketing-Bereich) charakterisiert (vgl. Nieschlag/Dichtl/Hörschgen, 1991, S. 14). Damit wird Marketing-Management – ähnlich wie in den meisten Management-Konzepten (vgl. z.B. Steinmann/Schreyögg, 1993, S. 1ff.) als ein System interpretiert, das die Sachentscheidungen im Marketing zum Zwecke deren Steuerung überlagert. Aufgrund des dualen Charakters des Marketing berührt das Marketing-Management dabei allerdings nicht nur die Kernfunktionen des Vertriebs, sondern auch die Durchsetzung der Kundenorientierung in allen Unternehmensbereichen.

Bei der Systematisierung der aufgegriffenen Entwicklungen orientieren wir uns an der klassischen Vierteilung der Managementfunktionen in Planung (und Analyse), Organisation, Personal (und Führung) sowie Kontrolle. Der engere Bezug zum unmittelbaren Aufgabenfeld eines Marketing-Managers spricht für diese Gliederungssystematik, obwohl andererseits dadurch teilweise gemeinsame bzw. interdependente Wandlungsprozesse und Hintergrundentwicklungen weniger klar hervortreten. Eine Synopse am Ende des Beitrags soll dieses Defizit zumindest abschwächen.

2. Wandlungen des Marketing-Management

2.1 Marketingplanung im Wandel

Marketingplanung kann als gleichermaßen kreativer wie analytischer Prozeß zur Generierung erfolgsträchtiger Konzeptionen für die von der Unternehmung bearbeiteten Marktfelder, der dort verfolgten Ziele und Strategien mit den entsprechenden Ressourcenzuweisungen, der einzusetzenden Marketinginstrumente und der dafür gültigen Instrumentalziele und Budgets definiert werden (vgl. z.B. Köhler, 1991, S. 5; Meffert, 1994, S. 24ff.; Diller, 1980, S. 3ff.). Entsprechend den vielfältigen Betrachtungsebenen der Marketingplanung (vgl. z.B. Böcker, 1992, S. 693) lassen sich ebenso vielfältige Perspektiven für die Analyse der entsprechenden Wandlungsprozesse einnehmen. Wir wollen an dieser Stelle drei Perspektiven herausgreifen und sukzessiv auf Veränderungen hin überprüfen:

(1) Den insbesondere mit der Ziel- und Strategieplanung verbundenen *Anspruch* der Marketingplanung, der sich in einem bestimmten *Planungsselbstverständnis* niederschlägt.

(2) Der bei der Planung eingenommene *Fokus,* der sich zum einen auf die im Vordergrund stehenden *Planungsgegenstände* und zum anderen auf die für die Planung zentralen *Marketingziele* bezieht.

(3) Die *Methoden* der Marketingplanung, welche starken Einfluß auf die *Art der Informationsverarbeitung* und die *Rolle des Menschen* innerhalb der Marketingplanung Einfluß nehmen.

2.1.1 Anspruch und Selbstverständnis der Marketingplanung

Die Entstehungsphase des Marketing in Deutschland war von einem weitgehend funktionalen Marketingverständnis geprägt. Meffert (1992, S. 663) spricht von einer „Distributionsorientierung". Im Zentrum der Marketingplanung, die damals noch (zu Recht) den Namen Absatzplanung trug, stand die Ermittlung von quantitativen Sollwerten für den Absatz bzw. Umsatz eines Unternehmens am Markt. Schon relativ früh bediente man sich dabei nicht nur der statistischen Verfahren der Trendanalyse, sondern auch der quantitativen und qualitativen Marktforschung, die Aufschluß über die Hintergründe der Absatzzahlen und damit eine bessere Prognosebasis zu liefern versprach. Angesichts einer mehr oder minder kontinuierlich wachsenden Nachkriegswirtschaft, welche gleichsam automatisch für Absatzerfolge sorgte, war es in dieser Phase auch weniger notwendig, aktiv in das Marktgeschehen einzugreifen. Vielmehr herrschte ein eher *reaktives Planungsverhalten* vor.

Erst die Zunahme des Wettbewerbs unterschiedlicher Produktqualitäten und Marken schärfte das Bewußtsein für die Gestaltbarkeit der Märkte. Der Marketingplanung wuchs dabei die Aufgabe zu, den Einsatz der verschiedenen *absatzpolitischen Instrumente* optimal zu steuern. Dichtl unterschied hierbei die Justierung des Aktivitätsniveaus (einem dem viel später entwickelten Portfolio-Konzept ähnlichen Planungsschritt), die Aufteilung der Aktivitäten auf bestimmte Instrumente und schließlich die zeitliche Aufteilung der Aktivitäten (vgl. Dichtl, 1967). Dieses Planungsverständnis war mit einem lange Jahre zumindest praktisch kaum lösbaren Prognoseproblem verbunden, das darin bestand, die Wirkung des Einsatzes verschiedener absatzpolitischer Aktivitäten vorherzusagen. Das klassische Modellvorbild dafür lieferte die Preistheorie mit ihren Preis-Absatzfunktionen, das nunmehr auf weitere absatzpolitische Instrumente, wie die Werbung, die Sortimentspolitik, den Vertrieb oder die Verkaufsförderung übertragen wurde. Die bei diesen *Wirkungsprognosen* oder *Response-Modellen* auftretenden inhaltlichen und methodischen Probleme beschäftigten die Theorie der Marketingplanung bis in die heutigen Tage (vgl. Dichtl, 1970; Steffenhagen, 1978; Balderjahn, 1993). Das Selbstverständnis des Marketing und der Marketingplanung gewann dadurch eine aktive Komponente und den Anspruch der „Machbarkeit" von Märkten, der angesichts zahlreicher Freiräume für eine gewisse Zeit auch mehr oder minder gut eingelöst werden konnte. Nicht ganz untypisch wandelte sich in dieser Zeit der Anspruch der Marketingbudgetierung von einer an den Umsatz gekoppelten (reaktiven) Verfahrensweise hin zu einem *zielorientierten Vorgehen.* Notgedrungen war das Denken dabei von ceteris paribus-Bedingungen durchdrungen, denn nur so war es möglich, die entsprechenden Kalküle der Marginalanalyse (z.B. das Dorfmann-Steiner-Theorem) oder der linearen Programmierung anzuwenden. Die Zusammenfassung der Beiträge zu einer entsprechenden Tagung deutscher Marketingprofessoren im Jahre 1973 belegt diese Phase der Marketingplanung sehr anschaulich (vgl. Hansen, 1974).

Es entbehrt nicht einer gewissen Ironie, daß die mit dem Aufkommen der Scanner-Kassen-Technologie verbundene Realisierbarkeit entsprechender Marktreaktionsmodelle (vgl. Topritzhofer, 1977/78; Kucher, 1985; Kucher/Simon, 1988) zeitlich mit der zunehmenden Einsicht in die Unzulänglichkeiten einer solchen Marketingplanung zusammenfiel. Die Kritik entzündete sich an der Kurzfristigkeit der instrumentellen Planungsperspektive, auf die Levitt in den USA schon 1960 mahnend hingewiesen hatte („Marketing Myopia"). Zunehmende Marktturbulenzen und erste Sättigungserscheinungen führten ferner dazu, daß sehr viel grundsätzlichere und ganzheitlichere Fragen aufgeworfen wurden, etwa jene nach dem optimalen Portfolio an Geschäftsfeldern, nach den Risiken und Chancen der Diversifikation oder anderer, den Funktionsbereich Absatz weit überschreitender strategischer Konzepte. Damit begann die – lange Jahre sehr euphorische – Phase der *strategischen Marketingplanung,* die durch eine beträchtliche Ausweitung des Planungshorizontes in zeitlicher und inhaltlicher Hinsicht geprägt war. Im Grunde schon beginnend mit der Ansoffschen Produkt-Markt-Matrix wurde der Glaube der Machbarkeit von Märkten auch auf die strategische Ebene der Unternehmensführung übertragen. Von der Marketingplanung erwartete man zumindest die Mithilfe bei der Formulierung der Unternehmensmission und der Abgrenzung geeigneter Markt- und Geschäftsfelder sowie entsprechender strategischer Stoßrichtungen und Ressourcenallokationen. Damit einher ging eine beträchtliche Ausweitung des Planungshorizontes und das Bemühen um die Entwicklung entsprechender Prognoseverfahren bzw. Frühwarnsysteme. Durch die Verknüpfung eines „internen Faktors" (Wettbewerbsstärke) mit dem bisher die Betrachtung dominierenden „externen Faktor" (Marktattraktivität) im Portfolio-Denkmodell wurde der Planungshorizont darüber hinaus auch sehr viel stärker auf die Wettbewerber gerichtet, was schließlich im sogenannten *strategischen Dreieck* seinen Niederschlag fand. Die Kreation und das *Management strategischer Wettbewerbsvorteile* wurden damit zumindest teilweise zum Gegenstand der Marketingplanung. Das relevante Informationsraster wurde durch entsprechende Konkurrenzanalysen sowie durch auf die interne Umwelt gerichtete Stärken-Schwächen-Analysen ergänzt. Die von Porter entwickelte Idee der *Wertkettenanalyse* und des *Wertsystem-Managements* richteten die Aufmerksamkeit später zusätzlich auf die teilweise engen Interdependenzen zwischen den verschiedenen Funktionalbereichen einer Unternehmung bzw. mehrerer Unternehmen. Dieses Konzept stellt Aspekte der Kundenzufriedenheit einerseits und der Kosteneffizienz andererseits gleichberechtigt nebeneinander und trug wesentlich zu der Erkenntnis bei, daß die in den Mittelpunkt des Interesses gerückten Wettbewerbsvorteile funktionsübergreifend zu analysieren und zu gestalten sind (vgl. Meffert, 1994, S. 20).

Der anfänglich recht euphorische Glaube an die strategische Marketingplanung wurde in den 80er Jahren nach und nach erschüttert, was manche Autoren, v.a. aus dem Bereich der Organisationswissenschaften, dazu verleitete, das Kind mit dem Bade auszuschütten und die strategische Marketing- und Unternehmensplanung generell in einer Sackgasse zu sehen. Maßgeblich hierfür waren mehrere Defizite bzw. Erkenntnisse: Zunächst zeigte sich, daß der methodischen Differenzierung der Analyseinstrumente keine entsprechende inhaltliche Auffächerung der Marketingstrategien folgte (vgl. Engelhardt, 1985). Hier rächte es sich, daß die Marketingplanung nicht im Vorfeld durch inhaltliche Theorien über den langfristigen Markterfolg unterstützt wurde. Dies war im übrigen der Grund dafür, daß in einer relativ kurzen Episode der *Erfolgsfaktorenforschung* sehr große Aufmerksamkeit zukam (vgl. z.B. Fritz, 1990). Dort wollte man auf induktivem Wege das nachholen, was im Rahmen einer deduktiven Theorieentwicklung (noch) nicht gelungen war, nämlich die differenzierte und an situative Variablen geknüpfte Klassifikation und Beurteilung von Marketingstrategien. Ohne sie befanden sich auch die Marketingplaner in einem Dilemma, dem in der Strategiediskussion schnell die Erkenntnis folgte, daß strategische Planung eben nicht auf Planungsstäbe delegierbar sei (vgl. Mintzberg, 1994). Darüber hinaus fehlte vielen strategischen Konzepten die erforderliche *Implementationskomponente,* was auch organisatorisch neue Lösungen der strategischen Marketingplanung erforderlich machte (Gegenstromverfahren). Die zunehmende Turbulenz und Komplexität vieler Märkte führte darüber hinaus dazu, daß auf lange Sicht konzipierte Marketingstrategien häufig relativ rasch wieder verändert werden mußten, was den Glauben in die strategische Marketingplanung nicht gerade stärkte. Das Schlagwort der Marketing-Technokratie (vgl. von Briskorn, 1987, S. 8) konfrontierte die Marketingplanung mit dem Vorwurf, visionäres, zeitnahes und risikobewußtes Unternehmertum zu verdrängen (vgl. Gerken, 1990, S. 359) und die Überlebensfähigkeit der Unternehmung nicht zu garantieren (vgl. Gomez, 1988; Meffert, 1994, S. 6). Erschwerend kam hinzu, daß in empirischen Untersuchungen nachgewiesen wurde, daß der Einfluß der Unternehmens- und Marketingstrategie auf den Unternehmenserfolg relativ gering ist (vgl. Schmalensee, 1985; Fritz, 1990). Infolge davon wird die Perspektive derzeit stärker auf die internen Ressourcen eines Unternehmens gerichtet und im sogenannten „Resource Based"-Management-Ansatz neu fokussiert (vgl. z.B. Rasche/Wolfrum, 1994). Evolutorische Ansätze der Planung, die dem Machbarkeitsideal geradezu diametral entgegenstehen, gewinnen zunehmend Anhänger (vgl. Servatius, 1991).

Der hier nur grob skizzierte, ungeheuere Zuwachs an Perspektiven in Breite und Tiefe hat die Marketingplanung möglicherweise überfordert, zumal er unscharfe Trennungslinien zur Unternehmensplanung mit sich brachte, die den Gegenstandsbereich der Marketingplanung u.U. überfrachten. Trotz dieser gewissen Identitätskrise kann jedoch festgehalten werden, daß Anspruch und Selbstverständnis der Marketingplanung im Laufe der letzten vierzig Jahre einem *„qualitativen Wachstum"* unterworfen waren, das einerseits erforderlich scheint, um der enormen Ambiguität vieler Märkte Rechnung zu tragen, das andererseits aber den Planungsträgern auch eine hohe Professionalität abverlangt.

2.1.2 Fokussierung der Marketingplanung

Eng verwoben mit dem Selbstverständnis und Anspruch der Marketingplanung, aber dennoch davon unterscheidbar, ist deren Fokussierung auf bestimmte Planungsgegenstände einerseits und Marketingziele andererseits. In einer Rückschau auf die vergangenen vierzig Jahre erscheinen uns hier drei Entwicklungen besonders hervorstechend, so daß sie im folgenden eingehender betrachtet werden sollen:

(1) Von der undifferenzierten Massenmarkt- zur differenzierten Individualplanung *(„Individualisierung der Marketingplanung")*.

(2) Von der Egozentrierung zur Alterozentrierung der Marketingplanung *(„Alterozentrierung")*.

(3) Von der Ein-Kanal- zur Netzwerkperspektive der Marketingplanung *(„Netzwerkplanung")*.

(1) Individualisierung der Marketingplanung

Die Marketingplanung der Nachkriegszeit war durch ein relativ undifferenziertes Betrachten der Unternehmensumwelt charakterisiert. Im Fokus der Planer stand ein i.d.R. produktionstechnisch definierter Absatzmarkt, der so aufnahmefähig war, daß eine Differenzierung von Kundengruppen überflüssig schien. In einer zweiten Phase, die in den späten 50er und frühen 60er Jahren ihren Höhepunkt fand, verbreiterten sich – bedingt durch die produkttechnische Entwicklung – die Produktionsprogramme und führten zu einer ersten Aufgliederung der Märkte in Preis- und Qualitätsklassen. Die für die Marketingplanung wichtige Frage nach den Zielgruppen dieser Produktvarianten führte dann in einer dritten Phase zur segmentspezifischen Betrachtung des Marktes, wobei zunehmend nicht nur soziodemographische, sondern auch psychographische und schließlich sogar life-style-Merkmale in die typologischen Zielgruppenraster der Marketingplaner integriert wurden. In den 80er Jahren erzwang der Wettbewerb schließlich auf vielen Märkten eine noch weitergehende Differenzierung der Marketingplanung bis hin zur kundenspezifischen Planung, wie sie z.B. im Key-Account-Management oder im EDV-gestützten Direkt-Marketing zum Ausdruck kommt (vgl. Diller/Gaitanides, 1989; Diller, 1989 und 1991b).

Im Hintergrund dieser zunächst letzten Stufe der Individualisierung der Marketingplanung stehen mehrere Faktoren, von denen der Wertewandel hin zu einem individualistischen Konsumverhalten seitens der Endverbraucher, die z.T. stark zunehmende Abnehmerkonzentration, die Verminderung der Zahl der Zulieferer seitens großer industrieller Abnehmer (Single-Sourcing) und die individuelle Analysierbarkeit und Handhabbarkeit von Kundendaten durch Data-Base-Management-Systeme die wichtigsten sind. Sie erzwangen bzw. ermöglichten es, die Marketingkonzepte individuell auf einzelne Kunden hin auszugestalten. Ein typisches Beispiel hierfür sind Zulieferpartnerschaften in der Automobilindustrie, wo die Zulieferer ihre Produkte und Serviceleistungen in enger Abstimmung, ja Integration mit dem OEM gestalten und differenzieren. Ein weiteres Beispiel findet sich im Versandhandel, wo zwischenzeitlich auf Basis detaillierter Kundendateien über die Kaufhistorie in Verbindung mit multivariaten Datenanalysen über das Kaufverhalten kundenindividuelle Katalogaussendungen möglich sind. Die Individualisierung erfaßte dabei aber keineswegs nur die Produkt- und Kommunikationspolitik, sondern auch die Distributions- und Preispolitik, was z.B. die Tiefkühl-Heimdienste oder der Einsatz sog. Preisbaukästen (vgl. Diller, 1993b) belegen.

Der direkte Kontakt zum Kunden schuf gleichzeitig die Möglichkeit, die Angebotsleistung mit erheblich vielfältigeren Dienstleistungen anzureichern, als dies früher möglich war. Umgekehrt schuf der zunehmende Einsatz der Servicepolitik zahlreiche unmittelbare Kontakte mit den Kunden und damit die Basis für ein persönliches Kundenmanagement (vgl. hierzu Diller, 1995a). Mit dieser Individualisierung des Marketing und der Marketingplanung scheint auch zumindest teilweise das mit dem sog. „hybriden Verbraucher" verbundene Dilemma meisterbar, das darin besteht, daß die Abnehmer intra-individuell sehr unterschiedliche Verhaltensweisen und Einstellungen zum Konsum und Einkauf aufweisen. Standardisierte Zielgruppentypologien oder Segmentierungen ohne Bezug zum jeweiligen Produktmarkt bzw. Bedürfnisbefriedigungsfeld werden dadurch obsolet. Es bestätigt sich damit auch auf diesem Felde, daß die Welt nicht von einem mehr oder minder leicht verständlichen Grundmuster, sondern von einer generellen Relativität geprägt wird, wie sie schon Popper als Wissenschaftstheoretiker und Einstein als Physiker postuliert hatten. Es scheint zumindest so, daß auch Konsumenten immer wieder den Versuch unternehmen, aus ihrem „Käfig des Konsumentenverhaltens" auszubrechen, um andere Identitäten kennenzulernen und ihren Lebensstil anzureichern. Das Bild der wohlstrukturierten (Marketing-)Welt, die bei entsprechend sorgfältigen Analysen hinreichend genau zu planen ist, erfährt durch diese Entwicklung naturgemäß eine ziemliche Erschütterung. Möglicherweise reicht unsere Einsicht in die Relativität und Dynamik des Konsumverhaltens noch nicht aus, um schon heute dafür einen Ausweg zu finden.

(2) Alterozentrierung der Marketingplanung

Eng verwoben mit der Differenzierung des Planungsgegenstandes war ein Wandel der Marketingziele: Waren es in den frühen Jahren des Marketing eindeutig unternehmensbezogene, vom Gewinnstreben her abgeleitete *Absatzziele* (Absatzmenge, Umsatz, Gewinn, Umsatzrentabilität etc.), von denen das Denken der Marketingplaner geprägt war, so wandelte sich das Zielsystem im Laufe der Zeit immer stärker hin zu dem, was in der Marketingphilosophie theoretisch schon von jeher gefordert wurde, nämlich die konsequente *Orientierung am Kunden* und dessen Bedürfnissen. Weil das Denken dabei nicht beim eigenen Unternehmen beginnt, sondern beim jetzt als „Partner" gesehenen Kunden, kann diese Entwicklung als *Wandel von egozentrierten zu alterozentrierten Zielsystemen* gekennzeichnet werden. Alterozentriertheit bedeutet, sein Denken auf andere auszurichten, den Versuch zu machen, die Bedürfnisse und Befindlichkeiten des anderen zu verstehen und auf die jeweiligen Transaktionsebenen einzugehen, auf denen sich der Partner befindet. Besonders eindringlich geschah dieser Wandel in der Verkaufspolitik, wo der Problemlösungsverkauf, die Transaktionsanalyse oder die neurolinguistische Programmierung typische Stilelemente eines alterozentrierten Marketing zum Ausdruck bringen (vgl. Fischer/Ury, 1989). Die typische Inside-Out-Perspektive des Unternehmers, der die von ihm mit bestimmten technischen Kompetenzen erzeugten Güter am Markt anbietet, wird so durch eine „Outside-In-Perspektive" abgelöst, bei der die Frage am Anfang steht, welche Probleme und Bedürfnisse den potentiellen Kunden dazu veranlassen könnten, auf die Leistungen der Unternehmung zurückzugreifen. Damit ist gleichzeitig ein kompetitiver Aspekt in die Perspektive eingebracht, weil das eigene Leistungsangebot mit dem anderer Anbieter am Markt im Wettbewerb steht.

Historisch gesehen war die *Wettbewerbsorientierung* der alterozentrierten Kundenorientierung zeitlich sogar vorgelagert. So dominierten im Zielsystem des Marketing seit Ende der 70er Jahre sehr stark wettbewerbspolitische Ziele, wie der absolute oder relative Marktanteil oder der Share of Voice. Diese Perspektive veranlaßte die Marketingplanung auch stärker dazu, die Kompetenzen des eigenen Unternehmens herauszuarbeiten und zum Ausgangspunkt der Marketingplanung zu machen. Sogenannte Kernkompetenzen oder komparative Konkurrenzvorteile rückten damit zwischenzeitlich ins Zentrum des Marketinginteresses, bevor schließlich spätestens Ende der 80er Jahre deutlich wurde, daß auch ein Konkurrenzvorteil nur aus der Sicht des Kunden marketinggerecht zu formulieren ist. Damit rückten die Kundenzufriedenheit und die Marketingqualität aus Kundensicht in den Mittelpunkt des Interesses (vgl. Dichtl/Schneider, 1994).

Das Konzept der *Kundennähe,* das bereits im Rahmen der Erfolgsfaktorenforschung auf eher induktivem Wege zu einem Schlüsselfaktor für den Markterfolg hochstilisiert worden war, beinhaltet dabei bei näherer Analyse (vgl. z.B. Albers/Eggert, 1988) sowohl Elemente der Inside-Out- als auch der Outside-In-Orientierung. Ersteres wird insbesondere im Ziel der Flexibilität betrieblicher Abläufe zur besseren und schnelleren Befriedigung von Kundenwünschen manifest, letzteres in der kundenbezogenen Definition von Produktnutzen und Servicequalität. Mit dieser „Spagat-Stellung“ rückte das Marketing-Management in die Rolle eines Schnittstellen-Managements zwischen Markt und Unternehmung, eine Position, die ihr organisatorisch nur selten tatsächlich zugeschrieben war (vgl. unten). Die Diskussionen um ein „Total Quality Management“ (TQM) und die Bemühungen um die Zertifizierung von Marketing-Qualität (vgl. Stauss, 1994) machen freilich drastisch deutlich, wie zwingend eine Outside-In-Perspektive ist, die nicht an den Unternehmensgrenzen halt macht, sondern auch die inneren Leistungsprozesse des Unternehmens tangiert.

Die stärkere Berücksichtigung der Flexibilität als Marketing- und Unternehmensziel (vgl. auch Meffert, 1994, S. 452 ff.) zeigt im übrigen, daß das oben bereits skizzierte Phänomen der Relativität auch für das Zielsystem der Marketingplanung gilt und daß multioptionales Verhalten auf der Kundenseite seinen Widerhall in multioptionalen Marketingplänen finden muß. In einer solchen Welt ist die Planung des Marketing nicht mehr durch die Rasterung der absatzpolitischen Instrumente und ein entsprechend instrumentelles Denken, sondern durch ein evolutives, ergebnis- und prozeßorientiertes Denken zu ersetzen (vgl. Diller, 1991 b). Alterozentriertheit bedeutet damit nicht die altruistische Aufgabe klassischer betriebswirtschaftlicher Ziele, wie Gewinn und Rentabilität, sondern die Einbindung dieser Ziele in ein interdependentes Geflecht von Interessen der an den Markttransaktionen beteiligten Partner.

Darüber hinaus traten schließlich – beginnend mit der Verbraucherschutzdiskussion in den frühen 70er Jahren, die in Deutschland gerade von Erwin Dichtl angestoßen wurde (vgl. Dichtl, 1975) – immer mehr gesamtgesellschaftliche Interessen und Zielsetzungen in den Fokus der Unternehmens- und Marketingplanung (vgl. die Konzepte des „Human Marketing“ von Dawson, 1969, des „Balanced-Marketing“ von Raffée/Wiedmann, 1985 oder des „gesellschaftsfreundlichen Marketing“ von Kotler/Bliemel, 1992, S. 37). Besonders deutlich wurde dies im Zusammenhang mit der Ökologieproblematik und dem darauf abzielenden ökologischen Marketing (vgl. Meffert/Kirchgeorg, 1993), bei dem die Planung nicht nur die Interessen der Kunden, sondern auch jene anderer Anspruchsgruppen („Stakeholder“) zu berücksichtigen hat.

(3) Netzwerk-Marketing

Ein letzter Wandel in der Fokussierung der Marketingplanung, der hier wegen seiner Bedeutung besonders hervorgehoben werden soll, bezieht sich auf die Interdependenzen zwischen den Marktteilnehmern bzw. den Stakeholdern einer Unternehmung. War es für die frühen Jahre des Marketing typisch, den Kunden als isoliertes „Angriffsobjekt“ des Marketing anzusehen, der durch entsprechenden Instrumenteneinsatz zu einem bestimmten Verhalten stimuliert werden sollte, so wurde in späteren Jahren immer mehr deutlich, daß der Markt aus einem Geflecht von miteinander verknüpften Akteuren gebildet ist. Entsprechend vielfältig sind die Eingriffspunkte und die Wirkungen ganz bestimmter Maßnahmen, was der Marketingplanung wiederum einen höheren Komplexitätsgrad verleiht. Anfänge dieser Diskussion fanden sich in der Analyse des Phänomens der Meinungsführerschaft (vgl. z.B. Beba, 1992) sowie im sogenannten IMP-Modell des Investitionsgüterabsatzes (vgl. Backhaus, 1992, S. 120ff.). Es versteht sich, daß bei einem solchen Marktverständnis erheblich mehr Rückkopplungen, Interaktionseffekte und andere interdependente Abläufe „in den Griff zu bekommen“ sind. Die klassische Ein-Kanal-Betrachtung erscheint im Gegensatz hierzu geradezu naiv. Da die Unternehmung auch selbst Bestandteil dieses Netzwerkes ist, verwundert es kaum, daß bei einem solchen Denken dem Kooperationsmanagement als spezifischer Ausprägung des Beziehungsmanagements immer größere Bedeutung zuwächst. Sichtbar wird dies an den auch im Absatzbereich immer häufigeren strategischen Allianzen, z.B. beim Vertrieb, der Werbung, der internationalen Markterschließung oder der Produktentwicklung. Dabei stellt sich auch die Frage nach den Grenzen eines Unternehmens, die in der Vision des „Virtuellen Unternehmens“ (Davidow/Malone, 1993), das schon von Toffler (1987) in seinem „Prosumenten“ vorgezeichnet worden war, weitgehend zerfließen. Wenn es technisch tatsächlich möglich wird, individuelle Aufträge per EDV-Leitung in vollautomatisierte Produktionsstätten zu lenken und von dort aus im „elektronischen Zwiegespräch“ möglichst flexibel zu erfüllen, verschwinden die klassischen Grenzen zwischen Markt und Unternehmung und die Marketingplanung steht völlig neuen Herausforderungen gegenüber.

Insgesamt wird durch die skizzierten Wandlungsprozesse bei der Fokussierung der Marketingplanung recht deutlich, daß sich diese auf einem Weg vom „Beeinflussungsmanagement“ zum „Beziehungsmanagement“ bewegt (vgl. Diller, 1993a, S. 14). Das Beziehungsmanagement ist dabei als ein neues Paradigma des Marketing zu interpretieren, das für die Marketingplanung aufgrund der sehr viel stärker prozessualen, interaktionsbezogenen, ganzheitlichen, evolutionär-dynamischen und zusätzlich auch noch personenbezogenen und implementationsorientierten Sichtweise in die Nähe des Konzepts des evolutiven Managements rückt (vgl. Diller/Kusterer, 1988).

2.2 Marketingorganisation im Wandel

Die Marketingorganisation spielte lange Zeit zumindest in der Marketingtheorie die Rolle eines Mauerblümchens. Abgesehen von einigen Diskussionen um das Produktmanagement und später um das Key-Account-Management, die beide jedoch das grundsätzlich funktionale Organisationssystem nicht in Frage stellten, sondern eher verfestigten, schien das Thema sowohl in der Praxis als auch (noch stärker) in der Marketingwissenschaft wenig Relevanz zu besitzen. Heute, in der Mitte der 90er Jahre, steht es im Mittelpunkt der Bemühungen um ein erfolgreicheres Marketingmanagement. Der Grund dafür liegt in immer offenkundiger zutage tretenden Defiziten der bestehenden Organisationsstrukturen vieler Unternehmen angesichts teilweise dramatischer Veränderungen in der Unternehmensumwelt. Hervorzuheben sind hier vor allem

- der zunehmend globale Wettbewerb mit Konkurrenten, welche ganz andere als die von Taylor geprägten, hochdifferenzierten und spezialisierten Organisationsformen realisieren und damit erhebliche Wettbewerbsvorteile am Weltmarkt erreichten (Lean Management),
- die Revolutionierung der Informationsprozesse im Unternehmen durch die EDV und
- die Sättigungsprozesse auf vielen Märkten, welche den schon erläuterten Fokuswandel hin zu einer echten Kundenorientierung erforderlich machten.

In dieser Situation sagten manche Gurus dem Marketing, gemeint war die Marketingorganisation, schon das Ende voraus (vgl. z.B. Gerken, 1990, S. 111ff.). Die Neuansätze in der Organisation von Produktionsabläufen (z.B. „fraktale Organisation“) taten ein übriges, um auch die herkömmlichen Strukturen der Marketingorganisation neu zu überdenken und zu reformieren.

Als Marketingorganisation ist dabei einerseits die Art und Weise der Aufteilung bestimmter unmittelbar mit den Absatzmärkten verbundener Aufgaben und Kompetenzen und andererseits die Art und Weise der Integration der Kundenbedürfnisse in das gesamte Unternehmensgeschehen zu verstehen. Letztlich geht es hierbei um die organisatorische Umsetzung der im letzten Abschnitt bereits skizzierten Kundenfokussierung. Wir unterscheiden diesbezüglich fortfolgend wiederum drei Aspekte, nämlich Strukturen (i.S. von organisatorischen Zuständigkeiten für bestimmte Aufgaben), Prozesse (i.S. von koordinationsbedürftigen Abläufen bei der Aufgabenerfüllung) und Systeme (i.S. von unterstützenden Potentialen der sog. Marketing-Infrastruktur, insbesondere von Informationssystemen).

2.2.1 Der Wandel der Marketingstrukturen

Die Entwicklung der Marketingorganisation in den frühen Phasen war zunächst durch eine zunehmende *Spezialisierung* geprägt. Die Ausweitung des Marketinginstrumentariums und die Professionalisierung der Marketingplanungsprozesse erforderten neue Abteilungen, z.B. für die Verkaufsförderung, das Direkt-Marketing, das auf den Handel gerichtete Handelsmarketing, das Sponsoring usw. Die Außendienstmannschaften im Verkauf wuchsen aufgrund der Durchdringung des Marktes zu riesigen, z.T. hierarchisch in vier Ebenen gegliederten Gebilden und wurden zudem nicht selten produktspezifisch differenziert. So besaß etwa die Firma 3M in Deutschland 1994 nicht weniger als 35 Außendienststäbe mit einem entsprechenden hierarchischen „Überbau"! Nicht selten entfernten sich dabei das Marketing und der Verkauf sowohl organisatorisch als auch mental voneinander weg und entwickelten ihre eigenen, durchaus unterschiedlichen Denkkategorien und Zielsysteme. Es verwundert deshalb nicht, daß der Phase der Differenzierung und Spezialisierung Bemühungen um eine bessere *Koordination* aller marktbezogenen Tätigkeiten folgten, die u.a. im Produktmanagement und später in sog. strategischen Geschäftseinheiten ihren Ausdruck fanden. Von ihnen erhoffte man eine stärkere Produktmarkt- bzw. Wettbewerbsorientierung. Mit zunehmender Kundenorientierung (siehe oben) wurde dieser Weg durch das Key-Account-Management und andere Formen des Kundenmanagements fortgesetzt, wodurch zusätzliche Koordinationsebenen in die Unternehmensorganisation eingezogen wurden (vgl. z.B. Köhler, 1991, S. 109ff.; Rumler, 1990; Diller 1995a). Diese Versuche der institutionellen Koordination des Marketinggeschehens führten zu Matrix- und Tensor-Organisationen, die sich für die immer drängenderen und schwerwiegenderen Herausforderungen an die Unternehmen zunehmend als zu schwerfällig, inflexibel und insbesondere innovationsfeindlich erwiesen. So hinkten die Entwicklungszeiten für neue Produkte weit hinter denen fernöstlicher Wettbewerber her, versandeten viele Bemühungen um stärkere Kundenorientierung im Dschungel der Ressortegoismen oder versagten zunächst erfolgversprechende Neuansätze, wie die Organisation nach strategischen Geschäftseinheiten, weil die Unternehmensspitze den organisatorischen Wandel nicht genügend mittrug und mitgestaltete.

Nicht selten widersprachen die strategischen Neuorientierungen auch der bestehenden Unternehmenskultur und spiegelten nicht Visionen, sondern Utopien wider. Ein letzter Grund für das Versagen vieler Reorganisationsbemühungen lag schließlich darin, daß nur die organisatorischen Strukturen und nicht das Bewußtsein der in diesen Strukturen agierenden Mitarbeiter verändert wurden. Typisch war dies z.B. für die Anfangsphase des Key-Account-Managements in der Konsumgüterindustrie, die sich in entsprechend mageren, wenn nicht negativen Erfolgsindikatoren niederschlug (vgl.

Diller/Gaitanides, 1989). Die typischen Barrieren für eine wirklich „market-driven" Marketingorganisation wurden von Day 1990 (S. 368) wie folgt charakterisiert:

- kurzfristige Orientierung an den Verkaufsergebnissen,
- Einengung der individuellen Aktionsflexibilität,
- Mangel an Leadership,
- begrenzte strategische Orientierung der Planung,
- ineffektive oder fehlende Kommunikation innerhalb der Unternehmung,
- restriktive, auf kurzfristigen Erfolg abgestimmte Organisationsstrukturen,
- kreativitätserstickende Unternehmenskulturen.

Solche Organisationen erwiesen sich (unter den von ihnen selbst gesetzten Zielen) zwar als (noch) effizient, aber nicht als effektiv. In den 80er Jahren begann deshalb ein Umdenken, das in den 90er Jahren vor dem Hintergrund der Diskussion um „schlanke" Unternehmen (Lean Management) und radikale Restrukturierung geradezu revolutionäre Züge annahm. Den Anfang machten in den 80er Jahren sogenannte *duale Organisationen,* bei der die primäre Organisationsstruktur ohne Stellenvermehrung durch Doppelfunktion bestimmter Stelleninhaber durch eine zweite, eben die duale Organisation überlagert wird. Typische Erscheinungsformen dafür sind strategische Planungsgruppen, Qualitätszirkel, Produktentwicklungsteams oder andere „Task Forces" (vgl. hierzu Diller, 1991b, S. 159ff.). Diese „Dualisierung" der Marketingorganisation erwies sich als „Einstieg" in weit weniger strukturierte, z.T. sogar als „chaotisch" deklarierte Organisationen, bei denen sich die klassisch auf eine Unternehmensspitze ausgerichtete Hierarchie zu einer *Heterarchie* veränderte (vgl. Schreyögg/Noss, 1994). Die Verfügbarkeit vieler, wenn nicht aller erforderlichen Informationen am Arbeitsplatz durch Personalcomputer und der Wunsch nach verantwortungsvoller und herausfordernder Arbeit im neuen Selbstverständnis der Arbeitnehmer waren die zwei wichtigsten Gründe dafür, daß die herkömmlichen Leitungsspannen von maximal 7 Personen über Bord geworfen und durch sehr viel *flachere Organisationen* ersetzt wurden. Nicht zuletzt erhoffte man sich dadurch einen starken Motivationseffekt und die Ausschöpfung aller kreativen Potentiale in der Belegschaft. Die *„Teamorganisation"* (vgl. Katzenbach/Smith, 1993) wurde zum Leitbild der modernen (Marketing-)Organisation.

Die kundenorientierte Organisation, welche dem neuen Fokus der Marketingplanung angemessen war, bedingt sehr viel mehr horizontale Koordinationsprozesse durch die Unternehmensorganisation, als dies in den herkömmlichen funktionalen Strukturen üblich war. Nur auf diese Weise können die Leistungen des Unternehmens auf den Kundennutzen ausgerichtet werden. Da dies weniger eine Frage der Strukturen als des Bewußtseins und des Wissens um die Kundenbedürfnisse darstellt, verwundert es nicht, daß in diesem Zusammenhang der Prozeßorganisation neue Bedeutung zuwächst (vgl. Gaitanides et al., 1994).

2.2.2 Das Prozeßdenken in marktorientierten Unternehmensorganisationen

In einer Zeit gravierender und rapider Umweltveränderungen gewinnt die Fähigkeit einer Unternehmung, die Marktsignale rasch in alle Unternehmensbereiche hineinzutragen, eine für den Unternehmenserfolg zentrale Bedeutung. Kotler prägte in den 80er Jahren dafür den Begriff des „Turbo-Marketing“, womit zum Ausdruck gebracht werden sollte, daß die Schnelligkeit der Leistungserstellung und -anpassung zum zentralen Wettbewerbsvorteil einer Unternehmung wird (vgl. Kotler/Bliemel, 1992, S. 68ff.). In besonderem Maße gilt dies für die Prozesse der Produktentwicklung, der Auftragsbearbeitung und der Auslieferungslogistik, aber auch z.B. für die Marktforschung, die Verkaufsförderung oder die Sortimentsbereinigung. Die Realisation eines solchen Konzeptes setzt voraus, daß die betrieblichen Abläufe inhaltlich und zeitlich optimal aufeinander abgestimmt sind und freie Puffer i.S. der Netzplantechnik durch zeitliche Überlappung bestimmter Aktivitäten ausgenutzt werden. Nur ein, allerdings sehr wichtiges, Beispiel hierfür ist das sog. Simultaneous Engineering (SE) bei der Produktentwicklung, wo die einzelnen Phasen der Kreierung eines neuen Produktes nicht mehr sukzessive, sondern überlappend abgearbeitet werden (vgl. Eversheim, 1989; Pfeiffer/Weiß, 1992; Wildemann, 1994). Ein anderes Beispiel sind computergestützte Telefoninterviews („CATI-Systeme“), bei denen Datenerhebung, -vercodung und -auswertung in einem einzigen Prozeß zusammengepackt werden.

Aber nicht nur die zeitliche Koordination, sondern auch die sachliche spielt für die Realisation der Kundenorientierung eine zentrale Rolle. Besonders deutlich wird dies am Key-Account-Management im Investitionsgütersektor, wo dem Key-Account-Manager vor allem die Aufgabe zukommt, alle an der Befriedigung der Kundenaufträge beteiligten Stellen und Abteilungen i.S. des Kunden zu steuern und zu koordinieren (vgl. Diller, 1993a). Ein derartiges Kundenmanagement kann deshalb als Vorläufer einer echten Prozeßorganisation gesehen werden. Darunter ist „... eine ablauforientierte Organisationsgestaltung zu verstehen, in der die Stellen- und Abteilungsbildung unter Berücksichtigung spezifischer Erfordernisse crossfunktionaler, integrierter Leistungsketten konzipiert werden“ (vgl. Gaitanides, 1993, Sp. 200). Eine solche Prozeßorganisation zielt auf prozeßbezogene Arbeits- bzw. Aufgabenaufteilungen, bei denen die Stelleninhaber für einzelne oder mehrere Objektgruppen (z.B. Aufträge, Neuproduktideen,

Werbekonzeptionen etc.) die Prozeßverantwortung über verschiedene Funktionen hinweg tragen. Werden diese Prozesse auf den Kunden hin gebündelt, wie das im Kundenmanagement versucht wird, ergibt sich sozusagen automatisch eine kundenorientierte Organisation (vgl. Gaitanides et al., 1994). Als gewisser Vorläufer dieser Entwicklung Mitte der 80er Jahre kann das *Wertkettendenken* angesehen werden (vgl. Porter, 1983). Bekanntlich wird hierbei das Unternehmensgeschehen als eine Kette ineinandergreifender, wertsteigender Aktivitäten angesehen. Weniger die Gliederung dieser Wertkette (welche auf die spezifischen Aktivitäten im Marketingbereich nur sehr unzureichend eingeht) als die Fokussierung auf den Wertschöpfungsanteil der einzelnen Aktivitäten macht dieses Modell in unserem Zusammenhang so interessant. Es bildete den Ausgangspunkt für die stärkere Orientierung am Kundennutzen, der letztlich für die Wertschöpfung der gesamten Kette verantwortlich ist und führte gleichzeitig dazu, daß die Eigenerstellung ganz bestimmter Wertaktivitäten in der eigenen Unternehmung in Frage gestellt wurden. So kam es an vielen Stellen der Wertkette zum sogenannten *Outsourcing,* auch im Absatzbereich, wo z.B. Teile der Logistik, der Marktforschung, der Serviceleistungen oder auch der Werbung an externe Dienstleister vergeben bzw. in eigenständig am Markt operierenden entsprechenden Tochtergesellschaften ausgesiedelt wurden.

Dieses Outsourcing reicht heute bis hin zum Verkauf, den man z.T. Außendienst-Leasing-Mannschaften anvertraut, oder die technische Produktentwicklung, die immer häufiger auf die Lieferanten vorverlagert wird. In Deutschland ist diese Entwicklung noch weit weniger fortgeschritten als etwa in Japan: „Ein Vergleich der Entwicklungsorganisation in Japan und Europa zeigt, daß in Japan lediglich 30% der Entwicklungsarbeit von den Herstellern autonom durchgeführt wird, 8% allein von Zulieferanten und 62% gemeinsam im Team entwickelt wird. In Europa ergibt sich dagegen eine Verteilung von 54% der Entwicklungsarbeit, die von den Herstellern allein ausgeführt wird, 7% autonom von Zulieferern und 39% im Team.“ (vgl. Wildemann, 1994, S. 186). Ähnliche Entwicklungen gab es schon früher bei den Beschaffungslägern, die im Rahmen von Just-in-Time-Belieferungssystemen auf die Zulieferer verlagert wurden. Dies hatte für das Absatzmarketing der Zulieferer größte Bedeutung, weil sich dort auf Grund der Verringerung der Fertigungstiefe vieler industrieller Abnehmer neue Absatzpotentiale ergaben, deren Erschließung aber mit entsprechenden Herausfordungen an das Beziehungsmanagement gekoppelt waren (zur Fertigungstiefe vgl. Dichtl, 1993).

Die unternehmensübergreifende Arbeitsteilung überschritt dabei insb. nach der Öffnung der Ostmärkte auch die nationalen Grenzen und führt zunehmend zu einem Denken in *Wertschöpfungsportfolios,* bei denen jedes Unternehmen selbst entscheiden muß, bei welchen Wertaktivitäten man sowohl hohen Kundennutzen stiften als auch Wettbewerbsvorteile ins Feld führen kann (vgl. Benkenstein/Henke, 1993). Die Konturen der einzelnen Unternehmen werden dabei immer verschwommener. An ihre Stelle treten Netzwerke von Unternehmen, in die jedes seine eigenen Stärken einbringen kann. Der Produktwettbewerb mutiert an dieser Stelle zu einem Wertaktivitätenwettbewerb, und die Spezialisierung der Volkswirtschaft erreicht eine neue Dimension.

Eine weitere Folge des Denkens in Wertketten war das zunehmende *Dienstleistungsverständnis interner Stellen und Abteilungen,* die erkennen mußten, daß ihre Funktion nur im Dienste solcher Aktivitäten Wert gewann, die den Kundennutzen steigern bzw. die Kosten entsprechender Wertaktivitäten senken konnten. Manche Firmen gingen hierbei so weit, daß die Unternehmenspyramide „auf den Kopf gestellt" wurde, indem die sekundären Wertaktivitäten der Top- und Mittel-Managementebene permanent zu belegen hatten, ob und inwieweit sie für die primären Wertaktivitäten nutzbringend waren (vgl. Ott, 1994). Ein solches internes Dienstleistungsverständnis eröffnet gleichzeitig den Zugang zur Qualitätsmessung und -steuerung des Marketing, wie es in den Qualitätssteuerungssystemen des TQM (vgl. unten) bzw. der diversen Zertifizierungssysteme und -preise üblich ist. Dort wird nämlich nicht nur auf das Leistungsergebnis gesehen, wenn es um die Einschätzung von Qualität geht, sondern auch auf die Art und Weise, wie diese Qualität produziert wird. Auf diese Weise kann vom Einzelfall, also z.B. von bestimmten einzelnen Artikeln oder Geschäften, abstrahiert und eine allgemeine Marketing-Qualität erfaßt werden.

Insgesamt ist dieser Wandel der Marketingorganisation noch im vollen Gange und keineswegs abgeschlossen. Übertreibungen sind ebenso erkennbar wie mißlungene Versuche. Insgesamt jedoch scheint nach 40 Jahren Marketing endlich das Ziel nahe, das z.B. schon in der ersten Auflage des Lehrbuchklassikers von Nieschlag/Dichtl/Hörschgen 1968 vorgezeichnet wurde: Danach sollte eine Unternehmung nicht nur eine Marketingorganisation (im funktionalen Sinne) haben, sondern darüber hinaus als Gesamtes eine marktorientierte Organisation sein.

2.2.3 Der Wandel der Marketing-Informationssysteme

Ein Marketing-Informationssystem (MAIS) kann als eine „planvoll entwickelte und geordnete Gesamtheit von organisatorischen Regelungen bezüglich der Träger informatorischer Aufgaben, der Informationswege zwischen ihnen, der Informationsrechte und -pflichten sowie der Methoden und Verfahren der Informationsbearbeitung in diesem Gefüge, mit dessen Hilfe der Informationsbedarf des am Marketingprozeß beteiligten Management befriedigt werden soll, definiert werden." (Nieschlag/Dichtl/Hörschgen, 1991, S. 958). Hierbei geht es also um die informatorische „Infrastruktur“ des Marketing-Managements. Mit der (etwas überpointierten) Formel Forresters, daß Planung die Umwandlung von Informationen in Aktionen sei, wird plastisch deutlich, welche Bedeutung diese Infrastruktur für das Marketing-Management besitzt. Dies wurde auch in der Praxis erkannt, wo insbesondere die achtziger Jahre stark von dem Bemühen geprägt waren, die neuen Möglichkeiten der Informationstechnologie auch im Marketing und Vertrieb nutzbar zu machen und entsprechende Rationalisierungsreserven zu erschließen. Besonders charakteristische Maßnahmen in dieser Richtung waren die Installation von Arbeitsplatzcomputern, die Ausstattung des Außendienstes mit portablen Laptops bzw. Notebooks und mobilen Datenerfassungsgeräten und die zunehmende Vernetzung innerhalb des Unternehmens sowie zwischen Unternehmen und Marktteilnehmern, wie sie z.B. in Just-in-Time-Liefersystemen der Zulieferwirtschaft zwangsläufig wird. Daten bzw. Informationen wurden damit zur eigenständigen Ressource von Unternehmen, hinsichtlich derer man Wettbewerbsstärken gegenüber den Konkurrenten erwerben und in Form eines effizienteren, schnelleren oder treffsichereren Marketing realisieren konnte.

Auf wenigen Feldern des Marketing ist die Anzahl der Innovationen so zahlreich wie beim Umgang mit marketingrelevanten Informationen. Dies trifft sowohl auf die Entwicklung der Datentechnik als auch auf jene der Datenbe- und Datenverarbeitungsmethoden (vgl. Dichtl, 1974) sowie der Datenkommunikationsverfahren zu. Eine eingehende Darstellung der vielfältigen Entwicklungen auf diesem Felde ist hier nicht möglich. Abbildung 1 stellt statt dessen einige für das Marketingmanagement u.E. besonders bedeutsame Entwicklungen in Form einer am Datenbearbeitungsprozeß orientierten Übersicht zusammen, um einen lediglich beispielhaften Eindruck von der Fülle und Vielfalt dieser Entwicklungen zu geben.

Sowohl bei den Hardware- wie bei den Software-Komponenten von MAIS kam es dabei in beeindruckender Regelmäßigkeit zunächst zu euphorischen Einschätzungen der Potentiale bestimmter Innovationen, die im Fortgang mit ebensolcher Regelmäßigkeit rasch in Ernüchterung umschlugen, bevor im Rahmen einer konstruktiven Implementation häufig wiederum neue, zunächst gar nicht ins Auge gefaßte bzw. erwartete Nutzeffekte erschlossen werden konnten. Typisch war dies z.B. für das Bildschirmtext-System, das zunächst insbesondere als Instrument im Endverbrauchermarketing gesehen wurde, wo es aber aus verschiedenen Gründen wenig Akzeptanz fand. Statt dessen etablierte es sich als durchaus leistungsfähiges Auftragseinholsystem im Großhandel oder in Großunternehmen mit regional dezentralen Zweigniederlassungen (vgl. Dichtl/Weber, 1978). Ein anderes Beispiel waren *Entscheidungsunterstützungssysteme* (EUS) mit Hilfe von Marketingmodellen. Hier standen zunächst die mathe-

Datenprozesse

Erhebung	Übermittlung	Speicherung	Modellierung/ Auswertung	Aufbereitung	Verbreitung
psychobio-logische Verf.	„Tele"-Marketing	Interne Datenbanken	Multivariaten-analyse	Business Graphics	Interne Datennetze
Testmarkt-simulatoren	Vertriebs-meldesysteme	Externe Datenbanken	EUS	Menü-Steuerung	Externe Datennetze
Scanner-kassen	Btx	CD-ROM	XPS/Neuro-nale Netze	Help-Funktionen	Groupware
Scanner-panel	Fax		WWS	Expertise-Systeme	Inf*Act
Single Sourcing	Mail box		Kausal-analyse	Elektron. Pro-duktkataloge	
Cati	Electr. Mail		Prognose-systeme		
MDE			Simulationen		

Folgen

dezentrale Daten	vielfältigere Daten	detailliertere Daten	bessere Daten	benutzer-freundlicher	integrierte Daten

Abbildung 1: Neuerungen der Informationssysteme für die Marketingplanung

matischen Aspekte der Modellbildung im Vordergrund (vgl. Urban, 1969), was später zu Littles Konzept des „Decision Calculus" führte, mit dem eine größere Akzeptanz solcher Modelle beim Nutzer gesucht wurde (vgl. Little, 1970). Die rasante Entwicklung der Multivariatentechnik und der Aufbau entsprechender Datenbanken führten zwischenzeitlich zu einem eher statistisch orientierten Verständnis von EUS, wie es z.B. im Express- oder Inf*Act-System zum Ausdruck seinen Niederschlag fand (vgl. Gaul/Both, 1990, S. 178ff.). Die Verfügbarkeit von PCs am Arbeitsplatz bzw. Laptops beim Gespräch mit dem Kunden verlagerte die Entwicklung wieder zurück zur Bereitstellung neuartiger Softwarekonzepte, etwa Spreadsheet-Produkten, die z.B. bei der Preiskalkulation im Verhandlungsgespräch erhebliche Hilfestellung leisten konnten (vgl. Diller/George/Haensch, 1992). Schließlich führte die Entwicklung bei den *wissensbasierten Systemen* wiederum zu einer Neuorientierung, die von dem Versuch geprägt war, das in bestimmten Datenstrukturen und -sequenzen steckende Know-how nutzbar zu machen. Die in den letzten Jahren in den Vordergrund tretenden Techniken *neuronaler Netze* (vgl. Mertens, 1994) gehen diesen Weg konsequent weiter und übertragen sozusagen die Modellierung der Analysetechnik ganz dem Softwareprogramm.

Aus den vielen Neuerungen bei der Informationsversorgung des Marketing-Managements ergibt sich insgesamt eine umfassendere, qualitativ bessere, direktere und integriertere Informationsversorgung. Im Hinblick auf die Effizienz des Marketing-Managements läßt sich resümieren, daß durch die Verbesserung der informatorischen Infrastrukturen eine Steigerung der Marktpräsenz, der Organisationseffizienz, der Flexibilität, der Innovationsfähigkeit und der sozialen Akzeptanz der Unternehmung möglich wird (vgl. Hermanns/Flegel, 1992, S. 15).

2.3 Marketingführung im Wandel

Unter Führung soll hier die „unmittelbare zielbezogene Einflußnahme auf Gruppenmitglieder" (vgl. Neuberger, 1978, S. 273) verstanden werden. Der duale Charakter des Marketing als Sachfunktion einerseits (Marketingabteilung) und Führungsphilosophie andererseits (marktorientierte Unternehmensorganisation) bedingt eine doppelte Herausforderung an die Führungsfunktionen des Marketing-Managements. Einerseits gilt es, die Mitarbeiter der Marketingabteilungen auf die Erreichung spezieller Marketingziele hinzulenken, andererseits muß auf Personen und Gruppen anderer Unternehmensbereiche im Sinne einer marktorientierten Unternehmenspolitik Einfluß genommen werden.

Es scheint so, daß diese Führungsfunktion des Marketing-Managements in der Vergangenheit nicht immer voll erkannt wurde. Diese Untergewichtung erscheint besonders problematisch im Hinblick auf die Durchsetzung des Marketinggedankens innerhalb der Unternehmung, da nicht zuletzt hierauf die oft beklagte *Implementationslücke* des Marketing zurückführbar ist. Oft genug begnügte sich die Marketingleitung mit dem Entwurf von Marketingkonzepten und der Umsetzung in den eigenen Reihen, vernachlässigte aber die entsprechenden Implementationsschritte in anderen Abteilungen, etwa bei der Forschung und Entwicklung, der Beschaffung, der Produktion oder der Qualitätskontrolle. Das Aufkommen des sogenannten *Total Quality Managements* in den achtziger Jahren, an dem kurioserweise das Marketing kaum beteiligt war, hat für dieses Defizit Sensibilität und ein gewisses Umdenken erzeugt (vgl. Stauss, 1994). Nicht zuletzt mit der strukturellen Neuorganisation vieler Unternehmen im Rahmen der Bemühungen um flache und von Grund auf restrukturierte Organisationen wurde aber auch ein Wandel der Führungsstile eingeleitet. Erzwungen wurde dieser Wandel insbesondere durch die rapiden Veränderungen in der Unternehmensumwelt, aber auch durch den internen Unternehmenswandel, insbesondere in Form neuer Wertesysteme bei den Mitarbeitern und neuer dezentraler Informationssysteme. Viele Mitarbeiter sehen heute in ihrer Arbeit stärker ein Feld zur Selbstfindung und -verwirklichung als ein solches zur Einkommenserzielung. Job-Enlargement und Job-Enrichment werden deshalb immer mehr zu erfolgsentscheidenden Faktoren der Personalführung. Dies führt strukturell zu flacheren Organisationen, in denen den einzelnen Mitarbeitern eine höhere Aufgabenvielfalt, aber auch eine höhere Verantwortung eingeräumt werden.

Angesichts dieses rapiden Wandels wachsen der Marketing-Führung neue Herausforderungen zu: Es geht zunächst darum, die Mitarbeiter offen für Neuerungen zu halten und ein ständiges Lernen der Unternehmensorganisation zu initiieren und zu unterstützen *(„Lernkultur“)*. Darüber hinaus gilt es, ein kreatives Klima zu schaffen, das Innovationen nicht nur nicht hemmt, sondern aktiv fördert *(„Kreativkultur“)*. Insbesondere zur Motivation durch Identifikation brauchen die Mitarbeiter darüber hinaus eine starke corporate identity, die insbesondere durch visionäre Leitbilder des Marketing-Managements unterstützt wird *(„Identitätskultur“)*. Um die zentrifugalen Kräfte der Dezentralisierung nicht zu groß werden zu lassen, kommt der Koordination und Integration der Organisationseinheiten gesteigerte Bedeutung zu *(„Integrationskultur“)*. Die Marketingführung bewegt sich damit in einem Spannungsfeld zwischen Autonomie *der* Organisation und Autonomie *in* der Organisation (Gomez, 1988).

Vor diesem Hintergrund entwickelte sich in den letzten Jahrzehnten langsam, aber stetig auch im Marketing-Management ein neuer Führungsstil, der v.a. durch sechs Veränderungen im Führungsprozeß charakterisierbar ist:

(1) In der Phase der Willensbildung ist eine Verlagerung von Zielvorgaben hin zu Zielvereinbarungen zu erkennen. Top-Down-Prozesse werden zunehmend von Bottom-Up-Prozessen ersetzt bzw. durch diese ergänzt. Durch die Partizipation am Zielbildungsprozeß steigen der Selbstverpflichtungsgrad der Ziele und das Zielbewußtsein.

(2) Gleichzeitig wird der Leitung mehr visionäre Führungskraft abverlangt. Die Entwicklung solcher Visionen ist nicht selten mit lateralen Denkansätzen verbunden, so z.B. dann, wenn scheinbar unvereinbare Zielelemente, wie beste Qualität und günstigster Preis, miteinander verknüpft werden.

(3) Der Innovationsdruck schafft mehr Bewußtsein dafür, daß erfolgreiche Unternehmen nicht in Routine erstarren dürfen, sondern an allen mögli-

chen Ansatzpunkten nach Innovationen suchen müssen. Das Schlagwort der „Intrapreneurship“ (vgl. Bitzer, 1991) gilt dabei gerade für das Marketing-Management, das sich freilich nicht nur auf Produktinnovationen konzentrieren darf. Marketinginnovationen lassen sich vielmehr in allen Phasen des Marketingprozesses und bei allen Instrumentalbereichen realisieren. Das Bewußtsein hierfür ist in Europa im Vergleich zu den USA und Japan jedoch noch relativ schwach ausgeprägt (vgl. Sommerlatte/Tiby, 1987, S. 171).

(4) In der Phase der Willensdurchsetzung ist eine Verlagerung von der Einzel- zur Gruppenverantwortung zu beobachten, die sich insbesondere in vielfältigen Teams niederschlägt, die – als duale Organisationsformen (s.o.) – die Unternehmen netzwerkartig durchziehen und damit erheblich zur Integration und Koordination beitragen. Ein entscheidender Faktor für die Erfolgsträchtigkeit solcher Teams ist deren straffe Führung durch das Marketing-Management (vgl. Katzenbach/Smith, 1993).

(5) Die Willensdurchsetzung wird (wieder) in stärkerem Maße nicht nur von formalen Führungsinstrumenten, z.B. Budgets, sondern auch von persönlicher Autorität und Ausstrahlungskraft des leitenden Managements geprägt. Neben der Fachkompetenz spielt dabei auch das Charisma eine nicht unbeträchtliche Rolle (vgl. Höhler, 1990).

(6) Schließlich kommt es bei der Willenssicherung zu einem Übergang von einem sanktions- zu einem lernbezogenen Führungsstil. Insbesondere Mißerfolge werden dabei nicht zum Anlaß von Negativsanktionen, sondern zum Ausgangspunkt für Verbesserungsinnovationen interpretiert. Dadurch steigt gleichzeitig die Bereitschaft, Neues zu wagen und aus Fehlern zu lernen.

Durch die vielfältigen Verlagerungen von Verantwortung auf die Schultern von Mitarbeitern niedrigerer Hierarchiestufen schwindet einerseits die Bedeutung des Führungsstils, steigt aber andererseits die Bedeutung der Unternehmenskultur, die wiederum sehr stark von den Führern mitzugestalten ist. Eine der wichtigsten Voraussetzungen hierfür ist die Bereitschaft des Marketing-Managements, mit allen anderen Unternehmensbereichen kooperativ zusammenzuarbeiten und das Implementationsdefizit des Marketing damit zu senken.

Führung im Marketing richtet sich im übrigen nicht nur auf die Mitarbeiter der eigenen Unternehmensorganisation, sondern auch solche externer Organisationen, z.B. bei Absatzmittlern und -helfern (vgl. Macharzina, 1974, S. 777). Durch den enormen Bedeutungszuwachs des vertikalen Marketing gewann diese zweite Führungsrichtung im Laufe der Geschichte ständig an Gewicht, z.B. bei der Eindämmung des horizontalen Preiswettbewerbs auf der Handelsebene (Untereinstandspreisverkäufe) (vgl. Dichtl, 1979, S. 96ff.; Diller, 1991a, S. 252ff.) oder bei der Repräsentation der Unternehmung im gesellschaftlichen Umfeld, etwa bei Umweltfragen in der chemischen Industrie. Die Marketingführung agiert hier an den Schnittstellen der Unternehmung zur Makro-Umwelt und erfährt dadurch zusätzliche Komplexität. Die besondere situative Vielfalt der Führungssituation, die sich daraus ergibt, läßt im Grunde keine generelle Empfehlung für optimale Führungsstile zu (vgl. Köhler, 1987).

2.4 Marketingkontrolle im Wandel

Marketingkontrolle umfaßt die „ständige, systematische und unvoreingenommene Prüfung und Beurteilung der gesamten Marketing-Arbeit" (Nieschlag/Dichtl/Hörschgen, 1991, S. 914). Sie ist naturgemäß eng mit der Marketingplanung verknüpft, so daß die dort bereits analysierten Wandlungen im Selbstverständnis und der Fokussierung auch auf diesen Bereich ausstrahlten und entsprechende Veränderungen nach sich zogen.

Hervorzuheben ist dabei insbesondere eine ungeheuere Ausweitung des Kontrollverständnisses, beginnend mit einer eher buchhalterischen Festhaltung der Handlungsergebnisse, über eine vertiefte Analyse der Abweichungsursachen, z.B. in Form sogenannter Verlustquellenanalysen, die Hinwendung zur Kontrolle strategischer Ziele, die auf einer Metaebene angesiedelte Überprüfung der Planungs- und Organisationsprämissen im Rahmen des Marketing-Audit bis hin zu der Einbeziehung früher gänzlich in der Marktforschung angesiedelter Ergebnisgrößen, wie der Kundenzufriedenheit in den in jüngster Zeit schnell Verbreitung findenden Kundenbarometern oder Kundenzufriedenheitsindizes (vgl. Böcker, 1988, S. 48ff.; Köhler, 1991, S. 215ff.; Lingenfelder/Schneider, 1991).

Trotz dieser herausfordernden Ausweitung des Kontrollverständnisses fand das Konzept in der Praxis insbesondere in den achtziger Jahren rasch Verbreitung und Akzeptanz (vgl. Horvath, 1990). Es ergänzte das Marketing als Führungskonzeption vom Markt her durch eine immer ganzheitlichere „Führungskonzeption vom Ergebnis her" (vgl. Meffert, 1994, S. 402). Besonders dramatisch scheint hierbei der Wandel von der rein vergangenheitsorientierten ex-post-Betrachtung und dem Bemühen um Generierung von Maßnahmen zur Kompensation von Soll-Ist-Abweichungen hin zu einer ex-ante-Perspektive mit Bemühungen um Antizipation von Einflüssen, die voraussichtlich zu Planänderungen führen. Ihren Niederschlag fanden diese Bemühungen u.a. in vielfältigen Ansätzen zu Frühwarnsystemen für das Marketing (vgl. Ansoff, 1980; Müller, 1980 und 1992).

Nicht zuletzt durch diese Zukunftsorientierung der Marketingkontrolle wandelte sich deren Charakter auch von einer rein quantitativen Betrachtungsperspektive hin zu einem gleichermaßen qualitativen Analyseansatz, der monetäre und nicht monetäre Zielgrößen kurz- und langfristiger Natur in sich vereint.

Der im Rahmen des Marketing-Audit postulierte Anspruch, die Planungsorganisation kritisch zu hinterfragen, trug im übrigen nicht wenig dazu bei, das in jüngster Zeit so populäre Prozeßdenken auch im Marketingsektor voranzutreiben. Insbesondere im Hinblick auf die Erfordernisse eines schnellen Entscheidungsprozesses („Turbo-Marketing") öffnen sich hier neue Problem- und Analysefelder, welche die Zukunft des Marketing-Controlling stark bestimmen werden (vgl. Gaitanides et al., 1994).

Als letztes sei schließlich noch auf die Veränderungen des organisatorischen Platzes hingewiesen, den die Marketingkontrolle selbst einnimmt: Hier war im Laufe der Vergangenheit – verbunden mit der Aufgaben- und Anspruchsausweitung – ein deutlicher hierarchischer Anstieg zu beobachten. Waren es in den Anfangsjahren lediglich Sonderaufgaben der Abteilung Rechnungswesen und in späteren Jahren Stabsabteilungen, welche die Aufgaben der Marketingkontrolle wahrnehmen, so finden sich heute in immer mehr Unternehmen hierarchisch hoch angesiedelte, eigenständige Controllingabteilungen, deren Einfluß zum Teil bis in das Top-Management hineinreicht.

3. Synopse und Ausblick

Der Versuch, aus den vielen Detailentwicklungen und zum Teil gegenläufigen Trends grundsätzlichere Entwicklungsströmungen herauszudestillieren, läßt einen Differenzierungs-, einen Beschleunigungs- und einen Vernetzungsprozeß sichtbar werden.

Der *Differenzierungsprozeß* des Marketing-Managements ist am offenkundigsten: Er schlägt sich sowohl in einem quantitativen wie in einem qualitativen Wachstum und damit einhergehend in wachsender Komplexität des Marketingsystems nieder. Quantitativ wuchsen dem Marketingmanagement im Laufe der historischen Entwicklung eine Fülle zusätzlicher Aufgaben zu, ohne daß die bisherigen Aufgaben an Bedeutung verloren. Beispielhaft sei hier auf die strategische Marketingplanung, das Kundenmanagement und die Führung nach außen hingewiesen. Das qualitative Wachstum macht sich an der steigenden Dimensionalität des Zielsystems deutlich, die naturgemäß aber auch eine größere Anzahl von Konflikten und Spannungsfeldern mit sich bringt. Immer häufiger gilt deshalb für das Marketing-Management die Devise des „Sowohl-als-Auch" anstelle eines „Entweder-Oder". Es gilt, Marktprozesse ebenso zu steuern wie innerbetriebliche Abläufe, rationale Entscheidungen ebenso zu forcieren wie die Entwicklung von Visionen, Kosten- und Qualitätsführerschaft gleichermaßen anzustreben, Planungstechnokratie und evolutorisches Verständnis ebenso miteinander zu verknüpfen wie eine Inside-Out- und Outside-In-Perspektive. Auch wenn dies in praxi nicht immer vollständig gelingt, steht außer Frage, daß das Marketingmanagement durch diese Vieldimensionalität an Qualität insgesamt gewonnen hat.

Der *Beschleunigungsprozeß* des Marketing-Managements kommt durch eine zunehmend modulare Arbeitsweise und einen entsprechend modularen Aufbau der Marketinginstrumente zustande. Darüber hinaus überlagern sich früher sukzessiv und sequentiell gesteuerte Teilprozesse zunehmend, was insbesondere durch einen intensiveren internen Kommunikationsfluß ermöglicht wird. Darüber hinaus bewirkt das Outsourcing bestimmter Marketingleistungen und die Beschränkung auf Kernkompetenzen eine zeitlich effizientere Arbeitsweise.

Der *Vernetzungsprozeß* geht damit eng einher. Er vollzieht sich sowohl intern zwischen den verschiedenen Stellen und Abteilungen eines Unternehmens als auch extern mit Wertschöpfungspartnern in einem feiner gegliederten Wertsystem und horizontalen, vertikalen und lateralen Allianzen. Das Marketing-Management entwickelt sich deshalb immer mehr zu einem Beziehungsmanagement, innerhalb dessen die optimale Verknüpfung und Koordination der Netzteilnehmer zur Hauptaufgabe avanciert.

Literaturverzeichnis

Albers, S./*Eggert,* K. (1988): Kundennähe. Strategie oder Schlagwort? in: Marketing-ZFP, 10. Jg. 1988; Heft 1, S. 5 - 16.

Ansoff, H. I. (1980): Strategic Issue Management, in: Strategic Management Journal, 1980, S. 131 - 148.

Backhaus, K. (1992): Investitionsgütermarketing, 3. Aufl., München 1992.

Balderjahn, I. (1993): Marktreaktionen von Konsumenten, Berlin 1993.

Beba, W. (1992): Meinungsführerschaft, in: Diller, H. (Hrsg.), Vahlens Großes Marketinglexikon, München 1992, S. 763 - 766.

Benkenstein, M./*Henke,* N. (1993): Der Grad vertikaler Integration als strategisches Entscheidungsproblem, in: DBW, 53. Jg. 1993 Heft 1, S. 77 - 91.

Bitzer, M. (1991): Intrapreneurship, Stuttgart 1991.

Böcker, F. (1988): Marketingkontrolle, Stuttgart u.a. 1988.

— (1992) Marketing-Planung, in: Diller, H. (Hrsg.), Vahlens Großes Marketinglexikon, München 1992, S. 692 - 696.

von Briskorn, G. (1987): Gedanken an den Grenzen des Marketing. Optionen und Potential, in: Innovation, Heft 5/6 1987, S. 6 - 12.

Davidow, W. H./*Malone,* M. S. (1993): Das virtuelle Unternehmen. Der Kunde als Co-Produzent, Frankfurt/New York 1993.

Dawson, L. M. (1969): The Human Concept: New Philosophy for Business, in: Business Horizons, Dec. 1969, S. 29 - 38.

Day, D. 1990): Market Driven Strategy, New York/London 1990.

Dichtl, E. (1967): Über Wesen und Struktur absatzwirtschaftlicher Entscheidungen, Berlin 1967.

— (1970) Die Beurteilung der Erfolgsträchtigkeit eines Produktes als Grundlage der Gestaltung des Produktionsprogramms, Berlin 1970.

— (1974) Die Multivariatenanalyse im Dienste der Verhaltensforschung, in: Hansen, H. R. (Hrsg.), Computergestützte Marketingplanung, München 1974, S. 74 - 107.

— (1975) Zur Schutzwürdigkeit des Verbrauchers, in: Dichtl, E. (Hrsg.), Verbraucherschutz in der Marktwirtschaft, Berlin 1975, S. 23 - 41.

— (1979) Grundzüge der Binnenhandelspolitik, Stuttgart u.a. 1979.

— (1987) Der Weg zum Käufer – Das Strategische Labyrinth, München 1987.

— (1993) Produktionstiefe, in Handwörterbuch der Betriebswirtschaft, hrsg. v. W. Wittmann u.a. Teilband 2, Stuttgart 1993, Sp. 3519 - 3529.

Dichtl, E./*Weber,* M. (1978): Das Bildschirmtextsystem als Marketing-Instrument des Handels, in: Hasitschka, W./Hruschka, H. (Hrsg.): Handels-Marketing, Berlin 1978, S. 307 - 326.

Dichtl, E./*Schneider,* W. (1994): Kundenzufriedenheit im Zeitalter des Beziehungsmanagement, in: Belz, C./Schögel, M./Kramer, M. (Hrsg.), Lean-Management und Lean-Marketing, St. Gallen 1994, S. 6 - 12.

Diller, H. (Hrsg.) (1980): Marketing-Planung, München 1980.

— (1989) Key-Account-Management als vertikales Marketingkonzept. Theoretische Grundlagen und empirische Befunde aus der deutschen Lebensmittelindustrie, in: Marketing-ZFP, 11. Jg. 1989, Heft 4, S. 213 - 223.

— (1991 a): Preispolitik, 2. Auflage, Stuttgart 1991.

— (1991 b): Entwicklungstrends und Forschungsfelder der Marketingorganisation, in: Marketing-ZFP, 13. Jg. 1991, Heft 3, S. 157 - 163.

— (1993 a): Key Account Management: Alter Wein in neuen Schläuchen?, in: Thexis, Heft 3/1993, S. 6 - 16.

— (1993 b): Preisbaukästen als preispolitische Option, in: WiSt, 22. Jg. 1993, Heft 6, S. 270 - 275.

— (1995 a): Kundenmanagement, in: Köhler, R./Tietz, B./Zentes, J. (Hrsg.), Handwörterbuch des Marketing, Stuttgart 1995.

— (1995 b): Beziehungsmanagement, in: Köhler, R./Tietz, B./Zentes, J. (Hrsg.), Handwörterbuch des Marketing, Stuttgart 1995.

Diller, H./*Kusterer,* M. (1988): Beziehungsmanagement. Theoretische Grundlagen und explorative Befunde, in: Marketing-ZFP, 10. Jg. 1988, Heft 3, S. 211 - 220.

Diller, H./*Gaitanides,* M. (1989): Großkundenmanagement, in: DBW, 49. Jg. 1989, Heft 2, S. 185 - 1997.

Diller, H./*George,* G. (1992): Computergestützte Preis- und Konditionenpolitik, in: Hermanns, A./Flegel, V. (Hrsg.) Handbuch des Electronic Marketing, München 1992, S. 637 - 656.

Engelhardt, W. (1985): Versäumnisse der Marketing-Wissenschaft in der Strategiediskussion, in: Marketing-ZFP, 7. Jg. 1985, Heft 3, S. 213 - 214.

Eversheim, W. (1989): Simultaneous Engineering – eine organisatorische Chance, in: VDI-Gesellschaft Produktionstechnik (Hrsg.): Simultaneous Engineering – neue Wege des Projektmanagements, Düsseldorf 1989.

Fischer, R./*Ury,* W. (1989): Das Harvard-Konzept, 8. Aufl. Frankfurt 1989.

Fritz, W. (1990): Marketing – ein Schlüsselfaktor des Unternehmenserfolges? in: Marketing-ZFP, 12. Jg. 1990, Heft 2, S. 91 - 107.

Gaitanides, M. (1993): Aufbau- und Ablauforganisation, in: Handwörterbuch der Betriebswirtschaft, Teilband 1, hrsg. v. W. Wittmann u.a., 5. Aufl., Stuttgart 1993, Sp. 190 - 204.

Gaitanides, M./*Scholz,* R./*Vrohlings,* A./*Raster,* M. (1994): Prozeßmanagement, München 1994.

Gaul, W./*Both,* M. (1990): Computergestütztes Marketing, Berlin u.a. 1990.

Gerken, G. (1990): Abschied vom Marketing: Interfusion statt Marketing, Düsseldorf 1990.

Gomez, P. (1988): Die Organisation der Autonomie – Neue Denkmodelle für die Unternehmensführung, in: ZFO, Heft 6/1988, S. 389 - 393.

Hansen, H. R. (Hrsg.) (1974): Computergestützte Marketingplanung, München 1974.

Hermanns, A./*Flegel,* V. (1992): Electronic Marketing – Grundlagen, Einsatzfelder, Chancen und Risiken, in: Hermanns, A./Flegel, V. (Hrsg.) Handbuch des Electronic Marketing, München 1992, S. 1 - 24.

Höhler, G. (1990): Kreativität, die Zukunftsenergie – Mit Leistungsentfaltung zu neuem Führungsstil, in: Schöttle, K. M. (Hrsg.), Marketing, 5. Ausgabe, Wiesbaden 1990, S. 4 - 11.

Horvath, P. (Hrsg.) (1990): Strategieunterstützung durch das Controlling; Revolution im Rechnungswesen, Stuttgart 1990.

Katzenbach, J. R./*Smith,* D. K. (1993): Teams. Der Schlüssel zur Hochleistungsorganisation, Wien 1993.

Köhler, R. (1991): Beiträge zum Marketing-Management. Planung, Organisation, Controlling, 2. Aufl., Stuttgart 1991.

— (1987) Führung im Marketingbereich, in: Kieser, A./Reber, G./Wunderer, R. (Hrsg.), Handwörterbuch der Führung, Stuttgart 1987, Sp. 1389 - 1403.

Kotler, Ph./*Bliemel,* F. (1992): Marketingmanagement. Analyse, Planung, Umsetzung und Steuerung, 7. Aufl., Stuttgart 1992.

Kucher, E. (1985): Scannerdaten und Preissensitivität bei Konsumgütern, Wiesbaden 1985.

Kucher, E./*Simon,* H. (1988): Die Bestimmung empirischer Preisabsatzfunktionen – Methoden, Befunde, Erfahrungen, in: ZfB 58. Jg. 1988, S. 171 - 183.

Levitt, Th. (1960): Marketing Myopia, in: HBR, Juli/August 1960, S. 45 - 56.

Lingenfelder, M./*Schneider,* W. (1991): Die Kundenzufriedenheit. Bedeutung, Meßkonzept und empirische Befunde, in: Marketing-ZFP, 13. Jg. 1991, Heft 2, S. 109 - 120.

Link, J./*Hildebrand,* V. (1994): Database-Marketing und computer aided selling. Leistungspotential, Abgrenzungsprobleme und Synergieeffekte, in: Marketing-ZFP, 16. Jg. 1994, Heft 2, S. 107 - 120.

Little, J. D. C. (1970): Models and Managers: The concept of decision calculus, in: Management Science, Vol. 16 1970, S. 466 - 485.

Macharzina, K. (1974): Führungstechniken im Marketing, in: Marketing Enzyklopädie, Bd. 1, München 1974, S. 775 - 796.

Meffert, H. (1992): Marketing-Geschichte, in: Diller, H. (Hrsg.), Vahlens Großes Marketinglexikon, München 1992, S. 662 - 665.

— (1994) Marketing-Management. Analyse – Strategie – Implementierung, Wiesbaden 1994.

Meffert, H./*Kirchgeorg,* M. (1992): Marktorientiertes Umweltmanagement, Grundlagen und Fallstudien, Stuttgart 1992.

Mertens, P. (1992): Informationsverarbeitung als Mittel zur Verbesserung der Wettbewerbssituation, in: Hermanns, A./Flegel, V. (Hrsg.) Handbuch des Electronic Marketing, München 1992, S. 53 - 70.

— (1994) Vergleich zwischen Methoden der Künstlichen Intelligenz und alternativen Entscheidungsunterstützungstechniken, in: Die Unternehmnung, 1/1994, S. 3 - 16.

Mintzberg, H. (1994): The Fall and Rise of Strategic Planning, in: HBR, Jan. - Febr. 1994, S. 107 - 114.

Müller, G. (1980): Strategische Frühaufklärung, München 1980.

— (1992) Frühwarnsysteme, in: Diller, H. (Hrsg.), Vahlens Großes Wirtschaftslexikon, München 1992, S. 344 - 347.

Neuberger, O. (1978): Führung, in: Mayer, A. (Hrsg.), Organisationspsychologie, Stuttgart 1978.

Nieschlag, R./*Dichtl,* E./*Hörschgen,* H. (1991): Marketing, Berlin, 1. Aufl. 1968, 16. Aufl. 1991.

Ott, H. J. (1994): Flache Hierarchie, in: WiSt, Heft 1/94, S. 35 - 37.

Pfeiffer, W./*Weiß,* E. (1992): Lean Management, Berlin 1992.

Porter, M. (1983): Wettbewerbsstrategien, Frankfurt 1983.

Raffeé, H./*Wiedmann,* K. P. (1985): Die Selbstzerstörung unserer Welt durch unternehmerische Marktpolitik? in: Marketing-ZFP, 7. Jg. 1985, Heft 4, S. 229 - 239.

Rasche, Ch./*Wolfrum,* B. (1994): Ressourcenorientierte Unternehmensführung, in: DBW 54. Jg. 1994, Heft 4, S. 501 - 517.

Rumler, A. (1990): Konsumentenbezogenes Marktmanagement, Wiesbaden 1990.

Schmalensee, R. (1985): Do Markets differ much?, in: American Economic Review, Vol. 75, 1985, No. 3, S. 341 - 351.

Schreyögg, G./*Noss,* Ch. (1994): Hat sich das Organisieren überlebt? in: Die Unternehmung 1/1994, 17 - 33.

Servatius, H.-G. (1991): Vom Strategischen Management zur Evolutionären Führung, Stuttgart 1991.

Sommerlatte, T./*Tiby,* C. (1987): Strategie 2000. Anforderungen an die strategische Führung in einem zunehmend komplexen Umfeld, in: MTP (Hrsg.), Marketing 2000. Perspektiven zwischen Theorie und Praxis, Wiesbaden 1987, S. 169 - 182.

Stauss, B. (1994): Marketing und TQM, in: Marketing-ZFP, 16. Jg. 1994, Heft 3, S. 147 - 159.

Steffenhagen, H. (1978): Wirkungen absatzpolitischer Instrumente, Stuttgart 1978.

Steinmann, H./*Schreyögg,* G. (1993): Management. Grundlagen der Unternehmensführung, 3. Aufl., Wiesbaden 1993.

Tietz, B. (1987): Wege in die Informationsgesellschaft, Stuttgart 1987.

Toffler, A. (1987): Die dritte Welle, München 1987.

Topritzhofer, E. (1978): Die Formulierung und empirische Ermittlung absatzwirtschaftlicher Reaktionsfunktionen, in: WISU, Heft 12/1977, S. 150 - 157 und 1/1978, S. 6 - 11.

Urban, G. (1968): Marketing Decision Making, Englewood Cliffs 1968.

Wildemann, H. (1994): Lean-Management – Entwicklungstendenzen für die Zulieferindustrie, in: Belz, C./Schögel, M./Kramer, M. (Hrsg.): Lean-Management und Lean-Marketing, 1994, S. 182 - 189.

Zentes, J. (1984): Technologiedynamik und Marktforschung, in: ders. (Hrsg.): Neue Informations- und Kommunikationstechnologien in der Marktforschung, Berlin u.a. 1984.

Marketing und Wettbewerbsvorteile

Gedanken zur Generierung von Wettbewerbsvorteilen durch ganzheitlich orientiertes Marketing

Von Hans Hörschgen und Ralf Steinbach

1. Vorbemerkung

(1) Das Marketing bildet gerade in jüngerer Zeit vermehrt den Gegenstand einer kontrovers geführten Diskussion. Einige Fachvertreter sprechen von einem neuen Bedeutungsinhalt bzw. von einem Paradigmenwechsel (vgl. Tietz, 1993(a), S. 149ff. und 1993(b), S. 221ff.) oder einer neuen Ausprägung des Marketing und bringen dies in innovativen „Kunstbegriffen“ wie z.B. Neomarketing (vgl. Magyar 1985, S. 66ff.) oder New Marketing (vgl. Volk, 1990, S. 346ff.) zum Ausdruck. Andere Autoren, wie z.B. Gerken (1990(a) und 1990(b), S. 42ff.), fordern gar einen „Abschied vom Marketing“.

So unterschiedlich und umstritten die einzelnen Auffassungen auch sein mögen, gemeinsam ist ihnen eine Kritik an der Fähigkeit des traditionellen Marketing, einen Beitrag zur Erzielung und Sicherung langfristiger *Wettbewerbsvorteile* zu leisten. Hier knüpft auch der vorliegende Beitrag an: Ausgangspunkt ist dabei die Beschreibung der bisherigen Entwicklungen im Marketing unter dem spezifischen Blickwinkel, Ansatzpunkte für Wettbewerbsvorteile zu identifizieren. Die so gewonnenen Erkenntnisse sollen daraufhin überprüft werden, ob sich auf ihrer Basis ein Konzept entwickeln läßt, das als Entscheidungshilfe für die Generierung von Wettbewerbsvorteilen dienen kann.

(2) Versucht man, die vielschichtigen Entwicklungslinien des Marketing seit seinem Ursprung zu systematisieren, so lassen sich drei klar voneinander abgrenzbare Dimensionen unterscheiden (vgl. Abb. 1).

- Zum einen hat der Marketing-Gedanke eine Ausweitung in *institutioneller Hinsicht* erfahren, indem er sich – ausgehend von der Konsumgüter- und speziell der Markenartikelindustrie – nach und nach auch in anderen Wirtschaftszweigen sowie in Non-Business-Organisationen etablierte.
- Zum anderen wurde die Marketing-Denkhaltung und -Gestaltungstechnik von ihrem ursprünglichen Anwendungsfeld, dem Absatzbereich der

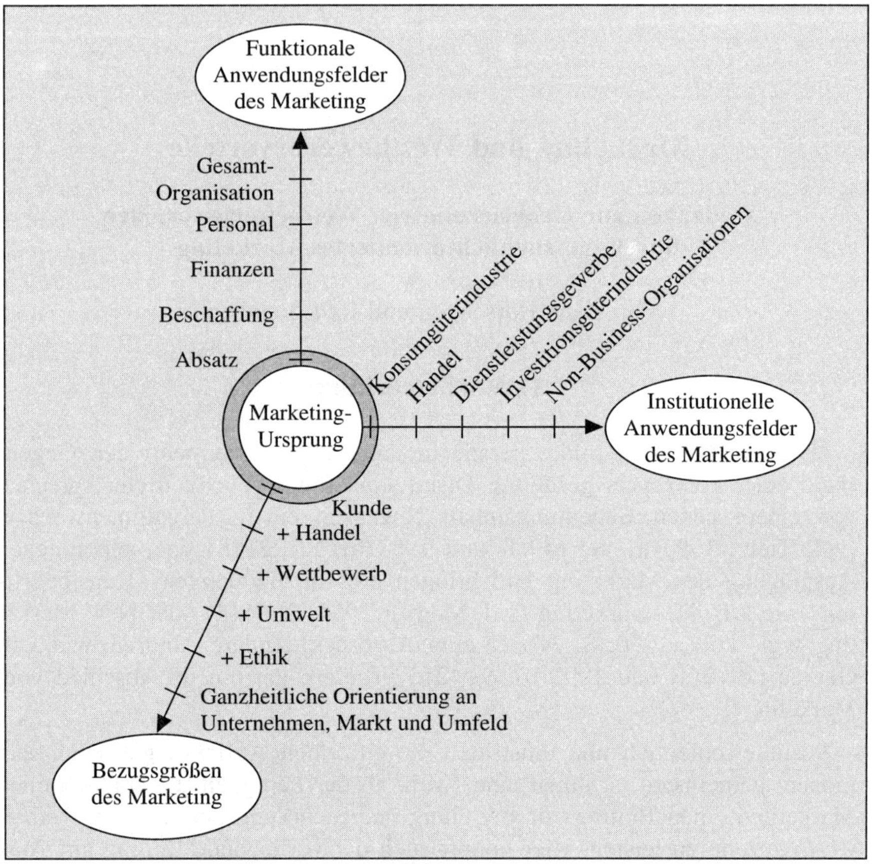

Abbildung 1: Dimensionen der Marketing-Entwicklung

Unternehmen, analog auf *andere Funktionsbereiche* und – als Konzept der Unternehmensführung – auf die Gesamt-Organisation übertragen.

- Bei der dritten hier unterschiedenen Dimension handelt es sich um die bei Marketing-Entscheidungen zu berücksichtigenden *Bezugsgrößen,* bei denen sich eine Entwicklung von einer reinen Kundenorientierung zu einer ganzheitlichen Orientierung feststellen läßt (vgl. Hörschgen u.a. 1993, S. 14 ff.).

Kann die Ausweitung der Anwendungsfelder des Marketing sowie der Institutionen, die Marketing als Problemlösung einsetzen, als *Broadening the Concept of Marketing* umschrieben werden, so lassen sich die Veränderungen im Hinblick auf die Bezugsgrößen des Marketing als *Deepening the*

Concept of Marketing interpretieren (vgl. Kotler/Levy, 1969, Weinhold-Stünzi, 1978, Bruhn/Tilmes, 1994).

(3) Von diesen Dimensionen sind vor allem die *Bezugsgrößen des Marketing* für die Erzielung von Wettbewerbsvorteilen relevant, da sie jene Größen kennzeichnen, die den Orientierungsrahmen für Marketing-Entscheidungen darstellen. Allerdings erscheint eine ausschließliche Orientierung an den *Bezugsgrößen* nicht auszureichen, um sich gegenüber Wettbewerbern am Markt zu positionieren und Wettbewerbsvorteile aufzubauen; denn die Bezugsgrößen sagen zwar aus, an *welchen* Relevanzfaktoren sich Entscheidungsträger orientieren sollen, sie geben aber keinen Aufschluß darüber, *wie* das unternehmerische Handeln zu gestalten ist, d.h. mit Hilfe welcher *Leistungsgrößen* Wettbewerbsvorteile erzielt werden können.

In den nachfolgenden Ausführungen sollen daher *beide* für die Erzielung von Wettbewerbsvorteilen relevanten Orientierungsdimensionen hinsichtlich ihrer bisherigen Enwicklungen untersucht werden, um dabei einerseits anhand der einzelnen Entwicklungsstadien den *Weg des Marketing* zu charakterisieren sowie andererseits zu versuchen, mit ihrer Hilfe Ansatzpunkte für die Generierung von Wettbewerbsvorteilen aufzuzeigen.

2. Orientierungsdimensionen für die Erzielung von Wettbewerbsvorteilen

2.1 Die Bezugsgrößen

(1) Die Darstellung der Bezugsgrößen im Rahmen von Abb. 1 zeigt, daß das für Marketing-Entscheidungen relevante Umfeld an Komplexität zugenommen hat. Charakterisiert man die einzelnen Entwicklungsstufen, so reichte anfangs, in den 50er und auch noch in den 60er Jahren, eine ausschließliche Fokussierung auf den *Kunden* bzw. vielmehr auf dessen *Kaufkraft* bei unternehmerischen Entscheidungen aus. Die Nachfrage war so groß, daß weniger Produkte hergestellt werden konnten, als der Markt abzunehmen bereit war. Erst nachdem durch Produktivitätssteigerungen der Industrie die Unternehmen mit Absatzschwierigkeiten ihrer Produkte konfrontiert wurden, orientierten sie sich an den *Bedürfnissen der Verbraucher* und versuchten Leistungen zu erbringen, die sich an deren Wünschen orientierten. Die Kunden waren zu diesem Zeitpunkt – vor allem durch das Eintreten immer neuer Wettbewerber in den Markt, die Erweiterung der Angebotspalette und das Entwickeln innovativer Erzeugnisse – nicht mehr darauf angewiesen, Produkte zu erwerben, die ihren Vorstellungen nicht entsprachen.

(2) Seit den 70er Jahren übt zudem der *Handel* einen nachhaltigen Einfluß auf die Marketing-Entscheidungen von Herstellern aus. Auf Grund des

gestiegenen Machtpotentials des Handels ist es für Konsumgüterhersteller zu einer Überlebensfrage geworden, den Handel für sich bzw. zur Listung der eigenen Produkte zu gewinnen. Hinzu kommt, daß der Handel durch seinen direkten Kontakt zu den Bedarfsträgern und den zunehmenden Einsatz neuer Informations- und Datenverarbeitungstechniken (z.B. Warenwirtschaftssysteme) erhebliche Informationsvorteile gegenüber dem Hersteller besitzt. Für diesen ergibt sich hieraus die Notwendigkeit, eine partnerschaftliche Beziehung zum Handel aufzubauen, indem das bislang dominierende verbraucherorientierte Marketing durch ein handelsorientiertes Marketing ergänzt wird (vgl. Nieschlag/Dichtl/Hörschgen, 1994, S. 478ff.).

(3) Zusätzlich zu den Kunden und dem Handel fand in den 80er Jahren mit den *Wettbewerbern* eine weitere Bezugsgröße starke Beachtung. Die Ursachen für diese Ausweitung des Marketing-Blickwinkels liegen vor allem in der Marktsättigung und dem zunehmenden Verdrängungswettbewerb, die mit wirtschaftlicher Rezession, Anstieg der Arbeitslosenquote, Ressourcenverknappung sowie einem gestiegenen Angebot durch ausländische Konkurrenten einhergingen. Unter diesen Bedingungen ergab sich für Unternehmen beispielsweise die Notwendigkeit, auf preisaggressive Verkaufsmethoden eines Wettbewerbers mit einer entsprechenden Verhaltensweise zu reagieren. Häufig zeigte sich auch, daß ein Wettbewerber auf einem Segment Marktanteile aufbauen und eine dominierende Marktstellung einnehmen konnte, wodurch andere, diesem unterlegene Wettbewerber auf andere Segmente bzw. Nischen ausweichen mußten.

(4) Vorangetrieben durch eine gestiegene Sensibilisierung der Gesellschaft gegenüber Umweltbelangen zeichnete sich mit der *Umweltorientierung* Ende der 80er, Anfang der 90er Jahre eine weitere Bezugsgröße des Marketing ab. In zunehmendem Maße sahen sich die Unternehmen veranlaßt, ökologischen Aspekten Rechnung zu tragen (vgl. Steger, 1993, Wicke, 1991). Ein Ergebnis dieser neuen Ausrichtung des Marketing stellte beispielsweise die Substitution des umweltschädlichen FCKW durch umweltschonende Treibgase oder durch (mechanische) Pumpsysteme bei Spraydosen dar. Weiterhin zeigt die Retrodistribution wiederverwertbarer Verpakkungsabfälle durch die *Duale System Deutschland GmbH (DSD)* die Auswirkungen der Ansprüche von Konsumenten nach einem umweltverträglichen Unternehmensverhalten.

(5) In zunehmendem Maße werden im Zusammenhang mit der Diskussion über die Zukunft und die Legitimation des Marketing Forderungen laut, weitere, dem gesellschaftlichen Umfeld zurechenbare Aspekte in das Bezugsgrößenfeld des Marketing aufzunehmen. Dazu gehören beispielsweise die *Sozialverträglichkeit unternehmerischen Handelns,* die *Orientierung an ethischen und moralischen Normen* (vgl. Dichtl, 1991, S. 101ff.) sowie der *Beitrag des Unternehmens zum gesellschaftlichen Wohl.*

(6) Diese bereits offen zutage tretenden Entwicklungen im Hinblick auf die *Bezugsgrößen* des Marketing legen die Vermutung nahe, daß sich die Möglichkeit zur Erzielung von Wettbewerbsvorteilen langfristig nur jenen Unternehmen bieten wird, die ihren Entscheidungen eine *ganzheitliche Orientierung* an Unternehmens-, Markt- und Umfeldaspekten zugrundelegen.

2.2 Die Leistungsgrößen

Nachdem im vorhergehenden Abschnitt die Entwicklung des für Marketing-Entscheidungen und somit für das Erzielen von Wettbewerbsvorteilen relevanten Bezugsgrößenumfeldes dargelegt wurde, soll nun in einer parallelen Betrachtung der Entwicklungsverlauf jener Größen aufgezeigt werden, die die *Art und Weise der Leistungsgestaltung* betreffen.

(1) Reichte es in der Anfangsphase des Marketing auf Grund des Nachfrageüberhangs nach Ende des 2. Weltkriegs aus, Produkte *ohne* auf die *Kunden zugeschnittene Leistungsmerkmale* anzubieten, mußten die Unternehmen mit zunehmender Deckung der Konsumbedürfnisse der Kunden einerseits und steigendem Wettbewerbsdruck zu Beginn der 60er Jahre andererseits vermehrt Produkte anbieten, die eine konkrete *Lösung* spezifischer *Kundenprobleme* ermöglichten. Zur Erreichung dieses Ziels gingen Unternehmen verstärkt zu einer Segmentierung des bislang undifferenziert bearbeiteten Marktes über, um so besser auf die Anforderungen verschiedener Kundengruppen eingehen zu können.

(2) Die ständig wachsende Differenzierung des Marktangebots, die vielfach mit einer Ausrichtung auf immer kleinere Zielgruppen einherging, machte es für Unternehmen zunehmend schwieriger, Vorteile gegenüber den Konkurrenten aufzubauen. Die Mehrzahl der Unternehmen konnten sich nicht länger darauf beschränken, sich lediglich *implizit* an Leistungsgrößen wie Qualität oder Preis zu orientieren, ohne dabei einen für die von ihnen angebotene Leistung dominierenden Faktor herauszustellen; vielmehr waren sie in diesem intensiver werdenden Wettbewerb gezwungen, sich *explizit* auf *eine* Leistungsgröße zu konzentrieren und dies auch durch einen in sich stimmigen Unternehmensauftritt – nach außen und nach innen – zu dokumentieren.

Immer stärker kristallisierte sich eine Polarisierung zwischen *Preis* und *Qualität* als den beiden zentralen Determinanten zur Erzielung von Wettbewerbsvorteilen heraus (vgl. Porter, 1980); die Wettbewerber wurden gewissermaßen in zwei Lager gespalten. Auf der einen Seite positionierten sich jene Anbieter, die durch das Ausschöpfen von Rationalisierungspotentialen und die Realisierung von Kostendegressionseffekten durch hohe Umsatzzahlen eine Kostenführerschaft anstrebten. Bei dieser Strategie dominierte der Preis unter bewußter Vernachlässigung von Qualität, Service und anderen Zusatzleistungen. Auf der anderen Seite versuchten Unternehmen durch eine Differenzierungsstrategie eine bevorzugte Stellung bei den Kunden zu erreichen, indem sie die Qualität ihrer Erzeugnisse sowie den mit dem Angebot von Service und Zusatzleistungen gebotenen Kundennutzen herausstellten. Diese Differenzierung wurde zum einen durch objektive Leistungen erreicht, zum anderen durch subjektive Größen wie Image, Prestige oder Erlebniswerte.

(3) Die dritte Phase im Entwicklungsprozeß der Leistungsgrößen leiteten japanische Anbieter ein. Nachdem diese in der Lage waren, Produkte mit einem hohen Qualitätsstandard bei *gleichzeitig* günstigem Preis anzubieten, ließen sich ausschließlich durch Qualität bzw. Service oder Preis nahezu keine Wettbewerbsvorteile mehr erzielen.

(4) In dieser Situation, in der 70 - 80% der Märkte ihre Sättigungsphase erreicht hatten, trug der Erfolg der Japaner zu einer weiteren Erhöhung der Wettbewerbsintensität bei und führte so relativ schnell zu einer vierten Stufe des Entwicklungsprozesses der Leistungsgrößen, der *Zeitorientierung* (vgl. Hörschgen, 1995, Istvan, 1993, S. 559ff.).

Die Chance, Wettbewerbsvorteile aufzubauen, beschränkte sich in dieser Phase immer mehr auf das Entwickeln von Innovationen (vgl. Sommerlatte 1988, S. 25). Das dadurch ausgelöste Bestreben der Anbieter, als Erste mit Neuerungen auf den Markt zu kommen, löste eine Innovationsdynamik aus, die ihrerseits eine permanente Verringerung der Produktlebenszyklen zur Folge hat. Dadurch steht den Unternehmen immer weniger Zeit zur Verfügung, in der sie die Aufwendungen für Forschung und Entwicklung amortisieren können (vgl. Bullinger, 1990, Geschka, 1993, S. 17f.). Zugleich aber führen die gestiegenen Ansprüche der Konsumenten an die Produkte hinsichtlich Funktionalität und Handling zu einer technologischen Komplexität, die sich in höherem Entwicklungsaufwand und längeren Entwicklungszeiten niederschlägt – eine Situation, die man als Zeitfalle bezeichnet (vgl. Mackenzie, 1991, Kern, 1992, S. 43, o.V. 1989, S. 32ff.).

Gefördert werden die Dynamisierung und die Notwendigkeit, Zeitvorteile zu realisieren, nicht zuletzt durch geänderte Werte und Erwartungen der Kunden. Sie wollen nicht nur qualitativ hochwertige und preiswerte Produkte, sondern weisen zudem eine ausgeprägte Instant-Mentalität mit dem Ziel einer sofortigen, individualisierten Bedürfnisbefriedigung auf (vgl. Wüthrich, 1991, S. 226).

(5) Durch die Zeitorientierung wird ein erster Schritt in eine neue Dimension des Wettbewerbs beschritten, bei der Anbieter durch eine *ganzheitliche Orientierung* an Qualität *und* Kosten *und* Zeit versuchen, den Kunden einen zusätzlichen Nutzen zu bieten und sich somit von Konkur-

renten abzuheben (vgl. auch Stalk/Hout 1990, S. 15, Istvan, 1993, S. 559). Jedoch erfordert dieses „Sowohl-als-auch-Verständnis" der Leistungsgrößen Qualität, Kosten und Zeit, deren Zusammenhang in der Literatur auch als „magisches Dreieck" bezeichnet wird (vgl. z.B. Sommerlatte/Mollenhauer, 1992, S. 26), die Entwicklung einer neuen Sichtweise der Beziehungen zwischen ihnen. Während traditionellerweise die Größen in einem ausschließlich konfliktären Verhältnis zueinander gesehen werden – höhere Qualität ist nur durch höhere Kosten sowie größeren Zeitaufwand herbeizuführen –, erachtet man zunehmend auch ein komplementäres Verhältnis der Größen für möglich. Unter diesem neuen Blickwinkel ziehen beispielsweise Beschleunigungen von Prozessen nicht unbedingt Qualitätseinbußen und Kostensteigerungen nach sich; ebenso gehen Kostensenkungen nicht zwingend zu Lasten der Qualität und der Bearbeitungszeit. Vielmehr nimmt man an, daß z.B. durch Total Quality Management (TQM) und durch Lean Management eine Verbesserung der Qualität durchaus mit Kosteneinsparung und Zeitverkürzung verbunden sein kann (vgl. z.B. Engelhardt, 1993, S. 28, Berger/Hirschbach, 1993, S. 136ff., Töpfer/Mehdorn, 1993, S. 47ff., Sommerlatte/Mollenhauer, 1992, S. 26ff.).

3. Die Leistungsgrößen-Bezugsgrößen-Matrix als Entscheidungshilfe für die Generierung von Wettbewerbsvorteilen

3.1 Die Leistungsgrößen-Bezugsgrößen-Matrix

Die Entwicklungen bei den Bezugs- und Leistungsgrößen haben erkennen lassen, daß die an Unternehmen gestellten Anforderungen bei ihrem Bemühen, Wettbewerbsvorteile zu erzielen, zunehmend komplexer werden. Diese Problematik verstärkt sich zusätzlich dadurch, daß es nicht ausreicht, sich lediglich an einer der beiden Dimensionen auszurichten, um erfolgreich zu sein. Vielmehr erfordert die heutige Situation bzw. die nahe Zukunft eine Synthese von Bezugsgrößenorientierung *und* Orientierung an Leistungsgrößen im Sinne eines *ganzheitlich orientierten Marketing.* Erschwerend kommt hinzu, daß beide Dimensionen unterschiedlichen Disziplinen entstammen. Während die Ausrichtung auf Unternehmens-, Markt- und Umfelddimensionen weitgehend eine Domäne des Marketing darstellt, erfolgt die Diskussion über die Qualitäts-, Kosten- und Zeitdimension primär in der mit Management-Aspekten befaßten Literatur.

Insoweit liegt es nahe, durch eine Synthese von Leistungs- und Bezugsgrößen die Erkenntnisse beider Bereiche zu erschließen und so ein – möglicherweise auch in anderen Zusammenhängen sinnvoll verwendbares – Synergiepotential zu schaffen. Visualisiert man diese Zusammenführung von Leistungsgrößen und Bezugsgrößen in Form einer zweidimensionalen

Matrix, so ergibt sich daraus – in bewußter Anlehnung an das strategische Denkraster von Ansoff bzw. die Portfolioanalyse (vgl. hierzu z.B. Ansoff, 1966, Dunst, 1983, Hinterhuber, 1992, Hörschgen u.a. 1993) – ein Modell zur Strukturierung strategischer Meta-Optionen (vgl. Abb. 2).

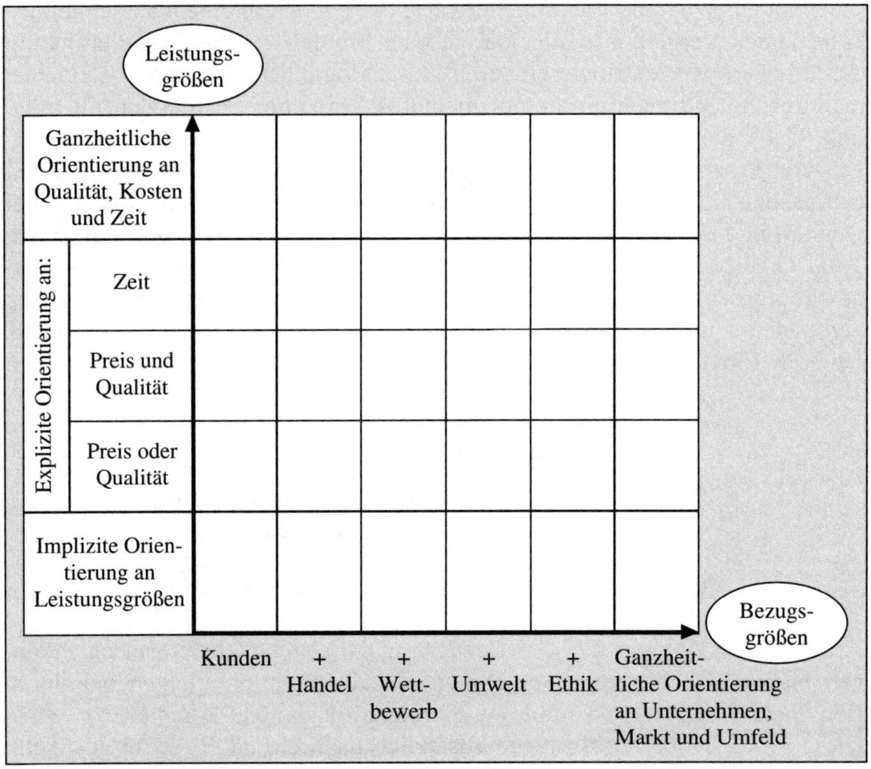

Abbildung 2: Die Leistungsgrößen-Bezugsgrößen-Matrix

3.2 Anwendungsmöglichkeiten der Leistungsgrößen-Bezugsgrößen-Matrix

(1) Angewendet auf ein *einzelnes Unternehmen* bietet die Leistungsgrößen-Bezugsgrößen-Matrix die Möglichkeit, daß das Unternehmen seine eigene Position und die von Wettbewerbern in der Matrix abbildet. Für diejenigen Unternehmen, deren gegenwärtige strategische Positionierung sich als nicht erfolgreich erweist, lassen sich prinzipiell drei Optionen einer strategischen Umorientierung aufzeigen (vgl. Abb. 3). Eine erste besteht darin, sich gewissermaßen auf *horizontaler* Ebene zu entwickeln und vermehrt nach einer ganzheitlichen Orientierung an den Bezugsgrößen zu streben.

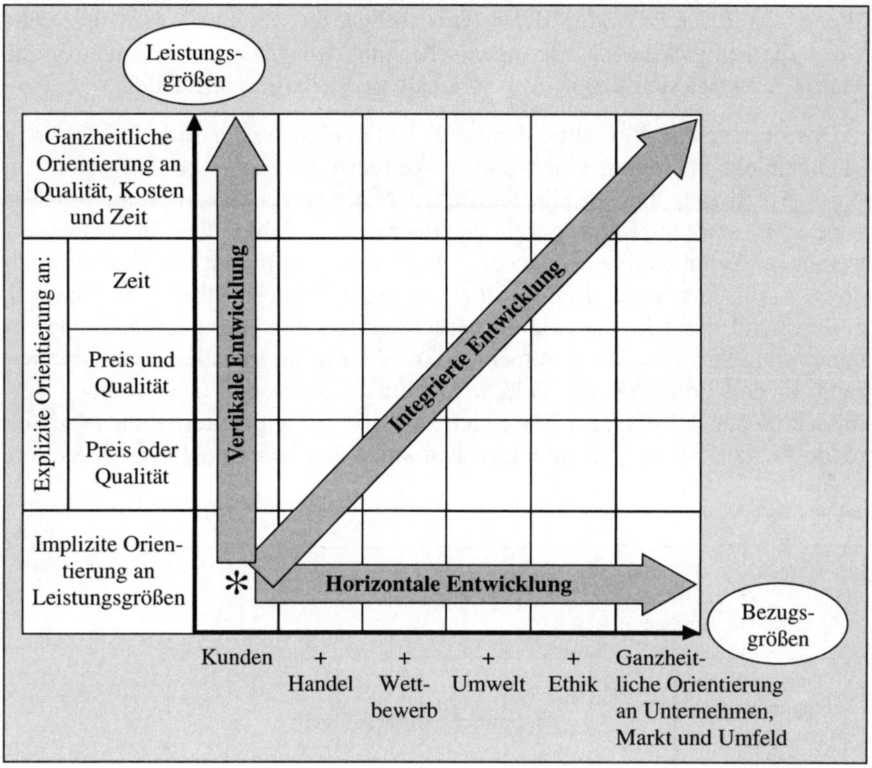

Abbildung 3.: Die Leistungsgrößen-Bezugsgrößen-Matrix als Rahmen für die Ableitung strategischer Meta-Optionen

Daneben bietet sich dem Unternehmen in *vertikaler* Hinsicht die Möglichkeit, verstärkt in die Optimierung der Leistungsgrößen Qualität, Kosten und Zeit zu investieren, um sich so Wettbewerbsvorteile zu schaffen. Eine weitere strategische Option stellt die *Integration* beider Entwicklungsrichtungen dar; hier sind Leistungsgrößen und Bezugsgrößen zu kombinieren, wobei das jeweilige Gewicht der Orientierungsdimensionen und die zeitliche Abfolge ihrer Einbeziehung individuelle Gestaltungsmöglichkeiten bietet (vgl. zu ähnlichen Überlegungen Gilbert/Strebel, 1985). Welche der drei strategischen Meta-Optionen ein Unternehmen wählen sollte, richtet sich nach dessen situativen Gegebenheiten, d.h. nach den eigenen Potentialen und der Position der Wettbewerber sowie sonstigen relevanten Umfeldbedingungen.

(2) Neben der einzelwirtschaftlichen Analyse der Position von Unternehmen und der darauf aufbauenden Ableitung strategischer Handlungsoptionen bietet sich die Leistungsgrößen-Bezugsgrößen-Matrix auch zur Untersu-

chung von *Branchen* oder *Wirtschaftszweigen* an. Projiziert man beispielsweise die Entwicklungspfade japanischer und deutscher Unternehmen in die Matrix, so zeigt sich das in Abb. 4 idealtypisch dargestellte Bild.

Das strategische Verhalten deutscher Unternehmen nach dem 2. Weltkrieg scheint nicht nur durch einen hohen Wettbewerbsdruck, sondern vor allem von gesetzlichen und gesellschaftlichen Normen geprägt zu sein. Letztere wurden in starkem Maße durch die Intervention zahlreicher Interessenvertretungen, Schutzverbände etc. beeinflußt und lassen sich als eine Begründung dafür ins Feld führen, daß deutsche Unternehmen ihr Handeln anscheinend vermehrt auf die zu berücksichtigenden *Bezugsgrößen* ausrichteten, während sie andere Aspekte, vor allem eine ganzheitliche Orientierung an den drei *Leistungsgrößen* Qualität, Kosten und Zeit vielfach vermissen ließen. Dieses im Vergleich zu japanischen Unternehmen gravierende Defizit bei den Leistungsgrößen stellt eine zentrale Herausforderung

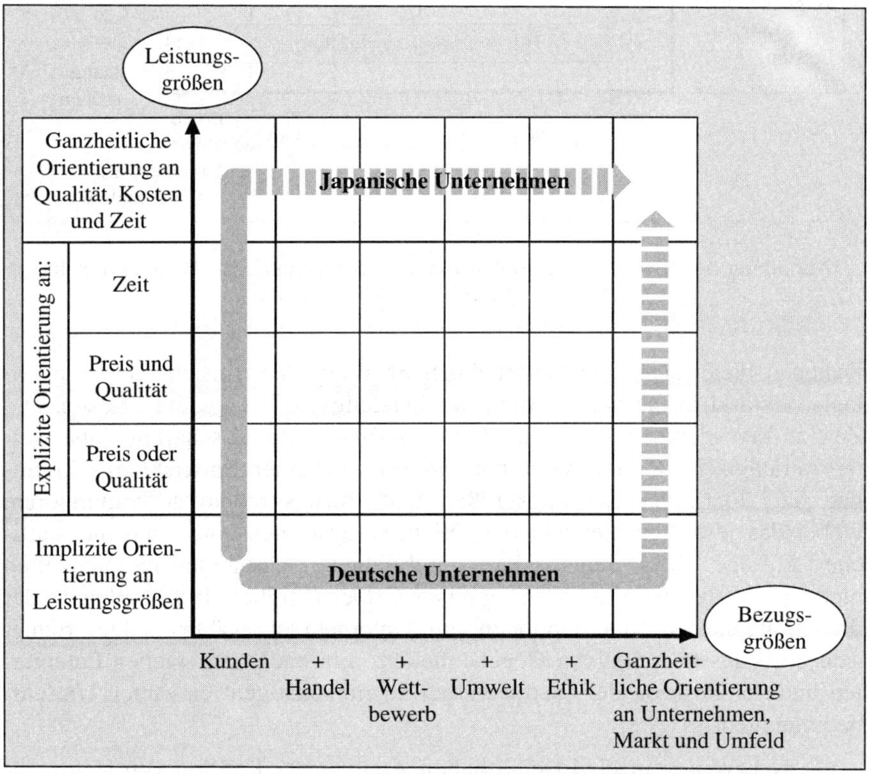

Abbildung 4: Die Leistungsgrößen-Bezugsgrößen-Matrix als Erklärungsansatz der Entwicklungspfade deutscher und japanischer Unternehmen

an deutsche Unternehmen dar, der sie sich – wenn sie ihre Wettbewerbsposition verbessern wollen – stellen müssen.

Eine gewissermaßen spiegelbildliche Entwicklung läßt sich für japanische Anbieter annehmen. Diese konnten sich – weitgehend geschützt vor wirtschaftspolitischen und gesellschaftlichen Einwirkungen durch das starke japanische Wirtschafts- und Handelsministerium *MITI* – scheinbar unbeeinflußt entwickeln und der Ausgestaltung der *Leistungsgrößen* durch eine Optimierung interner Abläufe und Methoden mehr Aufmerksamkeit schenken, als es deutsche Unternehmen vermochten. Jedoch steht zu vermuten, daß dieser Protektionismus zu einer Vernachlässigung von relevanten Umfeldgegebenheiten wie z.B. ökologischen oder anderen gesellschaftlichen Aspekten geführt hat, welche durch ein verändertes Wertesystem der Gesellschaft – und somit auch der Kunden – langfristig an Bedeutung gewinnen werden.

Diese Analyse legt die Vermutung nahe, daß der Vorsprung japanischer Unternehmen hinsichtlich der Qualitäts-, Kosten- und Zeitaspekte beim Prozeß der Leistungserbringung zu Lasten einer Berücksichtigung von externen Rahmenbedingungen (Umwelt, Sozialverträglichkeit unternehmerischen Handelns, ethische Normen etc.) ging. Hierdurch eröffnet sich eine Chance für deutsche Unternehmen, ihre schon verloren geglaubte internationale Wettbewerbsfähigkeit dadurch wiederzuerlangen, daß sie ihr Defizit hinsichtlich der Optimierung von Qualität, Kosten und Zeit schneller kompensieren als japanische Unternehmen ihre Schwäche hinsichtlich einer ganzheitlichen Orientierung an Unternehmen, Markt und Umfeld.

Literaturverzeichnis

Ansoff, H. I. (1966): Management Strategie, München 1966.

Berger, R./*Hirschbach,* O. (1993): Time-Cost-Quality Leadership, in: Seghezzi, H. D./Hansen, J. R. (Hrsg.): Qualitätsstrategien – Anforderungen an das Management der Zukunft, München/Wien 1993, S. 129 - 147.

Bruhn, M./*Tilmes,* J. (1994): Social Marketing – Einsatz des Marketing für nichtkommerzielle Organisationen, 2. Aufl., Stuttgart u.a. 1994.

Bullinger, H.-J. (1990) (Hrsg.): IAO-Studie F&E-heute – Industrielle Forschung und Entwicklung in der Bundesrepublik Deutschland, Stuttgart 1990.

Dichtl, E. (1991): Der Weg zum Käufer, 2. Aufl., München 1991.

Dunst, K. (1983): Portfolio-Management – Konzeption für die strategische Unternehmensplanung, Berlin u.a. 1983.

Engelhardt, W. (1993): Herausforderungen des Total Quality Management aus wettbewerbsorientierter Sicht, in: Meffert, H./Wagner, H./Backhaus, K. (Hrsg.): Kosten, Qualität und Zeit als Wettbewerbsvorteile – Was bringt Total Quality

Management, Dokumentationspapier Nr. 75 der wissenschaftlichen Gesellschaft für Marketing und Unternehmensführung e.V., Münster 1993, S. 21 - 32.

Gerken, G. (1990(a)): Abschied vom Marketing – Interfusion statt Marketing, Düsseldorf 1990.

— (1990(b)): Abschied vom Marketing – 1. Die Ablösung des „Marketing" durch „...", in: Marketing Journal, 24. Jg. (1990), Nr. 1, S. 42 - 47.

Geschka, H. (1993): Wettbewerbsfaktor Zeit – Beschleunigung von Innovationsprozessen, Landberg am Lech 1993.

Gilbert, X./*Strebel,* P. J. (1985): Outpacing Strategies, IMEDE – Perspectives for Managers, o.Jg. (1985), No. 2.

Hinterhuber, H. H. (1992): Strategische Unternehmensführung, Band I.: Strategisches Denken – Vision, Unternehmenspolitik, Strategie, 5. Aufl., Berlin/New York 1992.

Hörschgen, H. (1995): Timing, in: Köhler, R./Tietz, B./Zentes, J. (Hrsg.): Handwörterbuch des Marketing (HWM), 2. Aufl., Stuttgart 1995 (im Druck).

Hörschgen, H. u.a. (1993): Marketing-Strategien – Konzepte zur Strategienbildung im Marketing, 2. Aufl., Ludwigsburg/Berlin 1993.

Istvan, R. L. (1993): Zeit: Die vierte Dimension des Wettbewerbs, in: Oetinger, B. v. (Hrsg.): Das Boston Consulting Group Strategie-Buch – Die wichtigsten Managementkonzepte für den Praktiker, Düsseldorf u.a. 1993, S. 559 - 564.

Kotler, Ph./*Levy,* S. J. (1969): Broadening the Concept of Marketing, in: Journal of Marketing, Vol. 33, Jan. 1969, S. 10 - 15.

Kern, W. (1992): Die Zeit als Dimension betriebswirtschaftlichen Denkens und Handelns, in: DBW, 52. Jg. (1992), Nr. 1, S. 41 - 58.

Mackenzie, R. A. (1991): Die Zeitfalle, 10. Aufl., Heidelberg 1991.

Magyar, K. M. (1985): Das Marketing-Puzzle – Und wie man es sinnvoll zusammensetzt, Landsberg am Lech 1985.

Nieschlag, R./*Dichtl,* E./*Hörschgen,* H. (1994): Marketing, 17. Aufl., Berlin 1994.

Porter, M. E. (1980): Competitive Strategy, New York 1980.

Sommerlatte, T. (1988): Visionen des Wandels, in: Little, A. D. (Hrsg.): Management des geordneten Wandels, Wiesbaden 1988, S. 20 - 35.

Sommerlatte, T./*Mollenhauer,* M. (1992): Qualität, Kosten, Zeit – Das magische Dreieck, in: Little, A. D. (Hrsg.): Management von Spitzenqualität, Wiesbaden 1992, S. 26 - 36.

Stalk, G./*Hout,* T. M. (1990): Zeitwettbewerb – Schnelligkeit entscheidet auf den Märkten der Zukunft, Frankfurt am Main/New York 1990.

Steger, U. (1993): Umweltmanagement, 2. Aufl., Frankfurt am Main 1993.

Tietz, B. (1993(a)): Die bisherige und künftige Paradigmatik des Marketing in Theorie und Praxis – Erster Teil: Zur bisherigen Entwicklung und derzeitigen Situation des Marketing, in: Marketing ZFP, 15. Jg. (1993), Nr. 3, S. 149 - 163.

— (1993(b)): Die bisherige und künftige Paradigmatik des Marketing in Theorie und Praxis – Zweiter Teil: Zur künftigen Entwicklung des Marketing, in: Marketing ZFP, 15. Jg. (1993), Nr. 4, S. 221 - 237.

Töpfer, A./*Mehdorn,* H. (1993): Total Quality Management – Anforderungen und Umsetzung im Unternehmen, 2. Aufl., Neuwied/Kriftel/Berlin 1993.

Volk, H. (1990): New-Marketing – Damit die Kundennähe stimmt, in: Markenartikel, 52. Jg. (1990), Nr. 7., S. 346 - 348.

Weinhold-Stünzi, H. (1978): Marketing in neuen Dimensionen?, in: Weinhold-Stünzi, H. (Hrsg.): Unternehmung und Markt, Zürich 1978.

Wicke, L. (1991): Umweltökonomie, 3. Aufl., München 1991.

Wüthrich, H. A. (1991): Neuland des strategischen Denkens – Von der Strategietechnokratie zum mentalen Management, Wiesbaden 1991.

o.V. (1989): Das Timing der Marketing-Prozesse – Zeitwettbewerb, Zeitstrategie, Zeitfalle, in: asw, 32. Jg. (1989), S. 32 - 41.

Positionierung und Segmentierung

Beispielhafte Erfahrungen aus dem Praxis-Einsatz mehrdimensionaler Modelle

Von Rudolf Schobert

1. Positionierungs-Modelle

1.1 Zur Entstehungs-Geschichte

Positionierung, Segmentierung und Differenzierung gehören heute zu den unverzichtbaren Instrumenten der „Marketing-Kunst". Produkt-Werbeaussagen, Marken- und Unternehmensstrategien fixieren „Positionen" im Markt, im Marktmodell und letztlich in der Vorstellungswelt von Konsumenten, Nicht-Konsumenten, Kunden und Nicht-Kunden (vgl. *Nieschlag/Dichtl/Hörschgen,* 1994, S. 88 ff.).

Diese Konstrukte, die heute den Rang von Selbstverständlichkeiten einnehmen, verdanken ihre Entstehung (Ende der 60er/Anfang der 70er Jahre) der Suche nach verbesserten Ansätzen zur Profilierung von Produkten und Marken im Präferenz-Portfolio von Verbrauchern, Käufern und Kunden (vgl. *Dichtl/Müller-Heumann,* 1972).

Anfang bis Mitte der 70er Jahre entstanden Zug um Zug methodische Werkzeuge und Verfahren, die zur Quantifizierung, zur simultanen Verarbeitung mehrerer Marken und ihrer Wettbewerbsrelationen beitrugen.

Die Reduzierung komplexer Datenstrukturen, die räumliche Darstellung und Visualisierung von Marken, Konsumenten und ihren Präferenzen mit Hilfe multivariater Analyseverfahren führte zu einem Typus völlig neuer Marktmodelle (vgl. *Reutterer,* 1994 u.a. die dort angegebene Literatur).

Angestoßen durch die räumlichen, meist zwei- und dreidimensionalen Markt-Abbildungen, entstanden Arbeitsmaximen zur Optimierung der strategischen Markt-Positionen.

Zum klassischen Marketing-Instrumentarium, der Produkt-, Konditionen-, Vertriebswege- und Kommunikationspolitik kamen Ansätze zur Profilierung von Produkten, zur Aufteilung von Zielgruppen in Segmente und Typologien hinzu (vgl. *Dichtl/Müller-Heumann,* 1972).

1.2 Positionierung und Segmentierung heute

Wie viele neue Begriffe unseres Alltags, die komplexe Sachverhalte in anschauliche Formen kleiden, blieben auch die ursprünglich sehr eng gefaßten Begriffe „Positionierung“ und „Segmentierung“ von „Inflations“-Einflüssen nicht verschont.

So verwundert es nicht, daß „Positionierung“ heute jede Art von Gestaltungs- und Beobachtungsinstrumenten umschreibt, die gedachte, skizzierte, gezeichnete, errechnete, angestrebte oder realisierte Markt-Phänomene ausdrücken. Daher spielt es keine Rolle, ob diese lediglich aus subjektiver Einschätzung, auf der Basis repräsentativer Stichproben oder durch objektive Meßkriterien entstehen.

Insbesondere zweidimensionale Darstellungen sind einfach, anschaulich und erleichtern die Kommunikation komplexer Wettbewerbsverhältnisse (vgl. Abb. 1).

Nicht wesentlich anders stellt sich die inhaltliche Entwicklung der Begriffe Segmentierung und Differenzierung dar. Auch hier bestehen gleitende Übergänge und die Begriffs-Inflation trägt ein übriges dazu bei.

1.3 Begriffs-Abgrenzung und -Definitionen

Unter *Positionierungs-Modellen* im engeren Sinne verstehen wir analytisch erstellte Abbildungen der Ordnungs- und Beurteilungs-Schemata, die sich Konsumenten, Käufer etc. (= Individuen) in der bewußten oder unbewußten Auseinandersetzung mit Produkten, Marken, Unternehmen oder anderen Individuen (alle bezeichnet als „Objekte“) erarbeiten (vgl. *Köhler,* 1988; *Trommsdorff,* 1992; *Green/Carmone,* 1972).

Diese Beurteilungsschemata verkörpern ein wertendes Komprimat einer Vielzahl nach außen nicht dargestellter subjektiver Einzelmessungen von Teil- und Detailkomponenten der zur Bewertung, d.h. zum Vergleich anstehenden Objekte (Produkte, Marken etc.). Das Komprimat enthält zahlreiche Abwägungen (trade offs), die weder expliziert noch formal kommuniziert werden oder werden können (*o. V.,* 1994, S. 22).

Zur Erzeugung der Abbildungen zieht man entweder Profildaten, d.h. Objektbewertungen anhand von Merkmalssätzen, oder Ähnlichkeitsdaten, den Vergleich von Objekt-Paaren (globale Ähnlichkeiten oder Unähnlichkeiten, Substitutionsneigungen, Markenwechsel, Kaufhäufigkeiten u.ä.), oder beide Datenformen heran. Mit den Rechenverfahren der Multivariaten-Datenanalyse und deren Derivaten erfolgt die Rekonstruktion des „Gedachten“, „Erlebten“, „Wahrgenommenen“. Produkte, Marken, Konsumenten finden sich als Punkte oder Vektoren in mehrdimensionalen Räumen dargestellt

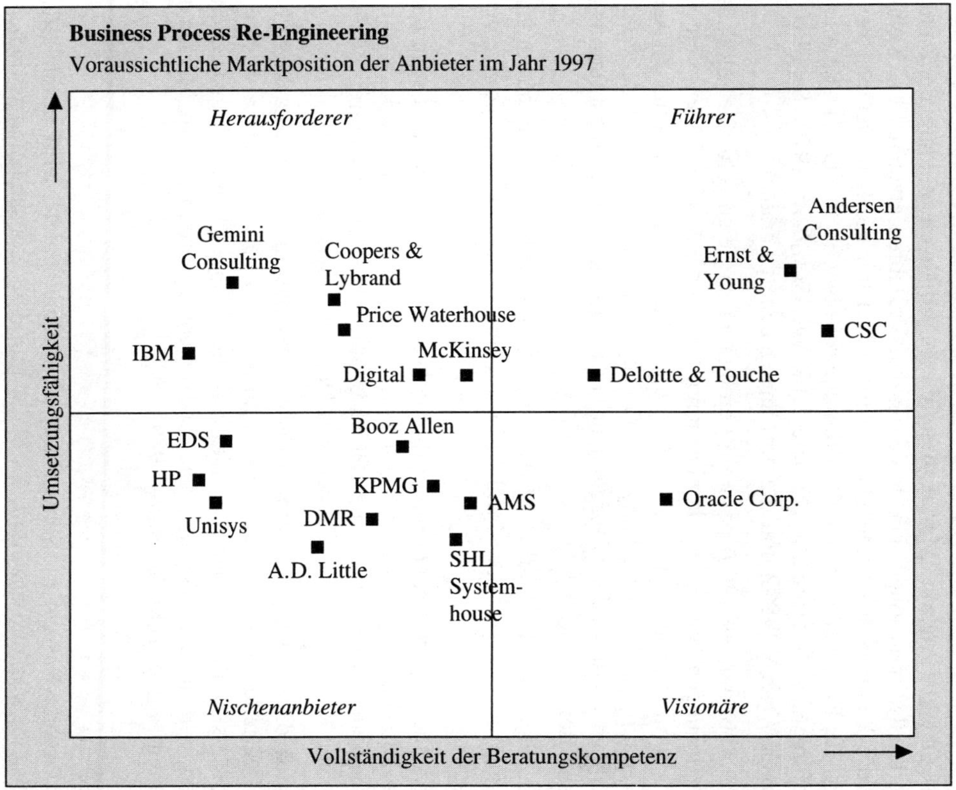

Quelle: Gartner Group – Handelsblatt 21.6.1994, S. 22

Abbildung 1: Beispiel für eine spekulative „Positionierung“

(vgl. *Dichtl/Schobert,* 1979; *Hruschka/Natter,* 1993; *Green/Wind,* 1973; *Saurwein/Hönekopp,* 1990).

Geeignete Verfahren rekombinieren die erhobenen, gemessenen, objektiven und/oder subjektiv wahrgenommenen Merkmale jedes Objektes, so daß die Relationen der Objekte zueinander rekonstruiert und abgebildet werden können.

Jedes Objekt (Produkt, Marke, Individuum) erhält einen Platz im Raum der Merkmalsdimensionen. Die multivariaten Verfahren erzeugen ein Komprimat des komplexen Raumes, so daß möglichst nur die Dimensionen verbleiben, die Beschreibungs- und Erklärungsbeiträge für die Objekt-Relationen liefern (Zur Interpretationsproblematik vgl. *Schobert,* 1979, S. 186ff. und *Green/Krieger,* 1992 und die dort angegebene Literatur).

Diese Abbildungen verkörpern ein vereinfachtes, gleichwohl alle relevanten Beziehungen zwischen konkurrierenden Marken (Produkten) eines Marktes umfassendes räumliches Gebilde, den Merkmals-Raum. Dieser Raum erlaubt die Beschreibung der Objekte (Marken etc.) und der zwischen ihnen bestehenden Beziehungen (z.B. Konkurrenz-, Substitutions-, Präferenz-Beziehungen).

Positionierung als Marketing-Aufgabe befaßt sich mit der bewußten Gestaltung der Marken oder Produkt-Positionen in der Vorstellungswelt der Individuen.

Im Rahmen der *Segmentierung* (als Marketing-Strategie) betreibt man die *gesteuerte* Bildung von Untergruppierungen innerhalb eines Marktes, d.h. durch gezieltes Hinzufügen eines Objektes mit einem oder mehreren neuen Merkmalen kann eine neue Gruppe von Objekten entstehen.

Werden diese „neuen" Merkmale von den Konsumenten anerkannt, d.h. in ihr Beurteilungsschema (zusätzlich) aufgenommen, so entsteht ein „Segment", dessen Beschreibung mindestens dieses eine Merkmal zusätzlich erfordert, mit anderen Worten: Die Konsumenten verleihen dem Merkmal Bedeutung (vgl. *Surjan/Bettman,* 1989).

Beispiel:

Die Produkt-Kategorie „Schwarztee im Aufgußbeutel" wird durch eine aromatisierte Variante erweitert. Es bleibt nun dem Konsumenten vorbehalten, dem neuen Merkmal „aromatisiert" Bedeutung zuzusprechen und damit eine *neue Dimension für das Segment* „aromatisierte Schwarztees im Aufgußbeutel" zu manifestieren. Das Segment dokumentiert zunächst die Alleinstellung, zumindest solange, bis es in ähnlicher Form von Wettbewerbern besetzt ist wie der Gesamtmarkt.

Produkt-Differenzierung hingegen beschränkt sich auf Veränderungen der bestehenden Merkmals-Ausprägungen.

Beispiel:

Gelingt es der neuen Produkt-Varietät aus obigem Beispiel nicht, diese neue Dimension zu eröffnen, d.h. die Konsumenten nehmen die Veränderung lediglich als geschmackliche Variation wahr, so erreicht der Artikel nur eine „Produkt-Differenzierung“, die deutlichere Alleinstellung innerhalb eines eigenen Segmentes bleibt ihm versagt.

Die Zielsetzung der Marken-Positionierung, der Segmentierung und Differenzierung besteht in aller Regel in der Schaffung von Präferenzen bei bestimmten, ausgewählten Verbrauchern und Verwendern (Zielgruppen) für das eigene Produkt (vgl. *Böcker,* 1992, S. 883 ff.).

Präferenzbildung und -förderung setzt Kenntnisse der Verbraucherbedürfnisse, Einstellungen und Gewohnheiten voraus (vgl. *Nieschlag/Dichtl/Hörschgen,* 1988, S. 108 ff.).

Durch Steuerung der Komponenten des Marketing-Mix versucht man Markenpositionen und Präferenzstrukturen von Zielgruppen anzunähern. Positionierung impliziert Vergleiche, gegen Wettbewerber, gegen Zielgruppen-Ansprüche und im Zeitablauf (Dynamisierung). Segmentierung und Differenzierung werden im folgenden als Komponenten des Positionierungsprozesses verstanden.

1.4 Die Verknüpfung mit dem Marketing-Mix

Abbildung 2 verdeutlicht das Zusammenspiel von Gestaltungsgrößen (Marken-, Kommunikations-, Vertriebs- und Produktpolitik) und deren Einfluß auf das Marktmodell mit den Zielgruppen-, Image-, Verwendungs- und Kaufverhaltens-Komponenten.

1.5 Zielgruppen, Präferenzen und die Homogenitätsfrage

Käufer und Verwender einer Produkt-Kategorie unterscheiden sich in einer Fülle von Dimensionen, Einstellungen, Verwendungs-, Substitutions-, Kauf- und Media-Gewohnheiten. Eine Teilaufgabe der Positionierung besteht im Aufspüren von Konsumenten-Gruppen ähnlicher Prägung, mit gleichen Ansichten und Präferenzen für einzelne Marken.

Den Positionierungs-Modellen der beschriebenen Art liegt folgende Vorstellung zugrunde: Je näher ein Produkt der Präferenz-Position einer Zielgruppe kommt, umso größer ist die Neigung der Zielgruppe, diese Marke zu bevorzugen. Homogenität der Zielgruppe bedeutet für das Modell gleichförmiges Verhalten im Hinblick auf Verwendung und Kauf.

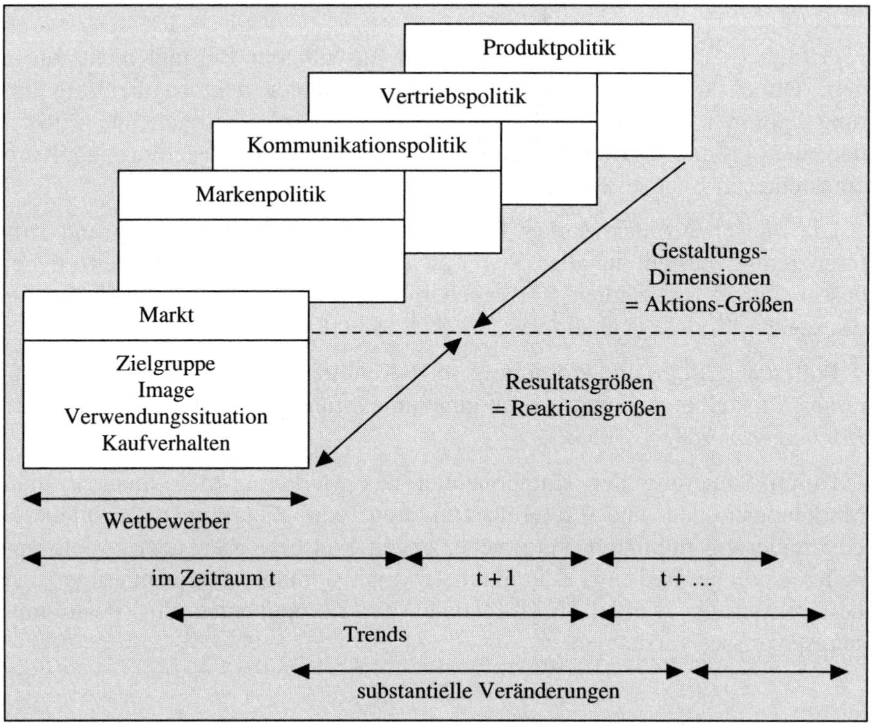

Abbildung 2: Schema zur Verdeutlichung des Zusammenwirkens von Gestaltungs- und Resultatsgrößen in Positionierungsmodellen

1.6 Die wichtigsten künftigen methodischen Aufgabenstellungen

Zunächst bleibt allgemein festzuhalten: „Den Weg", „die Methode" zur Positionierung gibt es nicht und kann es auch nicht geben, da jede Abbildung realen Geschehens zwangsläufig zu Einschränkungen führt, somit gestalt- und diskutierbaren Schranken unterliegt. Trotz der zwischenzeitlich verstrichenen mehr als 25 Jahre seit dem Entwicklungsstart der Positionierungsmodelle bleiben auch heute noch eine Reihe von Fragen offen oder treten im Rahmen des praktischen Einsatzes erstmalig auf.

Zu den wichtigsten Forschungsfeldern zählen (vgl. *Reutterer,* 1994, S. 89ff.):

- Methoden der Marktabgrenzung
  - Bestimmung der wettbewerbsrelevanten Produkte/Marken
  - Berücksichtigung situativer Einflüsse, wie z.B. Verwendungssituationen, Einkaufsstättenwahl etc.

- Zielgruppen-Homogenität
  - Auswahl und Beschreibung
- Abbildung von Präferenz-Ordnungen
  - Bestimmung von adäquaten Metriken, Distanz- und Vektor-Modellen
  - Einbindung interpersoneller Wahrnehmungs- und Präferenz-Unterschiede
  - Umsetzung von Präferenzen in Kaufwahrscheinlichkeiten
  - Erfassung von Interaktions- und Ausgleichseffekten (trade offs)
- Inhaltliche Interpretation der Merkmals- und Präferenzräume
  - sprachlich treffende Umschreibungen komplexer Merkmalsbündel
  - interpersonell kommunizierbare Formulierungen korrelativer Zusammenhänge von Merkmalen
- Neuprodukt-Positionierungen
- allgemeine Gütemaße zur Dokumentation und Bewertung von Ergebnissen
- Verarbeitung lückenhafter Daten
- Validierung der den Positionierungskonstrukten zugrundeliegenden Verhaltensmodelle und ihrer meßtechnischen Annahmen.

Die vorstehende Aufzählung sollte jedoch nicht den Eindruck vermitteln, das Positionierungs-Instrumentarium wäre bislang nicht praxistauglich. Im Gegenteil, es erscheint mehr und mehr wünschenswert und erforderlich, daß für die Positionierungstechniken die Auseinandersetzung mit der täglichen praktischen Anwendung stattfindet und die bislang noch andauernde Phase der „Modellschreinerei" mit Filigran-Optimierungen überwunden wird.

Trotz der genannten, nur teilweise gelösten methodischen Probleme vermittelt das Instrumentarium auch heute schon eine Fülle zusätzlicher Erkenntnisse, die sich bisher allein aufgrund der Datenfülle den Marketing-Verantwortlichen entzogen. Die folgenden Beispiele mögen ein bescheidener Beleg dafür sein.

2. Ausgewählte Beispiele aus dem Praxis-Einsatz

Die folgenden Beispiele verkörpern eine Auswahl besonderer Aspekte des Modell-Einsatzes. Sie stehen *nicht* für die Fülle der Standard-Anwendungen, sondern zeigen das nahezu unerschöpfliche Einsatz-Potential einerseits und den Informationsgewinn andererseits, in allen Fällen jedoch neue Perspektiven der dargestellten Märkte, die bis zum Zeitpunkt der Modell-Vorstellung in dieser Form nicht greifbar waren (Grundlage zu den Analysen bilden Markt-, Media-, interne Unternehmensdaten, Informationen der Verbraucher-Analyse (VA®) und Mediaanalyse (MA®). Zur Wahrung der

Interessen unserer Auftraggeber wurden Produkt- und Markenbezeichnungen teilweise verändert oder neutralisiert, ohne jedoch die methodischen oder empirischen Effekte zu verfälschen.).

2.1 Zielgruppen-Homogenität und Verwendungsintensität

Eine wesentliche Einflußgröße auf das Präferenzverhalten verkörpert besonders bei Konsumgütern die *Verwendungsintensität.* Intensiv-Verwender (heavy user) zeigen häufig andere Präferenzmuster und Einstellungen als gelegentliche Verwender. Zahlreiche Fälle aus dem Lebensmittelbereich zeigen diesen Hebeleffekt überproportionalen Konsumanteils (vgl. Abb. 3).

Das folgende Beispiel zum Käsekonsum verdeutlicht, daß keineswegs selbstverständlich davon ausgegangen werden kann, daß Verwender eines Produktes auch gleichgeartete Interessen, Einstellungen und Mediapräferenzen an den Tag legen.

Ausgangssituation:

22% der Bevölkerung zählen zu den Intensiv-Verwendern von Käse, sie konsumieren ca. 60% des Volumens.

Aufgabenstellung:

Die Konzentration von 60% des Konsums auf 22% der Bevölkerung wirft die Frage auf, inwieweit sich die Gestaltung der Werbebotschaft und die Auswahl der Medien nach der „zu errechnenden mittleren" Verwenderschaft richten darf/kann oder ob die verschiedenen Verwendungsintensitäten aus unterschiedlichen Einstellungen zur Ernährung etc. resultieren und gegebenenfalls auch andere Mediapräferenzen auslösen.

Die klassische Analyse (Auszählungen, Kreuztabellierung etc.) zu Demographie, Einstellungen, Mediaverhalten und Verwendungsintensität erzeugt keine zufriedenstellende Antwort.

Über multivariate Verfahren wurde daher ein Positionierungsraum erstellt, der in simultaner Darstellung sowohl Einstellungen, Medien als auch Verwendergruppen abbildet (vgl. Abb. 4).

Ergebnis:

Die Analyse der Käse-Verwender zeigt, daß Intensiv-Verwender in deutlichem Gegensatz zu gelegentlichen und Mittel-Verwendern stehen. Intensiv-Verwender zeichnen sich durch folgende Einstellungen besonders aus:

- hohes Gesundheitsbewußtsein
- geringes klassisches Rollenverständnis

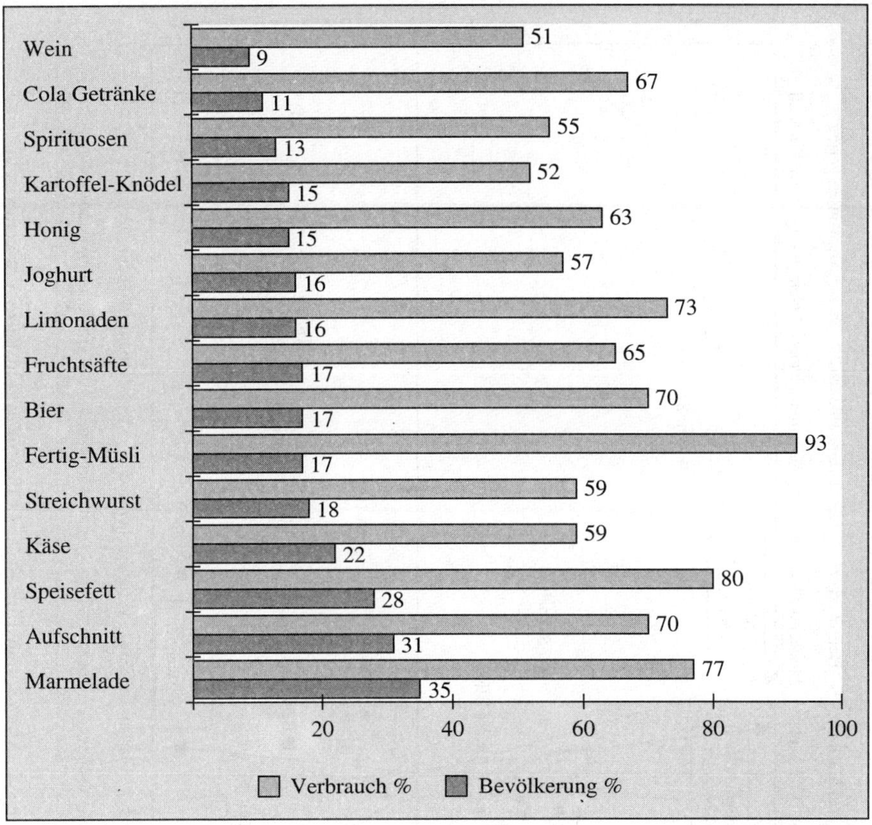

Abbildung 3: Beispiele für Intensiv-Verwender-Anteile

- lesen gerne Bücher
- kaufen bevorzugt Marken
- halten berufliche Fortbildung für wichtig
- gehen gerne Essen
- gehen gerne in Theater, Oper und Konzert
- bezeichnen sich selbst als Kulturfan

Gelegentliche und Mittel-Verwender zeigen gänzlich andere oder konträre Einstellungen und Interessen.

Aus der Positionierungs-Darstellung wird unmittelbar klar, daß eine Botschaft, die sich an „die mittleren Verwender" richtet, an den Interessen der Intensiv-Verwender zwangsläufig vorbeigehen muß.

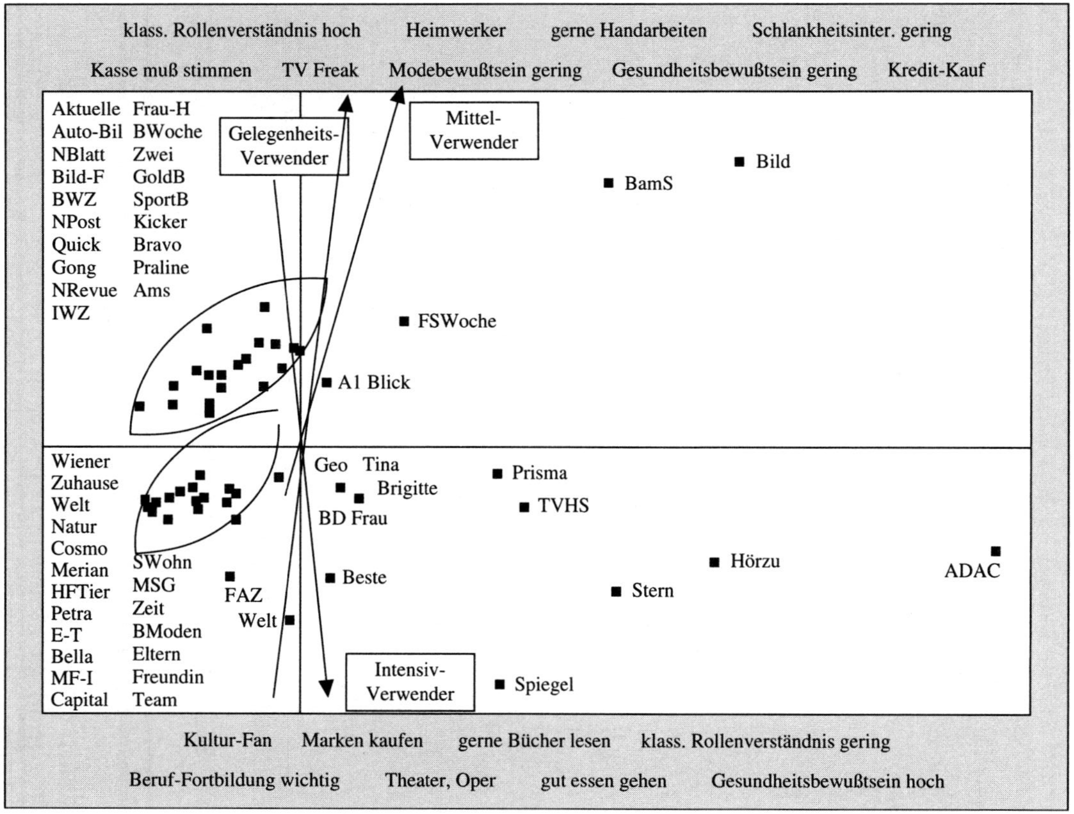

Abbildung 4: Media- und Life-Style-Präferenzen von Käse-Verwendern

Schlußfolgerung:

1. Die Interessenslagen der Teil-Zielgruppen stehen sich konträr gegenüber. Sowohl Einstellungen als auch die präferierten Medien verdeutlichen die unterschiedlichen Interessen der Intensiv-Verwender.

2. Eine attraktive Werbe-Botschaft kann sich in diesen Fällen nur entweder an Intensiv- oder Gelegenheits- und Mittel-Verwender richten. Intensiv-Verwender nützen Spiegel, FAZ, Die Welt, Stern etc., Mittel- und gelegentliche Verwender bevorzugen Bild, Bild am Sonntag, Bild für die Frau u.a.

   Zweifellos käme es einem kreativen Spagat gleich, die Aufmerksamkeit und Identifikation dieser konträren Gruppen mit derselben Werbebotschaft zu erreichen. Zwei konträre Werbeauftritte erlaubt jedoch die Imagegestaltung nicht, so daß die Entscheidung zu Gunsten der Intensiv-Verwender fällt.

3. Mit Konzentration auf die Intensiv-Verwender erreicht man ca. 60% des nationalen Umsatzes.

4. Die Positionierung der Zielgruppen deckt Strukturunterschiede auf und verdeutlicht zugleich die Gefahr, die aus der Verwendung der „mittleren" Verwenderstruktur resultiert.

   Oder kurz: Bei Ausrichtung am „mittleren" Profil liegt man mit Werbebotschaft und -medien genau „daneben".

2.2 Positionierung einer Marke mit Produkt-Varietäten in mehreren Segmenten

Immer wieder stellt sich im Rahmen der Markenführung die Frage nach der Spannweite der unter einem Markendach zu integrierenden Produkt/Marken-Varietäten. Ein Beispiel aus dem Getränkesektor (S) soll die Aufgabenstellung verdeutlichen.

Ausgangssituation:

Die Dachmarke M ist mit verschiedenen Produktvarietäten in drei Segmenten (MV, OS, AS) vertreten. Mehrere qualitative Studien verdeutlichen, daß die Quelle der Markenkraft von M, der primär mit der Marke verbundene Markenkern, aus der Produktkompetenz von M im Segment MV resultiert. Kurz: M bezieht Markenkompetenz und Imagekern aus der Leistung seiner Artikel im Subsegment MV. Tabelle 1 zeigt die Verwendungsintensitäten.

Tabelle 1

Bevölkerungsanteil und Konsumintensitäten der S-Verwender

Verwender	Segment			Einkauf		
	MV	OS	AS	MV	OS	AS
extensive	9	13	11	20	10	10
mittlere	12	18	24	120	10	10
intensive	7	9	17	710	175	165
	Bevölkerungsanteile in %			DM p.a.		

Aufgabenstellung:

Zur Stärkung der Marke M ist eine Kampagne geplant. Die Frage nach den „richtigen" wichtigen Zielgruppen und deren Merkmalen steht zur Beantwortung:

1. Ist es möglich, alle Teilzielgruppen in allen Segmenten mit derselben Werbebotschaft anzusprechen?
2. Wie unterscheidet sich der Intensiv-Verwender von den anderen Verwendern innerhalb der Segmente (Intra-Segment-Homogenität)?
3. Wie unterscheiden sich Intensiv-Verwender zwischen den Segmenten (Inter-Segment-Homogenität)?

Ergebnis:

Die Positionierung erfolgte auf der Basis von Verwendungsintensitäten, Einstellungen und Mediapräferenzen.

Die Abbildungen 5 bis 7 verdeutlichen

1. Die Gruppe der Intensiv-Verwender (ASI, OSI, MVI) zeigt über die Segmentgrenzen hinweg mehr Ähnlichkeit in Einstellungen und Media-Präferenzen als die anderen Verwender (Abb. 5 und 6) innerhalb der Segmente.
2. Hinsichtlich Medien-Präferenz und Einstellungen besteht so gut wie keine Übereinstimmung (Korrelation r = 0,02) zwischen Intensiv- und Mittel-Verwender (Abb. 7).

Schlußfolgerung:

1. Die Intensiv-Verwender der Segmente bilden eine homogenere Gruppe hinsichtlich
   – Verwendungsintensität

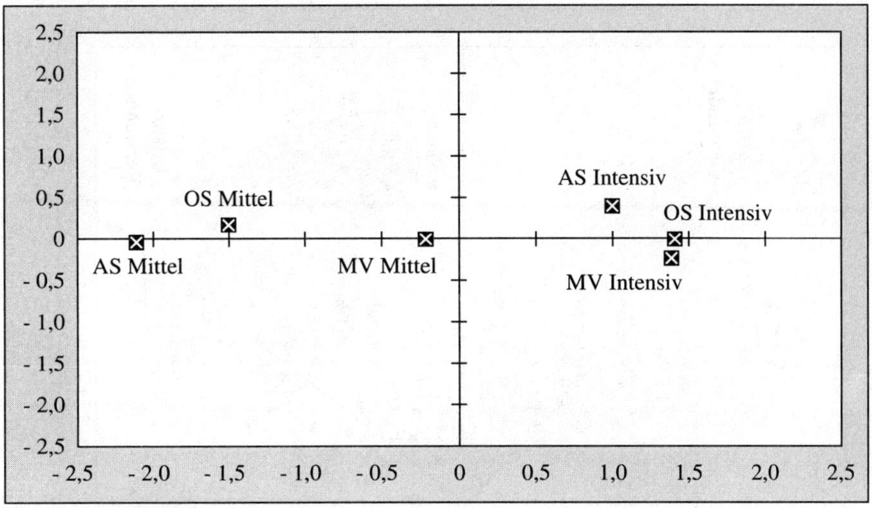

Abbildung 5: Positionierung der S-Verwender nach Segment und Verwendungsintensität

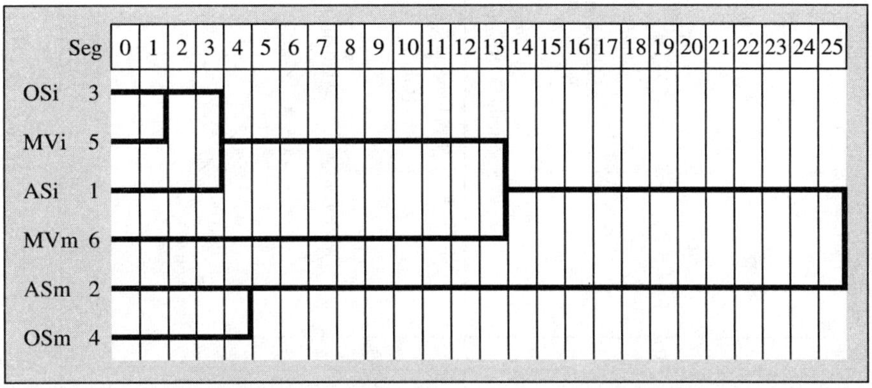

Abbildung 6: Cluster-Analyse der S-Verwender

- Einstellungen
- Medienpräferenzen

als die Mittel-Verwender.

2. Auch die Gruppe Mittel-Verwender zeigt über die Segmentierung hinweg homogene Strukturen, allerdings mit völlig anderen Einstellungen und Medien-Präferenzen.
3. Der Verwendungsintensität kommt höhere Bedeutung zu als der Zugehörigkeit zum Segment. Die Homogenität der Verwendergruppen zwischen

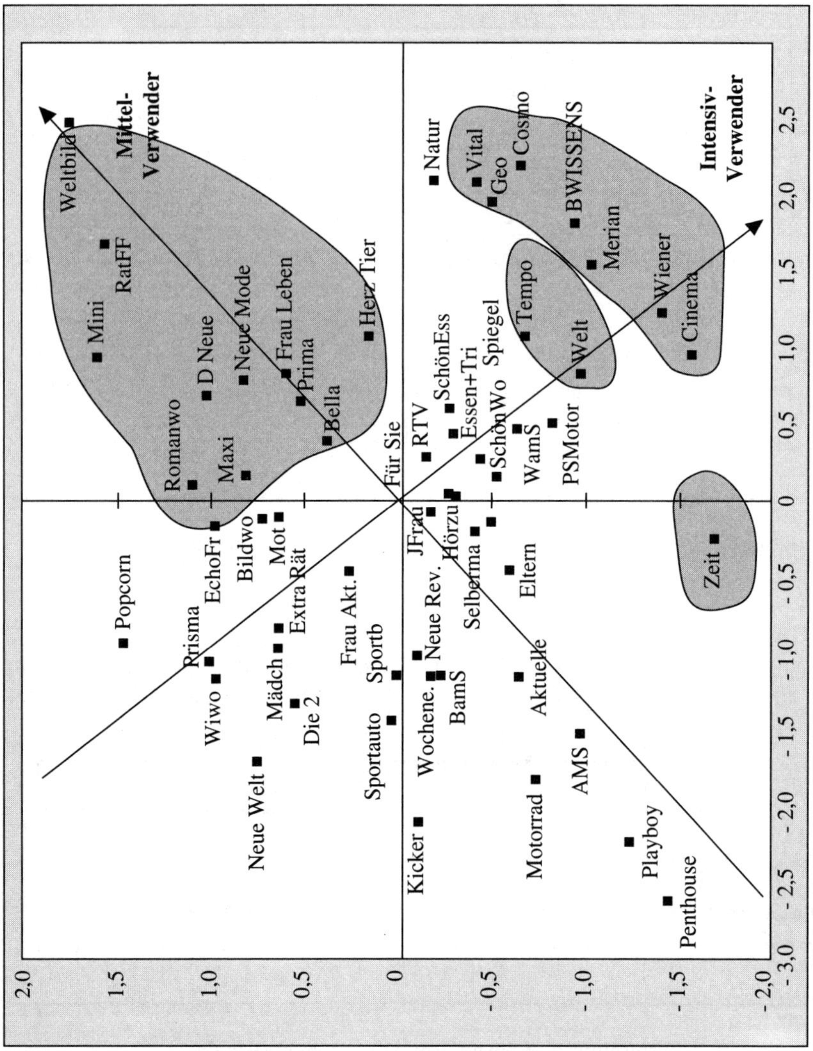

Abbildung 7: Positionierung der Zeitschriften und S-Verwender

den Segmenten (Inter-Segment-Homogenität) ist größer als die Homogenität innerhalb der Segmente (Intra-Segment-Homogenität).

4. Die Werbung für die Marke M richtet sich daher sinnvollerweise an die Gruppe der Intensiv-Verwender, die sich im Beispiel über die Segmente hinweg durch große Homogenität, höchsten Verbrauch und gleichgerichtete Medien-Präferenzen auszeichnet.

2.3 Zielgruppen-Beschreibung mit Medien-Auswahl

Noch in den achtziger Jahren war es kaum möglich, Zielgruppen zur Media-Selektion mit *mehreren komplexen Merkmalen* (Einstellungsdimensionen, Produktinteressen, Medien-Präferenzen etc.) *simultan zu selektieren* und anschließend hinsichtlich der Zielgruppen-Mediaträger-Affinität zu bewerten. „Auszählungen" einzelner Merkmalskombinationen dominierten.

Diese Limitation verdeutlicht die langjährigen Verbindungslücken zwischen Lifestyle-Positionierung und Medienauswahl. Denn die ausführliche Zielgruppenbeschreibung mit komplexen Einstellungsmerkmalen nützt nur bedingt, wenn im Media-Selektionsprozeß genau diese Variablen nicht vollständig simultan verarbeitet werden können.

Das a priori-Verständnis der Media-Planer, geprägt aus Verwendungs- und Demographie-Variablen, bestimmte den Such- und Auszählungsprozeß, da die verfügbaren Programme und Rechner nur eine geringe Anzahl kombinierbarer Variablen zuließen. Die an den vorstehenden Beispielen demonstrierten Verfahren erlauben nicht nur die Verarbeitung komplexer (nicht eindimensionaler) Merkmale, sondern auch die simultane Integration der Medien-Präferenz.

Ausgangssituation:

Die Marke M aus dem Getränkesektor (vgl. 2.2) soll mit 4 Mio DM brutto Media-Spending im Rahmen einer Dachmarken-Kampagne unterstützt werden. Die Kernzielgruppe besteht aus Intensiv-Verwendern mit ca. 76% Verwendungsanteilen.

Aufgabenstellung:

Gesucht wird *die* Mediakombination, die sowohl Kontakte, thematische Einordnung als auch Affinität zur Zielgruppe bestmöglich abdeckt.

Ergebnis:

Unter Einsatz der Daten zur Verwendungsintensität, Einstellungen, Media-Präferenzen sowie unter Berücksichtigung des gegebenen Werbevolumens (4 Mio DM) ergibt sich folgende Kontakt-Affinitäts-Darstellung (vgl. Abb. 8).

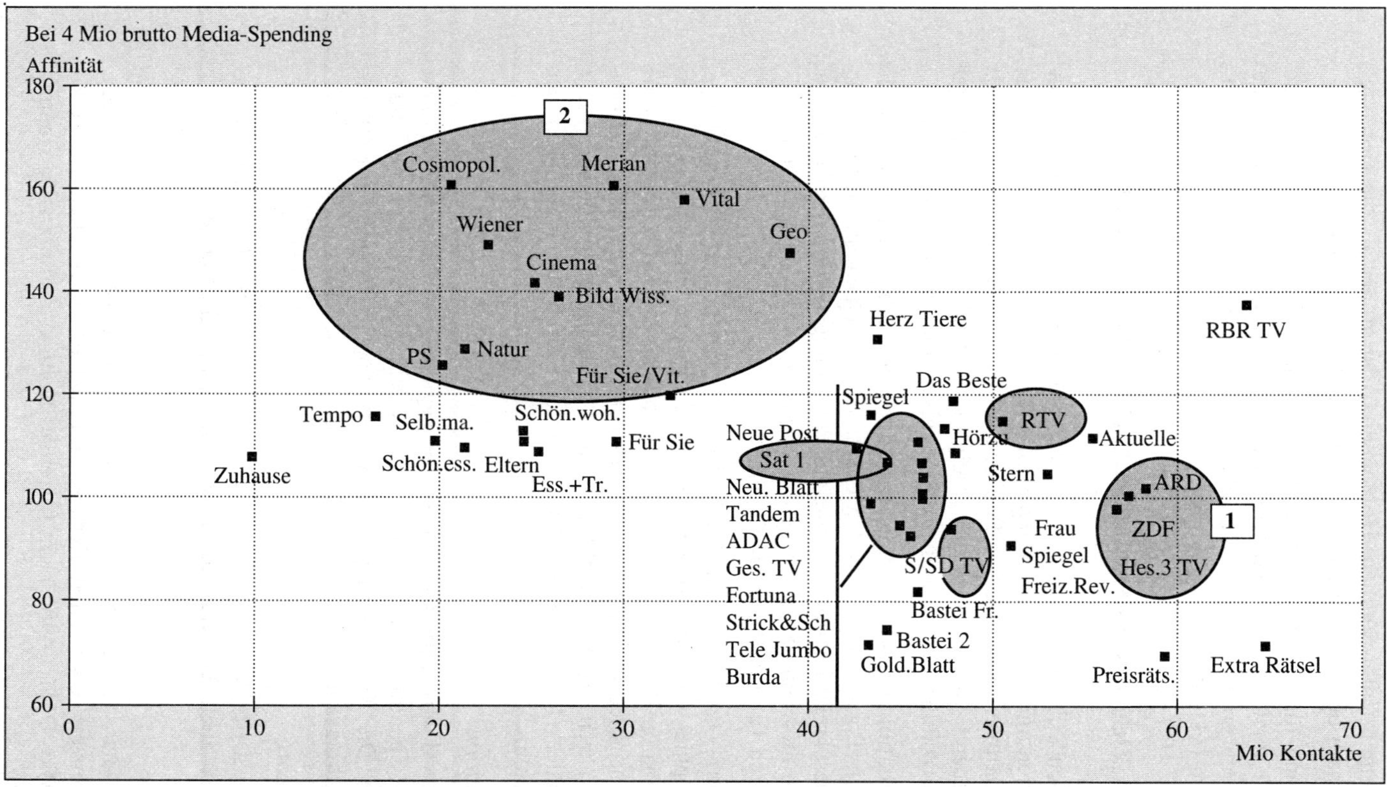

* Die horizontale Achse gibt an, wieviele rechnerische Kontakte mit dem jeweiligen Medium erreicht werden können, wenn man ausschließlich für dieses Medium 4 Mio Spending einsetzen würde.

** Die vertikale Achse gibt die Affinität des Mediums zu den Lifestyle-Komponenten der Intensiv-Verwender an. Der Index-Wert 100 gibt die mittlere Affinität aller untersuchten 106 Medien an.

Abbildung 8: Affinitäten und Kontakte für Intensiv-Verwender der Produktgruppe S*,**

Erläuterung:

1. Die höchsten Kontakt-Werte erzielen die elektronischen Medien → ARD, ZDF, Hessen 3 TV und RBR TV. → Cluster 1.
   Die Spezial-Print-Titel Extra Rätsel und Preis-Rätsel erreichen ähnliche Kontakt-Zahlen, jedoch mit deutlich schlechteren Affinitätswerten.
2. Die besten Affinitätswerte erzielen die Spezialtitel in Cluster → 2. Allerdings bringt die Belegung dieser Medien deutlich weniger Kontakte für die Zielgruppe (etwa nur die Hälfte der Anzahl, die mit TV erreicht werden können).
3. Die Massen-Print-Medien in Cluster → 3 liegen hinsichtlich der Kontakt-Leistung etwa zwischen den beiden Clustern 1 und 2, bringen jedoch keine besseren Affinitäts-Werte als TV.

Schlußfolgerung:

1. Obwohl die Medien mit der höchsten Zielgruppen-Affinität (Cluster 2) thematisch die Einstellungen der Zielgruppe wesentlich besser treffen, erreichen sie nur 50% der Kontakte der elektronischen Massenmedien aus Cluster 1.
2. Bei gegebenem Werbebudget und angestrebter Mindestkontakt-Dichte in 6 Monaten resultiert daraus in diesem Beispiel eine weit bessere „Transport"-Leistung der elektronischen Medien, die in gleicher Zeit durch die Printmedien nicht erreicht werden kann.
3. Die vorstehende Analyse zwingt zur Abwägung zwischen Kontaktdichte und thematischer Affinität von Werbeträger und Zielgruppen-Einstellung.
4. Die Analyse führt so bereits *vor* Entwicklung des Werbemittels zur Abwägung und vermeidet kostspielige Parallel-Entwicklungen von Print und TV-Spot (eine Vorgehensweise, die in der Praxis leider immer noch dominiert).

2.4 Zur Themen-Spannweite von Werbekonzepten

Im Rahmen von Gemeinschafts-Werbe-Aktionen (z.B. CMA, SOPEXA, ICE, ...) findet sich aus interessenpolitischen Gründen häufig die Forderung, „möglichst viel" gleichzeitig zu bewerben. Ähnlich wie die Frage nach der Tragfähigkeit eines Markenimages stellt sich hierbei die Aufgabe auszuloten, welches Themenspektrum in einer Kampagne bewältigt werden kann.

Ausgangssituation:

Im Rahmen einer „Herkunfts"-Kampagne, z.B. „Die Kunst zu leben", sollen die Produktkategorien Quark, Käse, Joghurt, Dosenmilch und verschiedene Wurstsorten unter einem Thema (möglichst im gleichen Anzeigen-Sujet) beworben werden.

Aufgabenstellung:

Gibt es eine/mehrere Zielgruppen von Verwendern der zu bewerbenden Produktkategorien, die auf Grund ihrer Einstellungen und Medien-Präferenzen eine gemeinsame Bewerbung zulassen? Welche Gruppierungen kommen in Frage?

Ergebnis:

Die Darstellung (vgl. Abb. 9) zeigt die Verbundenheit einzelner Lifestyle-Komponenten mit bestimmten Einstellungen zur Ernährung und die Verbindung zu einzelnen Produkten, wie beispielsweise Aufschnitt, Käse, Joghurt, Quark, Dosenmilch, Streichwurst.

Im Rahmen der Marken- und Positionierungs-Technik unterstellt man, daß die Verwendung bestimmter Produkte aus Einstellungen und Verhaltensformen resultiert.

Es ist unschwer zu erkennen, daß Käse, Joghurt und Quark auf gleichgerichtete Einstellungen und ähnliches Medien-Verhalten treffen.

Intensiv-Verwender von Wurst-Aufschnitt zeigen gänzlich andere Einstellungen und ein konträres Ernährungs-Bewußtsein. Aber auch die Verwender von Aufschnitt und Streichwurst gehören unterschiedlichen Einstellungs-Segmenten und Zielgruppen an.

Aus den Medien-Gruppierungen um Aufschnitt- und Streichwurst-Verwender läßt sich unschwer schließen, daß die Streichwurst-Verwender einer anderen Generation mit völlig anderen Interessen angehören als die Aufschnitt-Intensiv-Verwender.

Schlußfolgerung:

1. Die Produkt-Gruppen Käse, Joghurt und Quark können in einem gemeinsamen thematischen Rahmen beworben werden.

2. Die Produkt-Gruppen Aufschnitt und Streichwurst treffen auf gänzlich andere Zielgruppen, auf andere Informations-Bedürfnisse und Einstellungen.

3. Obgleich Dosenmilch als Milchprodukt gleiche Ingredienzien wie Quark, Joghurt und Käse aufweist, liegen Einstellungen und Präferenzen der Intensiv-Verwender in einem völlig anders geprägten Segment (Korrelation $r = -0{,}38$). Eine thematische Integration von Dosenmilch erscheint nicht angeraten.

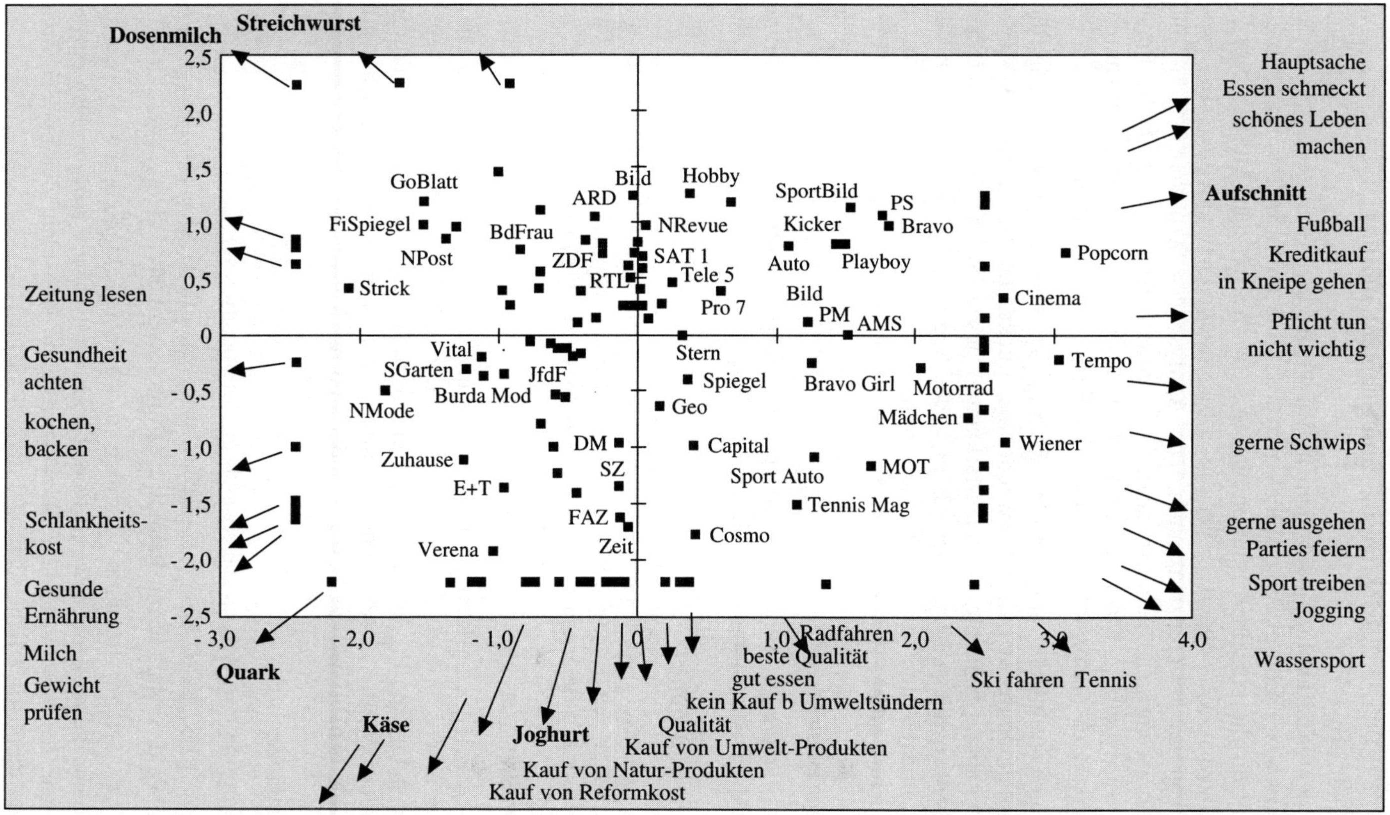

Abbildung 9: Ausgewählte Nahrungsmittel im Lifestyle-Positionierungs-Raum

2.5 Präferenz- und Segment-Bildung

In der Fachliteratur findet man immer wieder die Vermutung, durch den Einsatz von Positionierungsmodellen würde eine uniforme Positionierungspolitik für die einzelnen Marken ausgelöst, etwa nach dem Muster, „hin zu den Intensiv-Verwendern" oder „es gibt nur ein Positionierungsziel", und das liegt im Präferenzmaximum. Die Analyse der faktischen Markt- und Positionierungsgegebenheiten zeigt sehr schnell, daß diese einfache Regel als Positionierungs-Maxime versagen muß, da weder uniforme Wahrnehmungen noch uniforme Präferenzen der Verwender existieren.

Oder vereinfacht ausgedrückt: Wenn nur eine Zielpositionierung die maximale Präferenz aller Verwender ausdrückt, dann müßte diese Marke im Zeitablauf permanent ihren Marktanteil ausbauen und 100% erreichen. Tatsächlich läßt nahezu jeder Markt, jedes Segment Differenzierungen von Einstellungen und Produkt/Marken-Präferenzen zu. Die Frage ist nur, in welchem Umfang Umsatzgewinne damit verknüpft werden können.

Ausgangssituation:

Der Trend zu mehr Interesse für natürliche, naturbelassene Ernährung stellt die Positionierung der Marke X in Frage.

Aufgabenstellung:

In welcher Position befindet sich Marke X im Wettbewerberumfeld und hinsichtlich der Einstellungen zur „Verwendung naturreiner Produkte" und zu gesunder Ernährung. Gibt es Ansatzpunkte zur Positionsverbesserung?

Ergebnis:

Es existiert eine klar positionierte Gruppe von Marken (vgl. Abb. 10). Etwas abseits, jedoch deutlich näher an den Ziel-Einstellungen „Ich kaufe lieber naturreine Produkte, auch wenn ich mehr ausgeben muß" (nat Prote), „Ich lege Wert auf naturreine Produkte" (nat Prow) sowie „Ich achte auf gesunde Ernährung" (ges Ernae) findet sich die Marke Hitchcock.

Schlußfolgerung:

1. Nur eine der Marken nähert sich der Zielposition an (2).
2. Innerhalb des Clusters 1 gibt es keine deutliche Differenzierung zwischen den Marken hinsichtlich „Naturbelassenheit".
3. Trotz „Natur"-betonter Werbung für einzelne Marken aus Cluster 2 konnte keine nennenswerte Repositionierung erzielt werden. Das eingesetzte Instrumentarium greift zu kurz, kann sich nicht durchsetzen oder läßt die erforderliche Glaubwürdigkeit vermissen.

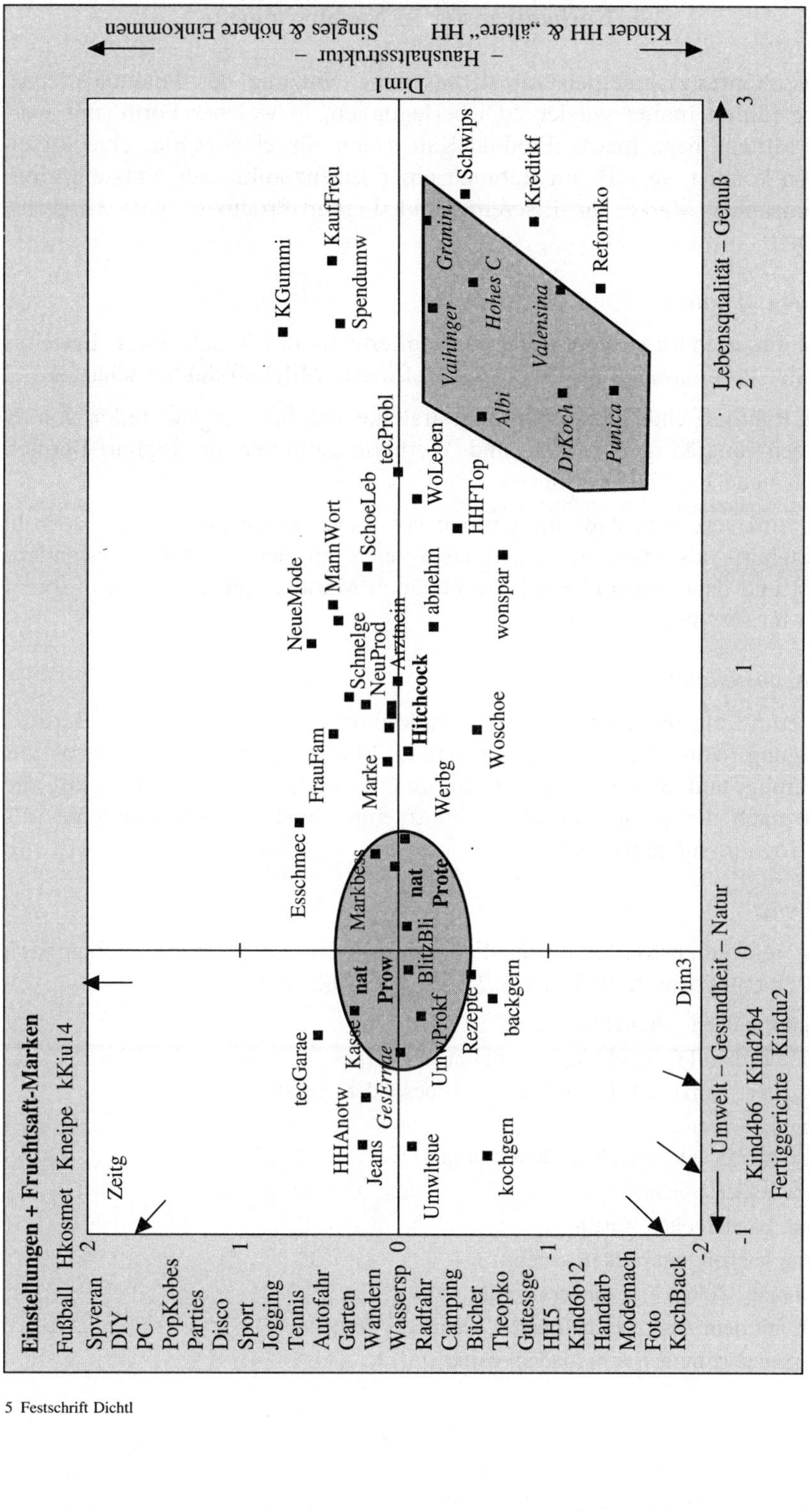

Abbildung 10: Einstellungen zu naturreinen Produkten, gesunder Ernährung in Kombination mit Fruchtsaft-Marken

2.6 Markentransfer in Nachbarmärkte

Ausschöpfungsstrategien zur verbesserten Nutzung des Potentials einer Marke führen immer wieder zu Überlegungen, in welcher Form, mit welchen Mitteln benachbarte Produkt-Kategorien für eine Marke erschlossen werden können, so z.B. im Rahmen einer Lizenzpolitik zur Nutzung einer gemeinsamen Marke für Eiscreme und Joghurt-Produkte (vgl. *Kapferer,* 1992).

Ausgangssituation:

Die im Joghurtmarkt seit Jahren etablierte Marke X soll durch Erweiterung der Produktrange das Segment „gefrorene Milchprodukte“ schaffen.

Im Rahmen einer Ausschöpfungsstrategie möchte der Hersteller von X von den langjährigen Markt- und Werbeinvestitionen im Joghurt-Bereich für das neue Produkt profitieren.

Es wird vermutet, daß eine Gruppe von Verwendern existiert, die sowohl im Joghurt- als auch im Eiscreme-Bereich zu den Intensiv-Verwendern gehört und daher sowohl Produkte als auch Marken beider Märkte in ihrem „relevant set“ haben.

Aufgabenstellung:

Überprüfung der Konsumenten von Joghurt und Eiscreme unter Berücksichtigung von Verwendungsintensität, Markentreue, Einstellungen zur Ernährung und Medien-Präferenzen, mit besonderem Augenmerk auf die Frage nach der gemeinsamen „Schnittmenge“ von „sowohl Eiscreme- als auch Joghurt-Intensiv-Verwendern“.

Ergebnis:

Die relevanten Merkmale für die Joghurt-Verwender von links oben nach links unten (Position 10 Uhr bis 7 Uhr, vgl. Abb. 11):

- Tennis spielen – besonders gerne
- sich mit dem PC beschäftigen – besonders gerne
- ausgehen, Tanzlokal, Diskothek, Bar – besonders gerne
- Jogging – gerne
- Sport-Veranstaltungen besuchen – gerne
- gerne nähen – nein
- gerne handarbeiten – nein
- gerne kochen und backen – nein
- Camping, Zelten – besonders gerne
- sich mit dem Auto beschäftigen – besonders gerne
- Wassersport treiben – besonders gerne

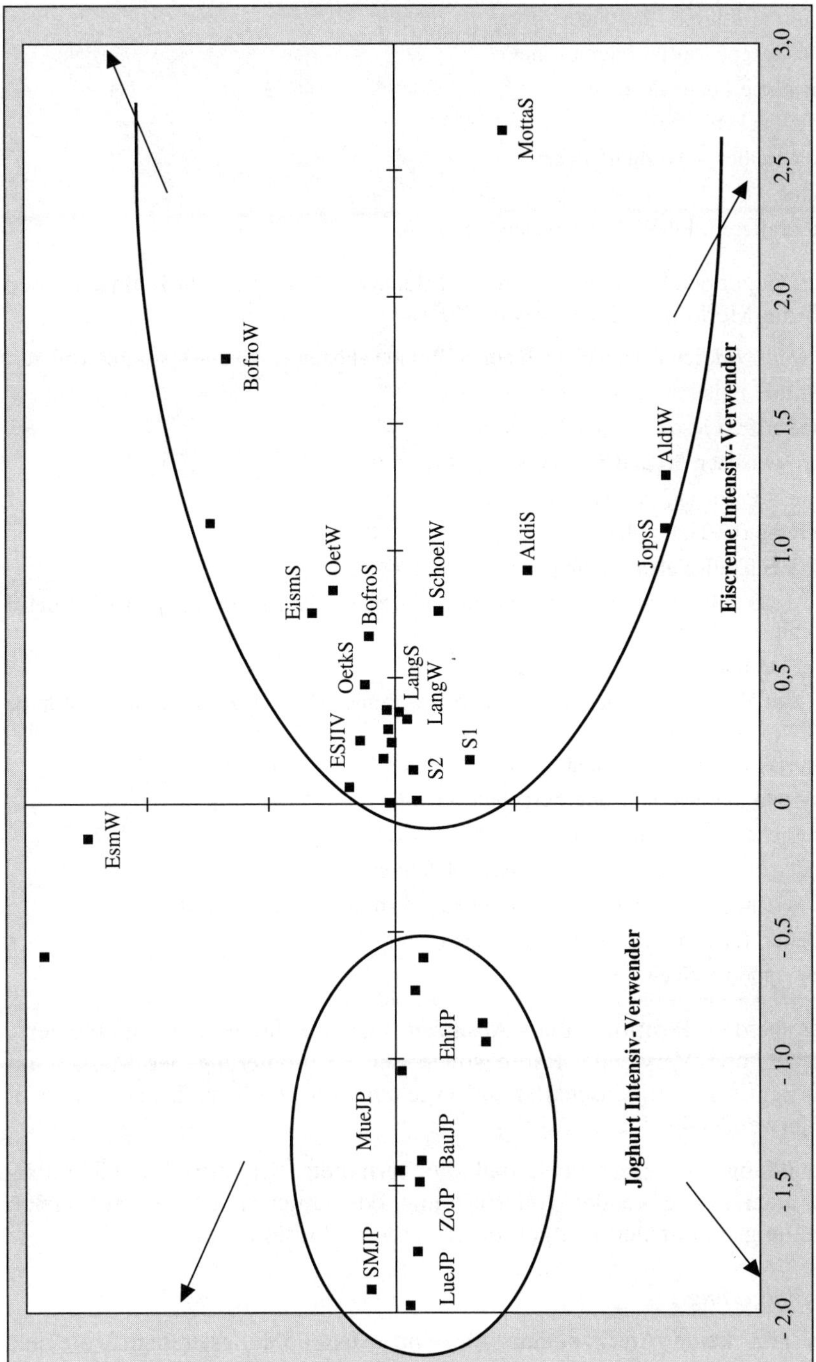

Abbildung 11: Joghurt- und Eiscreme-Verwender im gemeinsamen Positionierungsraum

- Motorrad fahren – besonders gerne
- neue Rezepte ausprobieren – nein
- sehr gerne kochen – nein
- gerne backen – nein
- Sport treiben – besonders gerne
- Abitur
- Fotografieren, Filmen – besonders gerne

Die Gegenposition der Eiscreme-Intensiv-Verwender wird umschrieben durch die Merkmale (2 Uhr bis 4 Uhr):

- ich wäre wirklich froh, wenn ich einige Pfunde abnehmen könnte – stimme voll zu
- ich prüfe regelmäßig mein Körpergewicht
- Zeitschriften lesen – besonders gerne
- Alter zwischen 30 und 59 Jahre
- ich achte sehr auf gesunde Ernährung – weniger
- Interesse für Tiefkühlkost
- gerne Fußballspielen – nein
- eine Frau sollte sich ganz dem Mann und den Kindern widmen, das ist ihr Beruf – stimme voll zu
- nicht berufstätig
- ich lege Wert darauf, daß bei mir zuhause immer alles blitzt und blinkt – stimme voll zu
- Interesse an Fertiggerichten
- Pop- und Schlagerkonzerte besuchen – nein
- berufliche Fortbildung – nein
- Kinder im Haushalt zwischen 6 und 14 Jahren
- das Wichtigste am Beruf ist, daß die Kasse stimmt – stimme voll zu
- Arbeiten für den Beruf erledigen – nein
- Wassersport treiben – nein

Aus beiden Positionierungs-Ansätzen, der Positionierung im Medien-, Lifestyle- und Verwender-Raum sowie der Positionierung der Marken im psychografischen Eigenschaftsraum ergeben sich deutliche Unterschiede in den Verwender-Profilen.

Abbildung 11 verdeutlicht, daß die vermutete Schnittmenge nicht existiert. Intensiv-Verwender von Eiscreme oder Joghurt nehmen auf vielen Einstellungsmerkmalen deutlich divergierende Positionen ein.

Schlußfolgerung:

1. Es gibt keine Ansatzpunkte für eine Ausschöpfungsstrategie, die auf einer „sowohl – als auch Verwender“-Zielgruppe aufbauen könnte.

2. Die Einstellungsstruktur der Eiscremeverwender zeigt konträre Ausprägungen auf den wichtigsten Lifestyle-Merkmalen, d.h. der Markentransfer in den Nachbarmarkt Eiscreme braucht eine Klammer, die beide konträre Positionen überwinden läßt, ohne daß der Markenkern von X darunter leidet (ein weiterer Kreativ-Spagat).

2.7 Dynamik des Marktgeschehens im Modell

Nichts in der Welt der Produkte, Marken, Einstellungen und Medien verweilt im augenblicklichen Status. Die Entwicklung im Zeitablauf berücksichtigt Aktionen und Reaktionen von Herstellern und Verbrauchern, die Einbettung in das Spannungsfeld von Wettbewerb und Lifestyle-Trends erfordert simultane Verarbeitung im dynamisierten Modell (vgl. u.a. *Schobert,* 1979).

Beispiel 1: Waffeln und Kekse – Marke W

Ausgangslage:

Der Hersteller X positioniert 1984 unter der Marke W ein Waffelprodukt für junge Zielgruppen (Bravo-Leser). Nach 4 bis 5 Jahren zeigt sich immer deutlicher, daß die auf die Zielgruppen gerichtete Werbung versagt.

Aufgabenstellung:

Wer sind die Intensiv-Verwender der Marke W heute (1991), wie unterscheiden sie sich von der Startzielgruppe und von den Verwendern von Wettbewerber-Marken in ihren Einstellungen und Media-Präferenzen?

Ergebnis:

Die Präferenz-Pfeile (vgl. Abb. 12) zeigen, daß sich die Konsumenten im Zeitraum zwischen 1985 und 1990 deutlich von ihrer ursprünglichen Position weg in neue Richtungen bewegen. Konnte man die ursprüngliche Positionierung 1985 noch mit der Medien-Präferenz für Bravo einfach und exakt umschreiben, so zeigt die Präferenzposition im Jahre 1990 einen deutlichen Wandel in Richtung auf Cosmopolitan, Zuhause, Vital etc.

Es versteht sich, daß neben der Marke W auch Wettbewerbermarken in die Positionierung einbezogen wurden, so daß Dynamik und Profil-Effekte an der Marktentwicklung und an Einzelmarken relativiert werden können. (Aus Gründen der Übersichtlichkeit und des Auftraggeberschutzes wurde auf die Darstellung der Wettbewerberprodukte verzichtet.)

Die ursprünglich präferierten Medien und die mit ihnen verbundenen Themen wurden abgelöst durch eine „neue Generation" von Medien, die den Bedürfnissen der W-Verwender 1991 mehr entgegenkommen.

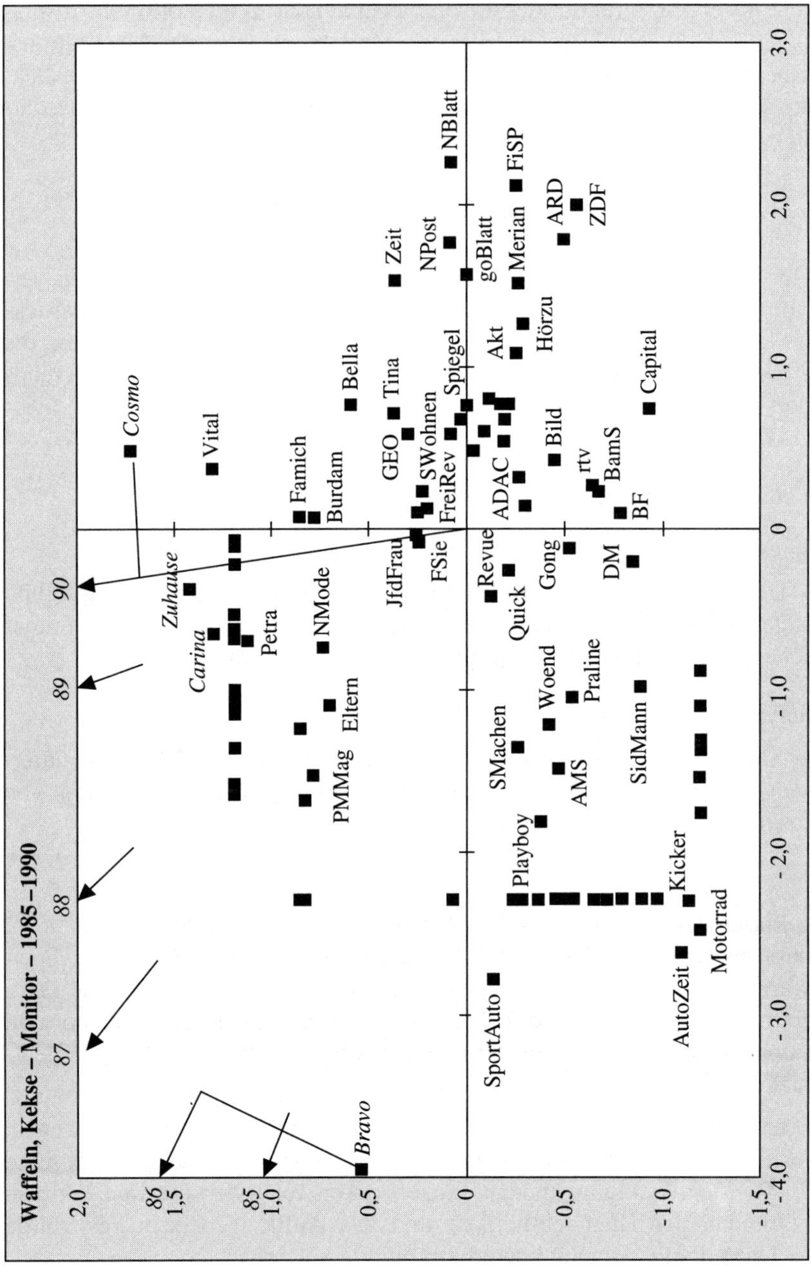

Abbildung 12: Lifestyle und Medien-Präferenzen der Intensiv-Verwender der Marke W im Wandel der Zeit

Das Media-Verhalten folgt den geänderten Einstellungen und Informations-Bedürfnissen der Zielgruppen.

Die Intensiv-Verwender von W stellen sich als dynamische Zielgruppe dar. Anhand der zugehörigen Einstellungs-Profile läßt sich feststellen, mit welcher weiteren Entwicklung (Projektion) zu rechnen ist.

Schlußfolgerung:

1. Die „Startzielgruppe“ zeigt einen natürlichen Reifeprozeß, gleichwohl hat sie ihre Präferenz für Marke W erhalten.
2. Interessen und Einstellungen der Zielgruppe haben sich deutlich verändert, deshalb wird die Kernzielgruppe mit dem ursprünglichen Werbekonzept nicht mehr erreicht.
3. Das Produkt ist mit seinen Verwendern „älter“ geworden, es genügt nicht, die Werbeträger zu wechseln, auch die Botschaft muß sich der neuen Interessenlage anpassen oder dieser etwas vorauseilen, soweit der Veränderungstrend sich erkennbar fortsetzen wird.
4. Zur Zeit existiert kein Indikator für die Fortsetzung des Veränderungstrends, gemessen an der Medien-Präferenz hat Marke W eine Plateauphase erreicht (nach der Position „Cosmo“ folgt z.Zt. keine adäquate Anschlußpositionierung).

Beispiel 2: Duschzusätze

Ausgangssituation:

Marke D kreiert das neue Segment „Duschzusätze“. Mehrere Jahre dominiert D diesen Teilmarkt, bis Wettbewerber-Produkte mit deutlicher „männlich“- oder „weiblich“-Prägung den Markt Zug um Zug in zwei (Sub-) Segmente aufspalten.

Aufgabenstellung:

Welche Position nimmt Marke D heute ein? Gibt es Hinweise oder Ansatzpunkte zur „Rettung“ der Markenkraft, des Markenkerns? Ist es sinnvoll, die verspätet eingeführte Variation von D mit der Bezeichnung DZ beizubehalten? Welche „Richtung“ sollte man mit D einschlagen (unisex, männlich oder weiblich)?

Ergebnis:

Die Analyse-Grafik (vgl. Abb. 13) zeigt die wichtigsten Marken des Marktes für Dusch-Zusätze. Die Marken F, P, N und B orientieren sich an den Bedürfnis-Strukturen von Verwenderinnen. Die Marken IF und C zielen auf männliche Verwender.

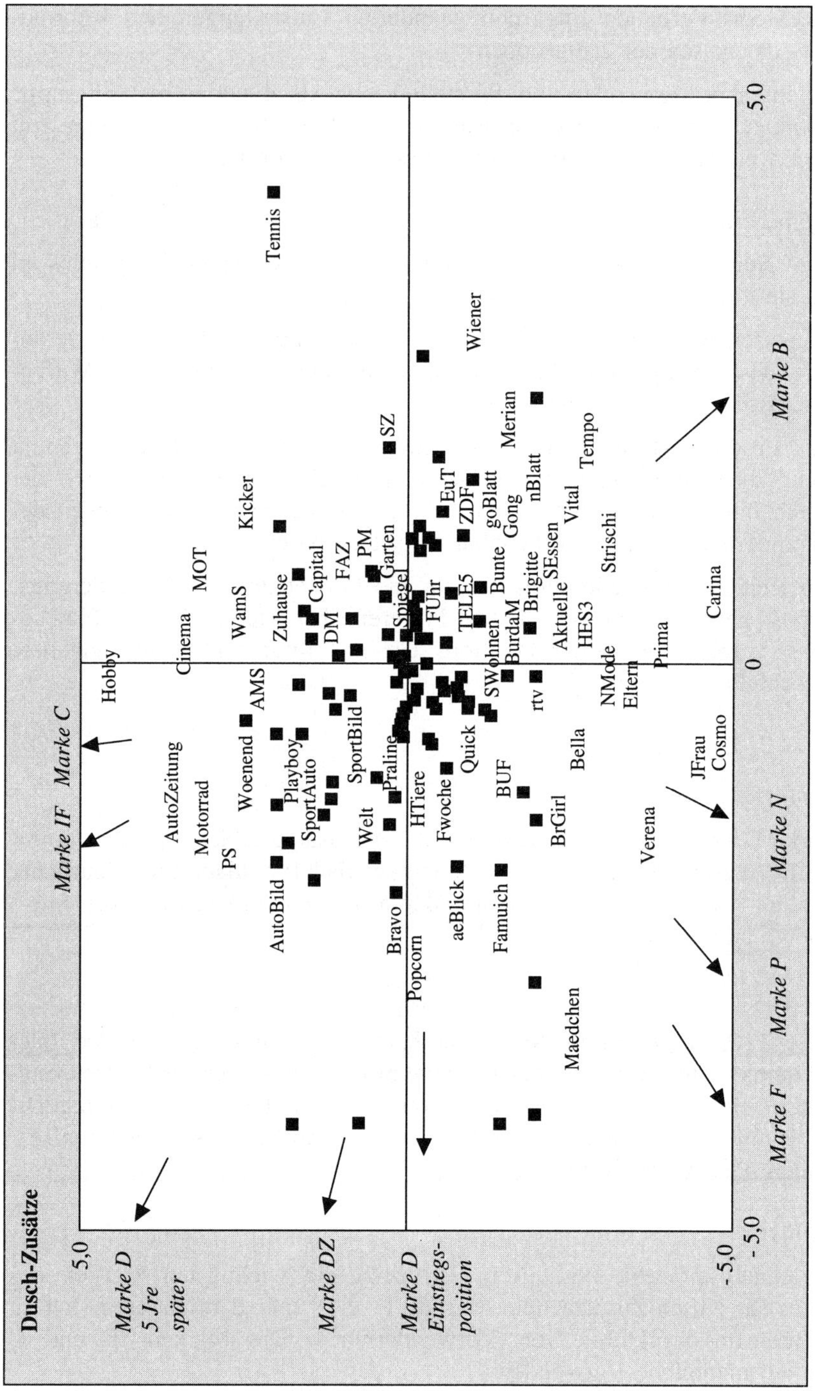

Abbildung 13: Positionierung der Marke D im Zeitablauf

Die Marken D und DZ zielen in ihren Positionierungen nicht auf geschlechtsspezifische Anforderungen.

Dieser Markt ist ein Beispiel dafür, wie durch gezielte Positionierungs-Arbeit in Teil-Segmenten Zielgruppen-Wanderung und Abnehmer-Präferenz im Laufe der Zeit auf neue Marken eingestellt werden können.

Schlußfolgerung:

1. Die Marken D und DZ liegen nicht länger im Hauptstrom der Präferenzen, da die Verwender durch neue Produkte in Teil-Segmente aufgespalten wurden.
2. Die Aufteilung des Gesamt-Marktes in Sub-Segmente wurde von den Entscheidungsträgern nicht rechtzeitig erkannt oder zu wenig beachtet.
3. Durch Festhalten an der ursprünglichen Positionierung und durch zu späte und unklare Positionierung der Variante DZ verteilten sich die Segment-Potentiale auf die neuen Anbieter.
4. Marke D und Variante DZ stehen sich im schwächsten Teilsegment (unisex-Verwender) als Wettbewerber gegenüber. Die „unentschlossenen" Positionierungen von D und DZ führen daher auch noch zu einem Kannibalisierungseffekt.
5. Die rechtzeitige Verfolgung der Marken- und Positionierungs-Aktivitäten im Wettbewerber-Umfeld hätte frühzeitige Hinweise auf die Neugruppierung der Teil-Segmente im Markt offenbart und damit auf die wichtigsten Wettbewerber-Positionierungen hingewiesen.
6. Eine Überraschung dieser Art läßt sich mit einem Positionierungs-Monitor vermeiden.

Beispiel 3: Der Biermarkt

Ausgangssituation:

Die nationale Biermarke Y lag über Jahre hinweg auf einem Spitzenplatz in der Gunst der Biertrinker. Ab irgendeinem Zeitpunkt verliert die Marke nahezu unspürbar an Dynamik. Wettbewerbermarken gewinnen Marktanteile, erreichen stärkere Zuwachsraten, lassen Y plötzlich „veraltet" erscheinen.

Aufgabenstellung:

Woran liegt der Verlust an Dynamik der Marke Y? Welche sind die relevanten Einstellungsdimensionen zur Gestaltung und Steuerung des Images und des Verwender-Verhaltens? Wie und wohin entwickeln sich die Wettbewerbermarken?

Ergebnis:

Abbildung 14 verdeutlicht die Positionsdynamik der Biermarken im Ansehen der Marken-Intensiv-Verwender. Keine der Positionierungen bleibt stabil, auch dann nicht, wenn am Werbekonzept festgehalten und keine aktiv gestaltete Änderung der Positionierung beabsichtigt war.

Durch die Aktivitäten der Wettbewerber, aber auch durch Revision der Verwendereinstellungen ergeben sich (durch Passivität ausgelöste) Positionierungsänderungen, die die eine oder andere Marke näher oder weiter weg bringen kann von einem der Hauptnachfrageströme.

Schlußfolgerung:

1. Durch passive Markenführung entfernt sich die Marke Y schrittweise, fast unmerklich (insbesondere wenn nur Jahres-/Vorjahresvergleiche angestellt werden) von ihren Stammverwendern.
2. Durch aktive Marketingpolitik der Wettbewerber erfahren die von Y „verlassenen" Markenverwender neue Impulse und Anregungen, sich mit anderen Marken auseinanderzusetzen.
3. Passivität einerseits und Aktivität der Wettbewerber vermitteln den Anstoß zum Markenwechsel, da die bisherigen Stammverwender zu irgendeinem Zeitpunkt die „Entfernung", das Abdriften ihrer Marke entdecken.

3. Entwicklungslinien dynamisierter Positionierungs-Modelle

Die vorstehenden Darstellungen konzentrierten sich im wesentlichen auf den deskriptiven, strukturierenden oder datenkomprimierenden Aspekt der Positionierungsmodelle. Die vertiefende Verknüpfung zur aktiven Markenführung, zum Marketing-Instrumentarium und zur Verbindung mit Ursache-Wirkungs-Überlegungen soll abschließend noch skizziert werden.

Grundsätzlich sollte eine Positionierungsaufgabe nicht auf einer stichtagsbezogenen Statusbetrachtung aufbauen, da andernfalls eine Fülle von Hinweisen zu Marken- und Marktdynamik, zu Einstellungen und Medien-Präferenzen verloren geht. Der linke Teil in Abbildung 15 verdeutlicht diese Trendentwicklung (vgl. auch das Beispiel zum Biermarkt).

Der zweite Schritt besteht in der Statusbewertung (mittlerer Teil der Abbildung). Dazu gehören sowohl Analyse der Einstellungsprofile als auch der Media-Präferenzen. Die Einstellungsunterschiede zwischen den Markenverwendern liefern Hinweise zur gezielten Steuerung und Gestaltung der Positionen (vgl. Abb. 16).

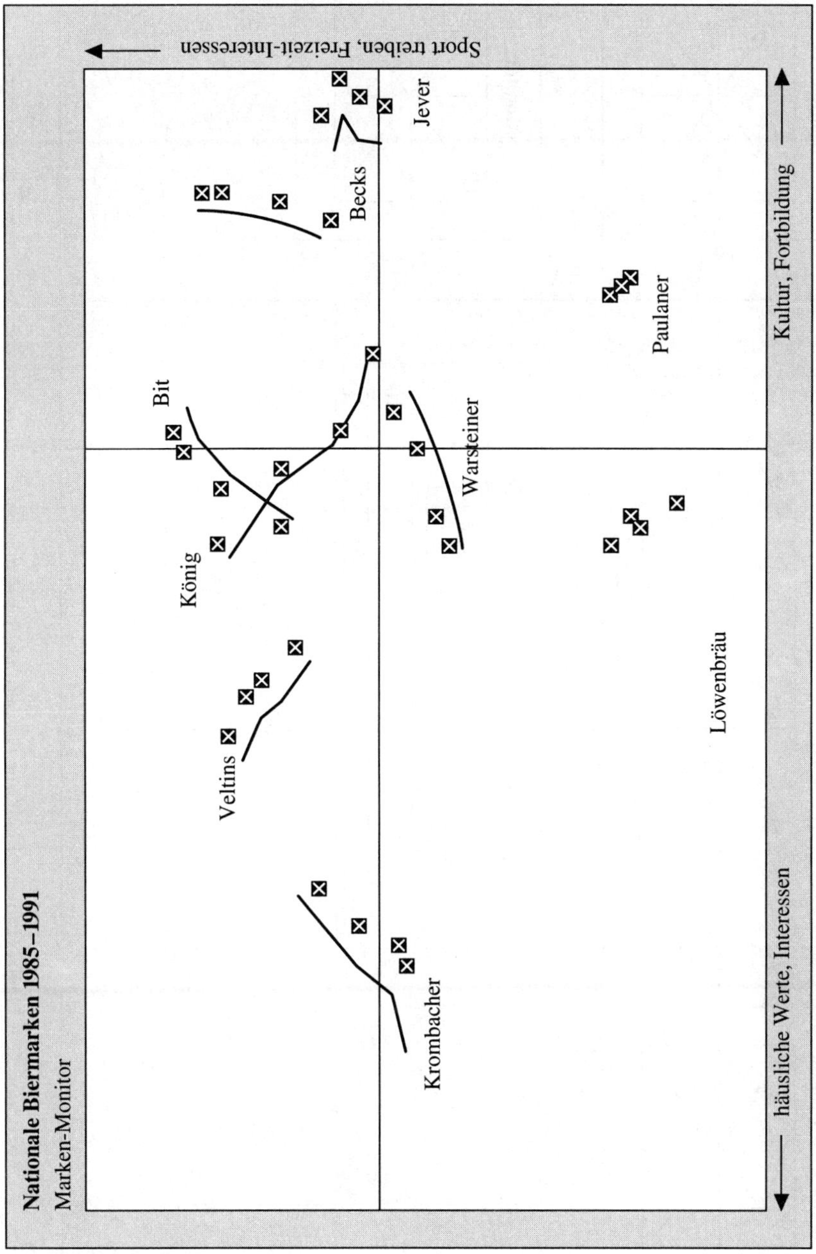

Abbildung 14: Positionierung ausgewählter nationaler Biermarken

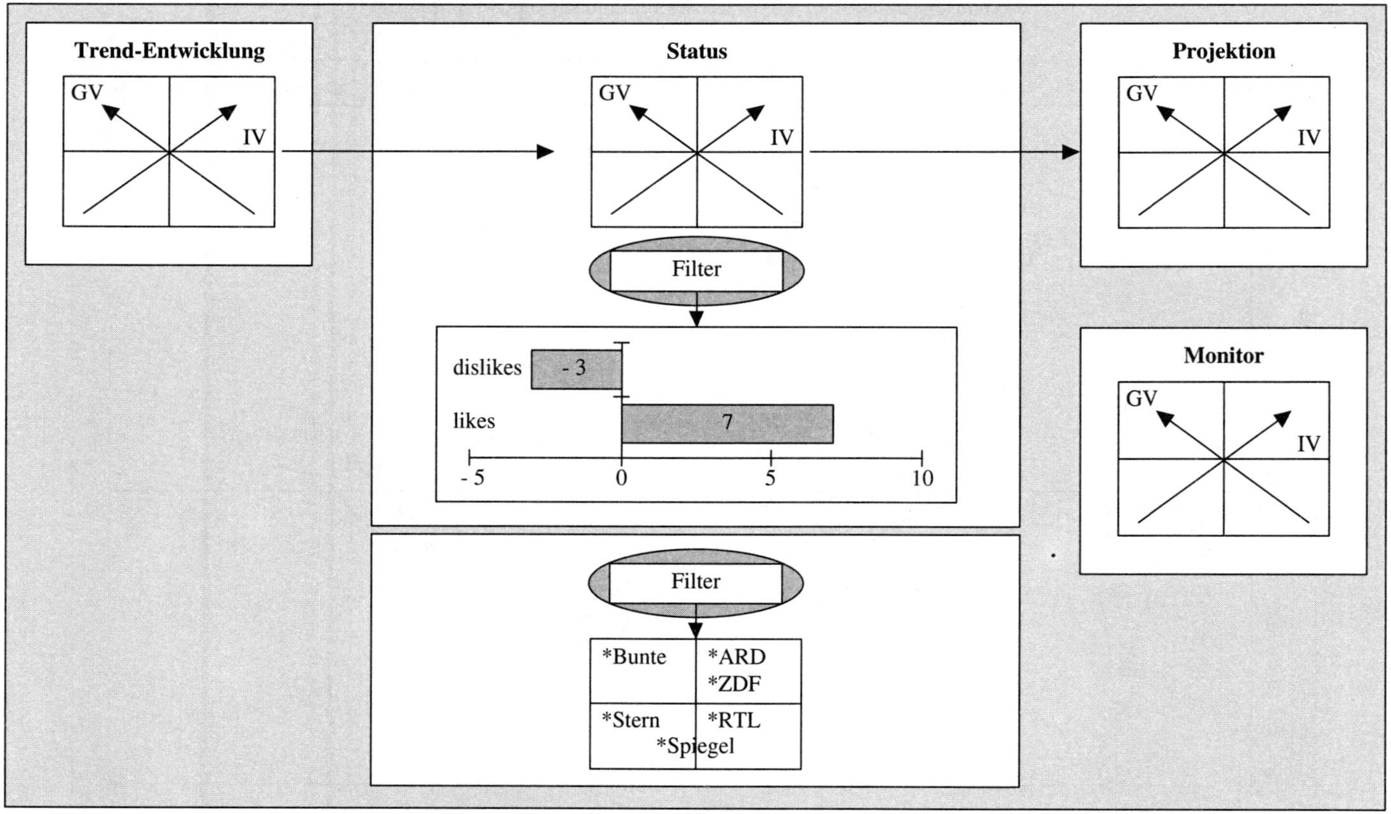

Abbildung 15: Idealtypischer Ablauf zur Gestaltung, Steuerung und Verfolgung von Positionierungsaufgaben

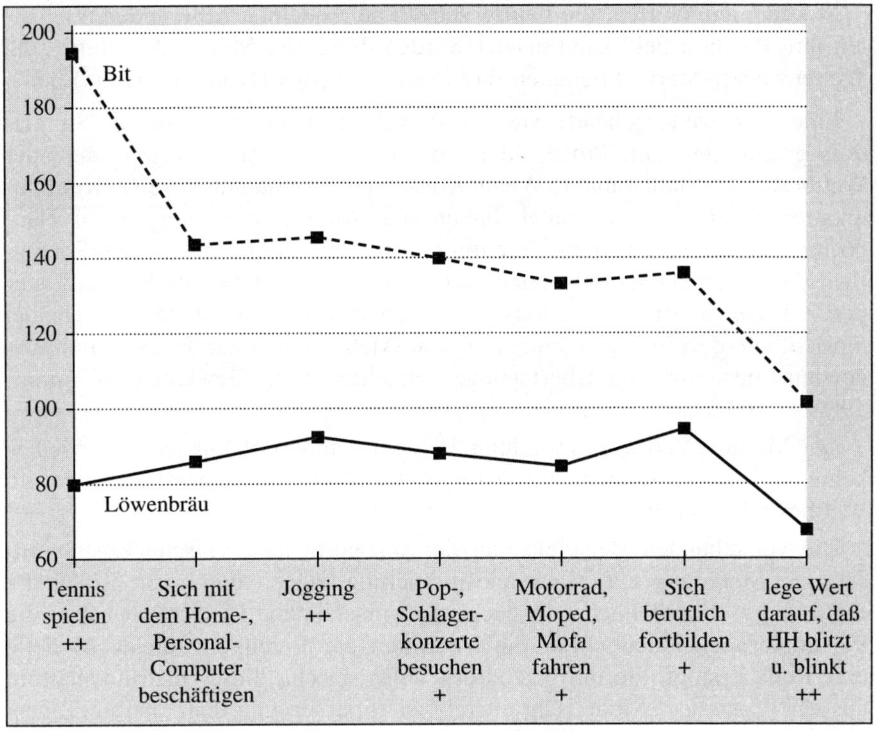

Abbildung 16: Beispiel für die maßgeblichen Profildifferenzen zweier Biermarken

Die Abbildung verdeutlicht an einigen Beispielen die Einstellungsdifferenzen, die maßgeblich zum Unterschied in der Positionierung der Marken Löwenbräu und Bit beitragen. Zugleich sollte auch deutlich werden, daß Repositionierung oder das Anstreben (weiter) entfernter „Ideal- oder Präferenzpositionen" nicht einfach durch „Willenserklärung" der Entscheidungsträger erfolgen kann. Der Abstand von Bit zu Löwenbräu entlang der Profilposition „Tennis spielen – besonders gern" verdeutlicht, daß Bit sehr deutliche Alleinstellungsmerkmale trägt. Bit und Tennis lassen sich imagestärkend verbinden, Löwenbräu und Tennis würden allenfalls zu Irritationen führen.

Die im Rahmen der Profilbewertung ermittelten Gestaltungsmerkmale können als „Soll-Ausprägungen" in eine Alternativ- oder *Projektionsrechnung* nach dem Muster „was wäre wenn" eingebracht werden (vgl. u.a. *Diller,* 1980, und die dort angegebene Literatur).

Besonders interessant ist dabei die Chance, die Dynamik der Wettbewerber-Marken aus der Trendentwicklung fortzuführen und so die Repositionierungs-Anstrengungen für die eigene Marke auf den Prüfstand zu legen.

Mit anderen Worten, die häufig getroffene Annahme „alle anderen behalten ihre Position bei“ kann ersetzt werden durch die Modell-Annahme „die Wettbewerber-Marken behalten ihre Positionierungs-Dynamik (Trend) bei“.

Eine noch weitergehende Modifikation der Projektion erlaubt die Simulation geänderter, auf Profil oder Positionierungsveränderungen zielender Wettbewerber-Maßnahmen. Wenn Konkurrent B erkennbar seine Kommunikationspolitik neu ausrichtet, lassen sich Alternativrechnungen zur Neuposition des Wettbewerbers durchführen, in Verbindung mit Single-Source-Paneldaten gegebenenfalls auch Schätzungen zu Marktanteilsveränderungen. Gerade im Argumentations-Austausch zwischen Hersteller und Handel hinsichtlich der Erfolgsträchtigkeit von Maßnahmen zur Marken-Führung gewinnt diese Art von Überlegungen zunehmend an Gewicht (vgl. *Bauer*, 1980, S. 169ff.).

Der Monitor-Teil aus Abbildung 15 steht symbolisch für jährlich wiederkehrende Überprüfungen der Erfolge der Positionierungsmaßnahmen im Wettbewerberumfeld.

Die vorstehenden Beispiele und der skizzierte idealtypische Lösungsansatz zur Steuerung der Markenpositionierung mögen durch die Kürze der Darstellung oberflächlich oder lückenhaft erscheinen. Tatsächlich haben die Positionierungsmodelle bzw. die Verfahren zur Erzeugung dieser Modelle eine Reife erlangt, die mit Nachdruck dafür spricht, dieses Instrumentarium aus der Phase der „Modellschreinerei“ zu entlassen und dem „harten Tageseinsatz“ auszusetzen. Die Fülle der modelltheoretischen Annahmen und Feinheiten reduziert sich sehr schnell auf die Kernfunktionen der Modelle, nämlich Strukturierung, Komprimierung sowie Verfolgung und Simulation von Handlungsalternativen. Genau darin steckt der maßgebliche Nutzen dieser Modelle. So bleibt denn die Lücke zu überwinden zwischen theoretischer Verfeinerung und praktischem Einsatz.

Genau dieses Defizit liegt zwischen denjenigen, die das Instrumentarium entwickeln und vervollkommnen, denjenigen, die im praktischen Betrieb damit umgehen können und letztlich jenen, die den direkten Nutzen daraus erfahren. Der „Radarschirm“ der Markenführung setzt sich langsam durch.

Literaturverzeichnis

Bauer, H. H. (1980): Die Entscheidung des Handels über die Aufnahme neuer Produkte – Eine verhaltenstheoretische Analyse, Berlin 1980.

Böcker, F. (1992): Präferenzpolitik, in: Vahlens großes Marketinglexikon, hrsg. v. H. Diller, München 1992.

Dichtl, E./*Müller-Heumann,* G. (1972): Konsumententypologien und produktorientierte Marktsegmentierung, in: Jahrbuch der Absatz- und Verbrauchsforschung, 18. Jg., Heft 4 1972, S. 249 - 265.

Dichtl, E./*Schobert,* R. (1979): Mehrdimensionale Skalierung: methodische Grundlagen und betriebswirtschaftliche Anwendungen, München 1979.

Diller, H. (1980): Marketingplanung, München 1980.

Green, P. E./*Carmone,* F. J. (1972): Multidimensional Scaling and Related Techniques in Marketing Analysis, 2nd printing, Boston/Mass., 1972.

Green, P. E./*Krieger,* A. M. (1992): An Application of a Product Positioning Model to Pharmaceutical Products, in: Marketing Science Vol. 11, No. 2, Spring 1992, pp. 117 - 132.

Green, P. E./*Wind,* Y. (1973): Multiattribute Decisions in Marketing: A Measurement Approach, Hindsdale, Ill., 1973.

Hruschka, H./*Natter,* M. (1993): Analyse von Marktsegmenten mit Hilfe konnexionistischer Modelle, in: Zeitschrift für Betriebswirtschaft, 63. Jg., Heft 5 1993, S. 425 - 442.

Kapferer, J.-N. (1992): Strategic Brand Management – New Approaches to Creating and Evaluating Brand Equity, London 1992.

Köhler, R. (1988): Betriebswirtschaftslehre als Markenartikel, in: Betriebswirtschaftliche Forschung und Praxis, 40. Jg., Heft 2 1988, S. 93 - 110.

Nieschlag, R./*Dichtl,* E./*Hörschgen,* H. (1994): Marketing, 17., neubearbeitete Aufl., Berlin 1994.

o.V. (1994): Business Process Re-Engineering: Consultingfirmen entdeckten als erste den neuen Markt, in: Handelsblatt Nr. 117 vom 21.6.1994, S. 22.

Reutterer, T. (1994): Analytische Modelle zur Unterstützung von Positionierungsentscheidungen – Versuch einer Bestandsaufnahme, in: der Markt, 33. Jg., Nr. 129, Heft 2 1994, S. 88 - 109.

Ries, A./*Trout,* J. (1989): Positioning: The Battle for Your Mind, New York, N.Y., 1986.

—/— (1989): Bottom-Up Marketing, New York, N.Y., 1989.

Saurwein, K.-H./*Hönekopp,* T. (1990): SPSS/PC: Eine anwendungsorientierte Einführung zur professionellen Datenanalyse, Bonn u. München 1990.

Schobert, R. (1979): Die Dynamisierung komplexer Marktmodelle mit Hilfe von Verfahren der Mehrdimensionalen Skalierung, Berlin 1979.

Surjan, M./*Bettman,* J. R. (1989): The Effects of Brand Positioning Strategies on Consumers' Brand and Category Perceptions: Some Insights from Schema Research, in: Journal of Marketing Research, Vol. XXVI, Nov. 1989, pp. 454 - 467.

Trommsdorff, V. (1992): Wettbewerbsorientierte Image-Positionierung, in: Markenartikel, Heft 10 1992, S. 458 - 463.

Elektronische Medien: Herausforderung für die Marketingkommunikation

Von Andreas Kaiser

1. Einführung

Aufgabe der Marketingkommunikation ist es, das Verhalten von Zielgruppen bzw. Zielpersonen im Sinne der Zielsetzung des Kommunikators zu beeinflussen, oder auf verhaltensbeeinflussende intervenierende Variable zu wirken (vgl. Nieschlag/Dichtl/Hörschgen, 1985, S. 474ff.). Ob, in welcher Weise, in welchem Ausmaß, in welchem Zeitraum oder zu welchem Zeitpunkt das gelingt, hängt vom Kommunikator, vom Inhalt der Kommunikation, vom Kommunikationsmedium und vom Empfänger einer Botschaft, dem Kommunikanten ab. Im Rahmen vom Intermediavergleichen werden Eigenschaften von Kommunikationsmedien untersucht, denen ein Einfluß auf die Kommunikationswirkung zukommt (vgl. Tietz/Zentes, 1980, S. 161ff., Diller, 1992, S. 472, Ernst, 1982), sei es hinsichtlich der Gestaltungsmöglichkeiten von Botschaften, sei es hinsichtlich des Kontaktes zwischen Kommunikanten und Medium, sei es hinsichtlich des Umfeldes der Kommunikation. In der jüngeren Vergangenheit haben sich infolge der massenhaften Verbreitung von Computern und technischer Innovationen im Bereich der Telekommunikation und der Präsentationstechnik sogenannte elektronische Medien entwickelt, die neue Chancen bei der Kommunikation mit unterschiedlichen Zielgruppen eröffnen. Zu diesen rechnen Offline Medien wie CD ROM und Disketten einerseits und Online Medien wie Mailboxen, Computernetze und Online-Dienste andererseits. Die Herausforderungen, die die elektronischen Medien für die Marketingkommunikation bieten, sind Gegenstand dieses Beitrages.

2. Interdependenzen zwischen Kommunikationsmedien und Kommunikationswirkungen

„The medium is the message“ behauptete Marshall Mac Luhan, Protagonist der Werbeszene in den USA der 50er Jahre. Seine Aussage, so diskutabel sie ist, wirft ein Schlaglicht auf die Abhängigkeit der Kommunikationswirkung einer Botschaft vom verwendeten Kommunikationsmedium.

Solange beispielsweise allein die Kette Pizza Hut eine Direktbestellmöglichkeit von Pizzen für die weltweit über 2 Mio. Internet-Computer eingerichtet hat, dürfte es bei 25 Mio. Internet-Nutzern zu Präferenzbildungen für diesen Anbieter kommen. Es bedarf auch keiner sonderlich ausgeprägten Phantasie, sich vorzustellen, daß sich das Bestellverhalten der Nutzer des Otto-Kataloges auf CD ROM von dem der Nutzer des gedruckten Kataloges unterscheidet. Mit der Katalog-CD wird nämlich eine Software mitgeliefert, die eine direkte Bestellung der ausgewählten Ware mittels PC und Telefon ermöglicht.

An diesen Beispielen kann man ablesen, daß elektronischen Medien spezifische Eigenschaften zukommen können, die für die Erreichung von Kommunikationswirkungen hilfreich oder hinderlich sind. Diese Eigenschaften betreffen:

- Verfügbarkeit
- Funktion, Akzeptanz und Kommunikationskraft
- Inhalt, Umfang und Auffindung von Informationen
- Gestaltungsmöglichkeiten
- Interaktivität und Verhaltensunterstützung.

Der Einfluß dieser Variablen läßt sich in folgende Hypothesen fassen:

- Je schneller die Botschaft zum Empfänger gelangt und je einfacher er sie technisch, aber auch im Sinne der Benutzerführung abrufen kann, desto besser die Kommunikationswirkung. Im Falle elektronischer Medien setzt dies die Verfügbarkeit entsprechender Geräte voraus.
- Je größer die Konsistenz zwischen erwarteter bzw. wahrgenommener und tatsächlicher Funktion eines Mediums (Unterhaltung, aktuelle Information, aber auch Bekanntmachung, Überzeugung etc., siehe Diller, 1992, S. 547), je größer die Akzeptanz im Sinne von Gewöhnung, geringer Nutzungshemmnisse und empfundener Vorteile in den Augen des Kommunikanten (vgl. Meffert, 1988, S. 185) und je größer die Kommunikationskraft im Sinne der Eindringlichkeit und einer persönlichen Übermittlung der Botschaft (vgl. Diller, 1992, S. 547 f.), desto größer die Kommunikationswirkung.
- Je größer der Umfang gespeicherter Botschaften und je leichter das Auffinden von Informationen, desto größer die Kommunikationswirkung (wobei umfangreiche Medien auch gegenteilige Effekte hervorrufen). Auch von der Gesamtheit der Inhalte eines Mediums, also dem Umfeld einer bestimmten Botschaft hängt dessen Nutzung, also dessen Wirkung ab.

- Je besser die Möglichkeiten der Text-, Bild- und Tonintegration sowie der Animation der Elemente im Sinne von Bewegungssequenzen, desto größer die potentielle Kommunikationswirkung.
- Unter Interaktivität eines Mediums wird hier dessen Eignung verstanden, mit dem Sender direkt zu kommunizieren (vgl. Laux, 1982), eine Botschaft nach dem Wunsch des Empfängers zu gestalten und abzurufen bzw. konkretes Verhalten zu provozieren. Beispiele sind die Zusammenstellung von Fahrtrouten aus Straßenkarten und Stadtplänen auf CD ROM, die Vergrößerung von Ausschnitten und der Speicherung zum Abruf in der gewünschten Reihenfolge oder ein Fotokurs auf CD, der es beispielsweise erlaubt, mit dem Computer ein Photo zu schießen, also gleichsam abzudrücken und sich das virtuelle Photo, also das Ergebnis samt möglicher Fehler anzusehen und so zu lernen. Die Aufnahme von Informationen wird erleichtert, Verhalten im Sinne von Probehandeln ermöglicht, nach Erkenntnissen der Sozialpsychologie (vgl. Hofstätter, 1973, S. 220) über das Erfolgsprinzip des Lernens eine besonders verhaltenswirksame Form der Kommunikation.

3. Stand und Entwicklung elektronischer Medien

Elektronische Medien können Informationen im weitesten Sinne tragen und übermitteln, also Texte und Töne sowie stehende und bewegte Bilder. Sie müssen durch elektronische Geräte dekodiert werden und entziehen sich insoweit der natürlichen Wahrnehmung ihrer Inhalte. Unterhaltungselektronik, Telekommunikation und Datenverarbeitung wachsen zu multimedialen Inhalten und Anwendungen zusammen, begünstigt durch die rasche Verbreitung „persönlicher“ Computer, die als Vielzweckendgeräte eingesetzt werden können. In diesem Zusammenhang ist nicht nur eine Konvergenz sog. Multi-Medien zu beobachten, sondern auch von Unternehmen dieser Branche. Als Beispiel gilt das Multi-Media Joint-Venture „Media Services“ der Unternehmen Bertelsmann, Kirch-Gruppe und Deutsche Bundespost Telekom.

Basis dieser Entwicklungen bilden technische Innovationen und Fortschritte, etwa bei der Entwicklung und Herstellung von Chips, in der Optoelektronik, bei der Übermittlung von Signalen in Glasfasern, im Bereich des sog. Parallel Processing und der Speichermedien, aber auch bei der Programmierung und der Spracherkennung (vgl. Business Week, 1994).

Leistungsfähigkeit und Verbreitung von Computern, auch in privaten Haushalten, Ausdehnung, Geschwindigkeit und Verknüpfung von Kommunikationsnetzen sowie die wachsende Mächtigkeit von Datenträgern haben den elektronischen Medien in jüngerer Vergangenheit wachsende Aufmerksamkeit und wachsende Nachfrage beschert. Früher getrennte Wirtschaftszweige und Branchen wachsen zusammen und treten in Wettbewerb.

Um welche Medien handelt es sich? Nach dem Kriterium Quelle unterscheidet man zwischen Online und Offline Medien. Online bedeutet, daß die betreffende Botschaft bzw. Information permanent zum Abruf über ein Netz und ein daran angeschlossenes Endgerät bereit steht. Offline bedeutet, daß der Empfänger über das elektronische Medium wie über ein Buch oder eine Zeitschrift vor Ort verfügen kann. Bedeutsam ist diese Unterscheidung insoweit, als Online Medien sich hinsichtlich Aktualisierbarkeit der Inhalte, Umfang und Zugriff auf Informationen sowie Möglichkeit der Kommunikation mit Dritten positiv von Offline Medien unterscheiden. Wegen ihrer hohen (internen) Verarbeitungsgeschwindigkeit bieten letztere zumindest heute noch Vorteile beim Abruf, der Wiedergabe und der interaktiven Verarbeitung audiovisueller Botschaften. Einige Beispiele wichtiger neuer elektronischer Medien sind ohne Anspruch auf Vollständigkeit in Tabelle 1 zusammengestellt.

Wegen deren Vielfalt ist eine ausführliche Darstellung aller in Tabelle 1 genannten Medienbeispiele nicht möglich. Vielmehr diskutieren wir anhand der Beispiele Online Netze und CD ROM Besonderheiten von Online und Offline Medien und beschreiben angesichts deren rasch wachsender Bedeutung Wirkungsunterschiede im Sinne oben genannter Kriterien.

Online Netze

Ähnlich wie Datex J bieten Online Netze wie Internet oder Compuserve (einen Überblick internationaler, insbesondere amerikanischer Online-Anbieter samt Umsatz- und Abonnentenzahlen finden sich bei Bredemeier, 1994, S. 177ff.) Zugang zu einer Vielzahl von Anwendungen und Informationsquellen. Zu den klassischen Kommunikationsdiensten, wie Versand elektronischer Post oder Kommunikation im Rahmen von (spezialisierten) Foren treten die Möglichkeit des Zugriffs auf Datenbanken und Informationsdienste – teils unter Nutzung intelligenter Such- und Ausschnittsprogramme –, des (interaktiven) Spielens, der Bestellung von Gütern und Dienstleistungen und des direkten, teils kostenfreien Zugangs zu Softwarebibliotheken. Der Zugriff erfolgt rund um die Uhr über einen Computer, ein Modem und das Telephonnetz mit Übertragungsraten von bis zu 28800 Baud. Online Netze bieten also ein breites Spektrum sowohl kommerziell als auch privat nutzbarer Funktionen und Leistungen.

Die Akzeptanz von Netzen wie Internet und Compuserve in Deutschland ist (noch) gering. Anfang 1994 gab es ca. 150000 deutsche Internet Computer und ca. 50000 deutsche Compuserve-Teilnehmer. Hemmfaktoren sind die teils schwierigen Navigationssysteme, die Spezialkenntnisse erfordern, und der insbesondere im Privatbereich stark empfundene Zeitdruck aufgrund des Gebührenzeittaktes (vgl. Consulting Trust, 1994, S. 13). Ähnlich

Tabelle 1

Neue Elektronische Medien im Überblick

Anwender-Zugriff	Botschafts-Quelle	Medienbeispiele
Online	Telefon	Audiotex („Chatten") Fax-Polling Mailboxen Datex J Online Netze/ Online Dienste Videokonferenzen
	Kabel	Interaktives TV TV/Pay TV Video on Demand Teleshopping
	„Äther"	Satelliten TV Modacom Videotext/Channel Videodat
Offline	CD ROM/Disketten	Filme Lernprogramme Lexika Magazine Softwaresammlungen Sammlungen von Texten, Bildern, Musik etc. Spiele
	Cyberspace	Interaktive Spiele Virtuelle Räume

Datex J (von 350000 auf 550000 Teilnehmer in knapp zwei Jahren) sind die Zuwachsraten an Nutzern gleichwohl hoch, allerdings in einer soziodemographisch stark eingeschränkten Zielgruppe (91% sind Männer, Durchschnittsalter 41 Jahre).

Mit welcher Akzeptanz glasfasergestützte Netzanwendungen rechnen können, soll ab Mitte 1995 in einem Pilotprojekt des Wirtschaftsministeriums in Baden-Württemberg untersucht werden, bei dem Video on demand, Telelearning, Informationsdienste, Teleshopping, Telespiele und Kommunikationsdienste angeboten werden. Insbesondere für die Zwecke von Warenpräsentationen sind die traditionell textorientierten Online Netz-Systeme nur sehr eingeschränkt geeignet, zumal für die Übermittlung realitätsnaher Bewegtbilder die Datenübertragungsgeschwindigkeiten bei weitem nicht ausreichen. Neben Grundgebühren des Zugangs von 50,– DM bei Internet und

15,– DM bei Compuserve zahlen im Falle Internet die Nutzer Telephongebühren für die Dauer der Verbindung, im Falle Compuserve zusätzlich sog. Anschaltkosten und Kommunikationszuschläge. Die Kommunikationskraft von Netzbotschaften dürfte der von Briefen und Telefongesprächen gleichkommen. Die Gestaltungsmöglichkeiten sind allerdings hinsichtlich der Präsentationsmöglichkeiten, wie erwähnt, etwa gegenüber dem Fernsehen stark eingeschränkt. In den heutigen Netzen kann mit anderen Teilnehmern interaktiv kommuniziert werden, im Rahmen der eingeschränkten Gestaltungsmöglichkeiten lassen sich auch interaktive Spiele und Lernprogramme installieren und Verhaltenshilfen im Sinne von Kommunikations- und Bestellunterstützung einbauen.

CD ROM

CD ROM eignen sich als Datenträger für eine Vielzahl klassischer Medien bzw. Mediengattungen. Dank ihrer Speicherkapazität von 650 Megabyte und leistungsfähiger Datenkompressionsprogramme lassen sich nicht allein ganze Enzyklopädien, Photosammlungen und Zeitschriftenjahrgänge, sondern sogar abendfüllende Spielfilme unterbringen, deren digitale Speicherung als Abfolge einer Flut farbiger Bilder überlagert von digitalisierter Musik außerordentlich viel Kapazität erfordert. Wegen der vergleichsweise langen Produktions- und Verbreitungszeit eignen sich CD ROM weniger als Träger aktueller Informationen denn als Informationsspeicher, Nachschlagewerke, Lehrmittel und Unterhaltungsmedien. Auch mächtige Programmcodes werden zweckmäßigerweise auf CD ROM gespeichert.

Der Zugriff auf den Inhalt von CD ROM erfolgt bei vielen Anwendungen verzögerungsfrei, zumal wenn die betreffenden Teile auf Festplatte zwischengespeichert sind. Lediglich Filme und Videoclips können heute noch in vielen Fällen nur in reduzierten Formaten und selbst dann nicht ruckfrei wiedergegeben werden. Diese Probleme dürften allerdings rasch durch weitere Leistungssteigerungen von Lese- und Verarbeitungsgeräten gelöst werden und CD ROM dann uneingeschränkt für multimediale Anwendungen taugen.

Wegen der raschen Ausbreitung von CD ROM-Laufwerken, der Bestand in Deutschland liegt Ende 1994 voraussichtlich bei 1 Mio. Einheiten und dürfte weiter rasch wachsen (vgl. Bredemeier, 1994, S. 121), sinkt die Akzeptanzschwelle von CD ROM permanent, zumal Bedienung und Abruf von Informationen bzw. Inhalten, die sog. Benutzeroberfläche, immer weniger Rätsel aufgeben. CD ROM-Laufwerke gehören zur Grundausstattung sog. Multi-Media PC, die insbesondere in Privathaushalten Verbreitung gefunden haben. Sozio-demographisch ist die Nutzerschaft von PC und damit des Mediums CD ROM in ähnlichem Maße auf Männer mittleren

Durchschnittsalters reduziert wie im Falle der Online Netze. Im Gegensatz zu Online-Angeboten können CD ROM, wie erwähnt, als Träger von Musik, farbigen Bildern und Videosegmenten eingesetzt werden, eignen sich deshalb zur Präsentation von Warenangeboten und kommen dem Medienstil unserer Zeit und dem wachsenden Wunsch nach bildhaften Informationen entgegen (vgl. Kroeber-Riel, 1992a und 1992b). CD ROM unterstützen letztlich auch Cyberspace Applikationen, also virtuelle Umgebungen. Die Preise von CD ROM schwanken stark je nach Inhalt und Qualität und können beispielsweise im Falle multimedialer Informationsinhalte von DM 10,– bis DM 150,– (so im Falle der besonders aufwendigen Multimedia CD ROM „XPLORA 1" des Pop- und Rocksängers Peter Gabriel) reichen.

Da CD ROM interaktiv bedient werden können – im Falle von Kinderbüchern lassen sich beispielsweise Bilder durch Anklicken animieren und eine Geschichte kann in neue Handlungsstränge verzweigt werden –, ist die Kommunikationskraft des Mediums potentiell gut. Verhaltensunterstützende Software läßt sich, wie bereits im Falle Otto Katalog erwähnt, als Kommunikationsverstärker einsetzen.

4. Bedeutung und Angebot elektronischer Medien für die Kommunikationswirtschaft

Elektronische Medien können zu einer Herausforderung der Marketingkommunikation werden, sobald und soweit der Markt ein angemessenes Angebot davon bereit hält und dieses auf hinlängliche Nachfrage trifft.

Der Versuch, die strategischen Chancen zu nutzen, die sich aus der Erfindung elektronischer Medien ergaben, hat in der Vergangenheit zu einer Vielzahl von Mißerfolgen und Fehlschlägen für Verlagswirtschaft und Telekommunikationsanbieter geführt. Insbesondere Angebote in BTX, aber auch in Datenbanken stießen auf Desinteresse und führten, wie auch erste Gehversuche beim Angebot von Hörfunk und Fernsehen zu beträchtlichen Verlusten bei ihren Anbietern. Ein prominentes Beispiel war die Firma BTX Südwest, ein Zusammenschluß mehrerer Verlagshäuser, die 1991 vom Markt ging.

Mit Einführung von CD ROM im Jahre 1991 erwachte das Interesse der Verlagswirtschaft an elektronischen Medien neu. Geschürt wird es durch Perspektiven und Erwartungen, die an die Schlagworte Multimedia und Information Super Highway bzw. Information Autobahn geknüpft sind (vgl. Schmidt, 1994). Positive Erwartungen wurden 1994 etwa durch folgende Presseberichte, Expertenprognosen und öffentliche Hilfen verstärkt:

- EU Kommissar Bangemann diagnostizierte eine „zweite industrielle Revolution durch Informationstechnik"

- in der Zeitschrift manager magazin war vom „digitalen Goldrausch" die Rede (vgl. manager magazin 5/94)
- Frank Odgen, ein bekannter Zukunftsforscher, prophezeite das Ende des gedruckten Buches (vgl. Der Spiegel 38/94)
- die Politik in Gestalt der Europäischen Kommission unterstützte die Medienwirtschaft durch Studien (vgl. Consulting Trust, 1994) und ein Aktionsprogramm, das während des sog. Korfu-Gipfels beschlossen wurde
- der Verlegerausschuß des Börsenvereins des Deutschen Buchhandels rief bereits 1992, also in der Phase des „Take-Offs" der CD ROM (vgl. Bredemeier 1994, S. 117), einen Arbeitskreis „Elektronisches Publizieren" ins Leben (vgl. Börsenblatt 89/92) und förderte auch 1994 die Verbreitung elektronischer Medien durch eine Sonderausstellung der Buchmesse

Der Markt elektronischer Medien wächst (Tabelle 2). Mit einem weiteren raschem Wachstum des Umsatzes, aber auch des Anteiles dieser Medien am Gesamtmedienmarkt wird gerechnet (Tabelle 3).

Tabelle 2

Elektronisches Publizieren – Der deutsche Markt

(Umsätze in Mio. DM)	1989	1990	1991	1992	1993
Online					
Klassische Fachinformationen	68	78	91	103	111
Profes. Fachinformationen in BTX	7	7,5	8	10	20
Audiotex				8	20
Statistische Datenbanken	0,2	0,3	0,4	0,5	0,6
Offline					
CD ROM	15	30	53	106	136
andere Offline (Disketten etc.)	30	40	45	55	61
Offline-Archive			2,5	3,5	7

(Quelle: Rominski 1994)

Tabelle 3

Europäische Verlagsmärkte 1992 und 2000 sowie ihr Potential für Elektronisches Publizieren im Jahr 2000

	Traditionelle Print Produkte		Elektronisches Publizieren 2000	
Segment	Markt 1992 Mill ECU	Markt 2000 Mill ECU	Potential für Elektronisches Publizieren	Markt (Durchschnitt) Mill ECU
Bücher	18500	27200	8 - 18%	3480
Zeitschriften	22000	32500	5 - 15%	3250
Zeitungen	25000	37000	5 - 10%	2775
Corporate Publ.	10000	15000	10 - 25%	2625
Total	75500	111700	6,5 - 15%	12130

(Quelle: Consulting Trust, 1994, S. 15)

Diese Entwicklung ist nicht weiter verwunderlich, da einerseits die Durchdringung des Marktes mit PC rasch fortschreitet (vgl. Consulting Trust, 1994, S. 3) und bereits in 1998 75% aller PCs mit CD Laufwerken ausgestattet sein dürften (vgl. Bredemeier, 1994, S. 121), das elektronische Publizieren andererseits relativ risikoarme Expansionsstrategien für eine Vielzahl von Branchen zu eröffnen scheinen.

Ein klassisches Denkraster zur Beurteilung des Risikos von Expansionsstrategien verkörpert die sog. Ansoff-Matrix.

<table>
<tr><td rowspan="2">neu

Produkte/Dienste

alt</td><td>horizontales Wachstum, geringes Risiko</td><td>laterales Wachstum, hohes Risiko</td></tr>
<tr><td>Ausgangslage</td><td>horizontales Wachstum, geringes Risiko</td></tr>
<tr><td></td><td colspan="2">alt Kunden neu</td></tr>
</table>

Abbildung 1: Ansoff-Matrix zur Beurteilung von Expansionsstrategien

Die Teilnahme am Markt elektronischer Medien ist danach für klassische Verlage (vgl. Kaiser, 1992) und andere Medienunternehmen wie Programmlieferanten von Filmen, Videos und Musik sowie Funk- und Fernsehsender eine relativ risikoarme horizontale Wachstumsstrategie, solange sie sich auf den Kompetenzfeldern der Inhalte ihrer (Print) Medien und in den ihnen vertrauten Zielgruppen und Kundenkreisen bewegen. Neuland betreten sie im Bereich der mediengerechten Aufbereitung publizistischer Inhalte und der technischen Vorbereitung und Umsetzung dieser Inhalte auf Datenträger. Wegen deren größerer publizistischer Nähe zu den klassischen Printprodukten Buch und Zeitschrift und der Nutzbarkeit herkömmlicher Vertriebskanäle werden Offline-Medien aus Sicht traditioneller Verlage als besonders attraktive Wachstumsprodukte wahrgenommen.

Als die Verlagsbereiche mit den höchsten Potentialen für Elektronisches Publizieren gelten (vgl. Consulting Trust, 1994, S. 12):

- „Corporate Publishing“
- Finanzinformationen
- Unterhaltungsspiele
- Verzeichnisse
- Nachschlagewerke
- juristische Informationen
- Wissenschaft
- Aus- und Weiterbildung
- Reisen/Hobby (Special Interest)

Auch für andere Branchen bietet der Zutritt zum Markt elektronischer Medien im Sinne der Ansoff-Matrix attraktive Wachstumschancen. Dazu gehören

- Drucker: Diese werden, um ihre Kunden zu behalten, zunehmend Vorstufenleistungen im Sinne von „Single Source Multiple Media Publishing“ erbringen und über das so erworbene technische Wissen sich in Richtung eines eigenständigen Medienangebotes – etwa im Rahmen strategischer Allianzen – entwickeln können.
- Videospieleanbieter: Die sog. Spielkonsolen der Marktführer unter den Anbietern von Videospielen, die japanischen Firmen Sega und Nintendo, sind auch in Deutschland weiter verbreitet als etwa Homecomputer. Experten nehmen deshalb an, daß die betreffenden Hersteller künftig über das Stammgeschäft mit Spielen hinausgehen und andere verlegerische Produkte für die Zielmärkte Kinder und Entertainment anbieten.
- Telekommunikationsanbieter: Ausgehend vom gegebenen technischen Know How und von Kundenbeziehungen ist für Netz- und Satellitenbe-

treiber eine Wachstumsstrategie in Richtung Förderung der Marktdurchdringung mit Online-Kommunikationsgeräten, etwa durch das Verschenken von Modems, Förderung des Angebots an Online-Medien oder aber Entwicklung eines eigenständigen Angebots naheliegend. Sie können damit die Nachfrage nach ihren Netzdiensten steigern, Kunden binden und neue Umsatzfelder erschließen. Bei der Vorbereitung auf künftige strategische Aufgaben innerhalb der Branche ist es bereits zu einer Reihe spektakulärer Käufe und Allianzen gekommen (Tabelle 4).

- Computerindustrie: Angesichts eines permanenten Preisdrucks und Margenverfalls sowohl bei Hardware als auch bei Software expandiert auch die Computerindustrie in Richtung elektronischer Medien (oder anderer Anwendungen, so im Falle des Joint Ventures zwischen IBM und dem Versandhauskonzern Sears, Roebuck & Co.). Beispielsweise hat Microsoft mit Blick auf seine klassischen Vertriebskanäle und Kundenbeziehungen eine „Home"-Produktlinie entwickelt, die u.a. multimediale Lernangebote auf CD ROM für Kinder umfaßt. Es ist anzunehmen, daß immer mehr Computerfirmen in den Markt der sog. Consumer Electronics eintreten werden und Electronic Publishing sowie Multimedia sich zu wichtigen Investitionsbereichen der Zukunft entwickeln.
- Anbieter von Unterhaltungselektronik: Angesichts der Nachbarschaft und Verschmelzung von Computer-, Audio-, Video- und Telekommunikationstechnik werden auch diese Anbieter in Richtung elektronische Medien und Geräte zu deren Dekodierung expandieren. Philips hat mit seiner CDI-Technik beispielsweise versucht, einen neuen technischen Standard zu setzen, bei dem Fernsehgerät, CD-Spieler und Computer zu einer Einheit verschmolzen werden.

Die Vision von der zweiten technischen Revolution hat viele mächtige Unternehmen und Konzerne auf den Plan gerufen, die mit Investitionen in Milliardenhöhe Positionen im Markt elektronischer Medien beziehen (Tabelle 5). Das Angebot an elektronischen Medien dürfte also weiter rasch und beschleunigt wachsen und neue Chancen der Marketingkommunikation eröffnen.

5. Der Nutzen elektronischer Medien für die Marketingkommunikation

Fragt man nach dem Nutzen der Verwendung elektronischer Medien für die Marketingkommunikation und deren wirksamer Gestaltung, so sind vier Fälle zu unterscheiden, für die die weiter unten beschriebenen Eigenheiten elektronischer Medien unterschiedliche Bedeutung haben (vgl. auch Meffert, 1988):

– Einsatz als Werbemittel
– Einsatz als Werbeträger
– Einsatz im Falle geschäftlicher Kommunikation
– Einsatz im Falle der Marktkommunikation

Tabelle 4

Die wichtigsten Allianzen im Kommunikationsgeschäft 1990 - 1994

Jahr	Käufer	Verkäufer/ Partner	Höhe der Beteiligung (in %)	Wert (in Mio. Dollar)	Gründe
1990	Cable & Wireless	Unitel/US West	50	2000	Betrieb des dritten landesweiten Mobilfunknetzes in Großbritannien
1990	MCI	Telecom USA	100	1300	Ausdehnung der Fernnetzaktivitäten in den USA
1991	AT & T	NCR	100	7400	Einstieg in das Computergeschäft
1991	GTE	Contel	100	6240	Ausweitung der US-Telekomaktivitäten
1992	Bell Atlantic	Metro Mobile CTS	100	2464	Ausdehnung der US-Mobilfunkaktivitäten
1993*	AT & T	McCaw	100	12600	Einstieg in das US-Mobiltelephongeschäft
1993	BT	MCI	20	4300	Einstieg in das transatlantische Netzgeschäft
1993	Sprint	Centel	100	4700	Ausweitung der US-Fernnetzaktivitäten
1993	US West	Time Warner	25	2500	Multimedia/ interaktives TV
1994**	Viacom	Paramount Communications	49	10000	Multimedia/ interaktives V

* Gerichtlich vorläufig untersagt. ** Noch nicht vollzogen.

(Quelle: manager magazin 5/94, S. 82)

Tabelle 5

Die wichtigsten Programmanbieter im künftigen Multimediageschäft

Unternehmen	Umsatz 1993 in Milliarden Dollar	Land	Hauptaktivitäten
Time Warner	14,5	USA	Film/Musikstudio (Warner Brothers, TW Music) Verlag (Time) Kabel-TV Kanal (HBO) Kabel-TV Sender (TW Cable) Interaktive Anwendungen (Homeshopping-Tochter)
News Corp. (Murdoch-Gruppe)	10,7	GB	Filmstudio (20th Century Fox) Verlag (The Times) TV-Kanal (Fox) Satelliten-TV Sender (BSkyB) Computer On-Line Service (Delphi)
Bertelsmann	10,6	D	Musikstudio (RCA) Verlag (Doubleday, Buchclub, Gruner + Jahr) Pay-TV (Premiere) Druck, Logistik
Walt Disney	8,5	USA	Filmstudio (Walt Disney Pictures) Erlebnisparks (Disneyworld) Kabel-TV Kanal (Disney Channel) Einzelhandel (Disney Stores)
Viacom	6,2	USA	Filmstudio (Paramount) Kabel-TV Kanal (MTV) TV-/Kabel-TV-Sender (Viacom Cable)
Nintendo/ Sega	5,5/ 3,1	J	Spielkonsolen (Super Nintendo, Genesis) Entwicklungs- und Anwendungssoftware für Spiele
Havas	5,3	F	Werbe- und Mediaagentur (Euro RSCG, IP Groupe) Verlag (Larousse) Pay-TV-Sender (Canal Plus) Reisebüro (Havas Voyages)
Microsoft	3,8	USA	Betriebssysteme (MS-DOS, Windows) Anwendungssoftware (MS-Word) Spiel- und Bildungssoftware (Microsoft Multimedia)

Fortsetzung von Tabelle 5

Unternehmen	Umsatz 1993 in Milliarden Dollar	Land	Hauptaktivitäten
CompuServe	0,43	USA	Computer Online Service (Informationsdienste für professionelle Anwender) Netzwerkdienste (Verknüpfung lokaler Firmennetze)
America Online	0,04	USA	Benutzerfreundliche Computer On-Line Services (elektronische Diskussionsforen, Ausrichtung auf den Massenmarkt)

(Quelle: manager magazin, 9/94, S. 124f.)

Wie das Beispiel des Versandhauskataloges auf CD ROM zeigt, bieten elektronische Offline Medien gute Möglichkeiten zur Verbesserung der Kommunikationswirkung gegenüber herkömmlichen Medien. Zum einen sind die multimedialen Gestaltungsmöglichkeiten unter Verwendung von (Bewegt-) Bild, Ton und Text hervorzuheben. Zum anderen betrifft dies die Interaktivität des Mediums, die es im konkreten Fall z.B. gestattet, wie bei einer Anprobe am Bildschirm Kleidungsstücke auszuwählen, zu vergrößern und mit anderen zu kombinieren, wobei der Computer selbst Kombinationsvorschläge unterbreiten kann. Die gezielte Suche – im Beispiel von Artikeln und Artikelgruppen – nach verschiedenen Kriterien wird unterstützt. Verstärkt werden können Wirkungen von Offline Medien noch durch ergänzende Hilfen und die Verknüpfung mit Online Medien, im Falle Otto durch das mitgelieferte Telekommunikationsprogramm, das den Zugriff auf einen interaktiven Online-Bestelldienst ermöglicht, der Auskunft über Lieferfähigkeiten bzw. Lieferdatum gibt und eine sofortige Bestellung erlaubt. Die Möglichkeit zur Interaktion hat z.B. amerikanische Colleges veranlaßt, einen Online-Dienst „College View Partnership" einzurichten, durch den sich angehende Studenten über die Besonderheiten von 2000 Colleges und Universitäten informieren können.

Elektronische Medien, insbesondere Online Medien lassen sich auch vergleichsweise leicht individualisieren und aktualisieren, vom Informationsangebot oder der Ansprache auf Bedürfnisse des Empfängers zuschneiden. Ähnlich Briefen können Nachrichten z.B. in Abhängigkeit zuvor registrierten (Kauf)Verhaltens individuell zusammengestellt und übermittelt werden oder aber können Empfänger Informationen selektieren – etwa bei der gezielten Suche auf CD ROM oder dem gezielten Abruf von Informationen per Fax Polling, Audiotex oder Datex J.

Die Kosten elektronischer Werbemittel sind vergleichsweise niedrig. Während die Druck- und Versandkosten eines umfangreichen Versandkataloges ca. 10,– DM betragen, müssen für die Produktion einer CD ROM ca. 1,– und deren Versand weitere 2,– DM aufgewendet werden.

Versand elektronischer Post ist ebenfalls deutlich preiswerter und auch schneller als jener traditioneller Briefe, so daß insbesondere die geschäftliche Kommunikation zunehmend elektronisch erfolgt (bei Ehlers, 1994, finden sich Übersichten von Übertragungszeiten und Tarifen verschiedener Postdienste und Übermittlungstechniken).

Äußerst aufwendig, aber auch technisch noch nicht ausgereift sind gegenüber den vorstehenden Beispielen sog. Cyberspace-Anwendungen. Mit Werbemitteln, die sich dieser Technik bedienen, könnte der Empfänger den Einsatz von Produkten simulieren und erleben, etwa durch die virtuelle Möblierung von Räumen oder das virtuelle Fahren eines Automobils.

Der Einsatz von elektronischen Medien als Werbeträger wird heute noch vergleichsweise wenig genutzt. Im Falle von Offline Medien haben viele Werbungtreibende noch Probleme mit der technischen Umsetzung und Gestaltung von Werbebotschaften, etwa auf CD ROM. Die Fähigkeit des Nutzers, Werbung gezielt zu überspringen, führt im übrigen zu Befürchtungen hinsichtlich der Kontaktchancen.

Im Fall von Online Medien verhindern die heute de facto vielfach noch begrenzten Gestaltungsmöglichkeiten, das Fehlen eines geeigneten Umfeldes und die noch geringen Reichweiten eine breitere Nutzung im Rahmen der Marktkommunikation. Allerdings werben in jüngerer Vergangenheit bekannte Anbieter wie Volkswagen, Lufthansa, Allianz etc. zunehmend in Online Netzen, um Interessenten in ihre spezifischen Informations- und Bestellangebote zu ziehen. Ein Erfolgsbeispiel gibt die Firma Crysler, die über die Begrüßungsseite des amerikanischen Online Netzes „Prodigy" mehr als 70000 Anfragen von Neuwagenkäufern generierte, Adressen potentieller Kunden also, die vor Ort nachgearbeitet werden können. Den Rahmen für ein verbessertes werbliches Umfeld geben bspw. in Datex J neuerdings sog. „Container" ab, in denen die verstreuten Angebote und Informationen aus einem Interessenbereich in digitale Schubladen eingeordnet werden.

Angesichts der raschen Zunahme der Nutzung, des schnellen technischen Fortschritts, des Potentials an Gestaltungsmöglichkeiten, der hervorragenden Voraussetzungen für wirksame Kommunikation und der tendenziell niedrigen Kommunikationskosten bieten elektronische Medien also Erfolgspotentiale der Marketingkommunikation, die Pioniergewinne im Schumpeterschen Sinne versprechen (vgl. Nieschlag/Dichtl/Hörschgen, 1985, S. 85).

Literaturverzeichnis

Bredemeier, W. (1994): 3. Jahresbericht zur Lage der deutschen Informationswirtschaft 1993/1994, Erhebung und Studie im Auftrag der Messe Frankfurt, Frankfurt 1994.

Consulting Trust (Hrsg.) (1994): Neue Geschäftsmöglichkeiten im Elektronischen Publizieren, Ratingen 1994.

Diller, H. (1992): Vahlens großes Marketinglexikon, München 1992.

Ehlers, S., u.a. (1994): Telekommunikation, Dienste – Übersichten – Entscheidungshilfen, Berlin 1994.

Ernst, O. (1982): Die Werbeträgerforschung im Überblick, in: Tietz, B., Die Werbung, Handbuch der Kommunikations- und Werbewirtschaft, Band 2, Landsberg, S. 1974ff., 1982.

Hofstätter, P. R. (1973): Einführung in die Sozialpsychologie, Stuttgart 1973.

Kaiser, A. (1992): Verlagswirtschaft, in: Diller, H., Vahlens großes Marketinglexikon, München, S. 1233ff., 1992.

Kroeber-Riel, W. (1992a): Bildkommunikation, in: Diller, H., Vahlens großes Marketinglexikon, München, S. 118ff., 1992.

— (1992b): Medienstil, Informationsstil, in: Diller, H., Vahlens großes Marketinglexikon, München, S. 758ff., 1992.

Laux, H. (1982): Interaktive Werbung – Dialogtechnik in der Werbung, in: Tietz, B., Die Werbung, Handbuch der Kommunikations- und Werbewirtschaft, Band 2, Landsberg, S. 1765ff., 1982.

Meffert, H. (1988): Strategische Unternehmensführung und Marketing: Beiträge zur marktorientierten Unternehmenspolitik, Wiesbaden 1988.

Nieschlag, R./*Dichtl,* E./*Hörschgen,* H. (1985): Marketing, 14. Aufl., Berlin 1985.

o.V. (1992): Marktsignale: Elektronische Bücher bahnen sich den Weg, in: Börsenblatt 89 vom 6.11.1992, S. 8ff.

o.V. (1994): The Keys to the Future, in: Business Week vom 13.6.1994, S. 52ff.

o.V. (1994): Als Technoknecht am Nocibur, in: Der Spiegel, 38/94, S. 148ff.

o.V. (1994): Kampf der Giganten, in: manager magazin, 5/94, S. 77ff.

o.V. (1994): Goldfinger, in: manager magazin 9/1994, S. 122ff.

Rominski, D. (1994): Electronic Publishing, Der Markt wird neu verteilt, in: absatzwirtschaft 8/94, S. 30ff., 1994.

Schmidt, H. (1994): Auf Glas gebaut, in: CHIP 11/94, S. 296ff.

Tietz, B./*Zentes,* J. (1980): Die Werbung der Unternehmung, Reinbek, 1980.

WiSt: Ein neues Produkt – ein neuer Markt

Von Otmar Issing

1. Der Beginn

„Mehr als alles andere vom innovativen Denken geprägt ist die Schaffung eines neuen Marktes, d.h. des Erkennens eines Bedürfnisses und/oder die Bereitstellung einer Lösung dafür." So schreibt Erwin Dichtl in seinem Buch „Der Weg zum Käufer" (München 1987, S. 19; alle folgenden Zitate sind ebenfalls diesem Werk entnommen). Normalerweise beschäftigt sich ein Wissenschaftler mit diesen Fragen im Rahmen seiner theoretischen Arbeit. Relativ selten dagegen wird er zum Erzeuger eines eigenen Produkts, das sich anschließend am Markt zu behaupten hat. Anders im hier beschriebenen Fall.

Im Jahre 1971 wandte sich Martin Weigert, der damalige Lektor des Vahlen-Verlages, an den Autor dieses Beitrages mit dem Anliegen, eine studienorientierte Zeitschrift für Wirtschaftswissenschaften zu begründen. Hinter dieser Absicht stand die außerordentlich erfolgreiche Erfahrung des Beck-Verlages – der einige Zeit vorher den Vahlen-Verlag übernommen hatte – mit seiner Zeitschrift „Jus". Trotz der naheliegenden Einwände, die beiden Märkte – das Studium der Jurisprudenz und das der Wirtschaftswissenschaften – seien nicht vergleichbar und das Ergebnis damit nicht einfach reproduzierbar, hielt der Verlag an dem Projekt auch dann fest, als der anfänglich von seiten des Verlages favorisierte Gedanke einer repetitorhaften Zeitschrift vom potentiellen Herausgeber rigoros verworfen worden war.

Nachdem die Entscheidung, den Versuch zu wagen, grundsätzlich gefallen war, galt es, einen Kollegen der Betriebswirtschaft als Mit-Herausgeber zu gewinnen. Mit dem kurz vorher an die Nürnberger Fakultät berufenen Erwin Dichtl begann dann eine Partnerschaft, die – auch nach der späteren örtlichen Trennung – in jeder Phase von gegenseitigem Vertrauen, selbstverständlicher Teilung der Arbeit und am gemeinsamen Ziel orientierten Engagement getragen war (vor einigen Jahren hat Norbert Berthold den Part des Nationalökonomen übernommen).

Um das Anliegen bei der damaligen Begründung der neuen Zeitschrift richtig einzuschätzen, möge man die Situation des Jahres 1971 bedenken:

Der Markt für Lehrbücher, insbesondere solche in deutscher Sprache, war dünn gesät; der Zeitschriftenmarkt war so gut wie nicht ausgefächert, es dominierten die wenigen Fachjournale, die auf eine lange Tradition zurückblicken konnten, aber gewiß nicht an den Bedürfnissen der Studierenden der Wirtschaftswissenschaften orientiert waren, deren Zahl sich in wenigen Jahren vervielfachte.

2. Der relevante Markt

„Welchen Markt, jenes imaginäre Gebilde, wo Angebot und Nachfrage aufeinandertreffen, hat man im Auge?“ (E. Dichtl, 1987, S. 55).

In seiner „Message“ für die erste Nummer von „WiSt – Wirtschaftswissenschaftliche Studienzeitschrift für Ausbildung und Hochschulkontakt“, Januar 1972, umreißt Paul A. Samuelson, der gerade (1970) den Nobelpreis für Wirtschaftswissenschaften erhalten hatte, Anspruch und Programm:

> „Economics as a subject is now in an exciting state. The economic problems in the world around us are fascinating even to the non-economist. Therefore, I hail with appreciation the founding of a new journal directed toward the communication of the results of economic science to those who must use that science – to students and, one dares to hope, to men of affairs generally.
>
> It is no secret that the discipline of economics has become increasingly technical, even mathematical. This raises significant problems of communication. When I began the study of economics, any public servant, editor, or even banker could think that he was in mastery of the principles of political economy. Today, one need only page through the learned journals of our subject to realize that they abound with the symbols of higher mathematics and the complexities of modern statistical theory. Nonetheless, there is still the need for non-economists to make decisions frought with importance for the development of our societies. A new forum that will hope to bring to the interested student and concerned layman an understandable discussion of the important economic problems of our time is therefore most welcome.“

Vor dem Erscheinen des ersten Heftes lag eine Phase, in der von der Konzeption über den Namen bis hin zu Layout, Farbe und Format ein neues Produkt zu kreieren war. Wie neu, teilweise fremdartig die Idee einer studienorientierten Fachzeitschrift empfunden wurde, zeigten sehr bald erste Reaktionen von Kollegen, die sich – im Extrem – gegen das „Ansinnen“ verwehrten, ein wichtiges Thema verständlich, übersichtlich und dazu noch auf begrenztem Raum – eben „studentengerecht“ – darstellen zu sollen.

Derartige Absagen blieben aber die Minderheit, und so konnte die erste Nummer im – bis heute unveränderten – Kernbereich der Zeitschrift, den Wissenschaftlichen Beiträgen mit weithin bekannten Autoren und interessanten Themen aufwarten:

Edmund Heinen: Zur Problembezogenheit von Entscheidungsmodellen

Erich Hoppmann: Konzertierte Aktion als Instrument der Globalsteuerung

Walter Adolf Jöhr: Zur Frage der Kosten einer Währungsaufwertung

Peter Mertens und Hans D. Plötzeneder: Programmierter Unterricht in den Wirtschaftswissenschaften.

Die erste Nummer enthielt ferner eine Fallstudie, die erste Lektion eines Kurses zur Mathematik für Wirtschaftswissenschaftler, Informationen zum Studium und ein Portrait des neuen Nobelpreisträgers Simon S. Kuznets.

Zum zwanzigjährigen Jubiläum konnten die Herausgeber feststellen:

„Mit diesem Heft wird der 20. Jahrgang von WiSt – Wirtschaftswissenschaftliches Studium eröffnet, einer Zeitschrift, mit deren erstem Heft wir seinerzeit Neuland betreten haben. Kein Sprachrohr von Wissenschaftlern für ihresgleichen sollte es sein, sondern ein Periodikum, das sich, ohne sich an einem Vorbild in den Wirtschaftswissenschaften orientieren zu können, in erster Linie an Studierende wendet. Den Bedürfnissen dieser Zielgruppe wollten wir Rechnung tragen, ohne dabei in ein Repetitorium abzugleiten.

Dieser Zielsetzung sind wir in all den Jahren treu geblieben, wobei wir den Schwerpunkt immer auf die sog. Wissenschaftlichen Beiträge gelegt haben. Neue Rubriken sind hinzugekommen, von denen sich manche, wie z.B. „Gesetze, Effekte, Theoreme", allen ursprünglich gehegten Erwartungen zum Trotz bis zum heutigen Tage gehalten haben. Auf der anderen Seite hatten alle Serien, die wir bislang brachten (z.B. über Mathematik, Statistik, EDV oder Wirtschaftsenglisch), irgendwann einmal ein Ende. Aus fast allen sind später noch erfolgreiche Bücher geworden.

Die Zeitschrift hat sich in nahezu zwei Jahrzehnten einen festen Platz im Markt sichern können. Nicht weniger bedeutsam als der wirtschaftliche Erfolg ist für uns, daß heute kaum mehr einer unserer Kollegen zögert, in einer angeblich vorrangig von Studierenden, faktisch aber auch von vielen Lehrenden gelesenen Zeitschrift Aufsätze zu veröffentlichen."

Mit der letzten Bemerkung ist eine Entwicklung angesprochen, mit der die Herausgeber in diesem Ausmaß nicht gerechnet haben. WiSt hat sich nämlich im Bereich der wissenschaftlichen Hochschulen einen festen Platz in der Vorbereitung von Lehrveranstaltungen aller Art erworben. Die didaktisch gut aufbereiteten Beiträge haben sich als geradezu exemplarisches Material erwiesen, anhand dessen Vorlesungsbeiträge, Übungen und Seminare vorbereitet werden. Auf diesem Wege ist die Zeitschrift an vielen Orten zur Pflichtlektüre der Studierenden avanciert.

3. Das nicht beherrschbare Umfeld

Unter diesem Titel schreibt Erwin Dichtl (S. 19): „Die kühnste Idee, das beste Produkt und die reizvollste Marktnische nützen nichts, wenn es nicht genügend Nachfrager gibt." Zu wenige Nachfrager für eine studienorientierte Zeitschrift bei dem geradezu explosionsartigen Anwachsen der Studenten der Wirtschaftswissenschaften? An potentiellen Nachfragern fehlt es gewiß nicht. Verlag und Herausgeber konnten jedoch einen Marktfaktor nicht beherrschen, nämlich das Kopiergerät. Mit dem stetig erleichterten Zugang zum Kopierer hat sich der Kreis der Abonnenten zwangsläufig auf diejenigen konzentriert und reduziert, die WiSt als gesamtes Heft besitzen und schließlich in den Jahresbänden auch sammeln wollen. Nur für diese erschließt das Register der Jahresbände in einer für einen Privatmann geradezu idealen Weise das Fachgebiet sowie die aktuellen Entwicklungen. Über die jeweiligen Referenzartikel und die dort zu findenden Literaturhinweise eröffnet sich der Zugang zu faktisch jedem wichtigen und aktuellen Thema.

Von der ganzen Konzeption her ist WiSt eine Zeitschrift, die nicht nur durch das Studium begleitet und das Tor zu einem überdurchschnittlichen Examensergebnis öffnen hilft, sondern auch im Sinne eines lebenslangen Lernens einen stets aktuellen Überblick über die Entwicklung der einzelnen Fachgebiete der Wirtschaftswissenschaften gibt und damit die Chance verbürgt, auf dem Laufenden zu bleiben. Im Untertitel „Zeitschrift für Ausbildung und Hochschulkontakt" war diese Doppelrolle von Anfang an angesprochen. Für die Realität muß man freilich registrieren, daß es nur sehr unvollkommen gelungen ist, die Zielgruppe der „Ehemaligen" angemessen zu erfassen. Leserbriefe typischen Inhalts belegen, daß hauptsächlich Zeitgründe dafür verantwortlich zu machen sind – die WiSt-Hefte bleiben in der zeitlichen Bedrängnis des Berufslebens zunehmend ungelesen.

4. Eine motivierende Aufgabe

„Kompetenz allein genügt nicht. Es kommt auch darauf an, diese ins Spiel zu bringen. Ob und wie sich Mitarbeiter für ihren Arbeitgeber ins Zeug legen, hängt ganz entscheidend von ihrer Motivation und gewissen situativen Gegebenheiten ab" (S. 204). Ohne die Rolle des jeweiligen Mitarbeiters zu unterschätzen, die den Herausgebern tatkräftig zur Seite gestanden haben und – neben der Unterstützung durch die Lektoren des Verlages, seit vielen Jahren Dieter Sobotka – damit wesentlichen Anteil am Gelingen des Produktes tragen, gilt es zunächst der Vorstellung zu widersprechen, hinter der Zeitschrift stünde ein „großer Apparat". Es war und bleibt schließlich die Hauptaufgabe der Herausgeber, die richtigen Themen aufzugreifen und geeignete Autoren zu finden, Manuskripte zu redigieren und gegebenenfalls als ungeeignet für eine studienorientierte Zeitschrift zurückzuweisen, und kontinuierlich über die Gestaltung der Zeitschrift nachzudenken und gegebenenfalls neue Akzente zu setzen.

Diese Aufgabe verlangt von den Herausgebern, von denen je einer für das gesamte Gebiet der Betriebswirtschaftslehre bzw. Volkswirtschaftslehre zuständig ist, ständig zu versuchen, die Entwicklungen im ganzen Fach soweit zu verfolgen, daß kompetente Autoren mit den wichtigsten Themen in der Zeitschrift zu Wort kommen. Der Herausgeber bleibt schließlich auch insbesondere dort die „Testperson" für eine verständliche Darstellung, wo er selbst als Spezialist sachlich nicht zu Hause ist.

Mit dieser ebenso zeitraubenden wie anspruchsvollen Aufgabe hatten die beiden Herausgeber gewiß zu jedem Zeitpunkt hinreichend Motivation, „sich ins Zeug zu legen". Wenn auch nicht gerade zu jedem Zeitpunkt, so war damit doch nicht selten „ein Zustand erreicht, bei dem die Arbeit zum Vergnügen wird" (S. 205). Die kollegiale Verbindung mit Erwin Dichtl hat dabei stets eine entscheidende Rolle gespielt.

Objektgeschäft – Besonderheiten des Herstellermarketing bei Bauprodukten

Von Vladimir Potucek

1. Objektgeschäft – ein Begriff der Praxis

Marketing-Wissenschaftler sollten, so die Erwartung der Praxis und das Selbstverständnis der Wissenschaft, für Probleme der unternehmerischen Realität Handlungsanweisungen und Lösungsvorschläge vermitteln (vgl. Nieschlag/Dichtl/Hörschgen, 1985, S. 8ff.). Daher sollten sie sich mit den Themen der Praxis auch intensiv auseinandersetzen. Bislang, so scheint es, haben vor allem Fragestellungen des Konsumgüter- und Handelsmarketing die Wissenschaft interessiert. Seit einiger Zeit wendet sich die Forschung jedoch auch dem heterogenen Problemfeld des *Marketing für Investitionsgüter* zu (vgl. Backhaus, 1992).

Dennoch findet so mancher Praktiker aus dem Investitionsgütersektor in den Problemstellungen und instrumentalen Empfehlungen der Forschung und Lehre seine Entscheidungssituation nicht wieder. Wo sich die Theorie nicht engagiert, blüht die Empirie. Die Praxis versucht dann ihre Aufgaben mit Denkmodellen zu bewältigen, die anderen Problem- und Entscheidungszusammenhängen (Konsumgütermarketing, Handelsmarketing, Anlagenmarketing) entspringen. Das gewonnene Marketing-Know how wird mehr oder minder verbal tradiert und durch Personalfluktuation in der Branche generalisiert.

Zu solchen unbeachteten Forschungsfeldern innerhalb des Investitionsgütermarketing zählt das Objektgeschäft. *Objektgeschäft?* Der Terminus kommt aus der Praxis. Vom Objektgeschäft wird in Unternehmen gesprochen, die Produkte für das Baugewerbe herstellen. Das Marketing-Grundproblem stellt sich dort wie folgt dar: Der Endkunde ist jene Person bzw. Organisation, die ein Bauvorhaben in Auftrag gibt und letztlich auch bezahlt – der Bauherr. Dieser begehrt und bezahlt jedoch Bauprodukte nicht an sich, sondern nur als integralen Bestandteil eines baulichen Ganzen. Insofern zielen die Marketing-Aktivitäten von Herstellern darauf ab, ihre Produkte zum Bestandteil von Bauobjekten werden zu lassen. Die Summe dieser Aktivitäten sowie die Marktstrukturen, in denen sich diese vollziehen, werden mit dem Begriff Objektgeschäft belegt. Das Besondere besteht darin, daß die Absatzmärkte hier so komplex und so dynamisch sind, daß sie durch die von der Forschung aufbereiteten Modelle des Beschaffungsverhaltens (vgl. Backhaus, 1992, S. 49ff.) nicht eingefangen werden.

Im folgenden sollen einige Überlegungen zu den Fragen angestellt werden, die sich *Herstellern von Bauprodukten* stellen. Dabei soll der Versuch unternommen werden, einige marketingpolitische Probleme beispielhaft aufzuzeigen, die nach Ansicht des Verfassers durchaus lohnende Ansatzpunkte für wissenschaftliche Auseinandersetzungen abgeben. Die Herstellerperspektive ist für die Behandlung des Themas maßgeblich: Es geht nicht um das Marketing der im Bauwesen tätigen Firmen (Bauunternehmen, Sanitärinstallateure, Elektroinstallateure, Dachdecker, Innenausbau-Anbieter, Bodenleger, Deckenbauer etc.), sondern um das Marketing der Hersteller der im Bau eingesetzten Produkte (Fenster, Türen, Beleuchtung, Bodenbeläge, Decken, Sanitäreinrichtungen, Dachmaterialien u.v.m.).

2. Produktwahlentscheidungen im Objektgeschäft

Das Besondere des Objektgeschäfts läßt sich nicht an der Art der Produkte festmachen. Die o.a. Produkte sind zwar für das Objektgeschäft typisch, doch werden sie im übrigen auch vom Do-it-yourself-Einzelhandel problemlos vermarktet. Die Eigenart des Objektgeschäfts ist vielmehr darin begründet, daß hier *Produktwahlentscheidungen* viel komplexer als z.B. bei Kunden von Do-it-yourself-Märkten ablaufen. Naturgemäß bezieht man den Begriff Objektgeschäft nicht auf Bauvorhaben beliebiger Größe: Voraussetzung ist, daß das Bauobjekt mindestens einen solchen Umfang hat, daß seine Realisierung Arbeitsteilung unter Spezialisten erforderlich macht. Einige Beispiele für viele: Schulen, Krankenhäuser, Verwaltungsgebäude, Flughäfen, Lagerhallen, Theater. Wie kommt es nun, daß in einem arbeitsteiligen Interaktionsprozeß der an der Bauprojektrealisierung Beteiligten am Ende die Wahl auf ein Produkt X fällt und dieses Produkt eingebaut wird?

Am Anfang steht der *Bauherr*, d.h. eine Person oder Organisation, die die Absicht hat, ein bestimmten Zwecken dienendes Gebäude zu errichten. Der ideale Bauherr aus der Sicht eines Herstellers wäre einer, der sich nicht allein ein Gebäude, sondern eines wünscht, das mit seinen Produkten ausgestattet ist. So spezifisch sind die Vorstellungen von Bauherrn (auch wenn Fachleute – Hochbauämter, Bauabteilungen – den Bauherrn vertreten) allerdings höchst selten. Zumeist liegt nur ein grobes funktionales und gestalterisches Anforderungsprofil vor.

Der Bauherr ist in der Regel außerstande, das Projekt zu planen oder gar zu realisieren. Jemand muß seine Anforderungen in Raumstrukturen,

Dimensionen, Architektur, Materialien und letztlich auch Bauprodukte übersetzen. Dieser *Planer* (Architekt, Planender Ingenieur, Designer, Innenarchitekt etc.) reflektiert die Überlegungen des Bauherrn, realisiert darüber hinaus aber auch sein eigenes kreatives Ego und berücksichtigt dabei baupolizeiliche, hygienische, sicherheitstechnische u.ä. Vorschriften. Manchmal ist der Planer der eigene Architekt des Bauherrn (Städtisches Hochbauamt, firmeneigene Bauabteilung), meist handelt es sich um einen per Architektenwettbewerb ausgewählten oder freihändig beauftragten Architekten.

Die Planung erfolgt in Schritten: Ausgehend vom groben Planungskonzept wird der Bau nach und nach bis ins letzte Detail ausgearbeitet und *spezifiziert*. Die so entstehende Beschreibung legt das Projekt von der Dicke und Tiefe der Fundamente über die Lage und Dicke der Wände bis hin zum Material und Design von Türen, Bodenbelägen und Steckdosen vollständig fest. Als *Spezifikator* (specifier) ist der Planer für das Objektgeschäft die zentrale Figur. In dem Maße, in dem er den Bauherrn von seiner Produktwahl überzeugen kann (auch er muß sein Konzept verkaufen!), ist er der maßgebliche Produktentscheider. Naturgemäß wird der Fortschritt der Planung mit dem Bauherrn bzw. dem von diesem beauftragten Fachgremium fortwährend konsultiert und von diesem verabschiedet. Je nach Objekttyp wird die Planung auch durch Vertreter des späteren *Objekt-Nutzers* (sofern vom Bauherrn verschieden) ebenso wie durch Arbeitsschutzexperten, Brandschutzbeauftragte, Hygieniker etc. beeinflußt.

Die Erstellung eines Bauobjekts erfordert das Zusammenwirken verschiedener Spezialisten, eben jener Firmen, die Bauprodukte verarbeiten. Diese im folgenden *Verarbeiter* (contractors) genannten Marktsubjekte werden bei bedeutenderen Objekten durch ein mehr oder minder wettbewerbliches Such- und Auftragsvergabeverfahren – *Öffentliche oder Beschränkte Ausschreibungen* – zusammengeführt. Bei einer Ausschreibung richtet der öffentliche oder private Nachfrager an potentielle Anbieter die Aufforderung, schriftliche Angebote mit dem Ziel abzugeben, eine beschriebene Leistung auszuführen (vgl. Graf/Rall, 1988, S. 20). Die Vergabepraxis der öffentlichen Hand tendiert verständlicherweise zu einer starken Formalisierung des Auswahlverfahrens (vgl. DIN, 1992), während bei privaten Bauherren von der wenig formalisierten Beschränkten Ausschreibung bis hin zur völlig formlosen freihändigen Vergabe alle Varianten vorkommen.

Um formalen Auflagen der VOB (vgl. DIN, 1992, S. 5ff.) zu genügen, wird der Ausschreiber im öffentlichen Bereich die ausgelobte Leistung meist mit Hilfe von technischen und funktionalen Anforderungen generisch beschreiben. Falls es doch zur *Spezifikation* eines Fabrikats kommt, wird die Produktnennung mit dem Zusatz *„oder gleichwertiger Art“* versehen. Der private Ausschreiber ist diesbezüglich frei.

Der Ausschreibung einzelner Leistungen geht eine Grundsatzentscheidung des Bauherrn voraus: Will er Auftraggeber der verschiedenen Verarbeiter sein oder will er einen einzigen Vertragspartner haben? Im ersteren Fall beauftragt er mit der *Durchführung der Ausschreibung* häufig einen (meist den planenden) Architekten. Im letzteren Fall vergibt er (wiederum häufig per Ausschreibung) den gesamten Bau an einen *Generalunternehmer* (general contractor, main contractor), der für die Projektrealisierung einschließlich der Auswahl von und der Kontrahierung mit den Verarbeitern (sub-contractors, Sub-Unternehmer) einsteht.

Die zur Teilnahme an der Ausschreibung entschlossenen Verarbeiter informieren sich ausführlich über die Leistungsbeschreibung, holen bei den Herstellern von in Frage kommenden Produkten Produktangebote und Quotierungen ein, kalkulieren und geben *Angebote* über Produkte inkl. Verarbeitung ab. Verständlicherweise werden sie dabei die ihnen durch die Spezifikation eröffneten Spielräume zu nutzen versuchen, indem sie den Begriff der Gleichwertigkeit so weit ausdehnen, daß auch billigere Alternativen oder solche, bei denen sie bessere Einkaufskonditionen haben, in Frage kommen.

Die dem *Ausschreiber* zugegangenen Angebote werden formal und sachlich geprüft. Ausgeschlossen werden u.a. Angebote, die nicht spezifikationskonform sind. Hier setzt, vor allem bei Objekten der öffentlichen Hand, eine häufig langwierige Auseinandersetzung zwischen dem Bieter (unterstützt vom Hersteller), dem die Ausschreibung Durchführenden (Architekt, Generalunternehmer), dem Planer, dem Bauherrn und oft auch dem Nutzer um die *Interpretation der Gleichwertigkeit* ein. Von den letztlich verbleibenden Offerten wird der Zuschlag nicht zwangsläufig dem Niedrigstbieter erteilt. Doch ist davon auszugehen, daß bei anerkannter Gleichwertigkeit der technischen, wirtschaftlichen und funktionalen Angebotsbestandteile die Vergabe dem niedrigsten Preis folgt (vgl. Graf/Rall, 1988, S. 63ff.). Die Auftragsvergabe an einen Verarbeiter beendet in aller Regel die Zeit der Ungewißheit für die Hersteller der in Frage kommenden Bauprodukte. Ist Produkt X Teil des Auftrags, wird der Verarbeiter dieses Produkt auch einsetzen. Die *Produktwahl* zugunsten von X ist *erst jetzt* endgültig getroffen.

3. Markt- und Wettbewerbsumfeld im Objektgeschäft aus Herstellersicht

3.1 Das Buying Center im Objektgeschäft

Die Literatur verwendet zur Beschreibung jener Gruppe von Personen, die im Zusammenwirken die Beschaffungsentscheidung bei Investitionsgütern beeinflussen und fällen, den Begriff des *Buying Center* (vgl. Webster/Wind, 1972). Da dieses Modell das Beschaffungsverhalten von Organisationen einzufangen versucht, ist ihm immanent, daß die Mitglieder des Buying Center als Angehörige der die Einkaufsentscheidung evaluierenden Organisation gedacht werden. Das Untersuchungsanliegen ist es, die Mitglieder des Buying Center in ihren differenzierten Rollen und Interessenlagen zu identifizieren und das Ausmaß und die Richtung ihres Einflußes auf die Beschaffungsentscheidung auszumachen. Die Übertragung dieses Modells auf die Problematik des Objektgeschäfts setzt voraus, daß der grundlegend andere *Charakter der Entscheidungsträger* im Buying Center sowie die grundlegend andere *Qualität der Beziehungen* zwischen ihnen berücksichtigt werden: Trotz aller Differenziertheit der Verhaltensmuster und -motive sind die Mitglieder eines Buying Center im Sinne von Webster/Wind formal und inhaltlich den Zielen und der Kultur der Organisation verpflichtet, der sie angehören. Das ist beim Buying Center, dem sich Hersteller von Bauprodukten gegenüber sehen, anders:

- Als *Handlungselemente* treten in den Buying Centers im Objektgeschäft privatwirtschaftliche Bauwillige, Bauwillige aus dem öffentlichen Bereich (Kommunen, Landes- und Bundesbehörden), Hochbauämter aller Ebenen, freie Architektur- und Design-Büros, spezialisierte Beratungsbüros, Bauunternehmen, mittelständische Handwerksbetriebe etc. auf.

- Diese verschiedenen Subjekte erscheinen in vielfältigen *Rollen*, so z.B. als Bauherren, Planer, Nutzer, Ausschreibungsdurchführende, Generalunternehmer, Verarbeiter.

- Die diese Rollen spielenden Subjekte sind meist *Organisationen*, so daß die Art, wie die Organisation ihre Rolle definiert und spielt, das Ergebnis innerorganisationaler Interaktionen unter Individuen ist.

- Die Beziehungen zwischen den wichtigsten Rollenträgern sind zumeist *Marktbeziehungen* (Leistung gegen Entgelt). Wie stets in Marktbeziehungen, haben die Beteiligten unterschiedliche, z.T. antagonistische Interessen (Verteilungskonflikt, vgl. Burkolter-Trachsel, 1981, S. 46), die sie auch per Mobilisierung von Einfluß und Macht durchzusetzen versuchen (vgl. French/Raven, 1959). Letztlich wird also die gefällte Entscheidung – die Produktwahl – maßgeblich von der Verteilung von Macht im Buying Center beeinflußt. Anders als in einem organisationalen Einkaufsgremium können in einem von Marktbeziehungen vernetzten Buying Center Konflikte nicht durch Entscheidungen höherer Ebenen gelöst werden.

Der multiorganisationale Charakter des Buying Center, die den Marktbeziehungen zwischen den einzelnen Rollenträgern immanenten Verteilungs- und Rollenkonflikte sowie die Langfristigkeit der Entscheidungsprozesse haben eine außerordentliche *Dynamik* der Interaktionen bei der Produktwahl zur Folge.

3.2 Herstellerwettbewerb im Objektgeschäft

Die Abnehmer der Hersteller von Bauprodukten sind, wie gesagt, die Verarbeiter, die wiederum ihrerseits auf dem Markt für Bauleistungen tätig sind. Dieser Markt existiert allerdings als *permanenter Markt* nicht. Wegen der Art der nachgefragten und anzubietenden Güter (Bauprojekte) muß er Fall für Fall von der Nachfrageseite durch Aufruf zum Angebot einer genau beschriebenen Bauleistung temporär organisiert werden (vgl. Graf/Rall, 1988, S. 19f.). Dabei wird meist eine wettbewerbliche Organisation dieses temporären Marktes angestrebt.

Wettbewerbliche Organisation sozialer Prozesse liegt vor, wenn mindestens zwei Subjekte einer Marktseite um Transaktionsabschlüsse rivalisieren und die Entscheidung, wer zum Zuge und in den Genuß einer Gegenleistung kommt, von der auf eigenen Vorteil bedachten Marktgegenseite gefällt wird (vgl. Potucek, 1987, S. 29ff.). In dem hier diskutierten Teilmarkt entsteht dieser temporäre Parallelwettbewerb der Bieter im Idealfall einer Öffentlichen Ausschreibung durch die Aufrechterhaltung einiger formaler *Spielregeln* (vgl. Graf/Rall, 1988, S. 23ff.):

- Aufforderung an einen größeren Bewerberkreis;
- eindeutige und erschöpfende Beschreibung der ausgeschriebenen Leistung;
- Auftragsvergabe nur nach auftragsbezogenen Kriterien (d.h. keine Bevorzugung von Bewerbern aufgrund anderer – z.B. räumlicher oder politischer – Überlegungen);
- Zuschlag und Auftragsvergabe an den Bieter mit dem annehmbarsten Angebot;
- keine materiellen Nachverhandlungen über Leistung und Preis.

Aus der Sicht der klassischen Preistheorie (vgl. Bartling, 1980, S. 13f.) weisen solche temporär organisierten Märkte einige Merkmale *vollkommener* Märkte auf: Der Nachfrager legt frei von Beeinflussung die nachgefragte Leistung (Leistungsbeschreibung) offen und hegt keine auftragsfremden Präferenzen. Der Marktzugang ist offen. Da die Produkte durch die Spezifikation hochgradig homogen sind, können die Preisforderungen der Anbieter gut verglichen werden. Den Zuschlag erhält jener, der die gestellte Aufgaben am effizientesten bewältigt.

Wie aus den obigen Ausführungen zum interaktiven Prozeß der Produktentscheidung im Objektgeschäft in Ansätzen hervorging, werden in der Realität bei der Formulierung der Spezifikation durch den Planer, bei ihrer Freigabe durch den Bauherrn und den Nutzer, bei der Interpretation der Spezifikationskonformität und Gleichwertigkeit durch den Verarbeiter, den

Generalunternehmer, den Planer, den Nutzer und den Bauherrn zahlreiche offene oder verdeckte *Präferenzen* (für bestimmte Problemlösungen, Materialien, Produkte, Anbieter etc.) wirksam.

Nun beeinflussen die im Entscheidungsprozeß im Buying Center aktiven Präferenzen den wirtschaftlichen Erfolg des Herstellers, der im Wettbewerb um Abschlüsse mit der Verarbeiterstufe steht. Die Verarbeiter beurteilen sein Produkt nämlich nicht danach, ob es dem Endnutzer des Objekts Nutzen stiftet. Für sie ist maßgeblich, in welchem Ausmaß das Angebot des Herstellers ihre *Wettbewerbsfähigkeit* im Kampf um den Auftrag im einzelnen Objekt erhöht oder schmälert. Naturgemäß wird jeder Verarbeiter primär an einer guten Verarbeitbarkeit des zu installierenden Produkts interessiert sein. Darüber hinaus wird sich sein Augenmerk auf die produktbezogene Handelsspanne richten, die er bei der Integration dieses Produktes in seine Gesamtleistung erzielen kann. Letztlich wird er abwägen, in welchem Maße das Produkt die Wahrscheinlichkeit beeinflußt, daß er vom Bauherrn oder Generalunternehmer den Auftrag erhält. Der letztgenannte Aspekt hängt unmittelbar damit zusammen, ob es dem Produkthersteller gelungen ist, sein Produkt den verschiedenen Mitgliedern des Buying Center *„vorzuverkaufen"*, für sich Präferenzen zu schaffen. Dies offenbart sich wiederum am deutlichsten darin, daß die Spezifikation des Planers gezielt auf dieses Produkt ausgerichtet wurde.

Die Existenz von offenen und verdeckten Präferenzen im Buying Center ist ein Faktum. Dadurch werden in die für ein Einzelobjekt temporär organisierte Wettbewerbssituation Unvollkommenheiten eingeführt, auf die der im Parallelwettbewerb um Abschlüsse ringende Hersteller reagieren muß. Im Rahmen seiner Möglichkeiten wird er notgedrungen versuchen, auf die Entstehung, die Stabilisierung, die Änderung und den Abbau von Präferenzen im Buying Center mehr oder minder *aktiv Einfluß* zu nehmen.

4. Implikationen für das Herstellermarketing

Die *Zielsetzung* der herstellerseitigen Marketing-Aktivitäten im Objektgeschäft ist nun offensichtlich: Es geht darum, die *Spezifikationsentscheidung* zugunsten des eigenen Produkts zu beeinflussen. Sobald dem eigenen Produkt durch die Leistungsbeschreibung *Wettbewerbsvorteile* gesichert sind, müssen im Buying Center Interessen-Koalitionen mobilisiert werden. Deren Ziel ist es, die Spezifikation gegen Verwässerung durch weitgezogene Interpretationen von Gleichwertigkeit und Spezifikationskonformität seitens der Anbieter von Konkurrenzprodukten zu *verteidigen*. Nicht verwunderlich daher, daß in der Praxis die Begriffe Spezifikationsgeschäft und Objektgeschäft häufig synonym verwendet werden.

Ausgangspunkt der hier angestellten Überlegungen war die Ansicht des Verfassers, daß Praktiker bei der Bewältigung der dargelegten Marketing-Aufgabe im wesentlichen ohne die Rückendeckung durch die Marketing-Wissenschaft entscheiden und agieren. Nachfolgend sollen beispielhaft einige *ausgewählte Fragestellungen* skizziert werden, bei denen solche theoretischen *Defizite* besonders augenscheinlich sind:

(1) Um gezielt beeinflussbar zu sein, müssen die sich um die Produktwahl rankenden Entscheidungsprozesse im Buying Center dem Hersteller *transparent* sein. Naturgemäß kann sich die logische Aufbereitung des Entscheidungsproblems Reflexionen aus anderen Marketing-Gebieten zunutze machen. So erinnert die Problematik der Beziehungen zwischen der Hersteller- und Verarbeiterstufe an die Problematik der Beziehungen zwischen Industrie und Handel im Konsumgüterbereich (vgl. Bauer, 1980). Auch der Handel bemißt die Nützlichkeit eines Produkts nicht an den darin enthaltenen Nutzenkomponenten, sondern am Ausmaß der Verwertbarkeit im Wettbewerb auf der Absatzseite. Einiges erinnert wiederum an die Probleme des Pharma-Marketing: Auch dort ist der unmittelbare Kunde (der Großhandel) weder der Entscheider noch der Verbraucher, auch dort obliegt die Produktwahl einem Subjekt (dem Arzt), das das Produkt letztlich weder nutzt noch bezahlt.

Im Gegensatz zum Handels- und Pharma-Marketing handelt es sich im Objektgeschäft allerdings um *Investitionsgüter*, die auf *temporär* entstehenden Märkten vermarktet werden, auf denen die Produktwahl aus der *Interaktion* verschiedener Personen und Organisationen erwächst. Diese Komplexität ist auf Pharma-Märkten, einer vordergründig ähnlichen Problemstruktur zum Trotz, nicht gegeben: Die Produktwahl eines Arztes fällt aus verständlichen Gründen hochgradig fabrikatorientiert aus und wird in aller Regel weder durch den Verbraucher noch durch den liefernden Großhandel in Frage gestellt. Die Spezifikation eines Planers im Objektgeschäft schließt hingegen Auseinandersetzungen um deren Interpretation nicht aus.

Die Logik und das Zusammenspiel der Rollen im komplexen und von Verteilungskonflikten unabhängiger Subjekte beherrschten Buying Center ist in der Praxis meist klar (trotz Mangels an Transparenz im realen Einzelfall). Dennoch erschiene eine umfassende theoretische Aufbereitung der interaktiven Entscheidungsprozesse im Objektgeschäft insofern lohnenswert, als die hier beobachteten Phänomene nur im Zusammenwirken von *psychologischen*, *soziologischen*, *organisationalen* und *markttheoretischen* Erklärungsansätzen aufgehellt werden können. Dies erfordert eine Kompetenz, über die die Praxis nicht verfügt.

(2) Obwohl das im Objektgeschäft anzutreffende Buying Center nicht weniger komplex ist als die im Anlagengeschäft anzutreffenden Beschaf-

fungsgremien (vgl. Backhaus, 1992, S. 77f.), können die hier tätigen Produktlieferanten auf Komplexität nicht durch Komplexität reagieren. In den meisten Fällen kann *kein* umfassendes *Selling Center* (vgl. Heger, 1984, S. 237) aktiviert werden. Die vertriebliche Beeinflussung von Entscheidungen und Interaktionen im Buying Center wird im Gegensatz zum Anlagengeschäft üblicherweise dem *zuständigen Außendienstmitarbeiter* bzw. den in das objektorientierte Vertriebssystem integrierten Absatzmittlern und -helfern überlassen. Zu den zentralen vertriebspolischen Fragestellungen zählen dann verständlicherweise:

- Ein Außendienstmitarbeiter muß eine große Anzahl von Objekten und damit eine *große Anzahl* von Buying Centers bearbeiten. Daher ist es eine elementare Frage vertrieblicher Effizienz, EDV-gestützte *Objekt-Verfolgungs-Systeme* aufzubauen, die ihm durch Bereitstellung von Informationen die Orientierung über den Status quo der Entscheidungsprozesse bei den einzelnen Objekten erleichtern und ihn befähigen, im richtigen Augenblick beim richtigen Buying Center-Mitglied die richtige Aktion durchzuführen.

- Wie soll der *objektorientierte Außendienst* organisiert werden, um in der Nähe von möglichst vielen potentiellen Entscheidern zu sein und so alle relevanten temporären Objektmärkte effizient bearbeiten zu können? Die Lösungen der Praxis sind vielfältig: Man findet *nach Bezirken* strukturierte Außendienste, in denen ein Außendienstmitarbeiter für das gesamte Objektgeschäft in seinem Gebiet verantwortlich ist. Es gibt auch Fälle, in denen der Außendienst in planerorientierte Außendienstmitarbeiter einerseits („Spezifikation") und verarbeiterorientierte Außendienstmitarbeiter andererseits („Verkauf") *gespalten* ist. Es existieren letztlich auch *zielgruppenbezogen* ausgerichtete Außendienste, in denen sich Außendienstmitarbeiter auf die Betreuung bedeutender Bauherren und Planungsbüros konzentrieren.

- Teilweise höchst unterschiedlich fallen Antworten der Praxis auf die Frage aus, durch welche *Entlohnungssysteme* der objektorientierte Außendienst bei seiner umfassenden und langfristigen Akquisitionstätigkeit am besten gesteuert und motiviert werden kann. Das Spektrum reicht von ausschließlich auf Festgehalt basierenden Einfachmodellen bis zu höchst ausdifferenzierten Entlohnungssystemen, die neben einem Fixum verschiedene Incentives auf Umsatz- und Deckungsbeitragsbasis sowie auf der Grundlage qualitativer Leistungsvorgaben kombinieren.

(3) In die Objektbearbeitung schalten manche Hersteller auch die Absatzmittler *(Fachgroßhandel)* und -helfer *(Agenten)* ein. Nun stehen allerdings beim Großhandel prinzipiell Sortimentsüberlegungen im Vordergrund. Insofern entspricht die systematische Verengung der Perspektive

eines Planers auf ein Produkt, die das Ziel der marketingpolischen Beeinflussung im Buying Center ist, normalerweise nicht der Arbeitsweise des Fachgroßhandels. Dieser pflegt dem Planer *Optionen* für die Spezifikation *vorzulegen.* Ähnliches gilt für (meist Mehrfirmen-)Vertreter. Bei ihnen kommt noch als Problem hinzu, daß sie meist ein (verständliches) Interesse an regelmäßiger Einkommenserzielung haben, ein Interesse, das tendenziell zu hochgradig *kurzfristiger Perspektive* bei der Akquisitionsarbeit führt. Die Bearbeitung von Buying Centers bei größeren Objekten stellt hingegen eine langfristige Zeit-, Geld- und Arbeitsinvestition dar, die u.U. mit längeren provisionslosen Durststrecken verbunden ist.

Soll die Einschaltung dieser Absatzorgane erfolgreich sein, so gilt es also, durch Konditionen- und Provisionssysteme *Anreize* zu schaffen, die den Großhandel bzw. den Vertreter veranlassen, gewissermaßen „über ihren Schatten zu springen". Darüber hinaus sind in der Regel Vereinbarungen notwendig, die dem eingeschalteten Großhandel oder Vertreter eine gewisse Sicherheit geben, daß ihre Akquisitionsaktivitäten an einem Objekt durch Provisionszahlung bzw. durch Einschaltung in die Transaktionskette (d.h. Belieferung des Verarbeiters über den Großhandel) honoriert werden, wenn das Objekt gewonnen ist. Diesem Zweck dienen Vereinbarungen über Exklusivitäten, Konkurrenzauschluß, Objektschutz, Präferenzkonditionen und dgl. mehr.

(4) Eine bereits in ihrer Bedeutung hinreichend umrissene Rolle spielen für den Erfolg der Lieferanten von Bauprodukten die *Verarbeiter.* Ohne daß ein Verarbeiter das Produkt in ein wettbewerbsfähiges Angebotspaket aufnimmt, kann der Hersteller nicht auf Erfolg hoffen. Angesichts der Abhängigkeit von der Verarbeiterstufe verwundert es nicht, daß es Hersteller gibt, die die Verarbeitung der eigenen Produkte mit eigenen Installationsteams übernehmen. Diese Art der *vertikalen Diversifikation* erschließt dem Hersteller Preisspielräume und eröffnet ihm den direkten Zugang zum Wettbewerb auf der nächsten Marktstufe. Hier wird er unmittelbar Kontrahent des Bauherrn bzw. des Generalunternehmers. Neben *Vorteilen* gibt es auch *Nachteile:* Der Hersteller befindet sich als Verarbeiter nunmehr im Wettbewerb mit anderen Verarbeitern. Tendenziell führt dies dazu, daß die Zusammenarbeit zwischen diesem Hersteller und den übrigen Verarbeitern nachläßt und aufhört, und zwar auch in den dem Objektgeschäft fremden Marktfeldern (Renovierungsgeschäft, Kleingeschäft, Letztverbrauchergeschäft). Das eigene Contracting tendiert dann dazu, der *einzige Vertriebskanal* des Herstellers zu werden. Zugleich erzeugt der eigene Verarbeiter-Apparat den (Kosten-)Druck, permanent ausgelastet zu werden.

Selbstverständlich gibt es über die aufgezählten Fragen hinaus weitere für das Objektgeschäft spezifische marketingpolitische Entscheidungsprobleme, die Preise, Konditionen, Produkte, Service, Kommunikation etc.

betreffen. Eine erschöpfende Aufzählung von Fragestellungen, die nach Ansicht des Verfassers in der Praxis *ohne wissenschaftliche Fundierung* und *theoretische Unterstützung* bewältigt werden, war an dieser Stelle weder beabsichtigt noch möglich. Es bleibt die Hoffnung, daß einige der angesprochenen Sachverhalte Neugier geweckt haben ... Denn Neugier steht am Anfang aller Forschung und Wissenschaft.

Literaturverzeichnis

Backhaus, K. (1992): Investitionsgütermarketing, 3., überarb. Auflage, München 1980.

Bartling, H. (1980): Leitbilder der Wettbewerbspolitik, München 1980.

Bauer, H. H. (1980): Die Entscheidung des Handels über die Aufnahme neuer Produkte – Eine verhaltenswissenschaftliche Analyse, Berlin 1980.

Burkolter-Trachsel, V. (1981): Zur Theorie sozialer Macht: Konzeptionen, Grundlagen und Legitimierung, Theorien, Messung, Tiefenstrukturen und Modelle, Bern/Stuttgart 1981.

DIN, Deutsches Institut für Normung (Hrsg.) (1992): VOB Verdingungsordnung für Bauleistungen, Berlin/Köln 1992.

French, J. R. P./*Raven,* B. (1959): The Basis of Social Power, in: Cartwright, D. (Hrsg.), Studies in Social Power, Ann Arbor/Mich., S. 150ff., 1959.

Graf, H.-W./*Rall,* L. (1988), Systemvergleiche vergabe- und kartellrechtlicher Rahmenbedingungen für öffentliche Bauaufträge in ausgewählten EG- und EFTA-Ländern: Gutachten im Auftr. d. Bundesministers für Wirtschaft, Tübingen 1988.

Heger, G. (1984): Das Rollenverhalten des Akquisiteurs im industriellen Anlagengeschäft, in: Marketing-ZFP, 6. Jg., Nr. 4, S. 235ff., 1984.

Nieschlag, R./*Dichtl,* E./*Hörschgen,* H. (1985): Marketing, 14., völlig neubearb. Auflage, Berlin 1985.

Potucek, V. (1987): Strukturelle Wandlungen im deutschen Lebensmitteleinzelhandel und ihre Auswirkungen auf den Wettbewerb, Berlin 1987.

Webster, F. E./*Wind,* Y. (1972): A General Model for Understanding Organizational Buying Behavior, in: Journal of Marketing, Vol. 36 (1972), S. 12ff., 1972.

Marketing in Krisenunternehmen

Die „Konkurssanierung" als Marketingaufgabe

Von Erich Merkle

1. Ein ungelöstes betriebswirtschaftliches und sozialpolitisches Problem

1.1 Die wirtschaftliche und soziale Bedeutung von Konkursen

Kaum ein essentieller betriebswirtschaftlicher Tatbestand hat in der einschlägigen Fachliteratur, insbesondere derjenigen des Marketing, eine so geringe Beachtung gefunden wie die Frage der Sanierung von Unternehmen innerhalb eines Konkurses bzw. eines gerichtlichen oder außergerichtlichen Vergleichsverfahrens. Dabei handelt es sich um ein wirtschaftliches Problem von immenser Bedeutung, wie ein Blick in die seit Jahren ansteigenden Zahlen der einschlägigen Konkursstatistiken beweist.

So haben sich allein im Juli 1994 gegenüber dem Vergleichsmonat des Vorjahres die Konkursverfahren im Westen Deutschlands um rund ein Drittel, im Osten um fast 60% erhöht. Schätzungen zufolge dürften in den ersten 7 Monaten 1994 rund 100000 Arbeitsplätze verloren gegangen sein, die Forderungsverluste belaufen sich auf rund 20 Milliarden DM. Für das Gesamtjahr 1994 wird nach Analysen der Hermes Kreditversicherung mit 19000, und für das Jahr 1995 mit 20000 Konkursen gerechnet.

Auch nach der Meinung von Juristen sind Konkurse „Wertvernichter schlimmster Art und zugleich das teuerste Schuldentilgungsverfahren", wie bereits 1932 Ernst Jäger in seinem Lehrbuch des deutschen Konkursrechts (1932, S. 17) darstellt. Dies belegt auch die Konkursquote, d.h. der durch das Verfahren für die Gläubiger zur Verfügung stehende prozentuale Betrag der angemeldeten Forderungen. Diese Quote ist seit Jahren rückläufig und betrug im Jahr 1992 nur noch 5,3%. Dabei wird die überwiegende Zahl der Konkurse, neueren Schätzungen zufolge fast 90%, überhaupt nicht eröffnet; die entsprechenden Werte werden somit statistisch nicht erfaßt.

Trotz dieser immensen wirtschaftlichen Bedeutung wurde die wissenschaftliche und praktische Behandlung dieses aktuellen Themas in Deutschland einseitig den Juristen überlassen. Im Gegensatz zu anderen Ländern, wie z.B. den USA, fehlt es nicht zuletzt deshalb in Deutschland auch an modernen Instrumenten, um ein erfolgversprechendes Management von Unternehmenskrisen vor und während des Eintritts existenzbedrohender Tatbestände zu ermöglichen.

Die in der Öffentlichkeit stark diskutierten Abwicklungen von spektakulären Großkonkursen, wie z.B. demjenigen der AEG, täuscht darüber hinweg, daß es sich dabei um wenige Ausnahmen handelt. In mehr als 90% aller Fälle findet dagegen eine Liquidierung von in manchen Fällen sicher erhaltungswürdigen Unternehmen statt, die mit immensen Verlusten und Folgeschäden für das betroffene wirtschaftliche Umfeld, wie Arbeitnehmer, Lieferanten und Kunden einhergeht.

Unternehmensinsolvenzen sind in hohem Maße sozialpolitische Phänomene. Betroffen wird die gesamte Gruppe der Arbeitnehmerschaft, betroffen sind die Gläubiger und deren Arbeitnehmer, betroffen sind die örtlichen Strukturverhältnisse, insbesondere wenn es um wirtschaftliche Existenzen größerer Unternehmenseinheiten geht (vgl. Schmidt, 1990, S. 4). Schon deshalb ist eine breitere Diskussion des Themas meines Erachtens notwendig. Einen engen Marketingbezug erhält das Thema durch die Tatsache, daß bei Sanierungen/Firmenfortführungen schwerpunktmäßig Probleme auftreten, die mit Instrumenten des Marketing zu lösen sind bzw. „Marketing als Führungskonzeption für Unternehmen“ (vgl. Nieschlag, R., Dichtl, E., Hörschgen, H., 1994, S. 23) notwendig ist.

1.2 Die Konkursordnung von 1877

Das Konkursrecht in den alten Bundesländern regelt sich nach der Konkursordnung (KO) von 1877, dem wahrscheinlich ältesten noch geltenden deutschen Gesetz. In den neuen Bundesländern gilt dagegen die Gesamtvollstreckungsordnung der früheren DDR mit wenigen im Einigungsvertrag enthaltenen Modifikationen. Interessant ist die politische Begründung zu dieser überraschenden Regelung. In den Erläuterungen zu den Anlagen des Einigungsvertrages wird dazu ausgeführt, daß die knappe Regelung des Gesamtvollstreckungsrechts leichter zu handhaben sei, als das stark reformbedürftige Insolvenzrecht der Bundesrepublik. Das bisherige DDR-Insolvenzrecht genüge bereits marktwirtschaftlichen Anforderungen (vgl. Gottwald, 1993, S. 1).

Im April 1994 wurde vom Bundestag ein neues, für ganz Deutschland einheitliches Konkursrecht beschlossen. Da dieses jedoch erst ab 1997 gilt, wurde in der nachfolgenden Betrachtung nur auf das geltende Recht Bezug genommen.

Der Hauptmangel der Konkursordnung besteht darin, daß diese auf die natürliche Person als Gemeinschuldner zugeschnitten ist und nur ganz unvollständige „besondere Bestimmungen" über den Konkurs von Handelsgesellschaften enthält. Dementsprechend fehlt auch jeder Versuch, durch die Sanierung ein Unternehmen als wirtschaftliche Einheit zu erhalten. Getreu der Denkweise der Gründerjahre wurde der Konkurs als notwendige „Reinigungsprämie" der Wirtschaft angesehen, der zwangsläufig die Eliminierung des Schuldners bzw. Schuldnerunternehmens aus dem Marktgeschehen zur Folge haben mußte. Dies entsprach dem Leitbild der totalen Konkurrenz, das auf den englischen Sozialökonomen Adam Smith zurückgeht und das durch eine mechanistisch-metaphysische Auffassung vom Wirtschaftsablauf geprägt war (vgl. Uhlenbruck, 1990, S. 667).

Das Ergebnis war ein Gesetz, das sich ausschließlich dem Zerschlagungsprinzip verschrieben hat und auf dessen Grundlage deshalb die Probleme von Unternehmenskrisen weder aus betriebswirtschaftlicher noch aus sozialpolitischer Sicht bewältigt werden können.

Die entscheidenden Kernsätze der Konkursordnung sind der § 3, wonach die Konkursmasse zur gemeinschaftlichen Befriedigung aller persönlichen Gläubiger dient, und der § 117, wonach der Konkursverwalter verpflichtet ist, nach der Eröffnung des Verfahrens das gesamte zur Konkursmasse gehörige Vermögen sofort in Besitz und Verwaltung zu nehmen und dasselbe zu verwerten.

Ein Insolvenzrecht, daß sich nach diesen Kriterien ausrichtet, muß zwangsläufig zur Zerschlagung von Unternehmen führen, auch von solchen Unternehmen, die lebensfähig und fortführungswürdig sind. Es ist nur aus dieser Denkweise heraus zu erklären, daß in der KO auch auf ein Sanierungsrecht verzichtet wurde. In völliger Verkennung der wirtschaftlichen Notwendigkeit und Bedeutung von Sanierung bzw. Reorganisation hat sich der deutsche Gesetzgeber auf die Regelung eines den Konkurs beendenden Zwangsvergleichs beschränkt, der in der gerichtlichen Praxis jedoch so gut wie keine Bedeutung erlangt hat. Durchschnittlich werden weniger als 100 Vergleichsverfahren pro Jahr eröffnet, was bei rund 20000 Insolvenzverfahren einem Anteil von weniger als 0,5% entspricht.

Aus diesen Überlegungen folgt nahezu selbstverständlich, daß die Betriebswirtschaftslehre das Insolvenzrecht als völlig ungeeignet für die Lösung der betriebswirtschaftlichen Probleme einer Sanierung ansieht. Dies gilt eingeschränkt auch für das neue, geänderte Insolvenzverfahren. Es ist und bleibt eine Insolvenzbekämpfung aus betriebswirtschaftlicher Sicht notwendig (vgl. Hax, 1989, S. 21).

Durch die Beschränkung der folgenden Studie auf betriebswirtschaftliche Lösungsvorschläge soll nicht einer einseitigen Dominanz betriebswirtschaftlicher Entscheidungskriterien gegenüber juristischen das Wort geredet werden. Juristen neigen jedoch dazu, alternative, nicht gesetzlich geregelte, ökonomisch jedoch sinnvolle Lösungsmechanismen zu übersehen oder deren Lösungsbeiträge deutlich zu unterschätzen und dadurch die ökonomischen Folgen gesetzlicher Regelungen nicht ausreichend zu beachten (vgl. Drukarczyk, 1977, S. 5).

2. Unternehmensfortführung im Konkurs als Chance zur Sanierung

Die im letzten Abschnitt festgestellte fehlende Eignung des geltenden Rechts zur Lösung des bedeutenden Problems kann nun nicht heißen, daß Lösungsversuche erst gar nicht unternommen werden. Nachfolgend wird daher versucht, die im Falle eines Konkurses möglichen Maßnahmen zur Weiterführung und Sanierung von Unternehmen darzustellen.

2.1 Definition und Ziel der „Konkurssanierung“

In der Betriebswirtschaftslehre existiert keine allgemein gültige Definition des Begriffs der Unternehmenssanierung. Im allgemeinen wird jedoch darunter eine Vielzahl außergewöhnlicher Maßnahmen subsumiert, die geeignet sind, einem in Schwierigkeiten geratenen Unternehmen bei der Lösung der Probleme zu helfen. Im Fall der „Konkurssanierung“ geht es darum, das Unternehmen aus einer Situation zu retten, in der sich die wirtschaftlichen Probleme zu einer Existenzgefahr verdichtet haben. In diesem Stadium der Existenz des Unternehmens sind Maßnahmen im Bereich der

- Finanzwirtschaft (Sanierung von Eigen- und Fremdkapital, Reduzierung der Gläubigeransprüche, Zuführung von neuem Kapital),
- Leistungswirtschaft (Organisation und Verwaltung, Leistungserstellung und Marketing) und
- Organisation

notwendig, um die Illiquidität und den Verfall der Ertragslage zu beseitigen. Das Ziel einer Sanierung liegt in der dauerhaften Gesundung des notleidenden Unternehmens. Es kann sich somit nicht um eine kurzfristige Verbesserung der Ertragslage handeln, sondern um die Wiedereingliederung eines leistungs- und konkurrenzfähigen Unternehmens in den Markt. Vom betriebswirtschaftlichen Standpunkt aus ist nur eine dauerhaft wirksame Sanierung sinnvoll. Dies gilt insbesondere für den Sonderfall einer „Konkurssanierung“. Um zu verhindern, daß versucht wird, Unternehmen zu sanieren, die die Voraussetzungen für eine solche langfristige Überlebenschance nicht mehr aufweisen, ist eine vorherige Prüfung durchzuführen. Im Mittelpunkt einer solchen Sanierungsfähigkeitsprüfung steht die Frage, ob ein insolventes Unternehmen wieder rentabel wird und ob die nötige Liquidität gesichert ist.

2.2 Organisation der Sanierung

Eine entscheidende Bedeutung für die Beantwortung der Frage, ob für ein Konkurs-Unternehmen eine Sanierung durchgeführt wird, kommt der Person des Verwalters zu. Von seinem Engagement und seinen Fähigkeiten hängt es ab, ob ein insolventes Unternehmen saniert werden kann. Der vom Gericht bestellte Verwalter tritt automatisch an die Spitze der Geschäftsführung und trägt auch das unternehmerische Risiko für deren Entscheidungen. Im Falle grober Managementfehler könnte er bei Verlusten zur Rechenschaft gezogen werden, was allerdings in der Praxis so gut wie nie geschieht und auch von der Rechtsprechung inzwischen stark eingeschränkt wurde.

In welch starkem Umfang die Bestellung des Verwalters in der Insolvenzpraxis über die erfolgreiche Durchführung von Sanierungsversuchen entscheidet, zeigt eine im Jahre 1977 in der BRD durchgeführte Untersuchung von 268 Gerichtsakten. Die für diese Verfahren bestimmte Verwaltergruppe bestand zu 56% aus Rechtsanwälten, 11% aus Wirtschaftsprüfern, 13% aus Steuerberatern und 19% aus anderen Berufsgruppen. Ein großer Teil der Verwalter übte diese Aufgabe als „Nebentätigkeit“ aus, nur 17% verwendeten mehr als 50% ihrer Arbeitszeit auf die Verwaltertätigkeit. Eine Spezialisierung auf bestimmte Branchen, die die Effizienz des Insolvenzverfahrens fördern würde, wurde in dieser Untersuchung nicht vorgefunden. Lediglich 4% der Verwalter bearbeiteten schwerpunktmäßig Insolvenzen bestimmter Branchen (vgl. Gessner u.a., 1978, S. 79ff.).

Da bei der Sanierungsprüfung und beim Sanierungsmanagement die rechtlichen gegenüber den betriebswirtschaftlichen und organisatorischen Problemen eher in den Hintergrund treten, ist zu vermuten, daß aufgrund der überwiegend nur juristischen Ausbildung die meisten Verwalter den Anforderungen, die zur Lösung der vielseitigen auftretenden Probleme erforderlich sind, nicht gewachsen sind (vgl. Wegmann, 1987, S. 68; Krystek, 1987, S. 104).

In diesem Sinne ist der Zusammenhang zwischen Ausbildung des Insolvenzverwalters und erfolgreicher Unternehmensfortführung interessant. 29% der juristisch ausgebildeten und 56% der wirtschaftlich ausgebildeten Insolvenzverwalter gaben an, bisher einmal oder mehrmals insolvente Unternehmen in ihrem Bestand erhalten zu haben (vgl. Gessner u.a., 1978, S. 233ff.).

Ein erfolgreicher Masseverwalter kann daher heute kaum noch der Nur-Jurist sein; als Verwalter sollten Personen eingesetzt werden, die über Führungsqualitäten, Verhandlungsgeschick, Reaktionsfähigkeit, Rechtskenntnisse sowie über ein breites betriebswirtschafliches Wissen verfügen (vgl. Müller, 1986, S. 468).

Eine wichtige Rolle sowohl für die Entwicklung eines Konzeptes als auch für die Durchführung einer Sanierung spielt das Management des insolventen Unternehmens, auf dessen Betriebs- und Fachkenntnisse der Verwalter angewiesen ist. In wieweit es in den Sanierungsablauf eingebunden werden kann, hängt davon ab, in welchem Ausmaß es die Krisensituation mit verursacht hat. In diesem Fall, aber auch dann, wenn – wie in der Mehrzahl der Sanierungsfälle – betriebwirtschaftliche oder branchenspezifische Spezialkenntnisse erforderlich sind, sollte der Verwalter einen Fachmann als Unternehmensberater hinzuziehen. Dies gilt insbesondere für die Hauptphase der Sanierung, die in der Regel einen so intensiven Arbeits- und Zeiteinsatz erfordert, daß ein mit mehreren „Fällen" betrauter Verwalter überfordert sein dürfte. Zu seiner Unterstützung sollte daher – zeitlich begrenzt – ein Manager oder Geschäftsführer eingestellt werden.

2.3 Durchführung der Sanierung

Der Ablauf einer Sanierung im Rahmen eines Konkurses läßt sich in die folgenden Phasen einteilen:

1. Analyse der zur Erhaltung des Unternehmens notwendigen Sofortmaßnahmen,
2. Organisation einer handlungsfähigen Unternehmensführung und Durchführung der Maßnahmen,
3. Feinanalyse und Erarbeitung eines Sanierungs- und Fortführungskonzepts,
4. „Übertragende Sanierung" oder Verkauf des Unternehmens.

2.3.1 Erstanalyse

Für eine erste Analyse stehen dem Verwalter, nachdem er sich durch Betriebsbesichtigung und Gespräche mit der Geschäftsführung und den Mitarbeitern einen Eindruck des Unternehmens verschafft hat, die von der Unternehmensleitung zusammengetragenen Informationen zur Verfügung. Hierbei handelt es sich insbesondere um die als Voraussetzung für die Konkurseröffnung zusammengestellten Unterlagen, wie Bilanzen, Aufstellungen der Forderungen und Verbindlichkeiten, Zusammenstellungen aller Vermögenswerte einschließlich eventueller Aus- und Absonderungsrechte (z.B. Eigentumsvorbehalte, Abtretungen, Bestandsverzeichnisse), Lohn- und Gehaltslisten. Diese von den Gerichten geforderten Aufstellungen werden allerdings in der Praxis nur in den wenigsten Fällen richtig und vollständig vorgelegt.

Häufig sind gerade eklatante Mängel im Rechnungswesen eine der Ursachen für den Zusammenbruch. So sind die Jahresabschlüsse oft mehrere Jahre überfällig und in vielen Fällen existieren fast keine, zumindest aber keine als „ordnungsgemäß“ zu bezeichnenden Buchführungsunterlagen.

Neben den Gesprächen mit den Mitarbeitern als wichtige Informationsquelle kommen auch solche mit Banken, Beratern (z.B. Steuerberater), Rechtsanwälten, Hauptlieferanten und -kunden in Betracht.

Aus diesen Informationen ergibt sich trotz der oft fehlenden Quantifizierbarkeit ein meist recht deutliches Bild der Schwächen des Unternehmens. Diesen müssen nun die entsprechenden Stärken gegenübergestellt werden. Hierbei kann es sich z.B. um die folgenden Erfolgspotentiale handeln:

– Qualifizierte Mitarbeiter,
– langjährige stabile Geschäftsbeziehungen zu Kunden und Lieferanten,
– „konkurrenzlose“, für den Abnehmer wichtige Produkte,
– funktionierende Vertriebsorganisation im In- und ggf. Ausland,
– vorhandene, bekannte Markenzeichen mit überregionaler Bedeutung,
– ertragsstarke Sortimentsteile,
– zukunftsträchtige Produkte, Technologien oder Produktionspotentiale,
– Forschungs- und Entwicklungs-Know-How und/oder Patente, Lizenzen und/oder Rechte (z.B. im Transportgewerbe, Import/Export),
– Auftragsbestände.

Vielfach wird in einer ersten Grobanalyse noch keine exakte Bewertung vorgenommen werden können. Es zeigt sich jedoch meist schnell, inwieweit eine Fortführung des Unternehmens möglich ist und Chancen für eine Sanierung bestehen.

2.3.2 Organisation der Unternehmensführung und Durchführung von Sofortmaßnahmen

Im Falle eines positiven Ergebnisses der Erstanalyse der Stärken und Schwächen des Unternehmens werden nun die wichtigsten Erstmaßnahmen durchgeführt. Hierzu gehören insbesondere:

– Sicherung der Liquidität durch „vorsichtige“ Verkaufsaktionen,
– Erhaltung der Vermögenswerte,
– Motivation der Belegschaft,
– Aufrechterhaltung des Geschäftsbetriebes durch Kontaktaufnahme mit Kunden und Lieferanten,

- Beseitigung von konkursbedingten Hemmnissen, wie z.B. Eigentumsvorbehalte und Liefersperren,
- Reaktion auf Konkurrenzaktivitäten.

Zu den dringlichsten Fortführungsmaßnahmen zählt die Sicherung der Liquidität. In der Regel sind die Geschäftspartner insolventer Unternehmen nur gegen Barzahlung bereit, Lieferungen oder Leistungen durchzuführen. Ergibt der Finanzplan trotz aller Versuche, Liquidität durch intensive Verkaufsaktivitäten zu schaffen, einen Zahlungsmittelbedarf, hat der Verwalter die Möglichkeit, zu überprüfen, ob dieser durch die Aufnahme eines Kredites überbrückt werden kann. Wenn im freien Massevermögen keine Kreditsicherheiten vorhanden sind, so besteht die Möglichkeit, zum Zeitpunkt des Konkurses offene Kundenforderungen an eine Bank abzutreten oder einer Factoringbank zu verkaufen. Liegen keine offenen Kundenforderungen vor, so bietet sich die Aufnahme eines Zessionskredites an, wobei die in der Fortführungsperiode erzielten Erlöse der kreditgewährenden Bank als Sicherheit dienen.

Ohne engagierte Mitarbeiter ist es im Prinzip unmöglich, ein insolventes Unternehmen zu sanieren. Trotz der in vielen Unternehmen gerade in Krisenzeiten erstaunlich großen Loyalität des Personals bleibt es nicht aus, daß besonders leistungsfähige sowie auch junge und flexible Mitarbeiter bei entsprechenden Konkurrenzangeboten das Unternehmen verlassen. Sofern diese Schlüsselpositionen innehaben, kann auch dies erhebliche Probleme bei der Fortführung und Sanierung von Unternehmen mit sich bringen. Sobald Klarheit über die grundsätzliche Sanierungsfähigkeit des Unternehmens herrscht, sind daher Maßnahmen zur Motivation der Mitarbeiter durchzuführen.

Vor allem die Kunden müssen von den Erfolgsaussichten der Sanierung überzeugt werden. Unsicherheiten, ob vorliegende Aufträge, Sortimentsergänzungen oder Sonderanfertigungen noch ausgeführt, Garantieleistungen, Wartungsdienste o.ä. noch erfüllt werden, führen zu Auslistungen, Streichungen in den Sortimenten und Abwandern von Kunden. Entsprechend der Bedeutung der „Accounts“ hat daher eine umgehende gezielte Information durch Geschäftsleitung, Außendienst und/oder schriftliche Benachrichtigung zu erfolgen.

Sämtliche neuen Geschäftsbeziehungen sind erschwert, zum Teil fast unmöglich, da Lieferanten in der Regel bei neuen Kunden Auskünfte über deren Kreditwürdigkeit einholen (z.B. über Schufa, Creditreform, etc.). So ist im Regelfall weder die Beantragung einer Telefon- (oder gar Kredit-) karte noch ein Leasingvertrag für ein Auto möglich. Die für das Unternehmen bedeutendsten Lieferanten sind daher voll vom Sanierungsgeschehen zu informieren. Im Regelfall gehören die bisherigen Lieferanten zu den

Gläubigern und werden daher einer weiteren Belieferung nur gegen Vorauskasse zustimmen. Da dies wiederum wertvolle Liquidität bindet, muß durch Verhandlungen versucht werden, normale Belieferungen zu geschäftsüblichen Konditionen zu vereinbaren. Die Aussicht, einen Teil der Verluste durch zukünftige Geschäfte abzubauen, kann als Ausgangspunkt für eine weitere Zusammenarbeit dienen. Relativ häufig sind trotzdem Versuche, eine Weiterbelieferung von einem (Teil-)Ausgleich alter Forderungen abhängig zu machen. Vor allem bei schwer zu beschaffenden Produkten wirft dies erhebliche Probleme auf, da die Erfüllung solcher Forderungen eine (strafbare) Gläubigerbevorzugung bedeuten würde. Da zu den Lieferanten im weiteren Sinne auch alle Anbieter von Leistungen zu rechnen sind, sind sehr viele und langwierige Einzelgespräche notwendig, um das zerrissene Geflecht der Geschäftsbeziehungen wieder neu zu beleben. Dabei bleibt es meist nicht aus, daß einzelne Unternehmen zum Teil aus naheliegenden oder abgeleiteten Interessen eine weitere Belieferung verweigern. Dies kann in Einzelfällen dann tatsächlich zu einer Gefährdung oder einem Scheitern der Sanierungsbemühungen führen. Die Neuordnung der Geschäftsbeziehungen betrifft auch z.B. die Ausstellungstätigkeit auf Messen (mit langen Wartezeiten, falls ein Messestand durch den Konkurs endgültig entzogen ist), den Einsatz von Handelsvertretern oder den Abschluß von Versicherungen.

Das deutsche Konkursrecht ist durch einen umfassenden Gläubigerschutz gekennzeichnet. Im Regelfall bestehen daher eine Vielzahl von Eigentumsrechten, einfache oder verlängerte Eigentumsvorbehalte, Sicherungsübereignungen, Pfandrechte usw. Hinzu kommen Hypotheken und sonstige Rechte an Grundstücken. Alle diese Rechtspositionen können, sofern sie ausgeschöpft werden, Weiterführungs- und Sanierungsbemühungen massiv behindern oder gar vereiteln.

Verständlicherweise werden Konkurrenzunternehmen die Krise eines Wettbewerbers umgehend für ihre eigenen Ziele ausnutzen. Dies betrifft sowohl die Abwerbung der Kunden als auch oft der Vertreter oder des entsprechenden Verkaufspersonals. Außerdem wird versucht, interessante Angebotsbereiche des Konkurrenten schnellstens in das eigene Sortiment zu integrieren.

Die skizzierte erste Phase der Neuaufnahme der Geschäftstätigkeit ist für Verwalter und Management die arbeitsintensivste des gesamten Verfahrens. Sie ist jedoch auch für die weitere Beurteilung der Sanierungschancen von entscheidender Bedeutung.

2.3.3 Erarbeitung eines Sanierungs-/Fortführungskonzepts

Auf der Basis der in den ersten beiden Phasen gewonnenen Erkenntnisse ist es möglich, in einer fundierten Umwelt- und Unternehmensanalyse und einem daraus resultierenden Konzept die Maßnahmen zur Beseitigung der Schwachstellen und der Förderung der Erfolgspotentiale herauszustellen. Hierbei handelt es sich um eine Prognose- und Planungsaufgabe von höchster Komplexität. Nicht zuletzt entlastet eine umfassende und sachgerechte Analyse der Sanierungsfähigkeiten den Verwalter vor möglichen Schadenersatzklagen im Falle eines Scheiterns der Sanierung. Die Informationsbasis zur Aufstellung des Sanierungs- und Fortführungskonzepts bildet die Analyse der Markt- und Wettbewerbsverhältnisse.

Engpässe auf den Absatzmärkten wirken häufig krisenverursachend. Hier sind insbesondere aggressive Preiskonkurrenz, geringe Kapazitätsauslastung, kleine Auftragsbestände und Kaufzurückhaltung der Konsumenten zu nennen. Diese Faktoren stellen daher wesentliche Einflußgrößen für die Beurteilung der Sanierungsfähigkeit dar: Je schwieriger die Absatzsituation in einer Branche ist, desto geringer wird die Möglichkeit des Unternehmens sein, sich nach der Sanierung behaupten zu können. Bei der Beurteilung der Frage nach der zukünftigen Absatzentwicklung stellt das Produkt-Lebenszykluskonzept ein Hilfsmittel zur Grobprognose dar. Die Sanierungschancen eines notleidenden Unternehmens hängen von den allgemeinen Marktbedingungen und der Wettbewerbsstärke des Unternehmens ab.

Die Marktbedingungen determinieren die langfristige Entwicklung des Gewinnpotentials eines Marktes. Dagegen gibt die Wettbewerbsstärke an, in welchem Grad ein Unternehmen in der Lage ist, sich im Wettbewerb durchzusetzen und an diesem Gewinnpotential zu partizipieren. Das Gewinnpotential hängt von der Entwicklung der Wettbewerbsintensität ab, welche wiederum durch die Struktur und das Verhalten der Konkurrenten bestimmt wird (vgl. Meffert, 1984, S. 59).

Der Wettbewerb läßt sich durch fünf Strukturdeterminanten näher beschreiben (vgl. Porter 1986, S. 23ff.):

- Bedrohung durch potentielle Bewerber,
- Konzentrationsrate und Rivalität unter den etablierten Unternehmen,
- Bedrohung durch Substitutionsprodukte,
- Verhandlungsstärke der Kunden,
- Verhandlungsstärke der Lieferanten.

Die im Rahmen der Umweltanalyse und -prognose ermittelten potentiellen Risiken und Chancen bilden den gesamten Aktionsraum zukünftiger Handlungen. Die Aufgabe der Unternehmensanalyse besteht darin, die zukünftigen Handlungsmöglichkeiten aufgrund der gegenwärtigen und potentiellen Ressourcensituation des Unternehmens festzustellen und auf der Grundlage dieser Informationen ein Fortführungskonzept zu erstellen. Zu berücksichtigen ist, daß der gesamte Prozeß der Sanierung unter immensem Zeitdruck steht und daher alle Schritte unter Kosten-/Nutzengesichtspunkten zu betrachten sind. Dies betrifft insbesondere den Umfang, Detaillierungs- und Validierungsgrad der erhobenen Informationen.

2.3.4 Verkauf des Unternehmens oder „übertragende Sanierung"

Aufgrund der mit dem Sonderfall der Konkurssanierung zusammenhängenden Probleme, insbesondere

- dem sich proportional zum Sanierungserfolg zuspitzenden Liquiditätsbedarf (da die erzielten Umsätze ja zunächst vorfinanziert werden müssen),
- fehlenden Investitionsmöglichkeiten,
- der Beschränkung der Personalentwicklung (tendenzieller Abbau von Personal, um einem Erwerber Spielräume zu eröffnen) sowie
- der finanziell notwendigen Zurückhaltung beim Einsatz von Marketinginstrumenten

wird sich der Verwalter in jeder Phase des Prozesses um Kaufinteressenten bemühen und auch geneigt sein, fast jedes akzeptable Angebot anzunehmen.

Prinzipiell können Unternehmen durch den Verkauf von Geschäftsanteilen oder Vermögensgegenständen übertragen werden. Wegen der vielfältigen Haftungsproblematik, auf die hier nicht weiter eingegangen werden kann, wird ein Unternehmensverkauf in Form des Verkaufs von Geschäftsanteilen nur bei Vorliegen besonderer Umstände in Betracht kommen. In der Regel läßt sich das gleiche wirtschaftliche Ergebnis durch den Verkauf von Vermögensgegenständen an eine meist neu gegründete „Auffang-" Gesellschaft erreichen. Dies betrifft auch den Übergang immaterieller Werte wie Firmenzeichen, Know-How, Patente, Gebrauchsmuster, Lizenzen etc. Inhalt einer solchen „übertragenden Sanierung" können jedoch auch Verpflichtungen wie z.B. Arbeitsplatz-, Investitions- und Standortgarantien u.ä. sein. Dies war in den letzten Jahren insbesondere in den neuen Bundesländern bei Sanierungen und/oder Unternehmensverkäufen der Fall.

Die „übertragende Sanierung" ermöglicht dem Erwerber auch einen größeren Gestaltungsspielraum in organisatorischer, unternehmensrechtlicher und steuerlicher Hinsicht, da er unabhängig von einer vorhandenen Struktur ist.

3. Fallstudie zur Praxis der Konkurssanierung

Die in der nachfolgenden Fallstudie dargestellten Probleme und Lösungswege eines im Konkurs (Gesamtvollstreckungsverfahren) fortgeführten und erfolgreich sanierten Unternehmens können als durchaus typisch für eine Vielzahl anderer Unternehmen gesehen werden, denen allerdings – aufgrund der Einschränkungen des geltenden Konkursrechts sowie fehlender Erfahrungen von Konkursverwaltern – eine ähnliche Chance verwehrt geblieben ist. Auch im vorliegenden Fall ist es nur der Verkettung einer Reihe glücklicher Umstände sowie dem außerordentlichen Mut und Engagement des Verwalters zu verdanken, daß der Betrieb und damit die Arbeitsplätze von mehr als 130 Beschäftigten in einer außerordentlichen strukturschwachen Region (Gesamtarbeitslosigkeit ca. 40% unter Einbeziehung von Arbeitsersatzbeschaffungsmaßnahmen; der Anteil von Frauen an den Arbeitslosen liegt bei rund 80%) gerettet werden konnten.

3.1 Unternehmensentwicklung bis zur Konkurseröffnung

Auf der Bärenlichtung in Weißwasser wurde im Jahr 1897 eine Glashütte errichtet, die fortan den Namen „Bärenhütte" trägt. Gefertigt wurden zunächst Trinkgefäße, Tafelgeschirr und Leuchtenkörper. Bereits 1910 wurde die Anlage um einen zweiten Ofen erweitert. Im Jahr 1920 kaufte der Philipps-Konzern das Werk, in dem damals bereits ca. 1000 Mitarbeiter beschäftigt waren. Der Ort Weißwasser war zu diesem Zeitpunkt das Weltzentrum sowohl der Produktion von Glaskolben (insbesondere für Glühlampen und Radioröhren), als auch der Kelchglasproduktion. An keinem anderen Ort der Welt wurde in dieser Zeit auch nur annähernd so intensiv Glas verarbeitet und veredelt.

Als „Auslandsvermögen" wurde das Unternehmen während der Zeit bis zum Jahr 1989 von dem Großkombinat „Lausitzer Glas" (insgesamt ca. 20000 Beschäftigte) „verwaltet". Nach der „Wende" wurde die „Bärenhütte" (mit zu dieser Zeit ca. 1300 Beschäftigten) ein Teilbetrieb der Lausitzer Glaswerke GmbH. Da die subventionierten Valutapreise mit Einführung der DM um 500 bis 800% erhöht werden mußten, brachen die traditionellen Absatzmärkte im Westen (Nordamerika, Europa, insbesondere Skandinavien) praktisch über Nacht weg. Außerdem waren die Geschäftskontakte aufgrund der bisherigen Arbeitsteilung über die zentralen Außenhandelsorganisationen gelaufen, so daß kurzfristig keine Möglichkeit bestand, frühere Geschäftsbeziehungen wieder neu zu aktivieren. Die Folge war ein nicht zu ersetzender Umsatzeinbruch, der die Schließung des Unternehmens im Herbst 1991 nach sich zog.

Trotzdem konnte Anfang 1992 mit einem renommierten westdeutschen Unternehmen, der Firma Peill + Putzler aus Düren, ein neuer Investor gefunden werden. Dieser kaufte das Unternehmen und war nach Ausschöpfung aller Fördermöglichkeiten (ca. 20 Mio. DM) zur Übernahme einer Arbeitsplatzgarantie für ca. 120 Beschäftigte bereit. Ab Mitte 1992 wurden umfangreiche Investitionen getätigt. Diese haben sich allerdings weder aus produktionstechnischer noch aus betriebswirtschaftlicher Sicht als sinnvoll erwiesen. Der Umfang der aus der Investitionssumme tatsächlich im Unternehmen verbliebenen Mittel ist bis heute Streitpunkt. Weit überhöhte Kosten wurden außerdem dadurch produziert, daß die Verwaltung und der gesamte Vertrieb weiterhin im ca. 700km entfernten Stammsitz in Düren verblieben und der Betrieb in Weißwasser nur als Produktionskostenstelle geführt wurde. Wichtige und kostenintensive Funktionen, wie Qualitätskontrolle, Sortierung, Verpackung und Versand wurden doppelt (sowohl in Weißwasser als auch in Düren) durchgeführt. Die Steuerung in Weißwasser erfolgte ohne EDV, es existierten weder eine aussagefähige Kostenrechnung noch Kalkulationen für die einzelnen Artikel. Die dadurch hervorgerufenen Probleme kamen zwar während der bis Anfang 1993 dauernden Investitionsphase nicht offen zum Vorschein. Sie waren jedoch vorprogrammiert und führten bereits im Sommer 1993 zur akuten Zahlungsunfähigkeit. Die eigentlich erforderliche Beantragung der Gesamtvollstreckung (die Arbeitnehmer hatten 3 Monate lang keine Bezüge erhalten) konnte durch Übergabe der Gesellschaftsanteile an die Wirtschaftsförderungsgesellschaft Weißwasser vermieden werden. Das Unternehmen „Bärenhütte" erhielt sämtliche Markenrechte, Formen und Modelle der Trinkglas- und Geschenkartikelsortimente von Peill + Putzler. Lediglich der Bereich Lampen verblieb beim Dürener Unternehmen. Aus Mitteln der Strukturförderung des Landes wurde die notwendige Liquidität zur Abwendung der Zahlungsunfähigkeit bereitgestellt und ein vom Sächsischen Wirtschaftsministerium bezahlter Geschäftsführer eingesetzt.

Die nun eigentlich sachlogisch vorgegebene Trennung von Düren und der Ausbau eines eigenen Vertriebsnetzes wurde jedoch wiederum nicht vorgenommen, statt dessen ein eigentlich schon vor seinem Abschluß zum Scheitern verurteilter Vertriebs-/Kooperationsvertrag mit Peill + Putzler abgeschlossen. Als Anfang 1994 das endgültige Scheitern auch dieser Zusammenarbeit der Geschäftsleitung klar wurde, erfolgte die nächste Fehlentscheidung. Der Vertrieb wurde ab 01.04.1994 an ein Konkurrenzunternehmen in Immenhausen (Entfernung ca. 650km) übergeben.

Diese Hütte, die selbst seit Jahren mit wirtschaftlichen Problemen zu kämpfen hatte und in der gerade noch ca.15 Personen beschäftigt waren, war weder organisatorisch noch sachlich in der Lage, den Vertrieb in der für die Beschäftigung von ca. 110 Glasmachern in Weißwasser erforderlichen Größenordnung zu sichern. Nachdem im I. Quartal nur geringe und im April 1994 überhaupt keine Umsätze erzielt wurden, die Mitarbeiter wiederum fast 3 Monate ohne Lohn waren und keinerlei Zahlungen mehr erfolgten, mußte am 25. Mai 1994 die Gesamtvollstreckung beim Amtsgericht Dresden beantragt werden.

3.2 Status bei Beantragung der Gesamtvollstreckung

Vom Amtsgericht Dresden wurde nach einer ersten Prüfung des Sachverhalts und Anhörung des Geschäftsführers ein Sequestrationsverfahren angeordnet. Dieses in der Gesamtvollstreckungsordnung der neuen Bundesländer vorgesehene Verfahren, das wesentliche formale Aspekte des eröffneten Konkursverfahrens noch nicht beinhaltet, soll dazu dienen, eine Sanierung bzw. eine Reorganisation des Unternehmens zu erreichen. Ein Bericht des Sequesters soll darüber Aufschluß geben, ob eine Sanierung Erfolgsaussichten bietet.

Da – wie auch im vorliegenden Fall – oftmals keine ausreichenden Mittel zur Zahlung rückständiger Löhne zur Verfügung stehen, muß der Verwalter versuchen, bei den betroffenen Banken, Gläubigern oder gegebenenfalls auch öffentlichen Institutionen kurzfristig ein Massedarlehen zu erhalten. In Anbetracht des großen Interesses aller Betroffenen an einer geregelten Abwicklung wird ein solches Darlehen relativ häufig und meist unbürokratisch und schnell gewährt.

Im vorliegender Fall wurde beim ersten Besuch des Verwalters im Unternehmen am 27.5.94 festgestellt, daß keinerlei Mittel zur Verfügung standen und die Gefahr bestand, daß ohne die weitere Belieferung mit Glasgemenge bereits zum folgenden Wochenende die Wanne hätte stillgelegt werden müssen. Dies hätte deren irreparable Zerstörung bedeutet. Nur durch eine persönliche Bürgschaft des Sequesters konnten weitere Gemengelieferungen sichergestellt werden. Anfang Juni erfolgte dann die Zusage eines Massedarlehens, mit dem sowohl die rückständigen Löhne für den Monat März 1994 als auch weitere Gemengelieferungen bezahlt werden konnten. Das am 30.06.1994 abgegebene Gutachten des Verwalters kam zu dem Ergebnis, daß die „Masse“ zur Eröffnung des Verfahrens ausreicht. Bei einer Fortführung des Unternehmens bestanden außerdem realistische Chancen für eine Sanierung.

3.3 Sofortmaßnahmen

Am 1.7.94 erfolgte die Eröffnung des Gesamtvollstreckungsverfahrens, als Verwalter wurde der bisherige Sequester bestellt. Da der bisherige Geschäftsführer abgelöst wurde und der Verwalter die für die Tagesgeschäfte notwendigen zeitlichen Kapazitäten nicht hatte, wurde ein in der Unternehmensführung, insbesondere auch im Marketing erfahrener „Manager auf Zeit“ ab diesem Zeitpunkt eingestellt. Dieser kam nach einer ersten Analyse zu dem Ergebnis, daß gute Erfolgsaussichten für eine Weiterführung und Sanierung der „Bärenhütte“ bestanden. Hierfür sprachen folgende Stärken des Unternehmens:

- Peill ist eine der bekanntesten Marken im oberen Preissegment des Kristallbereichs. Eine Marke mit einem so hohen Bekanntheitsgrad ist heute fast nicht mehr aufzubauen. Vergleichbare Marken im bekannteren Porzellanbereich wären Hutschenreuther und Rosenthal.
- hoher Auftragsbestand von ca. 2 Mio. DM (bereinigt) bei immer noch vorhandener Kundenloyalität und noch funktionierendem Außendienst,
- funktionierende Produktion für mundgeblasenes Bleikristall auf sehr hohem Qualitätsniveau,
- vorhandenes Warenlager im Umfang von ca. 1,5 Mio. DM (bereinigt),
- erstklassiges modernes Sortiment,
- international anerkanntes, führendes Design,
- gut ausgebildete und (trotz inzwischen mehrerer „Stillegungen“) immer noch motivierte Mitarbeiter,
- im Aufbau befindliche Geschäftsbeziehungen zu Lohnproduzenten im Kristallglasbereich zur Abrundung der Sortimentsstruktur.

Demgegenüber waren die Probleme, die zum Zusammenbruch des Unternehmens geführt haben, auf eine nachvollziehbare Serie eklatanter Fehlentscheidungen der Geschäftsführung zurückzuführen. Sie lagen fast alle im organisatorischen Bereich und waren zum Großteil kurzfristig lösbar. Hervorzuheben sind insbesondere:

- Falsches Vertriebs- und Logistikkonzept: Trotz vorliegender technischer Voraussetzungen für den Warenversand in Weißwasser wurde der Vertrieb zu einem Konkurrenzunternehmen ausgelagert. Das viel zu geringe Versandvolumen von unter 5 Sendungen pro Tag führte nur zu durchnittlichen Monatsumsätzen von unter 0,1 Mio. DM.
- Fehlender Einsatz der seit dem 1. Quartal 94 vorhandenen EDV-Anlage und dadurch verursachte eklatante Fehlentscheidungen im Produktionssteuerungs- und Beschaffungsbereich, ferner
- Fehlentscheidungen im Investitionsbereich und
- falscher Einsatz von Marketinginstrumenten.

Bei Sicherstellung der notwendigen Liquidität bis zum Ausbau der eigenen Logistik in Weißwasser und dem Aufbau eines Forderungsbestandes mit kontinuierlichem Mittelzufluß waren die Erfolgschancen für die langfristige Sicherung des Unternehmens und damit für den Erhalt von ca. 120 Arbeitsplätzen in einer extrem strukturschwachen Region als sehr gut zu bewerten.

Bereits parallel zu der Aufstellung des Sanierungskonzeptes wurden die folgenden Sofortmaßnahmen ergriffen:

- Einrichtung eines EDV-Netzwerkes auf PC-Basis;
- Information von Kunden (ca. 5000 ungeordnete Adressen), Lieferanten und Außendienst (Vertreter und Reisende) im In- und Ausland;
- Aufbau der Auftragsbearbeitung und Kundenbetreuung: Die im externen Vertriebszentrum in Kartons „lagernden" ca. 6000 Aufträge im Wert von ca. 3 Mio. DM mußten sortiert und in die EDV eingegeben werden.
- Rückholung der in externen Lagern befindlichen Bestände und Aufbau eines Lager- und Versandsystems. Bereits ab 20. 7. 94 erfolgten kontinuierlich tägliche Auslieferungen mit durchschnittlich über 60, in der Spitze bis zu 150 Sendungen. Aufgrund von Sonderkonditionen mit einem privaten Paketdienst konnten die Transportkosten je Paket (bei Auslieferung innerhalb von 1 - 2 Tagen in der BRD) auf ca. 30% der früheren Kosten reduziert werden.
- Nach schwierigen Verhandlungen konnte die Räumung des Dauer-Messestandes auf der Frankfurter Messe, der in der Branche wichtigsten Veranstaltung, verhindert werden. Dies war ein entscheidender Schritt zur Erhaltung der Marktpräsenz. Bis zum Beginn der Messe Ende August hatten ca. 1000 der wichtigsten Kunden nach teilweise 6 Monaten ohne Auslieferung je 1 - 2 Sendungen erhalten, was zu neuem Vertrauen in die Wirksamkeit der versprochenen Sanierungsmaßnahmen führte.
- Zu den Maßnahmen zur Motivation der Mitarbeiter gehörten u.a.
  - die Information über die Situation des Unternehmens und die geplanten Maßnahmen,
  - ein „Glasmacherfest" als Tag der offenen Tür (mit überwältigendem Erfolg),
  - Neueinstellungen zum Abbau von überdurchschnittlichen Belastungen und Überstunden.

Diese Aktivitäten führten zu einer außerordentlich positiven Geschäftsentwicklung mit folgenden Kennzahlen (in TDM):

Tabelle 1

Kennzahlen der Geschäftsentwicklung

1993	Juli	August	September	Oktober
Umsätze	+370	+620	+885	+900
Kosten	−611	−694	−780	−790
Ergebnis	*−241*	*− 74*	*+105*	*+110*

Das Unternehmen arbeitete somit aufgrund der positiven Umsatzentwicklung bereits nach 2 Monaten kostendeckend.

3.4 Sanierungskonzept

Die nun folgende Erarbeitung eines Sanierungskonzeptes kann hier nur stark verkürzt zusammengefaßt werden. Es basiert auf Analysen

- der Branchenstruktur (Reduktion der zu beliefernden Fachgeschäfte, Anpassung der Sortimentsstrukturen durch Reduktion der Sortimentsbreite bei Vergrößerung der Sortimentstiefe, Reduktion der Lieferantenzahl auf Unternehmen mit schnelldrehenden und unproblematischen Sortimenten),
- des Verbraucherverhaltens (Substitution von Bleikristall durch Kristallglas sowie von handgefertigtem durch maschinell gefertigtes Glas, verstärktem Designbewußtsein mit Trend zu modernem Design, Polarisierung im Preisbereich mit Zuwächsen im oberen und unteren Bereich),
- der Wettbewerbsstruktur mit einer Analyse der Marketingstrategien der wichtigsten Wettbewerber Riedel, Rosenthal, Baccarat, Crystal de Sevres, Eisch, Nachtmann, Schott-Zwiesel, Marc Aurel, u.a.

Das Ergebnis beinhaltete eine strategische Neuausrichtung mit folgenden Schwerpunkten:

A. Bereich Marketing

- Designführerschaft im Bereich Zierglas aus Bleikristall: Da in diesem Segment das Unternehmen im Gegensatz zu den Wettbewerbern bereits ein breites Sortiment anbietet, erscheint eine Profilierung hier erfolgversprechend.
- Aufbau einer attraktiven Zweitmarke zur Gewinnung neuer Kundenschichten der modisch orientierten, vorwiegend jüngeren Verbraucherschichten.

- Verbesserung der Marktpräsenz durch neue Wege bei PR-Aktivitäten sowie professionelle Gestaltung von Katalogen, Anzeigen, Messestand und CI.
- Intensivierung der Exportaktivitäten. Da sich derzeit die Marktbearbeitung auf wenige Länder konzentriert (in denen Peill dann oft eine führende Position innehat), ist eine Ausweitung der Aktivitäten mittelfristig erfolgversprechend.

B. Produktion

- Investitionsprogramm zur Qualitätsverbesserung und Kostensenkung.
- Arbeitsteilung mit Lohnproduzenten in osteuropäischen Ländern mit dem Ziel einer Verdoppelung der Kapazität bei gleichzeitiger Reduzierung der Produktionskosten.

C. Logistik

- Aufbau eines Lager- und Auslieferungssystems mit hoher Warenverfügbarkeit und Auslieferung innerhalb von 48 Stunden.

Bei einer stufenweisen Einführung der skizzierten strategischen Neuausrichtung wird mit folgenden Ergebniskennzahlen gerechnet (in Mio. DM):

Tabelle 2

Ergebniskennzahlen

	1995	1996	1997
Umsatz Inland	10,0	12,0	14,0
Umsatz Ausland	5,0	7,0	8,0
Gesamt	*15,0*	*19,0*	*22,0*
Anzahl Mitarbeiter	150	160	170
Ergebnis vor Steuern	0,2	0,8	1,0

3.5 Ausblick

Der angesichts der Beschränkung des Umfangs des vorliegenden Beitrags nur ganz knapp dargestellte Fall „Bärenhütte" befindet sich derzeit noch in der Hauptphase der Sanierung.

Die anhaltende Entwicklung läßt jedoch erkennen, daß die Gesundung erfolgreich voranschreitet und begründete Hoffnung besteht, daß das Unternehmen nach der für Ende 94 geplanten „übertragenden Sanierung" erfolgreich weiter am Markt operieren wird. Mit mehreren Investoren wird derzeit verhandelt. Dabei ist ein Verkaufspreis im Gespräch, der ca. dem 4-fachen Betrag dessen entspricht, was bei einer sofortigen Schließung des Unternehmens und einer Verwertung der „Masse" hätte erzielt werden können. Abgesehen von der Erhaltung der Wettbewerbsvielfalt und der Sicherung von derzeit ca. 140 Arbeitsplätzen trägt die Konkurssanierung der „Bärenhütte" somit auch zu einer Reduzierung der Verluste der Gläubiger bei.

Literaturverzeichnis

Drukarczyk, J. (1987): Unternehmen und Insolvenz, Wiesbaden 1987.

Feldbauer-Durstmüller, B. (1992): Krisenmanagement-Unternehmensfortführung im Konkurs, Wien 1992.

Gessner, V./*Rhode,* B./*Strate,* G./*Ziegert,* K. (1978): Die Praxis der Konkursabwicklung in der Bundesrepublik Deutschland, Köln 1978.

Gottwald, P. (1993): Nachtrag „Gesamtvollstreckungsordnung" zum Insolvenzrechts-Handbuch, München 1993.

Hax, H. (1989): Die ökonomischen Aspekte der neuen Insolvenzordnung, in: Kübler, B. (Hrsg.), Neuordnung des Insolvenzrechts, Köln 1989.

Howaldt, St. (1994): Sanierungsakquisitionen bei Klein- und Mittelunternehmen (KMU), Hallstadt 1994.

Jäger, E. (1932): Lehrbuch des deutschen Konkursrechts, Berlin 1932.

Krystek, U. (1987): Unternehmenskrisen, Wiesbaden 1987.

Meffert, H. (1984): Marketingstrategien in stagnierenden und schrumpfenden Märkten, in: Pack, L., Börner, D. (Hrsg.), Betriebswirtschaftliche Entscheidungen bei Stagnation. Edmund Heinen zum 65. Geburtstag, Wiesbaden 1984.

Müller, R. (1986): Krisenmanagement in der Unternehmung, Frankfurt 1986.

Nieschlag, R., *Dichtl,* E., *Hörschgen,* H. (1994): Marketing, Berlin 1994.

Porter, M. (1986): Wettbewerbsvorteile: Spitzenleistungen erreichen und behaupten, Frankfurt/Main 1986.

Schmidt, K. (1990): Wege zum Insolvenzrecht der Unternehmen, 1990.

Uhlenbruck, W. (1990): Die Bedeutung des gerichtlichen Vergleichsverfahrens für die Insolvenzrechtspraxis, in: Gottwald, P. (Hrsg.), Insolvenzrechts-Handbuch, München 1990, S. 667.

Wegmann, I. (1987): Die Sanierungsprüfung, Bergisch-Gladbach 1987.

Zweiter Teil

Makro-Aspekte des Marketing

Wege der Marketing-Kritik

Von Hans H. Bauer

1. Ist Marketing (zu etwas) gut?

Der Forscher, wissenschaftliche Autor, akademische Lehrer und Mentor Erwin Dichtl stellte sich – und häufig mit spaßig-ironischem Unterton auch seinen Mitarbeitern – immer wieder die Frage, ob Marketing denn überhaupt für etwas gut sei. In vielen seiner Veröffentlichungen bearbeitete er die unterschiedlichsten Facetten dieser Frage.

So diskutierte er beispielsweise in seiner Dankesrede anläßlich der Verleihung der Ehrendoktorwürde durch die Universität Dresden an ihn das Lösungspotential des Marketing für die Probleme einer wirtschaftlichen Strukturänderung, Arbeitsplatzsicherung und des Aufschwungs Ost (vgl. Dichtl, 1993). Er untersuchte die Versorgungssituation der Bevölkerung mit Gütern des täglichen Bedarfs und die daraus folgende Problematik für das Marketing, das Baurecht und die Handelsstrukturpolitik (vgl. Dichtl, 1979; Dichtl/Schenke, 1988). „Verbraucherschutz in der Marktwirtschaft" (Dichtl, 1975), „Die Wirksamkeit staatlicher Mittelstandsförderung im Einzelhandel" (Dichtl u.a., 1981), „Mietspiegel mit Methode" (Dichtl/Weber, 1983), „Exporte als Herausforderung für die deutsche Wirtschaft (Dichtl/Issing, 1984) und „Schritte zum Europäischen Binnenmarkt" (Dichtl, 1990 und 1992) sind weitere Veröffentlichungen, die zeigen, wie breit diese Frage von ihm gedacht und behandelt wird: Ist Marketing nicht nur als einzelwirtschaftliche Absatztheorie brauchbar, kann Marketing darüber hinaus einen Beitrag zu gesamtwirtschaftlichen Aufgaben leisten?

„Ist Marketing (zu etwas) gut?" war für ihn aber immer auch eine moralisch gemeinte Frage in dem Sinne, ob Marketing als betriebliche Funktion Gutes bewirkt und ob die Marketing-Praxis moralisch akzeptabel ist (vgl. Dichtl, 1972, 1973, 1974, 1983, Dichtl/Müller, 1984; Dichtl, 1991, 1992). Überlegungen zu solchen und weiteren Einzelfragen der Nützlichkeit, Sinnhaftigkeit und Verträglichkeit des Marketing, oft auch als Antwort auf Kritik am Marketing, waren und sind bei *Erwin Dichtl* Ausdruck eines auf das berufliche Wirken übertragenen hohen persönlichen Moralanspruchs. Sie reflektieren aber auch eine Entwicklung des Marketing als Absatztheorie und Management-Konzeption, die sich, provoziert von der Kritik am und von neuen Herausforderungen an das Marketing, als breiter Strom der

Erweiterung, Vertiefung und Erneuerung des Marketing darstellt (vgl. den Beitrag von Diller in diesem Buch).

Die Kritik am Marketing als treibende Kraft dieser Entwicklung läßt sich wie folgt auf den Punkt bringen: Marketing ist im Gegenstandsbereich höchst unvollständig, in wirtschaftstheoretischer Hinsicht dysfunktional und überhaupt unmoralisch und inhuman. Die Reaktionen darauf reichen von Ansätzen zur Erweiterung der Marketingtheorie bis hin zu Versuchen, das Marketing gegen den Vorwurf des Unnützen, Verfehlten oder gar Schlechten zu verteidigen. In die Reihe der Theorie-Erweiterungen sind z.B. das Konzept des gesellschaftsorientierten Marketing von Raffée und Wiedmann (1985; Wiedmann, 1993) oder die Arbeiten zur gesellschaftlichen Verantwortung des Marketing von Hansen und Stauss (1991) einzuordnen. Die Suche nach erklärungskräftigeren Theorien kann am Beispiel der Einführung der Neuen Institutionenlehre in das Marketing gezeigt werden (vgl. Kaas, 1990; Bauer, 1991; Backhaus/Aufderheide/Späth, 1994). In ähnlicher Weise ist der Versuch zu interpretieren, die Markttheorie als Basis zur Erklärung ökonomischer Austauschprozesse durch eine Kooperationstheorie zu ergänzen, wie sie im Rahmen des Geschäftsbeziehungsmarketing deutlich wird (vgl. Diller/Kusterer, 1988; Plinke, 1989).

Mittlerweile ist in unserer Disziplin eine theoretische Gemengelage entstanden, die den facettenreichen Charakter des Faches widerspiegelt. Die Grenzen zwischen Kritik am „Ur-Marketing" und Versuchen, dieser Kritik konstruktiv mit Konzepterweiterungen zu begegnen, sind kaum mehr zu erkennen. Die Ausweitung des Gegenstandsbereiches, die Einbeziehung anderer als bloß ökonomischer Ziele, die Verwendung alternativer theoretischer Ansätze und die Übertragung des Konzeptes auf andere Sektoren und andere Austauschprozesse erweiterten die Marketingtheorie entlang vieler wichtiger Dimensionen (vgl. Hansen, 1992).

Bei dieser schrittweisen Selbstfindung des Faches, also dessen, was Marketing als Wissenschaft und betriebswirtschaftliche Handlungstheorie sein soll, erwuchs gleichzeitig eine moralische Infragestellung der Disziplin (vgl. Bauer, 1993). Beide Phänomene lassen sich nicht voneinander getrennt betrachten. Sie sind sowohl in ihrer Entstehung als auch in ihrer Lösung eng miteinander verknüpft. Im Prinzip sind alle Vorwürfe an das Marketing moralischer Art. Selbst die Frage nach dem Gegenstand oder der Effizienz und Effektivität des Marketing ist die moralische Frage nach der Gebotenheit des Mittels Marktwirtschaft (mit Marketing) zur Lösung menschlicher und gesellschaftlicher Probleme. Alle Erweiterungen der Disziplin folgen somit explizit oder implizit, bewußt oder unbewußt dem ethischen Anliegen, die Wohlfahrt der Individuen zu steigern.

Doch zurück zur Kritik am Marketing. Die Opponenten des Marketing gehen von folgender Absatzaufgabe aus: Zu vermarkten ist ein homogenes, standardisiertes Produkt mit ausschließlicher Betonung des funktionalen Kernnutzens bei Angebot einer Mindestqualität zu kostendeckenden Preisen. Diese enthalten vielleicht eine Kapitalverzinsung und einen Unternehmerarbeitslohn, aber keine Unternehmerprämie für Innovationsanreiz, Risikoübernahme und Innovationsvorsprünge. Dazu wären eine bloße Erfüllung der Warenverteilfunktion und eine Informationsfunktion zu gewährleisten. Alles darüber Hinausgehende ist nach dieser Vorstellung des (Marketing-) Teufels!

Vor dem Hintergrund eines so extrem puristischen Denkens über Angebots- und Nachfrageverhalten ist es freilich eine Sünde gegen das Gute, wenn durch Werbung und Markenpolitik die Menschen zu irrationalem Kaufverhalten verführt, durch überhöhte Preise zu Geldverschwendung bewogen, durch psychologische Fundierung der Werbung allerlei Kaufzwang errichtet, Prestigekonsum provoziert und in der Summe das Gegenteil von Wohlfahrtssteigerung, nämlich marktwirtschaftliche Ineffizienz erreicht wird. Hinzu kommen noch eine der modischen Obsoleszenz unterworfene Produktpolitik und eine die Wegwerfmentalität steigernde Qualitätspolitik mit der Folge einer ökologischen Belastung und Verschwendung natürlicher Ressourcen. Das Sündenregister ließe sich noch beträchtlich fortsetzen. Es kristallisieren sich jedoch auch jetzt schon vier große Bereiche der Kritik am Marketing heraus.

Bereits in den 50er Jahren wurde – allerdings von Nationalökonomen – die Frage der Effizienz des Marketing am Beispiel der Werbung und der Markenpolitik diskutiert. Im Rahmen der Auseinandersetzung zwischen der sog. Harvard- und Chicago-Schule ging es um die Frage, ob Marketing wohlfahrtssteigernd oder in marktwirtschaftlicher Hinsicht ineffizient ist. Marketing also als verfehltes Teilkonzept der Marktwirtschaft? Die zweite Kritikwelle wirft Marketing schlichtweg Verschwendung vor, und zwar in individueller und v.a. gesellschaftlicher Hinsicht. Damit ist insbesondere die Frage nach den Umweltfolgen des Marketing gemeint. Die dritte große Kritikwelle rankt sich um den Vorwurf der Verführung durch Marketing. Diese im Vergleich zur ersten Kritikwelle viel breitere Diskussion reicht bis in die heutige Zeit hinein und thematisiert die Frage der Konsumentensouveränität und des Konsummaterialismus. Die vierte und derzeit letzte große Welle der Marketingkritik ist gerade im Entstehen. Sie ist, ähnlich wie der Vorwurf der Verführung, eine durch die Hinwendung zum Menschen ausgelöste Kritik. Es geht um die Verformung der Menschen durch eine Zerstörung ihrer geistig-moralischen Kultur- und Sozialisitationsgrundlagen.

Im folgenden sollen die vier „V der Marketingkritik“, nämlich die Verfehltheit des Ansatzes, die Verschwendung als Ergebnis des Marketing, die Verführung durch das Marketing und die Verformung der Menschen in kultureller, geistiger und moralischer Hinsicht durch das Marketing behandelt werden. Dabei können wir uns beim Verschwendungs- und Verführungsvorwurf auf eine frühere Arbeit (vgl. Bauer, 1993) stützen und uns deshalb hier knapp halten. Hingegen sollen die Behauptung der Verfehltheit des Marketing und die Kritik der Verformung durch Marketing etwas ausführlicher diskutiert werden.

2. Die vier V der Marketing-Kritik

2.1 Verfehltheit des Marketing

Wollte man auf eine differenzierte Betrachtung verzichten, so könnte man Marketing als eine sozial- und individualethisch verfehlte Konzeption betrachten. Ohne Zweifel verdiente eine Konzeption diese Bewertung, wenn sie in ökonomisch-theoretischer Hinsicht nicht funktioniert, in der Praxis unmoralische Handlungen zuläßt oder gar fördert, Menschen verführt, Ressourcen vergeudet oder gar die geistigen Grundlagen der Menschheit in abzulehnender Weise verformt. Wir wollen bei unserer Betrachtung die personale Seite des Themas Marketing und Ethik einmal außer acht lassen. Es sei nur daran erinnert, daß institutionelle Moral zwar notwendig, aber allein nicht hinreichend ist. Moralisches Handeln und eine entsprechende Verantwortung muß immer auch von den Wirtschaftssubjekten gefordert werden, soll ein System des gesellschaftlichen Zusammenwirkens seine volle Kraft entfalten (vgl. Dichtl, 1991; Bauer, 1993).

In sozialethischer Hinsicht bedeutsam ist der Vorwurf an die Adresse des Marketing, es wäre als Teilkonzeption der marktwirtschaftlichen Ordnung weder effizient noch effektiv. Der Vorwurf geht dabei in zwei Richtungen. Da die Marktwirtschaft als System verfehlt sei, könne auch ein Teil dieses Systems, nämlich das Marketing, nicht positiv bewertet werden. Neben diesem grundsätzlichen Ansatz der Kritik steht zweitens der Vorwurf, die konkrete Ausgestaltung des Marketingmix-Instrumentariums diene nicht immer der Förderung des Wettbewerbs, behindere den freien Marktzutritt oft und gewährleiste die Verwirklichung von wohlverstandenen Konsumenteninteressen nicht. Beide Aspekte sollen im folgenden erörtert werden.

Die Marktwirtschaft erfüllt die für Wirtschaftssysteme notwendige Koordinations-, Informations- und Motivationsfunktion in hervorragender Weise, nämlich durch freie Preisbildung, durch den Marktprozeß und die Chance auf Einkommensdifferenzierung durch Informationsvorsprung, Risikoübernahme und geistige oder physische Leistung (vgl. Molitor, 1989, S. 70ff.). Die Effektivität der Marktwirtschaft steckt in der Verbindung einer hohen individuellen Verhaltensfreiheit mit einem dreifachen „Sozialversprechen", einem hohen Versorgungsgrad zu niedrigsten Kosten, einem Vorzug für die

Konsumenteninteressen als letztendliche Steuerungsinstanz und einer Teilhabe der privaten Haushalte an der Produktivitätssteigerung, alles in allem also einem hohen Gemeinwohlversprechen.

Um die erwünschten, positiv zu bewertenden Effekte zu erreichen, müssen folgende Voraussetzungen gegeben sein:

- Vorliegen von Wettbewerb (d.h. Markt inklusive Marketing) mit seiner Fortschritts-, Kostenkontroll- und Machtkontroll-Funktion,
- die Dispositionsfreiheit mit den Elementen Privateigentum, Gewerbe- und Berufsfreiheit, Marktzutrittsfreiheit und Vertragsfreiheit,
- die Nutzenmaximierung als sachlich technisches Ziel und Grundprinzip bei wirtschaftlichen Entscheidungen.

Wir halten als erstes Ergebnis fest: Marketing ist positiv zu bewerten, weil es Teil der marktwirtschaftlichen Ordnung ist und diese ein ökonomisches Steuerungskonzept darstellt, das im Prinzip geeignet ist, die wichtigsten Aufgaben einer Wirtschaftsordnung effizient und effektiv zu bewältigen und der Erfüllung eines hohen Gemeinwohlversprechens zu dienen. Das schließt nicht aus, daß es ökonomische Prozesse gibt, die einer marktlichen Problemlösung nicht zugänglich sind, d.h. wo es zu Marktversagen und damit auch zu Marketingversagen kommen muß. Damit ist nicht nur gemeint, daß die Gesellschaft im Rahmen einer sozial gestalteten Marktwirtschaft zahlreiche Instrumente der Fürsorge und Hilfe zur Verfügung halten muß, um Sozialstaatsziele unabhängig von marktwirtschaftlichen Prozeßsteuerungen zu erreichen. Gemeint sind hier vielmehr jene gesellschaftlichen bzw. institutionellen Eingriffe, die als Anpassung der Rahmenbedingungen oder als neue Komponenten dieser ökonomischen Prozesse ein Marktversagen aufheben und die Lösung eines Problems unmittelbar mit marktlichen Mitteln ermöglichen sollen.

Es bleibt nun die zweite Frage zu beantworten, ob die Marketingmix-Instrumente die guten Folgen der marktwirtschaftlichen Ordnung zu entfalten helfen, oder ob sie vielmehr eine konterkarierende Wirkung nach sich ziehen.

Seit den 40er Jahren wird in der Industrieökonomik bzw. der mikro-ökonomischen Theorie diskutiert, ob verschiedene Marketinginstrumente volkswirtschaftlich gesehen positive Auswirkungen oder negative Folgen haben (vgl. Clarke, 1985). Im wesentlichen geht es dabei um die Instrumente Werbung, Markenpolitik und Produktdifferenzierung. Es wird die Frage gestellt, ob diese einzelwirtschaftlichen absatzfördernden Maßnahmen die Wettbewerbsintensität reduzieren oder erhöhen, ob sie konzentrationsförderlich sind, ob sie den Zutritt Branchenexterner in bestehende Märkte behindern, ob sie zu einem wohlfahrtstheoretisch nicht optimalen Preisniveau führen, kurzum ob es letztendlich zu Marktmacht mit den daraus resultierenden wohlfahrtsreduzierenden Effekten kommt oder ob sie die Wettbewerbsintensität steigern und somit letztlich positiv in ihren Wirkungen zu bewerten sind.

Nun ist klar, daß die Bereiche Werbung, Markenführung und Produktdifferenzierung zusammenhängen. So geschieht Produktdifferenzierung häufig durch Markenbildung und Markenpolitik ist ihrerseits ohne hohen Werbedruck überhaupt nicht möglich. Diese drei Teilinstrumente des Marketingmix verkörpern sozusagen eine Gesamtheit von Absatzmaßnahmen, die für das Marketing identitätsstiftend ist (vgl. Dichtl/Eggers, 1992).

Über die „richtige" Höhe der Werbeausgaben wird in der Wirtschaftstheorie zunächst anhand des sog. Elastizitätentheorems von Dorfman/Steiner diskutiert (vgl. Schmalensee, 1972). Das Theorem besagt, daß sich die Werbeausgaben zum Umsatz verhalten wie die Werbeelastizität zur Preiselastizität. Daraus ergibt sich die ökonomisch sinnvolle Höhe der Werbeausgaben als Folge der im Nachfragerverhalten begründeten Sensitivität in bezug auf Beeinflussung durch Werbung oder Preisstellung. Wenn in einem eingeschwungenen Markt Werbe- und Preiselastizitäten über einen bestimmten Zeitraum relativ konstant sind, so bedeutet dies, daß eine branchenweit einheitliche Werbe-Umsatz-Quote gegeben ist. In der Tat belegen etliche empirische Untersuchungen solche Daumenregeln, z.B. 5% vom Umsatz als durchschnittliche Größe in vielen Konsumgütermärkten. Eine Werbequote in diesere Höhe wird wahrscheinlich von vielen noch nicht als verfehlt angesehen. Ganz anders verhalten sich die Bürger vermutlich jedoch bei Werbequoten von 30 oder gar mehr Prozent vom Umsatz.

Die ökonomische Rationalität ist aber auch dann gegeben, wenn die Werbung einen Umsatzanteil von beispielsweise 30% erreicht. Dies ist noch kein Zeichen einer dysfunktionalen Mittelallokation in einer Volkswirtschaft, es besagt lediglich, daß die Werbeelastizität – die Gültigkeit des Dorfman/Steiner-Theorems unterstellt – im Vergleich zur Preiselastizität in solchen Branchen höher ist als in Branchen mit niedrigeren Werbeumsatzquoten. Im Klartext bedeutet dies, daß die Produkte, die relativ preisunsensibel gekauft werden und die klassischerweise in ihrer Nutzenstiftung auf die Bereitstellung von Exklusivität, Prestige und soziale Auffälligkeit der Käufer ausgerichtet sind, mit einem höheren Werbeetat vermarktet werden müssen. Beispiele hierfür sind Produkte der Körperpflege, der Kosmetik, der Bekleidung und andere individual- und sozialpsychologisch sensible Güter. Die ökonomisch richtige Frage darf hier also nicht lauten, ob Werbeausgaben volkswirtschaftlich gesehen dysfunktional (weil zu hoch) sind, die richtige Frage kann nur lauten, ob es legitim ist, Nachfragern durch Maßnahmen der Werbung und der Markentechnik solche Nutzenkomponenten wie Exklusivität, Prestige, soziale Auffälligkeit etc. zu solch hohen Preisen „zu liefern". Darauf werden wir später zurückkommen.

Mit einer weiteren marginalanalytischen Ableitung läßt sich für das Oligopol zeigen, daß die Werbequote um so höher ist, je höher die Bruttospanne, die Werbeelastizität des eigenen Unternehmens und die Werbereaktionselastizität auf die Werbemaßnahmen der Konkurrenten und je niedriger die Werbeelastizität dieser Konkurrenten ist, etwa weil sie geringeres Werbe-Know-How besitzen und deshalb schlechte Werbung machen (vgl. Clarke, 1985, S. 123 ff.). Mehr Wettbewerber bedeutet tendenziell höheren Preiswettbewerb und sinkende Spannen, womit die Möglichkeit für Werbeausgaben eingeengt und die Werbeaufwendungen zurückgehen dürften. Umgekehrt führt eine Verringerung der Anzahl der Wettbewerber, also eine Erhöhung der Konzentration, nach der gleichen Logik zu verstärkten Werbeaufwendungen, zumindest zur Möglichkeit hierzu. Andererseits fördert eine erhöhte Konzentration aber auch die wahrgenommene gegenseitige Abhängigkeit der Unternehmen und den Drang, aufeinander reagieren zu müssen, mit der Folge einer steigenden Werbereaktionselastizität. Damit sinkt die Werbequote, da ja die Werbeelastizität der Konkurrenten negativ auf den eigenen Absatz wirkt. Dies berechtigt zur Annahme, daß es zwischen der Konzentrationsquote und den Werbeaufwendungen einen nichtlinearen Zusammenhang gibt, mit den höchsten Werbeaufwendungen bei einer mittleren Konzentrationsrate. Die volkswirtschaftliche Sinnhaftigkeit von erhöhten Werbeaufwendungen kann also nicht unabhängig von der Marktstruktur beurteilt werden. Der Vorwurf der konzentrations- und machtsteigernden Wirkung der Werbung läßt sich weder theoretisch noch empirisch halten (vgl. Clarke, 1985).

Ein weiterer Vorwurf in Richtung Dysfunktionalität der Werbung ergibt sich aus der Tatsache, daß für bestimmte Produkte bzw. in manchen Branchen oder bei speziellen Abnehmern höhere Werbeausgaben festzustellen sind als in anderen Fällen (vgl. Farris/Buzzell, 1979). So gelten generell für Konsumgütermärkte eine höhere Werbeintensität als in Investitionsgütermärkten. Innerhalb der Konsumgütermärkte gilt dasselbe für convenience goods gegenüber shopping goods. Für neue Produkte wird ebenfalls eine höhere Werbeintensität festgestellt. Im Prinzip lassen sich diese Beobachtungen auf die allgemeine These zurückführen: Je höher in einer Austauschbeziehung die Preiselastizität und/oder je geringer die Werbeelastizität ist, desto niedriger ist die Werbeintensität in diesem Wirtschaftsbereich. Die Frage ist nur, wie dieses Phänomen zu erklären ist.

Betrachtet man die beschriebenen Fallgruppen, so zeigt sich, daß das Verhalten der Nachfrager, auf Preise oder Werbebotschaften zu reagieren, auch vom Informationsprozeß beim Kauf der Produkte abhängt. Schon sehr früh hat Nelson (1970 und 1974) auf der Basis seiner Unterscheidung in „search" und „experience qualities" von Produkten die These aufgestellt, daß das empfundene Kaufrisiko und die von den Konsumenten unternommenen Informationsbemühungen wichtige Aspekte des Kaufverhaltens sind. Sie verkörpern für den Nachfrager bei Selbsterarbeitung Kosten, bei Lieferung durch den Anbieter in Form von Werbung aber Nutzenkomponenten. Werbung kann so gesehen als Nutzenlieferung an die Nachfrager verstanden werden. Eine Reduzierung der Werbung würde nichts anderes bedeuten, als daß die Qualitätsunsicherheit der Nachfrager verstärkt auf deren Kosten zu beseitigen ist. Die im Produktpreis enthaltenen Werbekosten sind so gesehen Transaktionskosten, die der Nachfrager so oder so zu tragen hätte. Wir können festhalten: Die mikroökonomische Kritik an der Werbung, genauer an der Dysfunktionalität überhöhter Werbeausgaben, ist nur aufgrund eines unvollständigen Denkens über Produktnutzen und Kaufprozesse begründbar. Die Industrieökonomik braucht zwei Erweiterungen.

Erstens wird ein neuer Kostenbegriff notwendig, weil man den Nutzen eines Produktes nicht auf die technisch-funktionalen Nutzenkomponenten beschränken darf. Werden nämlich Exklusivität, Prestige, soziale Auffälligkeit etc. als Nutzenkomponenten von Nachfragern gewünscht und durch Anbieter bereitgestellt, so sind die dafür notwendigen Werbekosten im Prinzip Produktionskosten. Die Frage von kostengerechten Preisen, Gewinnspannen und Werbehöhe bekommt auf dieser Basis ein völlig anderes Gesicht.

Zweitens benötigt man in der mikroökonomischen Diskussion einen neuen Wohlfahrtsbegriff, der über die durch niedrige, im Optimum nur die Kosten deckenden Preise hervorgerufene Wohlfahrtsstiftung hinausgeht. Es ist unbestritten, daß die Wohlfahrt der Nachfrager nicht durch den Erwerb der Güter allein, sondern auch durch die Kosten dieses Erwerbs bestimmt wird. Eine Wohlfahrtssteigerung durch Reduzierung der Transaktionskosten und -risiken bei den Nachfragern durch Werbung würde auch hier dem Vorwurf überhöhter Werbekosten beträchtlich an Grundlage entziehen (vgl. hierzu auch Kaas, 1990).

Eine der wichtigsten Voraussetzungen für die Entfaltung des Wettbewerbs ist der freie Marktzutritt. Dem Konstrukt der Markteintrittsbarriere ist deshalb in der Wirtschaftstheorie besondere Aufmerksamkeit gewidmet worden (Minderlein 1989). Markteintrittsbarrieren erschweren das Aufkommen neuer Bewerber und sind deshalb prinzipiell ineffizient. In bezug auf die Werbung lautet nun die These, daß durch Werbung Produkte psychologisch differenziert werden können und diese Produktdifferenzierung in sehr weit fortgeschrittenem Stadium (hohe Marktproliferation) den Eintritt neuer Wettbewerber erschwert. Aber auch eine Produktdifferenzierung in technisch-funktionalen Bereichen der Produkte führt zu einer „Füllung jeder Nische des Marktes" und behindert den Eintritt neuer Wettbewerber. Hinzu kommt verschärfend die Tatsache, daß oft mehrere differenzierte Produkte von einem Unternehmen angeboten werden und so für dieses Unternehmen gewisse Skaleneffekte der Werbung, z.B. im Medieneinkauf, realisiert werden können.

Der markteintrittsbehindernde Charakter dieses Marktgeschehens resultiert insbesondere daraus, daß die aufgelaufenen Werbeausgaben der etablierten Branchenunternehmen den Charakter von Investitionen haben, die ein Marktneuling erst einmal aufbringen müßte, wollte er sich in diesem Markt betätigen. Selbstverständlich sind die für einen Markteintritt notwendigen Ausgaben für Einführungswerbung beträchtlich und weit höher als jährliche Werbebudgets etablierter Produkte. Andererseits ist nicht einzusehen, warum bisher getätigte Investitionen in das Vertrauen der Nachfrager für die etablierten Produkte als nachteilig für die neuankommenden Wettbewerber einzustufen sind. Wenn Vertrauen durch hervorragende Produktqualität erworben wurde, so wird dies ja auch nicht als Marktbarriere interpretiert. „Geronnene" Marktleistungen dürfen nicht nachträglich entwertet werden, indem sie als Markteintrittsbarrieren oder Mobilitätsbarrieren interpretiert werden (vgl. Bauer, 1991).

Ein anderes Argument läuft darauf hinaus, daß die nunmehr Etablierten in früheren Zeiten, bei ihrem eigenen Markteintritt, solche Barrieren in Form erhöhter Eintrittswerbekosten nicht vorfanden. Dem steht allerdings das Argument entgegen, daß in früheren Marktzyklusphasen eintretende Unternehmen andere besondere Kosten der Markterschließung haben. So sind etwa die Kosten der Durchsetzung einer neuen Technologie auch in Form von Werbung in den Frühphasen höher als in späteren Phasen des Lebenszyklus. Im übrigen ist zu bedenken, daß für einen neueintretenden Wettbewerber der Eintritt über eine Strategie der verbesserten Marktleistung durch Werbung positiv unterstützt werden kann, da diese verbesserte Marktleistung den Nachfragern erst nahegelegt werden muß. Alles in allem ist nicht zu erkennen, wie hohe Werbeausgaben und Produktdifferenzierung Indikatoren für die Verfehltheit der Konzeption des Marketing sein sollen.

2.2 Verschwendung als Ergebnis des Marketing

Viele Vorwürfe an die Adresse des Marketing lassen sich mit der Behauptung zusammenfassen, Marketing führe zu gesellschaftlicher und individueller Verschwendung. In der Tat würde dieser am Ergebnis des Markt- bzw. Marketingprozesses ansetzende Vorwurf immer dann gelten, wenn die Kritik an der Funktionalität des Marketing-Konzeptes berechtigt wäre. Logischerweise würden dann nämlich alle Aufwendungen für Marketing, unabhängig davon, ob sie vom Nachfrager oder vom Steuerzahler und ob sie mittelbar oder unmittelbar zu tragen sind, Verschwendung bedeuten. Auf der gesamtgesellschaftlichen Ebene lassen sich drei „Verschwendungsthesen" identifizieren.

Eine erste Behauptung knüpft an dem Vorwurf der Ineffizienz und Ineffektivität von Marktwirtschaft und Marketing als ordnungspolitische Steuerungsinstrumente an. Dieser Punkt wurde bereits im Abschnitt 2.1 behandelt. Dort hat sich aber gezeigt, daß eine differenzierte Betrachtung zu dem Ergebnis führt, daß von einer Verfehltheit des und damit auch von einer Verschwendung durch Marketing nicht die Rede sein kann. Die Kurzsichtigkeit der Industrieökonomik in diesem Bereich ergibt sich u. E. daraus, daß die Theorien über Güterproduktion und -austausch auf einem reduzierten Verständnis von Gütern beruhen. Das Denken in Gütern geht dort über die Assoziation eines technisch-funktionalen Grundnutzens nicht hinaus. Häufig wird lediglich mit technischer (Mindest-) Qualität argumentiert und deshalb werden auch nur Kosten für solcherart definierte Produkte zugelassen. Ferner wird weitgehend die wohlfahrtssteigernde Wirkung von leichteren Kaufentscheidungen nicht gesehen. Schließlich ist das Argument der gegenseitigen Kompensation von Werbe- und Marketingbemühungen der Wettbewerber unverständlich. Die Chance, Wettbewerbermaßnahmen zu unterlaufen, sie zu konterkarieren, in ihren Wirkungen zu bremsen und so selbst Vorteile zu erreichen, wird ja schließlich mit Hilfe aller unternehmenspolitischer Maßnahmen versucht.

Wenn es beispielsweise um den Wettbewerb im Aufbau von Kapazitäten bei der Entstehung neuer Märkte geht, der ja im Ergebnis häufig zu Überkapazitäten führt, so ist ja auch nicht von Verschwendung die Rede. Desgleichen kann man davon nichts hören, wenn Unternehmen versuchen, sich mit Qualitäts- und Innovationswettbewerb zu profilieren, sich jedoch mitunter dabei auch nur gegenseitig ins Patt bringen. So gesehen sind Marketingbemühungen ebenso wie die eben beispielhaft genannten Wettbewerbsstrategien Ausdruck von Wettbewerbsdynamik. Sie alle verursachen selbstverständlich Kosten, können jedoch nicht generell als Verschwendung apostrophiert werden, weil dem wettbewerblichen Steuerungsprozeß ja insgesamt erhebliche gemeinwohlsteigernde Wirkungen zugebilligt werden müssen. Wir haben dies oben bereits ausgeführt und meinen, daß man diese Kosten bestenfalls als den Preis für Prozeß und Ergebnis marktwirtschaftlicher Steuerung bezeichnen kann.

Ganz ähnlich ist der Vorwurf zu beurteilen, Marketing führe zu einer Verschiebung des Kaufkraftstromes von der Seite der dringend benötigten öffentlichen Güter zur Seite von im Überfluß vorhandenen und immer mehr gekauften privaten Gütern. Es läßt sich aber keine überzeugende Erklärung für diesen Verschiebungseffekt finden. Da öffentliche Güter aus Steuermitteln bezahlt werden, müßte das Marketing für private Güter, wollte es hinderlich sein, die Bereitschaft der Bürger für eine noch höhere Steuerlast merklich konterkarieren. Wenn eine solche Bereitschaft heute als niedrig eingestuft wird, so liegt das eher an der bereits hohen Quote für Steuern und Abgaben. Nutzentheoretisch wäre das Problem als ein Wettbewerb um das Einkommen der Bürger zwischen privaten Vermögensbildungs- und Konsumausgaben einerseits und staatlich finanzierter Güterbereitstellung andererseits zu interpretieren. Immer dann, wenn der Bürger die Nutzenstiftung durch den Staat als effizient und effektiv einstufen würde, wäre er tendenziell sicher auch bereit, eine Verschiebung von entsprechenden Einkommensverwendungen zu akzeptieren. Es können doch nicht Defizite an Effizienz und Effektivität bei der Produktion und Vermarktung öffentlicher Güter gegenüber privaten Gütern als Verschwendungsvorwurf zu Lasten des Marketing für private Güter kaschiert werden.

Drittens befindet sich Marketing besonders beim Thema Umwelt im Kreuzfeuer der Kritik (vgl. Bauer, 1994). Es trage, so der dritte Teil der Verschwendungsthese, ganz besonders zur Vergeudung der natürlichen Ressourcen der Erde bei. Von den drei nutzentheoretisch unterscheidbaren Umweltgütern, also der Sauberkeit von Luft, Wasser und Boden, der Unzerstörtheit, Schönheit und Artenvielfalt der Natur und den natürlichen Ressourcen der Erde ist vor allem das dritte Umweltteilgut von diesem Vorwurf besonders betroffen. Durch Marketing würden Güterwohlstand und Gütervielfalt derart vorangetrieben, daß der Verbrauch an natürlichen Ressourcen nicht mehr vertretbar ist. Hinzu käme der Ressourcenverbrauch durch die Vermarktungsprozesse selbst.

Mit diesem Vorwurf wird zunächst das Ziel hoher Güterwohlfahrt problematisiert. Darauf wollen wir im Abschnitt zum Konsummaterialismus eingehen. Zweitens wird verkannt, daß solcherart problematische Marketingprozesse und -ergebnisse längst zu einer Reform des Marketingkonzepts geführt haben (vgl. Bauer, 1994). Demnach erreichen Unternehmen ihre Ziele und Nachfrager ihre durch den Kauf von Produkten und Dienstleistungen angestrebte Bedürfnisbefriedigung nur dann uneingeschränkt, wenn die Nachfrager durch die Produktnutzung in ihren anderen Menschseinsbereichen als Arbeitnehmer, Steuerzahler, politischer Bürger, als Eltern und Nutzer der Natur heute und auf Dauer nicht beeinträchtigt werden.

Bei diesem Bild vom Kunden als Bürger und vom Bürger als Kunden (vgl. Hansen/Schoenheit, 1993) gesellt sich zum Produktinteresse der Nachfrager deren Interesse als Bürger, die von Vermarktungs- und Verbrauchsprozessen in einem weiteren Lebenskreis betroffen sind. Diese Interessen zu berücksichtigen, wird heute als Anspruchsgruppenkonzept (stakeholder-approach) des Marketing bezeichnet.

Nicht mehr allein die individuellen nutzenstiftenden Produktqualitäten, sondern sogar das gesamte Umweltverhalten des Unternehmens beeinflußt dessen akquisitorisches Potential gegenüber den Nachfragern. Marketing hat längst damit begonnen, das Anliegen, natürliche Ressourcen zu sparen, durch Produktentwicklung/Innovation und Werbung aufzugreifen. Reduzierter Energieverbrauch bei Gebrauchsgütern wie Automobil und Haushaltsgeräten, Einsparungen bei Verpackungen, Akzeptanz von Recyclingkonzepten und allgemein die Propagierung eines ressourcenschonenden Ge- und Verbrauchsverhaltens durch Konsumenten sind Beispiele für diesen Weg.

Es läßt sich zeigen, daß auf der Basis des Zusatznutzenkonzeptes von Vershofen Marketing sich geradezu anbietet, um den für diese Problematik notwendigen Transfer des Kollektivnutzens in Eigennutz zu bewerkstelligen (vgl. Bauer, 1994). Für diesen Zweck ist die vielgescholtene Werbung ein wichtiges Instrument. Ihre Aufgabe besteht darin, die Nachfrager in glaubwürdiger Weise über die von den Produkten bereitgestellten und umweltschonenden Nutzenkomponenten zu informieren. Sie muß ferner dazu beitragen, jenen sozialen Zusatznutzen möglich zu machen, den Käufer umweltfreundlicher Produkte erwerben und weshalb sie umweltfreundliche Produkte kaufen. Durch diese Schaffung von Zusatznutzen wird externer Nutzen internalisiert und kann überhaupt so erst zum Kaufkriterium werden. Die Werbung sorgt dafür, daß der Kauf eines umweltschonenden Produktes „unter den Augen" der sozialen Umwelt geschieht. Die Werbung kann umweltfreundliches und umweltfeindliches Kaufverhalten als Schauspiel auf der Bühne der Öffentlichkeit aufführen und so als Teil der öffentlichen Meinungsbildung einen wünschenswerten Beitrag leisten (vgl. Kaas, 1992).

Auf der Ebene der Haushalte läßt sich der Vorwurf der Verschwendung durch Marketing ebenfalls in drei Richtungen ausdifferenzieren. Zu große Einkommensbestandteile der Haushalte würden einmal in den Kauf unnützer Güter gesteckt, ferner in den Kauf von Ersatzgütern, die aufgrund eines geplanten frühen Verschleißzeitpunktes für die Nachfrager obsolet werden, und schließlich in den Kauf überteuerter Markenartikel. Die Argumentation auf individueller Ebene schließt also an den Kauf bestimmter Güterarten an. Im Gegensatz zur gesamtgesellschaftlichen Ebene, wo ein einzelner Nachfrager sich der Verschwendung durch Marketing nur entziehen könnte, wenn er aus dieser unserer Güter- und Wirtschaftswelt vollständig aussteigen würde, kann auf individueller Ebene der Versuch durch das Individuum gemacht werden, sich unerwünschten Effekten des Marketing zu entziehen.

Konsumkritik hat es immer schon gegeben und sie hat in allen Zeiten eine kritische Funktion erfüllt (vgl. Bauer, 1993). Moderne, gesellschaftlich-philosophisch orientierte Weltendeutungen erkennen in der mit Konsummaterialismus bezeichneten Geisteshaltung in einer Gesellschaft, die sich neben anderem vor allem durch den Kauf unnützer Güter äußert, etwas Verwerfliches. Damit ist gemeint, daß Haushalte zu viele Güter erstreben, die sie zudem häufig kaum benutzen oder eigentlich überhaupt nicht bräuchten. Marketing führe mit seinem Streben, jede auch noch so kleine Marktnische zu bedienen und den Nachfragern auch für selten und nur peripher auftretende Verwendungszwecke und Verwendungssituationen Güter anzudienen, zu Verschwendung von Haushaltseinkommen.

Wir haben hier die quantitative Seite des Problems der „falschen Bedürfnisse“ vorliegen. Sicherlich ist jeder einzelne von uns schon einmal über ein selbstgestecktes Ziel in bezug auf materiellen Versorgungsgrad hinausgeschossen und hat sich in unbändiger Kauflust mit einer Ware eingedeckt, die langfristig seiner ganzheitlichen Bedürfnisbefriedigung kaum etwas gebracht hat. Dies ist aber m.E. als Folge eines Trial- und Error-Prozesses lediglich der Preis der Freiheit in der Einkommensverwendung und in Kaufentscheidungen. Auf lange Sicht gesehen sind die meisten Menschen durchaus in der Lage, Grenznutzen und Grenzkosten steigender Güterverfügung gegeneinander abzuwägen. Konkjunkurelle wirtschaftliche Einbrüche zeigen ja meist sehr deutlich (übrigens ebenso wie Aufschwungsituationen), daß die Verbraucher mit ihrer Kaufkraft vernünftig umzugehen wissen. Außerdem gehört bei den oft mit dem Persilschein des Philosophen ausgestatteten konsumkritischen Zeitgenossen schon einige moralische Arroganz dazu, das Streben vieler Haushalte nach einem quantitativ höheren Versorgungsgrad als Verschwendungssucht zu diskreditieren.

Eine weitere Verschwendungsthese kennen wir in der Gestalt der sog. geplanten Veralterung, hier insbesondere in der durch den schnellen Modewechsel bedingten Obsoleszenz von modischen Gütern. Der Vorwurf, Marketing sorge zu sehr dafür, daß Produkte nach der Dimension des modischen Zusatznutzen gekauft werden, obwohl der funktionale Grundnutzen des ersetzten Produktes noch vollständig gegeben ist, verkennt die Notwendigkeiten einer sozial dichten Gesellschaft. Das von diesem Neopuritanismus geforderte Zurück zu reinen Gattungsprodukten ist, wie wir weiter oben gesehen haben, ja auch die klassische Denkfigur der Wirtschaftstheorie und der industrieökonomischen Diskussion über das Marketing. Produkte mit lediglich technisch-materiellen Funktionseigenschaften sind angebracht in einer Welt, in der sich die Menschen um ihre blanke Existenz sorgen. In Gesellschaften, in denen die existentielle Bedrohung eher eine soziale denn eine physische Gefahr ist, muß das Instrumentarium zum „sozialen Überleben“ ausdifferenziert und reichhaltig zur Verfügung gestellt werden. Dies ist genau eine Funktion der Mode, wenn wir einmal den Nutzen im Sinne eines individuell-ästhetischen Erlebens nicht berücksichtigen. Diese, am Beispiel Mode gezeigte Freiheit, zu tun, was man will, beispielsweise sich anderen anzuschließen, impliziert im übrigen auch die Möglichkeit, einer zweiten Art von Freiheit zu folgen – nach Rousseau übrigens die wirkliche Freiheit – nämlich das nicht tun zu müssen, was man nicht tun will. (Erinnern wir uns noch an die blaue Zwangs- und Einheitskluft der Chinesen im totalitären Mao-Regime?) Sich einem modischen Trend nicht anzupassen, ist geradezu eine der wichtigen Veränderungen im Kaufverhalten des sog. hybriden Verbrauchers, der in einzelnen seiner Lebensbereiche sich einmal anpassend, sich einmal konterkarierend verhält und so heute in der Gesamtheit eine Vielfalt an Kaufverhalten äußert.

Eine andere Spielart der Verschwendung ergebe sich, so wird behauptet, durch „unnötigen" Ersatzbedarf im Bereich der Produktgestaltung. Heute werden viele Gebrauchsgüter, insbesondere geringwertige, so konstruiert, daß sie nicht mehr repariert werden können oder unter ökonomischen Gesichtspunkten nicht mehr instandgesetzt werden sollten. Inwieweit dies auf individueller Ebene Verschwendung von Einkommen bedeutet, hängt natürlich vom Verhältnis der Reparaturkosten zu den Wiederbeschaffungskosten ab. Auch die Frage, ob eine globale Verschwendung natürlicher Ressourcen davon hervorgerufen wird, läßt sich nicht einfach beantworten. Insbesondere durch die Verwertung defekter Güter im Rahmen einer Recycling- oder gar Kreislaufwirtschaft kann dem entgegengewirkt werden (vgl. Kirchgeorg, 1990).

Und schließlich ist hier noch der Fall des unnütz verausgabten Geldes durch den Kauf hochpreisiger Markenartikel zu erwähnen. Wer dies beim Kauf von Gütern für den eigenen Ge- und Verbrauch noch nicht als Problem empfunden hat, tut es spätestens bei entsprechenden Anforderungen seiner Kinder, die ihm beteuern, daß sie lieber in der verschlissenen Hose in die Schule gehen würden als auf den Kauf einer relativ teueren Markenjeans zu verzichten. U.E. liegt hier aber keine Verschwendung vor, sondern nur ein Argumentationsnotstand oder ein ungerechtfertigtes Übertragen eigener Bedürfnisse auf andere. Wir haben weiter oben ja bereits ausgeführt, daß die Marke etlichen zusätzlichen Nutzen stiftet, der einen Preis wert ist. Dies kann eine höhere Qualität sein, es kann Zusatznutzen sein wie der Wunsch nach modischer Anpassung und der damit ausgelösten sozialen Anerkennung, es ist in jedem Fall ein Qualitätsversprechen, das die Kaufentscheidungskosten und das Kaufentscheidungsrisiko reduziert (vgl. Schmidt/Elßer, 1992; Bauer, 1995).

2.3 Verführung durch Marketing

In der Theorie der Markwirtschaft werden alle wirtschaftlichen Prozesse durch die Nutzenerwartungen der privaten Haushalte gesteuert. Dies setzt die Handlungsfreiheit von Nachfragern und Anbietern voraus. Kritiker des Marketing meinen nun, daß die Handlungsfreiheit der Nachfrager faktisch deshalb erheblich eingeschränkt sei, weil die Anbieter durch Techniken der Verführung insbesondere im Rahmen der Werbung, aber auch mit dem Instrument der Markenpolitik und den Maßnahmen der Produktgestaltung die Verbraucher zu Kaufentscheidungen bewegen, die sie ohne diese Einflüsse so nicht treffen würden. Durch raffinierte psychologische Beeinflussungstechniken würden Menschen manipuliert und zu Kaufhandlungen bewogen, weshalb von der berühmten Konsumentensouveränität nicht die Rede sein könne. Die Verführungsthese hat im wirtschaftlichen Alltag breite Akzeptanz gefunden. Sie ist in ihrer Semantik weniger negativ als der Manipulationsvorwurf, ja sie genießt wohl in Erinnerung an andere Verführungsprozesse sogar ein gewisses, oft mit Schmunzeln gezeigtes Wohlwollen. Im Kern geht es jedoch schon um die Dichotomie freier oder aufgezwungener Entscheidungen zum Kauf von Gütern. Hierzu ist zweierlei zu sagen.

Erstens bedeutet das Konstrukt der Konsumentensouveränität in der Marktwirtschaftstheorie lediglich, daß die Produktionspläne der Anbieter einer Branche gesteuert werden durch viele Einzelentscheidungen von Nachfragern anstatt von einem Industrieministerium. Es ist also kein Konstrukt aus der Psychologie oder aus der Kommunikationstheorie und kann deshalb auch nichts darüber aussagen, wie Kaufentscheidungen in einem entscheidungs- und verhaltenstheoretischem Sinne zustande kommen. Nicht vorhandene Konsumentensouveränität würde die schlimmste Form staatlicher Industriepolitik bedeuten, nämlich die Entscheidung über die zu produzierenden Produkte. Dies ist nicht die Realität unserer Wirtschaft.

Eine zweite Form der Verführungsthese kennen wir in der Gestalt des Manipulationsvorwurfes. Nachfrager würden zu „Konsumäffchen" dressiert. In diesem Manipulationsvorwurf steckt die Vorstellung eines roboterhaften Ausführungsverhaltens der Konsumenten. Unter Ausschaltung jeglichen eigenen Willens würden sie quasi zu Kaufautomaten. Erreicht werden kann dies durch Kommunikationsinhalte, die vom Empfänger aufgenommen werden, ohne durch dessen Filter des Bewußtseins und der willentlichen Akzeptanz gelangt zu sein (vgl. Kroeber-Riel, 1984, S. 663). Der Verstandesteil des menschlichen Geistes würde vor allem durch die Erregung von Emotionen außer Kraft gesetzt werden. Der Bewußtseinsfilter würde weiter umgangen, wenn durch unterschwellige Kommunikationsmaßnahmen ebenfalls an der Vernunftmaschine des menschlichen Geistes vorbei Botschaften ins Insystem der Konsumenten gelangen. Unterschwelligkeit ist dabei weniger als die unbewußte Überwindung von Schwellenwerten der Sinnesorgane zu verstehen, sondern mehr als die Verwendung sogenannter archaischer Schemata, die als uralte biologische Programme vor allem in jene Bereiche des Gehirns Eingang finden, in denen unbewußte Informationsverarbeitung stattfindet (vgl. Kroeber-Riel, 1993). Also doch Manipulation?

Nun zeigt sich in der Kommunikationstheorie die Unmöglichkeit reiner, d.h. bewußter und rationaler Kommunikationsvorgänge. Allein die Motivation dafür erfordert beim Empfänger affektive Impulse. Darüber hinaus besitzen in einer Kultur sämtliche Worte und Bilder symbolische und archäotypische Bedeutungskomponenten, die dem Einzelnen oft nicht bewußt sind und die im übrigen auch nicht durch Methoden der empirischen Verhaltensforschung zu erfassen sind. In diesem Sinne gibt es keine freie Informationsverarbeitung und Entschlußbildung in einer Welt, in der Kommunikation herrscht. Was es faktisch gibt, sind Entscheidungen für oder gegen Produkte als Ergebnis eines Prozesses, der mehr als eine rationale, unabhängige und kommunikationsfreie Entschlußbildung umfaßt.

Das Problem, wie frei eine Kaufentscheidung ist, kann also nicht mit dem Satz verdeutlicht werden, wonach man frei ist, wenn man tun und lassen kann, was man will. Genau dieses Wollen ist der entscheidende Punkt. Zu einem Wollen kann man auch – der eigenen Neigung folgend – verführt werden. In diesem Sinne wollen Produkte natürlich attraktiv erscheinen, um aktives Zuwendungsverhalten der Nachfrager auszulösen, und zwar nicht mit einer „Schlage zu und verschwinde"-Strategie, sondern im Hinblick auf eine dauerhafte und treue Beziehung zwischen Produkt und Nachfrager. Zweckmäßiger erschiene mir hier auch wieder der oben zitierte Freiheitsbegriff, wonach der Nachfrager dann frei handeln kann, wenn er nicht gezwungen ist, ein Produkt zu kaufen, daß er absolut nicht will. Der Hinweis, daß Marketing natürlich mit der Entstehung von Kaufwünschen etwas zu tun hat, führt uns nun zum Problem der Interaktion zwischen Marketing und Kultur.

2.4 Verformung durch Marketing

So gravierend die bisher referierten Hauptvorwürfe an die Adresse des Marketing auch dem Einzelnen erscheinen mögen, wirklich schwerwiegend sind sie m.E. nicht. Die Behauptung, Marketing sei in bezug auf Effizienz und Effektivität ein verfehltes Instrument der marktwirtschaftlichen Steuerung, ist nicht nur theoretisch umstritten. Marketing als Markttechnologie kann auch einer stückweisen Verbesserung unterzogen und so in seinem Effizienz- und Effektivitätsgrad erhöht werden. Letztendlich wäre es auch denkbar, daß sich die Menschen wirtschaftliche Ordnungen geben, in denen Dysfunktionalitäten einzelner Steuerungsinstrumente nicht auftreten. Ähnliches gilt für die Vorwürfe der Verschwendung und Verführung durch Marketing. So lange die geistigen Grundlagen der Menschen kraftvoll und unzerstört sind, können wir an der Verbesserung der Systeme zur Gestaltung unserer Alltagswelt permanent arbeiten und im Sinne eines „piecemeal-engineering" die Zustände schrittweise ändern.

Ganz anders liegen die Dinge bezüglich des vierten Hauptvorwurfes gegenüber Marketing, der Verformungsthese. Die Kritik richtet sich explizit zwar an die Werbung, aber wir sagten bereits, daß über Aspekte der Produktdifferenzierung und des Markenwesens damit der Kern des Marketing betroffen ist. Die Verformungsthese geht praktisch einen Schritt weiter als die Verführungsthese. War bei Letzterer das Problem zu diskutieren, inwieweit die Sozialtechnik der Beeinflussung auf einem derart hohen und breitem Niveau ausgearbeitet ist und in einer quantitativ derart massiven Form eingesetzt werden muß, um die Köpfe der Menschen zu erreichen, ihr Verhalten zu steuern und so das Ziel des Beeinflussenden zu erreichen, so geht es bei der Verformungsthese um die unbeabsichtigten Folgen dieses sozialtechnischen Beeinflussungsprozesses. Unabhängig davon, wie oft dieser Prozeß gelingt (und wir wissen ja durchaus, daß dies häufig nicht der Fall ist), so erzeugt dieser Kommunikationsprozeß doch eine Reihe von „social by-products“ (Pollay, 1986). Diese werden überwiegend als negativ bewertet, es wird sogar von einer „pollution of our psychological and social ecology“ gesprochen. Die Kernthese lautet, Werbung erzeugt über den einzelwirtschaftlichen Beeinflussungsvorgang zwischen Anbieter und Nachfrager hinaus marktlich nicht erfaßbare, negative externe Effekte im Bereich der geistigen und sozialen Lebensgrundlagen der Menschen. Diese negativen externen Effekte führen zu einer dauerhaften und fast unwiderruflichen Verformung der geistig-moralischen Grundlagen der Menschheitskultur. Der daran anschließende Gedankengang ist ähnlich wie in der Umweltdiskussion: Die Beseitigung oder das Angehen dieser negativen externen Effekte im Bereich der psychischen Lebensgrundlagen verursachen hohe gesellschaftliche Kosten, die in den einzelwirtschaftlichen Vorgängen nicht abgebildet sind und was deshalb letztendlich auch ein Versagen des marktwirtschaftlichen Steuerungssystems verkörpert.

Wenn man sich diesen Hauptweg der Marketingkritik etwas näher besieht, so fällt zunächst auf, daß die Warner vor den unbeabsichtigten Folgen der Werbung aus den unterschiedlichsten Disziplinen kommen, in ihren jeweiligen Fächern durchweg berühmt, wissenschaftlich bis zum Empfang des Nobelpreises ausgezeichnet und oft in einflußreicher Stellung sind (vgl. Pollay, 1986). Wissenschaftler unterschiedlichster Disziplinen wie Psychologie, Soziologie, Anthropologie, Pädagogik, Kommunikationswissenschaft, Linguistik, Philosophie, Theologie, Politikwissenschaft und Geschichtswissenschaft bilden eine Allianz der Kritik, allein Ökonomen versuchen die Befürchtungen auszuräumen. Indessen ist der Stand der Diskussion noch wenig befriedigend. Beide Seiten reden vielfach aneinander vorbei, indem sie gänzlich verschiedene Probleme thematisieren und ihre Urteile auf häufig ganz verschiedenartige Kriterien aufbauen.

Worum geht es in der Verformungsthese? Die erste Teilhypothese lautet, daß Werbung unabhängig davon, ob sie ihre Werbeziele in einem technischen Sinne erreicht oder nicht, im Alltag so gegenwärtig, dauerhaft, tiefgehend, eindringlich und wirksam ist, daß in jedem Fall vielfache, unbeabsichtigte Wirkungen entstehen. Die Kritiker scheuen nicht vor der Metapher des „brain surgery“ zurück, was man unprovokativ mit Veränderung der Informationsverarbeitung übersetzen könnte.

Die zweite Hypothese listet nun jene Verformung auf, um die es geht. Werbung

- verändert die Wahrnehmung der Realität des Verhaltens anderer und der dieses Verhalten steuernden Werte,

- verstärkt selektiv jene Werte, Rollen und Lebensstile, die der Vermarktung von Gütern leicht zugänglich sind und die hohes dramaturgisches Potential aufweisen,
- fördert den Glauben an Konsum als Instrument des Glücks und des erfüllten Lebens sowie der Lösung persönlicher Probleme,
- trägt dazu bei, daß Gefühle nicht durch Menschen, sondern durch Güter vergegenständlich werden,
- fördert säkulares Genußstreben zu Lasten geistig-psychischer Entwicklungen,
- fördert das Denken in ökonomischen Zielen anstatt in Werten wie Gerechtigkeit, Friedfertigkeit etc.
- fördert durch ihr Prinzip der advokativen, unvollständigen Information, der Halbwahrheit und des gekonnten Verschleierns eine grundlegende Haltung des Mißtrauens, eine soziale Desintegration und individuelle Orientierungslosigkeit,
- fördert durch ihren rechthaberischen, ermahnenden und eindringlichen Gestaltungsstil neurotisch zwanghaften, selbstbelobigenden, fröhnenden und das kurzfristige Tagesglück hervorhebenden Konsum,
- fördert durch die Ansprache des Einzelnen, dessen Egoismus und Selbstsucht den Verlust von Gemeinsinn, Solidarität, Mitleid und Nächstenhilfe,
- fördert durch Vereinfachung und durch Verwendung starker Symbole und durch Idealisierung des guten Lebens die Bildung von Stereotypen, die Instrumentalisierung menschlicher Beziehungen, die Blindheit für soziale Probleme, den Sexismus, die Entwertung spiritueller Symbole und Tabus und damit die Beeinträchtigung der gesellschaftlich notwendigen Funktionen derselben, die Trivialisierung der Sprache, die Frustration über die Arbeit als ökonomische Tretmühle und über die eigene Unzulänglichkeit und Nichtigkeit,
- fördert durch die massenhafte Ansprache unter andern von Status, Ängsten, Neuheit, Jugend und Sex die Konformität, das Konkurrenzdenken, Lebensängste sowie die Ablehnung von Erfahrung, Tradition, personaler Autorität und Altersweisheit.

Dies ist eine wahrlich niederschmetternde Liste von Kulturverformungen durch Werbung. Sie verkörpert den brutal zugespitzten Höhepunkt einer jahrhundertalten Diskussion – seit es die Werbung gibt (vgl. Reinhardt, 1993). Schon immer war die Frage, wie Werbung als Kulturfaktor einzuschätzen sei, eine wichtige, identitätstiftende Frage für alle in der Werbepraxis und der Werbeforschung Tätigen. Und so fehlt es auch nicht an

Gegenpositionen, welche die Rolle und Wirkung der Werbung in der Gesellschaft anders beschreiben. Danach nehme Werbung kulturelle Impulse auf, gebe aber auch kulturelle Anstöße an die Gesellschaft zurück. Sie schaffe gleichzeitig als Nebeneffekt eine Kommunikationstruktur mit einer enormen Medienvielfalt, die eine für die Demokratie unverzichtbare Meinungsvielfalt gewährleiste (vgl. Bergler, 1989). Was kann man der Verformungsthese wissenschaftlich entgegenhalten? Im wesentlichen sind es die folgenden Problembereiche:

Da ist zunächst die Frage der Kausalität. Nicht zu unrecht wird zur Abwehr der Vorwürfe darauf verwiesen (vgl. Bergler, 1989), daß Werbung und Kultur ein interdependentes System darstellen, das als rekursives System Wirkungen in beide Richtungen aufweist. Ein zweiter Aspekt der Kausalität erschließt sich durch die Frage, ob ein bestimmtes Ergebnis monokausal oder aufgrund multipler Ursachen zu erklären ist. Zweifellos sind Veränderungen in Werthaltungen oder auch in den Systemen der kognitiven Informationsverarbeitung nicht als durch Werbung allein ausgelöst zu betrachten. So dürfte jedem einleuchten, daß die mitunter beklagte Akzentuierung der Bildkommunikation ja auch durch Unterhaltungskommunikation hervorgerufen wird. Selbst unsere Schulbücher für die Erstklässler versuchen heutzutage verstärkt, über Bildkommunikation ihre Lernziele zu erreichen. Gleiches gilt für Veränderungen in den Werthaltungen der Menschen. Auch diese sind Ergebnisse der gesamten Kommunikationsstruktur und nicht die eines einzelnen Zweiges. Wenn Werbung hier eine dominante Verursacherrolle spielen sollte, so wäre ja damit implizit die These vertreten, daß alle anderen wertesetzenden Instanzen (Eltern, Erzieher, Vorbilder, Institutionen religiöser, politischer und philosophischer Art) urplötzlich keine Wirkung oder ihre Autonomie – ebenfalls unter dem Einfluß der Werbung – verloren hätten.

Auf einer ganz anderen Ebene bewegt sich das Argument des Wirkungsvorbehaltes. Nachdem von niemanden bestritten wird, daß Werbung nicht immer die von den Betreibern anvisierten Werbeziele erreicht, kann sie auch nicht für die von den Kritikern genannten Ergebnisse in einem wirkungstechnischen Sinne verantwortlich gemacht werden. Nach diesem Argument würde der Wirkungsvorbehalt für beabsichtigte Ziele übertragen auf unbeabsichtigte Ergebnisse. Dieses Argument greift meines Erachtens zu kurz. Es ist ja geradezu der erste Teil der Verformungsthese, daß die negativen externen Effekte auch durch mißglückte Werbekampagnen hervorgerufen werden.

Das dritte Argument reflektiert eine empiristische Strategie. Befragungen zeigen immer wieder, daß der Einzelne sich von den Wirkungen nicht betroffen fühlt. Er glaubt vielmehr an eine autonome Entwicklung seiner Informationsverarbeitungsprozesse, seiner Werte und sozialen Beziehungen.

Dieser „Mythos von der persönlichen Immunität“ (Pollay, 1986) läßt sich jedoch erklären. Zum einen kann der Einzelne als Teil des kulturellen Verformungsprozesses keine Außensicht erlangen. So wie man den Wald vor lauter Bäumen nicht als solchen feststellen kann, sobald man sich einmal in ihm befindet, so kann man auch als Element eines Systems nicht beurteilen, wie Prozesse in dem System anders aussehen und verlaufen könnten, befände man sich nur außerhalb des Systems. Aber selbst wenn man für sich Einschränkungen seiner Autonomie erkennen würde, könnte man mit der These der sozialen Erwünschtheit eine Verdrängung dieses Umstandes erklären.

Schließlich läßt sich noch ein wissenschaftstheoretisches Argument anführen. Viele der vorgebrachten Kritikpunkte entstammen Wissenschaftsdisziplinen, in denen andere Erkenntnismethoden angewandt werden als wir sie in der empirischen Sozialforschung kennen. Anthropologen, Historiker, Philosophen und auch Psychologen arbeiten beispielsweise mit hermeneutischen oder konstruktivistischen Ansätzen, die nur im engen Zirkel der an der Diskussion Teilnehmenden so etwas wie eine intersubjektive Objektivität beanspruchen. Dem Transfer ihrer Argumente aus diesem Zirkel heraus in andere Gesellschafts- oder Wissenschaftsgemeinschaften ist dies abträglich, zumindest im Hinblick auf die Akzeptanz der Thesen. Wer die Arbeit mit sozialwissenschaftlich-empirischer Theoriebildung gewohnt ist, sucht hier leicht verzweifelt nach dem festen Halt eines empirischen Beleges, gleichwohl wissend, daß derartige langfristige, tiefgreifende und multikausale Makroprozesse mit den gängigen Erhebungsmethoden der Sozialwissenschaften kaum erfaßbar sind.

3. Resümee

„Ist Marketing (für etwas) gut?“ Dies war, ganz in der Tradition des wissenschaftlichen Schaffens von Erwin Dichtl, die Ausgangsfrage unserer kleinen Wanderung über die Hauptstraßen der Marketingkritik. Was haben wir dort gesehen? Die Entwicklung der Marketingdisziplin wird begleitet von einer großen Corona prominenter, einflußreicher und in ihren jeweiligen Bereichen höchst geschätzter Kritiker. Marketing muß sich als Theorie der Beeinflussung von Nachfragern zwecks Herbeiführung von Kaufentscheidungen einer facettenreichen Kritik stellen. Diese weist, wie übrigens auch bei den geistigen Urvätern der Marktwirtschaft, eine technokratische und eine philosophische Dimension der Diskussion auf. Dabei ist es für die „professionals“ dieser Disziplin nicht besonders angenehm, daß Marketing mit einem der denkbar schwersten Vorwürfe konfrontiert ist, den man an von Menschen geschaffene Steuerungssysteme richten kann: die Veränderung der geistig-moralischen Grundlagen der Menschen zum Unguten. Die vorliegende Erörterung sollte nur ein paar Hauptstränge der Marketingkritik und möglicher Gegenpositionen konturenhaft aufzeigen. Bei manchen Kritikpunkten ist die Diskussion bereits an einem Stand angelangt, bei dem man ein erstes Urteil wagen könnte. In anderen Kritikpunkten ist es hierzu sicherlich noch zu früh. Die Frage, ob die Grenzen des Marketing bald oder schon erreicht oder vielleicht gar schon überschritten sind, bleibt noch lange offen.

Literaturverzeichnis

Backhaus, K./*Aufderheide,* D./*Späth,* G.-M. (1994): Marketing für Systemtechnologien – Entwicklung eines theoretisch-ökonomisch begründeten Geschäftstypenansatzes, Stuttgart 1994.

Bauer, H. H. (1991): Strategische Erfolgsfaktoren im Softwaremarketing, in: Heinrich L. J./Pommberger, G./Schauer, R. (Hrsg.): Die Informationswirtschaft im Unternehmen, Linz 1991.

— (1994): Fragwürdigkeit eines Umweltmarketing, in: Eichhorn, P. (Hrsg.): Ziele und Wege zur ökosozialen Marktwirtschaft, Frankfurt 1994.

— (1995): Der Wert der Marke, Manuskript, im Druck 1995.

Bergler, R. (1989): Werbung im Spiegel der Gesellschaft, in: ZAW (Hrsg.): Kulturfaktor Werbung, Bonn 1989.

Clarke, R. (1985): Industrial Economics, Glasgow 1985.

Dichtl, E. (1972): Marketing und Wohlfahrtsökonomik, in: Marketing-Ideologie oder operable Wissenschaft, (Hrsg.): Fischer-Winkelmann, W. F., München 1972, S. 104 - 132.

— (1973): Die Konsumentensouveränität – Ein Phantom von Nationalökonomen und Marketingtheoretikern? in: Schmalenbachs Zeitschrift für betriebswirtschaftliche Forschung, 26. Jahrgang, 1973, S. 807 - 812.

— (1974): Kredo eines kategorischen Kritikers, in: Betriebswirtschaftliche Forschung und Praxis, 26. Jahrgang, Februar 1974, S. 152f.

— (1975) (Hrsg.): Verbraucherschutz in der Marktwirtschaft, Berlin.

— (1979): Grundzüge der Binnenhandelspolitik, Stuttgart/New York.

— (1983): Marketing auf Abwegen? in: Schmalenbachs Zeitschrift für betriebswirtschaftliche Forschung, 35. Jahrgang 1983, S. 1066 - 1074.

— (1990) (Hrsg.): Schritte zum europäischen Binnenmarkt, 1. Aufl. 1990, 2. völlig überarbeitete Aufl., München 1990.

— (1991): Marketing und Ethik, in: WiST, 20. Jahrgang 1991, S. 388 - 393.

— (1992): Marketing und Ethik, in: Marktorientierte Unternehmensführung, (Hrsg.): Hoppe, K.-H./Hoffmann, F. J., Wiesbaden 1992, S. 151 - 166.

— (1993): Rede anläßlich der Verleihung der Ehrendoktorwürde, Dresden 1993.

Dichtl, E./*Eggers,* W. (1992) (Hrsg.): Marke und Markenartikel als Instrumente des Wettbewerbs, München 1992.

Dichtl, E./*Issing,* O. (1984) (Hrsg.): Exporte als Herausforderung für die deutsche Wirtschaft, Köln 1984.

Dichtl, E./*Müller,* S. (1984): Vom Mythos der geheimen Verführer – Glaubwürdigkeit ist wichtig – Wie läßt sich die Werbewirkung messen, in: Blick durch die Wirtschaft, Nr. 153, 27. Jahrgang, August 1984, S. 1.

Dichtl, E./*Raffée,* H./*Aufsattler,* W./*Kaiser,* A./*Wellenreuther,* H. (1981): Die Wirksamkeit staatlicher Mittelstandsförderung im Einzelhandel, Berlin 1981.

Dichtl, E./*Schenke,* W.-R. (1988): Einzelhandel und Baunutzungsverordnung, Heidelberg 1988.

Dichtl, E./*Weber,* M. (1983): Mietspiegel mit Methode – Ein neuer Ansatz zu Bestimmung der ortsüblichen Vergleichsmiete, in: Blick durch die Wirtschaft, Nr. 192, 26. Jahrgang, 1983, S. 1 und 5.

Diller, H./*Kusterer,* M. (1988): Beziehungsmanagement. Theoretische Grundlagen und explorative Befunde, in: Marketing-ZFP, 10. Jahrgang 1988, Heft 3, S. 211 - 220.

Farris, P. W./*Buzzell,* R. D. (1979): Why Advertising and Promotial Costs Vary: Some Cross-Sectional Analyses, in: Journal of Marketing, Vol. 43, No. 4, 1979, S. 112 - 122.

Hansen, U./*Stauss,* B. (1983): Marketing als marktorientierte Unternehmenspolitik oder deren integrativer Bestandteil? in: Marketing-ZFP, 5. Jahrgang, 1983, S. 77 - 86.

Hansen, U./*Schoenheit,* I. (1993): Was belohnen Konsumenten? in: ASW, Heft 12, 1993, S. 70 - 74.

Hansen, U. (1988): Marketing und soziale Verantwortung, in: Die Betriebswirtschaft, 48. Jahrgang, 1988, S. 711 - 721.

— (1992): Marketingethik, in: Diller, H. (Hrsg.): Vahlens großes Marketinglexikon, München 1992, S. 660 - 661.

Kaas, K.-P. (1990): Marketing als Bewältigung von Informations- und Unsicherheitsproblemen im Markt, in: DBW, 50. Jahrgang, 1990, S. 539 - 548.

— (1992): Marketing für umweltfreundliche Produkte. Ein Ausweg aus den Dilemmata der Umweltpolitik? in: DBW, 52. Jahrgang, 1992, Heft 4, S. 473 - 487.

Kirchgeorg, M. (1990): Ökologieorientiertes Unternehmensverhalten, Wiesbaden 1990.

Koslowski, P. (1986): Ethik des Kapitalismus, 3. durchgesehene Aufl., Tübingen 1986.

Kroeber-Riel, W. (1984): Konsumentenverhalten, München 1984.

— (1993): Bildkommunikation, München 1993.

Meffert, H. (1992): Marketing, in: Diller, H. (Hrsg.): Vahlens großes Marketinglexikon, München 1992.

Minderlein, M. (1989): Markteintrittsbarrieren und Unternehmensstrategie, Wiesbaden 1989.

Molitor, B. (1989): Wirtschaftsethik, München 1989.

Nelson, P. (1970): Information and Consumer Behavior, in: Journal of Political Economy, 78. Jahrgang, 1970, S. 311 - 329.

— (1974): Advertising as Information, in: Journal of Political Economy, 82. Jahrgang, 1974, S. 729 - 754.

Plinke, W. (1989): Die Geschäftsbeziehungen als Investition, in: Specht, G./Silberer, G./Engelhardt, W. H. (Hrsg.): Marketingschnittstellen, Wiesbaden, 1989, S. 305 - 325.

Pollay, R. W. (1986): The Distorted Mirror: Reflections on the Unintended Consequences of Advertising, in: Journal of Marketing, Vol. 50, April 1986, S. 18 - 36.

Raffée, H./*Wiedmann,* K.-P. (1985): Wertewandel und gesellschaftsorientiertes Marketing – Die Bewährungsprobe strategischer Unternehmensführung, in: Raffée, H./Wiedmann, K.-P. (Hrsg.): Strategisches Marketing, Stuttgart 1985, S. 552 - 611.

Reinhardt, D. (1993): Von der Reklame zum Marketing. Geschichte der Wirtschaftswerbung in Deutschland, Berlin 1993.

Schmalensee, R. (1972): Economics of Advertising, Amsterdam 1972.

Schmidt, I./*Elßer,* S. (1992): Die Rolle des Markenartikels im marktwirtschaftlichen System, in: Dichtl, E./Eggers, W. (Hrsg.): Marke und Markenartikel als Instrumente des Wettbewerbs, München, 1992, S. 47 - 71.

Stauss, B. (1991): Gesellschaftsorientiertes Marketing: Zur Diskussion um die Erweiterung der Marketingkonzeption, in: Corsten, H. (Hrsg.): Die soziale Dimension der Unternehmung, Berlin, 1991, S. 119 - 141.

Wiedmann, K.-P. (1993): Rekonstruktion des Marketingansatzes und Grundlagen einer erweiterten Marketingkonzeption, Stuttgart 1993.

Kirchenmarketing – Irrweg oder Gebot der Vernunft?

Von Hans Raffée

1. Die Krise der Kirche als Ausgangspunkt

Ohne Übertreibung läßt sich feststellen, daß sich die Kirche – genauer: die beiden großen christlichen Volkskirchen, die evangelische und die katholische – in der Bundesrepublik in einer Krise befinden. Symptom einer solchen Krise ist die enorm gestiegene Zahl der Kirchenaustritte. Sie haben sich etwa in der katholischen Kirche mit 200000 (alte Bundesländer) im Jahr 1992 gegenüber 1989 (93000) mehr als verdoppelt (vgl. Schwarz/Wensierski, 1993, S. 108). Die evangelische Kirche hatte im Jahr 1991 141000 Kirchenaustritte zu verzeichnen, 60% mehr als im Jahr 1990 (vgl. Roth, 1992, S. 21). Die Gründe für Austritte aus der katholischen Kirche sind vor allem folgende (vgl. Allensbach, zit. in Schwarz/Wensierski, 1993, S. 111):

– weil mir die Kirche nichts mehr sagte	69%
– weil die Kirche zu Dingen wie Ehescheidung, uneheliche Kinder, Empfängnisverhütung usw. eine ganz andere Meinung vertritt als ich	68%
– weil ich nicht länger Kirchensteuer zahlen wollte	59%

Die Kirchenaustritte zeigen nicht nur die Unzufriedenheit mit der Kirche als Institution, sondern sind zugleich Indikator für Glaubenskrisen und Glaubensverlust. Wie eine Umfrage des Emnid-Instituts ergab, bezeichnet sich nur noch jeder vierte Deutsche als Christ (vgl. Roth, 1992, S. 21). Und auch von Kirchenvertretern werden die Probleme der Kirche durchaus gesehen; so etwa, wenn sie als „riesige Institution ohne geistige Ausstrahlung" apostrophiert wird (Bischof Kamphaus, Limburg) oder wenn ein Mann wie Schorlemmer beiden Kirchen attestiert, sie hätten ihre religiöse Tiefe verloren (vgl. Hallaschka/Ochmann, 1994, S. 146).

Je nach der eigenen weltanschaulichen Position wird man die Krise der Kirchen bedauern, ihr indifferent gegenüber stehen oder sie sogar begrüßen – sei es als einen Prozeß der Selbstreinigung, sei es als wünschenswertes Absterben einer Institution, die den Menschen mehr Unheil als Heil beschert (hat). Bedauern mag sich nicht nur bei Kirchenanhängern, sondern auch bei jenen einstellen, die der Institution Kirche oder dem christlichen

Glauben zwar fernstehen, in der Kirche aber gerade heute eine positive gesellschaftliche Kraft sehen, die etwa in einer Zeit der Orientierungslosigkeit zu zentralen Menschheitsfragen zumindest diskutable Antworten zu geben vermag, vielleicht auch den Werte-Erosionen in unserer Gesellschaft entgegentreten kann und die nicht zuletzt aufgrund ihrer sozialen Dienste Respekt verdient.

Wie immer derartige Werturteile ausfallen, läßt sich die Frage nach einem Kirchenmarketing durchaus wertfrei behandeln, wie es auch in diesem Beitrag geschehen soll: Es geht im folgenden darum zu prüfen, ob und in welcher Weise das moderne Marketing geeignet ist, der Kirche – im Zentrum stehen dabei die evangelische und die katholische Kirche in der Bundesrepublik – aus ihrer Krisensituation herauszuhelfen. Wir greifen damit eine Diskussion auf, wie sie vom Ansatz der Broadening-Konzepte des Marketing her naheliegt (vgl. Pkt. 2) und in der Tat in jüngerer Zeit mehr oder weniger intensiv geführt wird (z.B. absatzwirtschaft, Nr. 12/ 1992). Dabei wird insbesondere seitens der Kirche eine eher ablehnende Haltung gegenüber einem Kirchenmarketing vertreten, etwa nach der Devise, daß das Eigentliche, was die Kirche ausmacht, mit Marketingkampagnen nicht zu vermitteln sei, und Marketingkampagnen daher nicht in Betracht kämen (vgl. Becker-Huberti, zit. in Gottschalk, 1993). Oder man begründet – wie Augustinus O. P. Heinrich Graf Henkel von Donnersmarck – die ablehnende Haltung gegenüber einem Kirchenmarketing damit, daß Liebe und persönliche Zuwendung nicht zu vermarkten seien (vgl. Drosten, 1992, S. 36).

2. Marketing als prinzipieller Lösungsansatz?

2.1 Das moderne Marketingverständnis

Führt man sich die ablehnenden Stellungnahmen gegenüber einem Kirchenmarketing vor Augen, so drängt sich der Eindruck auf, daß ihnen eine einseitige, enge, dem heutigen Marketingverständnis in keiner Weise gerecht werdende Perspektive zugrunde liegt. Insofern bedarf es einer Vergegenwärtigung dessen, was Marketingwissenschaft und mehr und mehr auch eine kompetente Marketingpraxis unter Marketing verstehen.

Beim Marketing geht es nach heutigem Verständnis um

- eine ganzheitliche *Führungskonzeption* sowohl für erwerbswirtschaftliche wie für nicht-erwerbswirtschaftliche Institutionen,
- die Planung und *Gestaltung von Austauschbeziehungen* mit *Kunden*, um ihnen *Problemlösungen* zu bieten,

– eine *Denkhaltung* („Im Kopf und Herzen des Kunden denken und fühlen") *und* um eine *„Technologie"* (im Sinne eines Repertoires von Gestaltungsinstrumenten).[1]

Ein solches ganzheitliches Marketingkonzept integriert auch die Mitarbeiter/innen (die „internen Kunden"). Es basiert auf einer Organisations-*Philosophie* und sollte von einer *Vision* geprägt sein. Die Kundenorientierung stellt im Marketing *das* Essential dar, welches das Selbstverständnis und die *Identität* einer *Organisation* begründen und erhalten soll. Insofern konvergieren der Marketingansatz und das Konzept der Unternehmensidentität (Corporate Identity).

Es liegt auf der Hand, daß ein solches Marketingkonzept nicht nur für erwerbswirtschaftliche Unternehmungen, sondern auch für nicht-erwerbswirtschaftliche Institutionen höchste Relevanz besitzt; und so haben sich denn auch im Zuge der „Broadening-Diskussion" das Marketing von Non Profit-Organisationen und das Sozio-Marketing (vgl. hierzu Kotler/Zaltmann, 1971; Raffée/Wiedmann/Abel, 1983) einen festen Platz erobert (vgl. z.B. Kotler, 1978; Hasitschka/Hruschka, 1982; Raffée/Fritz/Wiedmann, 1994). Die Spannweite reicht hier vom Spendenmarketing über das Marketing für Theater, Museen und Hochschulen bis hin zum Marketing für gesellschaftliche bzw. soziale Ideen (z.B. die „Aktion Gemeinsinn", Anti-Aids-Kampagnen u.ä.).

Auch im nicht-kommerziellen Marketing geht es um die beiden zentralen Ziele: *Verhaltenssteuerung* (Marketing als *Beeinflussungstechnologie*) und *Versorgung* (Marketing als *Versorgungstechnologie*). So will etwa das Marketing der Welthungerhilfe zum einen ein bestimmtes Spendenverhalten durch entsprechende Beeinflussungsaktivitäten herbeiführen, zum anderen durch konkrete Versorgungsprojekte Notlagen in Elendsgebieten lindern (verhaltens- versus versorgungsorientiertes Sozio-Marketing – vgl. Raffée/Wiedmann/Abel, 1983). Auch in diesem Fall zeigt sich die zentrale Bedeutung eines *ganzheitlichen* Marketingkonzepts: Eine Institution wie die Welthungerhilfe wird ihre Ziele nur dann erreichen, wenn die *gesamte* Marketingtechnologie zur Anwendung kommt, insbesondere die Entwicklung einer Identität in Verbindung mit einer Vision, eine umfassende Marketingforschung, ein überzeugendes strategisches Konzept und last but not least eine marketingorientierte Organisation und Führung.

Gerade im Zuge der Broadening-Diskussion des Marketing bzw. seiner Auswirkung auf nicht-kommerzielle Institutionen (einschließlich Sozio-

[1] Die Marketingtechnologie umfaßt bekanntlich Instrumente der Informationsgewinnung und -verarbeitung (betriebliche Marketingforschung), Marketingstrategien, das Marketing-Mix (Produkt-, Entgelt-, Kommunikations- und Distributionspolitik) sowie die Marketingorganisation und Führung.

Institutionen) treten *zwei unterschiedliche strategische Stoßrichtungen* des Marketing in Erscheinung. Die Stoßrichtung der *Adaption* einerseits, die der *Strukturveränderung* andererseits (*adaptives* versus *strukturverändern-des* Marketing). Während das adaptive Marketing sich in hohem Maß an Kundenbedürfnisse anpaßt, versucht strukturveränderndes Marketing, eingefahrene Verhaltensmuster und die damit zusammenhängenden Bedürfnisse zu verändern (z.B. in Richtung eines ökologiefreundlicheren Entsorgungsverhaltens der Konsumenten). Damit heißt Marketing eben nicht mehr nur: Gib dem Kunden bzw. der Klientel, was er/sie will; in bestimmten Situationen kann vielmehr die zentrale Leitidee der Kundenorientierung gerade darin bestehen, Verhaltensstrukturen zu verändern.

2.2 Die prinzipielle Eignung des Marketingkonzepts für kirchliche Institutionen

Bereits aus dem bisher Gesagten läßt sich erkennen, daß das moderne Marketingkonzept für die Kirchen prinzipiell einen durchaus geeigneten Ansatz bilden kann. Dies gilt fraglos zum einen für bestimmte kirchliche Aktivitätsbereiche, die dem Spendenmarketing zuzuordnen sind („Brot für die Welt“, „Miserior“ u.a.). Doch ungleich wichtiger ist ein *Gesamtkonzept* des Kirchenmarketing, das der Kirche aus ihrer Krise zu helfen vermag. Gerade hierfür kommt ein Kirchenmarketing in Gestalt eines Marketing *der* Kirche und *für* die Kirche in Betracht. Denn auch der Kirche

- geht es um „Austauschbeziehungen mit Kunden“ (den Gläubigen wie den Nicht-Gläubigen),
- sollte an einer *ganzheitlichen,* interdisziplinär ausgerichteten *Technologie* gelegen sein, die die vielfältigen Instrumente der Versorgung und Verhaltensbeeinflussung vor dem Hintergrund einer eindeutigen Identität und eines klaren strategischen Konzepts integriert.

Welches Anregungs- und Lernpotential das moderne Marketing auch für die Kirche haben kann, zeigt sich allein schon im Rekurs auf die drei zentralen Leitideen des Marketing: Neben der *Kundenorientierung* sind dies die *Wettbewerbs-* und die *Gesellschaftsorientierung*. Auch die Kirche ist gut beraten, sich ihrer Wettbewerbssituation bewußt zu werden (z.B. Wettbewerb mit anderen Religionen, mit Sekten, mit säkularen Ideologien u.ä.) und auf der Grundlage entsprechender Informationen Wettbewerbsstrategien zu entwickeln.

Die Leitidee der *Gesellschaftsorientierung* wiederum weist die Kirche auf Problemlösungen hin, die für die nationale wie internationale Gesamtgesellschaft ausreichend konsensfähig sind, eine Gesamtgesellschaft, die nur zu einem Teil christlich geprägt ist (vgl. z.B. das in dieser Hinsicht hochproblematische Verhalten der Vertreter der katholischen Kirche auf der Weltbevölkerungskonferenz in Kairo, September 1994).

Betrachtet man vor diesem Hintergrund die Argumente, die kirchlicherseits gegen ein Kirchenmarketing vorgebracht werden, so verlieren sie ihre Überzeugungskraft. Beim Kirchenmarketing handelt es sich nicht darum (um noch einmal Graf Henkel von Donnersmarck zu zitieren), „Liebe und persönliche Zuwendung“ zu vermarkten (vgl. Droste, 1992, S. 36), sondern es geht um nichts anderes als um eine *Verkündigung mit modernen Mitteln*. Würde z.B. der Apostel Paulus heute leben, würde er seine Verkündigung mit Hilfe eines „wohlverstandenen“ Marketing betreiben. „Wohlverstanden“ meint jene Marketingvariante, die mit den Essentials des christlichen Glaubens voll und ganz kompatibel ist. Dies bedeutet, daß

- der Kern der christlichen Botschaft, das sogenannte „Proprium“, der menschlichen Disposition und damit auch dem Kirchenmarketing entzogen ist. Die Kernaussagen des Christentums (welche sind es?) dürfen nicht opportunistisch bestimmten gesellschaftlichen Trends geopfert werden. Das heißt – wie noch zu zeigen sein wird – indessen *nicht*, daß „Produktpolitik“ für ein Kirchenmarketing nicht in Betracht kommt.
- ein Kirchenmarketing sich seiner Grenzen bewußt bleibt und die Marketingakteure (die nicht nur Marketing-Technokraten sein, sondern von Glauben und Kirche etwas begriffen haben sollten) sich darüber im klaren sind, daß Glaube unverfügbar und damit Geschenk, Gnade ist und nicht die Sache der „Macher“ sein kann. Kirchenmarketing ersetzt nicht das Wirken des Heiligen Geistes; wohl aber kann es an Glauben und Glaubensfragen heranführen, Interesse wecken, anregen, zum Abbau von Frustrationen beitragen, die Voraussetzungen dafür schaffen helfen, daß Glaubenserfahrung und Glaubenserfüllung wachsen.
- ein Kirchenmarketing zwar die menschlichen Bedürfnisse, Wünsche, Erwartungen im allgemeinen, gegenüber der Kirche im besonderen gründlich erforschen und zur Kenntnis nehmen muß, sie aber nicht unbesehen übernehmen darf, sondern sie in Teilen auch verändern soll. Insofern hat Kirchenmarketing stets auch strukturveränderndes Marketing im oben erwähnten Sinn zu sein.

Resumée: Will Kirche Verkündigung mit modernen Mitteln betreiben, so versäumt sie eine Chance, wennn sie am modernen Marketing vorübergeht (vgl. hierzu auch Hillebrecht, 1992).

3. Ansätze eines Kirchenmarketing – eine Bestandsskizze

Trotz der starken Ablehnung bzw. Reserviertheit der Kirche(n) gegenüber einem Kirchenmarketing ist es nun keinesfalls so, daß kirchlicherseits nicht doch vermehrt bestimmte Marketinginstrumente – insbesondere Öffentlichkeitsarbeit und Werbung – eingesetzt werden.

So erfährt in den Kirchen insbesondere die *Medien-* bzw. *Öffentlichkeitsarbeit* mehr und mehr Beachtung, etwa durch die Schaffung von PR-Beauftragten. Auf's Ganze gesehen ist der Ressourceneinsatz in diesem Bereich aber immer noch unzulänglich. Stellvertretend sei auf die Situation der Evangelischen Kirche in Hessen und Nassau (EKHN) hingewiesen. In den Empfehlungen ihrer Perspektivkommission wird z.B. festgehalten, daß „zureichende materielle Voraussetzungen für eine professionelle Öffentlichkeitsarbeit bei der EKHN erst in Ansätzen vorhanden" sind. „Die einzelnen Arbeitsbereiche sind aus historischen Gründen zersplittert. Koordination findet so gut wie nicht statt" (Evangelische Kirche in Hessen und Nassau, 1993, S. 186).

Mehr und mehr ringen sich die Kirchen auch zum gezielten Einsatz von Informationsmaterialien und zu Kommunikations- bzw. Werbekampagnen durch. So haben die vier Diözesen Mainz, Limburg, Trier und Köln sich zur Durchführung von Kommunikationskampagnen entschlossen, und die Badische Landeskirche gibt Prospekte und Broschüren unter dem Motto „Die Badische Landeskirche informiert" heraus, in denen u.a. griffig über die Verwendung der Kirchensteuer Aufschluß gegeben wird. Besondere Beachtung verdienen weiterhin jene Ansätze, die auf die *Integration* verschiedener Kommunikations- und Marketingansätze abstellen. Hier sind vor allem die Ludwigshafener Aktion „Über Glauben läßt sich reden" und die Kampagne des Kölner Stadtkirchenverbandes „Misch dich ein" (2,8 Mio DM-Etat) zu nennen.

Obwohl in erster Linie Kommunikationskampagne, gehört die Aktion des Kölner Stadtkirchenverbandes „Misch dich ein" wohl zu den im Positiven wie im Negativen interessantesten Ansätzen, die die Kirche in Richtung Kirchenmarketing bisher unternommen hat (vgl. Kock, 1994). Zu den großen Stärken dieser Kampagne gehört ihre Dialogorientierung. Schwerpunkt war die Zielgruppe der Outsider, die durch Plakate, Anzeigen, Telefonservice, Veranstaltungen bis hin zu einem „Evangelischen Fest" im Kölner Gürzenich angesprochen wurde. Man hatte Mut zu unkonventionellen Themen und Aussagen. Als z.B. „das Plakat vorgestellt wurde, das ein schwules Paar zeigte mit dem Text ‚Gott ist die Liebe, auch wenn wir sie nicht verstehen', war schon der Entwurf ein Medienereignis" (Menne, 1994, S. 19). Und in der Tat war gerade die Medienresonanz der von der

Agentur Lauk und Partner, Frechen, gestalteten Kampagne ungewöhnlich groß.

Diesen Stärken der Kampagne stehen nicht unerhebliche Schwächen gegenüber. In ihrem Akzent bei der Außenkommunikation kamen wesentliche ganzheitliche Aspekte – wie sie ein Marketingkonzept zu bieten vermag – zu kurz. Z.B. wurde die „Innenarbeit“ gegenüber den Gemeinden vernachlässigt, so daß sich diese nicht hinreichend engagierten oder sich sogar von der Kampagne abwandten (vgl. Seidel, 1994, S. 131). Dies ist umso problematischer, als dadurch die „Leistungsversprechen“ der Kampagne in Richtung Offenheit, Dialog und Lernfähigkeit der Kirche nicht eingelöst werden konnten. „Das Feld für eine Einmischung war nicht bereitet. Diejenigen, die sich einmischen wollten, wurden oft von den Gemeinden als störend empfunden...“ (Seidel, 1994, S. 129). Schließlich blieben auch die Ziele der Kampagne letztlich nicht hinreichend geklärt, der Inhalt der Kampagne war nicht eindeutig benannt (vgl. Seidel, 1994, S. 131 und 132).

Dennoch muß man – im Vergleich zu allen übrigen bisherigen kirchlichen Kommunikations- bzw. Marketingansätzen – in dem Kölner Vorhaben einen entscheidenden Schritt nach vorn erkennen, dessen Schwächen und Fehler einen Lernprozeß auf ein ganzheitliches Kirchenmarketing hin auszulösen vermögen.

Wirft man noch einmal einen Blick auf die übrigen Kommunikationsmaßnahmen der Kirche in der jüngeren Zeit, so sind diese nicht nur

- zu *wenig* in ein Gesamtkonzept *integriert*, sondern auch
- zu *wenig strategisch* orientiert (siehe Pkt. 4),
- zu *wenig professionell,*
- zu *wenig problemorientiert* (z.B. Bewältigung der Bevölkerungsexplosion),
- durch kirchliche *Berührungsängste* gegenüber Werbung und Marketing gekennzeichnet („Wir machen keine Werbekampagne“) sowie
- zu *wenig reaktionsschnell* und zu *wenig stoßkräftig* (vgl. z.B. die dürftigen Reaktionen auf die kürzlichen Attacken gegen die Kirchensteuer).

4. Skizze einer Marketingkonzeption für Glauben und Kirche

So wichtig eine Verbesserung der Kommunikationspolitik für die Kirche ist, so sollte sie dabei nicht stehenbleiben, sondern im Interesse der Krisenbewältigung ein ganzheitliches Marketingkonzept zu planen und implementieren suchen. Dessen Bausteine werden im folgenden skizziert.

4.1 Das „Kreuz" mit dem Produkt

Auch in der heutigen Informations- und Kommunikationsgesellschaft gilt: Das *Produkt* hat *den Kern des Marketing* zu *bilden,* und zwar auch im Kirchenmarketing. Selbst die beste Kommunikations- bzw. Werbepolitik kann auch im kirchlichen Bereich aus einem schlechten Produkt kein gutes machen. Folgende Fragen drängen sich also auf:

(1) Welches ist das Produkt bzw. die Produktpalette der Kirche?

(2) Wie ist es um die Produktqualität bestellt?

(3) Stehen dem Kirchenmarketing Möglichkeiten der Produktpolitik offen, und um welche handelt es sich gegebenenfalls?

Zu (1): Die Produktpalette der Kirche

Auch die Kirche bietet verhaltensorientierte und versorgungsorientierte Leistungen bzw. Produkte an (siehe oben, Pkt. 2.1). Ihr Schwerpunkt und ihre unverwechselbare Aufgabe liegen fraglos in der Verkündigung des Evangeliums und damit in einem verhaltensorientierten Dienstleistungskomplex: Verkündigung will Denken, Fühlen und Handeln des Menschen beeinflussen mit dem Ziel seiner Erneuerung und Neuwerdung: „Ist jemand in Christus, so ist er ein neues Geschöpf; das Alte ist vergangen, Neues ist geworden" (2. Kor. 5,17).

Neben die Verkündigung treten die sozialen Dienste der Kirche, die sowohl verhaltens- als auch versorgungsorientierte Leistungen umfassen. (Die Leistungen für die Dritte Welt z.B. zielen zum einen auf ein Opferverhalten, zum anderen auf die konkrete Lieferung von Hilfsgütern.)

Allein schon die Festlegung des Stellenwerts sozialer Aktivitäten im Rahmen des gesamten kirchlichen Leistungs- bzw. Produktspektrums bedeutet eine eminent wichtige produkt- und programmpolitische Entscheidung, die zugleich hohe theologische Relevanz besitzt (vgl. z.B. die Forderung von Drewermann, daß die katholische Kirche ihre Energien weniger auf dogmatische Finessen sowie die Verteidigung enger dogmatischer Positionen und ethischer Rigorismen als vielmehr auf ein verstärktes sozialgesellschaftliches Engagement vor allem zugunsten der Dritten Welt konzentrieren sollte – Evangelischer Kirchentag, München 1993).

Aber auch im Bereich der Verkündigung liegt das Produkt der Kirche ja keinesfalls eindeutig fest, sondern kann in vielfältiger Weise konkretisiert werden. Die Produktvielfalt im Verkündigungsbereich beginnt zum einen bei der Akzentuierung des Stellenwerts der Heiligen Schrift und bei einer unterschiedlichen Schriftauslegung, ein Problemfeld, das nicht nur mit feinsinnigen theologischen Kontroversen verbunden ist, sondern bis hin zu Kirchenspaltungen geführt hat. Die Trennung der christlichen Kirche in verschiedene Konfessionen und Denominationen ist letztlich Ausdruck unterschiedlicher „Produkte". Zum anderen zeigt sich die Produktvielfalt z.B. in unterschiedlichen Gottesdienstformen, Ausprägungen des Gemeindelebens bis hin zu unterschiedlichen Themenakzenten und damit unterschiedlicher Positionierung der Institution Kirche.

Zu (2): Zentrale Schwächen der Produktqualität

Betrachten wir den Verkündigungsbereich unter dem Aspekt der Produktqualität, so treten gravierende Schwächen unmittelbar zutage:

- Die *Trennung der christlichen Kirche* sowie die *theologischen Kontroversen* zwischen und innerhalb der Konfessionen stellen – bei aller Legitimität und Fruchtbarkeit theologischer und kirchlicher Vielfalt – in ihrem spaltenden Charakter eine wesentliche Produktschwäche dar. Sie verunsichert Gläubige wie Nicht-Gläubige und kann vielfach von ihnen nicht nachvollzogen werden (z.B. die Ablehnung ökumenischer Abendmahlsfeiern und des Frauenpriestertums sowie das Verbot von Empfängnisverhütung seitens der katholischen Kirche, die Leugnung der Auferstehung durch evangelische Theologen und die unzureichende Aufarbeitung der Entmythologisierungskontroverse, um nur einige Beispiele zu nennen).
- Die Verwendung einer *Sprache bzw. Terminologie*, die *heute für viele* nur noch *schwer oder überhaupt nicht nachvollziehbar* ist: Begriffe wie „Sünde", „Heil", „Rechtfertigung" haben selbst für viele Gläubige ihre Faszination verloren, geschweige denn, daß Outsider mit ihnen etwas anfangen können (Drewermann: „Unter Sünde verstehen die meisten heute eine sexuelle Bagatelle oder einen Verstoß gegen den Diätplan" – zit. in Hallaschka/Ochmann, 1994, S. 152).
- Die *Qualität der Verkündigung* ist durch *Qualifikations- und Leistungsschwächen der Pfarrer* beeinträchtigt, so daß z.B. die Predigtgottesdienste der evangelischen Kirche zu einer Quelle deprimierender Frustration werden können.
- *Glaubwürdigkeitsdefizite* der Kirche aufgrund ihres tatsächlichen oder vermeintlichen Fehlverhaltens führen zu einer Entfremdung von der Kirche und zu Kirchenaustritten (fragwürdige Finanztransaktionen, einseitiges politisches Engagement der Kirche, ihr vermeintlicher Reichtum u.ä.).
- Last but not least führen *Starrheit und Arroganz der Macht auf seiten des Klerus bzw. der Kirchenleitungen* zur Blockade von Produktinnovationen und Produktverbesserungen, zur Unterdrückung auch konstruktiver

Kritik sowie zur Verhinderung des Dialogs und damit auch zur Frustration der „Menschen guten Willens" (vgl. z.B. die Art und Weise des Umgangs mit Theologen wie Küng, Drewermann oder die Einstellung evangelischer Kirchenleitungen gegenüber speziellen kirchlichen Institutionen wie etwa manchen Evangelischen Akademien).

Damit stellt sich die zentrale Frage: *Taugt* überhaupt *das Produkt* der Kirche, um *als Kern* eines *Kirchenmarketing* dienen zu können? Die Antwort hat m.E. zu lauten: *JA und NEIN. NEIN* deshalb, weil die skizzierten Produktschwächen, deren Katalog sich durchaus verlängern ließe, auch ein Kirchenmarketing ernsthaft behindern. Allerdings gilt dies nur für die *gegenwärtige* Situation der Kirche, die sich durch Produktverbesserungen durchaus verändern läßt. *JA* deshalb, weil die Produktstärken wenn schon nicht deren Schwächen überwiegen, so doch ein Potential enthalten, das auch in der jetzigen Befindlichkeit der Kirche eine ungewöhnlich tragfähige Substanz besitzt.

Zu den Produktstärken der Kirche gehört zum einen das breite Spektrum ihrer sozialen Aktivitäten nicht zuletzt auch in den einzelnen Gemeinden (Kindergärten, Altenbetreuung, Krankenpflege, Sterbebegleitung, Betreuung Aidskranker u.ä.). Es gehört zu den Defiziten kirchlicher Kommunikationspolitik, daß Art und Umfang dieser Leistungen viel zu wenig in das öffentliche Bewußtsein getreten sind, was sich z.B. in der Diskussion um die Kirchensteuer gezeigt hat, sich aber auch in den kirchensteuer-induzierten Kirchenaustritten niederschlägt.

Was den Bereich Verkündigung angeht, so hat die christliche Kirche eine *faszinierende Vision* und damit eine ideale Ausgangsbasis für eine Corporate Identity. Selbst ein Drewermann konstatiert, daß es Sinn macht, die Botschaft Jesu zu verkünden (zit. in Hallaschka/Ochmann, 1994, S. 148). Die christliche Vision enthält Werte wie Freiheit, innere Harmonie („Frieden"), Erfüllung durch die sinnhafte Orientierung auf das Du hin und damit die Zähmung des Vulgäregoismus, last but not least das Transzendieren der empirisch vorfindlichen Welt in eine personale Beziehung zu jenem Phänomen, das „Gott" genannt wird. Die These hat viel für sich, daß die heute vielbeschworene „Lebensqualität" defizitär bleibt, wenn in ihr die christliche bzw. religiöse Dimension verkümmert. Allerdings ist es beiden Kirchen nicht gelungen, das Faszinierende einer solchen Vision in eine entsprechende „Produktpositionierung" zu transformieren: Statt der USP (Unique Selling Proposition), die auf Freude und Begeisterung über die frohe Botschaft (= „Evangelium") hinausläuft, dominieren die Vorstellung einengender Gesetzlichkeit, Drohungen und zum Teil abergläubische Vorstellungen das Kirchen- bzw. Glaubensbild zahlreicher Nichtchristen *und* Christen.

Zu (3): Kann und soll Kirchenmarketing auch die Produkt- und Programmpolitik umfassen?

Es steht außer Frage, daß die Produktpolitik im Rahmen eines Kirchenmarketing durch theologische Vorgaben in hohem Maß vorbestimmt ist. Doch es hieße, die Weite des produktpolitischen Spektrums im Bereich der Verkündigung verkennen, wollte man nicht auch dem Kirchenmarketing einen großen Gestaltungsspielraum zuerkennen, so daß die Produktpolitik der Kirchen keineswegs dem Marketing – wie Pälicke meint (vgl. Pälicke, 1992, S. 3) – entzogen ist.

Kirchenmarketing kann und muß sich mit der *kirchlichen Produktpolitik verkoppeln* und ihr wichtige Impulse vermitteln. Solche Impulse können zum einen *methodischer*, zum anderen konkret *inhaltlicher* Art sein.

In *methodischer* Hinsicht könnte durch die Mitwirkung von Vertretern des Kirchenmarketing bei der Formulierung theologisch-kirchlicher Aussagen der *Dialog als methodisches Prinzip* eine erhebliche Förderung erfahren. Dies hätte zugleich auch die stärkere Integration von Laien in den theologisch-kirchlichen Diskussionsprozeß zur Folge, was sich insbesondere dann als ergiebig erweisen dürfte, wenn diese Laien neben ihrer Marketingexpertise auch über ein gewisses theologisch-kirchliches Know-How und Engagement verfügen.

In *inhaltlicher* Hinsicht könnte ein Kirchenmarketing für Produktpolitik etwa folgende Beiträge leisten (Vgl. hierzu auch Hillebrecht, 1992, S. 39):

- Gewinnung produktrelevanter Informationen über legitime Wünsche und Erwartungen der Menschen, über ihre Nöte, subjektiv empfundenen Bedrohungen und Ängste. Nicht zuletzt könnte hier die im Marketing intensiv betriebene Lifestyle-Forschung Anregungen für die Produktpolitik vermitteln.
- Informationsgewinnung über weltweite soziale Engpässe und effiziente Möglichkeiten ihrer Minderung. Hier ließe sich an jene Ansätze anknüpfen, die vereinzelt ohnehin im kirchlichen Raum vorliegen (vgl. etwa die Kritik der Caritas an Fehlsteuerungen bei der Entwicklungshilfe in Afrika).
- Hilfestellung bei der Suche nach einer adäquaten sprachlichen Vermittlung von Glaubensinhalten.
- Beiträge zur Entwicklung von Produktinnovationen (z.B. dialogische Gottesdienstformen, Sozioprogamme etwa gegen Jugendarbeitslosigkeit, Verbesserung der Predigthilfen für Pfarrer).
- Last but not least eine Umpositionierung der Kirche in Richtung Evangelium statt Gesetzlichkeit (s. oben).

4.2 Elemente einer Marketingkonzeption für Glauben und Kirche

4.2.1 Entwicklung einer Zielkonzeption auf der Grundlage verbesserter Informationen; Findung und Vermittlung einer Corporate Identity

Zunächst bedarf ein Kirchenmarketing einer Verbesserung seiner *Informationsbasis*. Zwar ist es zu begrüßen, daß beide Kirchen in wachsendem Ausmaß demoskopische Umfragen in Auftrag geben. Letztere sollten indessen noch stärker auf strategische Fragen ausgerichtet werden, etwa in Gestalt systematischer Stärken-Schwächen-/Chancen-Risiken-Analysen und der Gewinnung von Früherkennungsinformationen. Dabei ist einer intensiven Bedürfnis- und Zufriedenheitsforschung auch mit Hilfe von Focusgruppen auf allen Ebenen der Kirchenhierarchie (also auch in den Gemeinden) breiter Raum zu widmen. Ist es z.B. empirisch haltbar, daß „die Kirchen ihre religiöse Tiefe verloren" und „nichts anzubieten (haben), was den Menschen Halt gibt?" (Schorlemmer, zit. in Hallaschka/Ochmann, 1994, S. 146). Die Verbesserung der Informationsbasis und damit der Rekurs auf empirische Forschung vermag auch zur Überwindung eines problematischen ethischen Rigorismus beizutragen, der häufig in der mangelnden Vertrautheit mit menschlichen Problemsituationen begründet ist.

Als dringend ausbaubedürftig erweist sich das *Feld der Wirkungs- und Erfolgsmessung* kirchlicher Aktivitäten. Vermutlich gäbe es bereits ein jähes Erwachen, wenn man z.B. Gottesdienstbesucher danach befragen würde, was bei ihnen von einer Predigt „hängengeblieben" ist oder wovon sie bei Kommunion bzw. Abendmahl erfüllt sind.

Auf der Grundlage verbesserter, strategierelevanter Informationen ist ein klares *Zielkonzept* zu entwickeln, das Auftrag und Vision der Kirche angemessen konkretisiert. Nicht zuletzt geht es darum festzulegen, daß ein Marketing für den Glauben zu kurz greift, wenn es nicht in ein Marketing für die Kirche (als „Glaubenspromotor") eingebunden ist. Die Drewermann-Position: Glauben ja, Kirche nein (vgl. Hallaschka/Ochmann, 1994) kommt für ein Kirchenmarketing nicht in Betracht.

Im Rahmen einer solchen Zielkonzeption ist etwa auch der Stellenwert der Ortsgemeinde für die Gläubigen (Parochialprinzip) zu präzisieren bzw. dessen Liberalisierung anzustreben: „Die Ortsgemeinde ist weder eine überholte, noch die alleinige und normative Gestalt von Kirche" (Evangelische Kirche in Hessen und Nassau, 1993, S. 179).

Die Entwicklung einer Zielkonzeption steht mit einer *Corporate Identity* als strategischem Orientierungskonzept in enger Beziehung; sie wird wiederum in hohem Maß durch die oben dargestellten Überlegungen zur Produktpolitik und zur Positionierung der Kirche bestimmt. Probleme liegen hier nicht nur in der *Identitätsbestimmung* (s. oben, Punkt 4.1), sondern auch in der *Identitätsvermittlung* gegenüber Gläubigen wie Nicht-Gläubigen und nicht zuletzt gegenüber allen, die haupt- oder nebenamtlich in der Kirche mitarbeiten. Gerade der CI-Ansatz bietet die Chance, auf allen Ebenen – bis hin zu den Ortsgemeinden – jene Aufbruchstimmung zu schaffen, an der es heute in hohem Maß fehlt. Der „Unlust an Gott als eigentlicher Schwäche der Kirche" (Kamphaus) ließe sich auf diese Weise entgegenwirken.

4.2.2 Strategische Stoßrichtungen und Strategieschwerpunkte eines Kirchenmarketing

Zur Bestimmung strategischer Stoßrichtungen und zur Entwicklung eines Strategieprofils für ein Kirchenmarketing läßt sich auf jenes Repertoire zurückgreifen, das Marketingwissenschaft und Marketingpraxis sowohl für private als auch öffentliche Betriebe entwickelt haben (mit Blick auf letztere vgl. z.B. Raffée/Fritz/Wiedmann, 1994, S. 132 - 175).

So muß etwa entschieden werden, ob als strategische Stoßrichtung eher ein Wachstum oder ein (Gesund-)Schrumpfen anzuvisieren und – damit zusammenhängend – Abschied von der Volkskirche zu nehmen ist. Im Kontext des Auftrags der Kirche zur Strukturveränderung im persönlichen wie gesellschaftlichen Bereich vermag ein strategisches Kirchenmarketing Stoßrichtungen des Angriffs und des Widerstands zu entwickeln, z.B. gegen privategoistischen Konsum-Hedonismus und die Benachteiligung der Dritten Welt. Vor allem sollte – gemäß der Devise: Ecclesia semper reformanda – der Stoßrichtung einer *umfassenden Innovationsorientierung* ein hoher Stellenwert eingeräumt werden.

Im Bereich der Basisstrategien sind die *Marktsegmentierung* sowie die *Kooperation* bzw. die *Bildung strategischer Allianzen* von besonderer Bedeutung. So ist es z.B. fragwürdig, dem Segment der Studierenden vergleichsweise wenig Beachtung zu schenken und die Ressourcen für Hochschul- bzw. Studentengemeinden derart knapp zu halten.

Im Zusammenhang mit der Kooperationsstrategie bzw. der Bildung strategischer Allianzen bieten sich etwa eine noch stärkere Zusammenarbeit zwischen der evangelischen und der katholischen Kirche, die Intensivierung der Kooperation mit Pädagogen an Schulen und Hochschulen, Kulturinstitutionen und last but not least mit den Massenmedien an.

Bei der Erarbeitung eines Strategieprofils im Rahmen des Kirchenmarketing ist schließlich das *Beschaffungs- und Personalmarketing* zu integrieren. Es hat den Anschein, daß – trotz einiger Defizite – Spendenmarketing und

Sponsoring erheblich besser realisiert werden als das Personalmarketing. Letzteres sollte etwa in viel stärkerem Maß die Mobilisierung und Integration von Laien umfassen und hätte sich bis zur Veränderung von Ausbildungsprofilen für Geistliche zu erstrecken (z.B. „die stärkere Einübung der Kontakt- und Dialogfähigkeit“ – Evangelische Kirche in Hessen und Nassau, 1993, S. 174 – bzw. umfassender: die Sensibilisierung für jene Fragestellungen und Lösungsansätze, die sich von einem angemessenen Kirchenmarketing her ergeben).

5. Ausblick: Kirchenmarketing als Problem von Organisation und Führung

Es bedarf keiner Frage, daß die Realisation eines erfolgreichen Kirchenmarketing mit Veränderungen im Bereich von Organisation und Führung einhergehen muß. Es ist allerdings nicht auszuschließen, daß jene Kritiker Recht haben, die den etablierten Kirchen eine Erneuerungsfähigkeit, wie sie ja auch vom Marketing gefordert wird, absprechen.

Andererseits sollte man die positiven Veränderungen nicht außer acht lassen, die in den letzten Jahrzehnten stattgefunden haben und auch heute im Gange sind (z.B. die weitestgehende Überwindung konfessioneller Gegnerschaft, die beginnende Öffnung gegenüber anderen Weltreligionen, die glaubwürdige Forderung des Vorsitzenden der katholischen Bischofskonferenz, Bischof Lehmann, nach einem intensiveren Dialog gerade auch mit Kirchendistanzierten und Kirchengegnern).

Notwendig erscheint u.E. in jedem Fall eine Verstärkung der Ressourcen, die auf *allen* kirchlichen Ebenen sowohl für die Entwicklung von Konzepten eines Kirchenmarketing wie für dessen Realisation zur Verfügung gestellt werden (z.B. Bildung von Task Forces unter umfassender Einbeziehung kompetenter Laien). Insbesondere wenn im „Gegenstromprinzip“ ein Kirchenmarketing sowohl von den Kirchenleitungen als auch von der Gemeindebasis her angegangen wird, sollten mehr als nur periphere Änderungen möglich sein.

Außerdem kann ein Kirchenmarketing in inhaltlicher Hinsicht in vielen Bereichen an das anknüpfen, was in den Kirchen, wenn auch nicht unter dem Etikett des Marketing, an Reformarbeit geleistet wird (vgl. z.B. die erwähnten Vorschläge der Perspektivkommission der Evangelischen Kirche in Hessen und Nassau, Evangelische Kirche in Hessen und Nassau, 1993).

Ein Kirchenmarketing führt solche Ansätze insofern weiter, als es für ein *ganzheitliches* Konzept plädiert *und eine Technologie* – insbesondere in den Bereichen Informationsgewinnung, Analyse, Corporate Identity, Strategie, Kommunikationspolitik – zur Verfügung stellt, das die Reformbemühungen wirksam zu unterstützen vermag. Insofern liegt im Kirchenmarketing ein Hoffnungspotential. Es ist kein Irrweg, sondern zumindest in kirchlicher Perspektive ein Gebot der Vernunft.

Literaturverzeichnis

Drosten, M. (1992): Kirche auf neuen Wegen, in: absatzwirtschaft, Nr. 12/1992, S. 32 - 36.

Evangelische Kirche in Hessen und Nassau (Hrsg.) (1993): Person und Institution, Volkskirche auf dem Weg in die Zukunft, Frankfurt am Main 1993.

Gottschalk, R. (1993): „Werbung für die Kirche ist theologisch pervers", in: Handelsblatt, Nr. 78 vom 23./24. April 1993.

Hallaschka, A./*Ochmann,* F. (1994): „Ohne Reformen scheitert die Kirche wie der Kommunismus" (F. Schorlemmer und E. Drewermann im Gespräch über die Krise des Glaubens und die Zukunft der Kirche), in: Stern, Nr. 14/1994, S. 146 - 153.

Hasitschka, W./*Hruschka,* H. (1982): Nonprofit-Marketing, München 1982.

Hillebrecht, St. W. (1992): Was die Kirche nutzen kann, in: absatzwirtschaft, Nr. 12/1992, S. 38 - 39.

Kock, M. (Hrsg.) (1994): Misch dich ein – Standpunkte verstehen, Wandel beginnen, Köln 1994.

Kotler, Ph. (1978): Marketing für Nonprofit-Organisationen, Stuttgart 1978.

Kotler, Ph./*Zaltmann,* G. (1971): Social Marketing – An Approach to Planned Social Change, in: Journal of Marketing, 35 Jg. (Nr. 3/1971), S. 3 - 12.

Menne, G. A. (1994): Die Goldene Brücke als Symbol, in: Kock, M. (Hrsg.): Misch dich ein – Standpunkte verstehen, Wandel beginnen, Köln 1994, S. 18 - 23.

Pälicke, F. (1992): Trost im Marketing?, in: absatzwirtschaft, Nr. 12/1992, S. 3.

Raffée, H./*Fritz,* W./*Wiedmann,* K.-P. (1994): Marketing öffentlicher Betriebe, Stuttgart 1994, S. 132 - 175.

Raffée, H./*Wiedmann,* K.-P./*Abel,* B. (1983): Sozio-Marketing, in: Irle, M. (Hrsg.): Handbuch der Psychologie, Teilband 12 (Marktpsychologie), Göttingen/Toronto/Zürich 1983, S. 675 - 768.

Roth, M. (1992): Himmlische Kampagne, in: Wirtschaftswoche, Nr. 52 vom 18.12.1992, S. 21 - 24.

Schwarz, U./*Wensierski,* P. (1993): „Was machen wir falsch?" – Der Berliner Kardinal Georg Sterzinsky über Austritte, Steuern und die Zukunft seiner Kirche, in: Der Spiegel, Nr. 40/1993, S. 108 - 117.

Seidel, U. (1994): Widerstände und Lernprozesse, in: Kock, M. (Hrsg.): Misch dich ein – Standpunkte verstehen, Wandel beginnen, Köln 1994, S. 128 - 132.

Historische Aspekte der Entwicklung des Marketing

Von Günther Müller-Heumann

1. Einführung

Marketing in seiner heutigen Form hat mehrere Ursprünge, die teilweise bis weit vor unsere Zeitrechnung zurückgehen. In diesem Beitrag werden drei Perspektiven behandelt, welche die historische Entwicklung des Marketing, vor allem im angelsächsischen Raum, aber auch in Deutschland erklären:

- Marketing als eine Funktion des wirtschaftlichen Lebens, als sozioökonomische Tätigkeit;
- Marketing als ein philosophisch-politisches Konzept und
- Marketing als ein System von Absatzstrukturen und -prozessen.

Diese Klassifizierung ist den von Dichtl vorgeschlagenen drei Aspekten des Marketing, nämlich „Maxime", „Mittel" und „Methode" (vgl. Dichtl, 1987, S. 9) ähnlich, jedoch nur in den ersten beiden Komponenten.

2. Marketing als sozioökonomische Funktion

2.1 Grundlagen

Marketing als eine Austauschfunktion im Wirtschaftsleben ist so alt wie die Menschheit selbst. Schon in prähistorischen Gesellschaftsformen, mit Jagen, Fischen und primitiver Agrarwirtschaft als Wirtschaftsbasis, wurden Güter ausgetauscht (Barter). Tauschwirtschaft ermöglichte es den Mitgliedern dieser Gesellschaftsform, eigene Bedürfnisse besser zu befriedigen und Überflußgüter zu vermarkten. Stammesführer, die sich entwickelnde Aristokratie, Medizinmänner sowie Religions- und andere -führer entwickelten Präferenzen für Güter, die ihnen halfen, sich vom einfachen Volk zu differenzieren und ihren besonderen Status zu unterstreichen. Handwerker, Künstler, Gastwirte und viele andere Berufe und Kleinunternehmen begannen sich mit wachsender Arbeitsteilung und Spezialisierung wirtschaftlich zu entwickeln.

Der Ursprung des Symbolismus des modernen Markenartikels ist z.B. – neben den Wappen der Aristokratie – in den Geschäftssymbolen und Ladenschildern des Altertums und Mittelalters zu finden. Mit der Entwicklung städtischer Siedlungsstrukturen entwickelten sich neue Bedarfe, wie die Nachfrage nach Denkmälern, Schlössern, Verwaltungsbauten und Kirchen. Die Statuskonsumtion wuchs.

Im Bereich des internationalen Marketing beschränkte sich der Handel in der vorindustriellen Zeit auf Waren, wie Metalle, Gewürze, Seide, Hölzer, Gummi, Kaffee, Elfenbein und ähnliche Güter. Kolonialmächte wie Spanien und Großbritannien nutzten ihre internationale Handelsmacht nicht immer zum Vorteil der einheimischen Bevölkerung in den Kolonien. Die Handelsregime der Kolonialmächte trugen jedoch durch Vereinheitlichung der Sprache und der Maß- und Gewichtssysteme, aber auch durch Wirtschaftsprotektionismus zur späteren Entwicklung des internationalen Marketing bei. Selbst heutzutage bestehen oftmals noch Handelspräferenzen zwischen vormaligen Kolonien, jetzt unabhängigen Staaten, und deren früheren Kolonialmächten. Wirtschafts-, Handels- und Konsumtraditionen änderten sich oftmals nur sehr zögernd.

2.2 Marketing und die Industrielle Revolution

Vor der Industriellen Revolution war die Verbindung zwischen Produktion und Konsum in der Dorf- und Kleinstadtwirtschaft sehr eng. Die Produzenten von Gütern und Dienstleistungen und ihre Kunden kannten sich meistens persönlich. Wenn z.B. ein Bauer ein Paar neue Stiefel brauchte, bestellte er diese beim Schuhmacher, und die Bezahlung erfolgte oftmals in Form eines Tauschobjekts oder später durch Geld.

Die Industrielle Revolution des ausgehenden 18., aber insbesondere des 19. Jahrhunderts veränderte das Verhältnis zwischen Anbietern und Nachfragern grundlegend, nicht nur die Produktionsweisen (Mechanisierung und Massenfertigung). Die wichtigste Veränderung war, daß der persönliche Kontakt zwischen Produzenten und Konsumenten in vielen Fällen verloren ging.

Die Mechanisierung der Produktionsprozesse und die beginnende Urbanisierung großer Teile der Bevölkerung veränderte die Absatzsituation dergestalt, daß sowohl die enge zeitliche als auch die enge örtliche (geographische) Verbindung zwischen Produktion und Konsum, die in der Dorfwirtschaft bestand, verloren ging. Güter wurden mehr und mehr für den Verbrauch in der Zukunft und an Orten weit weg von den Produktionsstätten hergestellt.

In vielen Fällen, wie z.B. in Großbritannien, fuhren Aufkaufgroßhändler in der Anfangszeit der Industrialisierung von Hersteller zu Hersteller, um deren Waren aufzukaufen und diese dann in kleinen Mengen an Einzelhändler weiterzuverkaufen. Diese Aufkaufgroßhändler wurden dabei zu den ersten aktiven Marktkanal-„Kapitänen" des industriellen Zeitalters. Sie betrieben aktive Marktforschung in ihren Hersteller-Märkten, stellten selbst einen Absatzkanal dar, und waren auch aktive Teilnehmer am Handelsmarketing auf ihrer Absatzseite. Informelle Marktforschung wurde weitgehend durch persönliche Kontakte mit den Absatzhändlern und Endverbrauchern betrieben. Mit der Attraktivität und Neuartigkeit der industriell gefertigten Konsumgüter, wie auch deren relativ niedrigen Preisen, schien eine ernsthafte Kundenorientierung nicht notwendig zu sein.

Die Industrielle Revolution schuf eine neue Konsumentengruppe und Bevölkerungsschicht, die *Arbeiterklasse.* Die Einführung fortschrittlicher Wirtschaftsgesetze in Europa und Nordamerika förderte die positive Entwicklung des Einkommens der neuen Klasse der Fabrikarbeiter und führte schließlich zu einer explosionsartigen Entwicklung der Unternehmer- und auch, in geringerem Maße, der Arbeitereinkommen in der neuen Industriegesellschaft – im Vergleich zur vorindustriellen Zeit.

Während in der vorindustriellen Zeit nur die Oberklasse frei verfügbares Einkommen genoß, verfügten jetzt Arbeiter erstmals über ein beschränktes freies Einkommen. Die Massenproduktion ermöglichte es ihnen, in beschränktem Umfang nicht lebensnotwendige, industriell erzeugte Güter zu erwerben, zum Beispiel „Messerwascher" – ein Vorläufer der Geschirrspülmaschine. Da diese Güter in kostengünstiger Massenproduktion gefertigt wurden, waren sie oftmals billiger als ähnliche, handwerklich erzeugte Produkte in der vorindustriellen Zeit. Der Multiplikator-Effekt trug dazu bei, daß sich Einkommen sehr dynamisch entwickelten.

Die Marktsituation war durch einen Nachfrageüberschuß gekennzeichnet. Viele Märkte waren Käufermärkte. Stärker konsumentenorientierte Absatzstrategien wurden erst um die Jahrhundertwende notwendig als, nach mehreren Wirtschaftskrisen in den industrialisierten Ländern, der Nachfrageüberschuß verschwand und ein Angebotsüberschuß sichtbar wurde.

3. Marketing als ein Konzept der „Markteinstellung"

Während Marketing als eine menschliche Tätigkeit sich über viele Jahrtausende entwickelte, geht die politisch-philosophische Basis dieser Unternehmensfunktion auf einen weitaus jüngeren Ursprung zurück. Polit-ökonomische Theorien des 18. und 19. Jahrhunderts können als Vorläufer der „Marketing-Orientierung" angesehen werden.

Der schottische Moralphilosoph und Wirtschaftstheoretiker Adam Smith (1723 - 1790) wird oftmals als Begründer des Konzepts der freien Marktwirtschaft angesehen. Sein Buch „An Enquiry into the Nature and Causes of the Wealth of Nations“ (vgl. Smith, 1976; vgl. auch: Peil, 1989) wird heute noch als Grundstein der Philosophie der freien Wirtschaftsordnung angesehen. Smith stellte darin dar, wie die „unsichtbare Hand“ des freien Markts zu einer Räumung dieses Marktes ohne Außeneinfluß führen kann, solange die Marktparteien in ihrem Eigeninteresse handeln. Adam Smith entwickelte darüber hinaus eine Theorie des Nutzens (Utility) von Wirtschaftsgütern.

3.1 Vom „Nutzen“ zur „Bedürfnisbefriedigung“

Spätere Vertreter der Nutzentheorie, vor allem der britische Ökonom, Logiker und Statistiker William Stanley Jevons (1835 - 1882), tauschten in zunehmendem Maß den Begriff „Nutzen“ (Utility) eines Wirtschaftsgutes gegen das Wort „Bedürfnisbefriedigung“ (Satisfaction) durch ein Wirtschaftsgut aus (vgl. Mueller-Heumann, G. und Duffy, M. F., 1994, S. 19). Mit dem Begriff der Bedürfnisbefriedigung im Zusammenhang mit dem Konsum von Wirtschaftsgütern war ein Baustein des späteren Marketing-Konzepts geschaffen. In diesem Zusammenhang ist jedoch zu bedenken, daß das Nutzenkonzept wie auch das Konzept der Bedürfnisbefriedigung in *volks*wirtschaftlichen Studien verwendet wurden, deren Anliegen es war, makroökonomische, nicht betriebswirtschaftliche Phänomene zu erklären: „Prior to 1900, market behaviour and trade practice were explained mainly from the macro viewpoint in economic theory“ (vgl. Bartels, 1970, S. 32).

Marketing entwickelte sich als betriebswirtschaftliches Lehr- und Forschungsgebiet in den ersten zwei Jahrzehnten des 20. Jahrhunderts. Um die Jahrhundertwende war das sich ebenfalls entwickelnde Gebiet des Management (der Betriebswirtschaftslehre oder Unternehmungsführung) auch wenig mit der distributiven Seite der Unternehmung beschäftigt.

Mit dem Auseinanderrücken von Produktion und Konsumtion als Folge der Industriellen Revolution wurden neue „Management“-Erklärungen für die Distributionsseite der Unternehmung erforderlich. Marketing als ein abstraktes Konzept entstand dann, als distributive Aktivitäten nicht mehr nur deskriptiv behandelt, sondern als Bestandteil einer übergelagerten „Idee“ verstanden wurden. Dieser Schritt von der Beschreibung des Handels (Trade), des Absatzes (Distribution) oder des Austausches zur Idee des Marketing fand kurz nach der Jahrhundertwende statt.

Im Jahre 1905 fand sich der Begriff „Marketing“ in Titeln von Vorlesungsveranstaltungen an der Universität von Pennsylvania, im Jahre 1909 an der Universität von Pittsburgh und im Jahre 1910 an der Universität von Wisconsin. Bartels nennt einige der Professoren, die vor 1906 „Marketing“ an amerikanischen Universitäten lasen: E. D. Jones, Simon Litman, George M. Fisk, W. E. Kreusi, H. S. Person und James E. Hagerty (vgl. Bartels, 1970, S. 33). Kurz danach wurde Marketing als Konzept in Publikationen formuliert: Ralph Starr Butler beschrieb das Marketing-Konzept als „everything that the promoter of a product has to do prior to his actual use of salesmen or advertising“ (zitiert nach Bartels, 1970, S. 33). Marketing wurde gleich vom Beginn der Konzeptformulierung im Unterschied zum Verkauf oder der Werbung gesehen. „Marketing originally – and continually – has meant a collective, integrative, or aggregative phenomenon“ (vgl. Bartels, 1970, S. 33).

In den folgenden Jahrzehnten entwickelte sich das Konzept des Marketing in den USA in verschiedenen Schulen, von denen die hauptsächlichsten die Commodity School (Warengruppenschule), die Functional School (Funktionenschule), ähnlich der Handelsfunktionen-Gruppierungen in Deutschland, die Institutional School (Marketing-Institutionenschule) und schließlich die Managerial School (Entscheidungsbezogene Schule) waren.

Gründe für die Entwicklung jeder dieser Schulen des Marketing im 20. Jahrhundert können im geschichtlichen Verhältnis des Marketing zur volkswirtschaftlichen Markttheorie und besonders in deren Wirklichkeitsfremde gefunden werden. Einfache Markttheorien der Volkswirtschaftslehre gehen z.B. von der Annahme aus, daß die Wirtschaftsgüter in einem Markt homogen sind. Um diese wirklichkeitsfremde Annahme zu überwinden, entwickelte die Warengruppenschule eine Typologie von unterschiedlichen Gütern. Dabei wurde – zumindest implizit – erwartet, daß verschiedene Arten von Gütern verschiedenartige Marketingmaßnahmen erfordern. Warenklassifizierungen, wie die der Convenience, Shopping und Speciality Goods, die auch bei Nieschlag/Dichtl/Hörschgen (1991, S. 99) zu finden sind, gehen auf diese frühe Schule des Marketing zurück.

Die Nichtexistenz von Absatzkanälen in vielen volkswirtschaftlichen Markttheorien wurde von der Institutionenschule aufgegriffen. Wiederum erwartete man, daß verschiedenartige Absatzkanäle zu verschiedenartigen Marketingentscheidungen führen würden.

Die Funktionenschule konzentrierte sich schließlich darauf, die Tätigkeiten – vor allem der Handelsbetriebe – zu strukturieren und zu klassifizieren. Im Verhältnis zu einfachen volkswirtschaftlichen Markttheorien, die sich nur auf Preis und Angebotsmenge konzentrierten, wollte man hier eine wirklichkeitsnahe Darstellung der Handelsfunktionen zusammenstellen. Handelsfunktionstypologien sind in Deutschland vor allem im Bereich der Einzelhandels- und Großhandelsliteratur zu finden (vgl. Schenk, 1970; Nieschlag/Dichtl/Hörschgen, 1991, S. 252ff.).

Nach dem zweiten Weltkrieg wurden industrielle Güter immer wichtiger. Die Management Schule des Marketing entwickelte sich deshalb aus der Typologie der Handelsfunktionen, die verallgemeinert wurden, um instrumentale Tätigkeitskataloge des Marketing zu erstellen, die sowohl für den Handel, als auch für den Nicht-Handelsbetriebe Gültigkeit besitzen. Das am weitesten verbreitete Konzept der Managment Schule des Marketing ist das der „Vier P's": Product, Promotion, Price, und Place (Distribution). Es wurde im Jahr 1960 von Jerome McCarthy entdeckt (vgl. McCarthy, 1960), und ist seither zum Standard für die Erklärung der verschiedenen Marketingentscheidungen in der gesamten angelsächsischen Literatur geworden.

In allen Schulen des Marketing wurde das Verhältnis der jeweiligen Klassifizierungen zur Bedürfnisbefriedigung diskutiert. Diese Konsumenten-Orientierung war im Vergleich zum Herstellermarkt nach der Industriellen Revolution seit etwa dem zweiten Jahrzehnt des 20. Jahrhunderts in steigendem Maße und seit den 50er Jahren in dringend erforderlichem Maße notwendig geworden. „Die Überwindung der Ära der Knappheit und der Anbruch des Zeitalters des Überflusses in den hochentwickelten Industrienationen haben es mit sich gebracht, daß Güter, Dienstleistungen, Informationen und Rechte nicht mehr automatisch ihren Abnehmer finden, sondern nur noch unter Anstrengungen an den Mann (die Frau) gebracht werden können" (vgl. Dichtl, 1987, S. 3).

Eine klassische Definition der Managerial School des Marketing mit Gewinn- und Bedürfnisbefriedigungsorientierung ist in der ersten Auflage von Kotlers „Marketing Management" zu finden: „Marketing is the analysing, planning and controlling of the firm's customer-impinging resources, policies and activities with a view to satisfying the needs and wants of chosen customer groups at a profit" (vgl. Kotler, 1967, S. 5).

Die enge Bezogenheit des klassischen, des normativen Marketing-Konzepts zur Gewinnerzielung in der privatwirtschaftlichen Unternehmung führte in den 60er und 70er Jahren zu einer Anzahl von Erweiterungen des Konzepts und schließlich zu einer viel weiteren Definition des Marketing. Das „Dictionary of Terms" der American Marketing Association definierte z.B. Marketing im Jahre 1988 wie folgt: „The process of planning and executing the conception, pricing, promotion and distribution of ideas, goods, and services to create exchanges that satisfy individual and organisational goals" (vgl. Bennett/American Marketing Association, 1988, S. 115).

3.2 Nachteile des normativen Marketingkonzepts

Im Zusammenhang mit der massiven Kritik des Konsumerismus an vermeintlich Marketing-orientierten Firmen kam das klassische, normative

Marketingkonzept ins Wanken. Wie ist es möglich, so fragte man sich, daß Unternehmungen, die an das Marketing glauben, Produkte herstellen, die von den Konsumenten abgelehnt oder zumindest kritisiert werden. Mehr akademisch orientierte Kritiker attackierten die mangelnde Wertfreiheit, die „kapitalistische“ Gewinn-Orientierung des Konzepts und dessen enge Bezogenheit auf privatwirtschaftliche Organisationen.

Was fast überhaupt nicht gesehen wurde, war die Tatsache, daß Bedürfnisbefriedigung nicht unbedingt zu Gewinnen führt, denn diese hängen sowohl vom Umsatz als auch von den Kosten ab. Man könnte sich leicht einen Fall vorstellen, in dem ein Produkt, das ein Marktsegment vorzüglich befriedigt, so hohe Kosten verursacht, daß das Unternehmen, welches das Produkt herstellt, wegen der zu hohen Kosten in Konkurs gerät. Konsumenten-Bedürfnisbefriedigung ist deshalb nur ein „Umsatzmagnet“, jedoch nicht unbedingt ein direkter „Gewinnverursacher“.

Eine weitere Kritik am normativen Marketing-Konzept betraf dessen Kurzfristigkeit, die Orientierung an dem, was Konsumenten heute gefällt, gegenüber den längerfristigen „gesellschaftlichen“ Zielen. Ein Soziales Marketing-Konzept wurde gefordert, aber nie verwirklicht. Es scheint, daß die freie Marktwirtschaft längerfristige, gesellschaftliche Ziele nicht leicht verwirklichen kann – trotz Warnungen, wie der des Club of Rome Reports (vgl. Meadows, 1972), mehrerer Ölkrisen und vieler Umweltunfälle seither. Wirtschaftlicher Wohlstand wird immer noch in vielen Fällen auf Kosten der Umwelt und auf Kosten zukünftiger Generationen erwirtschaftet.

Weitere Dimensionen der „Erweiterung“ des Marketingkonzepts in den 70er Jahren waren die Anwendung dieses Konzepts auf die Transaktionen von Non-Profit-Organisationen und sogar auf Transaktionen zwischen Individuen.

Trotz der Verurteilung derartiger Anwendungs-Erweiterungen als „imperialistisch“ – das Marketing als Kernkonzept aller Sozialwissenschaften? – hat sich dieses Konzept in der angelsächsischen akademischen Landschaft fest eingenistet. Es fragt sich, ob ein derartiges „Marketing“ überhaupt noch Platz in wirtschaftswissenschaftlichen Fakultäten hat. Bisher ist jedoch noch kein Fall bekannt, in dem ein Ordinarius wegen zu breiter, „imperialistischer“ Marketing-Definition in eine allgemeine Fakultät umziehen mußte!

Die meisten Marketing-Akademiker im angelsächsischen Raum verwenden heute Marketing-Definitionen, die eng auf das „Exchange Paradigm“ oder das „Transaction Paradigm“ Bezug nehmen. Die Wirtschaftspraxis bevorzugt jedoch nach wie vor das „alte“, normative Marketing-Konzept – trotz seines kapitalistischen Werturteils und trotz seiner Unvollkommenheit, was den Unterschied zwischen Umsatz und Gewinn, die Ignorierung der

Marketing- und anderer Kosten anbetrifft. Ist ein wertfreies Marketing-Konzept überhaupt denkbar, in einer Welt in der es keinen wertfreien Wirtschaftsraum gibt?

4. Marketing als ein System von Absatzstrukturen und -prozessen

4.1 Die Entwicklung von Marketingsystemen

Die dritte historische Perspektive des Marketing ist das System der Absatzstrukturen und -prozesse, das sich als Folge der Industriellen Revolution zu entwickeln begann und heute typisch für alle hochentwickelten Industrienationen ist. Mit dem Auseinanderrücken von Produktion und Konsum als Folge der Industriellen Revolution entstanden neue Absatzkanäle, Kommunikationssysteme (Werbung), neue Planungsmethoden und Organisationsstrukturen, um nur einige Beispiele zu nennen. Es entstand in der Tat ein neues Marketing-System, das in seiner Grundstruktur noch heute erhalten ist. Das interne Marketing-System der Planung und Implementierung/Kontrolle der Marketing-Instrumente und das externe System von distributiven und absatzvereinfachenden Institutionen stellen die Grundlage der heutigen „Verkehrswirtschaft“ dar. Die Absatzstrukturen in der vorindustriellen Dorfwirtschaft oder im frühen interregionalen und internationalen Handel waren völlig unterschiedlich.

Das interne und externe Marketingsystem der vorindustriellen Wirtschaft war im Vergleich zur heutigen Verkehrswirtschaft auch sehr unterschiedlich. Konsumentenbedürfnisse änderten sich nur sehr langsam, Handwerker und Händlergruppen hatten konservative Vorstellungen über faire Preise und faire Einkommen. Naturkatastrophen oder Güterknappheiten führten oftmals zu größeren Marktschwankungen als Nachfrageschwankungen. Das interne Marketingsystem war traditionsbestimmt. Wettbewerb und Innovation wurden weder als dringlich noch als wichtig angesehen. Das externe Marketing-System war relativ unentwickelt, da die meisten Güter direkt vom Produzenten an den Konsumenten verkauft wurden. Zwischenhändler entwickelten sich erst später, vor allem im Bereich des Import-/Exportgeschäftes. Politische und handelspolitische Strategien waren oftmals verbunden.

4.2 Die Industrielle Revolution und das Marketingsystem

Die Industrielle Revolution veränderte das Marketingsystem grundlegend. Das Absatzrisiko in Verbindung mit der Massenproduktion machte bessere Planungsmethoden vom Beginn der Industriellen Revolution an notwendig.

Die zunehmende Spezialisierung im Groß- und Einzelhandel ermöglichte es Herstellern, ihre Waren gezielter abzusetzen. Die sich entwickelnden Verkehrs- und Kommunikationssysteme, wie Eisenbahnen und später Telefon und Radio, ermöglichten einen beschleunigten Transport – sowohl von Informationen als auch von Produkten – und damit die Erzielung ungeahnter Kostendegressionen in der Produktion und in Marketingbereichen, z.B. bei der Werbung. Während für Tausende von Jahren der Ausrufer das Hauptmedium in der Dorf- und Kleinstadtgesellschaft war, ermöglichte der technologische Fortschritt jetzt die Verbreitung von Produkten und Informationen über weite Distanzen und schließlich, mit der Erfindung des Flugzeuges und der drahtlosen Telegraphie, über die gesamte Welt.

Das heutige Marketingsystem ist jedoch grundsätzlich das gleiche, wie es sich aus der Industriellen Revolution entwickelte, als Produktion und Konsum sowohl zeitlich wie auch räumlich „auseinanderrückten". Push- und Pull-Strategien waren damals so bekannt wie heute. In Großbritannien z.B. entwickelte die neue Klasse der Fabrikbesitzer Marketingstrategien, die es ihnen ermöglichten, die Macht der Aufkaufgroßhändler zu brechen: Sie entwickelten eigene Marken, Werbe- und andere Marketingstrategien, jedoch mehr aus machtpolitischen Gründen als aus Einsicht in die Notwendigkeit der Konsumentenorientierung. In vielen Ländern waren Preis- und Vertriebsbindung als Mittel der Marketingsteuerung des Marketingsystems bis nach dem zweiten Weltkrieg erlaubt. Die Verstädterung der Bevölkerung half der Verbreitung der Massenmedien und der Entwicklung von neuen Handelsformen. Das Marketingsystem war erstellt, jedoch noch nicht die Marketingorientierung.

Das Grundanliegen des heutigen Marketingsystems ist es, wie in den Anfängen der Industriellen Revolution, die „Kluft" zwischen Produktion und Konsumtion – zeitmäßig, wie auch distanzmäßig – zu überwinden. Das Marketingsystem, das sich als Folge der Industriellen Revolution entwikkelte, war notwendig, um diese „Kluft" zu überbrücken. In der ersten Phase der Entwicklung des Marketingsystems am Beginn der Industrialisierung war dieses System jedoch produktionsorientiert; seine Funktion war hauptsächlich, die neuen industriell gefertigten Güter zu verteilen.

Als sich am Anfang des 20. Jahrhunderts, nach mehreren Rezessionen, viele Märkte von Verkäufermärkten zu Käufermärkten entwickelten, änderte sich diese grundlegende Ausrichtung des Marketingsystems in Richtung der Befriedigung der Bedürfnisse der Konsumenten. Diese frühe Konsumenten-Orientierung war jedoch immer noch auf Massenkonsum abgestellt. Es dauerte mehr als 50 Jahre, bis Marketing-Praktiker und Wissenschaftler klar erkannten, daß jeder Markt aus Segmenten mit verschiedenen Bedürfnisprofilen besteht (Marktsegmentierung). In den letzten zehn Jahren, nach Massenmarkt-Marketing und Marktsegmentierung, hat sich das Direkt

Marketing (besser das Data Base-gestützte Marketing) mehr und mehr auf individuelle Konsumenten konzentriert. Obwohl das Verhältnis zwischen der Marketing-Unternehmung, die Direkt Marketing betreibt, und ihren „Einzelkunden" größtenteils nur „elektronisch" ist, hat sich der Kreis geschlossen: Nach fast 200 Jahren seit dem Beginn der Industrialisierung – über Massen- und segmentierte Märkte – ist nun der direkte Kontakt, zumindest „elektronisch", zwischen Produzenten und Konsumenten wiederhergestellt.

5. Zusammenfassung

Die Herkunft des Marketing kann in einer dreidimensionalen Weise erklärt werden. Marketing als eine Funktion des wirtschaftlichen Lebens, als menschliche Tätigkeit, ist so alt wie die Menschheit selbst. Der (Aus-) Tausch von Gütern fand schon in einer sehr frühen Zeit der menschlichen Entwicklung statt. Demgegenüber ist Marketing als eine Idee, als ein Konzept relativ jung. Auf den Theorien von Adam Smith (18. Jahrhundert) beruhend, modifiziert durch volkswirtschaftliche Theorien der Nutzen-Schule von Ökonomen wie Jevons (19. Jahrhundert), entwickelte sich das sogenannte normative Marketing-Konzept am Beginn dieses Jahrhunderts, vornehmlich in den USA, nachdem sich viele Verkäufermärkte in Käufermärkte verwandelt hatten. Aus dieser Sicht war das Marketing-Konzept eine Notwendigkeit. Es bedurfte jedoch der Abstrahierfähigkeit von mehreren Generationen von Marketing-Wissenschaftlern, das Marketing-Konzept in seiner heutigen Form zu entwickeln. Das Marketingsystem mit seiner Funktion der Überbrückung der „Kluft" zwischen Produzenten ist ein Beiprodukt der Industriellen Revolution. Marketing als ein System von Absatzstrukturen entstand jedoch viel früher als das Marketingkonzept.

Die Hauptunterschiede zwischen dem Marketing zu Beginn der Industriellen Revolution and heute sind a) die nunmehr populäre Konsumentenorientierung (Bedürfnisbefriedigungsorientierung) und b) eine rasante Entwicklung der Technologie des Marketingsystems seit dem Beginn der Industriellen Revolution. Grundsätzlich ist das heutige Marketingsystem jedoch das gleiche, wie es am Beginn der Industriellen Revolution zur Überbrükkung der „Kluft" zwischen Produzenten und Konsumenten notwendig geworden war.

Literaturverzeichnis

Bartels, Robert (1970): Marketing Theory and Metatheory, Chapter 3: Development of Marketing Thought: A Brief History, S. 29 - 57, Homewood Ill., 1970.

Bennett, Peter D. (Hrsg.) (1988): Dictionary of Marketing Terms, (American Marketing Association), Chicago, Ill., 1988.

Dichtl, Erwin (1987): Der Weg zum Käufer. Das strategische Labyrinth, München, 1987.

Kotler, Philip (1967): Marketing Management. Planning and Control, erste Auflage, Englewood Cliffs, N.J., 1967.

Meadows, Donella et al. (1972): Limits to Growth: A Report for the Club of Rome, New York, 1972.

Nader, Ralph (1965): Unsafe at any speed! The Designed-in Dangers of the American Automobile, New York, 1965.

McCarthy, E. J. (1960): Basic Marketing: A Managerial Approach, Homewood, Ill., 1960.

McCarthy, E. J./*Perreault,* W. P. Jr. (1984): Basic Marketing, 8th Edition, Homewood, Ill., 1984.

Mueller-Heumann, Guenther (1986): Towards a professional concept for marketing, in: Journal of Marketing Management, Vol. 1, No. 3, Spring 1986, S. 303 - 313.

Mueller-Heumann, G./*Duffy,* M. F. (1994): The New Zealand Marketing Book, (Dunmore Press), Palmerston North (Neuseeland), 1994.

Nieschlag, R./*Dichtl,* E./*Hörschgen,* H. (1991): Marketing, 16. Aufl. Berlin 1991.

Peil, J. (1989): A New Look at Adam Smith, in: International Journal of Social Economics, Vol. 16, Issue 1, 1989, S. 52 - 72.

Schenk, H.-O. (1970): Geschichte und Ordnungstheorie der Handelsfunktionen, Berlin 1970.

Smith, Adam (1976): An Enquiry into the Nature and Causes of the Wealth of Nations, Bearbeitet von W. B. Todd, Oxford, 1976.

Dritter Teil

Verhaltenswissenschaften und Marketing

Marketing auf
– verhaltenswissenschaftlichen – Abwegen?

Von Stefan Müller

1. Marketing: eine betriebswirtschaftliche Tragödie?

Wohl alle Wissenschaftsdisziplinen setzen sich kritisch mit ihrem wissenschaftstheoretischen, -pragmatischen und institutionellen Selbstverständnis auseinander. Dabei nährt die fortschreitende Spezialisierung, die wegen des stetig wachsenden Bestandes an – im Sinne Poppers vorläufigem – „Wissen" und Forschungsinstrumenten unvermeidlich erscheint, verständlicherweise die Sehnsucht nach einer „einheitlichen Wissenschaftslehre" (Witte, 1987). Obwohl die Wirtschaftswissenschaften mit der nach wie vor gegebenen zentralen Verankerung der Allgemeinen Betriebswirtschaftslehre diesem Ideal näher kommen als viele andere Disziplinen, fand die Klage der Hochschullehrer der Westfälischen Wilhelms-Universität (1989, S. 656) auf der 51. Jahrestagung des Verbandes der Hochschullehrer für Betriebswirtschaft e.V.: „Die Spezialisierung hat mittlerweile zu einer weitgehenden Zersplitterung der Betriebswirtschaftslehre geführt" große Resonanz.

Gemessen an den Gegebenheiten in anderen Wissenschaftsdisziplinen scheint indessen eher das Gegenteil der Fall und zu geringe Spezialisierung die Regel zu sein: Kein Hautarzt käme wohl auf die Idee, seinen Kollegen in der psychiatrischen oder der chirurgischen Abteilung ins Handwerk pfuschen zu wollen; vermutlich deshalb nicht, weil er, anders als die meisten Geisteswissenschaftler, selbst „Hand anlegen" und für die Konsequenzen seines Tuns geradestehen müßte. Auch fällt es schwer, die enormen Erfolge, die in vielen naturwissenschaftlichen Teilbereichen erzielt wurden, *nicht* mit der dort üblichen hochgradigen Spezialisierung in Verbindung zu bringen.

Nachdem in der aktuellen hochschulpolitischen Diskussion der naturgemäß allgemein auszurichtenden Lehre die ganze Aufmerksamkeit gilt und die auf den Spezialisten angewiesene Forschung ein Schattendasein führt, sei vor diesem Hintergrund die Frage erlaubt, ob die nachgeordnete Rolle, die die deutsche Betriebswirtschaftslehre im internationalen Kontext spielt (vgl. Simon, 1993; Dichtl, 1989), tatsächlich nur oder schwergewichtig auf die Benachteiligung durch die Herausgeber der renommierten Journals zurückzuführen ist. Eine weitere Ursache erkennt, wer die Entgegnung von W. Endres auf den von H. Simon implizit erhobenen Vorwurf (intellektueller Provinzialismus) nicht als Einzelmeinung abtut: „Es wird wohl auch Simons Behauptung stimmen, daß die deutsche Betriebswirtschaftslehre im Ausland nicht die ihr gebührende Beachtung findet. Um dem abzuhelfen, fordert er mehr englischsprachige Veröffentlichungen deutscher Betriebswirte. Das wäre für Amerikaner und Engländer sicherlich ganz bequem, aber warum machen sie sich nicht selber die Mühe, Deutsch zu lernen und deutsche Veröffentlichungen zu lesen? „I don't read German" hört man von ihnen, soweit sie nicht deutscher Herkunft sind. Aber das ist ihre Schwierigkeit und nicht die unsere; die daraus entstehenden Wissenslücken haben sie, nicht wir. ... Simons Ansichten sind freilich modern, dagegen meine unmodern in einer Zeit, wo sich der überwiegende Teil der Deutschen durch Hochschätzung, um nicht zu sagen Anbetung alles Englischen und Amerikanischen auszeichnet (wovon zum Beispiel die Werbesprache zeugt) und in der das Nationalbewußtsein fast verschwunden ist. Aber das wird sich wieder ändern" (*Endres,* 1994, S. 791 f.). Vielleicht trägt ja auch die eigene Positionierung in dem Spannungsfeld „allgemeine Ausrichtung – Spezialisierung" ihren Teil dazu bei. Daß letztere in dem Dilemma zwischen „schmaler Tiefe und seichter Breite" (Walter-Busch, 1990, S. 238) der ständigen Integration, etwa durch eine so verstandene Allgemeine Betriebswirtschaftslehre, bedarf, ist natürlich unbestritten.

Die in der Betriebswirtschaftslehre mit großem Nachdruck, aber, wie dem Autor scheint, geringem Selbstbewußtsein geführte Auseinandersetzung über die eigene Rolle (vgl. z.B. Albach, 1991a; Kappler, 1988; Walter-Busch, 1985; Elschen, 1984; Dichtl, 1983b; Schneider, 1983) läßt sich scheinbar einfach mit dem frühen Entwicklungsstadium der noch jungen Disziplin begründen. Wer sich jedoch in die anläßlich der 52. Jahrestagung erneut geführte Diskussion „Betriebswirtschaftslehre und Ökonomische Theorie" (vgl. Ordelheide u.a., 1991) vertieft, erkennt alsbald eine tieferreichende Dimension. „Die Lektüre manchen Lehrbuchs der Betriebswirtschaftslehre vermittelt nicht unbedingt den Eindruck, daß es sich um eine ökonomische Disziplin handele. In manchem Lehrbuch der Organisationslehre, des Personalwesens und des Marketing kommt das Wort Kosten seltener vor als das Wort Verhalten" (Albach, 1991, S. 3).

1.1 Marketing als Sündenbock

Hier klingt ein Thema an, das Schneider (1983, S. 199) unverblümt als „betriebswirtschaftliche Tragödie" bezeichnet hat; nicht minder drastisch sein Verdikt von der „Verhexung des betriebswirtschaftlichen Verstandes durch die Verhaltenswissenschaft" (Schneider, 1981, S. 166). Die hier gewählte, fern der üblichen Zurückhaltung des Wissenschaftlers „kräftige“ Diktion läßt erahnen, daß es hierbei um mehr geht als um die Abgrenzung einer wissenschaftstheoretischen Position. Marketing sowie die gleichfalls „verhaltensnahen“ und damit prinzipiell des Verrats an der „reinen Lehre“ verdächtigen Funktionen Personal und Organisation werden hier stellvertretend abgestraft für etwas, was nur auf den ersten Blick die Versuchung ist, auf fremden, für die Kollegen nicht mehr überschaubaren Wissensgebieten „billigen Lorbeer“ (Sander, 1987) zu ernten. Bedeutsamer erscheinen Raffées Mutmaßungen.

> „Es erstaunt im übrigen, daß die Öffnung der Betriebswirtschaftslehre zur Mathematik und zur Jurisprudenz viel weniger Proteste ausgelöst hat, als eine solche gegenüber verhaltenswissenschaftlichen Disziplinen. Hierin zeigt sich wohl auch eine tiefe Abneigung dagegen, die Betriebswirtschaftslehre als sozialwissenschaftliche Disziplin zu begreifen“ (Raffée, 1984, S. 93).

Marketing (sowie Organisation und Personal) spielen hier ganz offensichtlich die Rolle des Sündenbocks, auf den die rationalisierten Aggressionen der In-Group projiziert werden. Deren Frustration erwächst aus der „Gefahr“, sich nicht den „objektiven“ Naturwissenschaften, sondern den „subjektiven“, letztlich wissenschaftlich minderwertigen und deshalb ungeliebten Geisteswissenschaften zugeordnet zu sehen, im Extremfall sogar zur „Berufsfach(hoch)schul-Lehre“ (Schneider, 1983, S. 204) degradiert zu werden.

So gesehen – dem Autor sei die ironische Replik erlaubt – ist die Marketingwissenschaft alles andere als eine betriebswirtschaftliche Tragödie. Vielmehr erfüllt sie, wie jeder Sündenbock, für die Gruppe der „Rechtgläubigen“ eine wichtige Funktion: durch die Verkörperung eines eindeutigen Feindbildes die interne Übereinstimmung und Kohäsion der eigenen Gruppe zu erhöhen.

1.2 Das Dilettantismus-Problem

Natürlich ist das von Schneider (1983) nur in plakativer Form angesprochene und von Müller-Hagedorn (1983) in differenzierter Weise diskutierte Risiko des Dilettantismus nicht von der Hand zu weisen (vgl. auch Chmielewicz, 1979). Genügt es indessen, sich darauf zu verlassen, daß andere, z.B. Sozialwissenschaftler, sich des „Überschneidungsbereichs“ annehmen? Einmal davon abgesehen, daß diese erfahrungsgemäß zumeist gar nicht daran denken, sich ihre Studienobjekte empfehlen oder gar vorschreiben zu lassen: Woher rührte dann gegebenenfalls deren *wirtschafts*wissenschaftliche Kompetenz?

Kurbel (1987, S. 585) erkannte in dieser Diskussion lediglich die „überzogenen Berührungsängste einer Veränderungen nur sehr zögerlich aufnehmenden BWL, gepaart mit einer Portion Unsicherheit.“ Andere erblickten darin eine Analogie zum Revierverhalten bestimmter Tiergattungen und zur Suche nach „Reservaten“, nach wettbewerbsfreien Bereichen: „Der Autor steckt sein Revier ab; durch definitorische Kunstgriffe versucht er, das Feld seiner Wissenschaft gegen die Besitzansprüche anderer Wissenschaften zu verteidigen oder zu erweitern“ (Irle, 1975, S. 13).

Wirft sich aber „fast ohne Hemmungen den verhaltenswissenschaftlichen Prophezeiungen in die Arme“ (Schneider, 1983, S. 214), wer nicht vor den realen Entscheidungsproblemen der Praxis kapitulieren und sich des dazu notwendigen Handwerkszeugs versichern möchte? Oder zeichnet nicht gerade diese Form von intellektuellem Protektionimus, der eine historisch und restriktiv verstandene Wirtschaftstheorie als alleinigen Qualitätsindikator mißbraucht, für die Wirklichkeitsferne und Sterilität eines Wissenschaftsverständnisses verantwortlich, für das Albert (1972) den Begriff des Modell-Platonismus geprägt hat (vgl. Dichtl, 1983, S. 1071)? Zwar ist es richtig, daß Menschen nur unter sehr vereinfachten Modellbedingungen in der Lage sind, „Abhängigkeiten zwischen Beobachtbarem“ (*Schneider,* 1983, S. 209) zu erkennen. Die Entdeckung der Vererbungsgesetze bietet hierfür das Schulbeispiel. Der von *Schneider* (1983, S. 209) gewählte Fall des Gravitationsgesetzes aber verfehlt die intendierte Wirkung. Galilei und Newton taten zwar gut daran, in ihrer Modellbildung den Luftwiderstand zu vernachlässigen, da zum einen auf der Erde äußerst selten Bedingungen herrschen, die geeignet sind, den Vorgang des freien Falls buchstäblich auf den Kopf zu stellen (Orkan!). Zum anderen ist der freie Fall von Gegenständen, der durch den normalen Luftwiderstand beeinflußt werden könnte (z.B. Herbstlaub), kein sehr bedeutsames Anwendungsfeld der Theorie. Für die strittige Rationalitätsannahme aber gilt das Gesagte nicht; denn rationales Handeln ist nicht die Regel, sondern, wie die zahllosen Studien zur deskriptiven Entscheidungstheorie gezeigt haben, die Ausnahme. Gerade das von *Schneider,* (1983, S. 204) als eindeutiges Beispiel für die rationale Verwendung knapper Mittel bemühte Entscheidungsverhalten von Ärzten in einer Intensivstation nötigt dem, der Einblick in die Organisation von Krankenhäusern hat, ein Lächeln ab.

Letztlich fällt die Antwort leicht. Wer sich eines bestimmten Themas annimmt, muß sich auf die eine oder andere Weise des dafür erforderlichen Fachwissens versichern. Was spricht dagegen, sich beispielsweise in die Einstellungsforschung wie in ein beliebiges „BWL-Thema“ auch einzuarbeiten? Kaum jemand wirft den „Themenhoppern“, die jedes Modethema auf dieselbe oberflächliche Weise angehen und alsbald „abhaken“, Dilettantismus vor, vermutlich deshalb nicht, weil sie innerhalb des angestammten Reviers den Reiz des Neuen ausbeuten. Eine in Deutschland viel zu selten genutzte Möglichkeit, das Problem zu bewältigen, bieten interdisziplinäre Teams. Wer die Autorenlisten der führenden amerikanischen Fachzeitschriften analysiert, gewinnt leicht den Eindruck, daß wissenschaftliche Spitzenleistungen nur schwerlich noch im Alleingang zu erbringen sind.

Im übrigen spricht gerade das wirtschaftswissenschaftliche Selbstverständnis dafür, nicht berufsständische Überlegungen, Tradition oder sonstige untaugliche Kriterien, sondern den Markt entscheiden zu lassen. „Die Güte der Problembehandlung soll durch einen Marktmechanismus gesichert werden, nach dem einzelne Disziplinen in der Bearbeitung des gleichen Problems miteinander wetteifern. Bei Markttransparenz wird Dilettantismus aufgedeckt" (Müller-Hagedorn, 1983, S. 210). Entscheidend ist alleine, daß die aufgegriffene Fragestellung relevant ist und die Art der Bearbeitung dem dort erreichten Wissensstand entspricht. Kapitale Fehler, wie sie Schneider, (1983) unterlaufen – wer *derart* kritisiert, muß sich an derselben Latte messen lassen –, wenn er eingangs kognitive Dissonanz als „seelisches Ungleichgewicht" und damit als metaphysische Kategorie bezeichnet, sind in der Tat dem Erkenntnisfortschritt nicht zuträglich.

1.3 Der Erkenntniswert verhaltenswissenschaftlicher Forschung

Wasser auf die Mühlen der Kritiker schien eine von Armstrong (1991) durchgeführte Studie zu leiten, der grundsätzliche Zweifel an der Nützlichkeit der für das Marketing bedeutsamen Konsumentenforschung äußerte; denn vor die Aufgabe gestellt anzugeben, ob 105 Hypothesen, die 20 im Journal of Consumer Research veröffentlichten Artikeln entstammten, verworfen oder bestätigt wurden, hatten die zwölf befragten Marketing-Praktiker in 58,2% der Fälle Erfolg, 43 Schüler einer amerikanischen High School in 56,6% und 16 Wissenschaftler (Mitglieder der Association for Consumer Research) gar nur in 51,3%, „womit sie genausogut hätten würfeln können" (Dichtl, 1992, S. 361). Fritz (1992) hat wie Dichtl die Studie kritisiert und drei grundlegende Schwachstellen aufgezeigt (zu geringe empirische Basis, Verwechslung von Wissenschaftler und Experte, Verwechslung von subjektiver und objektiver Wissenschaft).

> „Noch weniger kann daraus auf den Wert der objektiven Ergebnisse der Konsumentenforschung geschlossen werden; denn deren Theorien und Hypothesen bilden ein überindividuelles Gefüge von Sätzen, deren Qualität nach logischen und empirischen Gesichtspunkten zu beurteilen ist und nicht daran festgestellt werden kann, ob ein paar Wissenschaftler besser oder schlechter zu raten vermögen als andere Personen. Aus den persönlichen Fähigkeiten einzelner Forscher ergibt sich kein zwingender Schluß auf die Güte des objektiven Aussagensystems einer Wissenschaft als solche" (Fritz, 1992, S. 534).

Unterstellen wir aber einmal, die befragten Wissenschaftler wären Experten gewesen! Auch dann würde ihre geringe Trefferquote wenig mehr besagen als: Die Forschungsergebnisse (anderer) werden kaum zur Kenntnis genommen, vermutlich deshalb nicht, weil sie mangels verbindlicher Gütestandards in der Mehrzahl beliebig erscheinen und in ihrem Erkenntniswert schwer zu bewerten sind. Hier tut sich nach Ansicht des Autors das eigentliche Problem auf. Diese Standards (z.B. bezüglich Stichprobengröße und -struktur, Art der Skalierungsverfahren) definieren, Replikationsstudien routinemäßig durchführen, State-of-the-art-Arbeiten den ihnen gebührenden zentralen wissenschaftlichen Stellenwert einräumen, Forschungsergebnisse nur veröffentlichen, wenn sie nicht nur „kosmetisch“ auf dem bislang erreichten Erkenntnisstand aufbauen und diesen nennenswert erweitern: all dies sind Maßnahmen, die sehr bald Wirkung zeigen und die kurzsichtige Diskussion über den Erkenntnisbeitrag (nicht nur) des Marketing beenden würden.

2. Verhaltenswissenschaften und Ökonomische Theorie: ein fruchtbares Spannungsverhältnis

In der lang anhaltenden Diskussion um die ökonomische Identität des Marketing sorgt der verhaltenswissenschaftliche Ansatz seit jeher für eine Polarisierung der Meinungen. Während die einen darin das „Kernstück des Marketing“ (Weinberg, 1991, S. 186) erblicken, sei es in der in den angloamerikanischen Ländern vorherrschenden kognitiven Fassung oder sei es in der für Deutschland typischen Akzentuierung emotionaler Prozesse, beklagen andere die „Flucht der Marketinglehre vor der Wirtschaftstheorie“ (Schneider, 1983, S. 223). Ähnlich argumentiert Albach (1991b, S. 271): „Wenn sich die betriebswirtschaftliche Marketingtheorie weiterhin mehr mit der Psychologie des Käufers als mit der Analyse dynamischer Markt- und Wettbewerbsprozesse beschäftigt, wird sie diese Stunde verpassen.“ „Dies ist die Stunde der Betriebswirte. Die Erkenntnis der Wettbewerbstheoretiker, daß die optimale Wettbewerbsintensität von den jeweiligen Parameterwerten abhängt, kommt dem Eingeständnis gleich, daß die Antwort auf die Frage nach der optimalen Wettbewerbsintensität nur von denjenigen kommen kann, die die Parameterwerte kennen oder bestimmen können: den Betriebswirten“ (*Albach,* 1991b, S. 271).

Die Befürworter einer engen, vorrangig durch Konvention, Tradition oder den Wunsch nach Überschaubarkeit bzw. Beherrschbarkeit des angestammten Fachgebiets und weniger durch den Erkenntnisbedarf begründbaren Definition des Objektbereiches vergessen u.a., daß die verhaltenswissenschaftliche Strömung zum einen mit dem verbraucherorientierten Ansatz der „Nürnberger Schule“ (Vershofen, 1940) als Vorläufer fest in der klassischen Absatztheorie verankert ist. Zum anderen thematisiert die Neue Institutionenlehre Fragestellungen, mit denen sich die Verhaltenswissenschaften traditionsgemäß befassen.

So liegt es nahe, das informationsökonomische Konzept des Signaling (vgl. z.B. Kaas, 1990) mit dem verhaltenswissenschaftlichen Konzept der Schlüsselinformation zu unterlegen und zu konkretisieren. Wendet man die Transaktionskostentheorie auf Problemstellungen der Gestaltung von Organisationen an (vgl. z.B. Picot, 1991), dann zeigt sich, daß „weiche" Organisationen, die weniger auf formalisierte Regeln als auf ein gemeinsames Wertesystem rekurrieren, Effizienzvorteile besitzen; die zur Erklärung dieses Phänomens heranzuziehenden nicht-ökonomischen Konstrukte (z.B. Vertrauen und Glaubwürdigkeit) wiederum sind bereits ausführlich im Rahmen der Yale-Studies of Communication untersucht worden. Schließlich könnte die Property Rights-Theorie als „ein Gefüge von möglichen Belohnungen und Bestrafungen, durch die das menschliche Verhalten beeinflußt wird" (Fischer u.a., 1993, S. 449), von der Equity-Theorie (vgl. z.B. Walster u.a., 1973) profitieren, die der Opportunismus-These z.B. mit dem Konzept des Strebens des Menschen nach distributiver Gerechtigkeit widerspricht.

Diese und weitere Beispiele zeigen die Richtung einer wünschenswerten Entwicklung an, von der beide Seiten, die verhaltenswissenschaftlich geprägte wie die puristisch-ökonomische, profitieren könnten. Hierzu wären die breit konzipierten ökonomischen Theorien (z.B. Informationsökonomie) mit ihrer großen Reichweite durch verhaltenswissenschaftliche Minitheorien (z.B. Information seeking) verhaltensnah zu konkretisieren und zu präzisieren. Während die einen dadurch an Erklärungskraft und Realitätsnähe gewinnen würden, verlören die in ein integratives Konzept eingebundenen verhaltenswissenschaftlichen „Theorien" den Charakter der Unverbundenheit und erführen Impulse für eine Weiterentwicklung.

Anders als der entscheidungsorientierte S-R-Ansatz strebt der dem *S*timulus-*O*rganismus-*R*esponse-Modell verpflichtete verhaltenswissenschaftliche Ansatz keine Optimierung des absatzpolitischen Instrumentariums an. Ähnlich dem situativen Ansatz ist ihm vielmehr daran gelegen, die Prognosegenauigkeit von Evaluationsstudien zu erhöhen. Während dies im erstgenannten Fall dadurch erreicht wird, daß man nicht nach generell gültigen Lösungen strebt, sondern – vorausgesetzt man verfügt über entsprechende Handlungsalternativen – diejenige auswählt, die in einer bestimmten Situation den größten Erfolg verspricht (z.B. Wettbewerbsstrategie in Abhängigkeit von der Beschaffenheit des Marktes (z.B. jung, reif, schrumpfend)), erfüllen hier psychologische intervenierende Konstrukte (emotionale und kognitive Variablen) die Segmentierungsfunktion. So konnte Böcker (1991) nachweisen, daß ein Modell zur Prognose der Übernahmeentscheidung bei innovativen Produkten wesentlich an Erklärungskraft gewinnt, wenn man die intervenierende Variable „perzipierte Innovationshöhe" berücksichtigt. Vom entscheidungstheoretischen Paradigma unterscheidet sich der verhaltenswissenschaftliche Ansatz im übrigen auch dadurch, daß unter Aufgabe des Rationalitätsprinzips das tatsächliche (Entscheidungs-)Verhalten untersucht wird (vgl. Wöhe, 1990, S. 229).

Zumal wenn man sich vorstellt, daß situative und psychologische Konstrukte gleichzeitig berücksichtigt werden (z.B. Wettbewerbsstrategie in Abhängigkeit von der Beschaffenheit des Marktes und der Risikobereitschaft der Entscheidungsträger (z.B. risikoavers, risikofreudig)), erkennt man leicht den „Preis", der für die so verbesserte Prognosegenauigkeit zu entrichten ist: der Geltungsbereich der Hypothesen und Theorien schrumpft. Dem Autor indessen fällt die Wahl zwischen Einfachheit und weitem Geltungsbereich theoretischer Modelle einerseits und der Erklärungskraft der daraus ableitbaren Aussagen andererseits leicht. Letztere spielt immer dann die dominante Rolle, wenn es nicht um die Prüfung und Weiterentwicklung einer bestimmten Theorie im Kontext eines dafür besonders geeigneten Paradigmas geht, sondern um die Lösung eines realen Problems.

Neben der vorherrschend empirischen Ausrichtung und der bereits angesprochenen Selbstbescheidung, nicht optimale Reaktions- bzw. Wirkungsfunktionen bestimmen, sondern „lediglich" die relevanten Konstrukte inferenzstatistisch identifizieren zu wollen bzw. zu können, zeichnet ein weiteres Merkmal den verhaltenswissenschaftlichen Ansatz aus: Der Stellenwert des Subjektiven. Ausgehend von der philosophischen Position der „alternativen Realitätskonstruktion", wonach es keine objektive Realität oder absolute Wahrheit gibt, sondern nur „Konstruktionen", die es dem Menschen erlauben, seiner phänomenalen Umwelt Sinn zu verleihen, hat Kelly (1955) in seiner kognitiven Persönlichkeitstheorie das Konzept des Konstrukts eingeführt, d.h. die subjektive Art und Weise jedes einzelnen, die Welt wahrnehmend zu konstruieren und zu interpretieren. Hierfür ist nicht das Streben nach wirklichkeitsgetreuer Abbildung der Realität maßgeblich, sondern die Befriedigung subjektiver Bedürfnisse wie Konstanz der Umwelt, Kongruenz mit den individuellen Möglichkeiten des Handelns und Erlebens etc.

Dies sei am Beispiel des Wettbewerbs-„Verhaltens", das zumeist normativ und selten nur deskriptiv und verhaltenswissenschaftlich fundiert analysiert wird, verdeutlicht (vgl. Stubbart, 1989). Zu den Ausnahmen zählen de Chernatony u.a. (1993), die in der Tradition des kognitiven Ansatzes (vgl. z.B. Kahnemann/Tversky, 1982) nachweisen, daß Manager ihr Wettbewerbsumfeld nicht möglichst veridikal, d.h. realitätsgetreu wahrnehmen. Vielmehr kommt es aufgrund knapper Ressourcen an Zeit und kognitiver Kapazität bei gleichzeitiger Überflutung mit Informationen und schwindender Aufmerksamkeit zu Wahrnehmungssimplifizierungen, mit der Folge, daß die befragten Manager in polypolistischen Märkten weniger Konkurrenten differenziert wahrnehmen, als sie als rational handelnde Entscheider eigentlich vergegenwärtigen müßten.

Anders als gemäß der informationsökonomischen Perspektive zu vermuten wäre, verringert Informationsbeschaffung weniger die bei individuellen Entscheidungen bestehende Unsicherheit (vgl. z.B. Hirshleifer, 1973), als daß sie diese vergrößert; zum einen wegen der genannten Restriktionen, zum anderen aber – und vordringlich –, weil sie ganz andere Funktionen erfüllt, also nicht Abbildung der Realität, sondern z.B. Stabilisierung des kognitiven Systems des Informationssuchers, Vermeidung von Dissonanzen, Bewahrung des Selbstbildes. Spektakuläre Fehlentscheidungen, wie John F. Kennedys „Invasion in der Schweinebucht“ oder die Rolle der Banken im „Fall Schneider“, sind erst aus dieser Sicht (z.B. Group think, affirmatorische Wahrnehmung) erklärbar und verständlich (vgl. z.B. Janis, 1972).

3. Ausgewählte Befunde der verhaltenswissenschaftlich fundierten Marketingforschung

Den State-of-the-art der verhaltenswissenschaftlich fundierten Marketingforschung in ihrer ganzen Breite und Tiefe darstellen zu wollen, würde den Rahmen einer Festschrift sprengen. Alleine die Konsumentenverhaltensforschung füllt, wie die für den deutschsprachigen (vgl. Kroeber-Riel, 1992) und den angloamerikanischen Sprachraum (vgl. Kassarjian/Robertson, 1991) im doppelten Wortsinn beispielhaft zu nennenden Arbeiten belegen, Bände. Aus *Kroeber-Riels* (1992) eigener Forschungsarbeit sind insbesondere die Low-Involvement-Forschung und damit zusammenhängend die Aktivierungsforschung zu nennen, womit er die Werbetheorie und nicht minder die Werbepraxis nachdrücklich beeinflußt hat. Vor die Notwendigkeit gestellt, sich zu beschränken, erschien es deshalb reizvoll und dem Anlaß angemessen, einmal ausgehend von dem Mikrokosmos der von dem hier zu Ehrenden inspirierten Arbeiten seiner akademischen Schüler sowie seiner eigenen Beiträge die Vielgestaltigkeit und „Fruchtbarkeit“, nicht zuletzt auch die Unersetzlichkeit dieses Forschungsansatzes zu demonstrieren. Dazu werden beispielhaft sieben Themenkomplexe (verhaltensorientierte Marktsegmentierung, Preiswahrnehmung und Preisverhalten, Listungsentscheidungen des Handels, Versorgungszufriedenheit, Auslandsorientierung, Marketingorientierung und Beziehungsorientierung) eingehender betrachtet.

(1) Verhaltensorientierte Marktsegmentierung

Marktsättigung und zunehmende Wettbewerbsintensität haben schon frühzeitig dazu geführt, daß in umkämpften Märkten undifferenzierte Standardstrategien wenig Erfolg versprechen. In gewisser Weise kann die daran anknüpfende Marktsegmentierung als eine der grundlegenden Umsetzungen der Marketingphilosophie, der konsequenten Ausrichtung der Unternehmensaktivität an den Marktbedingungen, betrachtet werden (vgl. Dichtl 1974a).

Da Abnehmer gewöhnlich keine homogene Einheit bilden, sondern sich z.B. hinsichtlich ihrer Motive, Bedürfnisse, Gewohnheiten und finanziellen Ausstattung unterscheiden, liegt es nahe, heterogene Märkte in homogene Teilmärkte aufzuspalten und mittels spezifischer Marketingprogramme gezielt, d.h. unter Minimierung von Streuverlusten, zu bearbeiten (vgl. Dichtl, 1991). Hierbei haben sich die Multivariaten Analyseverfahren, z.B. Clusteranalyse (vgl. Dichtl, 1974c; Kaiser, 1978), Faktorenanalyse (vgl. Dichtl, 1973) oder Conjoint Measurement (vgl. Dichtl/Thomas, 1986) als unersetzlich erwiesen. „Voraussetzung für eine derartige Vorgehensweise ist allerdings, daß nachfragerelevante Unterschiede zwischen den Segmenten vorliegen und diese mit den vorhandenen Marktforschungsinstrumenten eindeutig identifizierbar sind“ (Nieschlag/Dichtl/Hörschgen, 1991, S. 835).

Anfangs, d.h. zu Zeiten relativ stabiler Markt- und Wettbewerbsverhältnisse, genügten die auch schon für die Preisdifferenzierung genutzte geographische und soziodemographische Marktsegmentierung, um den Einsatz des Marketinginstrumentariums mit größerer Präzision und Aussicht auf Erfolg planen und steuern zu können. In dem Maße, wie auch dieses Potential ausgeschöpft war, kamen verhaltensorientierte, d.h. deskriptive (vgl. Dichtl u.a., 1983) und psychographische, d.h. explikative Segmentierungsansätze (vgl. Dichtl/Müller-Heumann, 1973; 1972) zum Einsatz. Im Laufe der neunziger Jahre hat sich dann gezeigt, daß in wohlhabenden Gesellschaften der mit Hilfe von Life-Style-Analysen erfaßte Lebensstil, d.h. die Art und Weise, wie Verbraucher leben, ihre (Frei-)Zeit verbringen und ihr Geld ausgeben, ein aussagefähigeres Segmentierungskriterium abgeben kann als die traditionellen Ansätze (vgl. Lingenfelder, 1994).

(2) Preiswahrnehmung und Preisverhalten

Kaum ein Fachgebiet ist wissenschaftlich so intensiv bearbeitet und gleichzeitig von der Praxis so gering geschätzt worden wie die mikroökonomisch fundierte betriebswirtschaftliche Preistheorie, insbesondere in ihrer Ausrichtung auf Gleichgewichtsmodelle. In seinem Zwölf-Punkte-Programm zur Überwindung dieser unbefriedigenden Situation hat Hammann (1974, S. 201 f.) deshalb die Einbeziehung aller relevanten Umweltparameter anhand empirisch gehaltvoller Hypothesen, u.a. solcher über das Nachfrager- und Konkurrentenverhalten, gefordert. Im deutschsprachigen Raum gebührt ohne Zweifel Diller (1991; 1978a) das Verdienst, die Erkenntnismöglichkeiten, die der verhaltenswissenschaftliche Ansatz hier bietet, systematisch und umfassend ausgelotet und dokumentiert zu haben.

Demnach lassen sich auch bei der „Enkodierung“ von objektiven Preisinformationen in subjektive Preisanmutungen die von der psychologischen Wahrnehmungsforschung identifizierten Gesetzmäßigkeiten beobachten. Hierzu zählen das für die „soziale Wahrnehmung“ charakteristische Prinzip der selektiven Wahrnehmung, das trotz Informationsüberflutung die Funktionsfähigkeit der Wahrnehmung gewährleistet, aber auch für die aus konsistenztheoretischen Gründen erforderliche Übereinstimmung von wahrgenommener Realität (z.B. Preise alternativer Angebote) und internalisiertem Selbstbild (z.B.: „Ich bin ein preisbewußter Käufer“) sorgt (vgl. Diller, 1978b, S. 31f.). Weiterhin verläuft gleichfalls aus Gründen der Informationsökonomie die Preiswahrnehmung nicht stetig, sondern kategorial (z.B. „billig“, „durchschnittlich“, „teuer“), was zunächst die Ausbildung von (preisbezogenen) Vorurteilen begünstigt, im übrigen aber auch die Existenz von Preisschwellen erklärt. Daß ferner konstante Preisabstände um so geringer empfunden werden, je höher das jeweilige Preisniveau ist (logarithmisches Preisempfinden; z.B. 9DM $\rightarrow$ 10DM $\neq$ 99DM $\rightarrow$ 100DM), entspricht dem Weber-Fechnerschen Gesetz der Psychophysik. Dieser Strömung ist gleichfalls die Adaptionsniveautheorie zuzuordnen, die vorherzusagen erlaubt, wann es zum Assimilations- und wann zum Kontrasteffekt kommt, d.h. wann ein bestimmter Preis als dem subjektiven Referenzpreis ähnlich wahrgenommen und mit diesem gleichgesetzt wird (Assimilation). Fällt der fragliche Preis außerhalb dieses Akzeptanzbereiches und auch jenseits des Indifferenzbereiches, tritt das Kontrastphänomen auf: die Unähnlichkeit, d.h. die Distanz zum Referenzpreis, wird überbetont.

Beim Preisverhalten kommen gleichfalls stark vereinfachende oder habitualisierte Heuristiken zum Einsatz, die zu anderen Ergebnissen führen als es die klassischen Konzepte rationalen Verhaltens erwarten lassen würden. Die motivationale Komponente des Geschehens wird als Preisinteresse bezeichnet, womit man das (sekundäre) Bedürfnis eines Nachfragers, Preisinformationen einzuholen und diese bei seiner Kaufentscheidung zu berücksichtigen, bezeichnet. Dieses ist z.B. bei Konsumenten, die ein großes Kaufrisiko empfinden, ausgeprägter als bei der Kontrastgruppe (vgl. Diller, 1978b). Anders als gemäß der ökonomischen Theorie, die Informationsbeschaffung in Kategorien wie Kosten oder Aufwand faßt, muß diese nicht als belastendes, sondern kann unter Rekurs auf das Leistungsmotiv auch als belohnendes Verhalten eingestuft werden. Beim Preisbeurteilungsverhalten schließlich, d.h. bei der kognitiven Verarbeitung von wahrgenommenen Preisinformationen, lassen sich Preiswürdigkeits- und Preisgünstigkeitsurteile voneinander unterscheiden. Erstere basieren auf Preis-/Leistungsvergleichen (z.B. „Preis als Qualitätsindikator“), während letztere sich auf das Entgelt für vergleichbare Alternativangebote beziehen.

(3) Listungsentscheidungen des Handels

Die besondere Bedeutung der von Bauer (1980) vorgenommenen verhaltenstheoretischen Analyse der Entscheidung des Handels über die Aufnahme neuer Produkte erwächst aus verschiedenen Umständen. Da zum einen das Treffen von Entscheidungen die Essenz der Managementtätigkeit ist, nimmt die wissenschaftliche Analyse des Entscheidungsverhaltens gerade auch im Marketing seit langem breiten Raum ein. Nachdem den Versuchen, die Modelle der präskriptiven Entscheidungstheorie zur Erklärung des realen Entscheidungsverhaltens heranzuziehen, in der Vergangenheit wenig Erfolg beschieden war, hat die ganz wesentlich auf die Methoden und Erkenntnisse der kognitiven Sozialpsychologie gestützte deskriptive Entscheidungstheorie erheblich an Einfluß gewonnen. Zum anderen trägt das Thema der gewachsenen Macht und insbesondere der Gate keeper-Funktion des Handels Rechnung, der durch seine Listungsentscheidungen erheblichen Einfluß auf die Produktpolitik der Hersteller nimmt, man denke nur an die ökologische Umgestaltung der Sortimente. Der auf beiden Seiten immer stärker einwirkende Marktdruck hat dazu geführt, daß der anfängliche Kampf um die Vormachtstellung im Absatzkanal im Laufe der Zeit der „Idee der Partnerschaft zwischen Hersteller und Handel" (Dichtl/Bauer, 1978) gewichen ist.

Die unbestrittene gesamt- und einzelwirtschaftliche Bedeutung einer innovativen Produkt- und Sortimentspolitik vor Augen würde man erwarten, daß der Mehrzahl der Entschlüsse, ein neues Produkt aufzunehmen oder zurückzuweisen, ein intensiver Prozeß der Entscheidungsfindung vorangeht. Wie die Untersuchung von Bauer (1980) gezeigt hat, handelt es sich jedoch zumeist um adaptive oder gar gewohnheitsmäßige Entscheidungen, wobei sich die Mehrzahl der Entscheidungsträger auf – mehr oder minder taugliche – tradierte Entscheidungskriterien stützt. Entsprechend sind die Motive der mit dieser Aufgabe betrauten Handelsmanager auch nicht innovationsorientierter, sondern eindeutig risikomeidender Natur. Im Vordergrund stehen dabei zum einen das Streben nach Selbstbehauptung (gegenüber Konkurrenten, Kollegen, Mitarbeitern etc.) und zum anderen die Minimierung des persönlich zu bewältigenden Aufwandes (Entlastung). Letzteres äußert sich u.a. in dem Wunsch, bei der Entscheidungsfindung von den Anbietern Unterstützung zu erfahren, z.B. durch die Bereitstellung von Schlüsselinformationen. Auch das Streben, keine Verantwortung für die zu treffende Entscheidung zu übernehmen bzw. das Motiv, den Einsatz dafür gering zu halten, gehören hierzu.

Die Risikowahrnehmung des Handelsmanagers hängt u.a. von dessen allgemeinem, insbesondere aber von seinem berufsspezifischen Selbstvertrauen ab. Hinsichtlich der Risikobereitschaft lassen sich zwei Typen unterscheiden. Der aktive Typ I nimmt prinzipiell lieber das α-Fehler-Risiko in Kauf, d.h. für die Listung eines Produkts zu stimmen, das sich in der Folgezeit als Flop herausstellt, während der passive Typ II genau dies unter allen Umständen vermeiden möchte und demzufolge das β-Fehler-Risiko akzeptieren muß, d.h. ein Produkt abzulehnen, das bei den Konkurrenten zum „Renner" wird.

Zumindest bei Filial- und Gruppenzentralen des Handels werden Neuprodukt-Entscheidungen im Regelfall von Einkaufskomitees gefällt. Auch hier hat sich der Glaube an rationale Erwartungen als trügerisch erwiesen. Daß Gruppen effizienter als Individuen entscheiden, weil die einzelnen Mitglieder

- in der Summe einen größeren Erfahrungsschatz in die Beratungen einbringen,
- sich wegen gegenseitiger sozialer Kontrolle eher bemüßigt fühlen, rationale Entscheidungen zu treffen, und
- die Zielsetzungen, Ansprüche und Vorstellungen aller vertretenen Betriebsfunktionen artikulieren können,

klingt plausibel. Tatsächlich aber neigen Gruppen mehr noch als Individuen dazu, sich „spontan" für eine Alternative zu entscheiden, um dann im nachhinein (postdecisional) rationale Gründe für die „Entscheidung" zu finden (vgl. Soelberg, 1967), bewährte Entscheidungen zu kopieren bzw. Entscheidungsbedarf erst wahrzunehmen, wenn sich eine Lösung bereits abzeichnet (vgl. Cohen u.a., 1972). Von dem bei sog. echten Gruppen häufig zu beobachtenden Wir-Gefühl (vgl. Janis, 1972) geht ebenso Konformitätsdruck aus wie von dominanten, persönlichkeitsstarken Gruppenmitgliedern (vgl. Reynolds/Fisek, 1972, S. 543 ff.). So kann nicht überraschen, daß eine lange Reihe experimenteller Studien belegt, daß Gruppenentscheidungen tendenziell Individualentscheidungen qualitativ unterlegen sind (vgl. z.B. Whitney/Smith, 1983; Dalkey, 1968, S. 7).

Die „Legende von der Rationalität von Gruppenentscheidungen" dürfte damit zu erklären sein, daß diese häufig am Beispiel von Investitionsgütern untersucht wurden. Daß die Protagonisten dieser These ganz offensichtlich von Art und Bedeutung des Entscheidungsobjekts auf die Beschaffenheit des Entscheidungsprozesses (kurz-)schließen, sei an dieser Stelle nur erwähnt. Wichtiger ist der Hinweis auf den völlig unbefriedigenden Stand unserer Kenntnisse über Gruppenentscheidungen. Dies dürfte weniger mit einer im Vergleich zu Individualentscheidungen geringeren Bedeutung zu tun haben als mit dem „Fit" zwischen Erkenntnisobjekt und Forschungsmethode. Nachdem sich die klassische (schriftliche) Befragungstechnik nicht dazu eignet, komplexere Gruppenprozesse abzubilden, und die angemesseneren qualitativen Ansätze (z.B. teilnehmende Beobachtung) zum einen wenig verbreitet und zum anderen sehr aufwendig sind (vgl. z.B. Tomczak, 1992), ganz abgesehen von der noch geringeren Akzeptanz derartiger „invasiver“ Techniken bei den Unternehmen, kann es nicht ausbleiben, daß hier rationalisierende Spekulationen bewährtes Wissen ersetzen.

(4) Versorgungszufriedenheit

Wie Innovationen können auch Forschungskonzepte und -befunde „zu früh“ auf den Markt kommen und z.B. deshalb nicht den erhofften Erfolg bringen, weil die Kunden, d.h. hier Wissenschaft und Praxis, darauf noch nicht vorbereitet sind. Wer bedenkt, welchen Stellenwert die Zufriedenheitsforschung ausgangs der achtziger Jahre vor dem Hintergrund des Strebens der Unternehmen nach größerer Kundenorientierung und Kundenbindung gewonnen hat (vgl. z.B. Dichtl/Schneider, 1994), man denke nur an die darauf aufbauenden Kundenbarometer, ist versucht, in dem „Timing“ die Erklärung für die vergleichsweise geringe Resonanz zu suchen, die die umfassenden Studien zur Zufriedenheit der Bevölkerung mit ihrer Versorgung mit Waren des täglichen Bedarfs (vgl. Dichtl u.a., 1982a,b) gefunden haben.

Zwar hat die in Anlehnung an Andritzky (1976, S. 185ff.) vorgenommene Operationalisierung des zentralen Konstrukts Zufriedenheit (vgl. Dichtl u.a., 1978) durchaus Nachahmer wie die Berliner Forschungsstelle für den Handel (vgl. Wölk, 1980) gefunden, die Möglichkeit, die subjektiven Soll-Ist-Vergleiche von erwarteter (Anspruchsniveau) und wahrgenommener Leistung als grundlegende Indikatoren einer kundenorientierten Unternehmensführung zu nutzen, wurde indessen erst unter dem Druck eines zunehmend schwerer kalkulierbaren – weil z.B. „hybriden“ – Kundenverhaltens in den Folgejahren allgemein erkannt und genutzt.

Nachdem das Raumordnungsgesetz und das Bundesraumordnungsprogramm gleichwertige Lebens- und Versorgungsbedingungen in allen Gebieten der Bundesrepublik Deutschland fordern, stand ein Stadt-Land-Vergleich im Mittelpunkt der Studien (vgl. Finck, 1990; Beeskow, 1985). Dabei zeigte sich, daß es bei uns weder Regionen noch breite Bevölkerungsgruppen gibt, die unter schwerwiegenden Versorgungsmängeln leiden. Erstaunlicherweise, aber psychologisch erklärbar, artikulierte die objektiv sehr gut versorgte Stadtbevölkerung kaum mindere Defizite (25,5%) beim Index der Versorgungszufriedenheit (IVZ) als die daran gemessen nur notdürftig versorgte Landbevölkerung (31,9%). Anhand zweier gegenläufiger Tendenzen läßt sich dieses Phänomen erklären: der Anspruchsinflation der Stadtbevölkerung einerseits und der Anspruchsanpassung der Vergleichsgruppe andererseits.

Gleichwohl wäre es verfehlt, daraus auf ein austauschbares Bedürfnisspektrum beider Gruppen zu schließen. Zwar ist verständlicherweise allen Konsumenten, gleichgültig, ob sie auf dem Land oder in der Stadt wohnen, zunächst an einem „preiswerten Warenangebot" gelegen, während die dafür zur Verfügung stehende „Anzahl an gleichartigen Geschäften" jeweils den letzten Rangplatz einnimmt (vermutlich deshalb, weil den Befragten nicht bewußt war, was sich dahinter verbirgt: nämlich die für eine effiziente Versorgungsstruktur erforderliche hohe Konkurrenzintensität). Damit aber sind die Gemeinsamkeiten erschöpft. Rang 2 und 3 der zehnstufigen Bedürfnishierarchie nehmen bei der Landbevölkerung, was leicht nachvollziehbar ist, die „gute Erreichbarkeit der Geschäfte" und die „Möglichkeit, alles unter einem Dach kaufen zu können (one-stop-shopping)" ein. Die diesbezüglich begünstigte Stadtbevölkerung nennt diese Bedürfnisse an 3. bzw. 7. Stelle; ihr ist vor allem an der qualitativen Dimension des Einkaufens gelegen („Qualität" und „Vielfalt des Warenangebots" sowie „Einkaufsatmosphäre").

Wie eine AID-Analyse zeigt, erlauben ganz andere Indikatoren als der Wohnort (Stadt/Land), subjektiv erlebte Unterversorgung zu prognostizieren. Diese ist dann zu erwarten, wenn das Alter der Konsumenten unter 55 Jahren liegt, das Haushaltsnettoeinkommen weniger als 2200 DM beträgt, der Haushaltsvorstand von Beruf Hausfrau ist und über eine höhere Berufsausbildung verfügt.

(5) Auslandsorientierung

Die empirische Forschung zum Internationalen Marketing war lange Zeit vorwiegend deskriptiver (z.B. Ziele und Motive international tätiger Unternehmen, Hemmnisse des Auslandsgeschäfts) bzw. normativer Natur (z.B. Ablaufmodelle der Internationalisierung). Dichtl u.a. (1990; 1986) haben durch die sorgfältige Operationalisierung und Validierung des Konstrukts der Auslandsorientierung einen wesentlichen Beitrag zu einer gleichermaßen theoretisch fundierten wie empirisch kontrollierten Exportforschung geleistet.

Bei umfassenden Längsschnitts- und Querschnittsstudien, die in insgesamt sechs Ländern durchgeführt wurden (vgl. Köglmayr, 1990; Müller, 1991), zeigte sich, daß die „weichen" soziodemographischen Indikatoren (z.B. Ausbildungsniveau, Fremdsprachenkenntnisse) und psychographischen Variablen (z.B. Änderungsbereitschaft, psychische Distanz, Einstellung zum Exportgeschäft, Risikowahrnehmung und Risikobereitschaft) einen ähnlich hohen Beitrag zur Erklärung bzw. Prognose des Exporterfolges leisten wie die „harten" Unternehmensmerkmale (z.B. Fertigwarenbestand, Forderungsbestand, Auslastung der Produktion, Produktivität und Informationspolitik). Wie die zusammenfassende Darstellung der bei der deutschen Stichprobe regressionsanalytisch erzielten Befunde in Tab. 1 belegt, liegt die Stärke der sozialwissenschaftlichen Indikatoren bei der Prognose: während die ökonomischen Indikatoren tendenziell vergangenheitsorientiert sind, kann insbesondere der Exportumsatz besser durch soziodemographische und psychographische Variablen vorhergesagt werden. Sie drücken gewissermaßen das (Human-)Potential eines Unternehmens aus, das natürlich nur dann zum Tragen kommen kann, wenn auch die objektiven Bedingungen entsprechend gestaltet sind.

Tabelle 1

Die Determinanten des Exporterfolges deutscher Unternehmen (in %)

Zeitperspektive	Prädiktorengruppe	Erfolgskriterium		
		Export-umsatz	Export-quote	Export-rendite
Statisch	• Unternehmens-variablen	53,7	57,8	58,2
(vergangen-heitsorientiert)	• Soziodemographische Variablen	17,6	19,8	20,6
1981	• Psychographische Variablen	28,7	22,4	21,2
Dynamisch	• Unternehmens-variablen	34,5	48,5	53,6
(zukunfts-orientiert)	• Soziodemographische Variablen	13,7	16,8	17,9
1981 - 1984	• Psychographische Variablen	51,8	34,7	28,5

(6) Marketingorientierung

Vor dem Hintergrund von Marktsättigung sowie wachsender Wettbewerbsintensität und im Kontext der Erfolgsfaktorenforschung hat ausgangs der achtziger Jahre das Konstrukt der Marktorientierung breite Aufmerksamkeit gefunden (vgl. Kohli/Jaworski, 1990; Day/Wensley, 1988; Webster, 1988), insbesondere als zentrale Determinante des Unternehmenserfolges, aber auch als meßtechnisches Problem. Gewöhnlich wird dieses Konzept auf drei nachgeordnete Konstrukte zurückgeführt:

- Kundenorientierung (= Fähigkeit des Verkäufers, das Wertesystem der Kunden zu erkennen und seiner Marketing-Aktivität zugrundezulegen),

- Konkurrenzorientierung (= Wissen um die kurz- und langfristigen Stärken und Schwächen der gegenwärtig wie auch zukünftig wichtigsten Wettbewerber),

- interfunktionale Orientierung (= koordinierte und funktionsübergreifende Nutzbarmachung der Ressourcen des eigenen Unternehmens mit dem Ziel, unter Berücksichtigung von deren individuellem Wertesystem den Kunden Nutzen zu bieten).

Ausgehend von der aus verhaltenswissenschaftlicher Sicht naheliegenden Überlegung, daß die Marketingorientierung von Unternehmen auf die Marketingorientierung der Mitarbeiter zurückgeführt werden muß, hat Lingenfelder (1990) das Konstrukt auf persönlichkeits- und motivationstheoretischer Basis operationalisiert. Anhand dieses Instrumentariums zeigten sich in der Konsumgüterindustrie bei jedem fünften Vertriebsleiter erhebliche Mängel in der Marketingorientierung. Etwa 70% der befragten Einkaufsleiter des korrespondierenden Einzelhandels waren mit der Art der Verhandlungsführung durch die Vertriebsleiter unzufrieden. Indem Lingenfelder (1990) Wege aufzeigt, das von ihm entwickelte Instrumentarium in ein umfassendes Marketing-Controlling zu integrieren und die mit dessen Hilfe feststellbaren Defizite an Marketingorientierung durch ein systematisches Management Development (z.B. Coaching) zu beheben, liefert er nicht zuletzt einen Beleg dafür, daß der verhaltenswissenschaftliche Ansatz auch das Marketing-Controlling zu befruchten vermag.

Mit dem Ziel wiederum, einen Beitrag zur strategischen Marketingkontrolle zu leisten, hat Braun (1991) ein diagnostisches Instrumentarium zur Aufdeckung von Marketingdefiziten von Unternehmen (DIAM) entwickelt. Dabei unterstellt er, daß die jeweiligen Ausprägungen der drei Erfolgsfaktoren Innovations-, Kunden- und Konkurrenzorientierung als Indikatoren der Marketingorientierung gewertet werden können. Erneut dienen nicht traditionelle ökonomische Erfolgsgrößen wie Marktanteil oder Gewinn als Maßstab, da sie ergebnisorientiert und damit eher rückwärtsgewandt sind. Im Zentrum des Interesses steht vielmehr die Frage, ob im Unternehmen die Voraussetzungen für ein erfolgreiches Marketing bestehen. Das Controlling setzt also auf einer Meta-Ebene an und deckt Defizite auf, *bevor* sie sich im sichtbaren Unternehmens(miß)erfolg niederschlagen können. Insofern verkörpern die drei Dimensionen der Marketingorientierung „strategische Erfolgsfaktoren mit Frühwarneigenschaften.“ Ausgehend von der These „Marketing als Führungskonzeption“ bildet ein Modell des Managementprozesses den konzeptionellen Rahmen der Untersuchung.

(7) Beziehungsorientierung

Daß das traditionelle betriebswirtschaftliche Paradigma der Wirtschaftlichkeit für eine Vielzahl realer Fragestellungen, wie sie sich dem Marketing-Spezialisten stellen, zu eng ist, steht für den Autor außer Frage. Man denke nur an die Sichtweise, Marketing als Management von Austauschprozessen und Beziehungen aufzufassen, oder die Öffnung des Marketing für Problemstellungen des Sozio-Marketing, die in der zurückliegenden Dekade zu überzeugenden Ergebnissen geführt haben. Nachdem die traditionellen Koordinationsmechanismen (Hierarchie und reine Markttransaktion) zunehmend durch Geschäftsbeziehungen, Partnerschaften, strategische Allianzen und Netzwerke ersetzt werden, sind nicht mehr nur Produkte und Unternehmen, sondern zunehmend auch Menschen, Organisationen und Interaktionen die zentralen Erkenntnisobjekte des Marketing (vgl. Webster, 1992). Die Notwendigkeit, Marketing nicht zuletzt auch beziehungsorientiert zu betreiben, haben mit Blick auf die Hersteller-Handels-Beziehung Dichtl (1983a) und Nieschlag u.a. (1968) frühzeitig erkannt.

Charakteristisch für das von Diller/Kusterer (1988) systematisch aufbereitete Themengebiet Beziehungsmanagement sind die Abkehr von der

- instrumentalen Auffassung des Marketing
  (→ Hinwendung zur interaktionsorientierten, evolutiven Perspektive),
- episodenhaften Betrachtung von Transaktionen
  (→ Hinwendung zur historisch-ganzheitlichen Analyse von Beziehungen und ihrer Entwicklung),
- Fixierung auf die Ebene der Sachprobleme
  (→ Hinwendung zur menschlich-emotionalen Ebene).

Es liegt auf der Hand, daß in einer Welt zunehmender Spezialisierung komplexe Integrationsmechanismen (z.B. Just-in-time, Wertschöpfungspartnerschaft, strategische Allianz, Franchising) erforderlich sind. Deren Funktionsfähigkeit und Effizienz wiederum hängen von der Interaktionskompetenz der Beteiligten ab, was im übrigen auch für den Umgang mit Letztverbrauchern gilt. Sobald Transaktionen einen wesentlichen, womöglich dominierenden Anteil an ökonomischen Prozessen haben, tragen „nichtökonomische“ Konstrukte wie Glaubwürdigkeit, Vertrauen sowie Kommunikations-, Argumentations- und Konflikthandhabungsstil mehr zur Erklärung der abhängigen Variablen (z.B. Unternehmenserfolg) bei als die traditionellen Kategorien.

Vor diesem Hintergrund haben Dichtl/Schneider (1994) das Gratifikationsprinzip dazu herangezogen, das Spenderverhalten zu analysieren, und die Interaktion zwischen sammelnder Organisation und Spender als klassisch ökonomischen Kalkülen zugängliche Austauschbeziehung aufgefaßt.

Demnach werden solche Spendenorganisationen Erfolg haben, die potentiellen Förderern ein Nutzenbündel anbieten, das in einem subjektiv angemessenen Verhältnis zu den (wahrgenommenen) Kosten steht.

Das von Schneider (1995) empirisch überprüfte Kosten/Nutzen-Modell des Spenderverhaltens basiert auf ausgewählten ökonomischen (z.B. Haushaltstheorie, Spieltheorie, Transaktionskostentheorie) und verhaltenswissenschaftlichen Erklärungsansätzen (z.B. Sozialisationstheorie, Attributionstheorie). Dabei zeigte sich, daß „egoistische“ Nutzengrößen (z.B. Erfüllung christlicher Normen, Erwerb von Benefizprodukten) die Entscheidung für oder gegen eine Spende in weit stärkerem Maße beeinflussen als altruistische Nutzenkomponenten. Auf der Seite der Kosten ergab sich, daß weniger der monetäre (Gegen-)Wert der Spende als vielmehr die mit der Zuwendung verbundenen Transaktions- und Kontrollkosten maßgeblich sind. Die daraus für die Marketingstrategie zu ziehenden Konsequenzen treten schärfer zutage, wenn man die Intensität des Spenderverhaltens als intervenierende Variable berücksichtigt; denn das attraktive Segment der Intensivspender honoriert stärker die immateriellen Gegenleistungen von Spendenorganisationen (z.B. Befriedigung religiöser Bedürfnisse, steuerliche Vorteile) und ist routiniert genug, die Transaktionskosten z.B. durch die langfristige Bindung an eine Organisation und die Erteilung eines Dauerauftrages zu reduzieren. Bagatellspender sind demgegenüber eher passiv und müssen von Fall zu Fall gewonnen werden; sie sprechen am besten auf Benefizprodukte an.

4. Fazit

Die an dieser Stelle selbst für die wissenschaftliche Arbeit *eines* Lehrstuhls nur in Auszügen und sehr oberflächlich wiederzugebenden Ergebnisse verhaltenswissenschaftlich fundierter Forschung lassen unschwer erkennen, daß es sich hier nicht um den wohlfeilen und begehrlichen Griff nach den „süßen Kirschen in Nachbars Garten“ (Oechsler, 1985) handelt. Vielmehr tritt der Vorzug dieser Forschungsstrategie, nämlich aufgrund der verhaltensnahen Konstrukte und Operationalisierungen Ergebnisse vorlegen zu können, die für das reale Marketing von Bedeutung sind und für die Formulierung konkreter Strategien, Optimierungskalküle etc. genutzt werden können, unmittelbar zutage.

Neben den aufgezeigten inhaltlichen Schwerpunkten läßt sich in Dichtls Schrifttum eine Reihe von – nur auf den ersten Blick – formalen Kriterien nachweisen, die maßgeblich zum Selbst- und Forschungsverständnis der Verhaltenswissenschaften beitragen. Dazu zählen u.a. die Erkenntnis, daß

– empirische Forschung selbst dann, wenn sie theoriegeleitet betrieben wird, zum Empirizismus bzw. „Dataismus“ verkommt, solange sie sich anstelle von meßtheoretisch bewährter Skalen – wie in der Mehrzahl der Studien – sog. Single-items-Ad-hoc-Operationalisierungen bedient (vgl. z.B. Dichtl u.a., 1978; 1975),

- empirische Forschung der ständigen methodologischen „Ausrichtung" bedarf (vgl. Dichtl, 1972; Dichtl/Kaiser, 1978),

- angesichts der Komplexität der Markt- und Wettbewerbsbedingungen sowie der Vielschichtigkeit der Verhaltensweisen von Kunden, Mitarbeitern etc. man nur mit Hilfe Multivariater Verfahren auf zugleich komprimierte wie differenzierte Weise die Struktur des Erkenntnisobjektes aufdecken kann (vgl. z.B. Dichtl/Schobert, 1979; Dichtl, 1974b),

- Marketing sich nicht – jedenfalls nicht ausschließlich – mit der Objektwelt, sondern deren subjektiver Verarbeitung durch den einzelnen befassen muß, wenn, wie bei der „Abgrenzung des relevanten Marktes auf der Basis von Produktperzeptionen und Präferenzurteilen" (vgl. Dichtl u.a., 1977), kundenorientiert agiert werden soll,

- Wissenschaft der Einbettung in und der Relativierung bzw. Korrektur durch die internationale Scientific Community bedarf, will sie nicht der Gefahr des intellektuellen Provinzialismus erliegen und in ihrer nationalen Nische von wichtigen Einflüssen und Anstößen abgeschnitten sein. Wie kaum einem anderen ist es Dichtl gelungen, Kontakt mit einer Vielzahl von Kollegen jenseits der „engen" Landesgrenzen zu halten, mit diesen nachhaltig zu kooperieren sowie die eigenen Forschungsergebnisse in „aller Herren Länder" zu publizieren (vgl. z.B. Dichtl/Park, 1987; Dichtl u.a., 1987; Dichtl/Leibold, 1983; Dichtl/Wyk, 1985; Dichtl, 1978; 1976).

Keine Rede also von Abwegen, auf denen das Marketing Gefahr läuft, ins wissenschaftliche Abseits zu geraten und seine Identität zu verlieren. Diese kann nicht statisch gesehen werden, dogmatisch einem Kanon starrer Regeln und Verbote verpflichtet. Wenn, wovon der Autor überzeugt ist, die Aufgabe der Wissenschaft darin besteht, dem Menschen Einsicht in die ihm unverständlichen Phänomene seines Lebens und seiner Umwelt zu verschaffen, so dürfen Vorgehensweise und Methodenarsenal eines Forschers nicht, wie Schneider (1983) meint, auf solche normativ beschränkt werden, die über „Integrationspotential und Affinität zur (traditionellen) Betriebswirtschaftslehre" verfügen. Wem am Erkenntnisgewinn bzw. -prozeß und nicht primär an berufsständischen Erwägungen gelegen ist, muß sich – unter Berücksichtigung des Kriteriums der „Parsimony" – all jener Theorien und Forschungsstategien bedienen, die einen wesentlichen Erklärungsbeitrag zu dem von ihm untersuchten Sachverhalt leisten. Daß dieser speziell im Marketing zumeist in hohem Maße vom realen Verhalten – der Kunden, Mitarbeiter, Konkurrenten etc. – geprägt ist, wird niemand ernstlich bestreiten können.

Ob das von Elschen (1984, S. 60) in diesem Kontext zur Rechtfertigung der Gegenposition angeführte Zitat von Hayeks als Leitlinie für eine Wissenschaftsdisziplin in ihrer ganzen Breite geeignet ist, erscheint mehr als zweifelhaft: „Fruchtbare Sozialwissenschaft muß sehr weitgehend ein Studium dessen sein, was *nicht* ist: eine Konstruktion hypothetischer Modelle von möglichen Welten ..." (von Hayek, 1980, S. 33). Dem sei abschließend ein Auszug aus Dichtls Plädoyer für eine interdisziplinäre Ausrichtung der Marketingforschung entgegengehalten: „Die Überwindung der traditionellen Fachgrenzen, insbesondere hin zu den Verhaltenswissenschaften, hat der Marketingwissenschaft zu einem neuen Problemverständnis und dadurch zu ungleich mehr Resonanz in der Wirtschaftspraxis verholfen, als es ihren Vorläuferinnen vergönnt war. Unbequeme (Teil-)Probleme werden nicht länger auf definitorischem Wege „bewältigt" oder durch Setzung weltfremder Prämissen „gelöst", nicht länger in den Zuständigkeitsbereich anderer Wissenschaften verwiesen oder als „prinzipiell lösbar" verniedlicht, um sich dann um so ausgiebiger in unergiebigen intellektuellen (Modell-)Spielereien zu ergehen, sondern in all ihren bedeutsamen Facetten durchdacht" (Dichtl, 1983c).

Literaturverzeichnis

Albach, H. (1991a): Ansprache anläßlich der Eröffnung der 52. Wissenschaftlichen Jahrestagung des Verbandes der Hochschullehrer für Betriebswirtschaft (Universität Frankfurt, 6.6.1990), in: Ordelheide u.a., S. 3 - 9.

— (1991b): Die Bedeutung neuerer Entwicklungen in der Wettbewerbstheorie für die strategische Unternehmensführung, in: Ordelheide u.a., 1991, S. 255 - 272.

Albert, H. (1972): Modell-Platonismus, in: Topitsch, E. (Hrsg.), Logik der Sozialwissenschaften, 8. Aufl., Darmstadt, 1972, S. 406 - 434.

Andritzky, K. (1976): Die Operationalisierbarkeit von Theorien zum Konsumentenverhalten, Berlin 1976.

Armstrong, J. S. (1991): Prediction of consumer behavior by experts and novices, in: Journal of Consumer Research, Vol. 18, 1991, S. 251 - 256.

Bauer, H. H. (1980): Die Entscheidung des Handels über die Aufnahme neuer Produkte. Eine verhaltenstheoretische Analyse, Berlin 1980.

Beeskow, W. (1985): Qualität der Versorgung und Versorgungszufriedenheit, Frankfurt/Main 1985.

Böcker, F. (1991): Verhaltenswissenschaftlich fundierte Innovationspolitik, in: Ordelheide u.a., 1991, S. 371 - 392.

— (1986): Präferenzforschung als Mittel marktorientierter Unternehmensführung, in: zeitschrift für betriebswirtschaftliche forschung, 38. Jg., 1986, S. 543 - 574.

Braun, I. (1991): Struktur und Einsatz eines diagnostischen Instrumentariums zur Aufdeckung von Marketingdefiziten – DIAM, München 1991.

de Chernatony, L./*Daniels,* K./*Johnson,* G. (1993): A cognitive perspective on managers' perceptions of competition, in: Journal of Marketing Management, Vol. 9, 1993, S. 373 - 381.

Chmielewicz, K. (1979): Forschungskonzeptionen der Wirtschaftswissenschaft, 2. Aufl., Stuttgart 1979.

Cohen, M. D./*March,* J. G./*Olsen,* J. P. (1972): A garbage can model of organizational choice, in: Administrative Science Quarterly, Vol. 17, 1972, S. 1 - 15.

Dalkey, N. C. (1968): Predicting the future, The RAND Corporation, P-3948-PR, Santa Monica 1968.

Day, G. S./*Wensley,* R. (1988): Assessing advantage: A framework for diagnosing competitive superiority, in: Journal of Marketing, Vol. 52, 1988, S. 1 - 20.

Dichtl, E. (1972): Methodische Bemerkungen zur Erfassung des Konsumentenverhaltens, in: Kroeber-Riel, W. (Hrsg.), Marketingtheorie, Köln, 1972, S. 53 - 60.

— (1973): Die Faktorenanalyse als Instrument der Absatzforschung, in: Marktforscher, 17. Jg., 1973, S. 109 - 116.

— (1974): Clusteranalyse, in: Tietz, B. (Hrsg.), Handwörterbuch der Absatzwirtschaft, Stuttgart, 1974, Sp. 426 - 431.

— (1974a): Die Marktsegmentierung als Voraussetzung differenzierter Marktbearbeitung, in: Wirtschaftswissenschaftliches Studium, 3. Jg., 1974, S. 97 - 102 + 148f.

— (1974b): Die Multivariatenanalyse im Dienste der Verhaltensforschung, in: Hansen, H. R. (Hrsg.), Computergestützte Marketing-Planung, München, 1974, S. 74 - 107.

— (1975): Ansatzpunkte zur Messung der Bedürfnisbefriedigung. Ein Problemaufriß, in: Die Unternehmung, 29. Jg., 1975, S. 1 - 21.

— (1976): La segmentación de mercados, in: boletín de estudios económicos, Vol. 21, 1976, S. 195 - 225.

— (1978): The need for more consumer protection, in: Rivista Internazionale di Scienze Economiche e Commerciali, Vol. XXV, 1978, S. 508 - 522.

— (1980): Das Schattendasein der deutschen Marketingwissenschaft, in: Marketing·ZFP, 2. Jg., 1980, S. 136 - 138.

— (1983a): Die Idee der Partnerschaft zwischen Herstellern und Handel, in: Zink, K. J./Küting, K. (Hrsg.), Unternehmerische Zusammenarbeit. Beiträge zu Grundsatzfragen bei Kooperation und Zusammenschluß, Berlin, 1983, S. 111 - 135.

— (1983b): Marketing auf Abwegen?, in: zeitschrift für betriebswirtschaftliche forschung, 35. Jg., 1983, S. 1066 - 1074.

— (1983c): Leitlinien der Marketing-Forschung, in: Marketing·ZFP, 5. Jg., 1983, S. 61 - 62.

— (1991): Marktsegmentierung und Direct-Marketing, in: Dallmer, H./Thedens, R. (Hrsg.), Handbuch des Directmarketing, Wiesbaden 1991.

— (1992): Zweifel an der Nützlichkeit von Forschungsergebnissen zum Konsumentenverhalten, in: Wirtschaftswissenschaftliches Studium, 21. Jg., 1992, S. 361 - 362.

Dichtl, E./*Bauer,* H. H. (1978): Die Idee der Partnerschaft zwischen Hersteller und Handel, in: Markenartikel, 40. Jg., 1978, S. 255 - 258.

Dichtl, E./*Kaiser,* A. (1978): Zur Verläßlichkeit der Ergebnisse empirischer Untersuchungen, in: Wirtschaftswissenschaftliches Studium, 7. Jg., 1978, S. 490 - 492.

Dichtl, E./*Leibold,* M. (1983): Adequate provisioning. The need for revision of domestic trade policy orientations, in: Journal of Consumer Policy, Vol. 6, 1983, S. 419 - 435.

Dichtl, E./*Müller-Heumann,* G. (1972): Konsumententypologie und produktorientierte Marktsegmentierung, in: Jahrbuch der Absatz- und Verbrauchsforschung, 18. Jg., 1972, S. 249 - 265.

— (1973): Psychologische Marktmodelle und Konsumentenverhalten, in: Jahrbuch der Absatz- und Verbrauchsforschung, 19. Jg., 1973, S. 89 - 92.

Dichtl, E./*Park,* K.-A. (1987): Foreign orientation as a precondition for export success, in: Korean Marketing Review, Vol. 2, 1987, S. 243 - 264.

Dichtl, E./*Schneider,* W. (1994): Kundenzufriedenheit im Zeitalter des Beziehungsmanagement, in: Belz, Chr. u.a. (Hrsg.), Lean Management und Lean Marketing, St. Gallen, 1994, S. 6 - 12.

— Die Erklärung des Spendenverhaltens mit Hilfe des Gratifikationsprinzips (erscheint demnächst).

Dichtl, E./*Schobert,* R. (1979): Mehrdimensionale Skalierung. Methodische Grundlagen und betriebswirtschaftliche Anwendungen, München 1979.

Dichtl, E./*Thomas,* U. (1986): Der Einsatz des Conjoint Measurement im Rahmen der Verpackungsmarktforschung, in: Journal of Commodity Science, Vol. 4, 1986, S. 71 - 78.

Dichtl, E./*van Wyk,* R. J. (1985): New communications technologies and marketing. The pattern and impact of technological advance, in: Finance & Trade Review (South Africa), Vol. 15, 1985, S. 19 - 33.

Dichtl, E./*Andritzky,* K./*Schobert,* R. (1977): Ein Verfahren zur Abgrenzung des „relevanten Marktes" auf der Basis von Produktperzeptionen und Präferenzurteilen, in: Wirtschaftswissenschaftliches Studium, 6. Jg., 1977, S. 290 - 301.

Dichtl, E./*Bauer,* H. H./*Finck,* G. (1978): Die Versorgung der Bevölkerung mit Gütern des täglichen Bedarfs: ein meßtheoretischer Problemaufriß, in: Bratschitsch, R./Heinen, E. (Hrsg.), Absatzwirtschaft – Marketing, Wien, 1978, S. 91 - 112.

Dichtl, E./*Köglmayr,* H.-G./*Müller,* S. (1986): Die Auslandsorientierung als Voraussetzung für Exporterfolge, in: Zeitschrift für Betriebswirtschaft, 56. Jg., 1986, S. 1064 - 1076.

—/—/— (1990): International orientation as a precondition for export success, in: Journal of International Business Studies, Vol. 21, 1990, S. 23 - 40.

Dichtl, E./*Beeskow,* W./*Finck,* G./*Müller,* S. (1982a): Needs and satisfaction with respect to the supply of daily goods: A consumer-oriented approach, in: Irle, M. (Ed.), Studies in decision making. Social psychological and socio-economic analyses, Berlin/New York, 1982, S. 549 - 626.

—/—/—/— (1982b): Mängel in der Versorgung mit Waren des täglichen Bedarfs und Ansatzpunkte zu deren Überwindung, in: Hansen, U./Stauss, B./Riemer, M. (Hrsg.), Marketing und Verbraucherpolitik, Stuttgart, 1982, S. 400 - 417.

Dichtl, E./*Köglmayr,* H.-G./*Müller,* S./*Borck,* T. (1987): Ulkomaille suuntautuminen vientimenestyksen edellytyksenä, in: Liiketaloudellinen Aikakauskirja – the Finnish Journal of Business Economics [Special Edition], Vol. 36, 1987, S. 260 - 273.

Dichtl, E./*Raffée,* H./*Beeskow,* W./*Köglmayr,* H.-G. (1983): Faktisches Bestellverhalten als Grundlage einer optimalen Ausstattungspolitik bei Pkw-Modellen, in: zeitschrift für betriebswirtschaftliche forschung, 35. Jg., 1983, S. 173 - 196.

Diller, H. (1978): Verbesserungsmöglichkeiten der Verbraucherinformation durch Berücksichtigung verhaltenstheoretischer Erkenntnisse, in Zeitschrift für Verbraucherpolitik – Journal of Consumer Policy, 2. Jg., 1978, S. 24 - 41.

— (1978a): Das Preisbewußtsein der Verbraucher und seine Förderung durch Bereitstellung von Verbraucherinformation, Habil., Mannheim 1978.

— (1991): Preispolitik, 2. Aufl., Stuttgart 1991.

Diller, H./Kusterer, M. (1988): Beziehungsmanagement, Theoretische Grundlagen und explorative Befunde, in: Marketing·ZFP, 10. Jg., 1988, S. 211 - 220.

Elschen, R. (1984): Bietet eine verhaltenswissenschaftlich fundierte Marketingwissenschaft eine Lehre von den Absatzentscheidungen der Unternehmungen?, in: Marketing·ZFP, 6. Jg., 1984, S. 59 - 63.

Endres, W. (1994): Betriebswirtschaftslehre nur englisch?, in: Zeitschrift für Betriebswirtschaft, 64. Jg., 1994, S. 791 - 792.

Finck, G. (1990): Versorgungszufriedenheit, Berlin 1990.

Fischer, M./*Hüser,* A./*Mühlenkamp,* C./*Schade,* Chr./*Schott,* E. (1993): Marketing und neuere ökonomische Theorie: Ansätze zu einer Systematisierung, in: Betriebswirtschaftliche Forschung und Praxis, 45. Jg., 1993, S. 444 - 470.

Fritz, W. (1992): Sind die Ergebnisse der Konsumentenforschung ohne Erkenntniswert?, in: Wirtschaftswissenschaftliches Studium, 21. Jg., 1992, S. 533 - 534.

Hammann, P. (1974): Modelle zur Preispolitik, in: Hansen, H.-R. (Hrsg.), Computergestützte Marketingplanung, München, 1974, S. 198 - 217.

von Hayek, F. A. (1980): Recht, Gesetzgebung und Freiheit, Bd. 1: Regeln und Ordnung, München 1980.

Hirshleifer, J. (1973): Where are we in the theory of information, in: American Economic Review, Vol. 63, 1973, S. 31 - 39.

Hochschullehrer für Betriebswirtschaftslehre und Mitarbeiter der Wirtschaftswissenschaftlichen Fakultät der Westfälischen Wilhelms-Universität Münster (Hrsg.): Erwartungen an eine Allgemeine Betriebswirtschaftslehre aus der Sicht von Lehre und Forschung, in: Die Betriebswirtschaft, 49. Jg., 1989, S. 655 - 667.

Irle, M. (1975): Lehrbuch der Sozialpsychologie, Göttingen 1975.

Janis, J. (1972): Victims of Groupthink, Boston 1972.

Kaas, K. P. (1990): Nutzen und Kosten der Werbung: Umrisse einer ökonomischen Theorie der Werbewirkung, in: zeitschrift für betriebswirtschaftliche forschung, 42. Jg., 1990, S. 492 - 504.

Kahnemann, D./*Tversky,* A. (1982): The psychology of preferences, in: Scientific American, Vol. 246, 1982, S. 136 - 142.

Kaiser, A. (1978): Identifikation von Marktsegmenten, Berlin 1978.

Kappler, E. (1988): Betriebswirtschaftslehre als Zukunftswissenschaft: Das kausalanalytische Mißverständnis, in: wisu, 17. Jg., 1988, S. 396 - 400.

Kassarjian, H. H./*Robertson,* T. S. (Eds.) (1991): Perspectives in consumer behavior, 4th Ed., London 1991.

Kelly, G. A. (1955): The psychology of personal constructs, New York 1955.

Köglmayr, H.-G. (1990): Die Auslandsorientierung von Managern als strategischer Erfolgsfaktor, Berlin 1990.

Kohli, A. K./*Jaworski,* B. J. (1990): Market orientation: The construct, research propositions, and management implications, in: Journal of Marketing, Vol. 54, 1990, S. 1 - 18.

Kroeber-Riel, W. (1992): Konsumentenverhalten, 5. Aufl., München 1992.

Lingenfelder, M. (1990): Die Marketingorientierung von Vertriebsleitern als strategischer Erfolgsfaktor, Berlin 1990.

— (1994): Lebensstile, in: Tietz, B. (Hrsg.), Handwörterbuch des Marketing, 2. Aufl., Stuttgart (erscheint demnächst).

Müller-Hagedorn, L. (1983): Marketing ohne verhaltenswissenschaftliche Fundierung?, in: Marketing·ZFP, 5. Jg., 1983, S. 205 - 211.

Müller, S. (1991): Die Psyche des Managers als Determinante des Exporterfolges, Stuttgart 1991.

Nieschlag, R./*Dichtl,* E./*Hörschgen,* H. (1968): Wer legt wen an die Kette? Der Wandel in den Beziehungen zwischen den absatzwirtschaftlichen Institutionen, in: absatzwirtschaft, 11. Jg., 1968, S. 9 - 15.

—/—/— (1991): Marketing, 16. Aufl. Berlin 1991.

Oechsler, W. A. (1985): Erkenntnisse der Organisationspsychologie – die süßen Kirschen in Nachbars Garten, in: Die Betriebswirtschaft, 45. Jg., 1985, S. 471 - 481.

Ordelheide, D./*Rudolph,* B./*Büsselmann,* E. (Hrsg.) (1991): Betriebswirtschaftslehre und Ökonomische Theorie, Stuttgart 1991.

Picot, A. (1991): Ökonomische Theorien der Organisation. Ein Überblick über neuere Ansätze und deren betriebswirtschaftliches Anwendungspotential, in: Ordelheide u.a., 1991, S. 143 - 170.

Raffée, H. (1984): Marktorientierung der Betriebswirtschaftslehre zwischen Anspruch und Wirklichkeit, in: Mazanec, J./Scheuch, F. (Hrsg.), Marktorientierte Unternehmensführung, Wien, 1984, S. 81 - 105.

Reber, G. (1978): Individuum, Individuum über alles. Gibt es in der verhaltensorientierten Betriebswirtschaftslehre eine Objektkrise ähnlich wie in der Sozialpsychologie, in: Die Betriebswirtschaft, 38. Jg., 1978, S. 83 - 102.

Reynolds, P. D./*Fisek,* M. H. (1972): Development of influence hierarchies in small discussion groups, in: Behavioral Science, Vol. 17, 1972, S. 542 - 548.

Schneider, D. (1981): Geschichte betriebswirtschaftlicher Theorie, München 1981.

— (1983): Marketing als Wirtschaftswissenschaft oder Geburt einer Marketingwissenschaft aus dem Geiste des Unternehmerversagens? in: zeitschrift für betriebswirtschaftliche forschung, 35. Jg., 1983, S. 197 - 223.

Schneider, W. (1995): Die Akquisition von Spenden als ein Marketingproblem, (erscheint 1995).

Simon, H. (1993): Die deutsche Betriebswirtschaftslehre im internationalen Vergleich – ein schwarzes Loch?, in: Zeitschrift für Betriebswirtschaft, 63. Jg., Ergänzungsheft, 1993, S. 73 - 84.

Soelberg, P. O. (1967): Unprogrammed decision making, in: Industrial Management Review, Vol. 20, 1967, S. 19 - 29.

Stubbart, Ch. (1989): Managerial cognition: A missing link in strategic management research, in: Journal of Management Studies, Vol. 26, 1989, S. 325 - 348.

Tomczak, T. (1992): Forschungsmethoden in der Marketingwissenschaft. Ein Plädoyer für den qualitativen Forschungsansatz, in: Marketing·ZFP, 14. Jg., 1992, S. 77 - 87.

Vershofen, W. (1940): Handbuch der Verbrauchsforschung, Berlin 1940.

Walter-Busch, E. (1985): Zur Sozialgeschichte des wissenschaftstheoretischen Selbstverständnisses der Betriebswirtschaftslehre, in: Probst, G./Siegwart, H. (Hrsg.), Integriertes Marketing, Bern, 1985, S. 113 - 134.

— (1990): Integrationskonzepte der Betriebswirtschaftslehre: das Beispiel der Harvard Business School, in: Die Betriebswirtschaft, 50. Jg., 1990, S. 237 - 248.

Walster, E./*Berscheid,* E./*Walster,* G. W. (1973): New directions in equity research, in: Journal of Personality and Social Psychology, Vol. 25, 1973, S. 151 - 176.

Webster, F. E. jr. (1988): Rediscovering the marketing concept, in: Business Horizons, Vol. 31, 1988, S. 29 - 39.

— (1992): The changing role of marketing in the corporation, in: Journal of Marketing, Vol. 56, 1992, S. 1 - 17.

Weinberg, P. (1991): Konsumentenforschung. Erklärungsansätze und aktuelle Trends, in: Marketing·ZFP, 13. Jg., 1991, S. 186 - 190.

Whitney, R. A./*Smith,* M. J. (1983): Persuasion and human action: A review and critique of social influence theories, Belmont 1983.

Witte, E. H. (1987): Die Idee einer einheitlichen Wissenschaftslehre für die Sozialpsychologie, in: Zeitschrift für Sozialpsychologie, 18. Jg., 1987, S. 76 - 87.

Wöhe, G. (1990): Entwicklungstendenzen der Allgemeinen Betriebswirtschaftslehre im letzten Drittel unseres Jahrhunderts. Rückblick und Ausblick, in: Die Betriebswirtschaft, 50. Jg., 1990, S. 223 - 235.

Wölk, A. (1980): Die Versorgung mit Lebensmitteln in städtischen Randlagen, Forschungsstelle für den Handel e.V., Berlin 1980.

Der akzeptierte Wandel

Von Heribert Gierl

1. Problemstellung

Loyalität gegenüber einem Beurteilungsobjekt währt nicht unbegrenzt lange. Selbst wenn Produkte, Dienstleistungen, Mitmenschen, Parteien usw. einige Zeit zufriedenstellen können und mit ihnen Bindungen eingegangen werden, ohne Veränderungen der Merkmale eines Beurteilungsobjekts werden die (Markt-)Partner Langeweile oder Überdruß empfinden oder den Verdacht schöpfen, daß andere Anbieter vorteilhaftere Problemlösungen entwickelt haben. Damit sich die Marktpartner weiterhin für einen Anbieter entscheiden, ist es nötig, daß er seine Leistung einem Wandel unterzieht. Für den Anbieter bedeutet dies, die Merkmale der Leistung in einem bestimmten Ausmaß (Innovationshöhe) mit einer bestimmten Geschwindigkeit (Innovationsintervall) zu verändern.

2. Begriffliche Abgrenzung

Der akzeptierte Wandel bringt zum Ausdruck, daß Veränderungen vom Ausmaß (Innovationshöhe) her zu moderat oder zu radikal sein können. Dazwischen liegt die Bandbreite der vom Marktpartner akzeptierten Veränderungen. Ferner besagt die Idee des akzeptierten Wandels, daß auf Veränderungen eine weder zu kurze noch zu lange Zeit der Konstanz folgen soll, d.h. Umstellungsfrequenzen (Innovationsintervalle) für die Marktpartner zu kurz oder zu lang sein können. Im folgenden wird eine Arbeitsdefinition für den Begriff vorgestellt.

Aus kausaler Sicht wird der akzeptierte Wandel als das Resultat des Abwägens von Fehlentscheidungen angesehen, wobei der hierfür erforderliche, negativ erlebte Aufwand durch eine hinreichend starke, angenehm erlebte Emotion (oder durch Zwang) aufgewogen sein muß. In finaler Sicht wird der akzeptierte Wandel als Ursache dafür erachtet, daß der Marktpartner ein bestimmtes Verhalten gegenüber Neuerungen ergreift. Handlungsalternativen sind meist:

- alle Neuerungen beim Beurteilungsobjekt völlig ablehnen,

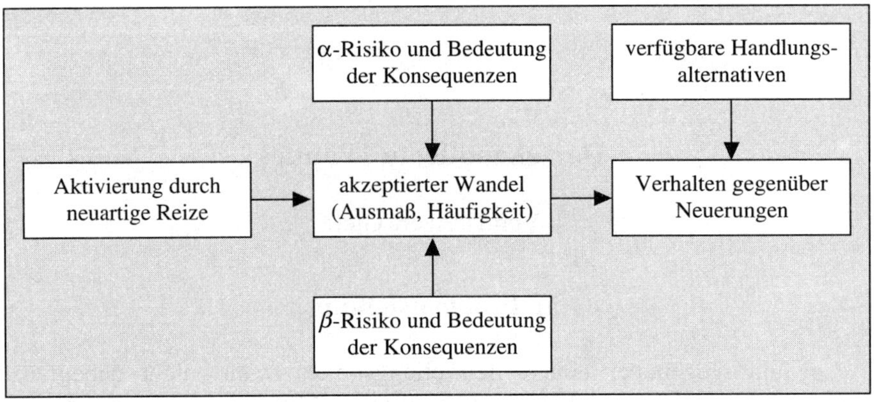

Abbildung 1: Eine Definition des akzeptierten Wandels

- die Neuerungen in Form vieler kleiner Schritte übernehmen, so daß sich die Ausgangssituation jeweils kontinuierlich moderat verändert,
- die Neuerungen selten übernehmen, aber in der Form, daß sich die jeweilige Ausgangssituation jeweils sofort radikal verändert, und
- nicht jede Neuerung übernehmen (leapfrogging; vgl. Weiss, 1987, S. 5).

Die wahrgenommene Innovationshöhe, die angibt, wie neu ein Marktpartner ein Objekt im Vergleich zu den ihm vertrauten Objekten beurteilt, beeinflußt seine Aktivierung und die von ihm wahrgenommenen Risiken. Inhaltlich kann sich das Attribut „neu" auf verschiedene Merkmalskategorien beziehen:

- auf die Technik (Beispiele: Eine Maschine verwendet neue Materialien; zur Inanspruchnahme des Gerätes ist neues Wissen nötig);
- auf funktionale Eigenschaften (Beispiele: Das neue Beurteilungsobjekt erfüllt neuartige Funktionen; es führt existierende Funktionen in einer neuen Art aus);
- auf die äußere Aufmachung (Beispiel: Es wird ein anderes Design gewählt).

3. Eine allgemeine Erklärung des individuell akzeptierten Wandels

3.1 Wahrnehmung von Neuem

Es ist einleuchtend, daß ein Marktpartner einem Beurteilungsobjekt nur dann die Eigenschaft „neu“ zuerkennt, wenn es merklich von dem ihm Vertrauten abweicht (vgl. z.B. Ostlund/Tellefsen, 1974, S. 759f.; Donnelly/Etzel, 1974, S. 761). Ob eine individuelle Wahrnehmungsschwelle überschritten wird, dürfte neben den objektiven Gegebenheiten davon beeinflußt sein,

- inwieweit die bisherige Problemlösung oder das Wissen des Marktpartners veraltet sind,
- ob die Veränderung werblich betont wird und
- ob aus Veränderungen extrinsischer Merkmale (z.B. Preis) auf technische Neuerungen gefolgert wird.

Als wie neu etwas beurteilt wird, hängt von der wahrgenommenen Unähnlichkeit des Neuen vom Vertrauten ab und kann auch eine verzerrte Wahrnehmung objektiver Gegebenheiten sein.

3.2 Aktivierung durch Neues

Der Theorie des optimalen Stimulationslevels zufolge empfinden Personen eine bestimmte Höhe oder Bandbreite der Neuartigkeit eines Reizes als angenehm, größere Abweichungen hiervon als unangenehm. Hierbei lassen sich zwei Effekte unterscheiden (vgl. Raju, 1981, S. 243).

Neuigkeitseffekt: Neues ist angenehm, da positive Überraschungen möglich sind, dem Streben nach Abwechslung Genüge getan werden kann, sich Neugierde befriedigen läßt, und es eventuell neue Erfahrungen ermöglicht. Fehlende Neuartigkeit bedeutet Langeweile und Überdruß.

Konflikteffekt: Neues ist unangenehm, weil die Beschäftigung mit Neuem auch den Umgang mit Risiko und mehrdeutigen Informationen beinhaltet und in eine streßgeladene Situation münden kann.

Solange eine Person den aus Neuigkeits- und Konflikteffekt resultierenden Gesamteffekt angenehm erlebt, wird sie willens sein, sich mit dem Neuen gerne auseinanderzusetzen.

3.3 Bewertung von Neuem

Neues zeichnet sich dadurch aus, daß die Bewertung seiner Vorteilhaftigkeit im Zustand des Risikos geschehen muß (vgl. Baker, 1975, S. 50ff.) oder Bewertungsmaßstäbe gänzlich fehlen. Die Entscheidung über die Vor-

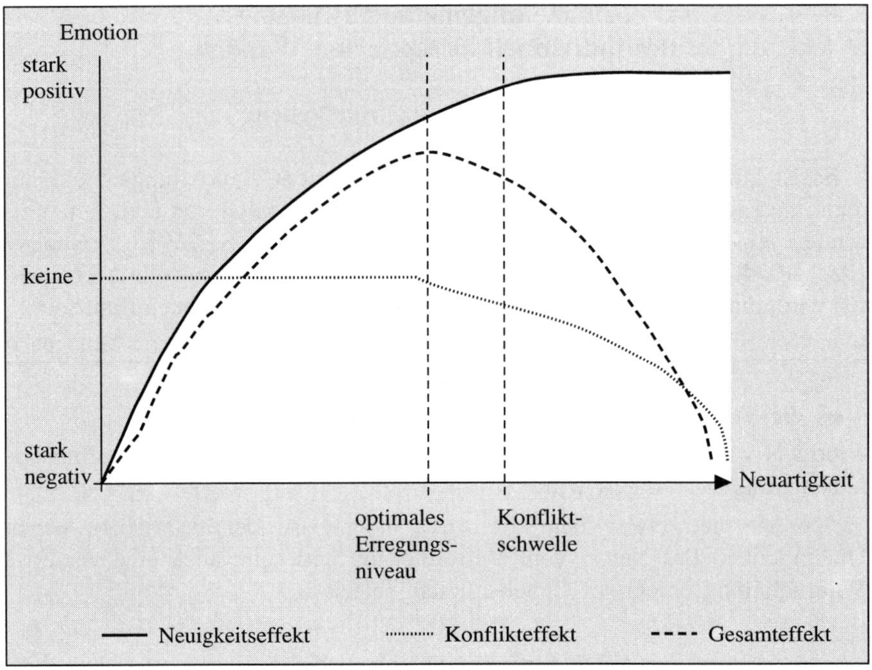

Abbildung 2: Aktivierung durch neuartige Reize

teilhaftigkeit einer Veränderung durch die Adoption einer Neuerung birgt zwei Risiken in sich, d.h. die Wahrscheinlichkeit, den α- oder β-Fehler zu begehen.

Tabelle 1

Alpha- und Beta-Fehler bei Entscheidungen über Neues

Entscheidung über Neues	Zustand nach Adoption	
	verbesserter Zustand	schlechterer Zustand
Ablehnung	α-Fehler	richtige Entscheidung
Adoption	richtige Entscheidung	β-Fehler

Der α-Fehler bedeutet, daß eine bessere Zielerreichung verpaßt wird, weil das Neue abgelehnt wird. Der β-Fehler wird begangen, wenn die vollzogene Veränderung in einen nachteiligen Zustand mündet. Für die Bewertung einer Neuerung müssen also das α-Risiko und seine Folgen (negative

Konsequenzen) mit dem β-Risiko und dessen negative Auswirkungen verglichen werden.

Radikale Veränderungen (große Innovationshöhe) bergen ein hohes β-Risiko in sich. Die mit der Übernahme verbundenen Folgen sind schlecht vorherzusehen, weil Vergleichsmöglichkeiten mit Vertrautem fehlen. Die radikale Neuerung ist vielleicht nicht ausgereift (Kinderkrankheiten) oder die Übernahme wird sozial mißbilligt. Ihr Einsatz kann die eigenen Fähigkeiten überfordern und dann weniger effizient als die alte Problemlösung sein. Eine neue Technologie kann sich als Fehlentwicklung herausstellen.

Dagegen geht mit einer geringen Veränderung ein hohes α-Risiko einher. Einem relativ sicheren Umstellungsaufwand steht eine zwar höchstwahrscheinlich positive, aber eben nur kleine Verbesserung der Zielerreichung gegenüber, so daß insgesamt unsicher ist, ob der Umstellungsaufwand sich wirklich lohnt. Ferner besteht die Gefahr, sich durch die Übernahme der geringfügigen Veränderung der Chance zu berauben, in naher Zukunft noch eine viel bessere Neuerung wählen zu können. So schließt z.B. der Kauf der letzten Variante des aktuellen Pkw-Modells den möglicherweise ökonomisch sinnvolleren Erwerb des neues Pkw-Modells, das in wenigen Monaten verfügbar sein wird, normalerweise aus.

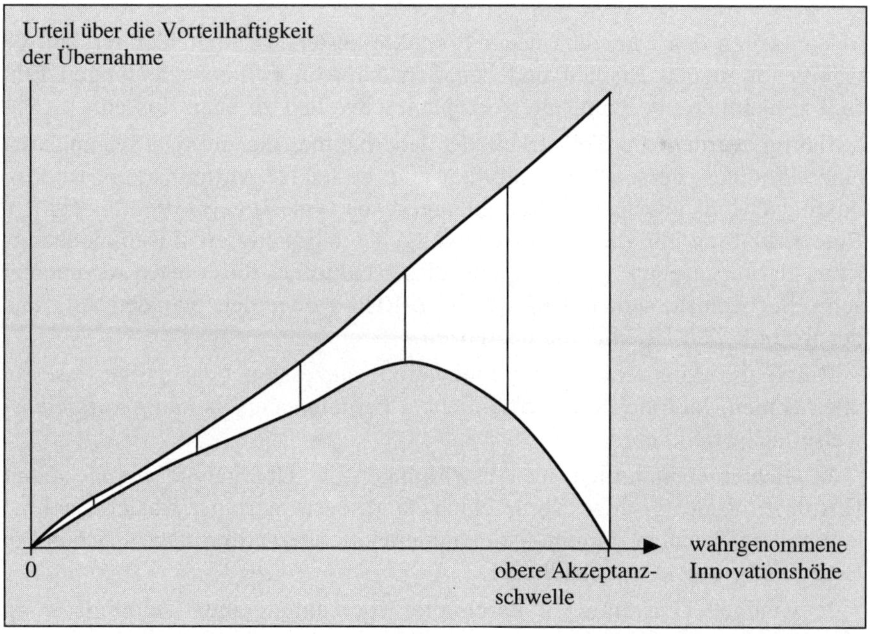

Abbildung 3: Wahrgenommene Innovationshöhe und β-Risiko

Tabelle 2

α- und β-Risiko und wahrgenommene Innovationshöhe

wahrgenommene Innovationshöhe	β-Risiko	α-Risiko
gering	gering	hoch
mittel	mittel	mittel
hoch	hoch	gering

Indem Akzeptanzschwellen gebildet werden, lassen sich Folgen dieser Risiken begrenzen:

Untere Akzeptanzschwelle: Eine Veränderung ist zu gering, wenn der sichere Umstellungsaufwand die mögliche Verbesserung der Zielerreichung nicht rechtfertigt oder damit die große Chance einer noch vorteilhafteren Veränderung vergeben wird.

Obere Akzeptanzschwelle: Die Veränderung zu groß, wenn das Risiko der Verschlechterung der Zielerreichung zu hoch ist.

3.4 Einige Einflußfaktoren auf den Akzeptanzbereich bei Produktinnovationen

Von seiten des Anbieters neuer Produkte bestehen Möglichkeiten, auf die wahrgenommenen Risiken und den Schaden von Fehlentscheidungen Einfluß zu nehmen und damit die Akzeptanzschwellen zu beeinflussen.

Häufig werden die Teilbarkeit der Übernahme, die geringe Komplexität eines Produkts, dessen Kompatibilität und die leichte Mitteilbarkeit des Produktnutzens als übernahmefördernd angesehen (vgl. Rogers, 1983, S. 211 ff.). Eine Erklärung für die empirisch weitgehend bestätigten Zusammenhänge kann darin gesehen werden, daß diese Faktoren die obere Akzeptanzschwelle beeinflussen, indem sie das β-Risiko oder den Schaden aufgrund der irrtümlichen Übernahme begrenzen:

Durch die Möglichkeit, die Innovation sukzessive oder probeweise zu übernehmen, läßt sich eine irrtümliche Übernahmeentscheidung vergleichsweise leicht revidieren.

Je leichter verständlich die Auswirkungen der Übernahme auf die damit verfolgten Ziele (geringe Komplexität) sind, desto geringer ist der maximal befürchtete Schaden. Schulungen, Implementierungshilfen usw. machen ein Beurteilungsobjekt verständlicher.

Je weniger Umstellungen durch die Übernahme einer Neuerung nötig sind, um so weniger folgenschwer sind Auswirkungen des β-Fehlers (z.B. neue Skibindung, die an alle Skischuhe paßt).

Je leichter sich der aus der Übernahme resultierende Nutzen mitteilen läßt, um so geringer ist der maximal befürchtete Schaden einer Übernahme (z.B. Referenzkunden, Vorführungen).

Weiterhin können der Preis und das Kompetenzimage den Akzeptanzbereich beeinflussen:

Vor allem in der Zeit kurz nach der Markteinführung einer Produktinnovation, in der die Vorteilhaftigkeit der Übernahme als besonders unsicher empfunden wird, kann durch niedrige Preise der maximale Schaden bei einer irrtümlichen Übernahme vermindert werden.

Von einem als kompetent erachteten Anbieter wird erwartet, daß er weder Produkte mit vielen Kinderkrankheiten noch Innovationen, deren komparativer Vorteil gegenüber den bisherigen Produkten gering ist, auf den Markt bringt. Gegenüber neuen Technologien traut man ihm eher zu, daß er das „dominante Design" (Standard, der von anderen Anbieter imitiert werden muß; vgl. Abernathy/Utterback, 1978), anbietet.

4. Eine Studie zum akzeptierten Wandel bei Prozeßinnovationen

4.1 Ausgangssituation

Die Anbieter von Investitionsgütern bieten Produkte an, deren Übernahme die innerbetrieblichen Abläufe bei den Übernehmern verändert. Die Hersteller überarbeiten ihre Produkte laufend und entwickeln weitere Komponenten, die sie dann von Zeit zu Zeit als weniger störanfällige Versionen oder mit zusätzlichem Funktionsumfang anbieten. Die neuen Versionen sind im Vergleich zu den Vorgängern mehr oder minder neuartig und werden in mehr oder minder langen Abständen angeboten. Innovationshöhe und Innovationsintervall sind dabei normalerweise voneinander abhängig. Gravierende Neuerungen können meist nicht mit sehr kurzen Intervallen kombiniert werden.

Grundsätzlich sollen die Investitionsgüter die von der Unternehmensleitung des Kunden gewünschte Veränderung ihrer innerbetrieblichen Abläufe bewirken. Dies kann angestrebt werden, indem sich die Veränderung in radikalen und seltenen Einschnitten in die Abläufe oder in moderaten und häufigen Umstellungen vollzieht (zu Analogien vgl. Krüger/Pfeiffer, 1991, S. 24f.). Ob durch die radikale oder die moderate Umstellung die von der Unternehmensleitung verfolgten Ziele besser oder rascher erreicht werden, hängt – so wird hier behauptet – davon ab, ob die Mitarbeiter einen radikalen oder nur einen moderaten Wandel der innerbetrieblichen Abläufe akzeptieren wollen bzw. können.

Ziel der nachfolgenden Überlegungen ist es, eine Segmentierung der Nachfrager (Unternehmen) dahingehend vorzunehmen und zu begründen, welchen Nachfragern ein Anbieter mit Marktverständnis moderate Umstellungen (Produkte mit eher geringen Innovationshöhen in kurzen Innovationsintervallen) und welchen Nachfragern er eine radikale Umstellung (Produkte mit großen Innovationshöhen in langen Intervallen) empfehlen sollte, damit die Unternehmensleitung beim Kunden gewisse Übernahmeziele erreicht. Hierbei sollen nur ausgewählte Übernahmeziele betrachtet und es soll allein die Organisationsstruktur als Indikator für obere Akzeptanzschwellen, die Mitarbeiter einer Umstellung entgegensetzen, herangezogen werden. Solche Akzeptanzschwellen resultieren aus Fähigkeits- und Willensbarrieren der Mitarbeiter (zur Unterscheidung von Fähigkeits- und Willensbarrieren vgl. Witte, 1973, S. 5ff.; Thom, 1980, S. 464f.). Untere Akzeptanzschwellen sollen hier nicht betrachtet werden. Die untersuchten Variablen sind für den Anbieter relativ leicht erfaßbar und könnten gegebenenfalls als eine Entscheidungshilfe für die unternehmensspezifische Angebotsgestaltung dienen.

4.2 Erklärung oberer Akzeptanzschwellen mittels Willens- und Fähigkeitsbarrieren

Zielbedingte Willensbarrieren:

Zielbedingte Willensbarrieren entstehen, wenn die Unternehmensleitung die innerbetrieblichen Abläufe verändern will, um ein Ziel zu erreichen, das für die Mitarbeiter das Risiko der Verschlechterung ihrer Situation in sich birgt. Die Ziele der Umstellung dürften daher die Akzeptanz der Umstellung beeinflussen.

Für die nachfolgenden Überlegungen wird angenommen, daß die Unternehmensleitung die innerbetrieblichen Abläufe verändern will, um die Flexibilität, die Reaktionsgeschwindigkeit oder die Arbeitsleistung zu verbessern.

Die Flexibilität bezeichnet die Anzahl der Handlungsalternativen, die zur Reaktion auf Störungen der innerbetrieblichen Abläufe ergriffen werden können. Sie ist z.B. dann hoch, wenn viele innerbetriebliche Möglichkeiten bestehen, den Ausfall eines Mitarbeiters, einer Maschine oder eines Rohstoffs problemlos kurzfristig durch andere Mitarbeiter, Maschinen oder Rohstoffe zu ersetzen oder einen überraschenden Auftrag kurzfristig noch in das Produktionsprogramm aufzunehmen. Die Flexibilität der Mitarbeiter läßt sich beispielsweise erhöhen, indem der Zeitanteil verringert wird, den sie für standardisierte Aufgaben aufbringen (vgl. Kieser, 1973, S. 253; Child, 1975, S. 124). Gegen das Flexibilitätsziel werden keine Willensbarrieren erwartet. Mitarbeiter müßten zur Arbeitsplatzsicherung auch eine radikale Umstellung akzeptieren, wenn sie der Flexibilitätserhöhung dient. Allenfalls Mitarbeiter auf ganz sicheren Arbeitsplätzen mit standardisierten Tätigkeiten, die diese Arbeit schätzen, könnten solche Willensbarrieren aufbauen.

Die Reaktionsgeschwindigkeit gibt an, wie rasch auf Störungen der normalen Abläufe in einer geeigneter Weise reagiert werden kann. Sie nimmt zu, wenn sich der Zeitaufwand für die Kommunikation, Entscheidung und Durchführung einer Handlungsalternative verringert. Ob die Mitarbeiter diesem Ziel Willensbarrieren gegenübersetzen, hängt von ihrer Bedürfnisstruktur ab. Es ist vorstellbar, daß manche Mitarbeiter eine straffere Führung durchaus schätzen, z.B. weil sie dann für wichtige Entscheidungen weniger Verantwortung übernehmen müssen. Andere Mitarbeiter, die liebgewordene Freiheiten aufgeben müssen, werden solchermaßen veränderte Arbeitsbedingungen als negativ beurteilen und zielbedingte Willensbarrieren aufbauen. Insgesamt dürfte eine radikale Umstellung mit dem Ziel, die Reaktionsgeschwindigkeit zu erhöhen, weniger akzeptiert werden, als wenn sie die Flexibilität erhöhen soll.

Die Arbeitsleistung der eingesetzten Produktionsmittel und Mitarbeiter soll ausdrücken, wieviel Routinetätigkeit mit einer bestimmten Qualität bzw. Sorgfalt erledigt wird. Dieses Übernahmeziel dürfte Willensbarrieren der Mitarbeiter hervorrufen, sofern sich für sie zwar eine dauerhafte Mehrbelastung, aber kein persönlicher Vorteil ergibt. Eine radikale Umstellung, die darauf abzielt, daß die Mitarbeiter mehr leisten, dürfte von diesen weniger akzeptiert werden als eine moderate Umstellung, da ihnen jeweils wenig Gewöhnung zugestanden wird.

Neuerungsbedingte Willensbarrieren:

Nicht jede Prozeßinnovation hat für die Mitarbeiter negative Konsequenzen. Sie kann ihre Tätigkeiten körperlich erleichtern oder Freiräume für kreative Tätigkeiten schaffen. Nur wenn sie das Risiko einer Verschlechterung der Ausgangssituation in sich birgt, sind neuerungsbedingte Willensbarrieren zu erwarten, die eine niederige obere Akzeptanzschwelle zur Folge haben. Es wird angenommen, daß neuerungsbedingte Willensbarrieren von der Organisationsstruktur abhängen.

Bei hohem Zentralisierungsgrad (starker Machtkonzentration) werden die Mitarbeiter einer radikalen Umstellung besonders ablehnend gegenüberstehen, da sie bei der Umsetzung dieser Neuerung mehr Fehler machen können als im Falle moderater Umstellungen und ihre Angst vor Sanktionen aufgrund ihrer geringen Entscheidungsbefugnis besonders groß ist (vgl. Child, 1973, S. 3f.).

Tabelle 3

Neuerungsbedingte Willensbarrieren und Organisationsstruktur

mögliche negative Folge einer Neuerung für Mitarbeiter	hohes Risiko oder Bedeutung der Folge, wenn ... ist				
	ZG	ÜF	KG	FG	OK
Tätigkeit wird monotoner					
Tätigkeit wird besser kontrollierbar	hoch				
Freisetzung		hoch			gering
Weiterqualifikation wird nötig			gering		
Umsetzungsfehler werden begangen	hoch			hoch	
Verunsicherung bzgl. der Aufgaben				hoch	gering

ZG: Zentralisierungsgrad, ÜF: Überschneidungsfreiheit, KG: Komplexitätsgrad, FG: Formalisierungsgrad, OK: Offenheit des Kommunikationskanals

Bei großer Überschneidungsfreiheit der Tätigkeiten der Mitarbeiter kann eine radikale Umstellung dazu führen, daß einige entbehrlich werden oder sie an Einfluß auf das Betriebsgeschehen verlieren. Moderate Umstellungen beinhalten diesbezüglich ein geringeres subjektives Risiko.

Der Komplexitätsgrad gibt an, wie schwierig die normalerweise ausgeübten Tätigkeiten sind. Ein geringer Komplexitätsgrad könnte Angst vor fachlicher Überforderung bei der Umsetzung einer radikalen Umstellung zur Folge haben, die obere Akzeptanzschwelle dürfte niedrig sein.

Der Formalisierungsgrad ist hoch, wenn die bekannten Entscheidungsprobleme für längere Zeiträume gut geregelt sind. Wenn sich Mitarbeiter an starre Regeln gewöhnt haben, werden sie regelabweichendem Verhalten gegenüber Unverständnis zeigen und daher eine radikale Umstellung als noch störender empfinden als moderate Umstellungen (vgl. Gussmann, 1988, S. 180). Weiterhin haben Mitarbeiter in diesem Fall auch vermutlich Angst, daß sie bei der stark regelabweichenden Umsetzung einer radikalen Umstellung Fehler begehen und dafür zur Rechenschaft gezogen werden (vgl. Hage/Duwar, 1973, S. 280).

Falls wenig Kommunikation zwischen der Unternehmensleitung und den Mitarbeitern stattfindet, können letztere Angst vor Freisetzung, vor Dequalifikation (Entwertung ihrer beruflichen Fähigkeit) oder vor Überforderung haben und eine radikale Umstellung deshalb ablehnen (vgl. Schmahl, 1986, S. 436 ff.).

Fähigkeitsbarrieren:

Fähigkeitsbarrieren treten auf, wenn Mitarbeiter den Anforderungen an ihre Tätigkeit nicht genügen können. Wahrscheinlich ist ihr Auftreten bei folgenden Organisationsstrukturen.

Tabelle 4
Fähigkeitsbarrieren und Organisationsstruktur

Ursachen für Fähigkeitsbarrieren	Fähigkeitsbarriere tritt bei radikalen Umstellungen auf, wenn ... ist				
	ZG	ÜF	KG	FG	OK
keine Mitwirkung in der Konzeptphase			gering		
keine laterale Kommunikation					gering
keine gemeinsame Schnittstellentätigkeit		hoch			gering
fehlende fachliche Qualifikation			gering		
ZG: Zentralisierungsgrad, ÜF: Überschneidungsfreiheit, KG: Komplexitätsgrad, FG: Formalisierungsgrad, OK: Offenheit des Kommunikationskanals					

Bei großer Überschneidungsfreiheit der Tätigkeiten ist die Zusammenarbeit zwischen Mitarbeitern bei der Lösung von Problemen, die mit der Neuerung einhergehen, an den Schnittstellen der Tätigkeitsbereiche gering, da sich kein Mitarbeiter für die neuen Probleme für zuständig erachtet. Bei radikalen Umstellungen haben die Mitarbeiter aufgrund selteneren Erfahrungen mehr Schwierigkeiten im Umgang mit Zuständigkeitsproblemen als bei moderaten Umstellungen.

Bei geringem Komplexitätsgrad der Aufgaben gehen die Mitarbeiter einfach zu bewältigenden Tätigkeiten nach. Dies veranlaßt sie auch nicht, nach Problemlösungen bei Innovationsvorhaben zu suchen und ihre Fähigkeiten auf diesem Sektor zu entwickeln (vgl. Child, 1973, S. 4). Weiterhin hat dies zur Konsequenz, daß sie sich nicht während der Konzeptphase eines Innovationsvorhabens beteiligen, da sie dies nicht zu ihren eigentlichen Aufgaben rechnen. Radikale Umstellungen dürften in diesem Fall schwieriger zu bewältigen sein als moderate Umstellungen.

Falls wenig Kommunikation zwischen den Mitarbeitern stattfindet, teilen sie sich Probleme aufgrund der Innovation, die in einem anderen Tätigkeitsbereich auftreten können, und Wissen über die Anwendung einer neuen

Technik nicht immer mit. Wissen über Probleme in benachbarten Aufgabenbereichen existiert vielfach gar nicht. Damit radikale Umstellungen rasch verkraftet werden, kann solches Wissen oder dessen Weitergabe aber erforderlich sein.

4.3 Hypothesen

Folgende Meßvorschrift für niedrige obere Akzeptanzschwellen wird angenommen:

Neuerungsbedingte Willensbarrieren werden durch einen hohen Zentralisierungsgrad, eine große Überschneidungsfreiheit, einen geringen Komplexitätsgrad, einen hohen Formalisierungsgrad und wenig Kommunikation verstärkt. Eine Fähigkeitsbarriere liegt vor, wenn mindestens eine Merkmalsausprägung der Organisationsstrukur (große Überschneidungsfreiheit, geringer Komplexititätsgrad oder wenig Kommunikation) das Entstehen einer solchen Barriere vermuten läßt.

Quintessenz der theoretischen Überlegungen sind folgende drei Hypothesen:

Wenn Neuerungen bezwecken sollen, die Arbeitsleistung zu steigern, kommt es zu zielbedingten Willensbarrieren. Radikale Umstellungen werden dann weniger akzeptiert als moderate Umstellungen, mit der Folge, daß dieses Ziel weniger erreicht wird.

Falls Willensbarrieren oder Fähigkeitsbarrieren vorliegen, wird eine moderate Umstellung eher akzeptiert als eine radikale, um die Flexibilität, Reaktionsgeschwindigkeit und Arbeitsleistung zu verbessern.

Falls weder Willens- noch Fähigkeitsbarrieren vorliegen, ist die radikale Umstellung vorteilhafter, da der technologische Fortschritt rascher für das Unternehmen genutzt werden kann und die Mitarbeiter die radikale Umstellung akzeptieren.

4.4 Vorgehensweise und Befunde der Studie

Die nachfolgend skizzierte Studie fand im Herbst 1990 statt. Auskunftspersonen waren Mitglieder der Geschäftsleitung von 139 der 1124 im deutschsprachigen Raum angesiedelten Unternehmen, die zu diesem Zeitpunkt Anwender der Unternehmenssoftware SAP (System SAP-R/2) waren und für die Zwecke der Untersuchung aussagefähige Daten bereitstellten. Dieses Produkt besteht aus einem Basismodul und Erweiterungsmodulen für die Finanzbuchhaltung, Anlagenbuchhaltung, Kostenrechnung, Projektabwicklung, Personalwesen, Instandhaltung, Materialwirtschaft sowie Produktion und Vertrieb, die miteinander kombiniert werden können.

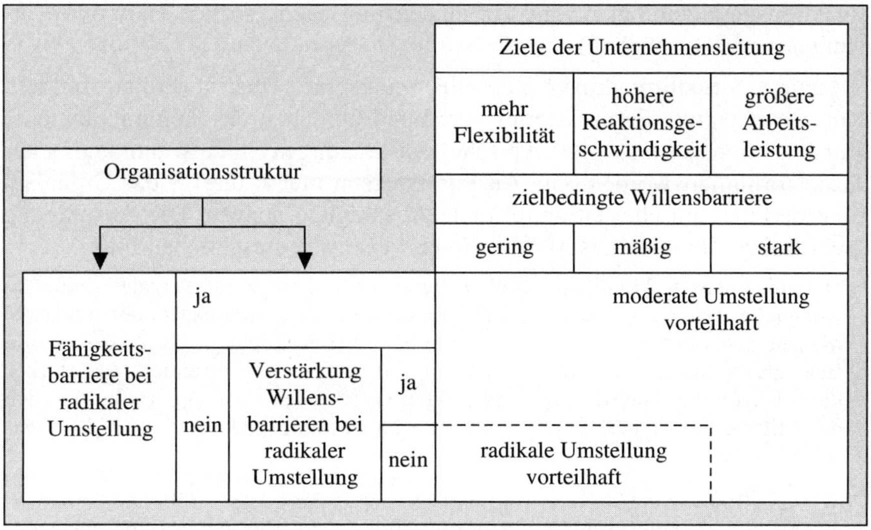

Abbildung 4: Segmentierung von Unternehmen hinsichtlich des akzeptierten Wandels aufgrund von Barrieren der Mitarbeiter

Die SAP-Anwender gaben an, welches Modul sie auf welchem Entwicklungsstand (Release) zu welchem Zeitpunkt installiert hatten. Nach Maßgabe dieser Übernahmehistorien wurden Umstellungen der Anwender eingeteilt:

- Moderate Umstellung: Erweiterungsmodule werden zeitlich verteilt eingeführt, neueste Versionen werden nicht immer installiert, sobald diese verfügbar sind, sondern mit Verzögerungen, wenn kurz zuvor eine Umstellung erfolgte, oder in Form einer zwar überarbeiteten, an sich aber technologisch schon veralteten Version.
- Radikale Umstellung: Die Erweiterungsmodule bzw. neue Versionen davon werden installiert, sobald sie verfügbar sind.

Die aufgezeichneten Übernahmemodalitäten waren in den betrachteten Unternehmen so lange, daß diese nach Augenschein zweifelsfrei dahingehend klassifiziert werden konnten, ob sie die Unternehmenssoftware moderat oder radikal eingeführt hatten.

Mögliche Übernahmeziele waren im Erhebungsbogen verbal beschrieben. Aus Paaren, zu denen die Ziele kombiniert waren, mußte dasjenige Zielpaar ausgewählt werden, das für die Unternehmungsleitung bei der Entscheidung für die Einführung von Unternehmenssoftware den Ausschlag gegeben hatte. Die Unternehmen wurden danach klassifiziert, welche Übernahmeziele vorrangig verfolgt worden sind (Indikator: Das Ziel zählte zu den zwei wichtigsten Übernahmezielen; als viertes Ziel war neben Flexibilität,

Reaktionsgeschwindigkeit und Arbeitsleistung auch „soziale Harmonie“ als Antwortvorgabe möglich).

Für die Strukturmerkmale Zentralisierungsgrad, Überschneidungsfreiheit, Komplexitätsgrad, Formalisierungsgrad und Offenheit des Kommunikationskanals waren jeweils vier typische Ausprägungen mittels umfangreicher Texte formuliert worden. Die Auskunftsperson mußte die für das Organisationsmerkmal am ehesten zutreffende Ausprägung nennen. Die Ausprägung „sehr hoher Komplexitätsgrad“ beispielsweise war umschrieben mit:

> „Für die meisten Mitarbeiter stellen die ihnen übertragenen Aufgaben außergewöhnliche Herausforderungen dar. Für nahezu alle Mitarbeiter des mittleren Managements treten ab und zu Probleme bei der Bewältigung ihrer Aufgaben auf. Eine große Anzahl von Mitarbeitern ist mit Aufgaben konfrontiert, die starken kurzfristigen und langfristigen Änderungen unterworfen sind. Die große Mehrheit der Mitarbeiter ist der Ansicht, daß ihre zu bewältigenden Aufgaben sehr verschiedenartig sind.“

Eine Fähigkeitsbarriere wurde angenommen, wenn bei mindestens einem von drei Strukturmerkmalen die ungünstigste Ausprägung vorlag (entweder besonders hoher Überschneidungsfreiheit oder besonders geringer Komplexitätsgrad oder besonders wenig Kommunikation). Eine neuerungsbedingte Willensbarriere wurde vermutet, wenn bei mehreren Strukturmerkmalen die als innovationshinderlich interpretierten Ausprägungen angegeben worden waren.

Der Erreichungsgrad der vier betrachteten Übernahmeziele Flexibilität, Reaktionsgeschwindigkeit, Arbeitsleistung und soziale Harmonie durch die Einführung der Unternehmenssoftware wurde mittels 6-stufiger Ratingskalen (1: nicht erreicht, 6: voll erreicht) von der Auskunftsperson erfragt.

Unterschiede der Mittelwerte von Zielerreichungsgraden wurden mittels t-Tests und des Mann-Whitney-U-Tests (Zweistichprobenfall) auf statistische Überzufälligkeit hin überprüft. Letzterer Test bietet sich vor allem für die Mittelwertvergleiche an, weil die hier verfügbaren Stichprobenumfänge klein sind, oder ein Kolmogoroff-Smirnoff-Test auf Normalverteilungsannahme negativ ausfällt. Alle Tests im Zweistichprobenfall waren einseitig angelegt, es wird immer ein 10%-Signifikanzniveau zugrundegelegt. Die signifikanten Unterschiede sind durch Unterstreichungen markiert.

Je Zelle ist in der Abbildung angegeben, welcher Zielerreichungsgrad im Mittel angegeben wird (1: nicht, 6: voll), wenn die moderate (m) oder die radikale Umstellung (r) gewählt worden ist. Die Fallzahl der Unternehmen, die dieses Übernahmeziel vorrangig verfolgt haben, ist in den Klammern genannt.

Den Hypothesen zufolge war zu erwarten, daß in zwei Fällen eine radikale und in sieben Fällen (Konstellationen) eine moderate Umstellung vorteilhaft ist. Die Tests können nur in vier Fällen die Hypothesen belegen:

				Ziele der Unternehmensleitung: mehr Flexibilität	höhere Reaktionsgeschwindigkeit	größere Arbeitsleistung
Fähigkeitsbarriere bei radikaler Umstellung	ja			m: 3.4 (11) r: 3.9 (10)	m: **4.3** (12) r: **2.3** (11)	m: 3.0 (15) r: 3.3 (15)
	nein	Verstärkung Willensbarrieren bei radikaler Umstellung	ja	m: **4.2** (18) r: **3.3** (20	m: 4.2 (14) r: 4.0 (14)	m: 3.6 (16) r: 3.7 (18)
			nein	m: **4.1** (13) r: **5.0** (13)	m: 4.9 (12) r: 3.3 (3)	m: **5.3** (8) r: **4.4** (11)

Abbildung 5: Moderate bzw. radikale Umstellung und Unternehmensziele

- Zur Steigerung der Flexibilität ist eine radikale Umstellung zu empfehlen, wenn Fähigkeitsbarrieren fehlen und Willensbarrieren gegen Neuerungen durch die Organisationsstruktur nicht verstärkt werden.
- Bei neuerungsbedingten Willensbarrieren ist eine moderate Umstellung zu empfehlen, falls Abläufe flexibler werden sollen.
- Zur Steigerung der Reaktionsgeschwindigkeit ist eine moderate Umstellung zu empfehlen, wenn Fähigkeitsbarrieren bestehen.
- Auch wenn Fähigkeits- und neuerungsbedingte Willensbarrieren fehlen, ist eine moderate Umstellung zu empfehlen, wenn auf die Steigerung der Arbeitsleistung abgezielt wird.

4.5 Kritische Würdigung

Die Ausgangsidee der Studie war es, daß Anbieter bei ihren Kunden Organisationsmerkmale und Übernahmeziele erfassen und damit entscheiden können, welchen Kunden sie eine moderate oder radikale Umstellung anraten und ihnen dann auch die Produkte in geeigneten Innovationshöhen und Innovationsintervallen anbieten. Intention der Analyse war es nicht zu erklären, warum ein bestimmtes Produkt übernommen wird, sondern welche Übernahmemodalitäten dem Kunden empfohlen werden sollten, um die Akzeptanz der Neuerung bei den Mitarbeitern zu berücksichtigen.

Es wurde der Versuch unternommen, aus Merkmalen der Organisationsstruktur und gewissen Übernahmezielen darauf zu schließen, wann eine moderate oder eine radikale Umstellung für den Übernehmer vorteilhaft ist.

Dabei wurde eine Reihe empirisch nicht belegter Verhaltenshypothesen zur Akzeptanz von Umstellungen innerbetrieblichen Abläufe durch die Mitarbeiter unterstellt. Die Testbefunde im Fallbeispiel stimmen zwar häufiger als nach dem Zufallsgesetz zu erwarten, mit den Erwartungen überein, aber eben nur zu einem geringen Anteil.

Solange freilich andere Empfehlungen für einen Hersteller fehlen, welchen Unternehmen er Produkte für moderate Umstellungen und welchen Unternehmen er Produkte für radikale Umstellungen anbieten soll, eröffnen die Ergebnisse zumindest empirisch zum Teil fundierte Hilfen für die Argumentation zugunsten des Angebotes moderater oder radikaler Umstellungen der innerbetrieblichen Abläufe bei Kunden.

5. Folgerungen

Der vom Marktpartner akzeptierte Wandel ist für vielfältige Entscheidungsprobleme im Marketing beachtenswert. Eine Mode darf weder „zu alt" noch „zu neu" sein, ein Handelsunternehmer muß sein Sortiment nach und nach erneuern und kann dabei zu radikal oder zu moderat vorgehen. Auch beim Angebot von Investitionsgütern muß berücksichtigt werden, daß der in ihnen enthaltene Wandel akzeptiert wird. Die explizite Berücksichtigung solcher Aspekte des Nachfragerverhaltens verspricht daher verbesserte Entscheidungen im Marketing.

Literaturverzeichnis

Abernathy, W. J./*Utterback,* M. (1978): Patterns of industrial innovation, in: Technology Review (No. 7), 1978, S. 40 - 47.

Baker, M. J. (1975): Marketing for new industrial products, London 1975.

Child, J. (1973): Strategies of control and organizational behavior, in: Administrative Science Quarterly, 18. Jg., 1973, S. 1 - 17.

— (1975): Prognose und Erklärung von Organisationsstrukturen, in: Grochla, E. (Hrsg.): Organisationstheorie, 1. Bd., Stuttgart, 1975, S. 118 - 139.

Donnelly, J. H./*Etzel,* M. J. (1974): Attempting to operationalize product newness: A reply to Ostlund and Tellefsen, in: Journal of Applied Psychology, Vol. 59, 1974, S. 761 - 763.

Gussmann, B. (1988): Innovationsfördernde Unternehmenskultur, München 1988.

Hage, J./*Dewar,* R. (1973): Elite values versus organizational structure in predicting innovation, in: Administrative Science Quarterly, 18. Jg., 1973, S. 279 - 290.

Kieser, A. (1973): Einflußgrößen der Unternehmensorganisation, Köln 1973.

Krüger, W./*Pfeiffer,* P. (1991): Eine konzeptionelle und empirische Analyse der Informationsstrategien und der Aufgaben des Informationsmanagements, in: Zeitschrift für betriebswirtschaftliche Forschung, 43. Jg., 1991, S. 21 - 43.

Ostlund, L. E./*Tellefsen,* B. (1974): Relationship between consumers' category width and trial of new products: A reappraisal, in: Journal of Applied Psychology, Vol. 59, 1974, S. 759 - 760.

Raju, P. S. (1981): Theories of exploratory behavior – Review and consumer research implications, in: Sheth, J. N. (ed.): Research in Marketing, Vol. 4, 1981, Greenwich, S. 223 - 249.

Rogers, E. M. (1983): Diffusion of innovations, 3rd ed., New York 1983.

Schmahl, K. (1986): Technologischer Wandel als innerbetriebliches Konfliktfeld, in: Staudt, E. (Hrsg.): Das Management von Innovationen, Frankfurt/Main, 1986, S. 434 - 445.

Thom, N. (1980): Grundlagen des betrieblichen Innovationsmanagements, 2. A., Königstein 1980.

Weiss, A. M. (1987): The effects of technological expectations on the industrial purchase decision – Theoretical analysis and empirical test, Madison 1987.

Witte, E. (1973): Organisation für Innovationsentscheidungen: Das Promotoren-Modell, Göttingen 1973.

Produktqualität, Kundenzufriedenheit und Unternehmensrentabilität

Eine branchenübergreifende Analyse

Von Andreas Herrmann

1. Hohe Produktqualität als Garant für dauerhaften Unternehmenserfolg?

In der vehementen Diskussion um den Erhalt bzw. die Steigerung der Kundenzufriedenheit erheischt die Verbesserung der Produktqualität als zentraler Erfolgsfaktor von Unternehmen große Aufmerksamkeit (vgl. Anderson/Sullivan, 1993, S. 125ff.; Fornell, 1992, S. 6ff. und Yi, 1991, S. 68ff.). So belegen zahlreiche empirische Untersuchungen, daß eine Qualitätsverbesserung des Leistungsangebotes die Zufriedenheit der Kunden erhöht (vgl. Anderson, 1994, S. 20ff.; Johnson/Fornell, 1991, S. 267ff.; Oliver, 1980, S. 460ff.; Oliver/Bearden, 1985, S. 235ff. und Oliver/DeSarbo, 1988, S. 495ff.). Da die Kundenzufriedenheit wiederum als die entscheidende Determinante des zukünftigen Unternehmenserfolges propagiert wird (vgl. Kotler, 1991, S. 19), liegt die Relevanz hochwertiger Güter und Dienste für die Existenzsicherung der Anbieter auf der Hand. Die Einsicht in diese Kausalität veranlaßte zahlreiche Unternehmen, unter dem Schlagwort „total quality management" verstärkt Maßnahmen zur Steigerung der Qualität ihrer Leistungen zu ergreifen.

Die Euphorie der Unternehmenspraxis gegenüber dem Konzept des „total quality management" erscheint jedoch nicht zwangsläufig gerechtfertigt, wie widersprüchliche Resultate hinsichtlich seiner Erfolgsträchtigkeit zeigen (vgl. Anderson/Fornell/Lehmann, 1994, S. 53ff.). Eine von Ernst & Young und der American Quality Foundation in den USA durchgeführte Studie verdeutlicht, daß die von vielen Anbietern eingeleitete Qualitätsoffensive weder ein Wachstum des Marktanteiles im Inland bewirkte noch zu einer Steigerung der Wettbewerbsfähigkeit der betrachteten Anbieter auf Auslandsmärkten führte (vgl. o.V. 1992(c)). Zu einem ähnlichen Ergebnis kommen Untersuchungen von A. T. Kearney und Arthur D. Little. Diesen zufolge konnten 104 von 130 britischen Unternehmen und 325 von 500 amerikanischen trotz umfassender Anstrengungen zur Verbesserung der Produktqualität die Rentabilität nicht erhöhen (vgl. o.V., 1992(a), S. 67 und o.V., 1992(b), S. 48).

Im Gegensatz dazu dokumentieren andere Veröffentlichungen die Existenz einer positiven Korrelation zwischen der Produktqualität und dem Unternehmenserfolg (vgl. Capon/Farley/Hoenig, 1990, S. 1143 ff.). Beispielsweise gelangen Buzzell, Chang, Gale und Phillips auf der Basis einer Analyse von PIMS-Daten zu dem Ergebnis, daß eine Qualitätsverbesserung der angebotenen Leistung bei den meisten der analysierten Unternehmen mit einer Steigerung der Rentabilität einhergeht (vgl. Phillips/Chang/Buzzell, 1983, S. 26 ff. und Buzzell/Gale, 1987). Die Begründung für den positiven Zusammenhang zwischen den beiden im Blickfeld stehenden Größen beruht auf der Argumentation, daß zufriedene Kunden einem einmal gekauften Produkt treu bleiben und auf diese Weise zur dauerhaften Absatzsicherung des Anbieters beitragen (vgl. Boulding/Staelin/Kalra/Zeithaml, 1993, S. 7 ff.; Fornell, 1992, S. 6 ff. und Reichheld/Sasser, 1990, S. 105 ff.).

Eine eindeutige Aussage über den Zusammenhang zwischen Produktqualität, Kundenzufriedenheit und Unternehmenserfolg läßt sich aus den dokumentierten Ergebnissen von in der Vergangenheit durchgeführten Analysen nicht ableiten. Vielmehr erscheint eine detaillierte Betrachtung notwendig. Dabei besteht das Anliegen zunächst darin, die zwischen den im Zentrum stehenden Konstrukten existierenden Relationen als Hypothesen zu formulieren und diese theoretisch zu fundieren. Daraufhin dient eine branchenübergreifende Untersuchung der Überprüfung der postulierten Beziehungen. Den Abschluß der Ausführungen bildet die Erörterung von Implikationen für marketingpolitische Aktivitäten.

2. Der Zusammenhang zwischen Produktqualität, Kundenzufriedenheit und Unternehmenserfolg

Im Mittelpunkt des Interesses stehen zwei Hypothesen: Die erste postuliert einen positiven Zusammenhang zwischen der Qualität eines Produktes und der Zufriedenheit des Kunden (vgl. Anderson/Sullivan, 1993, S. 126 f.; Churchill/Suprenant, 1982, S. 491 ff. und Fornell, 1992, S. 7 f.), die wiederum, so die Aussage der zweiten Hypothese, maßgeblich zur Verbesserung des Unternehmenserfolges beiträgt (vgl. Abb. 1). Den Kern der betrachteten Kausalbeziehung bildet folglich das Konstrukt Kundenzufriedenheit, dem gerade in der neueren Marketingliteratur eine hohe Bedeutung beigemessen wird (vgl. für einen Überblick über den Stand der Zufriedenheitsforschung im Marketingbereich v.a. Schütze, 1992, S. 120 ff.). Aus der Fülle der vorliegenden Definitionsansätze (vgl. zusammenfassend Schütze, 1992, S. 124 ff.; Lingenfelder/Schneider, 1991, S. 110 ff.) eignet sich für die Zwecke dieser Darstellung die Begriffsbestimmung von Anderson:

„... consumer satisfaction is generally construed to be a postconsumption evaluation dependent on perceived quality or value, expectations, and confirmation/disconfirmation – the degree (if any) of discrepancy between actual and expected quality ..." (Anderson 1994, S. 20).

Dieser Definition zufolge ergibt sich die (Un-)Zufriedenheit aus einem komplexen Informationsverarbeitungsprozeß, der im Kern aus einem Soll-Ist-Vergleich zwischen der Erfahrung eines Nachfragers mit der erlebten Leistung (Ist) und seiner Erwartung hinsichtlich der Zwecktauglichkeit des Produktes (Soll) besteht. Die aus dem Vergleich resultierende Kongruenz bzw. Divergenz zwischen der erlebten und erwarteten Produktqualität bildet das Konstrukt (Nicht-)Bestätigung ab (vgl. auch Dichtl et al., 1981).

Interessanterweise besteht zwischen der (Nicht-)Bestätigung und der (Un-)Zufriedenheit im Hinblick auf ein bestimmtes Objekt eine asymmetrische Beziehung (Einhorn/Hogarth, 1981, S. 53ff. und Kahneman/Tversky, 1979, S. 263ff.). Diese Überlegung geht aus der „prospect theory" hervor und äußert sich darin, daß die Unzufriedenheit eines Kunden bei Nicht-Bestätigung seiner Erwartung wesentlich höher ist als seine Zufriedenheit im Falle einer im Ausmaß identischen Bestätigung der von ihm erhofften Produktqualität.

Ob ein Kunde nach dem Kauf seine Erwartung als bestätigt erachtet und demzufolge mit der Leistung des Anbieters zufrieden ist, hängt in erster Linie von der wahrgenommenen Qualität ab. Die Qualitätswahrnehmung geht unmittelbar mit dem Konsumerlebnis einher und läßt sich als globales Urteil eines Nachfragers bezüglich der Zwecktauglichkeit eines Produktes charakterisieren (vgl. Zeithaml, 1988, S. 3). Dabei beurteilt der Kunde jede für ihn relevante Eigenschaft des erworbenen Produktes im Hinblick auf den von ihm beabsichtigten Verwendungszweck, um anschließend die Teilurteile auf der Basis einer bestimmten Regel zu einem globalen Qualitätsurteil zu verknüpfen (vgl. Wright, 1975, S. 60ff.).

Die Erwartung des Kunden repräsentiert ein bestimmtes Qualitätsniveau, das dieser an ein Produkt stellt. Sie dient dem Konsumenten als Beurteilungsmaßstab, an dem er die wahrgenommene Qualität der konsumierten Leistung mißt. Das Niveau der Erwartung entsteht dabei zum einen aus den vorangegangenen Konsumerlebnissen, also der Erfahrung mit dem interessierenden Produkt in der Vergangenheit. Zum anderen, und dies gilt in besonderem Maße für den Fall des erstmaligen Erwerbs und/oder Konsums einer betimmten Leistung, leitet ein Konsument neben anderen Vorinformationen vor allem aus den Preisen der zur Auswahl stehenden Alternativen eine Vorstellung über die Qualität eines bestimmten Produktes ab.

Die Postulierung der zweiten Hypothese, des positiven Zusammenhangs zwischen der Kundenzufriedenheit und dem Unternehmenserfolg, knüpft an folgenden Überlegungen an: Wie zahlreiche Untersuchungen verdeutlichen,

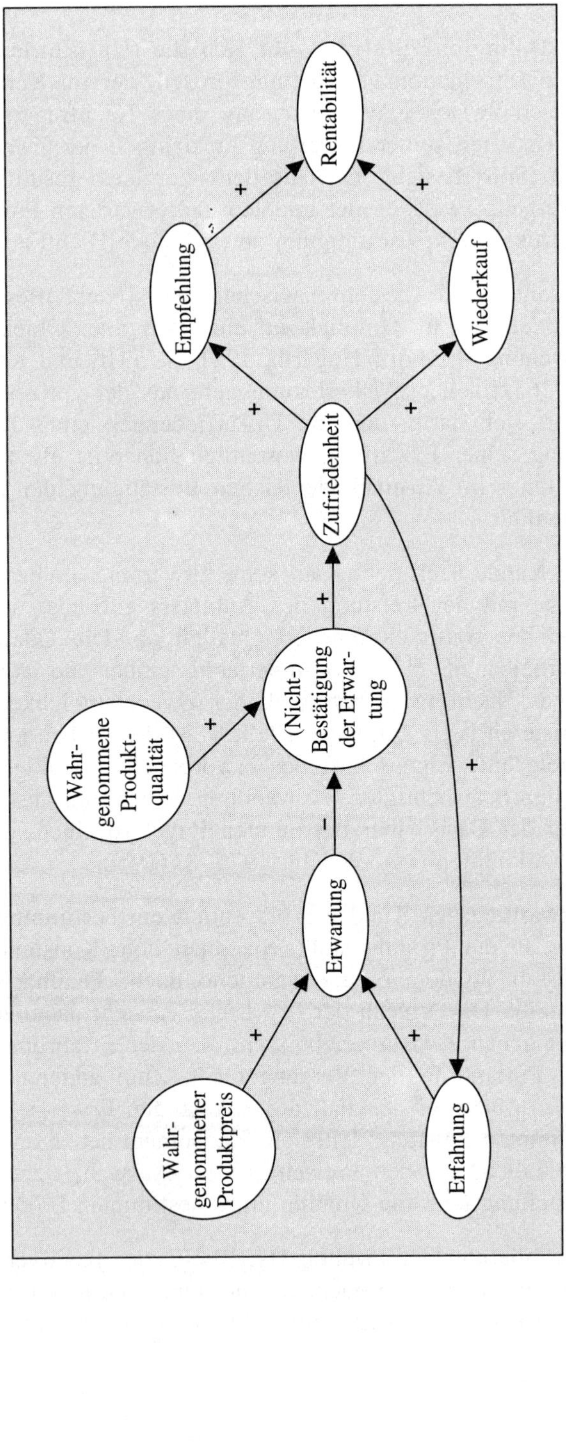

Abbildung 1: Der Zusammenhang zwischen Produktqualität, Zufriedenheit und Rentabilität

weisen zufriedene Kunden eine große Loyalität gegenüber einer einmal erworbenen Leistung eines bestimmten Anbieters auf (vgl. Burmann, 1991, S. 249ff.; Fornell, 1992, S. 16ff.). Die damit verbundene Wiederkaufrate sichert dem Unternehmen eine dauerhafte Absatzbasis (vgl. Reichheld/Sasser, 1990, S. 105ff.) und die loyalen Kunden verkörpern somit einen „asset value". Dies sei anhand eines Beispiels dokumentiert: Mit Hilfe der Kapitalwertmethode läßt sich zeigen, daß der Barwert des Umsatzes, den z.B. ein Restaurant mit 100 loyalen Besuchern, die an 200 Arbeitstagen pro Jahr jeweils ein Menü für 8 DM verzehren, bei einem Zinssatz von acht Prozent und einem Zeitraum von fünf Jahren ca. 640000 DM beträgt.

Ein weiteres Argument, das zur Untermauerung der Hypothese ins Feld geführt werden kann, bildet die mit einer hohen Zufriedenheit einhergehende Reduzierung der Preiselastizität der Kunden. Zufriedene Nachfrager zeigen eine höhere Bereitschaft, mehr für eine Leistung zu bezahlen, und wandern dementsprechend bei einer Preiserhöhung nicht sofort zu einem Wettbewerber mit einem preisgünstigeren Angebot ab. Diese niedrige Preissensibilität eröffnet dem betreffenden Anbieter eine Fülle preispolitischer Aktionsmöglichkeiten und reduziert gleichzeitig die taktischen Optionen der Konkurrenten. Häufig reichen nicht einmal beachtliche Preisabschläge und unentgeltliche Zusatzleistungen (z.B. kostenlose Zulieferung und Wartung) aus, um einen zufriedenen Konsumenten abzuwerben.

Darüber hinaus erhöht die Kundenzufriedenheit auch das „cross selling"-Potential eines Anbieters, da zufriedene Kunden eher geneigt sind, größere Mengen zu beziehen und unter Umständen auch zu anderen Leistungen aus dem Sortiment zu greifen (vgl. Reichheld/Sasser, 1990, S. 108ff. und Anderson/Fornell/Lehmann, 1994, S. 55ff.).

Schließlich entsteht ein weiterer positiver Effekt auf den Unternehmenserfolg durch die verstärkte Neigung zufriedener Kunden, die Vorteile eines Produktes (und möglicherweise die Nachteile des Konkurrenzangebotes) anderen Konsumenten zu vermitteln. Diese Mund-zu-Mund-Werbung zeichnet sich durch ein hohes Maß an Glaubwürdigkeit aus und erleichtert dadurch die Akquisition von Neukunden. Zusätzlich trägt die damit einhergehende gute Reputation des Anbieters dazu bei, neue Produkte erfolgreich am Markt zu plazieren, die entscheidenden Absatzkanäle zu besetzen und leistungsfähige Zulieferer zu gewinnen (vgl. Sullivan, 1987).

Schon die knappe Betrachtung zeigt, daß die Postulierung einer positiven Beziehung zwischen den hier im Zentrum der Analyse stehenden Konstrukten Produktqualität, Kundenzufriedenheit und Unternehmenserfolg sowohl aus theoretischer Sicht als auch aus „common sense"-Überlegungen heraus naheliegt. In Anbetracht der anfangs diskutierten kontroversen

Ergebnisse von in der Vergangenheit durchgeführten Untersuchungen und der damit aufgeworfenen Frage nach branchenspezifischen Unterschieden erscheint die empirische Überprüfung des diskutierten Zusammenhangs jedoch unabdingbar.

3. Das Modell im Test

Für einen empirischen Test des diskutierten Kausalzusammenhangs zwischen Produktqualität, Kundenzufriedenheit und Unternehmenserfolg erscheint eine branchenübergreifende Betrachtung sinnvoll, um festzustellen, ob sich die widersprüchlichen Ergebnisse der anfangs zitierten Untersuchungen eventuell auf Branchenunterschiede zurückführen lassen. Gleichzeitig entspricht diese Methode dem wissenschaftstheoretischen Anspruch einer vergleichsweise hohen Reichweite theoretischer Überlegungen.

Als Datenbasis dient eine von einer Marktforschungsgesellschaft in den USA im Jahr 1993 durchgeführte empirische Untersuchung, bei der 3200 Konsumenten bezüglich ihrer Erwartungen, Erfahrungen und Qualitätswahrnehmungen im Hinblick auf die Leistungen von 112 Unternehmen aus der Automobil-, Luftverkehrs-, Bank-, Computer- und Reisebranche befragt wurden. Bei der Auswahl der Branchen wurde besonderen Wert auf die Berücksichtigung von Wirtschaftszweigen mit einer nicht unerheblichen gesamtwirtschaftlichen Bedeutung gelegt.

Die Messung aller in das Modell einbezogenen Größen (vgl. Abb. 1) basiert auf einer Siebener-Skala (vgl. hierzu auch Beeskow, 1985, S. 81 ff.). Bei einer zwar unter meßtheoretischen Gesichtspunkten wünschenswerten Erfassung der einzelnen Konstrukte mittels mehrerer Indikatoren bestünde die Gefahr, daß die Vergleichbarkeit der Ergebnisse aufgrund der jeweils branchenspezifisch unterschiedlichen Indikatoren nicht gewährleistet wäre.

Zur Bestimmung der interessierenden Parameter fiel die Wahl auf ein regressionsanalytisches Schätzverfahren. Für dessen Durchführung bedarf es der Überführung des diskutierten Wirkungszusammenhangs in eine ökonometrische Struktur:

$$y_1 = \beta_1 x_1 + \beta_2 y_2 + \varepsilon_1 \quad (1)$$

$$y_2 = \beta_3 y_4 + \varepsilon_2 \quad (2)$$

$$y_3 = \beta_4 x_2 + \beta_5 y_1 + \varepsilon_3 \quad (3)$$

$$y_4 = \beta_6 y_3 + \varepsilon_4 \quad (4)$$

$$y_5 = \beta_7 y_4 + \varepsilon_5 \quad (5)$$

$$y_6 = \beta_8 y_4 + \varepsilon_6 \quad (6)$$

$$y_7 = \beta_9 y_5 + \beta_{10} y_6 + \varepsilon_7 \quad (7)$$

Dabei bedeuten:

x_1 = Wahrgenommener Produktpreis, x_2 = Wahrgenommene Produktqualität, y_1 = Erwartung, y_2 = Erfahrung, y_3 = (Nicht-)Bestätigung der Erwartung, y_4 = Zufriedenheit, y_5 = Empfehlung, y_6 = Wiederkauf, y_7 = Rentabilität.

Die Gleichungen 1 bis 7 repräsentieren ein interdependentes Gleichungssystem, dessen zentrales Merkmal darin besteht, daß eine erklärende Variable einer Gleichung als zu erklärende Variable in einer anderen Gleichung erscheint. Dabei taucht jedoch das Problem der Heteroskedastizität auf, welches besagt, daß die Varianzen der Residuen nicht konstant sind, sondern von den Werten der Prädiktoren abhängen. Folglich lägen bei einer klassischen Regressionsanalyse ineffiziente Schätzwerte für die Funktionsparameter vor, weshalb Prognosefehler aufträten. Außerdem ließen sich die Verfahren zur Überprüfung der statistischen Signifikanz der geschätzten Parameter (z.B. t-Test) nicht anwenden.

Zur Lösung eines interdependenten Gleichungssystems liefert die Ökonometrie eine Reihe von Schätzmethoden, deren Tauglichkeit von der mathematisch-statistischen Beschaffenheit des betrachteten Modells abhängt (vgl. Hujer/Cremer, 1978, S. 237ff.). Zur Bewältigung der vorliegenden Aufgabe eignet sich die „Two Stage Least Squares (2SLS)"-Methode, die darauf abzielt, die interessierenden Gewichtungsfaktoren in zwei Schritten zu bestimmen (vgl. Gujarati, 1988, S. 603ff.).

Im ersten Schritt geht es darum, die Parameter der „reduzierten Form" mit dem „Ordinary Least Squares (OLS)"-Verfahren zu ermitteln. Hierbei dienen alle vorherbestimmten Variablen (x_1, x_2) als Prädiktoren, während jene Größen, die die Interdependenz bewirken $(y_1, y_2, y_3, y_4, y_5, y_6)$, als Kriteriumsvariablen fungieren. Der zweite Schritt besteht darin, die ursprünglichen Beobachtungswerte von y_1, y_2, y_3, y_4, y_5 und y_6 durch die zuvor ermittelten Schätzwerte zu ersetzen, um im Anschluß die OLS-Methode auf das transformierte Gleichungssystem anwenden.

Die Analyse der Rohdaten führt in den einzelnen Branchen zu folgenden Ergebnissen:

Automobilindustrie:

(1a) $y_1 = 0{,}27^* x_1 + 0{,}42 y_2$ $(R^2 = 0{,}27)$

(2a) $y_2 = 0{,}18^* y_4$ $(R^2 = 0{,}45)$

(3a) $y_3 = 0{,}14^* x_2 + 0{,}09^* y_1$ $(R^2 = 0{,}31)$

(4a) $y_4 = 0{,}27^* y_3$ $(R^2 = 0{,}43)$

(5a) $y_5 = 0{,}18^* y_4$ $(R^2 = 0{,}46)$

(6a) $y_6 = 0{,}69^* y_4$ $(R^2 = 0{,}29)$

(7a) $y_7 = 0{,}14^* y_5 + 0{,}23^* y_6$ $(R^2 = 0{,}38)$

Fluggesellschaften:

(1b) $y_1 = 0{,}15^* x_1 + 0{,}18 y_2$ $(R^2 = 0{,}34)$

(2b) $y_2 = 0{,}26^* y_4$ $(R^2 = 0{,}46)$

(3b) $y_3 = 0{,}67^* x_2 + 0{,}12^* y_1$ $(R^2 = 0{,}21)$

(4b) $y_4 = 0{,}86^* y_3$ $(R^2 = 0{,}57)$

(5b) $y_5 = 0{,}36^* y_4$ $(R^2 = 0{,}37)$

(6b) $y_6 = 0{,}42^* y_4$ $(R^2 = 0{,}28)$

(7b) $y_7 = 0{,}19^* y_5 + 0{,}41^* y_6$ $(R^2 = 0{,}38)$

Banken:

(1c) $y_1 = 0{,}19^* x_1 + 0{,}31^* y_2$ $(R^2 = 0{,}59)$

(2c) $y_2 = 0{,}43^* y_4$ $(R^2 = 0{,}36)$

(3c) $y_3 = 0{,}59^* x_2 + 0{,}33^* y_1$ $(R^2 = 0{,}27)$

(4c) $y_4 = 0{,}72^* y_3$ $(R^2 = 0{,}16)$

(5c) $y_5 = 0{,}19^* y_4$ $(R^2 = 0{,}34)$

(6c) $y_6 = 0{,}36^* y_4$ $(R^2 = 0{,}43)$

(7c) $y_7 = 0{,}22^* y_5 + 0{,}23^* y_6$ $(R^2 = 0{,}28)$

Computerindustrie:

(1d) $y_1 = 0{,}18^* x_1 + 0{,}27 y_2$ $(R^2 = 0{,}28)$

(2d) $y_2 = 0{,}22 y_4$ $(R^2 = 0{,}34)$

(3d) $y_3 = 0{,}27^* x_2 + 0{,}09^* y_1$ $(R^2 = 0{,}46)$

(4d) $y_4 = 0{,}49^* y_3$ $(R^2 = 0{,}49)$

(5d) $y_5 = 0{,}33^* y_4$ $(R^2 = 0{,}54)$

(6d) $y_6 = 0{,}39^* y_4$ $(R^2 = 0{,}19)$

(7d) $y_7 = 0{,}31^* y_5 + 0{,}07^* y_6$ $(R^2 = 0{,}26)$

Reiseveranstalter:

(1e) $y_1 = 0{,}31^* x_1 + 0{,}27^* y_2$ $(R^2 = 0{,}21)$

(2e) $y_2 = 0{,}14 y_4$ $(R^2 = 0{,}36)$

(3e) $y_3 = 0{,}82^* x_2 + 0{,}43^* y_1$ $(R^2 = 0{,}16)$

(4e) $y_4 = 0{,}67^* y_3$ $(R^2 = 0{,}56)$

(5e) $y_5 = 0{,}31^* y_4$ $(R^2 = 0{,}37)$

(6e) $y_6 = 0{,}39^* y_4$ $(R^2 = 0{,}16)$

(7e) $y_7 = 0{,}43^* y_5 + 0{,}26^* y_6$ $(R^2 = 0{,}26)$

Dabei gilt:

* = Signifikant bei einer Irrtumswahrscheinlichkeit von 5%.

Um die Resultate vergleichen zu können, bedarf es sowohl einer Analyse der Richtung als auch der Stärke der in den einzelnen Gleichungen abgebildeten Kausalzusammenhänge: Was die Wirkungsrichtung betrifft, bestätigen die Ergebnisse in allen Fällen den vermuteten positiven Zusammenhang zwischen Produktqualität, Kundenzufriedenheit und Rentabilität. Der Höhe nach ergeben sich jedoch zum Teil branchenspezifische Unterschiede: So beeinflußt die (Nicht-)Bestätigung der Erwartung die Zufriedenheit der Kunden von Dienstleistern in einem höheren Maße als dies bei Anbietern von produzierten Gütern der Fall ist. Parallel dazu zeigt sich bei Unternehmen des Dienstleistungssektors auch eine stärkere Wirkung der wahrgenommenen Produktqualität auf die (Nicht-)Bestätigung der Erwartungen.

Die Frage nach der Ursache für die stärkere Wirkung der Qualitätswahrnehmung auf die (Nicht-)Bestätigung der Erwartungen und wiederum dieser auf die Zufriedenheit der Kunden von Dienstleistungsanbietern läßt sich auf die geringere Standardisierbarkeit von Dienstleistungen zurückführen. Die Kunden besitzen aufgrund dieser eine geringere Kenntnis über das übliche Qualitätsniveau der betreffenden Leistungsart. Dies führt dazu, daß die Bestätigung ihrer Erwartungen in weit höheren Maße von der im jeweiligen Fall tatsächlich wahrgenommenen Qualität der Leistung abhängt als dies bei Abnehmern von produzierten Gütern der Fall ist. Umgekehrt gilt, und dies in besonderem Maße für Branchen wie die Automobil- und Computerindustrie, die durch einen hohen Reifegrad gekennzeichnet sind, daß aufgrund des stark standardisierten Angebots die Qualität der Leistungen der Konkurrenten nur geringfügige Unterschiede aufweist und die tatsächliche Qualitätswahrnehmung des Konsumenten damit an Bedeutung verliert (vgl. in einem anderen Kontext auch Bauer, 1983, S. 15ff.).

4. Implikationen für die Marketingpolitik

Die branchenübergreifende Betrachtung dokumentiert, daß offensichtlich ein positiver Zusammenhang zwischen Produktqualität, Kundenzufriedenheit und Unternehmensrentabilität besteht. Entsprechend lohnt es sich grundsätzlich für einen Anbieter, in marketingpolitische Aktivitäten zu investieren, die zu einer Steigerung der Produktqualität und Kundenzufriedenheit führen. Im Dienstleistungssektor gewinnt die Qualitätswahrnehmung des Konsumenten jedoch eine entscheidende Bedeutung für das Entstehen von Zufriedenheit bzw. Unzufriedenheit. Dies impliziert, daß Dienstleistungsanbieter von „total quality"-Maßnahmen wie Mitarbeiterschulung, Qualitätssicherung und Beschwerdemanagement sehr viel stärker profitieren als Unternehmen im produzierenden Gewerbe. Für diese erweisen sich qualitätssteigernde Maßnahmen stets als kostenintensiv bei einem lediglich mäßig positiven Einfluß auf die Kundenzufriedenheit. Insofern erscheint es für diese Unternehmen ratsam, vor einer Umsetzung des „total quality"-Managementkonzepts dieses im Hinblick auf das damit verbundene Kosten-Nutzen-Verhältnis kritisch zu überprüfen.

Literaturverzeichnis

Anderson, E. W. (1994): Cross-Category Variation in Customer Satisfaction and Retention, in: Marketing Letters, Vol. 5, 1994, S. 19 - 30.

Anderson, E. W./*Fornell,* C./*Lehmann,* D. R. (1994): Customer Satisfaction, Market Share, and Profitability: Findings from Sweden, in: Journal of Marketing, Vol. 58, 1994, S. 53 - 66.

Anderson, E. W./*Sullivan,* M. W. (1993): The Antecedents and Consequences of Customer Satisfaction for Firms, in: Marketing Science, Vol. 12, 1993, S. 125 - 143.

Bauer, H. H. (1983): Die Determinanten der Markentreue beim Automobilkauf, in: Dichtl, E./Raffée, H./Potucek, V. (Hrsg.), Marktforschung im Automobilsektor, Frankfurt a.M., 1983, S. 15 - 37.

Beeskow, W. (1985): Qualität der Versorgung und Versorgungszufriedenheit, Frankfurt a.M. 1985.

Boulding, W./*Staelin,* R./*Kalra,* A./*Zeithaml,* V. (1993): A Dynamic Process Model of Service Quality: From Expectations to Behavioral Intentions, in: Journal of Marketing Research, Vol. 30, 1993, S. 7 - 27.

Burmann, C. (1991): Konsumentenzufriedenheit als Determinante der Marken- und Händlerloyalität, in: Marketing ZFP, Vol. 10, 1991, Heft 4, S. 249 - 258.

Buzzell, R. D./*Gale,* B. T. (1987): The PIMS Principles, New York, N.Y. 1987.

Capon, N./*Farley,* J. U./*Hoenig,* S. (1990): Determinants of Financial Performance: A Meta-Analysis, in: Management Science, Vol. 36, 1990, S. 1143 - 1159.

Churchill, G. A./*Suprenant,* C. (1982): An Investigation into the Determinants of Customer Satisfaction, in: Journal of Marketing Research, Vol. 19, 1982, S. 491 - 504.

Dichtl, E./*Beeskow,* W./*Finck,* G./*Müller,* S. (1981): Entscheidungsgrundlage für eine verbrauchergerechte Versorgung mit Waren des täglichen Bedarfs, Bericht aus dem Sonderforschungsbereich 24 der Universität Mannheim, Mannheim 1981.

Einhorn, H. J./*Hogart,* R. M. (1981): Behavioral Decision Theory: Processes of Judgement and Choice, in: Annual Review of Psychology, Vol. 32, 1981, S. 53 - 88.

Fornell, C. (1992): A National Customer Satisfaction Barometer: The Swedish Experience, in: Journal of Marketing, Vol. 56, 1992, S. 6 - 21.

Gujarati, D. N. (1988): Basic Econometrics, 2. Aufl., New York, N.Y. 1988.

Hujer, R./*Cremer,* R. (1978): Methoden der empirischen Wirtschaftsforschung, München 1978.

Johnson, M. D./*Fornell,* C. (1991): A Framework for Comparing Customer Satisfaction across Individuals and Product Categories, in: Journal of Economic Psychology, Vol. 12, 1991, S. 267 - 286.

Kahneman, D./*Tversky,* A. (1979): Prospect Theory: An Analysis of Decision Under Risk, in: Econometrica, Vol. 47, 1979, S. 263 - 291.

Kotler, P. (1991): Marketing Management – Analysis, Planning, Implementation, and Control, 7. Aufl., Englewood Cliffs, N.J. 1991.

Lingenfelder, M./*Schneider,* W. (1991): Die Kundenzufriedenheit: Bedeutung, Meßkonzept und empirische Befunde, in: Marketing ZFP, Vol. 10, 1991, Heft 2, S. 109 - 119.

Oliver, R. L. (1980): A Cognitive Model of the Antecedents and Consequences of Satisfaction Decisions, in: Journal of Marketing Research, Vol. 17, 1980, S. 460 - 469.

Oliver, R. L./*Beardon,* W. O. (1985): Disconfirmation Processes and Consumer Evaluations in Product Usage, in: Journal of Business Research, Vol. 13, 1985, S. 235 - 246.

Oliver, R. L./*DeSarbo,* W. (1988): Response Determinants in Satisfaction Judgements, in: Journal of Consumer Research, Vol. 14, 1988, S. 495 - 507.

o.V. (1992(a)): The Cracks in Quality, in: The Economist, 1992, Heft 4, S. 67 - 68.

o.V. (1992(b)): The Cost of Quality, in: Newsweek, 1992, Heft 5, S. 48 - 51.

o.V. (1992(c)): Report of the American Quality Foundation, New York, N.Y. 1992.

Phillips, L. W./*Chang,* D./*Buzzell,* R. (1983): Product Quality, Cost Position, and Business Performance: A Test of Some Key Hypotheses, in: Journal of Marketing, Vol. 47, 1983, S. 26 - 43.

Reichheld, F. F./*Sasser,* W. E. (1990): Zero Defections: Quality Comes to Services, in: Harvard Business Review, Vol. 68, 1990, S. 105 - 111.

Schütze, R. (1992): Kundenzufriedenheit: After-Sales-Marketing auf industriellen Märkten, Wiesbaden 1992.

Sullivan, M. W. (1987): Reputation in Multi-Product Brands, Ph. D. Dissertation, Department of Economics, The University of Chicago 1987.

Wright, P. (1975): Consumer Choice Strategies: Simplifying versus Optimizing, in: Journal of Marketing Research, Vol. 12, 1975, S. 60 - 67.

Yi, Y. (1991): A Critical Review of Customer Satisfaction, in: Zeithaml, V. A. (Hrsg.), Review of Marketing 1991, Chicago, Ill. 1991, S. 68 - 123.

Zeithaml, V. A. (1988): Consumer Perceptions of Price, Quality, and Value: A Means-End Model and Synthesis of Evidence, in: Journal of Marketing, Vol. 52, 1988, S. 2 - 22.

Kundenorientierung – Stiefkind des Marketing?

Von Uwe Thomas

Seit Jahrzehnten setzen sich Praxis wie Wissenschaft mit „Marketing" auseinander. Der Informationsschatz zum Thema explodierte, und praktisch keine Bildungseinrichtung, die sich mit wirtschaftlichen Fragestellungen beschäftigt, vermochte dem Trend auszuweichen.

Angesichts einer Vielzahl renommierter Lehrinstitutionen und einer Fülle von in Marketing und Vertriebsfragen ausgebildeten Praktikern möchte man meinen, daß die Kernbotschaft des Marketing, nämlich die Ausrichtung allen unternehmerischen Denkens und Handelns auf den Kunden, in unserem Wirtschaftsalltag fest verankert ist. Doch wer stellte als Verbraucher nicht regelmäßig das Gegenteil fest? Müssen sich nicht gar diejenigen, die Marketing aktiv vertreten, gelegentlich über das „Marketing-Verhalten" ihrer Kollegen vom Fach wundern? Daß wir uns als Fragesteller selbstredend außerhalb der Schußlinie befinden, steht außer Zweifel. Oder doch nicht (immer)?

Ein Blick in die Diskussion der jüngeren Vergangenheit offenbart, daß man sich in Fachkreisen durchaus der Gefahren eines unzureichend entwickelten oder eines nicht bzw. schlecht umgesetzten Marketing bewußt ist (vgl. Dichtl, 1991; Fritz, 1993; Wiedmann, 1993). Wenn in erwiesenermaßen erfolgreichen Unternehmen Vorstandsressorts ersatzlos gestrichen werden (vgl. z.B. die Auflösung des Vertriebsressorts im Vorstand der BMW AG 1993), wenn die Auflösung der Marketing-Abteilung diskutiert wird (vgl. Rominski, 1994), dem Marketing als Teil der Betriebswirtschaftslehre selbst von anerkannten Wissenschaftlern selbstkritisch ein Rückstand gegenüber der Forschung in den USA von bis zu 10 Jahren attestiert wird (vgl. Simon, 1993), muß Marketing hierzulande hinterfragt werden.

Konzentrieren wir uns im weiteren auf den Nucleus des Marketing, das Konstrukt Kundenorientierung, läßt sich festhalten, daß Branchenuntersuchungen und Unternehmensbefragungen diesbezüglich immer wieder wenig Erfreuliches zutage fördern. So stellt beispielsweise nahezu ein Fünftel der unlängst im Rahmen einer Untersuchung zum Thema „Manager-Mängel" befragten Vorgesetzten fest, daß es den Mitarbeitern vor allem an einer ausreichenden Kundenorientierung fehlt (vgl. Kreiterling & Partner, 1994), weder für die beurteilten Manager noch für die verantwortlichen Personalabteilungen und Vorgesetzten ein rosiges Ergebnis.

Die Konsequenzen, die man in den Unternehmen aus derlei Befunden zieht, sind bekannt: Man brütet über „Organisationsarchitekturen, die den Idealen Kundennähe, Flexibilität und Schnelligkeit gerecht werden" (Hanser, 1993, S. 36). Nach einer Untersuchung der Düsseldorfer Unternehmensberatung Droege & Comp. planen gar 50 Prozent von annähernd 800 in ganz Europa befragten Unternehmen eine grundlegende Reorganisation ihrer Unternehmensstrukturen, wobei als vorrangiges Ziel die Verbesserung der Kundenorientierung (70 Prozent der Befragten) genannt wird (vgl. Droege, 1994). Wir stehen mithin vor einem keinesfalls nationalen Phänomen.

Meist werden derartige „Operationen" der Unternehmen nicht von jenen alleine vorgenommen, sondern mit Hilfe und anhand der Konzepte externer Spezialisten. Nicht selten wird dabei die schnelle Hilfe von außen zur Droge. Bleibt die Frage, ob die Unternehmen nicht vielfach ihre eigenen Fähigkeiten, ihre „innere Kraft" zur Anpassung an alte wie neue Herausforderungen zu wenig nutzen, im Laufe der Zeit womöglich gar verlieren. Sollte sich in der Marketing- und Vertriebspraxis wirklich ein Gutteil von Erwerbstätigen finden, der den Kern seiner „mission" nicht verstanden hat? Wir stünden vor einer katastrophalen Erkenntnis, zumal wenn man weiß, daß die Zielsetzung „Kundenorientierung" von 70 Prozent aller europäischen Großunternehmen in ihren Unternehmensleitlinien explizit postuliert wird (vgl. Schlegelmilch, 1990, S. 371).

1. Kundenorientierung im Kopf der Mitarbeiter

Wenn wir der Frage nachgehen, wieviel Selbstheilungskräfte ein Unternehmen besitzt, das für sich von einer zumindest nicht optimalen Kundenorientierung auszugehen hat, gilt es am einzelnen Mitarbeiter anzusetzen. Unabhängig vom Unternehmensbereich, der jeweiligen Funktion, der Existenz eines direkten oder nur mittelbaren Kundenkontaktes ist evident, daß der Einzelne die Kundenzufriedenheit im Positiven wie im Negativen permanent mehr oder weniger meßbar beeinflußt. Sein Grad an Kundenorientierung entscheidet darüber, ob er sich dessen bewußt ist und sein Wissen gezielt einsetzt.

Es gilt somit die Frage zu beantworten, auf welchem Wege sich schnell und pragmatisch Einblicke bezüglich der Kundenorientierung von Mitarbeitern gewinnen lassen. Anhand einer explorativen Studie werden hierzu im folgenden schlaglichtartig einige Befunde vorgestellt. Dabei wird bewußt nicht auf das Verhalten, sondern auf themenspezifische Einstellungen bezüglich Kundenorientierung abgestellt. An der letztlich verhaltensprägenden „Orientierung“ auf den Kunden hin läßt sich erkennen, inwieweit der Einzelne das „Prinzip Kundenorientierung“ zumindest verstanden hat.

Wenn wir von gezielt destruktiven Zeitgenossen absehen, haben wir damit einen Indikator, der uns einerseits zeigt, wieviele und welche Mitarbeiter am falschen Platz sitzen und in welchem Maße wir andererseits mit Personen konfrontiert sind, die theoretisch zwar wissen, „wie Kundenorientierung funktioniert“, in der Umsetzung ihres Wissens in praxi jedoch häufig Probleme haben.

2. Messung von individueller Kundenorientierung

„Guten Tag! Es ist Montag Vormittag, und Sie haben gerade 14 Tage Urlaub hinter sich. Ihr Terminplan für die folgenden Tage ist äußerst eng. Trotzdem wollen Sie, wie immer, wenn Sie längere Zeit abwesend waren, schnell wieder auf dem laufenden sein. Bezüglich einer Reihe von Punkten müssen Sie kurzfristig entscheiden hinsichtlich Terminwahrnehmung bzw. Terminierung. Dies ist notwendig, da sich während Ihres Urlaubes, wie meist, einige Änderungen ergeben haben.“

Mit diesen Eingangsworten wurden 40 Managerinnen und Manager, die in Marketing bzw. Vertrieb tätig sind und an der hier präsentierten Untersuchung teilgenommen haben, Mitte 1994 konfrontiert. Die Probanden, die unterschiedlichen Branchen und Hierarchieebenen entstammen, hatten zu entscheiden, ob sie die ersten Tage nach ihren Ferien tendenziell eher unternehmensinternen Belangen oder kundenbezogenen Tätigkeiten widmen wollten. Zu diesem Zweck wurden ihnen im Rahmen eines Conjoint Measurement-Designs acht Vorschläge hinsichtlich alternativer Termineinteilungen vorgelegt, in welchen sich folgende Inhalte widerspiegelten:

- Eine bereits länger geplante interne Strategiesitzung wurde für einen der kommenden Tage angesetzt.
- Die monatliche Absatz-/Umsatzdurchsprache des Unternehmens, an der regelmäßig teilgenommen wird, wurde auf diese Woche vorverlegt.
- Eine umfangreiche Kundenbeschwerde ist zu bearbeiten.
- Ein Kunde bat um Vorverlegung eines geplanten Besuchstermines auf diese Woche.

Tab. 1 verdeutlicht anhand zweier Beispiele die zur Diskussion stehenden Optionen. Diese ergaben sich durch die systematische Variation von Wahrnehmung und Nicht-Wahrnehmung jeder der vier Arbeitsinhalte und eine gezielte Design-Reduktion. Die Design-Reduktion von theoretisch 16 ($2 \times 2 \times 2 \times 2$) auf acht Termineinteilungs-Optionen wurde unter Einsatz der

Technik orthogonaler Felder (vgl. Addelman, 1962) zum Zweck einer leichteren Beantwortbarkeit der Fragestellung vorgenommen. Die Ergebnisqualität wird dadurch in keiner Weise beeinträchtigt.

Tabelle 1

Zwei von acht präsentierten Termineinteilungs-Optionen

Um mir schnell wieder den vollen Überblick zu verschaffen, – sage ich meine Teilnahme an der monatlichen Absatz-/Umsatzdurchsprache ab – und nehme den Reklamationsvorgang für kommende Woche auf Wiedervorlage, da ich dann in Ruhe daran arbeiten kann. Trotz aller Terminenge werde ich – an der Strategiesitzung teilnehmen und – mit dem betreffenden Kunden Kontakt aufnehmen, um noch für diese Woche einen Besuchstermin abzustimmen.	Um mir schnell wieder den vollen Überblick zu verschaffen, – sage ich sowohl meine Teilnahme an der Strategiesitzung als auch an der monatlichen Absatz-/Umsatzdurchsprache ab – und informiere meinen Kunden, daß eine Vorverlegung meines Besuchstermines leider nicht möglich ist. Trotz aller Terminenge werde ich – zur Auseinandersetzung mit dem Reklamationsvorgang noch ausreichend Zeit in dieser Woche einplanen.

Aufgabe der Befragten war es, die angebotenen Alternativen in eine Rangfolge von 1 („für mich persönlich sehr wahrscheinliche Alternative") bis 8 („...sehr unwahrscheinliche Alternative") zu bringen. Mit Hilfe des gewählten Conjoint-Ansatzes (vgl. zum Conjoint Measurement Dichtl/Thomas, 1986; Nieschlag/Dichtl/Hörschgen, 1988) ist es möglich, den Beitrag zu bestimmen, den die vier Arbeitsinhalte auf die abgegebene Rangfolge der Zeitplanungs-Optionen hatten. Kundenorientierte Manager(innen) würden trotz hoher Arbeitsbelastung, so die Hypothese, schwerpunktmäßig jenen Planungsalternativen den Vorzug geben, die eine zügige Bearbeitung der Kundenbeschwerde vorsahen und/oder den kurzfristigen Besuch beim Kunden zum Ziel hatten.

Der Vorteil der gewählten Verfahrensweise liegt auf der Hand: Während bei einem bezogen auf die vier Aufgabenstellungen jeweils direkten Vorgehen, d.h. beispielsweise der Frage ausschließlich nach dem Rang einer Kundenbeschwerde, jeder „seine" Kundenorientierung leicht hätte unter Beweis stellen können, waren die Versuchspersonen so gezwungen, zwischen den Terminzwängen zu kompensieren. Die Befragungssituation ist damit dem „Postkorb-Spiel" für Stellenbewerber vergleichbar.

3. Der Fall Otto Normal-Manager

Wie im Rahmen von Conjoint Measurement-Analysen i.d.R. üblich, wird zunächst für jeden Probanden ein individuelles Präferenzprofil berechnet. Dieses resultiert in unserem Falle aus der Umrechnung der geäußerten Rangfolge der Termineinteilungs-Optionen in einen Präferenz- oder Nutzenwert für jeden der vier Arbeitsinhalte. Die Nicht-Wahrnehmung eines Termines bzw. die Zurückstellung einer Aufgabe erhält dabei aus verfahrenstechnischen Gründen (vgl. hierzu Backhaus et al., 1990, S. 373f.) jeweils einen Wert von Null. Im Wege des Conjoint Measurement wird insofern indirekt ein ‚Betrag' von 100 Präferenzpunkten auf die vier Aufgaben verteilt.

So läßt sich beispielsweise erkennen, ob die (gedachte) Wahrnehmung des Kundenbesuches den Rang einer entsprechenden Terminplanungs-Option positiv (positiver Präferenzwert für Kundenbesuch) oder negativ (negativer Präferenzwert) beeinflußt. Ebenso wird deutlich, ob und inwieweit gegebenenfalls die fiktive Teilnahme an den internen Sitzungen eine Planungsalternative auf einen der hinteren Ränge verbannt oder nicht. Die Aggregation individueller Ergebnisse über die Gesamt-Stichprobe führt uns schließlich zu „Otto Normal-Manager" (zur Vergleichbarkeit individueller Präferenzwerte vgl. Dichtl/Thomas, 1986).

Zunächst ist festzuhalten, daß sich Otto Normal-Manager durch eine engagierte Einstellung zu seiner Arbeit auszeichnet. Dies ist daran zu erkennen, daß die zur Diskussion stehenden Aufgaben durchgängig einen positiven Präferenzwert (= Terminwahrnehmung/Aufgabenerledigung) aufweisen. Otto Normal-Manager ist m.a.W. bestrebt, unmittelbar nach der Rückkehr aus seinem Urlaub alle angefallenen Termine zügig wahrzunehmen. Die definitive Zurückstellung einer Aufgabe (= negativer Präferenzwert) findet, was den Durchschnitt aller Befragten angeht, nicht statt.

Betrachtet man das relative Gewicht der zu planenden Aufgaben, wird ersichtlich, daß Otto Normal-Manager mit einer Wahrscheinlichkeit von 37 Prozent an der angesetzten Strategiesitzung teilnehmen wird. Mit kaum geringerer Sicherheit (33 Prozent) wird er mit seinem Kunden, wie von diesem gewünscht, einen vorgezogenen Besuchstermin vereinbaren. Dagegen steht die zügige Bearbeitung der Kundenbeschwerde mit 21 Präferenzpunkten zwar auf dem Arbeitsplan für die beginnende Woche, doch genießt sie einen erkennbar geringeren Stellenwert als die beiden zuerst genannten Aufgabenstellungen. Die Teilnahme an der Absatz-/Umsatzsitzung ist zwar im Mittel beabsichtigt (Präferenzwert 9), dürfte im konkreten Fall gleichwohl am ehesten Opfer des gedrängten Termin-Kalenders werden.

3.1 Otto Normal-Manager und seine Kollegen

Ein Blick auf die Planungspräferenzen der Befragten im einzelnen zeigt, daß Otto Normal-Manager kein Spiegelbild der Einstellungen seiner Kollegen abgibt. Die individuellen Werteprofile und ihre Vorzeichenstruktur verdeutlichen, daß eine Reihe von Probanden wesentlich klarere Prioritäten bezüglich der Terminierung der einzelnen Aufgaben setzt als unser „Durchschnittsmanager". So führt die Analyse der abgegebenen Rangfolgen der Termineinteilungs-Optionen bei 20 Prozent der Untersuchungspersonen hinsichtlich der Reklamationsbearbeitung zu einem negativen Präferenzwert. Die Betreffenden nehmen den Vorgang also für die Folge-Woche auf Wiedervorlage, um dann in Ruhe daran arbeiten zu können.

Aus Tab. 2 ist weiterhin ersichtlich, daß 70 Prozent der Befragten beabsichtigen, das Thema „Kundenbeschwerde" kurzfristig anzugehen. 10 Prozent beziehen eine indifferente Position. Letzteres ergibt sich aus der Tatsache, daß für die betreffenden Probanden im Wege der Conjoint-Analyse hinsichtlich des Merkmals „Kundenbeschwerde" ein Präferenzwert von Null zutage gefördert wurde. Das Thema vermochte, anders ausgedrückt, die von den betreffenden Personen zum Ausdruck gebrachte Reihenfolge der Terminplanungs-Optionen nicht zu beeinflussen.

Tabelle 2

Prioritätenprofil der befragten Manager

Aufgabe	Wahrnehmung bzw. Erledigung	Position indifferent	Nicht-Wahrnehmung bzw. Nicht-Erledigung
	(Anteil der Probanden in %)		
Strategiesitzung	93	5	2
Kundenbesuch	85	15	0
Reklamations-bearbeitung	70	10	20
Absatz-/Umsatz-durchsprache	45	40	15

Für die zweite Aktivität mit unmittelbarem Kundenbezug ergibt sich ein anderes Bild. Der Kundenwunsch nach Vorverlegung des geplanten Besuchstermines verkörpert das einzige Merkmal, für welches sich bei keiner der Befragungspersonen ein negativer Präferenzwert findet. Damit spricht sich niemand explizit für die Zurückstellung des Kundenanliegens aus. 15 Prozent der Probanden stehen dem Thema indifferent gegenüber, während immerhin 85 Prozent dem Kundenwunsch kurzfristig nachzukommen trachten.

Vergleichen wir die Präferenzwerte für die beiden Sitzungen einerseits untereinander, andererseits mit den Ergebnissen für die kundenorientierten Aktivitäten, so treten auch bei dieser Betrachtung die dominante Bedeutung der Strategiesitzung sowie die nachgeordnete Position der Absatz-/Umsatzdurchsprache ans Licht. 93 Prozent der Untersuchungspersonen wollen den Termin „Strategiesitzung" wahrnehmen, wenngleich mit unterschiedlicher individueller Intensität der Präferenz. Auf die Teilnahme an der Absatz-/Umsatzdurchsprache legen demgegenüber nur 45 Prozent der befragten Manager Wert. 15 Prozent der Probanden wollen letztere ausdrücklich nicht wahrnehmen (Nicht-Wahrnehmung Strategiesitzung 2 Prozent).

Bezogen auf die Gesamtheit der Befragungspersonen läßt sich somit festhalten, daß man in der ersten Arbeitswoche nach dem Urlaub ein durchweg hohes Engagement eingeht, um zügig auf dem laufenden zu sein. Bedenklich stimmt dabei, daß angesichts der differenzierten Betrachtung der Individualergebnisse eines klar ist: Wenn ein Thema hintenangestellt wird, ist es die schnelle Bearbeitung der Kundenbeschwerde. Selbst die monatliche Absatz-/Umsatzdurchsprache erfährt ein geringeres Maß an Zurückweisung. Dagegen ist der Grad der Teilnahmeabsicht an der Monatssitzung (45 Prozent) deutlich niedriger als jener bezogen auf die Bearbeitung der Kundenbeschwerde (70 Prozent). Während Strategiesitzung und Kundenbesuch ohne nennenswerte „Ablehnungsquote" (2 bzw. 0 Prozent) und mit überwiegend positiven Präferenzwerten mithin durchweg in die kurzfristige Terminplanung einfließen, ist das Meinungsbild bezüglich Absatz-/Umsatzdurchsprache und Kundenbeschwerde heterogener.

Selbst wenn man unterstellt, daß die häufige Verschiebung des Vorgangs „Kundenbeschwerde" in die Folge-Woche möglicherweise auch durch die im Fragebogen gewählte Formulierung „... da ich dann in Ruhe daran arbeiten kann" induziert sein mag, ist doch zu fragen, ob der Stellenwert des Kunden mit dessen physischer Präsenz steht und fällt. Ein Reklamationsdossier wird offensichtlich leichter zur Seite gelegt als der Kundenwunsch nach Terminverlegung. Die alte Weisheit, nach der Papier geduldig ist, erhält hier eine wenig kundenfreundliche Bestätigung.

Was darüber hinaus nachdenklich stimmt, ist die offensichtlich allgemein empfundene Notwendigkeit, an der Strategiesitzung auf alle Fälle teilzunehmen. Haben wir es in der Tat mit lauter „Profil-Neurotikern" zu tun, die meinen, ohne sie laufe in Sachen Strategie nichts, oder offenbart das Analyseergebnis einen als nachhaltig erlebten Mangel an strategischer Ausrichtung der Unternehmensaktivitäten? Das Bemühen, dieses Defizit zu überwinden, rechtfertigt es allerdings keinesfalls, eine Kundenbeschwerde dilatorisch zu behandeln.

3.2 Otto Normal-Manager und andere „Typen"

Angesichts der vergleichsweise kleinen Stichprobe macht es wenig Sinn, die Präferenzwerte der Befragten zur Erarbeitung einer Manager-Typologie einer Clusteranalyse zu unterziehen. Nichtsdestoweniger ist es von Interesse, erkennbare Strukturen innerhalb der 40 individuellen Präferenzprofile offenzulegen. Zu diesem Zweck erfolgte eine Extremgruppen-Analyse, bei der zunächst all' jene Probanden zusammengefaßt wurden, auf deren persönlicher Präferenzskala sich beide kundenorientierten Aktivitäten vor den Themen „Strategiesitzung" und „Absatz-/Umsatzdurchsprache" finden. Dies ist bei 35 Prozent der Befragten der Fall (Gruppe 1). 28 Prozent der Befragten sehen „Kundenbesuch" und „Strategiesitzung" vorne (Gruppe 2). Bei immerhin 20 Prozent der Untersuchungspersonen ergibt die Analyse Platz 1 oder 2 der Präferenzskala für die beiden internen Sitzungen (Gruppe 3), während 17 Prozent der Reklamationsbearbeitung in Verbindung mit der Teilnahme an der Strategiesitzung den Vorzug geben (Gruppe 4).

Wie bereits oben dargelegt, eröffnet vor allem die nähere Betrachtung der Vorzeichenstruktur der jetzt gruppenspezifischen Präferenzskalen aufschlußreiche Einblicke hinsichtlich der Kundenorientierung der Auskunftspersonen. So zeigt sich, daß 87 Prozent Wahrscheinlichkeit aus Sicht von Probandengruppe 1 auf die Realisierung der beiden kundenorientierten Aktivitäten entfallen. Tab. 3 verdeutlicht des weiteren, daß der entsprechende Personenkreis mit einer Wahrscheinlichkeit von 12,4 Prozent an der Strategiesitzung teilnehmen wird und die Nicht-Teilnahme an der monatlichen Absatz-/Umsatzdurchsprache (Präferenzwert ex definitione 0) marginal höher bewertet als die Möglichkeit, die Sitzung zu besuchen (–0,6). Wir haben es insofern mit dem Typus des *„Kunden-Protagonisten"* zu tun, der im Kundeninteresse nicht nur Routinesitzungen, sondern auch interne Besprechungen strategischer Natur zurückstellt. Auch für ihn rangiert freilich der Kunde als Gesprächspartner vor ebenjenem als Beschwerdeträger.

Hohe Präferenzwerte bezüglich der kundenbezogenen Aktivitäten bei der Terminplanung finden wir darüber hinaus bei den Gruppen 2 und 4. Während Probanden einerseits (Gruppe 2) dem Kundenbesuch hohen Stellenwert einräumen und einer schnellen Bearbeitung der Beschwerde kaum Gewicht beimessen, verteilt sich die Aufmersamkeit der befragten Manager andererseits (Gruppe 4) auf die beiden Kundenbelange. Gleichwohl geben die Probanden beider Gruppen der Teilnahme an der Strategiesitzung die höchste Priorität. Zum einen haben wir es mit den *„Feldherren"* zu tun,

Tabelle 3

Bedeutung kundenorientierter Aufgaben für verschiedene Managergruppen

	Probandengruppe			
	1	2	3	4
Anteil an der Stichprobe (in %)	35	28	20	17
Aufgabe	(Präferenzwert in %)			
Strategiesitzung	12,4	*48,5*	*55,2*	*47,0*
Kundenbesuch	*46,5*	*47,8*	2,9	17,6
Reklamations-bearbeitung	*40,5*	3,1	2,0	27,4
Absatz-/Umsatz-durchsprache	– 0,6	– 0,6	*39,9*	8,0
Manager-Typus	Kunden-Protagonist	Feldherr	Beamter	Strategieorientierter Kundenbearbeiter

Anm.: Je Gruppe ergibt sich ein ‚Betrag' von 100 Präferenzpunkten.

deren Arbeitsschwerpunkte Kundenbesuch und Strategiesitzung sind. Zum anderen treffen wir auf die Gruppe der *„Strategieorientierten Kundenbearbeiter"*.

Gruppe 3 verkörpert das Sammelbecken für die größten Sorgenkinder des Marketing. 95 Präferenzpunkte widmen die Betreffenden der Wahrnehmung der internen Sitzungen. Eine Termineinteilungs-Option, die u.a. die Realisierung des Kundenbesuches und/oder die zügige Bearbeitung der Kundenbeschwerde zum Inhalt hatte, wurde von dem Personenkreis kurzerhand auf einen der hinteren Plätze der Alternativen-Rangfolge verbannt. Die *„Beamten"* unter den befragten Vertriebs- und Marketingspezialisten zeigen, daß die Befunde des englischen Soziologen Parkinson offensichtlich auch auf jene Unternehmensbereiche zutreffen, die zuallererst von Kundenorientierung geprägt sein sollten. Daß die Gruppe 3 zugehörigen Auskunftspersonen mit Sicherheit fehl am Platze sind, was ihren Tätigkeitsbereich betrifft, steht außer Diskussion.

Zu fragen ist, welches Ursachen und Hintergründe der ermittelten Einstellungen sind. Man vermag sich vorzustellen, was die psychische Disposition der verschiedenen Probandengruppen im Marketing-Alltag an „Katastrophen“ auszulösen imstande ist. Die RTL-Erfolgsserie „Wie Bitte?!“ fördert im Wochenrhythmus genügend einschlägige Beispiele zutage (vgl. auch Klusmann, 1994).

4. Ursachen mangelnder Kundenorientierung

Wenn wir eingangs von einer in der Unternehmenspraxis vielfach kritischen Kundenorientierung ausgegangen sind, so wird dieser Befund anhand der Conjoint Measurement-Ergebnisse, wie gesehen, eindrucksvoll erhärtet. Der wesentliche Vorteil des hier gewählten Verfahrens besteht darin, daß Probanden aufgrund der erzwungenen Kompensation zwischen verschiedenen Aktivitätsalternativen ungewollt offenlegen, was sie anstelle kundenorientierter Aufgaben mit Priorität versehen. So wurde deutlich, daß es mit Ausnahme *einer* Probandengruppe (Gruppe 1) für die Befragten durchweg wichtiger war, an der internen Strategiesitzung teilzunehmen als sich um Kundenbelange zu kümmern.

Der problematische Zusammenhang zwischen beiden Themen ist so evident wie der in vielen Unternehmen anzutreffende Strategiemangel (vgl. Fritz, 1994). Dabei liegt die Bedeutung einer klaren Unternehmensstrategie auf der Hand, denn „Unternehmen, die über ein ausgeprägtes und klares Führungskonzept verfügen, sind ... erfolgreicher als solche, deren Leitlinien ... eher verschwommen sind“ (Fritz, 1993, S. 110).

Wo die Kundenorientierung der Mitarbeiter im Arbeitsalltag u.a. aufgrund einer ungenügenden strategischen Unternehmensausrichtung fehlt, wird meist versucht, sie mit Gewalt herbeizuführen. Mit oft zweifelhaften Kraftakten werden via „Kontinuierlichem Verbesserungsprozeß“, „Reengineering“, „Total Quality-Konzepten“ und ähnlichem i.d.R. in Rezessionszeiten die Kosten gesenkt und nebenbei wird noch an der Kundenorientierung „gearbeitet“. Nicht selten lesen sich Reorganisationsprogramme ganzer Industriezweige dann wie die „Geschichte der Lemminge“ (vgl. Behrens, 1994). Mag man die Kosten auch in den Griff bekommen, die Kundenorientierung eines Unternehmens wird auf diese Weise schwerlich nachhaltig zu verbessern sein. Wie sollte der einzelne Mitarbeiter aus derartigen „Hau-Ruck-Programmen“ mit eigentlich anderer Zielsetzung eine glaubwürdige Kundenorientierung ableiten?

Kann der Wunsch, an der Entwicklung von Strategien mitzuwirken, einerseits auf ein Defizit an strategischer Ausrichtung zurückgeführt werden, so drängt sich angesichts des Orientierungsmangels andererseits die Frage nach der Qualität der jeweiligen Unternehmenskultur auf, will man Ursachen einer mangelnden Kundenorientierung ausmachen. Im Mittelpunkt des Interesses stehen dabei die „gelebte Kundenorientierung“ über alle

Hierarchieebenen i.V.m. der Kundennähe der Mitarbeiter im psychischen wie im physischen Sinne.

Daß die psychische Distanz von Managern zu Märkten und Kunden leicht festzustellen ist, ist bekannt (vgl. hierzu Müller, 1991) und bedarf im Einzelfall der Klärung. Was die physische Markt- bzw. Kundennähe angeht (vgl. Dichtl, 1993), läßt sich aus Unternehmenssicht unproblematisch eine Optimierung einleiten. Dies kann zum einen über die kritische Überprüfung von Anzahl und Qualität der Kundenkontakte auf allen Hierarchieebenen geschehen, zum anderen ist die Frage der Mitarbeiterentwicklung angesprochen. So erscheint es z.B. unerläßlich, daß „Karriereprogramme" für Berufseinsteiger in Marketing und Vertrieb diesen unmittelbare Fronterfahrung vermitteln.

Auf Dauer wird sich ein Mehr an Kundenorientierung freilich nur dadurch realisieren lassen, daß die Organisationsform eines Unternehmens entsprechend ausgerichtet wird. „Die wichtigsten organisatorischen Maßnahmen zur Schaffung von mehr Kundennähe liegen in realistischer Dezentralisierung und in der Bildung kleiner autonomer Einheiten" (Droege, 1994, S. 65). Zwar beherzigen die Unternehmen diese Botschaft, oberflächlich betrachtet, aktuelle Recherchen zeigen jedoch, daß die „Organisationsrevolution, in der der Kunde ... sichtbar wird" ausbleibt (Hanser, 1993, S. 38), die Hinwendung zum Kunden mithin nur schwerfällig erfolgt.

Zu häufig wird der Mitarbeiter als Teil des Problems statt als Chance begriffen. Gelänge es indes, die für die „Strategiesuche" gebundenen Kräfte in Richtung Kunde zu poolen, ließe sich, zumindest auf seiten der im Rahmen der vorliegenden Studie Befragten, ein enormes Engagement-Potential freisetzen. Denkgewohnheiten, Erfahrungen und verkrustete Strukturen zu überwinden erfordert allerdings Zeit, Mut und Vertrauen, investiert in die Entwicklung und vor allem Implementierung einer kundengerechten und letztlich auch mitarbeitergerechten Organisationsform. Dabei kann es bei der Umsetzung wirklich umfassender Reorganisationsprogramme nicht ausbleiben, daß die Quantifizierung des Erfolges damit einhergehender Aktivitäten, zumindest temporär, Schwierigkeiten bereitet. Aspekte wie „Verantwortungsbewußtsein" von Mitarbeitern sind der Messung bekanntermaßen weitgehend unzugänglich. Verwechseln wir aber in unseren technokratischen Unternehmens- und Managementkulturen nicht allzu häufig die Verfügbarkeit von Daten mit der Erlangung von Wahrheit?

Das in der Frage zum Ausdruck gebrachte Mißverständnis vieler Manager, das letztlich aus dem Unvermögen, Unsicherheit zu bewältigen, resultiert, kann als Grund für die Flucht in die organisatorische Kosmetik gesehen werden. Dieser vermeintlich einfache und schnellere Weg aus dem Dilemma erscheint indes wenig aussichtsreich, ist er doch traditionellen und damit kaum zeitgemäßen Vorstellungen von Management und Führung verhaftet.

Nach den diagnostizierten Defiziten in punkto Strategie, Unternehmenskultur und Organisation liegt es nahe, einen Blick auf den Bereich „Führung" zu werfen. Tun wir dies zunächst anhand zweier Zitate:

- „Wie sollen die Mitarbeiter begreifen, daß Kundenorientierung immer wichtiger wird, wenn sich im eigenen Unternehmen niemand um sie kümmert" (Senge, 1994, S. 70).
- „Begrenztes Humanvermögen ist ein größeres Hindernis als ungesicherte Finanzierung" (Bartlett/Ghoshel, 1993, S. 127).

Der Spannungsbogen, welcher die beiden Aussagen miteinander verbindet, scheint auf den ersten Blick mit den in der vorliegenden Untersuchung zutage geförderten Befunden wenig gemein zu haben. Sind aber nicht Strategiesuche und damit verbundene Orientierungslosigkeit bei näherem Hinsehen Ausdruck eklatanter Führungsschwächen und mangelhafter Anerkennung des unternehmerischen Human Kapitals? Es gilt als unstrittig, daß viele Unternehmen heute Methoden der Leitung einsetzen, die vor allem das sachgerechte Handeln der Mitarbeiter beeinflussen bzw. selbiges herbeiführen sollen (vgl. Lietz, 1992; Schust, 1991). Führung dagegen, die in erster Linie auf die innere Einstellung der Mitarbeiter, insbesondere gegenüber dem Kunden, abstellt, ist die Ausnahme. Dies offenbart auch die Analyse von Weiterbildungsprogrammen, wo sich das Thema „Einstellung zum Kunden" kaum wiederfindet. Motivierte und qualifizierte Mitarbeiter sind zwar Kostenträger, zuallererst jedoch Voraussetzung, um am Markt erfolgreicher zu agieren als die Konkurrenten.

Die „Champions der Kundenorientierung" haben dies klar erkannt (vgl. o.V., 1994). Bei ihnen werden Mitarbeiterorientierung und Training in Sachen Kundennähe gezielt On the Job realisiert und weiterentwickelt. Wie sonst sollte sich ein Mitarbeiter für den Kunden „entflammen", wenn er nicht, „entzündet" durch Arbeitsumfeld und -inhalte, für das eigene Unternehmen „brennt" (vgl. auch Dichtl, 1991, S. 249)? Führung wird damit zum Faktor emotionaler Kompetenz, und das für jeden Vorgesetzten.

Wenn wir im letzten Teil unserer Überlegungen nach in der Person des Einzelnen liegenden Ursachen mangelnder Kundenorientierung fragen, liegt es auf der Hand, die vier ermittelten Personengruppen auf soziodemographische Spezifika zu untersuchen. Der explorative Charakter der Studie und die damit verbundene kleine Stichprobe führen diesbezüglich jedoch zu keinen brauchbaren Ergebnissen. Aus Unternehmenssicht kommen in diesem Kontext auch die Marketing-Wissenschaft und vor allem die Marketing-Ausbildung als Ursachenfeld in Frage. Daß man sich hier durchaus der aufgeworfenen Thematik stellt, wurde eingangs dargelegt. Selbstkritisch diagnostiziert man der Marketing-Forschung eine erhebliche Zersplitterung mit einer kaum mehr überschaubaren Fülle von Ansätzen, Varianten, Theorien, Modellen usw. (vgl. Tomczak, 1991; Wiedmann, 1993). Die hieraus resultierende Kommunikationsstörung zwischen Theorie und Praxis ist Legende, zumal, wenn man bedenkt, daß die Erwartungshaltung der Praxis auf (schnelle) Umsetzung neuer Erkenntnisse zielt.

Vergegenwärtigen wir uns, daß eine Vielzahl von Studenten des Faches ihre akademische Ausbildung in diesem Spannungsfeld im Sinne des Wortes „hinter sich" bringt. Wie können wir dann erwarten, daß der Beitrag der Marketing-Theorie hinsichtlich einer systematisch gelernten, verinnerlichten und anschließend gelebten Kundenorientierung größeren Umfang annimmt? Bleibt es nicht dem Zufall, will sagen, dem Talent des Einzelnen, sei es auf seiten des Lehrenden wie des Lernenden, überlassen, ob und wieviel Kundenorientierung ein Absolvent gegebenenfalls mit in seine berufliche Laufbahn nimmt? Zwar wurde das Thema „Kundenorientierung" als Folge der zunehmend selbstkritischen Sicht der Dinge in jüngerer Vergangenheit auf dem Publikationssektor vermehrt aufgegriffen (vgl. z.B. Braun, 1991; Dichtl, 1991; Lingenfelder, 1990), doch steht der konsequente Schritt zur Verankerung des Ausbildungszieles „Kundenorientierung" vielerorts noch aus. Fallbeispiele, Expertengespräche, Rollenspiele und Unternehmerwerkstätten sind hier als methodisches Instrumentarium anzudenken.

5. Resümee

Kundenorientierung, fest verankert in den Köpfen und Herzen der Mitarbeiter, ist nach wie vor der Schlüssel zu unternehmerischem Erfolg. Nur wo das Human Ressourcen-Potential langfristig gezielt in Richtung „Kundenorientierung" auf- und ausgebaut und vor allem zielgerichtet genutzt wird, lassen sich Wettbewerbspositionen nachhaltig verbessern. Der im Rahmen der Untersuchung zutage geförderte Konflikt zwischen Kundenorientierung und Strategiemangel macht die Komplexität der Herausforderung, vor der die Unternehmen stehen, deutlich. Neben einer klaren strategischen Ausrichtung bedarf es einer ausgeprägten und auf den Kunden gerichteten Unternehmenskultur, einer entsprechenden Organisationsform sowie einer erklärtermaßen mitarbeiterorientierten Führung.

All' dem steht die häufig anzutreffende Orientierungslosigkeit vieler Manager, die nur das für wichtig erachten, was der Messung zugänglich ist, entgegen. Schließlich läßt sich anhand von „Daten und Fakten" jederzeit belegen, daß im konkreten Fall keine andere Handlungsoption gegeben war. Statt auf Unternehmenskultur stoßen wir auf „Absicherungskultur", statt auf Unternehmer-Typen auf Vollkasko-Versicherte. Die Folge ist eine entmenschlichte Geschäfts- und Arbeitskultur, bei der das Wirtschaften zum

Selbstzweck degeneriert, anstatt menschlichen Bedürfnissen Rechnung zu tragen, sei es jenen des Kunden wie jenen des Mitarbeiters. Schlußendlich offenbart sich die Sinnsuche dann in den Belegquoten von Psycho-Seminaren und dem Studium von Guru-Literatur, wie einschlägige Untersuchungen zeigen.

Nur wenige Mitarbeiter, in unserem Fall die „Beamten", scheinen wirklich am falschen Platz eingesetzt. Die Mehrzahl ist hoch engagiert, wenngleich das Arbeitsziel „Kundennutzen" dabei häufig ins Hintertreffen gerät. Hier gilt es, Kräfte neu zu kanalisieren, indem man den gewachsenen Anforderungen der Mitarbeiter nach Information und Verantwortung, aber auch nach Wertschätzung und persönlicher Achtung entgegenkommt. Gleichzeitig sollten wir nicht vergessen, Eckpfeiler unserer Erziehung in Frage zu stellen. So sind wir gewohnt, zuallererst kritisch und damit reaktiv zu denken. Kreativität steht dabei zwangsläufig hinten an. Und wer gar mit zu viel Heiterkeit auf die Szene tritt, der muß nicht selten um sein Image als „problembewußter Zeitgenosse" fürchten.

Arbeit und Anstrengung für den Kunden müssen Spaß machen. Dies gilt auch für die Marketing-Ausbildung, wenn sie das Credo „Kundenorientierung" erfolgreich vermitteln will. Die aktuelle Gesellschaftsdiskussion um Individualismus und Solidarität, um die Frage, ob Bürger eines Wohlfahrtsstaates wie des unseren noch „dienen" können, findet hier ihre Antwort. Wo Höchstleistung Spaß macht, weil die Rahmenbedingungen stimmen, wie in mancher Freizeitbeschäftigung, wird sie nicht nur akzeptiert, sondern geradezu gesucht.

Erinnern wir uns abschließend unserer „Kunden-Protagonisten", ist festzuhalten, daß ein gutes Drittel der hier Befragten das Marketing-Herz am richtigen Fleck hat. Die Reflexion der geäußerten Einstellungen in konkretem Verhalten ist freilich zu prüfen. Nichtsdestoweniger sollte das Wissen um die aufgezeigten Schwachstellen in Marketing-Ausbildung und insbesondere Unternehmenspraxis gepaart mit der „Streitmacht" der Kunden-Protagonisten Garant dafür sein, das „Stiefkind Kundenorientierung" in den Mittelpunkt der Marketing-Familie zu rücken. „An Abwechslung und stets neuen Herausforderungen herrscht somit kein Mangel. Es bleibt spannend im Marketing", würde Erwin Dichtl resümieren (1991, S. 250). Schließlich wollen wir „Feldherren" und „Strategieorientierte Kundenbearbeiter" zu echten Kämpfern für Kundeninteressen entwickeln.

Anmerkung des Verfassers: Die Conjoint-Analysen wurden von Dipl.-Wirtsch.-Ing. J. Gutsche, Lst. Prof. Dr. H. H. Bauer, Universität Mannheim, durchgeführt. Ihm gilt mein besonderer Dank an dieser Stelle.

Literaturverzeichnis

Addelman, S. (1962): Orthogonal Main-Effect Plans for Asymmetrical Factorial Experiments, in: Technometrics, 4. Jg., Nr. 1, 1962, S. 21 - 46.

Backhaus, K./*Erichson,* B./*Plinke,* W./*Weiber,* R. (1990): Multivariate Analysemethoden, 6. Aufl., Berlin usw. 1990.

Bartlett, Chr. A./*Ghoshal,* S. (1993): Der Global Manager – ein Phantom?, in: Harvard Business Manager, 15. Jg., Nr. 2, 1993, S. 119 - 127.

Behrens, B. (1994): Wie die Lemminge, in: Wirtschaftswoche, 48. Jg., Nr. 29, 1994, S. 45 - 52.

Braun, I. (1991): Struktur und Einsatz eines diagnostischen Instrumentariums zur Aufdeckung von Marketingdefiziten – DIAM, München 1991.

Dichtl, E. (1991): Der Weg zum Käufer, 2. Aufl., München 1991.

— (1993): Marktnähe und Marketingkompetenz als Mittel zur Überwindung von Standortnachteilen, in: Marketing – ZFP, 15. Jg., 1993, S. 382 - 388.

Dichtl, E./*Thomas,* U. (1986): Der Einsatz des Conjoint Measurement im Rahmen der Verpackungsmarktforschung, in: Marketing – ZFP, 8. Jg., 1986, S. 27 - 33.

Droege, P. J. (1994): Den Weg für die Zukunft freimachen, in: absatzwirtschaft, 37. Jg., Nr. 5, 1994, S. 58 - 65.

Fritz, W. (1993): Kein Abschied vom Marketing, in: absatzwirtschaft, 36. Jg., Nr. 4, 1993, S. 108 - 116.

— (1994): Ins Auge gehen, in: Wirtschaftswoche, 48. Jg., Nr. 19, 1994, S. 74 - 77.

Hanser, P. (1993): Reicht Make-Up für Kundennähe?, in: absatzwirtschaft, 36. Jg., Nr. 10, 1993, S. 36 - 47.

Klusmann, S. (1994): Verkaufen: Von oben nach unten – Ganz allmählich lernen deutsche Verkäufer von ihren amerikanischen Kollegen, in: Wirtschaftswoche, 48. Jg., Nr. 34, 1994, S. 71 - 75.

Kreiterling & Partner (1994): Mängel der Manager, in: Wirtschaftswoche, 48. Jg., Nr. 21, 1994, S. 80.

Lietz, J. H. (1992): Japans Erfolg in der Fertigung: Mythos oder Realität, in: Blick durch die Wirtschaft, 7.4.1992, S. 3.

Lingenfelder, M. (1990): Die Marketingorientierung von Vertriebsleitern als strategischer Erfolgsfaktor, Berlin 1990.

Nieschlag, R./*Dichtl,* E./*Hörschgen,* H. (1988): Marketing, 15. Aufl., Berlin 1988.

o.V. (1994): Unternehmen im Test: Ganz einfach, in: Wirtschaftswoche, 48. Jg., Nr. 31, 1994, S. 30 - 36.

Rominski, D. (1994): Marketing-Organisation: In Bestbesetzung?, in: absatzwirtschaft, 37. Jg., Nr. 3, 1994, S. 34 - 41.

Schlegelmilch, B. B. (1990): Die Kodifizierung ethischer Grundsätze in europäischen Unternehmen – Eine empirische Untersuchung, in: DBW, 50. Jg., Nr. 3, 1990, S. 365 - 374.

Schust, G. H. (1991): Marktorientiertes Personal-Management – Die 3. Dimension zum Erfolg im Markt in den 90er Jahren, in: Thexis, 8. Jg., Nr. 4, 1991, S. 34 - 38.

Senge, P., bei *Schwertfeger,* B. (1994): Organisation: „Wie die Hühner“, in: Wirtschaftswoche, 48. Jg., Nr. 26, 1994, S. 67 - 70.

Simon, H. (1993): Deutsche BWL – Maßstab Weltspitze, in: absatzwirtschaft, 36. Jg., Nr. 4, 1993, S. 118.

Tomczak, T. (1991): Vom Nutzen der Marketing-Wissenschaft für die Praxis, in: Thexis, 8. Jg., Nr. 4, 1991, S. 25 - 33.

Wiedmann, K.-P. (1993): Rekonstruktion des Marketing-Ansatzes und Grundlagen einer erweiterten Marketingkonzeption, Stuttgart 1993.

Vierter Teil

Internationalisierung und Export

Die Europäisierung des Lebensmitteleinzelhandels im Lichte politisch-rechtlicher und gesamtwirtschaftlicher Entwicklungen

Von Michael Lingenfelder

1. Die Makroumwelt: Elemente und Relevanz für die Generierung handelsbetrieblicher Marktstrategien

Gegen Ende der achtziger Jahre setzte im Einzelhandel ein Internationalisierungsschub ein, der auf vielfältigen Ursachen basiert. Ziel des Beitrages ist es, zwei Dimensionen der Makroumwelt von Handelsbetrieben, und zwar die politisch-rechtliche und die gesamtwirtschaftliche Ebene, einerseits als Auslöser sowie andererseits als Gestaltungsdeterminante des grenzüberschreitenden Absatz- und Beschaffungsmarketing von Unternehmen des Lebensmitteleinzelhandels zu analysieren.

Jedes Handelsunternehmen ist, wie andere Institutionen auch, in ein System von generellen und aufgabenbezogenen Rahmenbedingungen eingebunden, das seine Geschäftstätigkeit determiniert und als Makro- sowie Mikroumwelt bezeichnet wird (vgl. Nieschlag/Dichtl/Hörschgen, 1994, S. 877). Zur Makroumwelt zählen der politisch-rechtliche Datenkranz, die gesamtwirtschaftliche Situation, sozio-kulturelle Gegebenheiten und der technologische Entwicklungsstand, der sich u.a. in der Leistungsfähigkeit der Informations- und Kommunikationstechnik sowie der Infrastruktur niederschlägt.

Wie kein zweiter Marketingwissenschaftler und Handelsforscher hat sich Dichtl mit den vielfältigen Wechselwirkungen intensiv auseinandergesetzt, die zwischen der Makroumwelt einerseits und der Gestaltung des Marketing sowie des Managements von Industrie-, Dienstleistungs- und Handelsunternehmen andererseits bestehen. Besonderes Augenmerk schenkte und widmet er dabei der juristischen und der makroökonomischen Komponente. Zeugnisse dafür finden sich zunächst in einem gemeinsam mit Nieschlag und Hörschgen verfaßten Beitrag über die einzel- und gesamtwirtschaftliche Verankerung der Marketinglehre (vgl. Nieschlag/Dichtl/Hörschgen, 1968). Bei der Beschäftigung mit den volkswirtschaftlichen Facetten des Marketing dominiert das Bestreben, dazu beizutragen, die Effizienz und Wettbewerbsfähigkeit der deutschen Wirtschaft zu steigern. Dieses Ansinnen durchzieht nicht nur seine einschlägigen Publikationen (vgl. z.B. Dichtl, 1994a; Dichtl, 1992;

Dichtl, 1984; Dichtl/Issing, 1992), sondern auch entsprechende Lehrveranstaltungen und die von ihm initiierten Vortragsreihen bzw. Ringvorlesungen an der Universität Mannheim über den Europäischen Binnenmarkt und den Standort Bundesrepublik Deutschland. Auch in den von ihm geleiteten DFG-Forschungsprojekten (u.a. zur Versorgungs- und Exportforschung) legte Dichtl großen Wert auf die gesamtwirtschaftliche Dimension des Marketing (vgl. u.a. die von ihm in diesem Zusammenhang angeregten und betreuten Dissertationen von Beeskow, 1985; Finck, 1990; Köglmayr, 1990; Müller, 1991).

Mit noch höherer Intensität hat sich Dichtl mit der Schnittstelle Marketing und Recht befaßt. Er befruchtete ganz wesentlich die Marketing-Rechtsforschung, indem er maßgebliche Denkanstöße zur gesellschaftspolitischen Debatte lieferte. So hat er bereits 1968 (und danach immer wieder) die Abschaffung des Ladenschlußgesetzes genauso engagiert gefordert (vgl. Dichtl, 1968) wie Mitte 1994 den Wegfall des Rabattgesetzes (vgl. Dichtl, 1994b). Den Hang zur Binnenhandelspolitik (vgl. Dichtl, 1979a) legte ihm sein akademischer Lehrer, Nieschlag, „in die Wiege", so daß es nicht verwundert, wenn er sich mit verschiedenden Facetten dieses Themas nachhaltig beschäftigt hat (vgl. z.B. Dichtl, 1990; Dichtl, 1986; Dichtl, 1979b; Dichtl, 1978; Dichtl/Müller, 1984; Dichtl/Raffée/Wellenreuther, 1981; Dichtl/Schenke, 1988; Dichtl et al., 1981) und manchen seiner Schüler für einschlägige Themen begeistert hat (vgl. z.B. Koob, 1993; Potucek, 1987). Wie ein roter Faden durchzieht die Forderung nach Deregulierung seine Beiträge zum Thema Marketing und Recht (z.B. Dichtl, 1994c). Er reklamiert diese mit Nachdruck, und zwar so lange, wie eine gewisse Chance dafür besteht, daß dadurch eine höhere ökonomische Effizienz (in Gestalt niedrigerer Preise, von Wohlfahrtsgewinnen der Verbraucher, einer besseren Beschäftigungslage etc.) erzielt werden kann. In dem Aufbrechen von durch politisch-rechtliche Entscheidungen konservierten und erstarrten Strukturen sieht Dichtl immer zuerst die Chancen, die den Marktteilnehmern daraus erwachsen, und erweist sich damit als Anhänger der v. Hayekschen Wettbewerbskonzeption.

Daß Marktstrategien von Handelsbetrieben von der Makroumwelt determiniert werden, belegen zahlreiche Untersuchungen, wie z.B. diejenigen von Dichtl und seinen Schülern (vgl. z.B. Dichtl, 1990; Dichtl, 1986; Koob, 1993; Potucek, 1987). Beispielsweise verhindert die Baunutzungsverordnung diesen häufig eine höhere Marktdurchdringung. Weiterhin kann die Etablierung innovativer Betriebstypen (z.B. „virtual stores") erst dann gelingen, wenn das generelle Umfeld (in bezug auf die erforderliche Technologie etc.) „reif" dafür ist.

Durch Lobbyismus, Kommunikationspolitik, Verbandstätigkeit etc. besteht zwar die Möglichkeit, auf Entscheidungsträger in Politik, Justiz und Behörden Einfluß zu nehmen. Jedoch dürfte auch für marktmächtige Handelsunternehmen die Veränderung der Makroumwelt, wenn überhaupt, nur in engen Grenzen und unter hohem Aufwand möglich sein.

Vor diesem Hintergrund liegt es nahe, anknüpfend an den Arbeiten Dichtls nach dem Zusammenhang zwischen dem Internationalisierungsschub im Einzelhandel Ende der achtziger Jahre und dem politisch-rechtlichen sowie dem makroökonomischen Umfeld zu fahnden. Möglicherweise gelingt es dort, Ursachen für die grenzüberschreitende Betätigung zu identifizieren und Anhaltspunkte für das europäische Marketing von Einzelhandelsbetrieben abzuleiten. Weiterhin vermag eine solche Analyse den Weg für die Konstituierung einer an supranationalen Erfordernissen ausgerichteten Binnenhandelspolitik zu ebnen.

2. Der Gegenstand und die Methodik der Untersuchung

Die Erörterung konzentriert sich auf politisch-rechtliche Entwicklungen und gesamtwirtschaftliche Kenngrößen, die für Unternehmen des Lebensmittelhandels und deren Europäisierung der Absatz- und der Beschaffungsstrategie relevant sind. In jedem Bereich der Makroumwelt müssen einzelne Indikatoren (vorwiegend in einer Querschnittsbetrachtung) ausgewählt, Schwerpunkte gesetzt und Details übergangen werden, um den vorgegebenen Rahmen nicht zu sprengen.

So könnten z.B. die Probleme, die mit der Heranziehung von sekundärstatistischen ländervergleichenden Daten einhergehen, die teilweise von Land zu Land unterschiedlichen Definitionen von Betriebstypen und Berechnungsmodi volkswirtschaftlicher Aggregate thematisiert werden, ohne daß man dadurch dem Ziel dieses Beitrages, generelle Entwicklungslinien zu identifizieren, wesentlich näherkäme. Zudem stellt das Statistische Amt der Europäischen Gemeinschaften – Eurostat (1993) nicht nur aktuelle, sondern auch weitgehend verläßliche Informationen zur Verfügung. Allerdings sei auf gewisse materielle und formale Probleme, welche die Äquivalenz der Vergleichsdaten berühren und z.B. die Abgrenzung von Branchen, Wechselkursschwankungen betreffen, hingewiesen (vgl. Waitz, 1994).

Eine eingehende und eigenständige theoretische Diskussion, verbunden etwa mit der Aufstellung und Prüfung von Hypothesen, erfolgt in diesem Beitrag nicht (vgl. dazu ausführlich Lingenfelder, in Vorbereitung). Vielmehr stehen die Anliegen im Vordergrund, hypothesengenerierend und mit Blick auf die Bedürfnisse der Unternehmenspraxis zu argumentieren.

Eine letzte Einschränkung betrifft die herangezogenen Daten; denn die Einbeziehung aller EU-, EFTA- und mittel- sowie osteuropäischen Staaten in die Diskussion zwingt zur Beschränkung. Nicht bei jeder Kenngröße, die in Abschn. 5. herangezogen wird, konnte aufgrund der Datenlage ein alle europäische Länder umfassender und aktueller Vergleich realisiert werden. Weiterhin beziehen sich die Ausführungen in Abschnitt 3 und Abschnitt 4 fast ausschließlich auf die EU-Länder.

3. Der Einfluß der politisch-rechtlichen Integration Europas auf die Europäisierung von Unternehmen des Lebensmitteleinzelhandels

3.1 Konturen des für Einzelhandelsbetriebe relevanten Europarechts

Bei der Planung der Internationalisierungsstrategie sehen sich Einzelhandelsbetriebe mit einer Vielzahl von rechtlichen Problemen konfrontiert. Dafür sind länderspezifisch unterschiedliche und supranationale Regelungen verantwortlich, die nahezu alle Entscheidungen bezüglich der grenzüberschreitenden Betätigung in mehr oder weniger direkter Form und Intensität tangieren.

Tab. 1 wirft zunächst ein Schlaglicht auf rechtliche Sachverhalte, die die Tätigkeit des Handels in den Mitgliedsstaaten der EU in unterschiedlichem Maße reglementieren. Die Auswahl wurde auch im Hinblick auf die hierzulande im Frühjahr 1994 einsetzende Diskussion über die Liberalisierung bzw. den Wegfall des Rabattgesetzes vorgenommen (vgl. Dichtl, 1994b).

Wie daraus hervorgeht, reicht die Bandbreite der Regelungen von einer Laissez-faire-Politik bis hin zu einer relativ rigiden Position. Sofern die Einzelhandelstätigkeit in einem Land weniger stark als in einem anderen reglementiert wird, leuchtet es ein, daß dieses bei sonst gleichen Rahmenbedingungen eine höhere Anziehungskraft auf ausländische Handelsbetriebe ausübt als andere.

Ähnlich landesspezifisch divergierenden Regelungen unterliegen die Besteuerung von Handelsunternehmen, das Arbeitsrecht, die Berufsausbildung usw. (vgl. Overlack, 1992, S. 34). Eine Geschäftspolitik, die in einem Land erfolgreich ist, kann daher meist nicht ohne Anpassung an die dortigen rechtlichen Rahmenbedingungen, in ein anderes Land übertragen werden. Dies galt uneingeschränkt bis Mitte 1985. Ab diesem Zeitpunkt griffen, wie nachfolgend erläutert wird, in einigen handelsrelevanten Bereichen die Bemühungen, die EU durch die Harmonisierung von Landesgesetzen voranzutreiben und damit den rechtlichen Datenkranz für in der EU agierende Einzelhändler zu vereinheitlichen.

Eine systematische Analyse der Wirkungen des Europarechts auf den institutionellen Handel liegt bislang nicht vor. Sowohl Juristen als auch Handelsforscher haben lediglich die Konsequenzen einzelner Facetten der politisch-rechtlichen Integration Europas für den Groß- und Einzelhandel untersucht (vgl. z.B. Beuthien/Schwarz/Täger, 1993, S. 171 ff., und Tietz, 1993). Ursächlich für dieses Defizit ist sicher auch die enorm hohe Komplexität des Europarechts (siehe hierzu auch Gerum, 1993).

Tabelle 1

Länderspezifische Regelung einzelner Facetten der Tätigkeit von Einzelhandelsbetrieben

Land	Zulässigkeit von Rabatt	Zulässigkeit von Zugaben	Zeiträume und Anlässe für Sonderverkäufe	Ladenschlußregelung	Durchschnittliche wöchentliche Öffnungszeiten (in Stunden)	Art der Zulassungsregelung bzw. genehmigungspflichtige Verkaufsfläche
B	Erlaubt	Verboten	Schluß- und Räumungsverkäufe	Mo - So: 20.00 Uhr; Fr: 21.00 Uhr; ein obligatorischer, frei wählbarer Ruhetag pro Woche	51	Restriktiv; mehr als 750 m^2
D	Maximal 3% bei Barzahlung	Bis zu einem geringfügigen Warenwert und unter bestimmten Bedingungen zulässig	Jubiläums-, Schluß- und Räumungsverkäufe	Mo - Sa: 18.30 Uhr bzw. 14.30 Uhr Do: 20.30 Uhr	48	Restriktiv; mehr als 700 m^2
DK	Erlaubt	Bis zu einem Warenwert von ca. DM 1,50 zulässig	Jederzeit erlaubt	Mo - Fr: 17.30 Uhr; Sa: 12.00 Uhr; zusätzlich max. 6 Std. auf bis 3 Werktage frei verteilbar	K.A.[1)]	K.A.
F	Erlaubt	Verboten	Jederzeit erlaubt	Keine Begrenzung	56	Restriktiv; mehr als 1000 m^2
GB	Erlaubt	Erlaubt	Jederzeit erlaubt	Mo - Sa: 20.00 Uhr; einmal werktags bis 21.00 Uhr und bis 13.00 Uhr; seit 1.9.1994 auch sonntags Öffnung zulässig	58	Relevanz von Regionalentwicklungsplänen; keine Schwellenwerte vorhanden

Fortsetzung von Tabelle 1

GR	Verboten, aber üblich	Verboten	Verboten, aber üblich	Keine Begrenzung	K.A.	K.A.
I	Erlaubt	Nach Genehmigung erlaubt	Nur zu festgelegten Zeiten	Nach Provinzen unterschiedlich; überwiegend bis 20.00 Uhr bzw. bis 22.00 Uhr	49	Restriktiv; mehr als 400 m^2
IRL	Erlaubt	Erlaubt	Jederzeit erlaubt	Mo - Sa: 17.00 Uhr Do: 21.00 Uhr	K.A.	K.A.
L	Maximal 3% bei Barzahlung	Verboten	Jederzeit erlaubt	Mo - Sa: 19.00 Uhr (1.10. - 31.3.); 20.00 Uhr (1.4. bis 30.9.); So: 13.00 Uhr	K.A.	K.A.
NL	Erlaubt	In Ausnahmefällen zulässig	Jederzeit erlaubt	Mo - Fr: 18.00 Uhr; Sa: 17.00 Uhr; seit 1.9.94 auch sonntags Öffnung zulässig; Do oder Fr: 21.00 Uhr	52	Restriktiv; Relevanz des Raumordnungsrechts; keine Schwellenwerte vorhanden
P	Erlaubt	In Ausnahmefällen zulässig	Jederzeit erlaubt	Regional unterschiedlich; überwiegend 24.00 Uhr	51	K.A.
E	Erlaubt	Erlaubt	Jederzeit erlaubt	Mo - Sa: 21.00 Uhr	45	K.A.

Anmerkung: Die Zulassungsregelungen sind extrem verkürzt und vereinfacht wiedergegeben.

Legende: 1) K.A. bedeutet, daß in den angegebenen Quellen dazu keine Information enthalten war.

Quellen: o.V. (1994a), S. 13; o.V. (1990), S. 3ff.; Tietz (1993), S. 746ff. und S. 773.

Diese resultiert zu einem wesentlichen Teil daraus, daß das sog. primäre Gemeinschaftsrecht in Gestalt der Gründungsverträge der Europäischen Gemeinschaften durch eine Vielzahl von Ergänzungen und Änderungen modifiziert wurde (z.B. durch die Einheitliche Europäische Akte vom 28.2.1986 und den Maastrichter Vertrag über die Europäische Union vom 7.2.1992 (zu den Integrationsstufen und dem Zeitplan, die im Maastrichter Vertrag fixiert sind, vgl. Feldmeier, 1992, S. 3ff.)). Weiterhin nahmen bzw. nehmen die Organe der Europäischen Gemeinschaften auf der Basis der Gründungsverträge eine Vielzahl von Rechtshandlungen (Erlaß von Verordnungen, Einzelfallentscheidungen, Richtlinien, Empfehlungen und Stellungnahmen etc.) vor, die als sekundäres Gemeinschaftsrecht bezeichnet werden und einen unterschiedlichen Rechtscharakter besitzen. Prominent wurde in diesem Kontext das von der Kommission der Europäischen Gemeinschaften dem Europäischen Rat am 14.6.1985 vorgelegte Weißbuch über die Vollendung des Binnenmarktes, das eine Reihe von Maßnahmen zur Beseitigung aller materiellen, technischen und steuerlichen Schranken zwischen den Mitgliedsstaaten enthielt. Bis August 1992 hat der Europäische Rat 90% der 282 Vorschläge verabschiedet, wobei die innerstaatliche Umsetzung allerdings „hinterherhinkt" (vgl. Kommission der Europäischen Gemeinschaften, 1990; Schweitzer/Hummer, 1993, S. 396ff.).

Neben dem primären und sekundären Gemeinschaftsrecht zählen noch das aus allgemeinen Rechtsgrundsätzen, Gewohnheits- und Richterrecht herleitbare ungeschriebene Gemeinschaftsrecht sowie Normen zum Europarecht, die in (bi- oder multilateralen) völkerrechtlichen Verträgen zwischen den Mitgliedsstaaten enthalten sind. Die Rechtsprechung des Europäischen Gerichtshofs spielt bei der Ausformung des ungeschriebenen Gemeinschaftsrechts eine zentrale Rolle (vgl. Schweitzer/Hummer, 1993, S. 16ff.).

Für die Internationalisierung von Handelsunternehmen sind darüber hinaus die Assoziierungsabkommen gemäß Art. 238 EWGV mit Polen, Tschechien, der Slowakischen Republik und der Türkei sowie Ungarn bedeutsam, da sie einerseits wirtschaftlich relevante Sachverhalte betreffen und andererseits eine gewisse Vorbildfunktion für die weitere Ausdehnung der EU besitzen (Assoziierungsabkommen bestehen daneben mit einigen Mittelmeerländern (vgl. Schweitzer/Hummer, 1993, S. 164)). Schließlich bildet der am 2.5.1992 unterzeichnete Vertrag zur Bildung eines Europäischen Wirtschaftsraumes (EWR), der die EFTA-Länder an die EU heranführt, eine Gewähr für das Fortschreiten der europäischen Integration. Jedoch wurde der EWR-Vertrag bis Mitte 1994 noch nicht von allen Staaten ratifiziert.

Für in Europa tätige Unternehmen des Lebensmitteleinzelhandels spielen zunächst Verordnungen und allgemeine Entscheidungen eine Rolle. Verordnungen, die vom Europäischen Rat oder der EU-Kommission erlassen werden können, entfalten in allen Mitgliedsstaaten eine verbindliche Geltung und Wirkung, ohne daß die nationale Legislative aktiv werden muß. Bei (allgemeinen) Entscheidungen ist die Sachlage im großen und ganzen ähnlich (vgl. Schweitzer/Hummer, 1993, S. 79f.).

Demgegenüber sind Richtlinien bzw. Empfehlungen (gemäß Art. 14 III Vertrag der Europäischen Gemeinschaft für Kohle und Stahl), die für Mitgliedsstaaten gelten, in bezug auf das in ihnen definierte Ziel verbindlich, wobei jedoch die Form und Mittel der Umsetzung den jeweiligen staatlichen Instanzen überlassen bleiben. Allerdings müssen die Länder solche Vorschriften erlassen, die den Grundsätzen der Rechtssicherheit und -klarheit genügen (vgl. Hommelhoff/Jansen, 1993, S. 23ff.). Während individuelle Entscheidungen einzelne Mitgliedsstaaten, juristische oder natürliche Personen betreffen und in allen ihren Teilen verbindlich sowie unmittelbar wirken, zeichnen sich Empfehlungen und Stellungnahmen durch ihren unverbindlichen Charakter aus.

3.2 Konsequenzen europarechtlicher Regelungen für die Gestaltung der Europäisierungsstrategie

Tab. 2 faßt einige europarechtliche Regelungen und deren Wirkungen auf die Auslandstätigkeit von Einzelhandelsunternehmen des Lebensmittelsektors zusammen. In der Aufstellung nicht enthalten sind Vorschläge für Verordnungen oder Richtlinien, da diese noch keine Rechtswirkung besitzen.

Bei der Interpretation von Tab. 2 gilt es zu beachten, daß manche der darin enthaltenen Regelungen (z.B. die RL Nr. 85/374 – Produkthaftungsrichtlinie), wie in Abschn. 3.1 bereits erläutert, den nationalen Gesetzgebern Optionen für die konkrete inhaltliche Umsetzung in Landesrecht einräumen. Trotz einer europarechtlichen Norm bestehen deshalb teilweise erhebliche Divergenzen beim nationalen Rechtsrahmen. Ursache hierfür ist häufig die Tatsache, daß eine europäische Norm einen Konsens nach dem Prinzip des kleinsten gemeinsamen Nenners verkörpert.

Unzweifelhaft haben einzelne der in Tab. 2 aufgeführten Regelungen z.B. die Beschaffung im Ausland unmittelbar gefördert (Vereinfachung der Formalitäten beim Grenzübergang, Wegfall von Grenzkontrollen etc.). Andere dagegen, wie etwa das als Folge der Produkthaftungsrichtlinie hierzulande erlassene Produkthaftungsgesetz, beeinträchtigte die internationale Beschaffungspolitik, da Handelsunternehmen die Warenqualität insbesondere bei denjenigen Lieferanten intensiv prüfen müssen, zu denen keine regelmäßigen Beziehungen unterhalten werden und die sich (aus welchen Gründen auch immer) der Kettenhaftung (vgl. dazu Wandt, 1994, S. 1437) entziehen können.

Daß gleichwohl offenbar die positiven Wirkungen überwogen, belegen die Ergebnisse einer Marktstrukturuntersuchung der Gesellschaft für Wettbewerbsforschung und Handelsentwicklung mbH, Dr. Lademann & Partner, die diese im Zusammenhang mit einem Gutachten der Monopolkommission zutage gefördert hat (vgl. Monopolkommission, 1994, S. 115ff.). Demnach nahm das wertmäßige Volumen der Warenimporte, die dem typischen

Tabelle 2

Die Relevanz ausgewählter europarechtlicher Regelungen für den Einzelhandel

Regelung	Zentrales Anliegen	Bedeutung für die Internationalisierungsstrategie eines Einzelhandelsbetriebs
Art. 85 I EWGV (Kartellverbot)	Verbot aller Vereinbarungen zwischen Unternehmen, Beschlüsse von Unternehmensvereinigungen und aufeinander abgestimmte Verhaltensweisen, die den Handel zwischen den Mitgliedsstaaten beeinträchtigen und Wettbewerb auf dem Gemeinsamen Markt verhindern, einschränken oder verfälschen	Regulierung des internationalen Marktverhaltens beispielsweise in bezug auf die Aufteilung von Märkten oder Beschaffungsquellen, Festsetzung von An- und Verkaufspreisen
Art. 85 III EWGV (Freistellung vom Kartellverbot)	Freistellung von einzelnen Maßnahmen oder Gruppen von Maßnahmen gemäß Art. 85 I EWGV unter bestimmten Bedingungen (u.a. angemessene Beteiligung der Verbraucher am entstehenden Gewinn, Förderung des Fortschritts)	Gestaltung internationaler selektiver Vertriebssysteme (Franchising etc.) und Beschaffungsmethoden
Art. 86 EWGV (Verbot des Mißbrauchs einer marktbeherrschenden Stellung)	Verbot der mißbräuchlichen Ausnutzung wirtschaftlicher Macht durch einzelne oder mehrere Unternehmen bei Vorliegen einer marktbeherrschenden Stellung, Verbot des Behinderungsmißbrauchs gegenüber Konkurrenten und des Ausbeutungsmißbrauchs gegenüber anderen Marktteilnehmern	Verbot der – Erzwingung von unangemessenen Ein- und Verkaufspreisen, – Einschränkung des Absatzes zum Schaden des Verbrauchers und – Diskriminierung von Lieferanten

Fortsetzung von Tabelle 2.

Regelung	Zentrales Anliegen	Bedeutung für die Internationalisierungsstrategie eines Einzelhandelsbetriebs
VO Nr. 4064/89 (Fusionskontrolle)	Regelungen hinsichtlich des Erwerbs von Unternehmen oder Anteilen an einem Unternehmen mit dem Zweck, einen bestimmenden Einfluß auszuüben, und mit gemeinschaftsweiter Bedeutung	Einschränkungen bei der Gestaltung der grenzüberschreitenden Akquisitions- und Beteiligungsstrategie sowie Errichtung eines Joint venture oder eines internationalen Netzwerkarrangements
VO Nr. 4087/88 (Gruppenfreistellung von Franchiseverträgen vom Kartellverbot gemäß Art. 85 I, III EWGV)	Zulässigkeit von Franchiseverträgen, die bestimmte Anforderungen erfüllen, und zwar ohne Anmeldung bei der und Entscheidung durch die EU-Kommission	Gestaltung eines internationalen Franchisesystems
VO Nr. 1984/83 (Gruppenfreistellung von Alleinbezugsvereinbarungen gemäß Art. 85 I, III EWGV)	Zulässigkeit von Beschaffungsverträgen, die eine exklusive Belieferung mit Waren innerhalb der EU vorsehen, sofern bestimmte Kriterien erfüllt werden	Blockade von Beschaffungskanälen innerhalb der EU für andere Handelsunternehmen
RL Nr. 85/374 (Produkthaftungsrichtlinie)	Verschuldensunabhängige Haftung für Fehler an beweglichen Sachen, die in Verkehr gebracht werden (Identifikation des Haftenden gemäß dem Prinzip der Kettenhaftung)	Erhöhte Anforderungen an die Qualität von Handelsmarken und die Selektion von Lieferanten aus dem Ausland

Fortsetzung von Tabelle 2.

Regelung	Zentrales Anliegen	Skizzierung der Bedeutung für die Internationalisierungsstrategie eines Einzelhandelsbetriebs
RL Nr. 88/378 (Sicherheit von Spielzeug)	Vermeidung von unvertretbaren Gefahren im Zusammenhang mit dem Angebot von Spielzeug	Erfüllung von Sicherheitspflichten (in bezug auf Produktgestaltung, Kennzeichnung, Verpakkung, Kundendienst etc.) durch Aufklärung der Verbraucher
RL Nr. 87/357 (Schutz vor Verwechslung mit Lebensmitteln)	Verbot der Herstellung und Distribution von Waren, die insbes. von Kindern mit Lebensmitteln verwechselt werden können	Kriterium für die Einkaufsentscheidung und die Auslistung von Produkten
RL Nr. 79/581, geändert durch RL Nr. 88/315 (Schutz von Verbrauchern bei Preisangaben)	Auszeichnung von Lebensmitteln mit einem Preis und gegebenenfalls Preis je Maßeinheit (Ausnahme: Verkauf in bestimmten kleineren Einzelhandelsgeschäften, sofern gewisse Voraussetzungen vorliegen)	Vereinheitlichung der Preisinformation im Geschäft und in der Kommunikationspolitik
RL Nr. 84/450 (Schutz vor irreführender Werbung)	Verbot von Kommunikationsmaßnahmen, die geeignet sind, Verbraucher über tatsächliche Sachverhalte zu täuschen	Beschränkung der inhaltlichen Gestaltung der internationalen Kommunikationspolitik
RL Nr. 89/552 (Einschränkungen für die Werbung)	Regelungen in bezug auf die Einblendung von Werbung in Fernsehprogrammen, das Verbot von Werbung für Tabakerzeugnisse, die Einschränkung der Werbung für alkoholische Produkte und Pharmazeutika sowie das Sponsoring von TV-Sendern	Begrenzung der internationalen Kommunikationspolitik

Fortsetzung von Tabelle 2.

Regelung	Zentrales Anliegen	Skizzierung der Bedeutung für die Internationalisierungsstrategie eines Einzelhandelsbetriebs
VO Nr. 1900/85 (Einführung einheitlicher Formulare für die Anmeldung von Im- und Export innerhalb der EU)	Verwendung einheitlicher Formulare im innergemeinschaftlichen Warentransport	Erleichterung und Rationalisierung des innergemeinschaftlichen Warenverkehrs
VO Nr. 4283/88 (Vereinfachung der Grenzabfertigung innerhalb der EU)	Kontrolle bestimmter Warentransporte ausschließlich im Einfuhrland	Verkürzung von Wartezeiten an den Grenzen und Reduktion der Kosten des Grenzübertritts

Anmerkung: Die Abkürzungen VO und RL stehen für Verordnung sowie für Richtlinie.

Lebensmittelsortiment zuzurechnen sind, zwischen 1986 und 1991 um ca. 62% zu. 1991 betrug der Anteil der Importe an den in der Bundesrepublik Deutschland verfügbaren Artikeln 18%. Im enger abzugrenzenden Bereich Nahrungs- und Genußmittel beliefen sich die Importe 1991 auf 20% der im Inland verfügbaren Produkte dieser Kategorie, ein Wert, der in einem Bericht des ifo-Instituts bestätigt wird (vgl. Breitenacher, 1993, S. 88). Auch bei Nahrungs- und Genußmitteln ist eine zweistellige Zuwachsrate bei den Einfuhren festzustellen, mit allerdings teilweise erheblichen Unterschieden bei einzelnen Warengruppen. Bei Backwaren, Mineralwasser, Limonade und Bier liegt der Einfuhranteil unter 5%. Hier ergeben sich aufgrund der teilweise leichten Verderblichkeit der Artikel und den durch die ungünstige Volumen- bzw. Gewicht-Wert-Relation bedingten hohen Transportkosten je Einheit deutlich geringere Zuwächse als in anderen Warenbereichen (vgl. Breitenacher, 1993, S. 88f.).

Die EU-Kommission hat bis Mitte 1993 sechs Zusammenschlüsse von Unternehmen des Lebensmittelhandels geprüft und gemäß Art. 6 Ib der VO Nr. 4064/89 (Fusionskontrollverordnung) freigegeben (vgl. dazu und zum nachfolgenden Monopolkommission, 1994, S. 160ff.). Untersucht wurde die Angebotsstellung auf den sachlich abgegrenzten Märkten, wobei man im Unterschied zur deutschen Fusionskontrolle nicht dem Bedarfsmarktkonzept folgt, sondern auf eine Betriebstypbetrachtung abstellt. Kriterien für die Bildung von Betriebstypen bilden der Sortimentsumfang, die Verkaufsflächengröße, die Art der Warenpräsentation sowie die Preisgestaltung. Weiterhin wurde in den geprüften Fällen die Frage beantwortet (und im Ergebnis verneint), ob durch die Zusammenschlüsse unzulässige Nachfragemacht gegenüber Lieferanten gemäß Art. 85 EWGV entsteht bzw. ausgeübt werden kann.

Die Genehmigung der sechs Fusionen erscheint allein schon mit Blick auf den Platz, den die Beteiligten in der Rangliste der umsatzstärksten europäischen Unternehmen einnehmen, berechtigt. Promodès, Tesco und Ahold, die die Plätze zehn, elf und 15 belegen (gemäß Informationen von Management Horizons, 1992, S. Vff.), übernahmen ausländische Handelsunternehmen, die nicht unter den Top 200 zu finden sind. Das paritätische Joint venture (Netto Supermarkt GmbH & Co.) zwischen SPAR AG und Dansk Supermarked, das zum Betrieb von Discountgeschäften in Deutschland errichtet wurde (vgl. M+M-Eurodata, 1993, S. IV, 51), stellte bislang den von der Umsatzrangfolge der beteiligten Handelsunternehmen her betrachtet gravierendsten Fall dar. Weil die beiden Anbieter auf Platz 32 bzw. 82 der Top 200-Tabelle rangieren (und wegen anderer Gründe), ergaben sich bei dem Prüfverfahren keinerlei Sachverhalte, die eine Untersagung der Zusammenarbeit gerechtfertigt hätten.

Die enorm große Anzahl an Verordnungen und Richtlinien läßt bei oberflächlicher Betrachtung den Eindruck entstehen, daß die Reglementierung der Handelstätigkeit in Europa weitgehend vereinheitlicht ist und daher die Europäisierung einfacher wird. Deshalb kann nicht ausgeschlossen werden, daß die in der zweiten Hälfte der achtziger Jahre entbrannten Diskussionen um die Gestaltung europarechtlicher Normen das Informationsverhalten von Handelsmanagern beeinflußt und damit die Internationalisierung begünstigt haben. Patt spricht in diesem Zusammenhang von einer nachhaltig wirkenden Aufbruchstimmung, die durch das Binnenmarktprogramm induziert wurde und mehr auf Psychologie als auf harten Fakten basiert (vgl. Patt, 1990, S. 133).

Im EU-Handel mit Lebensmitteln sind gemäß dem Ceccini-Bericht fünf Kategorien nicht-tarifärer Handelshemmnisse zu differenzieren (vgl. Ceccini, 1988, S. 85):

- spezifische Importbeschränkungen, wie z.B. gesundheitsbehördliche Zulassungen einzelner Lebensmittel,
- Vorschriften für Verpackung und Etikettierung,
- Verbot bestimmter Zutaten,
- Vorschriften für Inhalt und Warenbezeichnung sowie
- Steuernachteile.

Von den im Weißbuch aufgeführten Maßnahmen entfallen ca. 190 Verordnungen und Richtlinien auf den Nahrungsmittelbereich. Mitte 1993 waren durch Europarecht folgende Bereiche geregelt: Zusatzstoffe, Extraktionslösungsmittel, Aromen, Bedarfsgegenstände, Tiefkühlkost, Etikettierung, Losidentifizierung, Nährwertkennzeichnung, diätische Lebensmittel, amtliche Überwachung und Maßnahmen der EU zur Gewährleistung der Produktsicherheit. Lebensmittelbestrahlung, neuartige (u.a. genmanipulierte) Lebensmittel, Lebensmittelhygiene, wissenschaftliche Beurteilung gesundheitlich relevanter Fragen und die Verabschiedung eines allgemeinen Teils des EU-Lebensmittelrechts bedürfen noch der Klärung bzw. befinden sich jeweils in einer bestimmten Phase des Rechtsetzungsverfahrens (vgl. Breitenacher, 1993, S. 90; Borrmann/Michaelis, 1990, S. 96ff.).

Die europarechtliche Harmonisierung im Bereich von Nahrungs- und Genußmitteln hat damit viele nicht-tarifäre Handelshemmnisse eliminiert bzw. wird diese noch beseitigen. Jedoch bleiben Schätzungen zufolge immer noch etwa 10000 nationale Regelungen in Kraft, welche die europäische Geschäftspolitik von Herstellern und Handelsbetrieben, die in diesem Sektor tätig sind, mehr oder weniger stark betreffen (vgl. Breitenacher, 1993, S. 91).

Die politisch-rechtliche Integration Europas hat allenfalls eine moderierende Rolle bei der grenzüberschreitenden Expansion gespielt. Daran wird sich auch in Zukunft nichts ändern, weil

- die möglicherweise Ende der achtziger Jahre vorhandene Euphorie, daß es tatsächlich zu einer Vereinheitlichung der rechtlichen Rahmenbedingungen in einer angemessenen Frist kommt, spätestens Anfang der neunziger Jahre der Ernüchterung gewichen ist (z.B. in bezug auf die nationale Umsetzung von Richtlinien) sowie

- die Entscheidung, im Ausland tätig zu werden, nicht auf juristischer, sondern letztlich auf ökonomischer Basis gefällt wird.

Von der mittelbaren positiven Wirkung, die von dem Binnenmarktprogramm ausgegangen ist und noch immer ausgeht, haben zunächst die Einzelhandelsbetriebe profitiert, die

- auf Verbandsebene eine maßgebliche Rolle spielen und daher von Anfang an in den Prozeß der europäischen Integration aktiv eingebunden waren (z.B. im Zuge von Anhörungen) und
- über ein entsprechendes juristisches Know how verfügten, um die Tragweite einzelner Regelungen erkennen, aber auch die Unsicherheit der Rechtsanwendung beherrschen zu können. Dabei dürfte es sich in der Regel um Großbetriebe des Einzelhandels handeln, was zumindest teilweise die Erhöhung der Konzentration auf europäischer Ebene erklärt.

3.3 Ausgewählte empirische Befunde

Nachfolgend sollen einige empirische Befunde herangezogen werden, um die in der Praxis herrschenden Einstellungen hinsichtlich der politisch-rechtlichen Integration Europas zu eruieren. Dabei stehen nicht einzelne Verordnungen, Richtlinien etc. zur Debatte. Vielmehr geht es um eine generelle Einschätzung der mit dem Binnenmarktprogramm einhergehenden (z.B. juristischen) Effekte.

In einer vom Verfasser zu einem anderen Zweck durchgeführten Untersuchung, der 103 Fragebögen zugrundelagen, die von Einkaufsleitern des deutschen Lebensmittelhandels im Frühjahr 1989 ausgefüllt wurden (zum Design dieser Untersuchung vgl. Lingenfelder, 1990, S. 115ff.), stellte sich heraus, daß die Auskunftspersonen gegenüber dem Statement „Der EG-Binnenmarkt wird ihre Verhandlungsposition (gegenüber Lieferanten) stärken" indifferent eingestellt waren. Der Mittelwert belief sich auf 4,0 auf einer siebenstufigen Ratingskala von „1" bis „7". Ursächlich für diesen Befund war möglicherweise der zum damaligen Zeitpunkt noch geringe Internationalisierungsgrad der Unternehmen und der niedrige Kenntnisstand über die in Tab. 2 aufgelisteten europarechtlichen Regelungen sowie deren weitreichenden Konsequenzen.

Im Frühjahr 1993 ermittelten Zentes/Anderer in einer Befragung von Handelsunternehmen aus mehreren Ländern (ca. 90% der Stichprobe entstammten dem deutschsprachigen Raum), von denen etwa 50% Umsätze im Ausland erzielten, daß rund 60% der Manager einer EU-Erweiterung Wachstumsimpulse zubilligen (vgl. Zentes/Anderer, 1993, S. 5 und S. 52). Gleichzeitig wird nach der Meinung der Auskunftspersonen die Bedeutung der EU, der EFTA und osteuropäischer Länder als Absatzmärkte deutlich steigen (vgl. Abb. 1). Wenngleich dieser Befund sicherlich nicht alleine auf die politisch-rechtliche Integration Europas zurückzuführen ist, wirkt dieser Faktor bei der Einschätzung der künftigen Marktbedeutung doch wesentlich mit.

Region	Mittelwert für die Bedeutung derzeit	Mittelwert für die Bedeutung zukünftig
EU	3,2	2,3
EFTA	3,7	3,1
Osteuropa	4,2	3,2
NAFTA	4,6	4,5
Südostasien	4,7	4,5

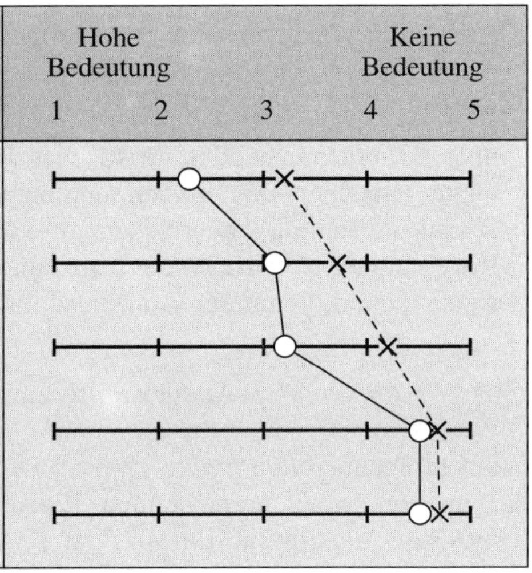

Legende: X- - - -X = Derzeitige Bedeutung
O——O = Zukünftige Bedeutung

Quelle: Zentes/Anderer (1993), S. 25.

Abbildung 1: Derzeitige und zukünftige Bedeutung einzelner Regionen der Welt als Absatzmärkte

George/Winter stellten in ihrer Befragung (Juli 1992) von 71 deutschen Handelsunternehmen fest, daß davon knapp 40%, d.h. 27 international tätig waren (vgl. George, 1992, S. 3f.). 78% stimmten der Aussage, nach der der Einzelhandel durch die am 31.12.1992 vollzogene Öffnung innereuropäischer Grenzen generell nicht tangiert sei, nicht (22%) bzw. überhaupt nicht zu (56%). Gleichwohl haben immerhin rund ein Drittel noch keine besonderen Vorbereitungen für den Europäischen Binnenmarkt getroffen, was auf einen künftig fortschreitenden Internationalisierungsprozeß in diesem Wirtschaftszweig schließen läßt. Lediglich 18% der Antwortenden waren in unterschiedlicher Intensität der Auffassung, die europäische Integration entfalte langfristig keine Auswirkungen auf das eigene Unternehmen.

Die Befunde der von Rudolph im Sommer 1991 in der Bundesrepublik Deutschland, Schweiz und Großbritannien durchgeführten Expertenbefragung decken sich weitgehend mit denen von George/Winter (vgl. Rudolph,

1993, S. 30f.). Offenbar nehmen die 34 antwortenden Handelsmanager eine gewisse Betroffenheit der eigenen Unternehmenspolitik durch die Realisierung der EU wahr (vgl. Abb. 2). Lediglich schwache Zustimmung finden die Fragen nach der Veränderung der Einzelhandelsstruktur in Europa und der Harmonisierung des Einzelhandelsmarketing.

Clusteranalytisch gewonnene Untersuchungsergebnisse weisen jedoch auf die Existenz von zwei Gruppen hin, die sich in bezug auf die Bewertung der in Abb. 2 enthaltenen Variablen stark unterscheiden (vgl. Rudolph, 1993, S. 69f.). Der von Rudolph als Euro-Skeptiker bezeichnete Teil der Stichprobe fühlt sich vom Europäischen Binnenmarkt nicht tangiert und prognostiziert auch keine dadurch bedingten Veränderungen. Demgegenüber beeinflußt nach der Meinung der Kontrastgruppe (Euro-Protagonisten) die Integration Europas die Einzelhandelsstruktur stark und löst daher eine hohe Betroffenheit der eigenen Unternehmenspolitik aus. Weitere in dieser Befragung erzielten Befunde legen den Schluß nahe, daß sich durch die Binnenmarktinitiative die Marktbedingungen in Europa angleichen werden. Dadurch eröffnen sich für aktive, den Schritt über Landesgrenzen wagende Einzelhandelsbetriebe große Chancen (vgl. Rudolph, 1993, S. 71f.).

4. Die Relevanz wirtschaftspolitischer Außenbeziehungen der Europäischen Union für die Europäisierung von Einzelhandelsbetrieben

Das Marketing von Einzelhandelsbetrieben in Europa wird neben den landesspezifischen und europarechtlichen Normen von den wirtschaftspolitischen Außenbeziehungen der EU berührt. Diese konkretisieren sich u.a. in Gestalt der bereits erwähnten Assoziierungsabkommen mit einzelnen Ländern und dem Wegfall bzw. der tiefgreifenden Modifikation der COCOM-Liste. So ermöglicht beispielsweise der erfolgreiche Abschluß der Uruguay-Runde des GATT im April 1993 den weiteren Ausbau des Global Sourcing. Die vorgesehene Konstituierung der World Trade Organization und die Vereinbarung zahlreicher Einzelbestimmungen für einzelne Warengruppen wiederum bieten die Gewähr, daß in der Zukunft

- die durchschnittliche Zollbelastung gesenkt,
- Einfuhrkontingente erhöht bzw. in Zolläquivalente umgewandelt,
- ein Marktzugang in Höhe von zunächst 3 und später 5% des inländischen Verbrauchs gewährleistet wird sowie
- zwischen in- und ausländischen Anbietern nicht diskriminiert werden darf (vgl. v. Suntum, 1994).

Insbesondere beim Import von Agrar- und Textilwaren eröffnet sich damit Unternehmen des Lebensmitteleinzelhandels die Chance, diese Güter

Variable	Mittelwert	stimme zu 1 2 3 4 5 6 7 stimme nicht zu
Veränderung der Struktur des europäischen Einzelhandels durch die vom europäischen Binnenmarkt ausgelöste Dynamik	3,6	
Harmonisierung des Marketing von Einzelhandelsbetrieben aufgrund der Binnenmarktrealisierung	3,6	
Keinerlei Betroffenheit der eigenen Unternehmenspolitik durch den Europäischen Binnenmarkt	5,1	
Keinerlei konkrete Maßnahmen (z.B. Absatz-, Beschaffungsmarketing) wegen der Unklarheit hinsichtlich der weiteren Binnenmarktentwicklung	3,8	

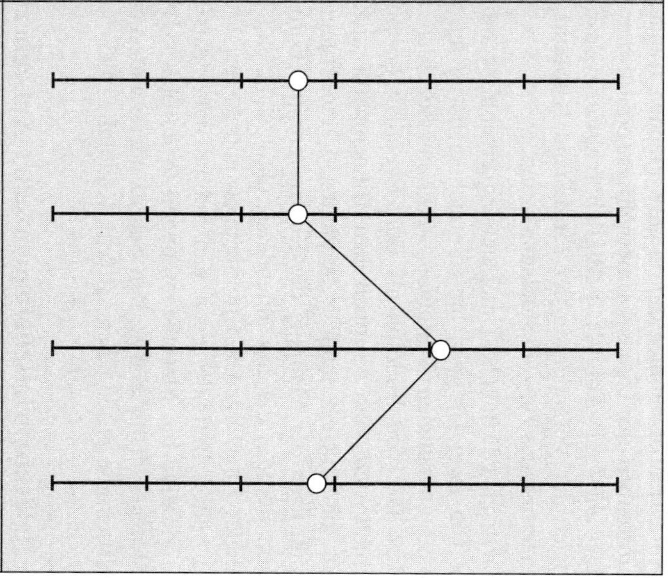

Quelle: Rudolph (1993), S. 46 und S. 69.

Abbildung 2: Der Einfluß der europäischen Integration auf den Einzelhandel

entsprechend günstig außerhalb der EU zu beschaffen. Allerdings zeigen die Auswirkungen der von der EU-Kommission im Frühjahr 1994 beschlossenen Handelsbeschränkungen gegenüber der Volksrepublik China die außerordentlich hohe Empfindlichkeit des Global Sourcing gegenüber protektionistischen Maßnahmen: Die drastische Einschränkung der Importmenge auf ein Niveau von 5 bis 10% bei einzelnen Warengruppen soll nämlich den Beitritt der Volksrepublik China zum GATT erzwingen. Ob dies gelingt, erscheint zweifelhaft. Auf jeden Fall führt der von der EU-Kommission beschrittene Weg zu gravierenden Beschaffungsengpässen.

Dem bei Seidenbettwäsche für die EU in Kraft gesetzten Einfuhrkontingent für chinesische Importe in Höhe von zehn Tonnen steht ein Ordervolumen allein von der Kaufhof AG in einer Größenordnung von acht Tonnen gegenüber (vgl. hierzu o.V., 1994b, S. 28f.).

5. Die Gestaltung der Europäisierungsstrategie von Einzelhandelsbetrieben vor dem Hintergrund makroökonomischer Kenngrößen

Makroökonomische Bedingungen stellen unzweifelhaft Ursachen für eine grenzüberschreitende Betätigung von Handelsbetrieben dar. Darüber hinaus verkörpern sie Ansatzpunkte für die Gestaltung des internationalen Absatz- und Beschaffungsmarketing. Diese konkretisieren sich u.a. in der

- internationalen Marktauswahl,
- Festlegung der idealen Preislage auf verschiedenen Auslandsmärkten,
- Ermittlung und Gestaltung der für Auslandsmärkte geeigneten Betriebstypen etc.

Nachfolgend werden zunächst die relevanten Bedingungen für den Einzelhandel generell (Abschnitt 5.1) und danach für den Lebensmitteleinzelhandel (Abschnitt 5.2) beleuchtet.

5.1 Gesamtwirtschaftlich relevante Rahmenbedingungen der Handelstätigkeit im allgemeinen

Wie Tab. 3 zeigt, zeichnen sich die bevölkerungsreichen Länder Bundesrepublik Deutschland, Italien, Großbritannien, Frankreich und Spanien durch eine unterschiedliche Besiedelungsdichte aus. Der Lebensstandard ist in diesen Ländern bis auf Spanien nahezu gleich hoch. Die Arbeitslosenquote und das Wachstum des realen Bruttoinlandsprodukts weisen darauf hin, daß Spanien, Italien und Großbritannien mit tiefgreifenden makroökonomischen Problemen konfrontiert sind.

Während Belgien, Dänemark, Luxemburg und die Niederlande zwar hinsichtlich der ökonomischen Werte, nicht aber in puncto Bevölkerungszahl

Tabelle 3

Bevölkerungsstrukturelle und ökonomische Kenngrößen in der Europäischen Union (Stand 1990)

Land	Bevölkerung (in 1000)	Fläche (in km²)	Dichte (EW/km²)	Altersgruppen (in %)			Lebens-standard[1]	Inflations-rate (in %)[2]	Arbeits-losenquote[3] 1992	Wachstum des realen Bruttoinlandsprodukts 1992 (in %)
				< 15 Jahre	15 - 64 Jahre	≥ 65 Jahre				
B	9947,8	30500	326	18,1	67,3	14,6	19091	2,4	8,2	1,0
D[4]	79112,8	356960	222	16,0	69,1	14,9	21131	3,1	7,5	2,0
DK	5135,4	43100	119	16,6	67,5	15,9	19814	1,8	9,5	1,0
E	38924,5	504800	77	20,4	66,5	13,1	14556	4,9	18,0	1,2
F	56304,0	549100	103	20,1	66,0	13,9	20207	1,7	10,1	1,8
GB	57309,0	244100	235	18,9	65,4	15,7	19726	2,6	10,8	−0,6
GR	10046,0	132000	76	19,8	66,6	13,6	9850	10,4	7,7	1,5
I	57576,4	301300	191	17,0	68,7	14,3	19187	4,1	10,2	0,9
IRL	3506,5	70300	50	27,8	60,9	11,3	12819	1,7	17,8	2,9
L	378,4	2600	146	17,2	69,4	13,4	24303	2,1	1,9	2,2
NL	14892,6	41790	356	17,6	69,2	13,2	19147	2,8	6,7	1,3
P	9878,2	92300	107	21,2	65,8	13,0	10369	6,0	4,8	1,7
EU	*343011,6*	*2368840*	*145*	*18,1*	*67,2*	*14,7*	*17857*	*3,2*	*K.A.*[5]	*K.A.*

Legende: 1) Bruttosozialprodukt pro Kopf zu laufenden Preisen und Kaufkraftstandards.
2) April 1994 in Relation zu April 1993 (Ausnahme: Februardaten bei IRL).
3) In % der im zivilen Sektor tätigen Erwerbsbevölkerung.
4) Bevölkerung in Westdeutschland: 62,7 Mio.; Lebensstandard und Inflationsrate nur für Westdeutschland.
5) K.A. bedeutet, daß in den angegebenen Quellen dazu keine Informationen enthalten waren.

Quellen: Statistisches Amt der Europäischen Gemeinschaften-Eurostat (1993), S. 9; dass. (1994), S. 5; Deutsche Bundesbank (1993), S. 82.

für das internationale Marketing von Einzelhandelsbetrieben attraktiv erscheinen, fallen Griechenland, Irland und Portugal bei allen Kenngrößen negativ auf. Allein schon deshalb werden diese Länder nicht das vorrangige Ziel internationaler Absatzbemühungen von Unternehmen des Lebensmitteleinzelhandels sein.

Auch in dem World Report, den das Prognos Institut, Basel, 1994 vorgelegt hat, bilden Griechenland und Portugal sowie Irland das Schlußlicht der für 2005 geschätzten Rangfolge des Pro-Kopf-Einkommens von Industrieländern (vgl. o.V., 1994c, S. 110). Spanien und Großbritannien liegen mit 63 bis 78 gleichfalls weit unter dem durchschnittlichen Indexwert von 100. Demgegenüber erzielt die Schweiz als Spitzenreiter der Wohlstandsskala einen fast drei mal so hohen Wert (151) als Irland (59).

Tab. 4 enthält den Privaten Verbrauch, den Verbrauch pro Kopf und den einzelhandelsrelevanten Konsum in den Ländern der EU. Die hinsichtlich des Marktpotentials interessantesten Staaten bilden die Bundesrepublik Deutschland, Italien, Frankreich und Großbritannien.

Tab. 5 skizziert wichtige Indikatoren des Handels in der EFTA. Neben der sehr dünnen Besiedlungsdichte springt der dort vorhandene durchweg hohe Lebensstandard ins Auge. Insbesondere die Schweiz besticht diesbezüglich und in bezug auf die bedeutende Stellung, die der Handelssektor für die Volkswirtschaft besitzt.

Ausgewählte bevölkerungsstrukturelle und ökonomische Kenngrößen mittel- und osteuropäischer Länder enthält Tab. 6. Aufgrund der außerordentlich raschen Veränderungen makroökonomischer Indikatoren, die aus der tiefgreifenden Transformation der Gesellschafts- und Wirtschaftssysteme resultiert, sind die Daten mit Vorsicht zu betrachten, zumal sie aus den Jahren 1988 bis 1990 stammen. Man erkennt jedoch unschwer das große Nachholpotential dieser Länder, was den Lebensstandard betrifft, ein Befund, der auch noch für Mitte der neunziger Jahre Gültigkeit besitzen dürfte. Die ehemalige Tschechoslowakei und Ungarn schneiden vergleichsweise günstig ab.

Bei der Interpretation aller Daten, die mittel- und osteuropäische Staaten betreffen und bei denen Wechselkurse eine Rolle spielen, muß u.a. die zu Beginn der neunziger Jahre künstlich niedrig gehaltene Relation zwischen eigener Währung und Fremdwährungen (in diesem Fall ECU) beachtet werden. Die Regierungen dieser Länder verfolgten damit die Ziele, Exporte zu verbilligen und Investitionsanreize für die Ausländer zu schaffen. Der Währungsverfall hat sich bis in den Sommer 1994 fortgesetzt (lediglich der Wechselkurs der tschechischen Krone zur D-Mark ist seit Anfang 1991 bis Mitte 1994 ziemlich konstant; vgl. hierzu o.V., 1994d, S. 6). Davon profitierten auch Einzelhandelsbetriebe, die in Polen, der Tschechischen Repu-

Tabelle 4

Der Private Verbrauch in der Europäischen Union (Stand 1990)

Land	Privater Verbrauch		Pro-Kopf-Verbrauch		Einzelhandelsrelevanter Konsum[1]		Anteil der Ausgaben für Nahrungs- und Genußmittel am Privaten Verbrauch 1985 (in %)
	Wert[2] (in Mrd. ECU)	Veränderung[3] 1990/80	Wert (in ECU)	Vergleichsindex[4]	Wert[2] (in Mrd. ECU)	Anteil am gesamten Privaten Verbrauch (in %)	
B	93,8	117,2	9429	111,3	43,6	50,4	21,5
D[5]	645,3	119,6	10292	121,5	330,7	52,1	17,3
DK	41,8	114,1	8140	96,1	24,1	48,1	23,9
E	265,7	128,2	6930	81,8	120,5	52,6	27,0
F	549,9	127,2	9767	115,3	265,2	50,5	20,7
GB	529,8	139,5	9245	109,1	243,8	52,5	19,2
GR	50,0	126,0	4977	58,8	23,2	62,5	40,0
I	529,5	131,7	9196	108,6	273,7	56,1	28,7
IRL	19,2	115,5	5475	64,4	10,3	64,4	42,1
L	3,9	129,1	10306	121,7	1,9	53,6	23,3
NL	128,5	114,4	8629	101,9	55,6	47,1	19,5
P	48,1	130,7	4869	57,5	18,1	66,1	K.A.[6]
EU	*2905,5*	*127,1*	*8471*	*100,0*	*1410,6*	*52,7*	*K.A.*

Legende: 1) Über den Einzelhandel abgewickelter Konsum.
2) Privater Verbrauch inkl. Verbrauch von privaten gemeinnützigen Institutionen zu laufenden Preisen und Kaufkraftparitäten in Mrd. ECU.
3) Index der mengenmäßigen Veränderung (in Preisen und Kaufkraftparitäten von 1985; 1980 = 100).
4) EU-Durchschnitt = 100.
5) Nur Westdeutschland.
6) K.A. bedeutet, daß in den angegebenen Quellen dazu keine Informationen enthalten waren.

Quellen: Shaw/Burt/Dawson (1989), S. 5; Statistisches Amt der Europäischen Gemeinschaften-Eurostat (1993), S. 10.

Tabelle 5

Wichtige Indikatoren für den Handel in den EFTA-Ländern (Stand 1990)

Land	Bevölkerung (in 1000)	Fläche (in 1000 km^2)	Dichte (EW/km^2)	Lebens-standard[1)]	Bedeutung des Handelssektors		
					Anteil an der Anzahl der Unternehmen (in %)	Anteil an der Beschäftigung (in %)	Anteil an der Brutto-wertschöpfung (in %)
A	7660,3	83,9	93	18615	11,8	13,2	12,8
CH	6673,9	41,3	165	24308	16,6	14,1	13,7
IS	254,8	103,0	3	21828	11,0	12,0	10,8
N	4233,0	323,9	14	22679	10,0	13,0	12,0
S	8527,0	450,0	21	20939	20,2	11,6	9,5
SF	4998,5	338,1	16	20140	36,0	19,9	9,2
EFTA	*32347,5*	*1340,2*	*24*	*21291*	*K.A.*[2)]	*K.A.*	*K.A.*

Legende: 1) Bruttosozialprodukt pro Kopf zu laufenden Preisen und Kaufkraftstandards.
2) K.A. bedeutet, daß in den angegebenen Quellen dazu keine Informationen enthalten waren.

Quelle: Statistisches Amt der Europäischen Gemeinschaften-Eurostat (1993), S. 31.

Tabelle 6

Wichtige Indikatoren für den Handel in Mittel- und Osteuropa (Stand 1990)

Land	Bevölkerung (in Mio.)	Fläche (in 1000 km^2)	Dichte (EW/km^2)	Altersgruppen (in %)			Bruttosozialprodukt pro Kopf (in ECU)	Anteil von Dienstleistungen am Bruttosozialprodukt (in %)	Bedeutung des Handelssektors[1]	
				< 15 Jahre	15 - 64 Jahre	≥ 65 Jahre			Anteil an der Wertschöpfung (in %)	Anteil an der Beschäftigung (in %)
BG	9,0	111	81	20,0	60,8	19,2	4278	17,8	8,8[2]	8,2
Ex-CSFR	15,7	128	122	23,2	60,2	16,6	6134	20,1	10,7	16,4
H	10,6	93	113	19,9	61,1	19,0	5387	23,5	10,8	12,4[2]
PL	38,4	313	123	25,5	60,0	14,8	3997	25,5	8,9	16,4[2]
RO	23,3	238	98	23,3	61,1	15,6	2884	17,2	5,9	6,9
Ex-USSR	288,0	22403	13	25,5	59,8	14,7	5627	22,4	7,7[2]	16,4
MOE[3]	*385,0*	*23286*	*17*	*K.A.*[4]	*K.A.*	*K.A.*	*5281*	*K.A.*	*K.A.*	*K.A.*

Legende: 1) Daten von 1989.
2) Daten von 1988.
3) MOE = Mittel- und Osteuropa.
4) K.A. bedeutet, daß in den angegebenen Quellen dazu keine Informationen enthalten waren.

Quelle: Statistisches Amt der Europäischen Gemeinschaften-Eurostat (1993), S. 33.

blik und Ungarn oder anderen Staaten des ehemaligen Ostblocks Waren orderten.

Aufgrund der in den mittel- und osteuropäischen Staaten herrschenden hohen Inflationsraten (Polen: 32%, Slowakische Republik: etwa 25 - 30%, Tschechische Republik: ca. 15 - 20%, Ungarn: ca. 16 - 19%; diese Daten beziehen sich auf 1993; vgl. Dostal, 1993, S. 30) hat sich der reale Außenwert von Sloty, tschechischer Krone und Forint seit Ende 1990 bis Ende 1993 um rund 40%, 60% bzw. 30% erhöht. Dies bedeutet, daß die Inflationsrate die nominale Abwertung der Währung übersteigt und daher die Warenbeschaffung auch für Ausländer teurer wird. Die preisliche Wettbewerbsfähigkeit vieler Industriezweige ist jedoch aufgrund der dort niedrigen Lohnkosten immer noch voll gewährleistet.

Analysiert man die makroökonomische Bedeutung des institutionellen Handels in den einzelnen Ländern, ergibt sich das in Tab. 7a und Tab. 7b enthaltene Bild. Daraus läßt sich unschwer die hohe volkswirtschaftliche Relevanz des betrachteten Wirtschaftszweigs in jedem Land der EU ablesen, die u.a. in der Anzahl der Beschäftigten bzw. deren Anteil an der Gesamtbeschäftigtenzahl zum Ausdruck kommt. Allerdings werden auch die großen Unterschiede, die zwischen den Handelsstrukturen der einzelnen Länder bestehen, sichtbar. So weist Italien mehr als doppelt soviele Einzelhandelsunternehmen als Deutschland (West) bei annähernd gleich vielen Beschäftigten auf. Dort arbeiten durchschnittlich 2,6 Mitarbeiter in durchweg viel kleineren Betrieben als hierzulande. Die damit verbundene geringere Leistungsfähigkeit italienischer Betriebe bei gleichzeitig hohem Marktvolumen fordert ausländische Handelsunternehmen, die über eine größere ökonomische Schlagkraft verfügen, zu Direktinvestitionen in Italien geradezu heraus.

Tab. 8 stellt die Rangfolge der EU- und EFTA-Länder gemäß ihrem Einzelhandelsumsatz dar. Daß dabei die bevölkerungsreichen Staaten dominieren, verwundert nicht. Die Reihung, die sich durch die Relation zwischen Umsatz und Anzahl der Beschäftigten ergibt, weist auf gravierende Produktivitätsunterschiede hin. In Luxemburg, der Bundesrepublik Deutschland, Frankreich und Dänemark verstehen es die dort tätigen Einzelhandelsbetriebe besser als anderswo innerhalb der EU, den Faktor Personal effizient einzusetzen.

Entsprechend ihrem Bevölkerungspotential verfügen die EFTA-Länder über ein vergleichsweise geringes Marktvolumen (vgl. Tab. 8). Die dort tätigen Einzelhandelsunternehmen vermögen es aber weit besser als ihre Konkurrenten in den EU-Ländern, bei hoher Arbeitsproduktivität Umsatz auf sich zu ziehen. In der EFTA agieren folglich Unternehmen mit deutlich weniger, aber leistungsfähigen Verkaufsstellen. Insgesamt dürften daher die Länder dieser Wirtschaftsgemeinschaft keine große Anziehungskraft auf zu Auslandsinvestitionen bereite Handelsunternehmen ausüben.

Tabelle 7a **Die Bedeutung des Handels[1] in der Europäischen Union**

Land	Anzahl der Unternehmen (in 1000)				Anzahl der Beschäftigten (in 1000)				Umsatz[2] (in Mrd. ECU)		
	Groß-handel	Einzel-handel	Insge-samt	Berichts-jahr	Groß-handel	Einzel-handel	Insge-samt	Berichts-jahr	Groß-handel	Einzel-handel	Berichts-jahr
B	48,0	127,8	175,8	1990	201,8	274,7	476,5	1990	85,0	35,0	1990
D	189,7	439,0[3]	628,7	1990	1375,0	2353,0	3728,0	1990	523,0	322,0	1990
DK	35,8	48,1	83,9	1990	166,2	199,7	365,9	1990	60,0	24,0	1990
E	46,3	454,9	501,2	1988	450,0	1434,0	1884,0	1988	69,0	85,0	1988
F	132,4	461,8	594,2	1990	1049,0	2090,0	3139,0	1989	312,0	260,0	1990
GB	142,7	348,2[3]	490,9	1991	921,0	3030,0	3951,0	1991	310,0	280,0	1989
GR	28,0	175,0[4]	203,0	1988	115,4	338,2	453,6	1988	K.A.[5]	20,0[6]	1990
I	192,6[7]	929,7	1122,3	1989	1084,0	2401,0	3485,0	1990	K.A.	230,0[6]	1990
IRL	3,5	29,3	32,8	1988	40,4	131,4	171,8	1988	12,0	11,0	1988
L	1,9	3,5	5,4	1989	10,8	18,1	28,9	1989	5,0	3,0	1989
NL	71,9	95,0	166,9	1990	360,0	637,5	997,5	1990	135,0	45,0	1990
P	31,3	173,3	204,6	1988	200,0	366,3	566,3	1987	K.A.	20,0[6]	1990
EU	*924,1*	*3285,6*	*4209,7*	*1988 - 91*	*5973,6*	*13273,9*	*19247,5*	*1987 - 91*	*K.A.*	*1335,0*	*1988 - 90*

Legende: 1) Der Kfz-Handel wurde einbezogen.
2) Die Umsatzzahlen enthalten nicht die Mehrwertsteuer.
3) Die amtlichen Daten wurden um 10% angehoben, um den aus statistischen Gründen unzureichend erfaßten kleinen Unternehmen Rechnung zu tragen.
4) Es handelt sich hierbei um Eurostat-Schätzungen.
5) K.A. bedeutet, daß in den angegebenen Quellen keine Informationen enthalten waren.
6) Diese Daten basieren auf Eurostat-Schätzungen.
7) Berechnungsgrundlagen bilden die Daten von 1981, die um 5% nach unten korrigiert wurden.

Quelle: Statistisches Amt der Europäischen Gemeinschaften-Eurostat (1993), S. 4.

Tabelle 7b

Die Bedeutung des Handels in der Europäischen Union (Fortsetzung von Tabelle 7a)

Land	Anteil an der Anzahl der Unternehmen (in %)				Anteil an der Beschäftigung (in %)				Anteil an der Bruttowertschöpfung (in %)	
	Groß-handel	Einzel-handel	Insge-samt	Berichts-jahr	Groß-handel	Einzel-handel	Insge-samt	Berichts-jahr	Insge-samt	Berichts-jahr
B	5,5	14,8	20,3	1990	5,5	7,4	12,9	1990	15,4	1990
D	9,0	19,0	28,0	1990	4,8	8,3	13,1	1990	10,1	1990
DK	8,3	11,1	19,4	1990	6,3	7,5	13,8	1990	13,4	1990
E	3,1	30,2	33,3	1988	3,7	11,7	15,4	1988	13,8	1988
F	6,3	21,4	27,7	1990	4,7	9,4	14,1	1989	13,2	1990
GB	7,9	19,4	27,3	1991	4,2	12,9	17,1	1991	12,8	1990
GR	5,5	34,5	40,0	1988	3,3	9,5	12,8	1988	12,4	1990
I	6,2	30,3	36,5	1989	4,6	10,3	14,9	1990	15,8	1990
IRL	4,5	25,5	30,0	1988	3,6	11,7	15,3	1988	10,4	1990
L	10,3	19,5	29,8	1989	6,0	9,9	15,9	1989	13,5	1990
NL	11,5	15,2	26,7	1990	5,7	10,0	15,7	1990	13,7	1990
P	6,0	34,0	40,0	1988	4,2	7,7	11,9	1987	17,3	1990
EU	*7,3*	*26,1*	*33,4*	*1988 - 91*	*4,5*	*10,0*	*14,5*	*1987 - 91*	*12,9*	*1990*

Anmerkung: Es gelten die gleichen Legenden wie bei Tab. 7a.

Quelle: Statistisches Amt der Europäischen Gemeinschaften-Eurostat (1993), S. 5.

Tabelle 8

Der Umsatz im Einzelhandel und die Verkaufsstellendichte in westeuropäischen Ländern

Land	Umsatz (in Mrd. ECU)	Umsatz je Unternehmen (in 1000 ECU)	Umsatz je Beschäftigten (in 1000 ECU)	Anzahl an Verkaufsstellen je 10000 Einwohner
D	322	813	125	85
GB	280	804	92	81
F	260	563	124	97
I	230	246	96	171
E	85	187	64	134
NL	45	446	87	80
B	35	273	98	141
DK	24	499	120	100
P	20	116	44	192
GR	20	114	59	184
IRL	11	375	84	90
L	3	800	150	116
EU	*1335*	*406*	*100*	*107*
CH	48	1139	126	63
S	47	946	151	59
A	26	640	102	53
SF	25	842	158	59
N	22	884	179	76
IS	2	790	199	60
EFTA	*170*	*867*	*137*	*61*

Anmerkungen: 1) Die Daten entstammen unterschiedlichen Jahren, aus dem Zeitraum 1986 - 1991, sie sind daher nicht ohne weiteres miteinander vergleichbar. Daher und wegen der verschiedenartigen Berechnungsmodi weichen die Daten zum Umsatz im Einzelhandel von den entsprechenden Angaben in *Tabelle 4* ab.

2) Die Länder sind innerhalb der EU und EFTA gemäß ihrem Umsatz aufgelistet.

Quellen: Statistisches Amt der Europäischen Gemeinschaften-Eurostat (1993), S. 15, S. 18 und S. 32, sowie eigene Berechnungen.

Vielmehr werden Großbritannien, Italien und Spanien aufgrund der niedrigen Leistung je Beschäftigtem das Ziel von Auslandsinvestitionen solcher Handelsunternehmen sein, die in der Lage sind, Betriebstypen mit einer geringen Mitarbeiterausstattung (vor allem sog. Hard discounter und SB-Warenhäuser) marktadäquat zu positionieren und effizient zu führen (vgl. Tab. 8). Wegen der hohen Verkaufsstellendichte in Verbindung mit einer niedrigen Umsatzkonzentration und einem hohen Gesamtumsatz erscheint insbesondere Italien für eine solche Strategie prädestiniert zu sein.

Eine teilweise niedrigere Verkaufsstellendichte als in der EU und EFTA üblich weisen die in Tab. 9 aufgeführten mittel- und osteuropäischen Länder auf. Der Eintritt in die hinsichtlich der volkswirtschaftlichen Situation weiter als Rußland fortgeschrittenen Staaten Polen, Tschechische Republik und Ungarn ist Beleg für die Suche von Unternehmen des Lebensmitteleinzelhandels nach Marktlücken.

In allen in Tab. 9 erfaßten Ländern ist ein starker Rückgang der Anzahl und Umsatzbedeutung des staatlichen Handels zu verzeichnen. So stieg beispielsweise in Ungarn die Anzahl der privaten Handelsbetriebe von 25 500 (1988) auf 65 600 (Ende 1991) an. Im Gegensatz zur EU, wo der Lebensmittelsektor etwa ein Drittel des Einzelhandelsumsatzes auf sich vereinigt (vgl. Statistisches Amt der Europäischen Gemeinschaften – Eurostat, 1993, S. 14), liegen die Vergleichswerte in Mittel- und Osteuropa deutlich höher, so daß ein Nachholbedarf für Betriebstypen mit einem entsprechenden Sortiment (ausschließlich Non food oder hoher Anteil an Non food-Artikeln) existiert. Gleiches gilt für großflächige, üblicherweise an der Peripherie oder der grünen Wiese anzusiedelnde Angebotsformen, wie z.B. Verbrauchermärkte und SB-Warenhäuser; denn die Verkaufsfläche pro 1000 Einwohner und die Verkaufsfläche je Geschäft liegt weit unter der in der EU üblichen Größenordnung (beispielsweise liegt die Verkaufsfläche pro 1000 Einwohner in der EU zwischen 1000 und 1200 m^2; vgl. Statistisches Amt der Europäischen Gemeinschaften – Eurostat, 1993, S. 34).

Da für den Einzelhandel nicht nur die gesamtwirtschaftliche, sondern auch die regionale ökonomische Entwicklung bedeutsam ist (z.B. im Rahmen der internationalen Ansiedlungspolitik), erhalten die Befunde einer Studie des ifo-Instituts besonderes Gewicht (vgl. Nerb/Reuter/Russ, 1992, S. 15ff.). Demnach werden sich in Europa zwei zusammenhängende Wachstumsregionen und einzelne ökonomisch bedeutsame Agglomerationsräume herausbilden. Dabei handelt es sich zunächst um das dicht besiedelte Gebiet der sog. Blauen Banane, die sich von Südengland, entlang von Rhein und Rhône bis in die Lombardei erstreckt (mit den Ballungszentren London, Frankfurt/M. und Mailand).

Die in der Nord-Süd-Achse liegende holländische Stadtregion Groningen erzielte 1991 ein rund 83% über dem EU-Durchschnitt liegendes Pro-Kopf-Einkommen. Demgegenüber wurden in Lüneburg, der ärmsten westdeutschen Region, lediglich etwa 78% des EU-Durchschnittswertes erreicht (vgl. o.V., 1993a, S. 4f.).

Tabelle 9

Strukturelle Merkmale des Einzelhandels in Mittel- und Osteuropa in den Jahren 1980, 1986 und 1988

Land	Anzahl der Einzelhandelsgeschäfte (in 1000)[1]		Stationäre Geschäfte je 10000 EW 1988	Anteil des ambulanten Handels 1988 (in %)	Anzahl der Geschäfte nach Organisationsformen 1988 (in %)			Umsatz nach Organisationsformen 1986 (in %)			Anteil am Einzelhandelsumsatz 1988 (in %)		Verkaufsfläche (in m^2) je 1000 EW 1988	Verkaufsfläche (in m^2) je Geschäft[2] 1986
	1980	1988			Staatl. Handel	Genossenschaften	Privater Handel	Staatl. Handel	Genossenschaften	Privater Handel	Lebensmittel	Nichtlebensmittel		
BG	40,0	44,0	38	21,6	52,0	43,0	5,0	71,4	28,5	0,1	69	31	224	60
Ex-CSFR	64,8	62,8	36	11,0	60,0	40,0	K.A.[5]	74,7	25,3	K.A.	60	40	306	85
H	46,9	63,7	50	16,5	27,5	32,5	40,0	58,7[4]	32,0[4]	9,3[4]	70	30	226	50
PL	203,7	227,0	43	29,3	17,5	65,0	17,5	K.A.	K.A.	K.A.	62	38	362	70
RO	58,1	58,8	23	11,4	52,5[3]	47,5[3]	K.A.	69,1	26,2	4,8	55	45	K.A.	K.A.
Ex-USSR	695,2	736,0	20	23,2	45,0	55,0	K.A.	71,0	26,4	2,6	57	43	189	95
MOE	*1 108,7*	*1 192,3*	*31*	K.A.	K.A.	K.A.	K.A.	K.A.	K.A.	K.A.	K.A.	K.A.	K.A.	K.A.

Legende: 1) Einschließlich des ambulanten Handels.
2) Schätzungen der Handelshochschule Leipzig.
3) Daten von 1987.
4) Statistisches Zentrum von Ungarn.
5) K.A. bedeutet, daß in den angegebenen Quellen dazu keine Informationen enthalten waren.

Quelle: Statistisches Amt der Europäischen Gemeinschaften-Eurostat (1993), S. 33.

Als zweite verbundene Wachstumsregion gilt der „Sun-Belt", d.h. das Gebiet entlang des Mittelmeeres von Valencia über Katalonien, Provence-Alpes, Rhône-Alpes, Lombardei (bildet den Schnittpunkt mit der „Blauen Banane"), Venetien, Emilia-Romagna bis zur Toskana. Weit überdurchschnittlich ökonomische Potenz besitzen der ifo-Studie zufolge weiterhin die Ballungszentren Madrid, Paris, Hamburg, Kopenhagen, Berlin, Warschau, Wien, Budapest, München und Rom, die außerhalb der zwei zusammenhängenden Regionen liegen.

Je nachdem, ob es die genannten Regionen verstehen, die positiven Impulse der europäischen Integration, der Öffnung Osteuropas und der stärkeren Anbindung skandinavischer Länder an Kontinentaleuropa für sich zu nutzen, werden sie überproportional von dieser Entwicklung profitieren (z.B. der Großraum Hannover – Hamburg) oder abgewertet (etc. Valencia). Allen Szenarien (neben dem Ausgangsszenario wurden drei weitere Szenarien konstruiert, die sich in bezug auf die Stärke des wirtschaftlichen Fortschritts in den neuen Bundesländern und den osteuropäischen Staaten voneinander unterscheiden; vgl. Nerb/Reuter/Russ, 1992, S. 16ff.) ist jedoch gemeinsam, daß die aufgezeigte Nord-Süd-Achse ihre wichtige ökonomische Bedeutung weiter ausbauen wird. Für Unternehmen des Lebensmitteleinzelhandels bedeutet dies eine Präferenz für die Ansiedlung entsprechender Betriebstypen und den Aufbau eines dichten Verkaufsstellennetzes in der „Blauen Banane".

Diese Handlungsempfehlung wird durch die Schätzung des durchschnittlichen jährlichen realen Wachstums von 1991 bis 1997, das verschiedene Stadtregionen nach Auffassung des European Economic Research and Advisory Consortium in Europa erzielen werden, gestützt. Alle in der „Blauen Banane" liegenden größeren Städte steigern danach ihre Wirtschaftsleistung um mindestens 1,7% p.a. Barcelona führt die Rangliste mit 3,4% an (vgl. o.V., 1993b, S. 651).

Verknüpft man diesen Befund mit dem oben skizzierten Marktpotential, das einzelne Länder aufweisen (vgl. Tab. 4), ergeben sich für Unternehmen des Lebensmitteleinzelhandels lukrative Perspektiven in West- und Süddeutschland, Norditalien, Ost-, Nordost- und Südfrankreich sowie Südengland.

5.2 Ausgewählte gesamtwirtschaftliche Eckdaten zum europäischen Lebensmitteleinzelhandel

Marktlücken resultieren nicht nur aus einer rein quantitativen Unterversorgung mit Betriebstypen und Verkaufsstellen. Vielmehr spielt dabei auch das länderspezifische Lebenszyklusstadium einzelner Betriebstypen und damit die Betriebstypenvielfalt, die in einem Land besteht, eine zentrale Rolle. Während sich gemäß Abb. 3 Supermärkte in allen Ländern der EU in der Reifephase befinden, sieht das bei Verbrauchermärkten und (klein-

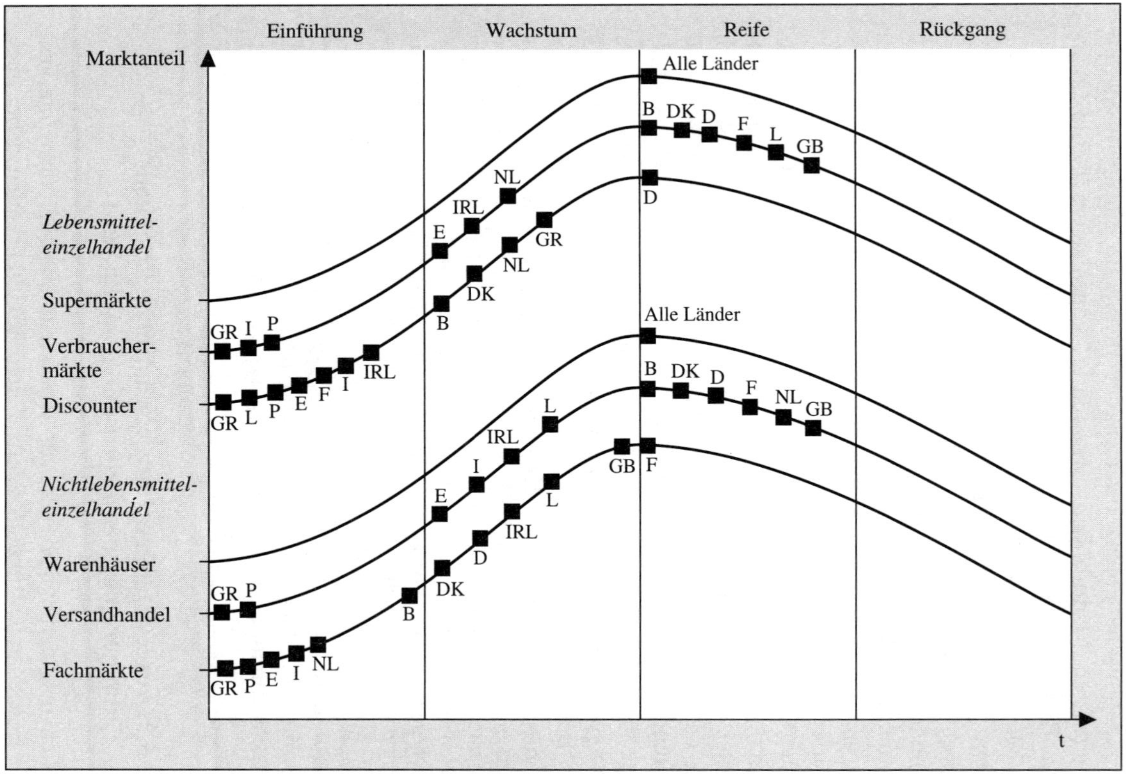

Anmerkung: Der Lebenszyklus jedes Betriebstyps schneidet die Ordinate bei dem Wert Null, d.h. nur aus Darstellungsgründen werden die Lebenszyklen übereinander angeordnet.

Quelle: Statistisches Amt der Europäischen Gemeinschaft-Eurostat (1993), S. 20.

Abbildung 3: Das Lebenszyklusstadium wichtiger Betriebstypen des Einzelhandels zu Beginn der neunziger Jahre

flächigen) Discountern ganz anders aus. Italien wäre für beide Angebotsformen und Frankreich für Discounter gemäß der Marktlückenhypothese ein ideales Betätigungsfeld.

Die Ergebnisse einer 1992 vom Roland Berger Forschungs-Institut durchgeführten Expertenbefragung, bei der 91 Einkaufsleiter, Vertriebsleiter und Geschäftsführer von in Europa tätigen Handelsinstitutionen einbezogen wurden, bestätigen die obigen Schlußfolgerungen großteils. Danach werden die Wachstumschancen der Betriebstypen Verbrauchermarkt und SB-Warenhaus in Italien sowie diejenigen von Discountern in Frankreich und Großbritannien als sehr gut eingestuft (vgl. Roland Berger Forschungs-Institut, 1992, S. 3 und S. 64ff.).

Eine weitere Ursache für die Internationalisierung im Lebensmitteleinzelhandel kann eine länderspezifisch unterschiedliche Kapitalrendite sein. Diese hängt vom Kapitalumschlag und von der Umsatzrendite ab.

Vergleichbare Daten über die Kapitalrendite in den einzelnen europäischen Ländern liegen nicht vor. Da auch beim Kapitalumschlag Intransparenz besteht, muß nachfolgend auf die Umsatzrendite abgestellt werden. Gemäß Overlack bewegen sich die entsprechenden Werte für britische Lebensmitteleinzelhändler im Jahr 1990 zwischen 3,5 und 4,5%, bei den vom Umsatz her größten Anbietern zwischen 6 und 7% (vgl. Overlack, 1992, S. 55). Schätzungen von Management Horizons für 1992 bestätigen die Angaben von Overlack. Die umsatzstärksten britischen Lebensmitteleinzelhandelsbetriebe erzielten demnach 1991 eine Umsatzrendite zwischen 7,2 und 7,7% (vgl. Management Horizons, 1992, S. XVIff.; dabei handelt es sich um Argyll Group, Tesco und Sainsbury). Auf den ersten 20 Plätzen der von Management Horizons aufgestellten Umsatzrendite-Rangfolge rangieren 13 britische, drei französische und je ein schwedisches, italienisches, finnisches und deutsches Unternehmen. Fünf der Top 20 sind vorwiegend im Lebensmittelsektor tätig. Von den in einem europäischen Land beheimateten Konkurrenten vermag nur noch das finnische Handelsunternehmen Kesko mit einer Umsatzrendite von 7,2% mit den britischen Schritt zu halten. Die überwiegende Anzahl der Top 100-Unternehmen liegt in einer Bandbreite von 1 bis 3% Umsatzrendite. Auffällig ist noch, daß die zwei belgischen Lebensmittelhändler Colruyt und Delhaize „Le Lion“ mit 3,4 bzw. 4,3% eine außergewöhnlich hohe Rentabilität erwirtschaften.

Eine hohe Umsatzrentabilität ist die Konsequenz von hohen Handelsspannen bei geringen Handlungskosten. Je höher die Verkaufspreise in einem Land sind, um so größer wird c.p. die Umsatzrendite. Deswegen kann der nach Warenbereichen differenzierte Preisindex die vorhandenen länderspezifisch unterschiedlichen Renditen zumindest teilweise erklären. Wie aus Tab. 10 hervorgeht, läßt sich die gute Position britischer und belgischer Lebensmittelhändler mit dem hohen Preisniveau begründen. Demgegenüber verstehen es italienische und spanische Lebensmittelhändler nicht, die dort herrschenden hohen Preise zur Erzielung eines entsprechenden Gewinns zu nutzen. Offenbar ist hier das Gros der Einzelhändler nicht in der Lage, günstige Beschaffungskonditionen und/oder niedrige Handlungskosten zu realisieren. Darauf deuten die niedrigen Werte in bezug auf den Umsatz pro Beschäftigten in diesen Ländern hin (vgl. Tab. 8).

Tabelle 10

Der Preisindex nach Warenbereichen (Stand 1990)

Land	Nahrungsmittel	Getränke	Frischwaren	Körperpflege
B	109	119	111	112
D (West)	95	87	82	108
E	111	113	117	96
GB	93	139	101	96
I	113	83	133	112
NL	89	91	79	103
P	91	79	82	80
EU	100	100	100	100

Quelle: A. C. Nielsen GmbH (1992).

Die Höhe des Preisindex bei den in Tab. 10 berücksichtigten Warenbereichen kann als ein Indikator für die in einem Land herrschende Wettbewerbsintensität herangezogen werden. Unter wettbewerbstheoretischem Blickwinkel erscheint es (z.B. gemäß Kantzenbachs Konzept der optimalen Wettbewerbsintensität) plausibel, daß diese bei größer werdender Umsatzkonzentration nachläßt. Tatsächlich verzeichnen die Länder mit einem hohen Preisniveau weit überdurchschnittliche Konzentrationsraten (vgl. Tab. 11). Lediglich in Frankreich scheint die relativ geringe Anzahl marktprägender Anbieter kollusivem Wettbewerbsverhalten in Form einer Erhöhung der Preise (noch) nicht Vorschub geleistet zu haben.

Die Sekundäranalyse von O'Riordan bestätigt den Befund, daß in Großbritannien im Vergleich zu anderen europäischen Ländern im Lebensmittelsektor die größte Handelsspanne erzielt wird. Er ermittelt für 1988, daß die Handelsspanne in Großbritannien 21,6% beträgt, wohingegen in Deutschland (West), Frankreich und den Niederlanden deutlich niedrigere Werte erreicht werden, und zwar 19,2, 17,6 bzw. 19,5% (vgl. O'Riordan, 1993, S. 36).

Die in Großbritannien und Belgien realisierte sowie in Italien und Spanien erreichbare Kapitalrendite locken Auslandsinvestitionen von Einzel-

Tabelle 11 **Kenngrößen des Lebensmitteleinzelhandels im europäischen Vergleich (Stand 1990)**

Land	Umsatz (in Mrd. ECU)	Umsatz je Einwohner (in ECU)	Veränderung der Anzahl der Verkaufsstellen (1986 - 1991; in %)	Umsatz je Verkaufsstelle (in Tsd. ECU; Stand 1991)	Anzahl der Verkaufsstellen pro 1000 Einwohner (Stand 1991)	Anteil der zehn größten Unternehmen am Umsatz (in %)
B	12,0	1210	–13	890	1,3	80
D (West)	91,7	1151	–13	1061	1,1	55
DK	8,6	1682	–30	1961	0,9	50
E	33,4	859	–20	360	2,4	73
F	101,6	1803	– 7	2296	0,8	83
GB	58,2	1042	–13	1026	0,9	85
GR	4,0	393	0	158	2,5	70
I	29,9	523	– 8	213	2,5	71
IRL	4,7	1343	– 9	609	2,2	68
NL	13,9	952	–20	1699	0,6	44
P	5,3	567	–10	140	4,1	63
A	9,3	1191	–15	961	1,2	47
CH	12,0	1791	– 8	1600	1,1	44
N	8,0	1900	–20	1356	1,4	47
S	15,9	1896	–13	2160	0,9	45
SF	8,6	1722	–30	1524	1,1	46

Anmerkung: Das außerordentlich rasante Fortschreiten des Konzentrationsphänomens wird anhand der von der Monopolkommission (1994), S. 51, vorgelegten Daten für D (West) offenkundig. Während der Umsatzanteil der zehn größten Unternehmen am Umsatz 1990 bei rund 51% lag, stieg er 1992 auf ca. 69% an. Die Zahl für 1990 weicht deswegen von der von Nielsen ermittelten ab, weil die Monopolkommission auf andere Quellen rekurriert hat.

Quellen: Nielsen Marketing Research, zit. mit geringfügigen Modifikationen gemäß Täger (1993), S. 12 und S. 27; Veitengruber (1992), S. 194.

handelsbetrieben an, die in ihrem Stammland keinen so hohen Gewinn erzielen. Für einen Eintritt in den britischen, italienischen und spanischen Markt spricht das dort vorhandene hohe Umsatzvolumen (vgl. Tab. 11), während Belgien aufgrund seiner kleinen Bevölkerung diesbezüglich abfällt. Jedoch müssen zu einem Markteinstieg entschlossene Anbieter mit der Gegenwehr der teilweise hoch konzentrierten, etablierten Wettbewerber rechnen.

Mit vergleichsweise niedrigen Umsatzrenditen in Verbindung mit einer hohen Wettbewerbsintensität und der hohen Leistungsfähigkeit der etablierten Anbieter begründet die Monopolkommission das weitgehende Fehlen von Marktzutritten ausländischer Unternehmen im deutschen Lebensmittelhandel (vgl. Monopolkommission, 1994, S. 112). Lediglich zwei ausländische Lebensmittelhändler, Promodès und Dansk Supermarked betätigen sich hierzulande mit unterschiedlichem Erfolg.

Der von Nielsen ermittelte durchschnittliche Umsatz pro Verkaufsstelle des Lebensmitteleinzelhandels in den in Tab. 11 enthaltenen Ländern betrug 1991 764 000 ECU, wobei Irland, Spanien, Italien, Griechenland und Portugal unterdurchschnittliche Werte aufweisen. Gleichzeitig ergab sich gemäß Tab. 11 in diesen Staaten eine überdurchschnittliche Verkaufsstellendichte (Der europäische Durchschnittswert betrug 1990 1,5 Verkaufsstellen pro Tsd. Einwohner.). Daraus läßt sich auf eine unterdurchschnittliche Leistungsfähigkeit der in diesen Staaten angesiedelten Handelsunternehmen schließen. Unter Heranziehung des Gesamtumsatzes, der pro Land erzielt wird, erscheint es mit Blick auf Verkaufsstellenumsatz und -dichte nicht verwunderlich, daß der Markteintritt in Italien und Spanien für ausländische Handelsunternehmen verlockend ist.

6. Fazit

Die voranstehenden Ausführungen haben die Ergiebigkeit des auf Dichtlschen Vorarbeiten basierenden Ansatzes gezeigt, Dimensionen der Makroumwelt zur Fundierung von Marketingentscheidungen heranzuziehen. Bei der Diskussion politisch-rechtlicher Gegebenheiten wurde deutlich, daß auf diesem Sektor einige die Internationalisierung des Lebensmitteleinzelhandels fördernde Entwicklungen zu verzeichnen waren. Die nach wie vor bestehenden, teilweise beachtlichen Unterschiede des für Handelsbetriebe relevanten Rechts erfordern jedoch ein professionelles länderbezogenes Rechtsmanagement. Dieses muß den Boden für die Gestaltung der Markteintritts- und Marktbearbeitungsstrategie bereiten. Die Analyse der in den europäischen Staaten gegebenen makroökonomischen Bedingungen hat u.a. zu Tage gefördert, daß sich bestimmte regionale Schwerpunkte für das grenzüberschreitende Absatzmarketing besonders eignen. Wie gezeigt wurde, spielen volkswirtschaftliche Indikatoren u.a. bei der Ermittlung der für Auslandsmärkte geeigneten Betriebstypen eine große Rolle.

Es bleibt weiteren Analysen vorbehalten, die Rolle weiterer, hier nicht behandelter genereller Rahmenbedingungen (sozio-kulturelle und technologische Dimension) auf das internationale Marketing von Einzelhandelsbetrieben zu analysieren (vgl. hierzu Lingenfelder, in Vorbereitung). Abschließend bleibt zu hoffen, daß sich die Handelsforschung intensiv mit Fragen der Internationalisierung beschäftigen wird; denn nur dann vermag sie, Handelsbetrieben bei dem Aufbau eines Global Retailing-Konzeptes zu unterstützen und somit bei der Integration der Weltwirtschaft aktiv mitzuwirken. Welche Felder dabei hinsichtlich Inhalt und Forschungsmethodik reizvoll erscheinen, hat Dichtl mit Mitarbeitern bereits 1991 dargelegt (vgl. Dichtl/Lingenfelder/Müller, 1991).

Literaturverzeichnis

Beeskow, W. (1985): Qualität der Versorgung und Versorgungszufriedenheit, Frankfurt/M. usw. 1985.

Beuthien, V./*Schwarz,* G. C./*Täger,* U. C. (1993): Handelskooperationen und Franchisesysteme im Distributionswettbewerb in Europa, München 1993.

Borrmann, C./*Michaelis,* J. (1990): Lebensmittel im europäischen Binnenmarkt, Hamburg 1990.

Breitenacher, M. (1993): Der EG-Binnenmarkt aus Verbrauchersicht, München 1993.

Ceccini, P. (1988): Europa '92. Der Vorteil des Binnenmarktes, Baden-Baden 1988.

Deutsche Bundesbank (Hrsg.) (1993): Geschäftsbericht 1992, Frankfurt/M. 1993.

Dichtl, E. (Hrsg.) (1968): Das Ladenschlußgesetz – Ein Anachronismus, in: Monatsblätter für freiheitliche Wirtschaftspolitik, 14. Jg., 1968, S. 610 - 614.

— (1978): Die Überforderung von Gewerbetreibenden und Verbrauchern durch den Gesetzgeber, in: Cash and Carry, 17. Jg., 1978, Nr. 11, S. 10 und S. 15.

— (1979a): Grundzüge der Binnenhandelspolitik, Stuttgart/New York 1979.

— (1979b): Sicherung des Leistungswettbewerbs als wettbewerbsrechtliche Aufgabe, in: Cash and Carry, 18. Jg., 1979, Nr. 2, S. 6 - 8.

— (1984): Gesättigte Märkte, technischer Fortschritt und Beschäftigung, in: Marketing·ZFP, 6. Jg., 1984, S. 206 - 209.

— (1986): Auf Konzentrationskurs – Argumente gegen eine konservierende Strukturpolitik, in: Lebensmittel-Zeitung, 38. Jg., 1986, Nr. 15, S. F18 - F21.

— (1990): Wenn betrieblich nicht verwendbare zu betrieblich verwerteter Ware wird – Die Anatomie zweier Entscheidungen des BGH zum SB-Großhandel: I ZR 55/87 und I ZR 184/88, in: Betriebs-Berater, 45. Jg., 1990, S. 1913 - 1917.

— (Hrsg.) (1992): Schritte zum Europäischen Binnenmarkt, 2. Aufl., München 1992.

— (1994a): Standort Bundesrepublik Deutschland, Frankfurt/M. 1994.

— (1994b): Probleme werden zu Chancen, in: Lebensmittel-Zeitung, 46. Jg., 1994, Nr. 26, S. 72 - 73.

— (1994c): Faktische Grenzen der Exportkontrolle, in: Betriebs-Berater, 49. Jg., 1994, S. 1726 - 1730.

Dichtl, E./*Issing,* O. (Hrsg.) (1992): Exportnation Deutschland, München 1992.

Dichtl, E./*Lingenfelder,* M./*Müller,* S. (1991): Die Internationalisierung des institutionellen Handels im Spiegel der Literatur, in: Schmalenbachs Zeitschrift für betriebswirtschaftliche Forschung, 43. Jg., 1991, S. 1023 - 1047.

Dichtl, E./*Müller,* S. (1984): Das Ladenschlußgesetz: Probieren geht über Studieren, in: Piepenbrock, H. (Hrsg.), Ladenschluß kontrovers, Stuttgart/Herford 1984, S. 307 - 326.

Dichtl, E./*Raffée,* H./*Aufsattler,* W./*Kaiser, A./Wellenreuther,* H. (1981): Die Wirksamkeit staatlicher Mittelstandsförderung im Einzelhandel, Berlin 1981.

Dichtl, E./*Raffée,* H./*Wellenreuther,* H. (1981): Mittelstandspolitik, in: Wirtschaftswissenschaftliches Studium, 10. Jg., 1981, S. 533 - 539.

Dichtl, E./*Schenke,* W.-R. (Hrsg.) (1988): Einzelhandel und Baunutzungsverordnung, Heidelberg 1988.

Dostal, G. (1993): Billiglohn-Länder vor der deutschen Haustür, in: Beschaffung aktuell, 1993, Nr. 7, S. 30 - 32.

Feldmeier, G. (1992): Ordnungspolitische Aspekte der Europäischen Wirtschafts- und Währungsunion, Berichte aus dem Weltwirtschaftlichen Colloquium der Universität Bremen, Nr. 27, Bremen 1992.

Finck, G. (1990): Versorgungszufriedenheit, Berlin 1990.

George, G. (1992): Internationalisierung im Handel, unveröff. Manuskript, Universität Erlangen-Nürnberg 1992.

Gernen, E. (Hrsg.) (1993): Handbuch Unternehmung und Europäisches Recht, Stuttgart 1993.

Hommelhoff, P./*Jansen,* E. (1993): Rechtliche Grundlagen der Europäischen Integration, in: Gerum, E. (Hrsg.), Handbuch Unternehmung und Europäisches Recht, Stuttgart 1993, S. 3 - 35.

Köglmayr, H.-G. (1990): Die Auslandsorientierung von Managern als strategischer Erfolgsfaktor, Berlin 1990.

Kommission der Europäischen Gemeinschaften (1990): Fünfter Bericht von der Kommission an den Rat und an das Europäische Parlament über die Durchführung des Weißbuchs der Kommission zur Vollendung des Binnenmarktes, Brüssel 1990.

Koob, F. (1993): Die Wirkung des Bauplanungsrechts auf die Entwicklung des deutschen Handels, München 1993.

Lingenfelder, M. (in Vorbereitung): Die Internationalisierung im europäischen Einzelhandel – Ursachen, Formen, Wirkungen im Lichte einer theoretischen Analyse und empirischen Bestandsaufnahme, Habilitationsschrift, Universität Mannheim.

— (1990): Die Marketingorientierung von Vertriebsleitern als strategischer Erfolgsfaktor, Berlin 1990.

Management Horizons (Ed.) (1992): Europe's Leading Retailer 1992, London 1992.

Monopolkommission (Hrsg.) (1994): Marktstruktur und Wettbewerb im Handel (Sondergutachten), Köln 1994.

Müller, S. (1991): Die Psyche des Managers als Determinante des Exporterfolges, Stuttgart 1991.

M+M-Eurodata (1993): EuroTrade 1993, Frankfurt/M. 1993.

Nerb, G./*Reuter,* J./*Russ,* H. (1992): Großräumige Entwicklungstrends in Europa und wirtschaftpolitischer Handlungsbedarf, in: ifo-Schnelldienst, 45. Jg., 1992, Nr. 17 - 18, S. 13 - 21.

Nieschlag, R./*Dichtl,* E./*Hörschgen,* H. (1994): Marketing, 17. Aufl., Berlin 1994.

— (1968): Die einzel- und gesamtwirtschaftliche Verankerung der Marketing-Lehre, in: Der Markt, 6. Jg., 1968, Nr. 2, S. 1 - 4.

O'Riordan, D. (1993): Retail Gross Margins, in: International Journal of Retail & Distribution Management, Vol. 21, 1993, Nr. 4, S. 33 - 39.

o.V. (1994a): Was dem Handel in Europa erlaubt und verboten ist, in: ZAW-service, 1994, Nr. 181, S. 13.

o.V. (1994b): Eurokraten-Zauber, in: handelsjournal, 1994, Nr. 7, S. 28 - 29.

o.V. (1994c): Wie verteilt sich der Wohlstand?, in: absatzwirtschaft, 37. Jg., 1994, Nr. 6, S. 110.

o.V. (1994d): Wechelskurs-Vorteil wackelt, in: iwd, 20. Jg., 1994, Nr. 29, S. 6.

o.V. (1993a): Arm und reich, in: iwd, 19. Jg., 1993, Nr. 3, S. 4 - 5.

o.V. (1993b): Von der Randlage zum Zentrum, in: das wirtschaftsstudium, 22. Jg., 1993, S. 651.

o.V. (1990): Arbeits- und Öffnungszeiten im Einzelhandel, in: Kommission der Europäischen Gemeinschaften – Generaldirektion Wirtschaft und Finanzen (Hrsg.), Beiheft B, Nr. 2, 1990, S. 3 - 5.

Overlack, C. (1992): Lebensmitteleinzelhandel in Europa, Frankfurt/M. 1992.

Patt, P.-J. (1990): Chancen und Risiken des deutschen Einzelhandels im Europäischen Binnenmarkt, in: Meffert, H./Kirchgeorg, M. (Hrsg.), Marktorientierte Unternehmensführung im Europäischen Binnenmarkt, Stuttgart 1990, S. 117 - 134.

Potucek, V. (1987): Strukturelle Wandlungen im deutschen Lebensmitteleinzelhandel und ihre Auswirkungen auf den Wettbewerb, Berlin 1987.

Roland Berger Forschungs-Institut (Hrsg.) (1992): Die Top-Handelszentralen Europas – Gate keeper zum EG-Binnenmarkt, München 1992.

Rudolph, T. C. (1993): Positionierungs- und Profilierungsstrategien im europäischen Einzelhandel, St. Gallen 1993.

Schweitzer, M./*Hummer,* W. (1993): Europarecht, 4. Aufl., Neuwied usw. 1993.

Shaw, S. A./*Burt,* S. L./*Dawson,* J. A. (1989): Structural Change in the European Food Chain, in: Traill, B. (Ed.), Prospects for the European Food System, London/New York 1989, S. 3 - 32.

Statistisches Amt der Europäischen Gemeinschaften – Eurostat (1994): Preisauftrieb in Europa, in: Mannheimer Morgen, 1994, Nr. 173 (29.7.), S. 5.

— (1993): Der Einzelhandel im EG-Binnenmarkt 1993, Brüssel/Luxemburg 1993.

Täger, U. C. (1993): Kooperationsgruppen des Handels und Franchisesysteme in Europa – Handels- und wettbewerbspolitische Entwicklungstendenzen, in: Beuthien, V./Schwarz, G. C./Täger, U. C. (Hrsg.), Handelskooperationen und Franchisesysteme im Distributionswettbewerb in Europa, München 1993, S. 1 - 169.

Tietz, B. (1993): Binnenhandelspolitik, 2. Aufl., München 1993.

v. Suntum (1994): Vom GATT zur WTO – Neue Weichenstellung für den Welthandel? –, in: Volkswirtschaftliche Korrespondenz der Adolf-Weber-Stiftung, 33. Jg., 1994, Nr. 6.

Veitengruber, D. K. (1992): Trends im Handel auf dem Weg zum einheitlichen Europa, in: Marktforschung & Management, 36. Jg., 1992, S. 193 - 197.

Waitz, M. (1994): Internationale Branchenvergleiche für den Einzelhandel in der Europäischen Union, in: Mitteilungen des IfH an der Universität zu Köln, 46. Jg., 1994, S. 113 - 120.

Wandt, M. (1994): Produkthaftung mehrerer und Regreß, in: Betriebs-Berater, 49. Jg., 1994, S. 1436 - 1442.

Zentes, J./*Anderer,* M. (1993): Handelsperspektiven bis zum Jahre 2000, Studie über Entwicklungsperspektiven im Einzelhandel, Saarbrücken/Rüschlikon 1993.

Internationalisierung der Unternehmenstätigkeit

Eine strategische Herausforderung für das Marketing

Von Hans-Georg Köglmayr

1. Internationales Marketing im Aufschwung

Die Bedeutung der Bundesrepublik Deutschland als führender Welthandelsnation ist seit langem unumstritten. In den Jahren zwischen 1955 und 1993 konnte dank einer besonders im qualitativen Bereich weit überdurchschnittlichen Wettbewerbsfähigkeit der deutschen Wirtschaft der Außenhandelsumsatz um 1081,2% nämlich von 50,1 Mrd. DM auf 591,8 Mrd. DM gesteigert werden (vgl. Institut der deutschen Wirtschaft 1986, S. 68; 1987, S. 16; 1988, S. 45; 1994, S. 42), was den außenwirtschaftlichen Bereich in die Rolle eines Wachstumsmotors der heimischen Volkswirtschaft versetzte. Die in vielerlei Hinsicht wichtigen Devisenvorräte werden damit erwirtschaftet, Arbeitsplätze erhalten bzw. geschaffen und das inländische Angebot durch Erzeugnisse abgerundet, die im Ausland teils billiger, teils besser hergestellt werden können. Darüber hinaus benötigen wir Gelder in Fremdwährung, um Touristik-, Fracht-, Versicherungs- und andere Leistungen, die Bürger der Bundesrepublik Deutschland im Ausland oder von Ausländern in Anspruch genommen haben, abzugelten (vgl. Dichtl, 1986, S. 103).

Das sich in zahlreichen Kennzahlen dokumentierende ungewöhnlich starke außenwirtschaftliche Engagement vieler deutscher Unternehmen rührt nicht zuletzt von der auf dem heimischen Absatzmarkt stagnierenden Nachfrage bei unverändertem Angebots- und Kostendruck her. Für zahlreiche Unternehmen stellt die Expansion auf internationale Märkte mehr oder weniger die einzige Strategie dar, den Bestand des Betriebes zu erhalten (vgl. Meissner, 1974; Köglmayr/Lingenfelder/Müller, 1988). Doch die unbestrittenen Erfolge, die Produkte „Made in Germany" immer wieder weltweit erringen, lassen viele glauben, daß auch weiterhin Qualität, technische Innovationsfähigkeit und strategisches Profil genügen, um im internationalen Wettbewerb bestehen zu können. In dem Maße, in dem mehr und mehr Wettbewerber entsprechende Vorzüge aufweisen können, reichen diese nicht mehr aus, um auch in Zukunft international konkurrenzfähig zu bleiben. Bei vergleichbaren Lieferbedingungen und Produktleistungen spielen die sog. „soft factors“ die entscheidende Rolle (vgl. Hoffmann, 1986, S. 831 ff.).

Offensichtlich bedarf es also auch in Zukunft großer Anstrengungen, die Konkurrenzfähigkeit deutscher Unternehmen zu erhalten und nach Möglichkeit zu stärken. Angesichts des anerkannt hohen Niveaus der deutschen Exportwirtschaft, das insbesondere bei simultaner Betrachtung von Exportvolumen und Exportquote (vgl. Müller/Köglmayr, 1985) deutlich wird, fällt die Bewältigung dieser Aufgabe indessen nicht leicht.

Kleinere Länder, wie Belgien oder die Niederlande, sind traditionsgemäß nach außen orientiert. Angesichts ihrer begrenzten Wirtschaftskraft bedeuten für sie Exportvolumina von 50 - 60 Mrd. US $ Exportquoten, die weit über der 60% – Marke liegen. Große Industrienationen (z.B. USA, Japan) zeichnen sich dagegen durch eine Binnenorientierung aus. Ihre geringen Exportquoten (8% - 21%) geben zu erkennen, daß für sie das Auslandsgeschäft, gemessen am jeweiligen Bruttosozialprodukt, nur eine untergeordnete Rolle spielt. Dies gilt erstaunlicherweise auch für Japan, das die Medien wegen seiner allerdings nur in einigen Branchen erzielten spektakulären Außenhandelserfolge regelmäßig als die Exportnation schlechthin darstellen. Die von der Bundesrepublik Deutschland angeführten „Mittelmächte“ bevorzugen eine Mischstrategie und behalten die inländischen wie ausländischen Märkte gleichermaßen im Auge, wobei der Wirtschaft unseres Landes diese Balance überaus gut gelingt (vgl. Müller/Köglmayr, 1985, S. 63).

Allerdings dürfte sich diese Sonderrolle nur durch die systematische Identifikation und Aktivierung ungenutzten Exportpotentials behaupten lassen. Diese Aufgabe erfordert nicht nur die Prognose von Zukunftsmärkten, sondern auch das Erkennen von Firmen, die aufgrund ihrer objektiven (Unternehmen) und subjektiven (Management) Bedingungen erstmalig oder in stärkerem Maße als bislang ins Ausland liefern könnten.

Viele deutsche Manager scheinen überhaupt die Notwendigkeit einer kontinuierlichen Kontaktpflege und Kundenbetreuung zu unterschätzen. Generell messen sie, was vor allem im asiatischen Raum beklagt wird, den persönlichen Beziehungen zu ihren ausländischen Geschäftspartnern ein zu geringes Gewicht bei. Fremdländische Kollegen empfinden deutsche Manager vielfach als zu ungeduldig, weil sie sich, gemessen an den Landessitten, zu wenig Zeit für geschäftliche Verhandlungen nehmen (vgl. Köglmayr/Müller, 1983, S. 512).

Welche Bedeutung derartigen Einstellungen und Persönlichkeitsmerkmalen sowohl für die Aufnahme als auch den Erfolg einer internationalen Tätigkeit zukommt, wurde in einem von E. Dichtl initiierten und geleiteten Forschungsvorhaben näher untersucht, um darauf aufbauend Möglichkeiten einer effizienten Exportförderung darzulegen (vgl. Dichtl/Köglmayr/Müller, 1984; 1986; 1990). Letztlich nimmt die gesamte Volkswirtschaft Schaden, wenn ein beträchtlicher Prozentsatz potentiell exportfähiger Unternehmen die Grenzen des nationalen Marktes nur deswegen nicht überwindet und sich dadurch beträchtlicher Möglichkeiten begibt, weil geeignete Mitarbeiter fehlen, die die strukturellen Veränderungen der wirtschaftlichen und sozialen Umwelt erkennen und die richtigen Schlüsse daraus ziehen können (vgl. Dichtl, 1986, S. 110).

2. Die Internationalisierung der Unternehmenstätigkeit als Entscheidungsproblem

Die Entscheidungstheorie betrachtet Auslandsstrategien (z.B. Exportlieferungen, Vergabe von Lizenzen, Joint venture, Auslandsniederlasssungen) als Ergebnis individueller oder kollektiver Entscheidungen. Diese werden nach Maßgabe situationsspezifischer Kosten-Nutzen-Überlegungen gefällt und sind prinzipiell einer systematischen Analyse zugänglich (vgl. Schneeweiß, 1990). Die Akzeptanz des Ansatzes leidet allerdings unter dem Dissens zwischen der normativen, ausschließlich rationale Beweggründe unterstellenden Auffassung und der deskriptiven Richtung (vgl. Müller/Köglmayr, 1987). Letztere mißt der von den Verhaltenswissenschaften beschriebenen Realität der betrieblichen Entscheidungsfindung einen weitaus größeren Stellenwert bei als einer fiktiven Rationalität normativer Konzepte.

Dennoch gilt es, zwei Entwicklungen hervorzuheben, die wesentlich zum methodologischen Fortschritt der Betriebswirtschaftslehre beigetragen haben, die

- Notwendigkeit der interdisziplinären Forschung und

- Dynamisierung des Untersuchungsansatzes.

Beide Aspekte finden in den Forschungsarbeiten von E. Dichtl zur Internationalisierung der Unternehmenstätigkeit ihre Entsprechung. Bevor auf die Ergebnisse dieser Untersuchungen näher eingegangen wird, sollen die Befunde einiger Arbeiten, die sich dem entscheidungsorientierten Forschungsansatz zuordnen lassen, kurz dargestellt werden. Eine erste Gruppe von Autoren beschäftigt sich mit den Motiven und Hemmnissen einer Internationalisierung. Andere beschreiben das charakteristische Merkmalsprofil des grenzüberschreitend tätigen Unternehmens. Eine dritte Kategorie von Autoren stellt den prozeßhaften Charakter von Auslandsengagements in den Mittelpunkt und entwickelt entsprechende Modellvorstellungen.

2.1 Motive international tätiger Unternehmen

Zu Beginn der wissenschaftlichen Auseinandersetzung mit der Internationalisierung der Unternehmenstätigkeit standen Fragen nach den Anreizen, die Unternehmen veranlassen im Ausland tätig zu sein, sowie den Hemmnissen, die es dabei zu überwinden gilt, im Mittelpunkt des Interesses (vgl. Perlitz, 1978; Simmerl, 1981). Als Beweggründe für ein Auslandsengagement nannte Walldorf (1987): wachsenden Wettbewerbsdruck auf dem Binnenmarkt, Risikostreuung, Erringung von Kostenvorteilen, bessere Auslastung vorhandener oder zu schaffender Kapazitäten, Nutzung staatlicher Förderprogramme, Erwerb von Know-how und Nutzung von Zeitverschiebungen im Rahmen des Produktlebenszyklus-Konzepts.

Auch verkörpert die Größe eines Unternehmens einen weiteren Einflußfaktor für die Motive im Ausland tätig zu werden. Nach Schwarting/Wittstock (1981) dominieren bei kleinen und mittelständischen Unternehmen Absatzmarkt- bzw. Marketing-Aspekte. Exogene Bestimmungsgrößen einer Exportentscheidung, wie politische Stabilität des Gastlandes, die dort gegebene Rechtssicherheit und der Zustand der Infrastruktur, werden offenbar erst in zweiter Linie in Betracht gezogen.

Der Stellenwert derartiger Arbeiten, die sich auf die Wiedergabe von Motivkatalogen und Checklisten beschränken, liegt darin, Material für die Formulierung überprüfbarer Hypothesen geliefert zu haben.

2.2 Merkmalsprofile exportierender Unternehmen

Die Suche nach meßbaren Merkmalen, die eine Prognose erlauben, warum einige Unternehmen erfolgreich Exportaktivitäten beginnen, während andere nur auf dem heimischen Markt agieren, war Gegenstand zahlreicher Beiträge (vgl. Simmonds/Smith, 1968; Bilkey, 1978; Reid, 1981; Bradley, 1981; Cavusgil, 1984). Besondere Aufmerksamkeit gebührt der Arbeit von Cavusgil/Naor (1987), die 35 einschlägige Forschungsberichte meta-analytisch ausgewertet haben und die von den verschiedenen Autoren mitgeteilten Indikatoren von Exportaktivitäten zu vier Merkmalsgruppen zusammenfaßten.

1. Wettbewerbsvorteile des Unternehmens

Qualitativ höherwertige Produkte oder ein großes Engagement im Forschungs- und Entwicklungsbereich erleichtern den Einstieg in das Exportgeschäft und erhöhen die Durchsetzungsfähigkeit auf ausländischen Märkten (vgl. McGuinness/Little, 1981; Kirpalani/Macintosh, 1980).

2. Allokation von Ressourcen

Maßnahmen der Unternehmensleitung, die ein Auslandsengagement vorbereiten und begleiten (z. B. Auslandsmarktforschung, Schulung der Mitarbeiter, Bereitstellung finanzieller Mittel) sind weitere Indikatoren von Exportbereitschaft (vgl. Cavusgil, 1984; Walters, 1983).

3. Persönlichkeitsmerkmale des Top-Managements

Zahlreiche Untersuchungen messen den Merkmalen Alter und Ausbildungsniveau der Entscheidungsträger sowie deren Sprachkenntnissen oder Risikobereitschaft eine Schlüsselrolle für den Internationalisierungsprozeß bei (vgl. Bradley, 1981; Cunningham/Spigel, 1971; Roux, 1977).

4. Wahrgenommene Attraktivität des Exportgeschäfts

Verschiedene Studien verweisen auf einen Zusammenhang zwischen der Intensität des Export-Marketing von Unternehmen und den Erwartungen der Führungskräfte über den Beitrag des Exportgeschäfts zum Erreichen der Unternehmensziele (vgl. Czinkota/Ursic, 1983; Bilkey, 1982).

Cavusgil/Naor (1987) identifizierten 25 dieser Variablen als potentielle Korrelate von Auslandsengagements und überprüften sie diskriminanzanalytisch bei 310 Unternehmen. Demnach beschäftigen Exporteure mehr Mitarbeiter, haben Zugang zu einem großen Binnenmarkt und einem weitgefächerten Distributionsnetz, suchen verstärkt nach Auslandsinformationen, wobei persönliche Kontakte eine Schlüsselrolle spielen, nehmen das Auslandsgeschäft als weniger risikohaft wahr und besitzen bei der Finanzierung und Planung größere Kompetenz als Nicht-Exporteure.

2.3 Der Prozeß der Exportentscheidung

Will man ergründen, wie und warum nicht-exportierende zu exportierenden Unternehmen werden, muß mit der Analyse schon vor deren Exportdebut angesetzt werden. Mit Ausnahme von Simpson/Kujawa (1974), die ihre Probanden baten, sich an die Entscheidungen zu erinnern, die zur Aufnahme einer Exporttätigkeit führten, haben Forscher immer wieder versucht, die gewünschten Rückschlüsse aus den Unterschieden zwischen Exporteuren und Nicht-Exporteuren zu ziehen, wobei sich der typische Untersuchungsansatz wie folgt charakterisieren läßt: Querschnittsanalyse, Korrelationsanalyse, einmalige Erhebung.

Es genügt aber keineswegs, exporterfahrene Manager nach deren Risikowahrnehmung vor der Aufnahme der Exporttätigkeit zu fragen. Gefordert ist vielmehr die Analyse des Entscheidungsprozesses von Managern, die noch keine einschlägigen Erfahrungen gesammelt haben. Es erscheint daher unabdingbar, unter Bezug auf allgemeine entscheidungstheoretische Phasenschemata ein Modell der Exportentscheidung zu entwickeln, das es vermag, die Genese der Exportentscheidung – bis hin zu den in der Nachentscheidungs-Phase ablaufenden Umbewertungen – prozeßhaft darzustellen.

Das ideale Modell der Exportentscheidung ist

- komplex, d.h. es berücksichtigt eine Vielzahl von Entscheidungsgrößen,
- explikativ, d.h. es beschreibt nicht nur die zwischen den relevanten Variablen bestehenden Beziehungen, sondern erklärt sie auch,
- dynamisch, d.h. es analysiert die Entscheidung im Zeitverlauf, sowie
- personenbezogen, d.h. es betrachtet die Internationalisierungsentscheidung einzelner Wirtschaftssubjekte und nicht die von Unternehmen.

Angesichts der Vielschichtigkeit des Untersuchungsgegenstands kann man sich die Konstruktion eines solchen Modells kaum noch vorstellen; zumindest wäre das Ergebnis empirisch nicht überprüfbar. So verwundert es nicht, daß in der Literatur vorgeschlagene Modelle jeweils nur Teile eines solchen utopischen Globalmodells verkörpern. Einige der wichtigsten dieser explikativen Modelle werden im folgenden kurz betrachtet.

Cavusgil (1976) unterscheidet zwischen Hintergrundvariablen und intervenierenden Merkmalen, um die Wahrscheinlichkeit dafür, daß ein Unternehmen zu exportieren beginnt, zu erklären. Anstelle von informativeren Pfadkoeffizienten teilt der Autor jedoch lediglich die Korrelationskoeffizienten für Variablenpaare mit. Substaniell ist an dem gewählten Ansatz zu bemängeln, daß sich die Hintergrundvariablen auf wenige Unternehmens- und Managermerkmale beschränken und die zentralen intervenierenden Variablen („management's expectations regarding effects of exporting" und „allocation of firm's resources to planning for exporting") keine eigentlichen Kausalfaktoren, sondern notwendige Begleiterscheinungen der Aufnahme einer Exporttätigkeit darstellen.

Auch ein Stufenmodell von Bilkey und Tesar (1977), die in Übereinstimmung mit Rogers (1962) die Exportentscheidung nach Maßgabe des von der Unternehmung geforderten Involvement in sechs Phasen zerlegten, verdeutlicht die Folgen theorielosen Forschens. Im Ergebnis ähnlich wie Cavusgil (1976) stellen sie nach regressionsanalytischen Studien fest, daß sich die für die Fragestellung besonders bedeutsame Phase der Erkundung der Realisierbarkeit von Exportlieferungen am besten durch die Variable

„Unternehmen plant Export“ vorhersagen läßt. Dies indessen ist schlichtweg tautologisch.

Wenn die systematische Planung des Exports als Voraussetzung für die Sinnhaftigkeit von „Feasibility Studies“ angesehen wird, liegt offensichtlich eine Umkehrung von Ursache und Wirkung vor. Größere Plausibilität besitzt gewiß die Vorstellung, daß Exportvorbereitungen als Folge von positiv verlaufenen Vorstudien getroffen werden. Tatsächlich aber scheint der Eintritt in diese Vorstufe des Exports, wie Bilkey und Tesar (1977) selbst ausführen, eher von psychologischen Variablen als von dem Ergebnis streng ökonomischer Überlegungen abzuhängen. Auslösender Faktor ist oftmals nichts anderes als die diffuse Überzeugung des Managements, daß Export per se wünschenswert sei, und zwar unabhängig von dem zu erwartenden Beitrag zu den Unternehmenszielen (vgl. Simpson, 1973).

Die dynamischen Konzepte von Welch/Wiedersheim-Paul (1977), Wiedersheim-Paul/Olson/Welch (1978) sowie Olson/Wiedersheim-Paul (1978) stellen vor allem auf den Zusammenhang zwischen der Exportentscheidung und dem Informationsverhalten der Unternehmung in der Vorentscheidungsphase ab. Dabei werden aktives, passives und reaktivierendes Vor-Exportverhalten sowie inlandsfixiertes Informationsverhalten unterschieden.

Die Verfasser der genannten Studien versuchen ihr Modell durch Fallstudien empirisch zu erhärten. Dabei gelangen Wiedersheim-Paul/Olson/Welch (1978) zu recht trivialen Feststellungen der Art, daß acht der von ihnen untersuchten Firmen, die sich in der Vor-Exportphase nachdrücklich um Informationen kümmerten, auch vorhatten zu exportieren, während 22 Unternehmen, die keine Exporttätigkeit planten, weder Marktinformationen sammelten noch solche weiterleiteten. Betont wird dabei die Bedeutung der Firmenvergangenheit, d.h. der Erfahrungen, die ein Unternehmen bei Ausweitung seiner Tätigkeit auf dem Binnenmarkt erwirbt („domestic internationalization“), und der Firmenumwelt, womit Kontakte zu anderen Unternehmen gemeint sind. Die Autoren vernachlässigen gleichwohl den Umstand, daß alle Anreize verpuffen müssen, wenn sie nicht vom zuständigen Entscheidungsträger in geeigneter Weise wahrgenommen und verarbeitet werden.

Trotz einer Reihe von gravierender Schwächen, die dem Modell der Exportneigung von Olson/Wiedersheim-Paul (1978) anhaften, darf es als das fundierteste Konzept bezeichnet werden. Der von ihnen eingeführten Schlüsselgröße der „export-propensity“ zufolge können die unterschiedlichen Stimuli, die von der internen (z.B. Produktmerkmale, Expansionsziele) oder externen Umwelt (z.B. Marktchancen, Wettbewerb) ausgehen, nur insofern wirksam werden, als sie von den Entscheidungsträgern wahrgenommen werden.

Die bedeutsamsten Managermerkmale sind dabei der kognitive Stil und die Auslandsorientierung der Betroffenen. Allerdings leidet der Aussagegehalt des Modells wiederum unter der unzureichenden theoretischen und völlig fehlenden meßtechnischen Präzisierung der Aussagen zu dieser zentralen Komponente. Weiterhin übersehen die Autoren, daß nicht nur Manager die Exportanreize filtern. Bevor diese auf die Entscheidungsträger treffen, müssen sie in Gestalt der Firmenumwelt und der Unternehmung nämlich weitere Filter passieren.

Obwohl in ihren Darlegungen dem „cognitive functioning" der Manager eine zentrale Rolle als explikativem Konstrukt zukommt, wenden sich Olson/Wiedersheim-Paul (1978) bei der empirschen Überprüfung ihres Modells ausschließlich der Verifizierung ihrer Typologie des Vor-Exportverhaltens zu. Solange freilich die Relevanz des kognitiven Stils und der Auslandsorientierung der Entscheidungsträger für die Wahrnehmung von Exportanreizen lediglich postuliert, nicht jedoch geprüft wird, müssen derartige Modelle vage bleiben, womit sie nicht mehr als den Rang von Denkansätzen beanspruchen können.

3. Identifikation von Exportpotential

Die Schwachstellen der auf dem Gebiet der Exportentscheidung betriebenen Forschung stehen vor allem mit der Diskrepanz zwischen der Komplexität der vorgeschlagenen Modelle und der Simplizität der empirischen Bewährungsversuche in Zusammenhang (vgl. Reid, 1981, S. 101). Vor diesem Hintergrund erscheint die folgende Vorgehensweise angebracht, zur Überwindung der Stagnation auf diesem Forschungsfeld beizutragen:

- Beschränkung des Forschungsansatzes auf empirisch überprüfbare Teile des interessierenden Entscheidungsprozesses;
- Operationalisierung des als zentral angesehenen Konstrukts der „Auslandsorientierung des Managements";
- Aufnahme der Forschungsaktivitäten vor dem Exportdebut der Unternehmen.

Die Hypothese, die der Operationalisierung des dabei maßgeblichen Konstrukts der Auslandsorientierung von Managern zugrunde liegt, lautet:

Manager, die

- eine unterdurchschnittliche *psychische Distanz* zu fremden Märkten oder Ländern zu erkennen geben,
- jünger sind, ein höheres *Ausbildungsniveau* aufweisen, Fremdsprachen besser beherrschen und häufiger ins Ausland reisen als ihre Kollegen,

- *risikofreudig, flexibel* und *änderungswillig* sind sowie von längeren berufsbedingten Auslandsaufenthalten *keine negativen Auswirkungen* auf Familie und Beruf erwarten und

- gegenüber dem Export als einer möglichen Unternehmensstrategie grundsätzlich *positiv eingestellt* sind,

verfügen über Auslandsorientierung und werden unter vergleichbaren Bedingungen eher eine Exporttätigkeit aufnehmen als Manager, die dieses Profil nicht aufweisen. Im Umkehrschluß müßte es möglich sein, mit Hilfe eines auf diesen Grundgedanken basierenden Meßinstrumentariums zwischen exporterfahrenen und exportunerfahrenen Entscheidungsträgern zu differenzieren, was im Erfolgsfalle als Ausweis der Validität dieser Vorgehensweise gewertet werden darf.

Der skizzierte Meßansatz wurde im Rahmen einer bislang sechs Länder umfassenden Vergleichsstudie erprobt (vgl. Köglmayr, 1990; Müller, 1991). Durch die Einbeziehung deutscher, finnischer, japanischer, südafrikanischer, österreichischer und südkoreanischer Manager sollte geprüft werden, ob sich sein Gültigkeitsbereich im Sinne des „comparative marketing" auf westliche Industrienationen im allgemeinen erstreckt, oder ob nationale Besonderheiten eine länderspezifische Vorgehensweise erforderlich machen.

Zunächst läßt sich feststellen, daß es in allen sechs Untersuchungsgebieten gelang, die Basis-Hypothese zu bestätigen. Demnach sind weltweit Exporteure änderungsbereiter und risikofreudiger als Nicht-Exporteure. Sie wiederum weisen eine größere psychische Distanz zu fremden Märkten auf als ihre exporterfahrenen Kollegen. Die wenigen Falsifikationen, z.B. die Anzahl ehemaliger Arbeitgeber betreffend, ließen sich ohne weiteres mit kulturspezifischen Eigenheiten erklären (z.B. Treueverhältnis in Japan). Von seltenen Ausnahmen abgesehen war es also gelungen, ein Meßinstrument zu entwickeln, das es erlaubt, kulturvergleichende Untersuchungen durchzuführen.

Aus der Vielzahl von Einzelbefunden seien zusammenfassend die wichtigsten hervorgehoben: Im Mittelpunkt steht dabei fraglos die Erkenntnis, daß der entwickelte Meßansatz (Auslandsorientierung von Managern) prinzipiell geeignet ist, bislang unentdecktes Exportpotential aufzuspüren. Wenn der Anteil der mittelständischen Firmen, die davon betroffen sind, in Finnland (50,8%) oder Südafrika (34,6%) höher liegt als in der Bundesrepublik Deutschland (31,7%), so spricht dies nicht gegen, sondern für die Leistungsfähigkeit unserer Wirtschaft: Deren Repräsentanten haben es nämlich bereits in der Vergangenheit verstanden, ihre Möglichkeiten auf diesem Feld besser zu nutzen als ihre Konkurrenten, selbst als jene in Japan (36,3%).

Auf der Basis des Meßansatzes wurde ein nach psychologischen Kriterien standardisierter Test der Auslandsorientierung (TAO) entwickelt (vgl. Müller, 1991), der es erlaubt, zielgerichtet Maßnahmen zur Personalentwicklung zu ergreifen (vgl. Dichtl/Köglmayr/Müller, 1986). Damit konnte ferner der Grad der Auslandsorientierung jedes Entscheidungsträgers in den einzelnen Stichproben ermittelt werden. Deutsche Manager führen auf diesem Gebiet die Rangfolge an (56,1), vor den Finnen (55,4), den Japanern (49,2) und den Südafrikanern (47,9). Neben testtheoretischen Gütekriterien spricht die Umsatzentwicklung, die die einzelnen Unternehmen im Exportbereich genommen haben, am stärksten für die Tauglichkeit des entwickelten Meßansatzes. Während Betriebe mit auslandsorientierten Managern Umsatzzuwächse von durchschnittlich 16,5 Mio. DM zu verzeichnen hatten, konnten ihre inlandszentrierten Kollegen im Durchschnitt nur eine Steigerung von knapp 0,5 Mio.DM registrieren (vgl. Köglmayr, 1990). Dieser Realitätstest bestätigt eindrucksvoll die Tragfähigkeit der gewählten Vorgehensweise.

4. Modellversuch „Marketing für den Export"

Was hält einen Teil der Unternehmen mit Exportpotential davon ab, in demselben Maße wie die strukturgleichen aktiven Exporteure im Auslandsgeschäft tätig zu sein, und warum greifen die traditionellen Formen der Exportförderung bei diesem Segment nicht in der gewünschten Weise? Um hierauf eine Antwort finden zu können, sollen die zahlreichen Hemmnisse, die Exportaktivitäten entgegenstehen, kurz durchleuchtet werden.

Auf der Basis von Vergleichsuntersuchungen (vgl. Köglmayr, 1990) konnte eine aussagefähige Relativierung der ins Auge gefaßten Marktbearbeitungsstrategien oder des Konkurrenzdrucks, der auf ausländischen Märkten herrscht, vorgenommen werden. Zwar erfahren zahlreiche Exporthemmnisse unterschiedliche Gewichtung, je nachdem, welcher Nationalität ein Proband angehört (z.B. Kosten der Marktbearbeitung) und ob er über Exporterfahrung verfügt oder nicht (z.B. Einfuhrbestimmungen), dennoch aber lassen sich Gemeinsamkeiten erkennen. So finden sich in allen Stichproben drei Hauptschwierigkeiten: Preisstellung, Konkurrenzsituation und Distribution. Darüber hinaus erlangen Personalprobleme für japanische Manager höchste Priorität, während ihnen die Südafrikaner nur eine unterdurchschnittliche Bedeutung beimessen.

Ferner zeigte sich, daß Unternehmen mit unausgeschöpftem Exportpotential weit stärker unter Personal- und Kommunikationsproblemen leiden als Betriebe, die erfolgreich Auslandsmärkte bearbeiten. Während man Vertriebsproblemen oder Fragen der Markterschließung und Marktbearbeitung eher mit den traditionellen Formen der Förderung begegnen kann, erfordert die Erschließung von Exportpotential die Abkehr von der klassischen passiven Unterstützung. Mit einem der Maxime „Marketing für den Export“ verpflichteten Modellversuch gelang es, in enger Kooperation mit der IHK-Rhein-Neckar und dem RKW-Baden-Württemberg neue Förderstrategien zu entwickeln (vgl. Köglmayr, 1990). Konkret bestand die Aufgabe in der Klärung der Frage: Sprechen Firmen, die mit Hilfe des vorgestellten Untersuchungsansatzes identifiziert wurden und demzufolge über unausgeschöpftes Exportpotential verfügen, in einem Maße positiv auf aktive marketingorientierte Beratungs- und Förderangebote an, das den systematischen Einsatz dieses Selektionsverfahrens zur Steuerung von Fördermaßnahmen rechtfertigen würde?

Durch direkte Ansprache der mit Hilfe der Clusteranalyse ausgewählten Unternehmen gelang es, deren Entscheidungsträger bei der Inanspruchnahme von Exportförderungsmaßnahmen sowie bei der Gewinnung und Verarbeitung außenwirtschaftlicher Informationen so zu beraten, daß von 33 Unternehmen 31 zumindest erste Schritte auf dem Weg ins systematische Auslandsgeschäft unternommen haben. Durch die überaus positiven Erfahrungen wurde die IHK-Rhein-Neckar darin bestärkt, eine Neuorientierung ihres außenwirtschaftlichen Dienstleistungsangebotes vorzunehmen (vgl. Horak/Hoffmann, 1987). Die fünf wichtigsten Elemente einer derart verbesserten Exportförderung lassen sich folgendermaßen charakterisieren:

- Vermittlung von exporterfahrenen Managern auf Zeit,
- Verstärkung des IHK-Außendienstes durch Export-Kontakter,
- Vermittlung von firmenspezifischen Export-Vertriebs-Kooperationen,
- Versorgung mit bedarfsgerechten, auftragsnahen Marktinformationen,
- Verbesserung der Beurteilung von Länderrisiken.

Als Fazit des Modellversuchs bleibt die Erkenntnis, daß die firmenspezifische Betreuung eindeutig einen erheblichen Fortschritt im außenwirtschaftlichen Informations- und Beratungswesen der Bundesrepublik Deutschland darstellt. Um brachliegendes Exportpotential zu aktivieren, bedarf es einer marketingorientierten Exportförderung. Dazu sollten die Unternehmen vor der Inanspruchnahme von Fördermaßnahmen mit Hilfe des vorgestellten Instrumentariums auf ihre Exporttauglichkeit untersucht werden. Nur Betriebe mit Exportpotential sollten dann konsequenterweise in den Genuß einer modifizierten Unterstützung gelangen.

5. Ausblick

Die Bundesrepublik Deutschland blickt auf Jahrzehnte einer außerordentlich erfolgreichen Exporttätigkeit zurück. Dafür, daß es in den vor uns liegenden schwierigeren Zeiten zu keinem dramatischen Einbruch kommt, bedarf es verstärkter Anstrengungen von allen am Wirtschaftsgeschehen Beteiligten.

Dabei kann die Identifikation von Unternehmen mit Exportpotential, das in ungenutzten Ressourcen entweder im subjektiven oder im objektiven Bereich bestehen kann, nur einen ersten Schritt darstellen, der auf dem Weg zur Überwindung von außenwirtschaftlichen Mängeln und Nachteilen mittelständischer Betriebe getan werden muß. Prinzipiell läßt sich eine Vielzahl hier nicht näher zu diskutierender Möglichkeiten anführen, die Außenhandelsbedingungen des Mittelstandes zu verbessern. Zum einen handelt es sich um Maßnahmen, die jedes Unternehmen selbst einleiten muß, um neue Märkte zu erschließen. Zum anderen steht aber auch die große Anzahl von Exportförderungsmaßnahmen zur Diskussion, die von unterschiedlichen Institutionen gewährt werden.

Anzustreben und bisheriger Schwachpunkt ist die Verknüpfung beider Ebenen. Dies bedeutet, daß nur Unternehmen mit Exportpotential in den Genuß der verschiedenen Möglichkeiten der Förderung kommen sollten.

Literaturverzeichnis

Bilkey, W. J. (1978): An Attempted Integration of the Literature on the Export Behavior of Firms, in: Journal of International Business Studies, 1978, 9. Jg., Heft 1, S. 33 - 46.

— (1982): Variables Associated with Export Profitability, in: Journal of International Business Studies, 1982, 13. Jg., Heft 3, S. 39 - 55.

Bilkey, W. J./*Tesar,* G. (1977): The Export Behavior of Smaller-Sized Wisconsin Manufacturing Firms, in: Journal of International Business Studies, 1977, 8. Jg., Heft 1, S. 93 - 98.

Bradley, M. F. (1981): Attitudes Toward Export Marketing Growth Among Small Scale Enterprises, Proceedings of the Marketing Education Group Annual Conference, Dublin 1981, S. 289 - 310.

Cavusgil, S. T. (1976): Organizational Determinants of Firm's Export Behavior: An Empirical Analysis, Ph. D. Dissertation, The University of Wisconsin, Madison, 1976.

— (1984): Organizational Characteristics Associated with Export Activity, in: Journal of Management Studies, 1984, 21. Jg., Heft 1, S. 3 - 22.

Cavusgil, S. T./*Naor,* J. (1987): Firm and Management Characteristics as Discriminators of Export Marketing Activity, in: Journal of Business Research, 1987, 15. Jg., Heft 5, S. 221 - 235.

Cunningham, M. T./*Spigel,* R. I. (1971): A Study in Successful Exporting, in: British Journal of Marketing 1971, 5. Jg., Spring, S. 2 - 12.

Czinkota, M. R./*Ursic,* M. L. (1983): Impact of Export Growth Expectations on Smaller Firms, in: International Marketing Research, 1983, 1. Jg., Heft 4, S. 26 - 33.

Dichtl, E. (1986): Innovationsfähigkeit, Auslandsorientierung und strategisches Profil als Determinanten der Wettbewerbsfähigkeit, in: Marketing-ZFP, 1986, 8. Jg., Heft 2, S. 103 - 113.

Dichtl, E./*Köglmayr,* H.-G./*Müller,* S. (1984): Die Auslandsorientierung von Führungskräften: Eine Schlüsselvariable für Exportförderung und Exporterfolg, in: Dichtl, E., Issing, O. (Hrsg.), Exporte als Herausforderung für die deutsche Wirtschaft, Köln 1984, S. 429 - 462.

—/—/— (1986): Identifying Export Potential, in: Cavusgil, S. T. (Ed.), Advances in International Marketing, Vol. 1, Greenwich, (Conn.) 1986, S. 233 - 254.

—/—/— (1990): International Orientation as a Precondition for Export Success, in: Journal of International Business Studies, 1990, 21. Jg., Heft 1, S. 23 - 40.

Hoffmann, F. (1986): Kritische Erfolgsfaktoren – Erfahrungen in großen und mittelständischen Unternehmungen –, in: Zeitschrift für betriebswirtschaftliche Forschung, 1986, 38. Jg., Heft 10, S. 831 - 843.

Horak, J./*Hoffmann,* H. M. (1987): Neue Dienste der Kammer, in: Die Wirtschaft, 1987, o.Jg., Heft 3, S. 136 - 137.

Institut der deutschen Wirtschaft (1986): Zahlen zur wirtschaftlichen Entwicklung der Bundesrepublik Deutschland, Köln 1986.

— (1987): Internationale Wirtschaftszahlen 1987, Köln 1987.

— (1988): Internationale Wirtschaftszahlen 1988, Köln 1988.

— (1994): Zahlen zur wirtschaftlichen Entwicklung der Bundesrepublik Deutschland, Köln 1994.

Kirpalani, V. H./*Macintosh,* N. B. (1980): International Marketing Effectiveness of Technology-oriented Small Firms, in: Journal of International Business Studies, 1980, 11. Jg., Winter, S. 81 - 90.

Köglmayr, H.-G. (1990): Die Auslandsorientierung von Managern als strategischer Erfolgsfaktor, Berlin 1990.

Köglmayr, H.-G./*Müller,* S. (1983): Empirische Forschung in Japan: Erfahrungen von zwei Deutschen, die auszogen, japanische Manager zu ergründen, in: Planung und Analyse, 1983, 10. Jg., 11/12, S. 512 - 518.

Köglmayr, H. G./*Lingenfelder,* M./*Müller,* S. (1988): Die Unternehmenskrise als führungspolitische Herausforderung – Ergebnisse einer Vier-Länder-Befragung, in: Zeitschrift für betriebswirtschaftliche Forschung, 1988, 40. Jg., Heft 1, S. 49 - 70.

McGuiness, N. W./*Little,* B. (1981): The Influence of Product Characteristics on the Export Performance of New Industrial Products, in: Journal of Marketing, 1981, 45. Jg., Heft 1, S. 110 - 122.

Meissner, H. G. (1974): Exportpolitik vom Standpunkt der Unternehmensführung, Herne 1974.

Müller, S. (1991): Die Psyche des Managers als Determinante des Exporterfolges, Stuttgart 1991.

Müller, S./*Köglmayr,* H.-G. (1985): Exportmarkt Japan – Stolpersteine auf dem Weg nach Fernost, in: Harvardmanager, 1985, 6. Jg., Heft 4, S. 61 - 66.

—/— (1987): Risikoanalysen im Internationalen Marketing, in: Planung und Analyse, 1987, 14. Jg., 7/8, S. 306 - 311.

Olson, H. C./*Wiedersheim-Paul,* F. (1978): Factors Affecting the Pre-Export-Behavior of Non-Exporting Firms, in: Ghertman, M., Leontiades, J. (Eds.), European Research in International Business, New York 1978, S. 283 - 305.

Perlitz, M. (1978): Absatzorientierte Internationalisierungsstrategien, Bochum 1978.

Reid, S. D. (1981): The Decision-Maker and Export Entry and Expansion, in: Journal of International Business Studies, 1981, 12. Jg., Heft 2, S. 101 - 112.

Rogers, E. M. (1962): Diffusion of Innovations, New York 1962.

Roux, E. (1977): The Export Behavior of Small and Medium-Sized French Firms: The Role of the Manager's Profile, in: Proceedings of the Annual Meeting of the European International Business Association, Uppsala 1977, S. 88 - 101.

Schneeweiß, H. (1990): Kostenwirksamkeitsanalyse, Nutzwertanalyse und Multi-Attributive Nutzentheorie, in: Wirtschaftswissenschaftliches Studium, 1990, 19. Jg., Heft 1, S. 13 - 18.

Schwarting, U./*Wittstock,* M. (1981): Exportreserven mittelständischer Unternehmen, Göttingen 1981.

Simmerl, J. (1981): Die Gestaltung des internationalen Absatzsystems, München 1981.

Simmonds, K./*Smith,* H. (1968): The First Export Order: A Marketing Innovation, in: British Journal of Marketing, 1968, 2. Jg., Summer, S. 93 - 100.

Simpson, C. L. (1973): The Export Decision: An Interview Study of the Decision Process in Tennessee Manufacturing Firms, Ph. D. Dissertation, Georgia State University, Atlanta, 1973.

Simpson, C. L./*Kujawa,* D. (1974): The Export Decision Process: An Empirical Inquiry, in: Journal of International Business Studies, 1974, 5. Jg., Heft 1, S. 107 - 117.

Walldorf, E. G. (1987): Auslandsmarketing: Theorie und Praxis des Auslandsgeschäfts, Wiesbaden 1987.

Walters, P. G. P. (1983): Export Information Sources: A Study of Their Usage and Utility, in: International Marketing Research, 1983, 1. Jg., Heft 4, S. 34 - 43.

Welch, L. S./*Wiedersheim-Paul,* F. (1977): Extra-Regional Expansion – Internationalization within the Domestic Market, Working Paper, Center of International Business Studies, University of Uppsala, Uppsala 1977.

Wiedersheim-Paul, F./*Olson,* H. C./*Welch,* L. S. (1978): Pre Export-Activity: The First Steps in Internationalization, in: Journal of International Business Studies, 1978, 9. Jg., Heft 1, S. 47 - 58.

Zur Exportfähigkeit der deutschen mittelständischen Elektroindustrie

Von Hans Wellenreuther

In Europa entstehen im Zusammenhang mit der Europäischen Union riesige Märkte. Für mittelständische Unternehmen, die im Regelfall u.a. durch besonders knappe personelle Ressourcen gekennzeichnet sind, erwächst hier die Gefahr, Wachstumsmärkte außerhalb Europas, vor allem in Fernost, zu vernachlässigen.

Seitens der Politik und der Verbände besteht deshalb die explizite Zielsetzung, die Exportfähigkeit der mittelständischen Wirtschaft auch in außereuropäische Länder zu fördern. Im folgenden sollen aus der Literatur bekannte Instrumente zur Exportförderung im Hinblick auf ihre Tauglichkeit für die mittelständische Elektroindustrie diskutiert werden, wobei neuere Instrumente einer intensiveren Betrachtung unterworfen werden.

1. Die Stellung der Elektrowirtschaft in der Weltwirtschaft

Die fortschreitende politische und wirtschaftliche Integration Europas und die politischen Umwälzungen in Osteuropa markieren ohne Zweifel Wendepunkte in der Außenwirtschaft. So entstehen z.B. durch Standardisierung elektrotechnischer Normen, die bisher von Land zu Land in Europa unterschiedlich und stark protektionistisch motiviert waren oder protektionistisch wirkten, ein einheitlicher, großer Markt, in dem als permanenter Prozeß weitere, bisher national isolierte Marktgebiete aufgehen werden. Osteuropäische Länder passen ihre Vorschriften zunehmend an westeuropäische Normen an. So übernahm Ungarn Anfang 1994 für die Ausstattung von Versammlungsstätten mit Anlagen für Beleuchtung und die Kennzeichnung von Fluchtwegen bei Stromausfall die in Deutschland seit langem geltenden Vorschriften. Es versteht sich, daß sich hier interessante neue Umsatzmöglichkeiten für die entsprechende deutsche Industrie ergeben.

Im Rahmen eines ZVEI-Symposiums zum Thema „Die internationale Wettbewerbsfähigkeit der deutschen Elektroindustrie“ warf der Vorsitzende des Außenwirtschaftsausschusses des ZVEI die provokative Frage auf, wie lange der europäische Binnenmarkt überhaupt noch ein Betrachtungsgegenstand eines Außenwirtschaftsausschusses sein kann (vgl. Zimmermann, 1992, S. 10).

Angesichts der skizzierten Sachverhalte wächst unübersehbar die Gefahr, daß die europäischen, und hier speziell kleinere und mittlere Industrieunternehmen, sich auf Europa in West und u.U. auch Ost konzentrieren und Märkte außerhalb Europas vernachlässigen, in denen aber für die nächsten Jahre das weltweit höchste Wachstum erwartet wird. Selbst Großunternehmen, die sich explizit als „Global Players" verstehen, haben zunehmend Schwierigkeiten, die Entwicklung mitzugestalten oder gar nur ihre Position zu halten. Man denke nur an ein Produktfeld wie die Mikroelektronik und dessen Konzentration an Produktionskapazitäten in Japan.

Die atemberaubende Verschlechterung der außenwirtschaftlichen Position der Bundesrepublik Deutschland im Bereich der Elektroindustrie zeigt Abbildung 1. Abbildung 2 weist die konstant starke Konzentration der entsprechenden deutschen Exporte auf die europäischen Märkte aus; Abbildung 3 zeigt die Verteilung der Exporte auf einzelne Märkte. Länder aus Südostasien (ASEAN), als Abnehmer deutscher Produkte, erscheinen hier nur unter „ferner liefen...".

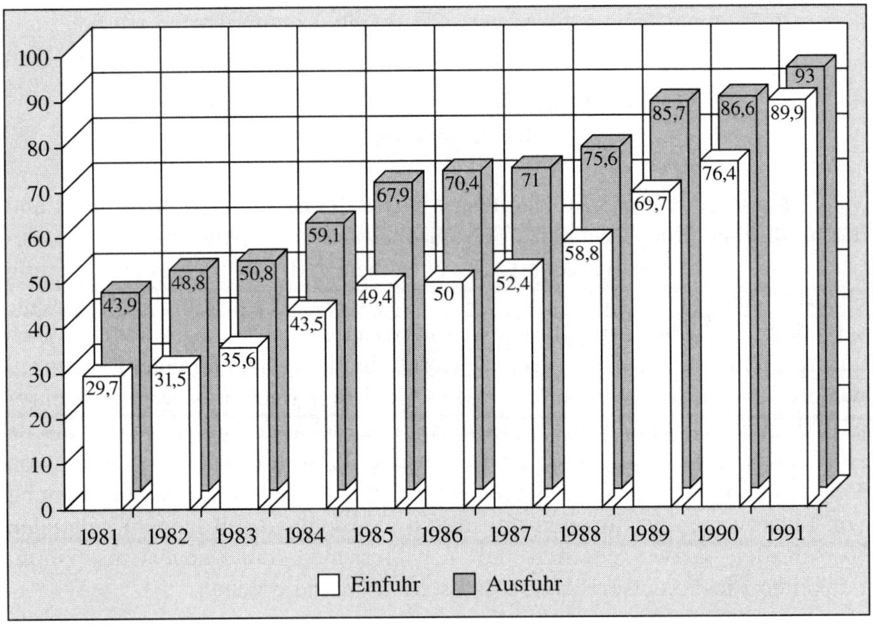

Quelle: ZVEI

Abbildung 1: Bundesrepublik Deutschland 1981 - 1991 Außenhandel der Elektroindustrie

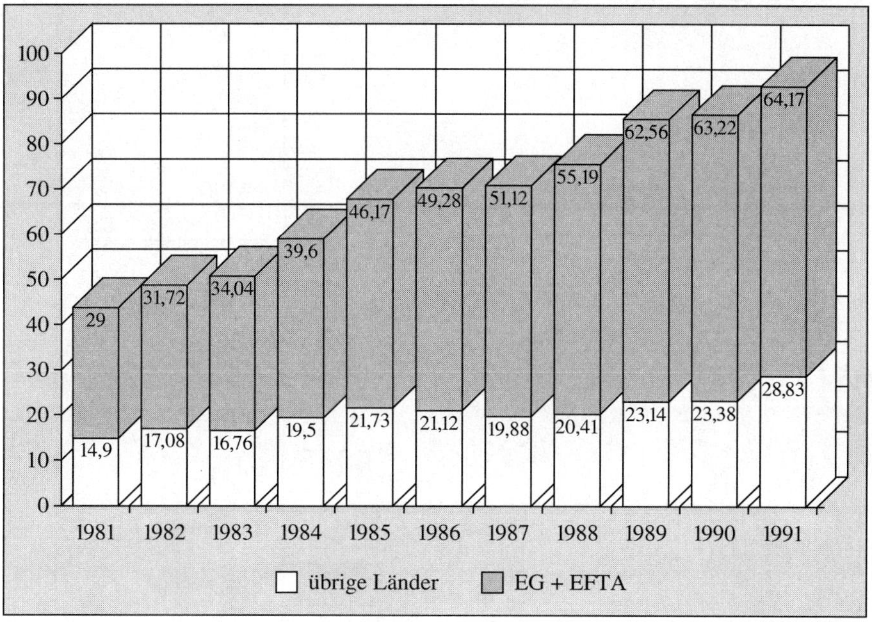

Quelle: ZVEI

Abbildung 2: Bundesrepublik Deutschland 1981 - 1991 Ausfuhren der Elektroindustrie

Schlagwortartig sei die Stellung der Elektrowirtschaft in der Weltwirtschaft umschrieben, um die Bedeutung der oben angedeuteten Veränderungen ermessen zu können (vgl. Zimmermann, 1992, S. 9):

- Die Elektroindustrie leistet weltweit mit 13% Anteil am BSP innerhalb des verarbeitenden Gewerbes den zweitgrößten Beitrag (nach Nahrungs- und Genußmittel und vor Maschinenbau, Chemie und Kfz-Industrie).
- Die Elektrotechnik ist in großen Schritten auf dem Weg zur Elektronik, die im Jahr 2000 rund 75% des Spektrums des Elektro-Weltmarktes ausmachen wird. Dabei werden speziell von der Mikroelektronik als „Schrittmacher-Technologie" fast alle anderen Branchen tangiert. Sie fungiert als „Taktgeber für die Innovationen in anderen Branchen" (vgl. Zimmermann, 1992, S. 9).
- Das Marktwachstum für Elektro-Produkte wird bis ins Jahr 2000 mit rund 7% p.a. real prognostiziert. Damit würde der Weltelektromarkt mehr als doppelt so schnell wachsen wie das BSP weltweit.
- Im Jahr 2000 wird die Kommunikations- und Informationstechnik rund 40% des Weltelektromarktes ausmachen. Den zweiten Rang nehmen mit

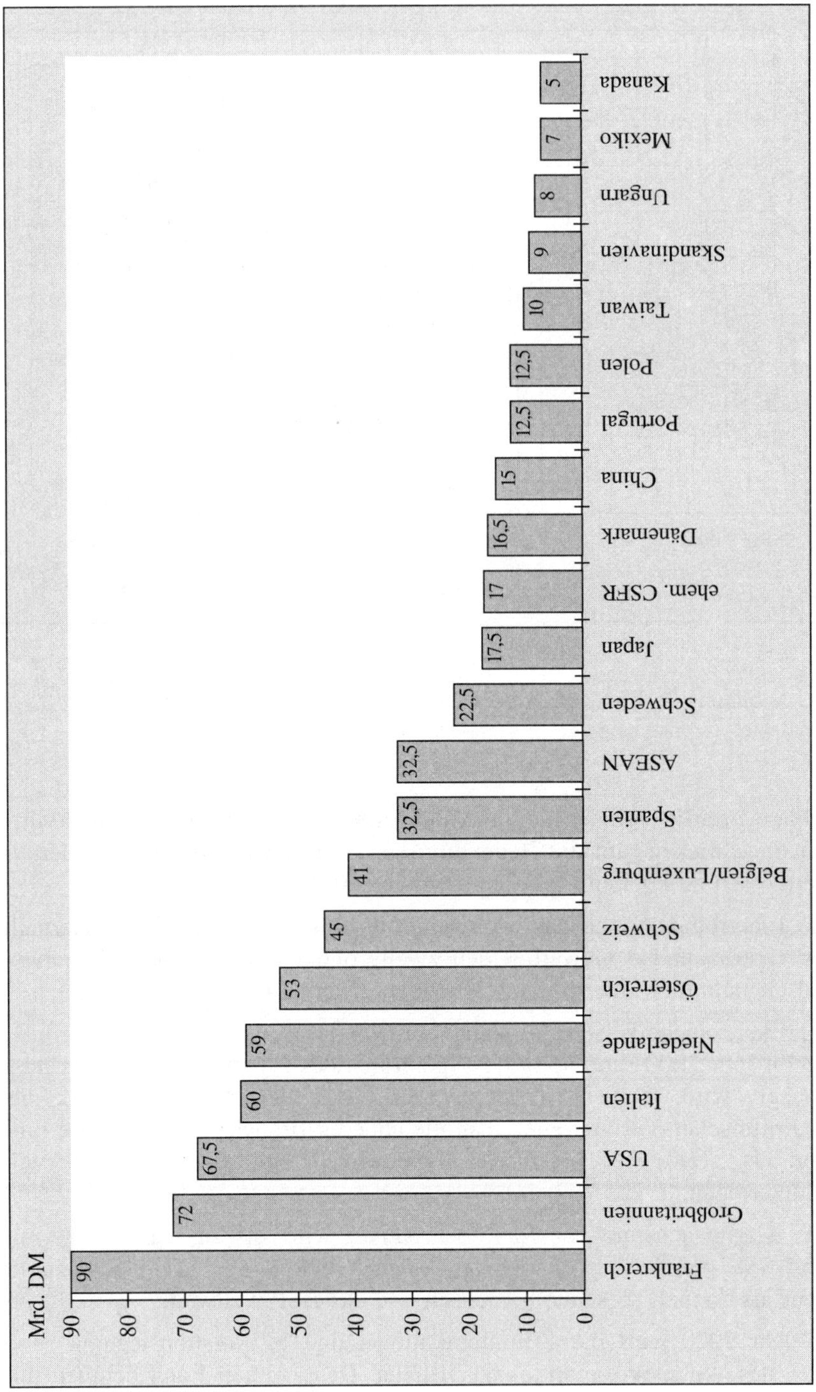

Quelle: ZVEI

Abbildung 3: Deutschland Elektroausfuhren 1993

voraussichtlich 16% die Bauelemente ein. Nach der Ansicht von Experten kommt damit der Komponentenherstellung eine gewaltige strategische Hebelkraft zu. Strategische Spielregeln werden davon nicht unbeeinflußt bleiben (vgl. Zimmermann, 1992, S. 10).

Derartige Änderungen der strategischen Rahmenbedingungen haben naturgemäß bereits in der Vergangenheit die Marktstrukturen nicht unbeeinflußt gelassen: 1970 hatten von den 15 weltgrößten Elektrounternehmen 8 ihren Sitz in den USA, 4 in Europa und 3 in Japan. 1991 waren es 7 Firmen in Japan, 5 in Europa und 3 in den USA. Dabei hat der „Marktanteil" der 15 größten Unternehmen in dem betrachteten Zeitraum von 20 Jahren von 22% auf 27% zugenommen.

Wie groß die Unterschiede in den die Warenströmen zwischen den Polen der Triade USA, Japan und Europa sind, zeigen folgende Ergebnisse einer ZVEI-Untersuchung der Warenströme in der Elektrotechnik generell sowie im Produktbereich Elektronik (Abbildungen 4 und 5).

Angesichts der Konzentrationstendenzen in der weltweiten Elektroindustrie gibt es seitens der Träger der Wirtschaftspolitik als auch der Wirtschaftsverbände Ansätze, mittelständische Unternehmen speziell in der Wachstumsregion Südostasien in ihren Aktivitäten zu unterstützen. Südost-

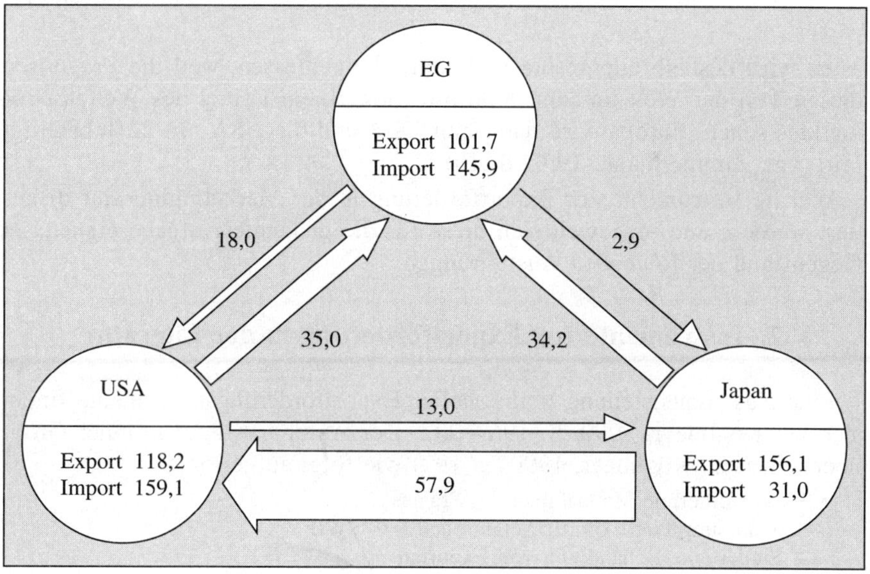

Quelle: ZVEI

Abbildung 4: Handelsströme Elektrotechnik 1989
(Mrd. DM)

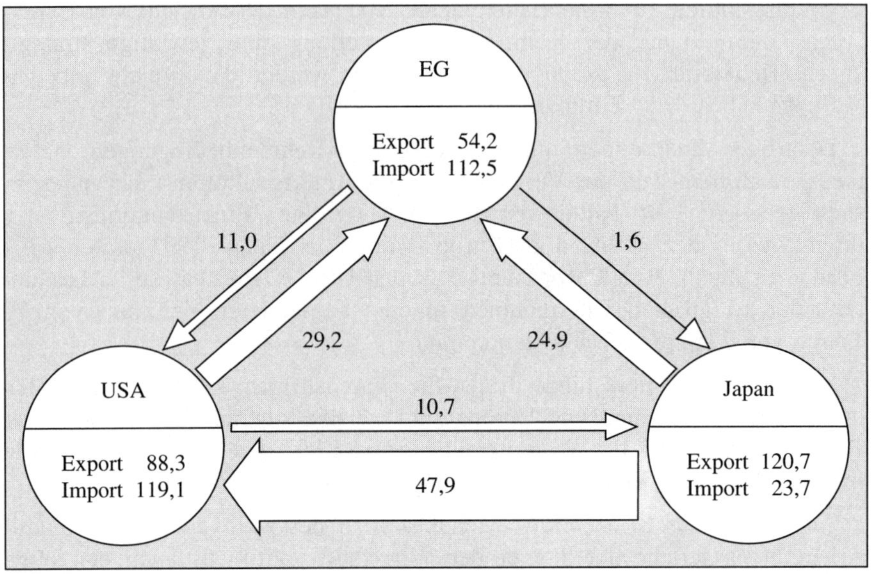

Quelle: ZVEI

Abbildung 5: Handelsströme Elektronik 1989
(Mrd. DM)

asien wird deshalb allergrößte Bedeutung beigemessen, weil die Prognosen diesen Teil der Welt im Jahr 2000 mit rund einem Drittel des Weltelektromarktes sehen. Europa wird daran mit 28% und die USA mit 22% beteiligt sein (vgl. Zimmermann, 1992, S. 10).

Welche Instrumente zur Exportförderung in der Marketingliteratur diskutiert werden, und inwieweit sich diese für die genannte Aufgabe eignen, ist Gegenstand der folgenden Ausführungen.

2. Instrumente zur Exportförderung in der Literatur

Eine Zusammenstellung traditioneller Exportförderungsinstrumente findet sich bei Köglmayr, 1990, S. 196 - 232. Der Autor hat diese in einer Grobübersicht (vgl. Köglmayr, 1990, S. 197) wie folgt aufgelistet:

„• Exportfördernde Maßnahmen des Staates
  – Zulassung von Exportkartellen nach § 6 GWB
  – Steuerliche Behandlung von Exporten
- Exportförderungsprogramme des Bundes und der Länder
  – Exportberatungsprogramme
  – Auslandsmessebeteiligungsprogramme
  – Exportgarantieprogramme

- Exportfördernde Institutionen der Wirtschaft
  - Industrie- und Handelskammern
  - Auslandshandelskammern
  - Verbände
- Exportfinanzierung
  - Staatliche Anbieter
    - Kreditanstalt für Wiederaufbau (KfW)
    - Ausfuhr Kreditanstalt GmbH (AKA)
  - Private Anbieter
    - Banken
- Exportkreditversicherung
  - Staatliche Anbieter
    - Hermes Kreditversicherungs AG
  - Private Anbieter
    - Versicherungsgesellschaften"

In empirischen Untersuchungen wurden die Instrumente einer vergleichenden Würdigung unterzogen und intensiv diskutiert (vgl. Müller/Hohn, 1989, S. 77 - 96). Demnach unterscheiden sich große und mittelständische Unternehmen erstaunlicherweise nicht in der Beurteilung der Exportfinanzierung, die allgemein als besonders problematisch empfunden wird.

Dagegen zeigen sich in der Einschätzung der Betroffenen besonders starke Nachteile von mittelständischen gegenüber großer Unternehmen in „Kostenstruktur", in „Imagefragen (Bekanntheit)", in der „Verfügbarkeit exporterfahrener Mitarbeiter" und in der „Beschaffung und Auswertung von Informationen".

An diesen wahrgenommenen Defiziten knüpfen speziell die Exportförderungsprogramme des Bundes und der Länder sowie die exportfördernden Institutionen der Wirtschaft an. Deshalb sollen auch nur diese Instrumente im folgenden betrachtet werden.

3. Die Beurteilung ausgewählter Instrumente zur Exportförderung in Südostasien aus der Sicht der Elektro- und Elektronikindustrie

Die Elektro- und Elektronikindustrie weist wie etwa auch der Maschinenbau einen hohen Exportanteil sowie eine starke Ausrichtung auf das Weltmarktgeschehen auf. Dies spiegelt sich darin, daß die Zentralverbände dieser Industriezweige ZVEI und VDMA schon vor Jahrzehnten Außenwirtschaftsabteilungen eingerichtet haben. Eine wichtige Zielsetzung dieser Abteilungen besteht in der Förderung des Mittelstandes im Export. Vor diesem Erfahrungshintergrund sollen im folgenden die genannten Förderungsansätze beleuchtet und diese Ansätze im Hinblick auf die Märkte in Südostasien betrachtet werden.

Exportberatungsprogramme zielen hauptsächlich auf die mangelnde Information vor allem in kleineren Unternehmen (z.B. beträgt die Umsatzhöchstgrenze in einem Programm DM 50 Mio.) über die Zielmärkte und die Behebung dieser Defizite durch Beratung. Ganz wesentlich dürfte der Beratungserfolg dabei von der Erfahrung des Beraters in dem jeweiligen Wirtschaftszweig abhängen (vgl. Dichtl et al., 1981, S. 180f., die dies für die Beratung im Einzelhandel empirisch untersucht haben).

Was die *Beteiligung an Auslandsmessen* und die Förderung der Teilnahme angeht, so ist die Eignung dieses Instrumentes sehr stark von dem einzelnen Messekonzept abhängig. Skeptisch steht man dem auf der 5. Südostasien-Konferenz in Bangkok gemachten Vorschlag gegenüber, die nächste *Technogerma* in dieser Region zu veranstalten. Auf Skepsis stößt dieser Vorschlag angesichts der enormen Kosten, die mit einer Teilnahme an dieser gigantischen Leistungsshow der deutschen Industrie mit dem Ziel der Imagewerbung für die deutsche Industrie verbunden sind. Die Gesamtkosten der letzten Technogerma in Mexiko City beliefen sich nämlich auf über DM 160 Mio., wovon das Bundeswirtschaftsministerium lediglich 10% beigesteuert hat!

Die von den Bundesländern in der Regel geförderten *Gemeinschaftsmessen* werden aus der Sicht mittelständischer Elektrounternehmen gleichfalls mit größten Vorbehalten betrachtet. Oft stehen hier stark folkloristische Gestaltungselemente des Messeumfeldes im Vordergrund, wobei gerade für Hightech-Produkte wie denen der Elektronik eine Präsentation quasi „neben Lederhosen" das Gegenteil einer Vermittlung von Kompetenz zum Ergebnis haben kann.

Großes Unbehagen erweckt außerdem die nicht nur seitens des VDMA bemängelte „Messe-Inflation" (vgl. Freese, 1994, S. 3). In diesem Wirtschaftsbereich wurden beispielsweise 1992 in Vietnam gleich *vier* thematisch ähnliche Messen angeboten. Eine Überforderung möglicher Aussteller dürfte unvermeidlich, eine Effizienzsteigerung durch Reduzierung wünschenswert und möglich sein!

Es versteht sich, daß die *Präsenz der* betreffenden *Unternehmen vor Ort*, über das Instrument Messeteilnahme weit hinausgehend, ab einem bestimmten Stadium der gewünschten Marktdurchdringung zwingend erforderlich ist. Dies ist, auf eigene Faust unternommen, mit hohen Kosten verbunden, welche die mittelständischen Unternehmen leicht in ihrer Finanzierungsmöglichkeit oder Risikobereitschaft überfordern können. Hier müssen viel mehr gezielte Maßnahmen entwickelt und angeboten werden.

Dem Abbau von Schwellenangst in Südostasien dient die Einrichtung von speziellen *Deutschen Industrie- und Handelszentren.* Sie sollen insbesondere kleinen und mittleren Unternehmen Büro-, Ausstellungs- und Montageflächen sowie die notwendige Infrastruktur bieten. Träger eines solchen

German Centres ist jeweils ein Bundesland. Bei dem von Bayern getragenen Haus der deutschen Wirtschaft in Shanghai erscheint Mittelstandsförderung explizit als Motiv: „Um insbesondere den deutschen Mittelstand bei einem China-Engagement zu unterstützen, und den mittelständischen Unternehmen spezifische Probleme beim Markteintritt überwinden zu helfen, hat der Freistaat Bayern und der Landesverband der Bayerischen Industrie das Projekt „German Centre – Haus der deutschen Wirtschaft in Shanghai“ initiiert. Das wichtigste Ziel des Projektes ist die Förderung der Präsenz der deutschen Wirtschaft im Wachstumsmarkt China. Durch das Haus der deutschen Wirtschaft in Shanghai soll insbesondere für den Mittelstand der Zugang zum attraktiven chinesischen Markt erleichtert werden. Diese Zielsetzung erfordert ein Konzept, das sicherstellt, daß umfassende Dienstleistungen verbunden mit technischer Infrastruktur unter einem Dach günstig zur Verfügung gestellt werden können“ (vgl. o.V., German Centre, 1994). Weitere dieser German Centres sind geplant, u.a. in Indonesien.

Den *Exportgarantieprogrammen* sowie der *Risiko-Absicherung* durch Bundesgarantien für Kapitalanlagen wird – wie oben bereits anklang – aus Sicht der Praxis unabhängig von der Unternehmensgröße größte Bedeutung beigemessen. Dabei zeigt die Erfahrung, z.B. in der VR China, daß der Rahmen vor Hermes-Obligos sehr schnell durch Großprojekte ausgeschöpft wird und für mittelständische Unternehmen erreichbare Projekte oft kein Platz bleibt. Durch Reservierung von Kontingenten für den Mittelstand könnte hier Abhilfe geschaffen werden.

Große Aktivitäten in Südostasien unternehmen die exportfördernden Institutionen der Wirtschaft. Das *Delegierten-Netz* der Auslandskammern wird ständig erweitert – so in Vietnam, Singapur und Shanghai. Als unzulänglich werden aber wie bei den Exportberatungsprogrammen in aller Regel die Branchenkenntnisse der Delegierten kritisiert.

Hier wird aus dem oben erwähnten ZVEI-Außenwirtschaftsausschuß heraus der Einsatz von *Branchenexperten* für sinnvoll gehalten. Es wird empfohlen, den Versuch zu machen, einen auslandserfahrenen Experten der Elektroindustrie in einem bestimmten Land an der deutschen Botschaft zu plazieren. Der Experte sollte für deutsche Mittelständler Marktstudien erstellen und sie über Marktzugang, technische Qualifikationen, Marktpotential, Konkurrenz und After-Sales-Service beraten. Zusätzlich sollte die Vermittlung von Kontakten wahrgenommen werden. Die Ansiedlung eines Experten an einer deutschen Botschaft wird deshalb empfohlen, weil durch den quasi offiziellen Status Kontakte erleichtert werden und die Infrastruktur der Botschaft zur Verfügung stünde.

Im Bereich der ersten Informationsgewinnung über Märkte sind ferner die Marktberichte der Bundesstelle für Außenhandelsinformationen (BfAI) zu nennen. Die Plazierung eines Branchenexperten in einem Büro der BfAI oder in einer Auslandshandelskammer statt an einer Botschaft wäre ebenfalls möglich. Um dem hinlänglich bekannten Problem der Wiedereingliederung nach dem Auslandsaufenthalt zu begegnen, erscheint der Einsatz von Senior-Experten oder Frühpensionären mit Branchen- und Ländererfahrung sinnvoll.

Was speziell die *Verbände* angeht, so suchen diese auch nach eigenen Wegen, ihre mittelständischen Mitglieder in ihren Exportbemühungen zu unterstützen. Beim ZVEI wird u.a. erwogen, eine *Börse* für im Hinblick auf bestimmte Märkte kooperationswillige mittelständische Unternehmen einzurichten. Dadurch könnten Unternehmen zusammengebracht werden, die sich auf denselben Abnehmerkreis richten, ohne miteinander im Wettbewerb zu stehen. So lassen sich die hohen Fixkosten einer eigenen Niederlassung im Ausland, die aus Servicegründen notwendig sein mag, auf mehrere Schultern verteilen, indem Büros gemeinsam genutzt werden, Lagerpersonal für alle teilnehmenden Firmen tätig ist oder gar Verkäufer die Programme mehrerer Unternehmen anbieten. Vertriebskooperationen dieser Art gab es im übrigen auch im Inland bei der Erschließung der Neuen Bundesländer.

Ein für mittelständische Unternehmen zur Aufnahme erster Marktkontakte auf einem Auslandsmarkt besonders geeignet erscheinendes Instrument soll im folgenden Abschnitt etwas genauer betrachtet werden. Außerdem werden Maßnahmen beleuchtet, die Unternehmen durch Kooperationen mit in den betreffenden Märkten erfahrenen Großunternehmen ins Spiel zu bringen.

4. Neuere Formen der Exportförderung

Speziell kleine und mittlere Unternehmen leiden unter Defiziten in der Gewinnung von Marktinformationen. So wäre für die Entscheidung, in einem speziellen Land tätig zu werden, oftmals ein Test der Marktgängigkeit der eigenen Produkte erforderlich, um sinnlose Investitionen zu vermeiden.

In Federführung der betreffenden Verbände kann hier mit einem vergleichsweise sehr preiswerten Instrument die Markterkundung durchgeführt werden.

Gemeint ist eine *Katalogausstellung*, wie sie im November 1993 in Vietnam veranstaltet wurde. Bei einer solchen Veranstaltung werden die Produkt- und Imagekataloge der teilnehmenden Firmen einem ausgewählten Publikum präsentiert. Interessenten können ihre Visitenkarte hinterlassen, so daß ein Mitarbeiter des betreffenden Unternehmens über Adressen für konkrete Gespräche verfügt. Angaben über Interessenschwerpunkte der potentiellen Kunden können dabei gleichzeitig festgehalten und später genutzt werden. Die Kosten der Teilnahme an einer derartigen Veranstaltung können sich – da zunächst kein Mitarbeiter des Unternehmens zugegensein muß – nach Schätzungen auf 1% bis 5% einer allgemeinen Leistungsmesse belaufen. Dabei gilt für Katalogmessen wie für Mustermessen aus Sicht mittelständischer Unternehmen, daß Fachveranstaltungen eindeutig der Vorzug vor Imageveranstaltungen zu geben ist.

Was die Markterschließung für einzelne mittelständische Unternehmen angeht, so muß zwischen mittelständischen Unternehmen und Großfirmen durchaus kein Gegensatz bestehen. Wie sich mittelständische Unternehmen die Marktdurchdringung, die starke personelle Präsenz vor Ort und das positive Image von Großbetrieben zunutze machen können, zeigen die folgenden Ausführungen: So bestehen z.B. im Lichtmarkt, aber auch in vielen anderen Bereichen, sogenannte *Huckepack-Kooperationen.* Sie kommen beispielsweise im Lichtmarkt aufgrund der Komplementarität von Leuchte und Lampe zustande. Lampenhersteller wie Osram oder Philips finden auf ausländischen Märkten oft keine Anbieter für Leuchten, die mit ihren innovativen Leuchtmitteln betrieben werden. Hier können aber starke, vertriebsstrategische Interessen des Lampenherstellers bestehen. So kommt es zu Kooperationen mit geeigneten Unternehmen der deutschen Leuchtenindustrie im Hinblick auf bestimmte Märkte. Diese Zusammenarbeit funktioniert selbstverständlich nur bei intensiven beiderseitigen Interessen der Partner: Eine derartige Kooperation läßt sich seitens der mittelständischen Partner fördern, in dem den Länderverantwortlichen der Großfirmen das aktuelle eigene Angebot im Hinblick auf den möglichen Nutzen des Gesprächspartners dargestellt wird – in Vorträgen bei Vertriebstagungen der Partner, in individuell zu vereinbarenden Gesprächen, durch Einladungen zur Besichtigung eigener Produktionsanlagen etc.

Die Erfahrung zeigt, daß solche Gespräche in hohem Maße dann zum Erfolg führen, wenn der mittelständischen Partner aufgrund seiner kurzen internen Entscheidungswege auf seine für Großbetriebe ungewöhnlich hohe Flexibilität verweisen und diese auch unter Beweis stellen kann. Besonders bei prestigeträchtigen Großobjekten ist die kurzfristige Anpassungsfähigkeit an Wünsche von Architekten und Elektroplanern oft entscheidend für die Erteilung eines Auftrages.

Mittelständische Unternehmen wären gut beraten, wenn sie diese Art der Kooperation systematisch ausloten und nutzen würden. So kann sich eine schwerpunktmäßig auf Straßenleuchten ausgerichtete Firma mit dem Leistungsangebot von Innnenleuchtenproduzenten sinnvoll ergänzen, wenn die Beleuchtung ganzer Siedlungen in einem Auftrag vergeben werden. Dies kann für das Großunternehmen aus auftragstaktischen Überlegungen sinnvoll sein – wenn nämlich jeglichen möglichen direkten Konkurrenten der Zugang zu dem Objekt verwehrt werden soll.

Eine aktive Unterstützung mittelständischer Exportaktivitäten kommt ferner durch die Teilnahme an Round-Table-Gesprächen mit landeskundigen Vertretern auch von Großfirmen oder eigenen Industriezweigen zustande. Hier geschieht auf weitgehend individuelle Weise eine Förderung des Mittelstandes, indem von den Erfahrungen vor Ort profitiert wird, oder Kontaktadressen gewonnen werden.

5. Ausblick

Für ein mittelständisches Unternehmen, das sich angesichts der strategischen Bedeutung des südostasiatischen Wirtschaftsraumes dort betätigen möchte, gibt es vielfältige Möglichkeiten, von denen oben einige dargestellt wurden. Dabei zeigen sich u.a. Kooperationsmöglichkeiten mittelständischer Unternehmen untereinander, aber auch mit den betreffenden Abteilungen von Großunternehmen, als besonders erfolgversprechend.

In diesem Zusammenhang und im Windschatten der Großunternehmen ergeben sich Chancen für mittelständische Unternehmen, die dann genutzt werden können, wenn der Mittelstand seine idealtypischen Stärken, nämlich Kreativität und Flexibilität, tatsächlich ins Spiel bringen kann.

Literaturverzeichnis

Dichtl, E./*Raffée,* H./*Aufsattler,* W./*Kaiser,* A./*Wellenreuther,* H. (1981): Die Wirksamkeit staatlicher Mittelstandsförderung im Einzelhandel, Berlin, 1981.

Dichtl, E./*Wellenreuther,* H. (1981): Export-Marketing – Von den Japanern lernen?, in: Markenartikel 4/1981, S. 171 - 174.

Freese, D. (1994): Außenwirtschaftsförderung für den Mittelstand; Vortrag anläßlich der Fünften Asien-Pazifik-Konferenz der Deutschen Wirtschaft, 25./26.04.1994, Bangkok.

Köglmayr, H.-G. (1990): Die Auslandsorientierung von Managern als strategischer Erfolgsfaktor, Berlin, 1990.

Müller, S./*Höhn,* G. (1989): „Informationen für den Export", in: Die Betriebswirtschaft, 1989, Stuttgart, S. 77 - 96.

o.V. (1994): German Centre – Haus der Deutschen Wirtschaft in Shanghai – ein Kurzprofil zur Information interessierter Unternehmen, herausgeg. v. Landesverband der Bayerischen Industrie e.V. (LBI), Maximiliansplatz 8 II, 80333 München, 1994.

Zimmermann, A. (1992): Begrüßung, in: ZVEI (Hrsg.), Die Internationale Wettbewerbsfähigkeit der deutschen Elektroindustrie, Tagungsband zum ZVEI-Symposium am 11. Juni 1992, S. 9 - 11.

Fünfter Teil

Handelsmanagement

Kundenzufriedenheit und Kundenbindung

Neue Dimensionen für das Handelsmarketing?

Von Bartho Treis und Susanne Wolf

Nur ein zufriedener Kunde ist ein guter Kunde

1. Problemstellung

Handelsbetriebe als spezifische Institutionen einer Kreislaufwirtschaft mit dem Zweck, Spannungen zwischen Produktion, Konsum und Wiederverwertung auszugleichen, sind unmittelbar mit den Konsequenzen permanenter Wandlungsprozesse auf den vor- und nachgelagerten Wirtschaftsstufen konfrontiert. Auslöser ist vielfach ein grundlegender Wertewandel, insbesondere bei Konsumenten und Mitarbeitern (vgl. Gerken, 1987, S. 87ff.; Silberer, 1985, S. 119ff.; Tietz, 1992, S. 23ff. und S. 559ff.). Zu nennen ist einerseits die stetige Zunahme der Betriebsgrößen von Unternehmen industrieller, aber auch handwerklicher und agrarischer Produktion, die zu einem wachsenden Absatzdruck von großen Mengen für den anonymen Massenmarkt gefertigter, stark standardisierter und weitgehend austauschbarer Produkte führt. Diese Aussage gilt auch für eine große Anzahl von Importprodukten – seien sie aus dem EU-Raum, aus Fernost oder den USA – mit der Konsequenz, daß die Profilierung eines Einzelhändlers gegenüber dem Angebot konkurrierender Betriebe mittels eines einzigartigen Sortimentes immer schwieriger wird. Allerdings bietet die Möglichkeit zu weltweiter Beschaffung, die Großbetriebe des Handels und Einkaufsvereinigungen immer stärker forcieren, stets dann die Chance zu exklusiver Beschaffung, wenn es gelingt, leistungsfähige, spezialisierte – meist mittelständische – Lieferanten zu finden.

Auf der anderen Seite steigt aufgrund zunehmender Mobilität und intensiver werblicher Ansprache die Zahl der potentiellen Kunden, deren Bedürfnisse und Ansprüche an Handelsleistungen immer vielfältiger werden. Ein traditioneller Wettbewerbsvorteil des klassischen Einzelhändlers, seine detaillierte Kenntnis der Marktgegebenheiten im Einzugsgebiet, seine „Nähe zum Kunden“ droht verloren zu gehen. Dieser Prozeß wird durch wachsende Betriebsgrößen, die mittels Selbstbedienung eine weitgehend anonyme Kundschaft bedienen, verstärkt. Am deutlichsten wird diese Tendenz bei (discountierenden) Massenfilialisten, die ein begrenztes, nur marginal differenziertes Standardsortiment ungeachtet aller regionalen Unterschiede im Einkaufsverhalten der Konsumenten bundesweit, teilweise auch im benachbarten Ausland, anbieten.

Gesamtwirtschaftlich haben diese und weitere Veränderungen zu einem starken Wachstum der Betriebsgrößen im Handel geführt. Einerseits sind Großkonzerne des Handels entstanden, die mittels intern konkurrierender Vertriebslinien die Märkte mit Gütern verschiedener Branchen versorgen. Andererseits haben die bestehenden Einkaufskooperationen ihre Zusammenarbeit intensiviert, so daß auch ihre Mitglieder immer einheitlicher auf dem Markt auftreten (vgl. Täger u.a., 1993, S. 12ff.; Monopolkommission, 1994, S. 77ff.).

Als zentrale Konsequenz ist eine deutlich zunehmende Entpersonifizierung des Verhältnisses „Einzelhändler-Kunde" festzustellen. Mit dem Schwinden des engen, persönlichen Kundenkontaktes vermindert sich auch dessen Treue zu „seinem" Händler (vgl. Mayer/Mattmüller, 1991, S. 91).

Um diesem Prozeß entgegenzuwirken, wird neuerdings gefordert: Verstärkte Ausrichtung des gesamten unternehmenspolitischen Instrumentariums auf das Marktsegment „Stammkundschaft", um dessen Bedürfnisse möglichst umfassend zu befriedigen. Kundenzufriedenheit wird als fundamentale Voraussetzung für Kundenloyalität und einer daraus folgenden langfristigen Kundenbindung angesehen. Mit dieser neuen – u.E. ebenso alten – Unternehmensphilosophie wird eine übergreifende Dominanz des Marketing über sämtliche Funktionsbereiche eines Unternehmens gefordert: Steuerung des gesamten Unternehmens vom Markt – von den Kundenbedürfnissen – her, um nachhaltig die Wettbewerbsvorteile zu erlangen, die für eine langfristige Existenzsicherung notwendig sind (vgl. Nieschlag/Dichtl/Hörschgen, 1991, S. 8ff.; Rentzsch, 1993, S. 178ff.).

Die Qualität der gesamten von einem Einzelhandelsunternehmen angebotenen Leistung wird als die entscheidende Determinante für Kundenzufriedenheit angesehen, die gleichzeitig für eine nachhaltige Bindungsbereitschaft der Kunden ausschlaggebend ist. Das Konzept des Total-Quality-Management (TQM) als ein umfassendes und ganzheitliches Qualitätsmanagementsystem soll – auf Handelsbetriebe übertragen – zur Erreichung der genannten Ziele beitragen.

2. Kundenbindung als strategischer Erfolgsfaktor

Der Zusammenhang zwischen Kundenzufriedenheit, Kundenloyalität und Unternehmensimage wird in der Literatur als vorhanden und bestätigt angesehen (vgl. Djupvik/Eilertsen, 1993, S. 50ff; Hothum, 1993, S. 39). Wie und in welchem Ausmaß sich Kundenzufriedenheit auf den quantitativen Unternehmenserfolg auswirkt, konnte – trotz zahlreicher positiver Beispiele – noch nicht abschließend geklärt werden.

Die diesbezüglich überzeugendsten Argumente seien hier exemplarisch genannt (vgl. Hothum, 1993, S. 39):

- Die Neugewinnung eines Kunden ist ca. fünfmal so aufwendig, wie einen vorhandenen Kunden zu halten.
- Nur ca. 5% der unzufriedenen Kunden ergreifen die Initiative zur Beschwerde, der Rest wandert stillschweigend ab und ist in den allermeisten Fällen für das Unternehmen verloren.
- Unzufriedene Kunden kommunizieren ihre schlechten Erfahrungen ungefähr an zehn weitere Personen.
- Demgegenüber steht eine dreimal höhere Wiederkaufwahrscheinlichkeit zufriedener Kunden.

Obwohl diese Beispiele für eine direkte Korrelation zwischen Kundenzufriedenheit und Unternehmenserfolg sprechen, bleibt das Ausmaß ungewiß und unbestimmt. Aus diesem Grund ist es für ein tieferes Verständnis sinnvoll, das theoretische Konstrukt der Kundenzufriedenheit näher zu beleuchten.

Kundenzufriedenheit wird sich immer dann einstellen, wenn ein Kunde in einem individuellen Vergleichsprozeß feststellt, daß seine Erwartungen mit den tatsächlich erhaltenen bzw. wahrgenommenen Leistungen des betreffenden Handelsbetriebes übereinstimmen oder übertroffen werden (vgl. Dichtl/Schneider, 1994, S. 7; Lingenfelder/Schneider, 1991, S. 109ff.).

Zufriedenheit oder Unzufriedenheit mit einer Einkaufsstätte ist das Ergebnis eines Beurteilungsvorganges, der zumindest aus zwei Dimensionen besteht: Beurteilt werden einerseits die angebotenen Produkte, deren Form, Farbe, Geschmack, Gebrauchstauglichkeit, Haltbarkeit etc., d.h. gemäß einer Vielzahl technischer, ästhetischer Produktmerkmale, die zum Großteil objektiv nachprüfbar sind (etwa durch unabhängige Institutionen wie die Stiftung Warentest). Andererseits werden Produkte als Sortimente einer bestimmten Ladenatmosphäre präsentiert, was zu subjektiv höchst unterschiedlich erlebten Beurteilungen objektiv identischer Produkte führt. Die Beurteilung der händlerischen Dienstleistung ist ein komplexer, individueller Informationsverarbeitungs- und emotionaler Erlebnisprozeß. Aus einer Vielzahl miteinander verbundener Teilbeurteilungen, die vor, während und nach dem Einkauf gebildet und jeweils ganzheitlich erlebt werden, formt sich ein übergreifendes (Un-)Zufriedenheitsurteil, dessen Stabilität durch die Dynamik der Wahrnehmungen keineswegs sehr ausgeprägt ist.

Der Aufbau von Kundenzufriedenheit erfordert daher vom Einzelhändler und seinen Mitarbeitern ein kontinuierliches, teils sehr individuelles Vorgehen. Die Mannigfaltigkeit der Handlungsmöglichkeiten, aber auch die dabei zu bewältigenden Schwierigkeiten ergeben sich aus der spezifischen Natur von Einzelhandelsbetrieben. Diese lassen sich charakterisieren als

- Unternehmen, die darauf ausgerichtet sind, (vornehmlich) immaterielle Leistungen zu erbringen, indem sie fremderstellte Sachleistungen beschaffen, mit eigenerstellten Dienstleistungen kombinieren und diese Kombinationsleistung – vielfältig technologisch unterstützt – gegen Entgelt anbieten. (vgl. Barth, 1993, S. 2; Lerchenmüller, 1992, S. 15ff.; Schenk, 1991, S. 168f.)

Die Erwartungen der Kunden an die Qualität der einzelnen Produkte, an deren Nutzenstiftungspotential, kann ein Händler nur begrenzt beeinflussen, denn die Produktgestaltung ist die zentrale Aufgabe von Herstellern. Händler können auf die fremderstellte Sachleistung in der Regel nur indirekt durch Sortimentsentscheidungen bzw. Qualitätsvorgaben Einfluß ausüben. Darüber hinaus ist in vielen Warenbereichen die Produktqualität auf einem so hohen Niveau standardisiert, daß sie von der Masse informierter Konsumenten gleichsam als Selbstverständlichkeit vorausgesetzt wird (vgl. Homann u.a., 1993, S. 19). Die Erwartungen der Konsumenten konzentrieren sich daher auf weitergehende Leistungen des Händlers, etwa eine gewissenhafte Qualitätskontrolle der von ihm ausgesuchten Produkte, die Zusammenstellung alternativer Problemlösungen und die Kommunikation deren Vor- und Nachteile für bestimmte Nutzungen am Verkaufsort. Schließlich erwarten die Konsumenten auf die jeweilige Produkt/Handelsleistung bezogene, angemessene Entgeltforderungen sowie darüber hinausgehende Dienstleistungen, die es ihnen ermöglichen, den Einkauf problemlos und bequem abzuwickeln. Hierzu werden verstärkt sogenannte Handelstechnologien eingesetzt: So ermöglicht etwa die Auswertung von Warenwirtschaftsdaten, Abverkäufe kontinuierlich zu kontrollieren und somit die Warenpräsenz zu erhöhen. Hierin dokumentiert sich ein Trend, Handelsbetriebe von Zentren der Warenversorgung zu kundenorientierten Dienstleistungszentren zu entwickeln (vgl. Lerchenmüller, 1992, S. 496). Deutlich wird, daß ein konsequent kundenorientiertes Handelsmarketing vornehmlich eine Kommunikationsleistung über den facettenreichen Inhalt der gesamten handelsspezifischen Kombinationsleistung einer konkreten Einkaufsstätte ist (vgl. Abb. 1). Die logistischen Prozesse der Ver- und Entsorgung werden als ein mit technischen Hilfsmitteln zu bewältigendes zusätzliches Problem betrachtet.

Nach dem hier vorgetragenem Konzept – was weitgehend identisch mit dem traditionellen Verständnis von Marketing als Maxime angesehen werden kann – sollten Handelsbetriebe eine dauerhafte Kundenzufriedenheit anstreben, die als Voraussetzung für den Aufbau loyaler Kundenpotentiale

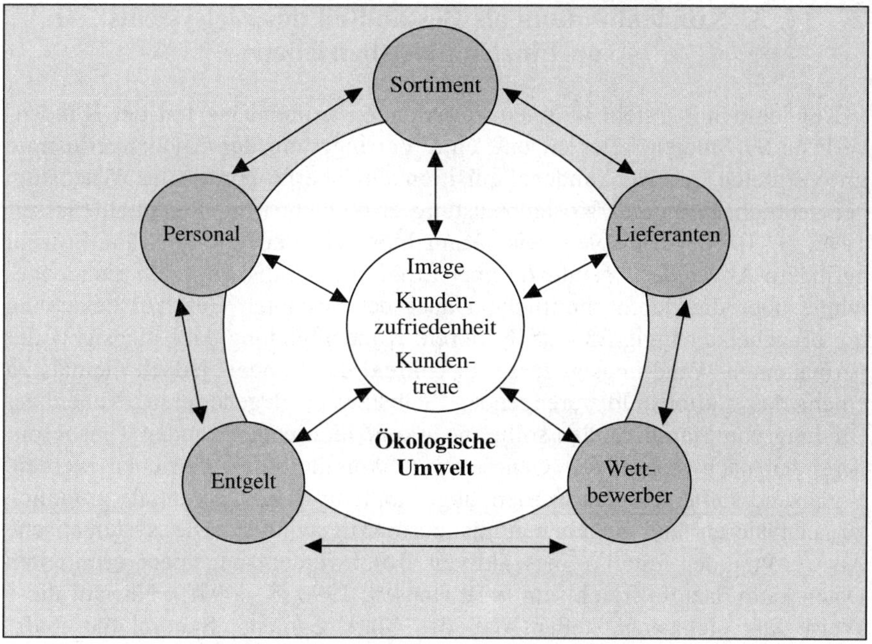

Abbildung 1: Kundenzufriedenheit und Kundenbindung

angesehen wird. Kundenzufriedenheit wird somit zum zentralen Indikator für den erreichten Grad der Bedürfnisbefriedigung (vgl. zu den Meßproblemen: Dichtl/Schneider, 1994, S. 8 ff.; Treis, 1972, S. 61 ff.). Allerdings ist einschränkend anzumerken, daß das Anspruchsniveau der Kunden auch von anderen gesellschaftlichen Gruppen als dem Handel beeinflußt wird. Ein einzelner Handelsbetrieb sollte sich auf sein Beeinflussungspotential konzentrieren, seine Handelsleistung gegenüber derjenigen der konkurrierenden Betriebe zu profilieren, um eine möglichst große Anzahl von Kunden möglichst eng an die Einkaufsstätte zu binden. In diesem Sinn sind Umfang und Intensität der Kundenbindung ein strategischer Erfolgsfaktor zur Stärkung der Wettbewerbsfähigkeit eines Handelsbetriebes. Ein Ausbau der Kundenloyalität wird als Investition in dauerhafte Geschäftsbeziehungen gesehen, deren langfristige Gewinnchancen nachhaltig höher zu bewerten sind als die eines einmaligen Geschäftsabschlusses. Schließlich ist in diesem Zusammenhang nicht zu übersehen, daß eine ausgeprägte Unternehmenstreue in einem bestimmten Absatzgebiet eine keineswegs unbeachtliche Markteintrittsbarriere für neue Konkurrenten sein kann. Allenfalls neue Betriebsformen mit einem deutlich andersartigen Kombinationspotential dürften eine Attraktivitätskraft entwickeln, die loyale Kunden bewegen kann, „ihre“ Einkauftsstätte zu wechseln.

3. Kundenbindung als Bestandteil des Zielsystems von Einzelhandelsbetrieben

Kundenloyalität steht in einem direkten Zusammenhang mit der Kundenverlustrate. Studien belegen, daß eine Verringerung der Kundenverlustrate im Vergleich zur Neukundenakquisition ein überproportionales Wachstum bei deutlich geringerer Kostenbelastung ermöglicht (vgl. Reichheld/Sasser, 1991, S. 108ff.). Beispielsweise kann hiernach eine nur um fünf Prozent geringere Abwanderungsrate zu einer Erhöhung der diskontierten Kundengewinne über die durchschnittliche Dauer der gesamten Geschäftsbeziehung um branchenabhängig 25 - 85% führen. Kundenbindung darf angesichts der permanenten Wandlungsprozesse im Umfeld des Handels jedoch niemals zu einem das Aktionsfeld verengenden Selbstzweck degenerieren. Neben der Bindung von Stammkunden sollte die Akquisition neuer Kunden – insbesondere der nachwachsenden Generation – kontinuierlich betrieben werden. Ergänzend sollte versucht werden, abgewanderte Kundenpotentiale gründlich zu analysieren und gegebenenfalls zurückzugewinnen. Die systematische Auswertung der mittels eines aktiven Beschwerdemanagement ermittelten Daten kann dazu hilfreich sein (vgl. Hansen, 1990, S. 449ff.). Nur auf diese Weise läßt sich sicherstellen, daß das Marktsegment „Stammkundschaft" eine für die Existenzsicherung ausreichende Größe behält.

Das Ziel Kundenbindung ist im einzelhändlerischen Zielsystem (vgl. Hansen, 1990, S. 161ff.; Treis, 1981, S. 37ff.) in weitere Unterziele zu unterteilen (vgl. Abb. 2). Zunächst sei hier die *Erhöhung der Besuchs- und Kauffrequenz* genannnt, die in Kombination mit einer *Steigerung der durchschnittlichen Umsätze pro Verkaufsakt* die Effizienz der vorhandenen Kapazitäten zu einem höheren Grad auszunutzen ermöglicht. Die *kundenspezifische Informationsgewinnung* ist zugleich Voraussetzung und Ziel einer effektiven Kundenbindung. Es handelt sich hierbei um einen sich selbst verstärkenden Kreislauf: Durch qualitativ hochwertige Informationen über den Kundenkreis ist es möglich, die Unternehmensaktivitäten zielgruppenspezifischer auszurichten. Die infolgedessen erreichbare höhere Bedürfnisbefriedigung des Konsumenten trägt entscheidend zu einer verstärkten Bindung an das Einzelhandelsunternehmen bei, die wiederum detailliertere Informationen über das Kaufverhalten der Kunden zuläßt (vgl. Meyer/Mattmüller, 1991, S. 91). Der Einsatz von Scannerkassen, mit deren Hilfe artikelgenaue Daten pro Verkauf erhoben werden können, sowie deren systematische Zuordung zu Personen – ermittelt über Kreditkartennummern – wird zukünftig große Potentiale zu zielgruppenspezifischer Kundenansprache eröffnen. Ein weiteres Ziel der Kundenbindung basiert auf dem Wissen um die Wirksamkeit der Beeinflussung des Kaufverhaltens von Gelegenheitskäufern durch Stammkunden. Durch den *Aufbau einer zweistufigen Kommunikation* im Sinne einer positiven Mund-zu-Mund-Propaganda durch zufrie-

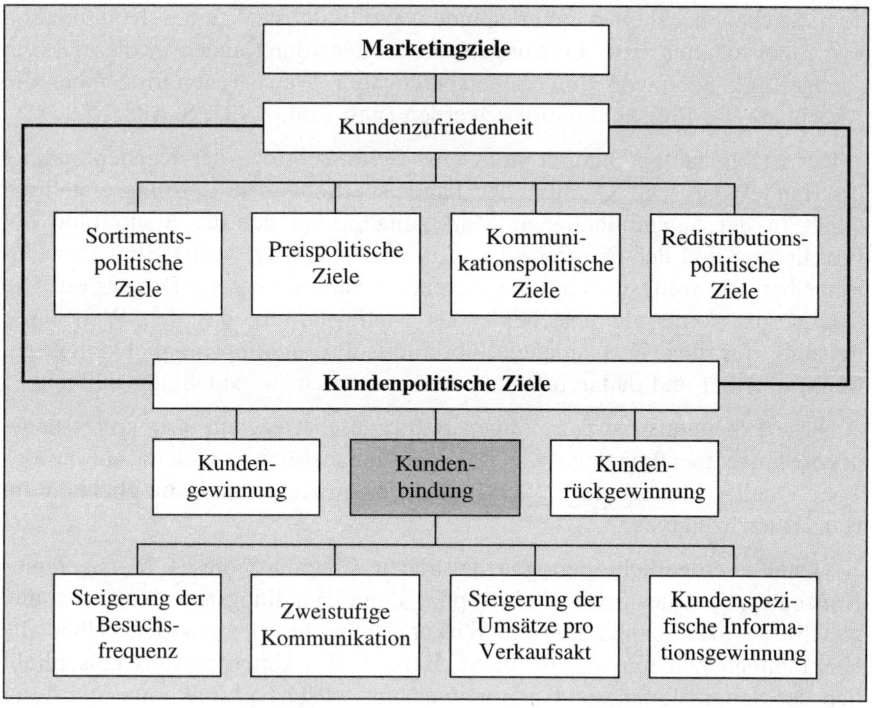

Abbildung 2: Kundenzufriedenheit und Kundenbindung

dene und loyale Kunden als zweiten und wirkungsvollen Schritt nach dem Einsatz der klassischen Kommunikationsmittel, ist eine Einsparung von Mitteln im Kommunikationsbereich bei gleichzeitig hohem Wirkungsgrad möglich (vgl. Meyer/Mattmüller, 1991, S. 91). Dennoch sind hier die nicht geringen Aufwendungen der Akquisition und Stammkundenbindung im Vorfeld in die Kalkulation miteinzubeziehen.

4. TQM als Instrument zur Intensivierung einer kundenorientierten Unternehmenspolitik

Kundenorientierung als Mittel zur Kundenbindung bedeutet die einschränkungsfreie Ausrichtung aller unternehmerischen Tätigkeiten auf die Qualitätsanforderungen des Marktes resp. auf die der (potentiellen) Kunden. Hierunter darf kein zwanghaftes Trachten nach „Mehr-Leistung“ verstanden werden, sondern vielmehr die Bereitstellung einer bedarfsgerechten Leistung. Die immer häufiger sichtbar werdende Neigung zu einem „Overengineering“ innerhalb der handelsbetrieblichen Leistungserstellung entspricht dem Streben nach einer „eierlegenden Wollmilchsau“, einer Kombination von Eigenschaften bzw. Leistungen, die weder vom Kunden in dieser Form nachgefragt, noch von ihm in entsprechender Weise (entgeltlich über die Akzeptanz des Preises) honoriert werden (vgl. Link, 1993, S. 188ff.).

Der Erfolgsfaktor Qualität stellt eine Schlüsselgröße der Kundenbindung im Handel dar. Die Qualität der handelsbetrieblichen Leistungserstellung erhält in der augenblicklichen Marktsituation, in der die Spielräume der Profilierung und der Differenzierung über den Preis in vielen Branchen des Einzelhandels weitestgehend aussgeschöpft sind, eine neue Dimension. Die Qualität ist somit ein entscheidendes Kaufkriterium, das den Wert einer Leistung für den Konsumenten optimiert, Profilierungsmöglichkeiten am Markt eröffnet und dadurch Wettbewerbsbarierren für Mitstreiter aufbaut.

Diese Erkenntnis hat den nötigen Raum geschaffen, um über umfassende, neue Managementkonzepte wie z.B. den ganzheitlichen Qualitätsansatz des Total-Quality-Management (TQM) und seiner Anwendungsmöglichkeit im Handel nachzudenken.

„Total“ verdeutlicht den ganzheitlichen Charakter dieses Management-Konzeptes, welches mehr Philosophie denn Handlungsanweisung ist und gleichzeitig die Spannbreite des Wirkungsbereiches demonstriert: Über alle Hierarchieebenen hinweg, in jedem Bereich des Unternehmens einschließlich der Schnittstellen zur Unternehmensumwelt (z.B. Lieferanten) wird zur erfolgreichen Umsetzung dieser Management-Philosophie das Streben nach einem Qualitätsvorsprung gefordert.

„Qualität“ steht für eine kundenorientierte Ausrichtung des unternehmerischen Leistungsangebotes. Somit ist das Kernstück eines jeden TQM die Qualität, mit der sich ein Unternehmen in allen Kommunikationsbereichen seinen Kunden präsentiert.

Wesentliche Erkenntnis dieses Managementansatzes ist die Unterscheidung der verschiedenen Dimensionen des Begriffs der Qualität. Wer in seine Bestrebungen zur Qualitätsverbesserung eine Beschränkung auf die produktbezogene Sichtweise der Qualität, also die objektive bzw. die Qualität ersten Grades vornimmt, befindet sich sicherlich in einer Sackgasse (vgl. Volk, H., 1993, S. 438).

Die zunehmende Homogenität der Produkte sowie der Standard-Handelsleistungen, insbesondere von Unternehmen innerhalb einer Branche, und die immer schnellere Nachahmung dieses Leistungsbündels führt kaum zur Erlangung von Wettbewerbsvorsprüngen, sondern in den meisten Fällen zu einem massiven Preiskampf. Das wettbewerbliche Umfeld erfordert einen ganzheitlichen Lösungsansatz, der vorhandene unternehmerische Potentiale zu einer erfolgreichen Abwehr der Konkurrenz bündelt bzw. die Schaffung neuer Potentiale ermöglicht. Bereits in der PIMS-Studie wurde die Bedeutung der Qualität als strategischer Erfolgsfaktor belegt, und es wurde nachgewiesen, daß Qualität mehr als die reine Produktbeschaffenheit nach objektiven Gesichtspunkten ist. Ausschlaggebend für die Nutzung des Erfolgsfaktors Qualität ist eine zunehmende Fokussierung der unternehmerischen Aktivitäten auf die Dienst- und Serviceleistungskomponente, auf die subjektive Dimension der Qualität oder die Qualität zweiten Grades. Hier liegt Differenzierungs- und Profilierungspotential durch angebotsbegleitende und werterhöhende Maßnahmen. Die „Qualität um die Qualität" entwickelt sich immer mehr zum Zünglein an der Waage innerhalb des Wettbewerbgeschehens (vgl. Volk, 1993, S. 438).

Die aus den beschriebenen veränderten Rahmenbedingungen resultierenden Herausforderungen im Einzelhandel zeigen, daß der Handel die traditionelle Leistungskomponente i.S. einer Befriedigung der Basisbedürfnisse am POS durch ein verbraucherseitig akzeptables – bedürfnisgerechtes – Preis-Qualitäts-Verhältnis mit zusätzlichen Leistungen ergänzen muß, um eine übergeordnete Qualitätsdimension zu errreichen. Allerdings ist hier eine Differenzierung nach Betriebsformen vorzunehmen. So wird beispielsweise ein loyaler Aldi-Kunde nur solange „seinem" Discounter treu bleiben, so lange dieser die für seine Zufriedenheit (in Abhängigkeit von seiner individuellen Leistungsanforderung an den Handelsbetrieb) wichtige Preisgünstigkeit bietet. In diesem Fall ist der Preis die einzige qualitätsbestimmende Komponente und somit wettbewerbsentscheidender Faktor, während zusätzliche Leistungen, die mit einer Anhebung des Preisniveaus einhergehen, die subjektive Qualitätsbeurteilung der Konsumenten tendenziell eher negativ beeinflussen können. Wird seitens des Konsumenten eine Attraktivitätsverringerung z.B. in Form anderer preisgünstigerer Anbieter wahrgenommen, so ist über kurz oder lang mit einem Abwandern dieses Kunden zu rechnen. Mit diesen Argument wird u.a. die „Dynamik der Betriebsformen" begründet (vgl. Nieschlag/Kuhn, 1980, S. 85ff.).

Die Kundenorientierung bekommt durch die Erweiterung der Betrachtungsweise in *externe und interne Kunden* eine neue Dimension. (vgl. Keller/Klein/Müller, 1993, S. 46f.) Während externe Kunden diejenigen sind, die die angebotene Leistung erwerben, sind interne Kunden Personen, die innerhalb der betrieblichen Leistungserstellung am Wertschöpfungsprozeß beteiligt sind (Mitarbeiter der verschiedenen Hierarchiestufen und Unternehmensbereiche, Lieferanten, aber auch externe Dienstleister, wie z.B. Entsorgungsunternehmen und Schulungsleiter). Hinsichtlich der Entstehung ihrer Qualitätsbeurteilung unterscheiden sich interne und externe Kunden nicht voneinander: Beide legen ein individuelles Anspruchsniveau zugrunde und bewerten den Beurteilungsgegenstand nach subjektiven Kriterien. Der Erfüllungsgrad ist für die Beurteilung der Qualität und somit für die realisierte Kundenzufriedenheit ausschlaggebend.

Interne Kunden sind von maßgeblicher Bedeutung für das auf externe Kunden gerichtete Qualitätsmanagement. Den externen Kunden zu seiner Zufriedenheit zu versorgen, setzt motivierte und qualifizierte Mitarbeiter in jeder Phase der Leistungserstellung voraus. Die Akquisition und die Bindung der internen Kunden ist gerade im Handel nicht zu vernachlässigen, denn nach wie vor stellt es für Handelsbetriebe zum Teil ein erhebliches Problem dar, das benötigte qualifizierte Personal zu gewinnen und dauerhaft zu binden. Der Arbeitsplatz im Handel ist für viele potentielle Mitarbeiter aufgrund der Arbeitszeiten, der Aufgabenbereiche sowie der Bezahlung häufig wenig attraktiv. Unter diesem Blickwinkel wird die Relevanz des Einsatzes personalpolitischer Instrumente zur Erhöhung der Bindungsintensität der internen Kunden innerhalb des TQM-Ansatzes ersichtlich. Es lassen sich zahlreiche Einflußfaktoren unterscheiden, die die Motivation und Bindungsbereitschaft der Mitarbeiter prägen und als Leitfaden für die Ausgestaltung des Einsatzes der unterschiedlichen Instrumente der Personalpolitik dienen können: Eine *Identifikation mit seiner Tätigkeit* ergibt sich aus der simultanen Verwirklichung seiner persönlichen und beruflichen Ziele, was durch *Entwicklungs- und Aufstiegschancen* innerhalb des Unternehmens unterstützt wird. Die Verwirklichung von *zwischenmenschlichen Beziehungen* innerhalb des beruflichen Umfeldes kann mittels der Einführung teamorientierter Tätigkeiten erfolgen. Eine *umfassende Information über betriebliche Vorgänge* ermöglicht ein tieferes Verständnis für unternehmerische Entscheidungen und kann Mitarbeiter veranlassen, Entscheidungen mitzutragen, was sich wiederum auf die persönlichen Anstrengungen zu ihrer Umsetzung positiv auswirkt. *Mitbestimmung und Verantwortung am Arbeitsplatz* lassen sich durch die Einführung eines umfassenden betrieblichen Vorschlagwesens sowie einer grundsätzlich größeren Handlungsfreiheit erreichen. *Flexibel gestaltete Arbeitszeiten* tragen den Wertwandlungsprozessen mit einer deutlich werdenden Freizeitorientierung Rechnung (vgl. Schneider, 1993, S. 37ff.).

Die über eine intensive Marktforschung und den aktiven Einsatz eines Beschwerdemanagementsystems (vgl. Hansen, 1990, S. 449ff.) gewonnenen Erkenntnisse bezüglich der Kundenwünsche sind beschaffungsseitig zu berücksichtigen und erfordern eine intensive Kommunikation mit den ebenfalls als interne Kunden anzusehenden Lieferanten. Es sind klare Leistungs- und Gestaltungsvorgaben abzustimmen, die von beiden Seiten während der gesamtem Dauer der Geschäftsbeziehung zu wahren sind. Die Einhaltung von Qualitätsstandards ist insbesondere für Unternehmen, die Handelsmarken in ihrem Sortiment führen, von großer Bedeutung, da Qualitätsgarantien seitens der Einkaufstätte übernommen werden. Ist ein Kunde von der Leistungsqualität der Handelsmarke überzeugt, wird er sich der Einkaufsstätte gegenüber loyal verhalten und ihr als Kunde treu sein. Die Bedeutung der Lieferanten als interne Kunden wird insbesondere bei filialisierten

Betrieben des Einzelhandels ersichtlich. Es sollte hier eine Stärkung der Position der kundenorientiert denkenden Filialleitern gegenüber den waren- und beschaffungsmarktorientiert denkenden Einkäufern der Zentralen erfolgen. Der Kerngedanke des TQM – die beiderseitige, interne Kunden-Lieferanten-Beziehung – ist auch hier wenig entwickelt, so daß den Einkäufern der Zentralen vermittelt werden muß, die Filialleiter mit ihren Verkaufskräften als interne Kunden im Sinne von TQM zu verstehen.

5. Zukünftige Dimensionen der Kundenbindung

Eine Kundenorientierung der Zukunft geht über das Befriedigen der mittels Marktforschung und Beschwerdemanagement festgestellten Kundenbedürfnisse hinaus. Ein Ergebnis der Wertewandlungsprozesse ist das neue, kritische Selbstbewußtsein der Konsumenten, verbunden mit dem Bestreben, die für ihn relevante Einkaufsumwelt mitzugestalten. Immer mehr Konsumenten lehnen es ab, nur Zielpersonen des Handelsmarketing zu sein. Der Rolle als zu animierender Käufer, als Lernender, als zu Belehrender bzw. als „Geldspender" sind viele Konsumenten entwachsen. Kunden sollten als ein sich selbstorganisierender Partner angesehen werden, der sowohl intellektuell als auch emotional angesprochen werden möchte. Kunden wollen Einkäufe nicht nur erleben, sondern die erforderlichen Prozesse selbst mitgestalten (vgl. Homann u.a., 1993, S. 18f.). Die Einführung der Selbstbedienung, bei der der Kunde die Ware selbst anfassen und begutachten kann, war der erste Schritt in Richtung der aktiven Miteinbeziehung der Kunden in den Einkaufs-Verkaufsprozeß.

Ein kundenorientiert führender Einzelhändler wäre demnach gut beraten, nicht einseitig aufgrund von Marktforschungs- und Scannerkassendaten zu entscheiden, sondern sich möglichst oft mit seinen loyalen Kunden zu unterhalten und darüber hinaus zu versuchen, die Kunden durch aktive Mitarbeit an das Unternehmen zu binden. Ideen des Event-Marketing lassen sich auch im Handel realisieren: Modeschauen, Autorenlesungen, medienwirksame Auftritte prominenter Personen, Organisation bzw. Sponsoring von Kindergärten, Schulfesten, Sportveranstaltungen etc. Berichtet wird von Einzelhändlern, welche die alte Idee der Rabattmarken nutzen, und bei Vorlage eines entsprechend gefüllten Sammelheftes ein „Candlelight-Dinner" in einem regionalen Gourmetrestaurant, eine Spende an das nahegelegene Altersheim oder an Greenpeace ausloben. In die gleiche Richtung zielt der Aufbau von Kundenclubs, deren Mitglieder u.a. bevorzugt Sonderangebote erwerben „dürfen". Um die verlorengegangene Marktnähe zumindest teilweise wiederherzustellen, sollten die Kundenclubs zu „Fan-Clubs" weiterentwickelt werden, die aktiv gestaltend (z.B. bei einem gesponserten St. Martins-Umzug) oder beratend (z.B. bei Sortimentsentscheidungen, Regalplazierungen, Entsorgungsalternativen) mitwirken. Die dauerhafte Kommunikation mit derart eingebundenen Gruppen bewirkt durch die Zustimmung und Kritik eine kundenbezogene Offenheit, die nicht nur Verständnis für sich wandelnde Kundenprobleme weckt, sondern auch als effiziente Quelle für neue, zukunftsträchtige Ideen genutzt werden kann (Fan-Clubs als Qualitätszirkel und Frühwarnsystem). Eine möglichst große Anzahl von Mitarbeitern sollte in derartige Prozesse miteinbezogen werden. Führungsstil und Qualifikationsprogramme, eventuell sogar neuartige Entgeltsysteme sind dieser kundenorientierten Unternehmenspolitik anzupassen. Die umfassende Forderung lautet: permanente Suche nach einer Symbiose von Unternehmens- und Marktkultur (vgl. Merkle, 1992; Zimmermann, 1987). Verkäuferinnen und Verkäufern, vor allem jedoch den Führungskräften im Einzelhandel, sollte die Idee nahegebracht werden, daß auch sie in gewisser Weise Kunden der bei ihnen loyal einkaufenden Kunden sind.

Dies erschließt einen Weg, um schon heute gemeinsam an Problemlösungen für die Kunden- und Mitarbeiterbedürfnisse von morgen zu arbeiten.

Literaturverzeichnis

Barth, K. (1993): Betriebswirtschaftlehre des Handels, 2. Aufl., Wiesbaden 1993.

Dichtl, E./*Schneider,* W. (1994): Kundenzufriedenheit im Zeitalter des Beziehungsmanagement, in: Thexis Sonderheft 1994, S. 6 - 12.

Djupvik, H./*Eilertsen,* D. (1993): Märkte verstehen, in: planung und analyse, Heft 6, 1993, S. 50 - 57.

Gerken, G. (1987): Die Zukunft des Handels, Freiburg im Breisgau 1987.

Hansen, U. (1990): Absatz- und Beschaffungsmarketing des Einzelhandels, 2. Aufl., Göttingen 1990.

Hothum, Ch. (1993): Kunderzufriedenheitsprogramme – Mehr als nur Marktforschung?, in: planung und analyse, Heft 6, 1993, S. 39 - 42.

Homann, R./*Löffler,* J./*Zimmermann,* R. (1993): Erfolgsfaktor Kundenerlebnisse. Wege zur interaktiven Marktkommunikation, Zürich 1993.

Keller, B./*Klein,* H.-W./*Müller,* U. (1993): Der Kunde als Controller, in: planung und analyse, Heft 6, 1993, S. 44 - 49.

Lerchenmüller, M. (1992): Handelsbetriebslehre, Ludwigshafen 1992.

Lingenfelder, M./*Schneider,* W. (1991): Die Kundenzufriedenheit. Bedeutung, Messkonzepte und empirische Befunde, in: Marketing ZFP 1991, S. 109 - 119.

Link, J. (1994): Überlegen mit starken Produkten, in: absatzwirtschaft, Sondernummer Oktober 1994, S. 188 - 197.

Meyer, P. W./*Mattmüller,* R. (1991): Kundenbindung im Einzelhandel, in: Trommsdorff, V. (Hrsg.): Handelsforschung 1991 – Erfolgsfaktoren und Strategien –

Jahrbuch der Forschungsstelle für den Handel Berlin (FfH) e.V., Wiesbaden 1992, S. 89 - 101.

Merkle, W. (1992): Corporate Identity für Handelsbetriebe, Göttingen 1992.

Monopolkommission: Marktstruktur und Wettbewerb im Handel: Sondergutachten der Monopolkommission gemäß § 24b Abs. 5 Satz 4 GWB, Baden-Baden 1994.

Nieschlag, R./*Dichtl,* E./*Hörschgen,* H. (1991): Markting, 16. durchges. Aufl., Berlin 1991.

Nieschlag, R./*Kuhn,* G. (1980): Binnenhandel und Binnenhandelspolitik, 3. neubearb. Aufl., Berlin 1980.

Reichheld, F. F./*Sasser,* W. E. (1991): Zero-Migration: Dienstleister im Sog der Qualitätsrevolution, in: Harvard Manager, 13. Jg., Heft 4, 1991 S. 108 - 117.

Rentzsch, H.-P. (1993): Kunden fürs Leben gewinnen, in: absatzwirtschaft, Sondernummer Oktober 1993, S. 178 - 186.

Schenk, H. O. (1991): Marktwirtschaftslehre des Handels, Wiesbaden 1991.

Schneider, H. (1993): Ein Stück Lean Management: Motivierung der Mitarbeiter zum Nulltarif, in: io Management-Zeitschrift, Heft 3, 1993, S. 37 - 40.

Silberer, G.: Wertewandel und Marketing, in: WiSt, H. 3 1985, S. 119 - 124.

Täger, U. Ch./*Ahrens,* Ch./*Lachner,* J./*Nassua,* Th. (1994): Entwicklungsstand und Perspektiven des Handels mit Konsumgütern, Berlin/München 1994.

Tietz, B. (1992): Einzelhandelsperspektiven für die Bundesrepublik Deutschland bis zum Jahr 2010, Frankfurt 1992.

Treis, B. (1972): Marketing in Frage und Antwort, Berlin 1972.

— (1981): Der mittelständisches Einzelhandel im Wettbewerb. Größenbedingte Vor- und Nachteile, München 1981.

Volk, H. (1993): Qualitätsverständnis und Kundenorientierung, in: Markenartikel, Heft 9, 1993, S. 438 - 439.

Zimmermann, R. (1987): Zukunftsaufgabe „Markt-Kultur". So holen Sie sich den Markt in Ihr Unternehmen, Zürich/Hamburg 1987.

Der Selbstbedienungsgroßhandel

Ein Nischenanbieter im Spannungsfeld von Marktanforderungen und Rechtsordnung

Von Erich Greipl

1. Das Konzept

Der Großhandel stellt einen zentralen Bereich für die volkswirtschaftliche Leistungserstellung und Versorgung dar. Er versorgt einerseits die Produzenten, gewerblichen Verbraucher und Dienstleistungsunternehmen mit Rohware, Fertigware, Investitions-, Hilfs- und Betriebsmitteln und andererseits die Einzelhandelsstufe mit den Konsumgütern zum Wiederverkauf an die privaten Haushalte sowie allen für die Betriebserfüllung erforderlichen sonstigen Waren.

Der traditionelle Großhandel ist geprägt von einer starken Fachorientierung des Sortiments und dem Prinzip der Warenzustellung an die Kunden.

Der Selbstbedienungsgroßhandel (C & C-Großhandel, Cash & Carry-Großhandel, Abhol-Großhandel) erbringt – orientiert an wesentlichen Strukturgegebenheiten und Entwicklungen in der Wirtschaft – eine Großhandels-Spezialleistung. Sie ist vor allem durch folgende Charakteristika geprägt:

- Der C & C-Großhandel verläßt die enge Fachorientierung des Sortiments und bietet ein breites Sortiment an Konsumgütern des Lebensmittel- und Nichtlebensmittelbereichs sowie an Waren für den Investitions-, Betriebsmittel- und Organisationsbedarf.
- Die Waren werden im C & C-Großhandel in großen, für die Kunden zugänglichen Lagerhallen nicht als Muster, sondern zum sofortigen Abverkauf präsent gehalten.
- Die Kunden stellen im C & C-Markt ihre Ware selbst zusammen und transportieren sie mit eigenen Fahrzeugen ab.
- Die Kunden zahlen beim C & C-System grundsätzlich die Ware bar.

Der Selbstbedienungsgroßhandel besteht in Westeuropa seit fast 40 Jahren. Die Grundkonzeption dieser Betriebsform wurde aus den USA übernommen und hat angesichts der beachtlichen allgemeinen Dynamik und europäischen Integration der Wirtschafts- und Handelsentwicklung – trotz der nach Ländern zeitlich versetzt ablaufenden Strukturveränderungsprozesse – ein weitgehend einheitliches europäisches Erscheinungsbild.

In der institutionellen Form stellt der Selbstbedienungsgroßhandel einen Betriebstyp der Großhandelsstufe dar, der seine Leistung und Zielgruppenansprache auf Wiederverkäufer, gewerbliche Verwerter und sonstige Gewerbetreibende und unternehmerisch selbständige Erwerbstätige ausrichtet.

Einige System-Elemente qualifizieren diese Vertriebsform in besonderem Maße für eine stark mittel- und kleinbetrieblich geprägte gewerbliche Kundenschicht:

- Die Transaktionskosten (alle Kosten der Warenbeschaffung, Lagerung, Verteilung) sind niedriger als beim Liefergroßhandel. Es fallen erheblich geringere Organisations- und Transportkosten an.
- Angesichts der Sortimentsbreite der C & C-Märkte kann der Kunde in einem Einkaufsgang die verschiedensten Bedarfsarten (betrieblichen Kernbedarf, Ergänzungsbedarf, betriebsbegleitenden und -fördernden Bedarf) im Verbund abdecken (Zeit-, Kostenersparnis).
- Die Warenversorgung des Kunden (Zeitpunkt, Umfang) wird ausschließlich von diesem selbst und nicht von den Anforderungen des Großhandels (Mindestabnahme, Liefertour, Lieferzeit) bestimmt.
- Der Kunde braucht – angesichts der regionalen Präsenz und permanenten Leistungsbereitschaft des C & C-Großhändlers – nur soviel an Ware einzukaufen, wie er kurzfristig überschaubar benötigt sowie lagern und finanzieren kann. Der C & C-Großhandel übernimmt damit – trotz des Barzahlungskonzeptes – in beachtlichem Umfang Finanzierungs- sowie Lagerhaltungsfunktionen für den Kunden.

2. Die Entwicklungsvoraussetzungen

Die Entwicklung dieses Prinzips der Warenabholung durch Kunden und der Selbstbedienung blieb jedoch – aus Gründen der Marktanforderungen und des Wettbewerbs – nicht auf den institutionellen Selbstbedienungsgroßhandel beschränkt. In vielen Branchen der Industrie sowie des klassischen Großhandels hat das Abholprinzip eine weite Verbreitung gefunden und ist zu einem bedeutenden Transaktionstyp gerade mit gewerblichen und freiberuflichen „Klein-Kunden“ geworden. Das Umsatzvolumen dieses angegliederten funktionalen Abhol-Großhandels ist erheblich größer als das des institutionellen Selbstbedienungsgroßhandels (1994: ca. 220 Mrd. DM zu 24 Mrd. DM).

Voraussetzung für die Entwicklung des C & C-Prinzips und das Entstehen der C & C-Betriebe war ein Bündel von gesamtwirtschaftlichen Faktoren, aus denen vor allem die folgenden besondere Relevanz hatten:

- Die erhebliche Verbreitung der Motorisierung und damit die individuelle Transportmöglichkeit von Waren legten gerade bei kleinen Gewerbebetrieben und freien Berufen die Basis für eine breite Nutzung des Cash and Carry-Prinzips.
- Mit der Erweiterung und Differenzierung der Güterwelt und der Sortimente im Einzelhandel traten zunehmend auch Dispositionsschwierigkeiten auf. Durch die Möglichkeit des ad-hoc-Absortierens aus dem Großhandelslager ließen sich bisherige Dispositionsschwächen, insbesondere kleinbetrieblicher Einzelhandels- und Gewerbebetriebe, bewältigen.
- Die starke Ausweitung saisonaler und gezielt kurzlebiger technischer und modischer Sortimente machte die Vordisposition und Lagerbestandsführung im Einzelhandel zunehmend schwieriger. Der C & C-Großhandel bot damit eine flexible Rückgriffsreserve.
- In einer von steigenden Nachfrageransprüchen und zunehmender Wettbewerbsintensität geprägten Wirtschaft haben auch die Anforderungen an die Kapitalbindung eine erhebliche Steigerung erfahren, wovon in erster Linie kleinbetriebliche Marktteilnehmer und Existenzgründer betroffen wurden. Das Cash and Carry-Prinzip eröffnete mit der flexiblen „Just-in-time Versorgungsmöglichkeit" vor allem für die Bereiche der Kleinverkaufsstellen und Gastronomiebetriebe eine Entlastung in der Kapitalbindung und damit eine Verbesserung der Existenz- und Marktzutrittschancen.
- Die insbesondere in den 60er Jahren aufkommende Cost-plus-Kalkulation von Großhandlungen des Lebensmittel- aber auch des Nichtlebensmittelbereiches hatte für Kleinaufträge hohe Transportkosten und Auftragszuschläge zur Folge. Damit sollten Kunden zur Konzentration ihrer Bestellungen veranlaßt werden, um dadurch eine rationelle Auslieferung sicherzustellen. Durch diese Umstellung von der früheren Einheitskalkulation zur Cost-plus-Kalkulation im Großhandel wurden vor allem kleinere Einzelhandelsbetriebe und kleinere gewerbliche Abnehmer hart getroffen. Der Einkauf im C & C-Großhandel bot gerade diesen kleineren Kunden einen wettbewerbsstützenden Konditionenausgleich.
- Für bestimmte Unternehmenstypen, insbesondere des Handwerks- und Dienstleistungsbereiches, sowie für sonstige Gewerbetreibende und unternehmerisch selbständige Erwerbstätige mit je Bedarfs- oder Warenart vergleichsweise geringen Einkaufsvolumina wurde durch das C & C-Prinzip erstmals die Möglichkeit geschaffen, im Großhandel einzukaufen. Vorher mußten diese Betriebe und Institutionen ihre Waren überwiegend

in Einzelhandelsbetrieben kaufen. Bei Inanspruchnahme von Funktionsrabatten wurde die betriebliche Warenverwendung nicht überprüft.

- Die starke Ausweitung der Dienstleistungsbetriebe und sonstigen Gewerbetreibenden und unternehmerisch selbständigen Erwerbstätigen ging auch Hand in Hand mit einer zunehmenden Arbeitsteilung und Spezialisierung. Damit wurden der Bedarf an Ge- und Verbrauchsgütern für betriebliche Zwecke noch differenzierter und vielfältiger, die spezifischen Bedarfsmengen je Einkaufsakt jedoch eher noch geringer. Der klassische Fach- und Spezial-Liefergroßhandel kann dieses Anforderungsprofil nur in begrenztem Maße erfüllen, da eine rationelle Akquisition von Aufträgen und eine kostengünstige Belieferung ausgeschlossen sind. Hier hat der C & C-Großhandel eine wichtige Rolle als intermediärer Versorger übernommen.

- Mit der Intensivierung des Wettbewerbs in allen Wirtschaftsbereichen haben einerseits die Profilierungsaktivitäten auf der Absatzseite der Betriebe, andererseits die Kostenüberlegungen in allen betrieblichen Input-Bereichen erheblich an Bedeutung gewonnen. Mit dem Angebotstyp des C & C-Großhandels wurden insbesondere Kleinbetriebe in die Lage versetzt, Markttransparenz über das gesamte Bündel relevanter Bedarfsgüter zu haben und diese in einem Einkaufsvorgang zeit- und kostengünstig zu beschaffen.

3. Die Entwicklungsphasen

Vorläufer eigenständiger C & C-Betriebe waren Spezialabteilungen in bestehenden Liefergroßhandlungen schon Anfang der 50er Jahre. Zu Beginn der eigentlichen C & C-Entwicklung (ab Mitte der 50er Jahre) war das Angebot des neuen Betriebstyps ausschließlich auf das Lebensmitteltrockensortiment beschränkt; erst allmählich wurde es durch Frischwaren ergänzt und auf einige Nonfood-Sortimente ausgeweitet. Die Versorgungskonzeption der C & C-Märkte zielte zunächst in erster Linie auf den Lebensmitteleinzelhandel als Kernbedarfskunden.

Die zweite Entwicklungsphase der C & C-Märkte ab Mitte der 60er Jahre wurde vor allem durch eine Reihe struktureller Marktveränderungen geprägt:

- Der klassische Liefergroßhandel hatte sich zunehmend aus der flächendeckenden Versorgung des Einzelhandels zurückgezogen.

- Die Umsatzbedeutung des kleinbetrieblichen, nicht organisierten Einzelhandels ist durch das Vordringen der modernen Verbund- und Filialsysteme erheblich zurückgegangen, die wettbewerbliche Herausforderung für eine betriebswirtschaftliche Verbesserung ihrer Betriebsführung und -organisation hat damit aber beträchtlich zugenommen.

- Für die verstärkt in den Markt drängenden neuen Produkte und Sortimente im Nonfood-Bereich waren – gerade bei kleinen Bedarfsmengen – vielfach keine leistungsfähigen Lieferstrukturen auf der Großhandelsebene vorhanden.
- Der klassische traditionelle Lebensmittelgroßhandel hat seine fachspezifischen Logistiklösungen verbessert, aber gleichzeitig – unter dem Wettbewerbsdruck – erhöhte Anforderungen an die Abnehmer gestellt.
- Neue Kundengruppen, so das Lebensmittelhandwerk, die Gastronomie sowie sonstige gewerbliche und institutionelle Kunden, waren zunehmend bestrebt, eine kostengünstige und jederzeit zugängliche Versorgung im Food- wie im Nonfood-Bereich zu erreichen.

Diesen Marktveränderungen und -herausforderungen entsprechend hat der C & C-Großhandel seine Sortimente in Breite und Tiefe stark ausgebaut. Das Preisargument in der Verkaufspolitik wurde zunehmend durch das Sortimentsargument abgelöst. Gerade in den für die betriebliche Instandhaltung sowie für die gewerbliche Ausstattung und den sonstigen gewerblichen Bedarf besonders relevanten Nonfood-Sortimenten erfolgte erhebliche Ausbauarbeit.

Die dritte Phase des C & C-Großhandels, die seit Beginn der 70er Jahre festzustellen ist, wird vor allem durch folgende konzeptionelle Neuorientierungen geprägt:

- Umfassender Ausbau der Frischeabteilungen
- Kompetenzstärkung der Nonfood-Sortimente
- Verschiebung der Schwerpunkte in der Kundenbetreuung
- Erweiterung der Marktflächendimensionierung
- Weiterentwicklung von Organisationsmodellen
- Aufbau EDV-gestützter Warenwirtschaftssysteme.

Strukturveränderungsbedingt hat der Lebensmitteleinzelhandel als Kundengruppe des C & C-Großhandels erheblich an Bedeutung verloren, andere Kundengruppen, so Gastronomie, Kioske, Dienstleistungsbetriebe und sonstige Gewerbetreibende und unternehmerisch selbständige Erwerbstätige, haben dagegen spürbar an Gewicht gewonnen. Entsprechend wurden die Sortimente verstärkt in Richtung Betriebsbedarf, Ausrüstungsbedarf und betriebsbegleitenden Bedarf der verschiedenen gewerblichen Kundengruppen weiterentwickelt.

Der C & C-Großhandel als Angebotstyp des Großhandels hat seit einigen Jahren einen gewissen Abschluß in der konzeptionellen Entwicklung gefunden. Der volkswirtschaftliche Grundanspruch, der gewerbliche Versorgungsgeneralist zu sein, wird konsequent umgesetzt. Die Fachkompetenz der einzelnen Sortimentsbereiche wird weiter qualifiziert. Da dieser Angebotstyp sich auch künftig im wesentlichen auf die Nachfrage des kleinbetrieblichen gewerblichen Kundensegments sowie der Dienstleistungsbetriebe, Großverbraucher und sonstigen Gewerbetreibenden und unternehmerisch selbständigen Erwerbstätigen konzentrieren wird, wird sein Marktgewicht im Food-Bereich, erst recht aber im Nonfood-Bereich, weiterhin nur das eines Nischenanbieters bleiben.

In der wettbewerblichen Positionierung steht der C & C-Großhandel – insbesondere bei den mit flacherer Kompetenz ausgestatteten Nonfood-Sortimenten – zunehmend vor neuen wettbewerblichen Herausforderungen, zumal die Fachmärkte und Mehrfach-Fachmärkte mit ihren breiten und tiefen Sortimenten sowie ihrer Preisaktivität auch für gewerbliche Kunden gerade bei betriebsbegleitenden und -fördernden Bedarfen zunehmend zur bevorzugten Einkaufsstätte werden.

4. Die wesentlichen wettbewerbsrechtlichen Probleme

C & C-Märkte stellen einen Angebotstyp dar, der wie kein anderer aus wettbewerbsrechtlichen Gründen mit Darlegungs- und Beweispflichten für seine Großhandelstätigkeit konfrontiert ist. In dem Maße, in dem der C & C-Großhandel seine Sortimente über den Lebensmittelbereich hinaus auf den gesamten Bereich der Gebrauchs- und Verbrauchsgüter ausweitete und seine Zielgruppenansprache über den Lebensmitteleinzelhandel hinaus auf sonstige Handels- und auf Dienstleistungsbetriebe sowie sonstige Gewerbetreibende und unternehmerisch selbständige Erwerbstätige erstreckte, wuchsen seine wettbewerbsrechtlichen Probleme.

Was sind die wesentlichen rechtlichen Probleme?

(a) Großhandelswerbung

C & C-Märkte werben mit der Bezeichnung Großhandel oder einer diese Funktionsstufe deklarierenden Bezeichnung (wie Markt für Profis, Großmarkt für Gewerbetreibende), wozu sie nur berechtigt sind, wenn sie überwiegend Wiederverkäufer und gewerbliche Verbraucher für deren gewerblichen Bedarf (einschließlich des betriebsidentischen Privatbedarfs) beliefern und dem letzten Verbraucher die gleichen Preise wie ihren Wiederverkäufern oder gewerblichen Verbrauchern einräumen (§ 6 a Abs. 2, Abs. 1, Nr. 2 UWG). Mit dieser Gesetzesregelung soll der durch die Werbung mit der Großhändlereigenschaft typischen Gefahr der Irreführung des Verbrauchers über Preisgestaltung und Preiswürdigkeit des Angebots begegnet werden.

Die Gefahr einer derartigen Irreführung durch den Großhändlerhinweis ist dann nicht gegeben, wenn das Handelsunternehmen dem letzten Verbraucher die gleichen Preise wie den Wiederverkäufern oder gewerblichen Verbrauchern einräumt und überwiegend gewerbliche Abnehmer für deren gewerblichen Bedarf (einschließlich des betriebsidentischen Privatbedarfs) beliefert.

Zum geschäftlichen Verkehr mit dem letzten Verbraucher rechnet nach höchstrichterlicher Entscheidung nicht nur der Verkauf an den privaten Verbraucher, sondern auch der Absatz betriebsfremder Waren an gewerbliche Abnehmer für den privaten Eigenbedarf. Dabei sind als betriebsfremd solche Waren anzusehen, die im Betrieb des gewerblichen Abnehmers nicht verwendbar sind. Auf die Feststellung, wo die betrieblich verwendbare Ware verwendet wird (im geschäftlichen Bereich oder zur Deckung des Privatbedarfs), kommt es nicht an. Eine Großhandelstätigkeit wird also angenommen, wenn an einen gewerblichen Kunden betrieblich verwendbare oder betriebsfremde, aber im konkreten Fall für betriebliche Zwecke verwertete Ware abgesetzt wird. Eine Einzelhandelstätigkeit hingegen wird im Geschäft mit dem privaten Letztverbraucher und dem gewerblichen Kunden, der betriebsfremde Ware zur privaten Lebensführung erwirbt, gesehen.

Die von der Rechtsordnung vorgesehene auf die Großhandelsfunktion zugeschnittene besondere rechtliche Behandlung kann aber nach den einschlägigen Entscheidungen des Bundesgerichtshofs (METRO III und IV) ein C & C-Markt (d.h. ein Großhandelsunternehmen, welches ein breit gestreutes Warensortiment zum Selbstbedienungseinkauf anbietet) nur dann in Anspruch nehmen, wenn er durch geeignete Maßnahmen sicherstellt, daß der geschäftliche Verkehr mit dem letzten Verbraucher in dem geschilderten Sinne weitestgehend ausgeschlossen wird.

(b) Kaufscheinhandel

C & C-Märkte geben für eine rasche und effektive Eingangskontrolle Kundenkarten oder Kundenausweise aus. Die Rechtsprechung sieht in der Ausgabe derartiger Karten bzw. Ausweise einen gemäß § 6 b UWG verbotenen Kaufscheinhandel, wenn nicht sichergestellt ist, daß ein geschäftlicher Verkehr mit dem Letztverbraucher weitestgehend unterbleibt. Nach § 6 b UWG soll der mit dem Kaufscheinhandel typischerweise, aber im Einzelfall schwer nachweisbaren Irreführung des Verbrauchers begegnet werden, er gehöre zu einem Kreis von Berechtigten, denen eine günstige Einkaufsquelle eröffnet werde. Um das Organisationsmittel der Kundenkarte zu erhalten, hat der C & C-Markt dafür Sorge zu tragen, daß private Letztverbraucher keinen Zutritt erhalten und sich der Erwerb betriebsfremder Ware durch die Einkaufsberechtigten in den zugebilligten Toleranzgrenzen hält.

(c) Preisauszeichnung

C & C-Märkte zeichnen als Großhandelsunternehmen üblicherweise die Preise netto, also ohne Mehrwertsteuer aus. Diese Auszeichnung wird als ein Verstoß gegen die Preisangabenverordnung angesehen, wenn und solange der C & C-Markt nicht sicherstellt, daß ausschließlich gewerbliche Kunden Zutritt zum Großhandelsmarkt haben und diese nur die in ihrer jeweiligen Tätigkeit verwendbaren Waren erwerben können (§ 7 Abs. 1, Nr. 1. Halbs. 2 PAngV). Wenn dies nicht sichergestellt werden kann, sind die Preise anzugeben, die einschließlich der Umsatzsteuer und sonstiger Preisbestandteile unabhängig von einer Rabattgewährung zu zahlen sind. Bei der Aufgliederung von Preisen sind die Endpreise hervorzuheben.

(d) Ladenschlußzeiten

C & C-Märkte haben in der Regel Betriebszeiten, die über die gesetzlich geregelten Ladenöffnungszeiten des Einzelhandels hinausgehen. Die Rechtsprechung sieht im Verkauf an private Letztverbraucher und auch im Absatz betriebsfremder Ware an gewerbliche Kunden für deren Privatbedarf einen Geschäftsverkehr mit jedermann und damit beim C & C-Markt, der dies nicht so weit als möglich verhindert, einen Verstoß gegen das Ladenschlußgesetz (und zugleich gegen § 1 UWG).

Im Zusammenhang mit den Anforderungen an den C & C-Großhandel wird sehr häufig von der Sicherstellung eines „funktionsechten Großhandels“ gesprochen. Der C & C-Großhandel kann damit nach den Anforderungen der Rechtsprechung für sich nur dann die „Funktionsechtheit“ seiner Großhandelstätigkeit reklamieren, wenn er

- lückenlose Eingangskontrollen der Einkaufsberechtigten mit gleichzeitiger Identitätskontrolle durchführt,
- durch geeignete Maßnahmen sicherstellt, daß der Verkauf von Waren für den betriebsfremden Privatbedarf weitestgehend unterbleibt.

Als Instrumente stehen den C & C-Betrieben nach Vorstellung der Rechtsprechung objektivierte Branchen- und Warenschlüssel zur Verfügung, die jeweils aufzeigen sollen, welche Waren in welchen Branchen typischerweise Verwendung finden. Darüber hinaus könnten Zweifelsfälle über Kundenbefragungen im Ausgangsbereich des Marktes geklärt werden, bei denen der Kunde die betriebliche Warenverwendung nachvollziehbar darlegen soll.

Daß die von den Gerichten statuierten Anforderungen teilweise beachtliche Eingriffe in die Betriebsabläufe der Märkte und in die Entscheidungssouveränität der Kunden bedeuten, ist offenkundig. Wenn die C & C-

Märkte zu einer Ausgangs-Verwendungskontrolle übergingen, wäre der Angebotstyp bald nicht mehr existenzfähig, weil der Großteil der Kunden die offensichtliche Belästigung durch das inquisitorische Befragen nach der konkreten Warenverwendung nicht hinnehmen und eine andere Versorgungsmöglichkeit suchen würde.

In zahlreichen Publikationen, in erster Linie aus dem wirtschaftswissenschaftlichen Bereich, wurde aufgezeigt, daß das, was die Gerichte in „großen Zügen" als praktische Anleitungen formulierten, in der Praxis so nicht umsetzbar ist und daß zahlreiche Bewertungen der Judikatur in sachlicher wie methodischer Hinsicht vom wirtschafts- und sozialwissenschaftlichen Erkenntnisstand nicht gedeckt werden.

Die an den C & C-Funktionsprozessen beteiligten Spitzenverbände des Handels und die Wettbewerbszentrale haben sich daher mit den betroffenen C & C-Unternehmen auf einen Kontrollmodus verständigt, der eine angemessene und praktikable Umsetzung rechtlicher Anforderungen gewährleistet und dabei trotz aller Eingriffe in die Betriebsführung und Betriebsorganisation der C & C-Märkte das Ausmaß der Kundenbelästigung und systemfremder Auflagen so gering wie möglich hält.

5. Die Perspektiven

Gesetzliche Regelungen und ihre Handhabung sind wesentliche Parameter der Entwicklung der Ökonomisierung im Handel. Das gilt nicht zuletzt für die idealtypische Trennung zwischen Groß- und Einzelhandel, die in ihrer stringenten Apodiktik und ausgehend von möglicherweise überholten Schutzzweckvorstellungen eine flexible Fortentwicklung von Angebotsprofilen behindert oder verhindert. Dies wird an den Beispielen des § 6a UWG (Großhandelswerbung) und des § 6b UWG (Kaufscheinhandel) besonders deutlich. Partikulare Gruppeninteressen haben es erreicht, daß die abstrakten Gefährdungsdelikte der §§ 6a und 6b UWG in das Gesetz aufgenommen wurden, zum Nachteil anderer Gruppen und mit der Konsequenz der Behinderung von Innovationen im Vertriebssystem. Rechtspolitisch wird dies mit dem Argument des Verbraucherschutzes begründet, tatsächlich handelt es sich um wettbewerbsrechtliche „Konservierungsmaßnahmen" für bestimmte Anbieterstrukturen. So könnte etwa das Konzept der Price-Clubs und Membership-Clubs, das in den USA in den letzten Jahren erhebliche Ökonomisierungen in der Massendistribution angestoßen hat, vor dem Hintergrund der rechtlichen Bewertung und Behandlung der C & C-Märkte in der Bundesrepublik Deutschland niemals eine Realisierungschance finden.

Es besteht der Eindruck, daß sich das Richterrecht in zahlreichen Bereichen zu einer neuen qualitativen „Dimension" entwickelt, in der Erkenntnisse der sozialwissenschaftlichen Forschung offensichtlich keine Berücksichtigung finden, oder wie Dichtl es ausdrückt, „in hochmütiger Weise als Luft deklariert werden". Da hierbei aber für Ökonomisierungsaktivitäten in der Distribution einschneidende Weichenstellungen erfolgen, sind die wirtschafts- und sozialwissenschaftlichen Disziplinen, insbesondere die Handelsforschung aus ihrer fachspezifischen Kompetenz zu einer verstärkten Aktivität im Bereich der Rechtstatsachenforschung herausgefordert. Zu Recht hat Dichtl bereits zu Beginn der 80er Jahre gefordert, diesen Bereich nicht nur den Juristen zu überlassen.

Dabei geht es sowohl um definitorische Klarstellungen, um Wirkungsanalysen als auch um die Beantwortung von Fragen der Kompatibilität von Instrumenten, Forderungen und Auslegungen mit Systemverständnis und Zeitgeist sowie um deren methodische Tragfähigkeit. Es erscheint im Sinne aller Beteiligten und zur Schaffung von Rechtssicherheit erforderlich, verstärkt fachwissenschaftliche und methodische Erkenntnisse in objektivierter Form zur Fundierung der Entscheidungspraxis der Gerichte einzubringen. Dabei muß auch über neue Formen der Einbindung der Forschung nachgedacht werden, um Forschungsergebnisse nicht – trotz ihrer methodischen und sachlichen Kompetenz – als Parteivortrag zu relativieren oder zu ignorieren.

Wie weit das methodische Verständnis der Jurisdiktion und der Ökonomie auseinanderliegen, belegt etwa die Feststellung des 2. Zivilsenats des Oberlandesgerichtes Stuttgart in einem C & C-Funktionsprozeß (OLG Stuttgart 2 U 100/93), wonach eine Schwäche der von unabhängigen Sachverständigen vorgelegten Gutachten über die betriebliche Verwendbarkeit gekaufter Waren darin gesehen wird, „daß die Beurteiler der Rechnungen die örtlichen gewerblichen Marktkunden und deren spezifische Bedarfspalette nicht kannten und ihre Zuordnung der Vielzahl der ihnen vorgelegten Rechnungen zum betrieblichen bzw. betriebsfremden Bedarf entsprechend pauschal ausfallen mußte." Mit diesem methodischen Verständnis ist die Basis für jede „Objektivierung" und Bildung von Branchenkonventionen entzogen.

Am Beispiel der zum C & C-Großhandel ergangenen Rechtsprechung wird deutlich, in welchem Maße die Handelsforschung nach Maßgabe ihres Wissens und nach Maßgabe ihrer sozialen Verantwortung herausgefordert ist, in die Diskussion einzugreifen. Über das Aufgreifen von Fragenbereichen aus sachlich-methodischer Sicht der Wirtschafts- und Sozialwissenschaften geht es ganz wesentlich um eine wertende Analysearbeit hinsichtlich

- der Tauglichkeit von Instrumenten für Ziele
- der Tauglichkeit von Zielen zur Realisierung von Leitbildern
- der Akzeptanz und Tragfähigkeit von Leitbildern

- der Systemkonsistenz von Instituten und institutionellen Gestaltungsformen in der Wettbewerbsordnung.

Wenn im Zuge von überfälligen Deregulierungsmaßnahmen in unserem Wettbewerbsordnungssystem bestimmte Schutznormen fallen, könnte auch der C & C-Handel von bestimmten „organisatorischen Zwängen" befreit werden, zum Vorteil der Ökonomisierung der Distribution und der Vielfalt der Versorgungsalternativen.

Literaturverzeichnis

Dichtl, E. (1987): Betriebsfremde Ware für den privaten Bedarf, in: Betriebs-Berater, Heft 35/36, 1987, S. 2383 - 2390.

— (1990): Wenn betrieblich nicht verwendbare zu betrieblich verwerteter Ware wird, in: Betriebs-Berater, Heft 28, 1990, S. 1913 - 1917.

— (1991): Gerichte können sich irren, in: Lebensmittel-Zeitung, Nr. 30 vom 20. Juli 1991, S. 55.

Greipl, E. / *Laumer,* H. / *Täger,* U. Ch. (Hrsg.) (1992): Entwicklung der empirischen Handelsforschung in der Bundesrepublik Deutschland, Berlin/München 1992.

Gröner, H. / *Köhler,* M. (1986): Der Selbstbedienungsgroßhandel zwischen Rechtszwang und Wettbewerb, München 1986.

Holub, H. W. / *Kaufer,* E. / *Tappeiner,* G. (1991): Die Überprüfbarkeit der betriebsfremden Privatentnahme, Frankfurt a.M. 1991.

Kaufer, E. (1988): Die Überprüfbarkeit der Funktionsechtheit des Selbstbedienungsgroßhandels, in: Betriebs-Berater, Beilage 16 zu Heft 31, 1988.

— (1992): Anmerkungen zur anekdotischen Handels- und Wettbewerbslehre des Bundesgerichtshofs, in: Betriebs-Berater, Heft 25, 1992, S. 1731 - 1734.

Nieschlag, R. / *Greipl,* E. (1987): Großhandelsfunktion der Cash-and-Carry-Märkte?, in: Betriebs-Berater, Beilage 16 zu Heft 25, 1987.

OLG Stuttgart, 2 U 100/93, 30.12.1993 (Umdruck).

Schricker, G. (1990): Funktionstreue des Großhandels – ein Rechtswert?, in: GRUR, Heft 8, 1990, S. 567 - 574.

Schricker, G. / *Lehmann,* M. (1987): Der Selbstbedienungsgroßhandel, 2. neubearbeitete Auflage, Köln 1987.

Tietz, B. (1991): Handelsbetriebsformen im Spannungsfeld von Marktdynamik und Judikatur, in: Marketing/ZFP, Heft 4, 1991, S. 270 - 279.

Tietz, B. / *Rothhaar,* P. (1988): Kundendynamik und Kundenpolitik im Selbstbedienungsgroßhandel, Stuttgart 1988.

Umweltpolitik und Einzelhandel

Chance für die Großen, Bedrohung für den Mittelstand?

Von Hans-Manfred Niedetzky

1. Einführung in die Problematik

1.1 Das gestiegene Umweltbewußtsein

Innerhalb eines Jahrzehnts sind ökologische Fragen aus kleinen Diskussionszirkeln in die breite Öffentlichkeit getragen worden. Studien zum Wertewandel belegen den kontinuierlichen Bedeutungszuwachs des Umweltbewußtseins (vgl. hierzu z.B. Raffée/Wiedmann, 1983, 1987; Wiedmann, 1989; Meffert/Bruhn, 1982, Meffert u.a., 1985; Kirchgeorg, 1990), wobei Diskrepanzen zwischen Meinungsäußerung und Verhalten durchaus zu konstatieren sind (vgl. Wimmer, 1988).

Die Berücksichtigung ökologischer Ziele erfolgte zunächst hauptsächlich im produzierenden Sektor. Umweltschädigende Fertigungsverfahren und umweltbelastende Rückstände zeigten konkreten Handlungsbedarf auf. Der Handel fühlte sich nur insofern betroffen, als er meistens auf öffentlichen Druck hin umweltgefährdende Produkte auslistete (vgl. BUND, 1992).

Ökologie wurde allenfalls zu PR-Aktionen genutzt, wobei die Einführung von Papier- oder Jutetragetaschen nicht selten als ökologische Errungenschaft gefeiert wurde. Eine aktive Einbeziehung des Umweltgedankens in das einzelhandelspolitische Instrumentarium (vgl. Kursawa-Stucke/Lübke, 1991; dm-drogerie-markt, o.J.) findet selbst heute noch viel zu selten statt. Handelsunternehmen reagieren überwiegend auf Impulse von außen (vgl. Steger/Phillipi, 1992, S. 206). Erst allmählich erkannten insbesondere Großunternehmen des Einzelhandels die Chancen, wobei auch hier anfänglich eher die Rationalisierung in der Logistik und Kosteneinsparungen als eine gezielte Marketingorientierung im Vordergrund standen (vgl. o.V., 1992; Tengelmann, 1991; Kempcke, 1992).

Bereits 1990 wurde vom Sachverständigenrat für Umweltfragen ein Sondergutachten „Abfallwirtschaft" vorgelegt, aus dem deutlich wurde, daß auch der Handel in die umweltpolitische Pflicht genommen werden sollte.

So erstaunte, daß viele mittelständische Einzelhändler über das Inkrafttreten der einzelnen Stufen der Verpackungsverordnung (VerpackV) unzureichend informiert waren. In unmittelbarer Zukunft stehen weitere gesetzliche Vorhaben wie die Elektronikschrottverordnung oder das Kreislaufwirtschaftsgesetz zur Verabschiedung an. Es steht zu befürchten, daß auch in diesen Fällen Teile des Handels ungenügend darauf vorbereitet sind.

1.2 Zur Bedeutung des Mittelstands

Seit Jahrzehnten vollzieht sich im deutschen Einzelhandel ein Konzentrationsprozeß, dessen Ende nicht absehbar ist. Selbst Konzerne mit Milliardenumsätzen suchen ihr Heil unter dem Dach von ehemaligen Konkurrenten, wie die jüngsten Beispiele aus dem Warenhausbereich verdeutlichen. Neben diesem externen Wachstum geraten viele kleine und mittlere Handelsbetriebe aber auch wegen des hohen internen Wachstums speziell der discountorientierten Anbieter unter Druck.

Welche Betriebe zum Mittelstand gerechnet werden, hängt von den verwendeten qualitativen und quantitativen Kriterien ab (vgl. hierzu Dichtl/Raffée/Wellenreuther, 1980). In qualitativer Hinsicht zählen hierzu u.a. die Einheit von Kapitalbesitz und Leitung in einer Hand sowie persönlicher Einsatz und Risiko des Inhabers (vgl. Gruhler, 1984, S. 14). Im Einzelhandel gelten allgemein Betriebe mit bis zu 100 Beschäftigten als mittelständisch.

Solche Betriebe sollen nach allgemeiner Auffassung wegen spezifischer struktureller Nachteile im Rahmen der Mittelstandspolitik besonders unterstützt werden. Diese Förderung zielt darauf ab, die Wettbewerbsfähigkeit zu sichern und insbesondere die Leistungskraft mittelständischer Unternehmen zu stärken (vgl. Dichtl, 1979).

Die Notwendigkeit der Mittelstandsförderung wird mit vielen Argumenten untermauert (vgl. Klein-Blenkers, 1977). Ein ganz wesentlicher Aspekt gerade auch bei Handelsunternehmen ist dabei die eingeschränkte Möglichkeit zur Spezialisierung betrieblicher Teilfunktionen. Damit verbunden sind auch geringere Kenntnisse über moderne Unternehmensführung sowie juristische, steuerliche und informationstechnische Belange.

Deswegen verwundert es nicht, wenn zusätzlichen Herausforderungen, wie aus dem Bereich der Ökologie, nur zögerlich oder gar keine Beachtung geschenkt wird. An diesem Sachverhalt ändern auch Einzelbeispiele von Umweltaktivitäten mittelständischer Handelsbetriebe wenig (vgl. o.V., 1990a). Im folgenden soll deshalb herausgearbeitet werden, ob und inwieweit umweltpolitische Maßnahmen zu einer Verschärfung der Mittelstandsproblematik beitragen.

1.3 Untersuchungsansatz und empirische Basis

Gegenstand der Analyse ist die VerpackV, über die mittlerweile umfangreiche Erfahrungen vorliegen. Bei der Beantwortung der Frage, ob umweltpolitische Maßnahmen das Mittelstandsproblem verschärfen, werden die Ergebnisse mehrerer Studien eingearbeitet. In zwei qualitativen Studien wurden Ende 1991/Anfang 1992 mit explorativen Interviews mit Inhabern, Filialleitern oder Geschäftsführern die Probleme bei der Umsetzung speziell der VerpackV erhoben.

Im Rahmen einer kombinierten Beobachtung/Befragung aller betroffenen Geschäfte in der Fußgängerzone einer badischen Mittelstadt erfolgte am 1.4.1992 eine Überprüfung der Kenntnisse und der Maßnahmen zur Umsetzung der zweiten Stufe der VerpackV. Des weiteren wurde eine repräsentative Erhebung durchgeführt, die ein Jahr nach Einführung der Wertstoffsammlung Aufschluß über die Akzeptanz des Dualen Systems (DSD) in einer süddeutschen Großstadt geben sollte.

2. Einbeziehung ökologischer Aspekte ins mittelständische Handelsmanagement

2.1 Kenntnis über umweltpolitische Maßnahmen

Erstaunlicherweise förderten die explorativen Interviews zutage, daß die Gesprächspartner nahezu durchweg angaben, zu wenig über die Verordnungen zu wissen. Dies überrascht um so mehr, als sowohl Tages- als auch Fachpresse seit Mitte 1990 umfassend über die Verpackungs- und Müllproblematik berichteten. Die Richtigkeit dieser Selbsteinschätzung verdeutlichen folgende Beispiele.

So zeigte das Experiment in der erwähnten Stadt am Tag des Inkrafttretens der zweiten Stufe der VerpackV, daß die dortigen mittelständischen Händler keinerlei Vorkehrungen für die Rücknahme von Umverpackungen getroffen hatten. Versuchen, Faltschachteln im Ladenlokal zurückzulassen, wurde fast immer vehement entgegengetreten. Bis auf wenige Ausnahmen wurde dieses Ansinnen erst nach längerer Diskussion eher widerwillig akzeptiert. Wegen des Datums behaupteten einige allen Ernstes, es handele sich um einen Aprilscherz.

Allerdings muß in diesem Zusammenhang erwähnt werden, daß in der Anfangsphase selbst Großunternehmen des Handels den Verbrauchern die Rückgabe von Umverpackungen erschwerten. Unzureichende oder versteckte Hinweisschilder, Behältnisse in den entlegensten Ecken oder sogar die Deklaration von Um- als Verkaufsverpackungen waren oft festzustellen.

Die Befragten klagten aber auch häufig darüber, daß zumindest anfänglich die Sortierdisziplin der Käufer stark zu wünschen übrig ließ: Trotz verschiedener Behälter zur getrennten Erfassung der Materialien entledigten sich viele Verbraucher wahllos ihrer Umverpackungen bis hin zum privaten Restmüll.

Die Uninformiertheit ist im Grunde genommen nicht nachvollziehbar, weil Einzelhandelsverbände und Handelskammern im Vorfeld ihre Mitglieder auf vielfältige Weise zu sensibilisieren versuchten: Rundschreiben, Artikel in den Verbandsorganen, telefonische Beratung, zahlreiche Schulungen und Seminare. Eine Analyse der Programme zeigt allerdings, daß juristische Fragen dominierten. Eine Einbeziehung planerischer oder marketingmäßiger Aspekte erfolgte allenfalls am Rande.

2.2 Zum Stellenwert der Planung

Offenkundig ging das genannte umfangreiche Informationsangebot im Alltag der meisten Mittelständler unter. Eine rechtzeitige Beschäftigung mit der Verpackungsproblematik erfolgte wohl nur in Ausnahmefällen. Eine solche Handlungsweise kann durchaus als charakteristisch für mittelständische Unternehmen angesehen werden: man reagiert sehr kurzfristig auf eingetretene Veränderungen und improvisiert dementsprechend. Die Gründe für ein solches Verhalten liegen in einer falsch verstandenen Flexibilität, dem (starren) Festhalten an traditionellen Gepflogenheiten und der hohen Belastung durch das Tagesgeschäft (vgl. Paffhausen, 1984).

Daß unter solchen Voraussetzungen der Planung wenig Aufmerksamkeit geschenkt wird, zeigten auch die Befragungen. Strategische Planung war bis auf eine Ausnahme nicht auszumachen. Die Denkweise der meisten mittelständischen Händler wird am treffendsten durch folgendes Originalzitat illustriert: „An was sollen wir denn noch alles denken?"

Sicherlich können im Mittelstand Planungsaufgaben nicht so einfach delegiert werden. Dafür qualifiziertes Personal ist in der Regel nicht vorhanden bzw. kann wegen geringerer Bezahlung nicht gewonnen werden. Stellen oder Abteilungen, die sich hauptamtlich mit Umweltfragen beschäftigen, sind deshalb meistens nur in den Zentralen von Großunternehmen zu finden. Dort werden Konzepte entwickelt, die von in den Filialen installierten Umweltbeauftragten umgesetzt werden.

2.3 Einstellung zu umweltpolitischen Maßnahmen

Die Notwendigkeit einer Reduzierung des Verpackungsmülls wird von den Befragten ohne Ausnahme eingesehen. Einige wenige verwiesen auch darauf, daß sie ihre Lieferanten im Vorfeld gesetzgeberischer Maßnahmen darauf angesprochen hätten, ohne jedoch erfolgreich zu sein. Änderungen an den Verpackungen seien erst dann vorgenommen worden, wenn große Filialisten mit Nachdruck darauf gedrängt hätten.

Entgegen des kritischen Tenors mancher Beiträge in Handelszeitschriften (vgl. o.V., 1990a, 1990b, 1991a), äußerten sich die meisten Befragten überwiegend positiv zur VerpackV. Fast alle sprachen aber auch von einer Benachteiligung mittelständischer Unternehmen, wobei schlechtere Informationsversorgung, höhere Kostenbelastung und geringere Lager- und Personalkapazitäten genannt wurden.

Nach Ansicht der meisten Mittelständler wurde die VerpackV zu schnell erlassen. Ein rechtzeitiges Einstellen wäre deshalb nicht möglich gewesen. Dies vermag angesichts der erwähnten Befunde nicht zu überzeugen, zumal sich die Diskussionen über Müllnotstand, Recycling und Rücknahmesysteme über Jahre hinzogen. Zumindest in der wissenschaftlichen Diskussion wurde ständig die Notwendigkeit betont, ökologische Aspekte in die strategische Unternehmensführung einzubeziehen (vgl. Meffert, 1991; Steger, 1991; Raffée/Wiedmann, 1985). Schon in einer frühen Phase wurde auf die Profilierungschancen des Handels bei der Rücknahme von Produkten oder Verpackungen hingewiesen (vgl. Meffert u.a., 1985; Raffée/Wiedmann, 1987). Einzelbeispiele strategischer Ökologieorientierung sind nahezu durchweg nur bei Großunternehmen (z.B. Tengelmann, dm-drogerie-markt, Warenhauskonzerne, Otto-Versand, Rewe) zu finden.

Die Interviewten halten den Handel für eine saubere Branche, von der geringe oder keine Umweltbelastungen ausgehen. Sie übersehen dabei geflissentlich, daß die Verpackungsflut nicht zuletzt eine Folge des Siegeszuges der Selbstbedienung war. Das selbst zugewiesene „Saubermann-Image" verleitet nicht wenige dazu, Umweltaspekte nicht ins unternehmerische Kalkül einzubeziehen.

Besonders kraß fiel dies bei mittelständischen Textilhändlern auf. Die Befragten glaubten weder in der Gegenwart, noch in der nahen Zukunft Auswirkungen der Umweltpolitik auf ihre Branche zu erkennen. Fast alle vertraten die Ansicht, Textilien seien überwiegend natürliche Materialien, die problemlos verrotteten. Von Abwässerbelastungen oder zunehmenden Allergien infolge chemischer Bestandteile wurde nicht gesprochen, ganz zu schweigen von Membrangeweben, die nach Expertenmeinung als Sondermüll entsorgt werden müßten.

Wie nicht anders zu erwarten, wurden starke Befürchtungen über eine erhöhte Kostenbelastung laut. Insbesondere wurde auf die Probleme mit Zulieferern wegen den Transportverpackungen hingewiesen. Dabei war den meisten befragten Textilhändlern gar nicht bekannt, daß eine Rücknahmepflicht der Lieferanten besteht.

Im Lebensmittelbereich hat sich nach anfänglichen Differenzen (vgl. o.V., 1992) hinsichtlich der Kostenübernahme die Situation ganz offensichtlich entspannt. Probleme gibt es wohl nur noch mit regionalen Kleinzulieferern aus dem Lebensmittelhandwerk. Da beklagten sogar Mitglieder von Einkaufskooperationen, daß diese Lieferanten, die ja ebenfalls aus dem Mittelstand kommen, über ihre Pflichten aus der VerpackV nicht informiert wären.

3. Das Duale System im Meinungsbild von Handel und Verbrauchern

3.1 Einstellungen mittelständischer Händler

In der öffentlichen Diskussion war (und ist z.T. immer noch) das Duale System (DSD) lange Zeit umstritten. Bei aller berechtigter Kritik an Details muß aber festgehalten werden, daß der Gesetzgeber zur Lösung von Umweltproblemen erstmals privatwirtschaftliche Initiativen zuließ. Gerade auch für den mittelständischen Handel bedeutet dies eine Erleichterung, weil er durch die haushaltsnahe Sammlung gebrauchter Verpackungen von der Rücknahmepflicht entbunden wird. Damit erweisen sich Befürchtungen von Handelsfunktionären, die den Handel schon als Müllkippe der Nation sahen, als gegenstandslos (vgl. o.V., 1990b; Martinius, 1990, S. 583).

Ein Scheitern des Dualen Systems hielten die Interviewten für ausgesprochen unwahrscheinlich. Deshalb sahen sie auch keinerlei Veranlassung, sich Gedanken über eine eventuelle Verpackungsrücknahme zu machen. Mitte 1993 wurde wohl jedem bewußt, daß ein Scheitern mit allen möglichen Folgen eine reale Gefahr war (vgl. o.V., 1993). Zwar nicht wegen einer unzureichenden Erfüllung der Quoten, als vielmehr wegen einer akuten Finanzkrise. In dieser Situation stützten nicht zuletzt die Großunternehmen des Handels das DSD mit umfangreichen Finanzzusagen. Insofern war dieses Verhalten, wenn auch eher als Nebeneffekt, ein Akt solidarischer Hilfe für den Mittelstand. Dieser hätte sich bei der dann greifenden Rücknahmepflicht wegen der fehlenden Beschäftigung mit Alternativen urplötzlich enormen Problemen gegenüber gesehen.

3.2 Akzeptanz durch Verbraucher

Der Erfolg des DSD hängt jedoch in starkem Maße vom Mitwirken der Konsumenten ab. Schon vor dem Inkrafttreten der VerpackV war nach Erhebungen der GfK die Einstellung der Bevölkerung zum getrennten Sammeln des Mülls überwiegend positiv (vgl. o.V., 1991b, S. 8f.). Daß sich diese Einstellung auch im konkreten Verhalten manifestiert, zeigt die Statistik einer süddeutschen Großstadt. Bei der ersten Abfuhr der gelben Säcke nahmen ca. 30% der Haushalte teil, wobei 3% der bereitgestellten Säcke wegen falscher Befüllung nicht abtransportiert wurden. Nach drei Monaten war die Teilnehmerquote auf ca. 60% gestiegen und weitere sechs Monate später lag sie bei ca. 90%. Die Fehlbefüllungsquote reduzierte sich um mehr als zwei Drittel.

Diese amtlichen Zahlen korrespondieren mit den Ergebnissen einer Mitte 1993 durchgeführten repräsentativen Befragung von Haushalten der betrachteten Stadt. Die Entsorgung durch den gelben Sack wird von 92,6% genutzt. Probleme mit der Befüllung haben rund 16%, wobei es im wesentlichen um die Handhabung (Aufbewahrung, Hygiene, Stabilität) geht. Rund 70% halten sich als gut oder relativ gut über das DSD informiert. Nahezu zwei Drittel halten die Idee für sehr gut oder gut. Dabei sind sich die Probanden im klaren darüber, daß beim DSD die Verwertung und nicht die Vermeidung im Mittelpunkt steht (79% zu 30% bei Mehrfachnennung der Ziele).

4. Folgerungen aus den Untersuchungsergebnissen

4.1 Ursprüngliche Befürchtungen des Handels gegenstandslos

Läßt man Äußerungen von Händlern und Handelsfunktionären aus der Zeit vor Inkrafttreten der VerpackV Revue passieren, dann haben sich viele Befürchtungen als gegenstandslos erwiesen, wie folgende Zitate beweisen (o.V., 1991b, S. 653):

- „Der größte Unsicherheitsfaktor bei der Müllentsorgung ist der Kunde."

Die Verbraucher akzeptieren das DSD ganz offensichtlich. Die Erfüllung der Erfassungsquoten dürfte damit zukünftig kein Problem mehr sein. Eventuell kann bei Kunststoffen die Verwertungsquote noch Probleme bereiten. Da die Haushalte die getrennte Wertstoffsammlung aktiv unterstützen, droht dem Handel von dieser Seite her kaum Gefahr. Das Risiko ist eher im Bereich der Umwelt- und Verbraucherverbände auszumachen, wo z.T. immer noch offen für die Rücknahme von Verpackungen durch den Handel plädiert wird.

- „Die Industrie ist kaum bereit, Wünsche und Anregungen von so kleinen Firmen wie unserer entgegenzunehmen, geschweige denn zu beachten."

In diese Richtung gingen auch einige Anmerkungen der mittelständischen Interviewpartner. Hersteller reagierten in der Tat erst auf massive Auslistungsdrohungen von Großunternehmen (vgl. o.V., 1991a, S. 653). Von diesen Aktivitäten profitierten letztendlich alle Handelsunternehmen.

– „Effektive Maßnahmen können nur von der Industrie kommen."

In dieser Aussage offenbart sich eine gewisse Unkenntnis über die Rolle der einzelnen Marktteilnehmer. Der Handel hat aufgrund seiner Mittlerposition zwischen Hersteller und Konsument die Funktion eines Gate-keepers und entscheidet damit über die Öffnung und Schließung von Marktwegen. Ähnliches gilt für die Durchsetzung von Umweltkonzepten (vgl. hierzu Hansen, 1988). Zur Beschaffungsseite hin nimmt der Handel durch die Aufnahme ökologischer Kriterien bei der Lieferantenselektion Einfluß auf die Produktion (ecology pull). Auf der Absatzseite beeinflußt er die Kaufmöglichkeiten durch die Ausrichtung des Sortiments auf umweltverträgliche Produkte (ecology push).

4.2 Der mittelständische Handel muß strategisch planen

Umweltpolitische Maßnahmen betreffen kleine und große Handelsunternehmen in gleicher Weise und fügen der Mittelstandsproblematik keine neue Dimension hinzu. Schwierigkeiten bei einer Umsetzung gesetzlicher Regelungen in das mittelständische Einzelhandelsmanagement resultieren aus den bekannten strukturellen Nachteilen. Deren Abbau liegt aber oft beim einzelnen Händler selbst.

Die Klagen vieler Händler über eine unzureichende Informationsversorgung sind eigentlich Selbstanklagen, denn „Informationen sind eine Holschuld!" Jeder unternehmerisch Tätige muß sich um sein Wissen selbst kümmern. Nur der einzelne ist in der Lage, zu beurteilen, welche Daten er für seine spezifische Entscheidungssituation benötigt. Aus der Vielzahl der frei zugänglichen Informationen müssen die relevanten herausgefiltert werden. Die Interviews zeigten, daß beim Thema VerpackV das vorhandene Informationsangebot unzureichend wahrgenommen wurde.

Um aktuelle und zukünftige Herausforderungen bestehen zu können, müssen sich mittelständische Händler unbedingt von der Dominanz des Tagesgeschäftes lösen. Es ist eine Vergeudung unternehmerischer Ressourcen, wenn Fähigkeiten, Zeit und Arbeitskapazitäten fast nur auf Routinetätigkeiten konzentriert werden. Eine bessere Nutzung erfordert aber Änderungen der Arbeitsorganisation und des Führungsstils. Das Schaffen von Freiräumen für die Erarbeitung von Konzepten, für Managementfunktionen schlechthin, setzt aber die aktive Einbeziehung des Personals voraus. Diesem muß mehr Entscheidungsbefugnis und eigenständiges Arbeiten zugestanden werden. So mancher Händler wird dann vom bislang schlummernden kreativen Potential der Mitarbeiter überrascht sein.

Der so gewonnene Freiraum erlaubt eine gezieltere Informationssuche und eine intensivere Beschäftigung mit strategischer Planung. Eine rechtzeitige Beschäftigung mit Zukunftsthemen versetzt in die Lage, ohne größeren Zeitdruck Auswirkungen und Alternativen rechtzeitig zu bedenken und zu analysieren. Dann fällt eine Umsetzung auch wesentlich leichter als bei vermeintlich urplötzlicher Konfrontation mit Erlassen oder Marktänderungen. Kreislaufwirtschaftsgesetz, Umwelt-Auditing und Öko-Bilanzierung werden um den mittelständischen Einzelhandel keinen Bogen schlagen.

In Anlehnung an Hansen (1989, S. 213) können mittelständische Handelsunternehmen auf vier unterschiedliche Weisen auf die ökologische Herausforderung reagieren.

Ignoranz

In diesem Falle bleiben Umweltaspekte bewußt unbeachtet bzw. werden aus Unkenntnis nicht wahrgenommen. Die erste Möglichkeit wird angesichts des hohen Stellenwerts der Umwelt in der öffentlichen Meinung kaum ernsthaft in Erwägung gezogen. Eine Nichtbeachtung aufgrund selbst verschuldeter Informationsdefizite ist dagegen häufig anzutreffen. Hier gilt es, unverzüglich gegenzusteuern, weil Verbraucher auf ignorantes Verhalten (egal, aus welchen Gründen) sehr schnell mit Abwanderung reagieren können.

Widerstand

Ein einzelner Mittelständler wird kaum etwas ausrichten können. Auf Verbandsebene (z.B. Fachverbände, HDE) bietet diese Strategie mittels der Lobbytätigkeit einige Möglichkeiten. Dieses Verhalten bietet mehrere Ansatzpunkte zur Kritik. Einmal gerät man als gesamte Branche sehr schnell in die „Bremserecke", wodurch selbst gerechtfertigte Einwände wegen permanenten Widerspruchs auf Dauer nicht mehr ernstgenommen werden. (So lehnte die HDE den ersten Entwurf zum Kreislaufwirtschaftsgesetz u.a. mit dem Argument ab, eine Rücknahmeverpflichtung verkenne die Funktion des Handels).

Die Strategie des Widerstands ist auch deswegen fraglich, weil bei den Mitgliedern mehr oder weniger stark die Illusion genährt wird, daß Entwicklungen abgeschwächt oder verhindert werden können. Die Hoffnung auf ein Abwenden verführt dann dazu, daß die notwendige zukunftsorientierte Planung unterbleibt. Letztendlich wird dann ohne Perspektive „weitergewurstelt" wie bisher. (Die Kampagnen der HDE gegen die Novellierungen des Ladenschluß- und des Rabattgesetzes zeigen das überdeutlich).

Anpassung

Auch der Lobbyismus vermag gesellschaftliche Entwicklungen nicht aufzuhalten, so daß die vermeintlich Beschützten sich früher oder später doch an geänderte Rahmenbedingungen anpassen müssen. Dieser Anpassungsprozeß ist umso schwieriger, je weniger man über Alternativen nachgedacht hat bzw. je mehr man die Gedanken daran verdrängt hat.

Innovation

Die explorativen Studien zeigten, daß im mittelständischen Handel eine frühzeitige und kreative Nutzung der ökologischen Impulse kaum stattfindet. Die Alltagserfahrung zeigt aber auch, daß innovative Verhaltensweisen bei Großunternehmen ebenfalls nicht die Regel sind. Insofern hätten hier Mittelständler Chancen zur Profilierung, wozu aber zunächst einmal Änderungen im Verhalten stattfinden müßten. Mit einer Neuverteilung der Zeitbudgets wäre schon viel erreicht. Wenn lediglich ein Zehntel vom Tagesgeschäft für strategisches Management reserviert würde, ergäbe sich mit Sicherheit ein Innovationsschub.

Es wäre müßig, zu begründen, welche Strategie die größten Chancen bietet.

Literaturverzeichnis

BUND (Hrsg.) (1992): Verpackt und zugeklebt, Bonn 1992.

Dichtl, E. (1979): Grundzüge der Binnenhandelspolitik, Stuttgart/New York 1979.

Dichtl, E./*Finck,* G. (1983): Public Policy towards Distribution in the Federal Republic of Germany, in: management international review, 23, 1983, S. 33 - 44.

Dichtl, E./*Raffée,* H./*Wellenreuther,* H. (1980): Die Förderung des Mittelstandes im deutschen Einzelhandel – Motive, Formen, Wirksamkeit, in: Treis, B. (Hrsg.), Der mittelständische Einzelhandel im Wettbewerb – Größenbedingte Vor- und Nachteile, München, 1980, S. 211 - 241.

dm-drogerie-markt (o.J.): Schritt für Schritt den richtigen Weg gehen, Karlsruhe.

Gruhler, W. (1984): Wirtschaftsfaktor Mittelstand, Köln 1984.

Hansen, U. (1988): Ökologisches Marketing im Handel, in: Brandt, A. u.a. (Hrsg.), Ökologisches Marketing, Frankfurt, 1988, S. 331 - 362.

— (1989): Verbraucherpolitische Herausforderungen für das Handelsmarketing, in: Specht, G. u.a. (Hrsg.), Marketing-Schnittstellen, Stuttgart, 1989, S. 201 - 226.

Kempcke, Th. (1992): MTS im Feldversuch, in: dynamik im handel, 10/92, S. 23 - 24.

Kirchgeorg, M. (1990): Ökologieorientiertes Unternehmensverhalten, Wiesbaden 1990.

Klein-Blenkers, F. (1977): Zur Lage mittelständischer Betriebe in der Bundesrepublik Deutschland und Maßnahmen zu ihrer Förderung, Göttingen 1977.

Kursawa-Stucke, H. J./*Lübke,* V. (1991): Wer macht was im Umweltschutz, in: Lebensmittel-Zeitung Nr. 32 vom 2.8.1991, S. 42 - 45.

Martinius, U. (1990): Müllkippe der Nation?, in: der einzelhandelsberater, 7/90, S. 583.

Meffert, H. (1991): Öko-Marketing, in: OFW (Hrsg.), Umweltmanagement im Spannungsfeld zwischen Ökologie und Ökonomie, Wiesbaden 1991.

Meffert, H./*Bruhn,* M. (1982): Die Beurteilung von Konsum- und Umweltproblemen durch Konsumenten, in: Verbraucherpolitik und Marketing, in: Hansen, U. u.a. (Hrsg.), Verbraucherpolitik und Marketing, Stuttgart, 1982, S. 196 - 213.

Meffert, H. u.a. (1985): Marketing und Ökologie – eine Bestandsaufnahme, Arbeitspapier Nr. 25 der Wissenschaftlichen Gesellschaft für Marketing und Unternehmensführung e.V., Münster 1985.

o.V. (1990a): Wer ökologisch handelt, wird gewinnen, in: handel heute, 6/90, S. 30 - 35.

o.V. (1990b): Einzelhandel als Müllkippe der Nation?, in: der einzelhandelsberater, 6/90, S. 440 - 442.

o.V. (1991a): Der Müll-Berg ruft, in: der einzelhandelsberater, 8/91, S. 652 - 654.

o.V. (1992a): Hertie testet Mehrweg, in: Lebensmittel-Zeitung Nr. 13 vom 27.3.1992, S. 90.

o.V. (1992b): Im Kosten-Poker mit der Industrie, in: der einzelhandelsberater, 2/92, S. 102 - 107.

o.V. (1992c): Abfallproblematik aus Verbrauchersicht, in: Markenartikel 1/92, S. 8 - 9.

o.V. (1993): Das Duale Abfallsystem weiter in Schwierigkeiten, in: FAZ vom 3.9.1993, S. 15.

Paffhausen, A. (1984): Grundlagen eines Informationsmanagements für die langfristige Absatzführung in mittelständischen Betrieben der Konsumgüterindustrie, Bergisch Gladbach 1984.

Raffée, H./*Wiedmann,* K.-P. (1983): Dialoge – Der Bürger als Partner : Das gesellschaftliche Bewußtsein in der Bundesrepublik und seine Bedeutung für das Marketing, Hamburg 1983.

—/— (1987): Dialoge 2 – Der Bürger im Spannungsfeld von Öffentlichkeit und Privatleben, Band: Marketinganalyse, Hamburg 1987.

Steger, U. (1991): Strategische Unternehmensführung und Umweltschutz, in: OFW (Hrsg.), Umweltmanagement im Spannungsfeld zwischen Ökologie und Ökonomie, Wiesbaden 1991.

Steger, U./*Phillipi,* C. (1992): Die „gate-keeper"-Funktion des Handels im Hinblick auf umweltverträgliches Wirtschaften, in: Trommsdorff, V. (Hrsg.), Handelsforschung 1991 – Erfolgsfaktoren und Strategien, Wiesbaden 1992.

Tengelmann (1991): Öko-logistische Verpackungsanforderungen, Mülheim/Ruhr 1991.

Wiedmann, K.-P. (1989): Gesellschaft und Marketing: Zur Neuorientierung der Marketingkonzeption im Zeichen des gesellschaftlichen Wandels, in: Specht, G. u.a. (Hrsg.), Marketing-Schnittstellen, Stuttgart, 1989, S. 227 - 246.

Wimmer, F. (1988): Umweltbewußtsein und konsumrelevante Einstellungen und Verhaltensweisen, in: Brandt, A. u.a. (Hrsg.), Ökologisches Marketing, Frankfurt, 1988, S. 331 - 362.

Die Eignung des Bau- und Planungsrechts für die Steuerung der Handelsentwicklung

Von Fritz Koob

1. Die Situation

Seit Ende der sechziger Jahre vollzieht sich im westdeutschen und nach dem Wegfall der innerdeutschen Grenze auch im ostdeutschen Einzelhandel ein gravierender Strukturwandel. Dessen Dynamik zeigt sich vor allem in der sehr schnellen Ausbreitung von Handelsbetrieben mit oftmals mehreren tausend Quadratmetern Verkaufsfläche, sog. Verbrauchermärkten und SB-Warenhäusern. In jüngerer Zeit erleben auch Fachmärkte wie z.B. Bau-, Heim- und Hobbymärkte, Elektro- und Hifi-Fachmärkte einen schnellen Aufschwung. Offensichtlich entsprechen großflächige Betriebsformen den Präferenzen des Großteils der Konsumenten. Demgegenüber befinden sich vor allem kleinere Handelsbetriebe auf dem Rückzug. Dies führt zur Ausdünnung des Handelsnetzes und bedeutet letztendlich, daß Konsumenten eine größere Entfernung zum nächsten Laden überbrücken müssen. In dieser Entwicklung sehen vor allem Landesplanungsbehörden und Kommunen eine wachsende Gefährdung der Versorgungslage mit Gütern des täglichen Bedarfs.

2. Implikationen der Expansion großflächiger Handelsbetriebe für die kommunale und regionale Bauleit- und Raumplanung

2.1 Folgen der Ansiedlung großer Handelsbetriebe für Kommunen

Sosehr auch die soeben beschriebene Dynamik im Handel von dem Gros der Verbraucher begrüßt wird, darf die Janusköpfigkeit dieses Phänomens, vor allem aus der Sicht öffentlicher Planungsträger, nicht übersehen werden. Denn die Ausbreitung großflächiger Handelsbetriebe kann sich zwar positiv auf die Angebotssituation von Waren für (mobile) Verbraucher auswirken, aber auch die Erreichung von Leitvorstellungen und Zielen öffentlicher Planungsträger sowohl auf raumordnerischer und landesplanerischer als auch auf kommunaler Ebene beeinträchtigen. Insofern haben solche Institutionen ein vitales Interesse an der Beobachtung und ggf.

Steuerung der Handelsentwicklung. Der wohl wichtigste Konfliktherd zeichnet sich auf kommunaler Ebene ab, weil sich durch die Ansiedlung eines neuen großen Handelsbetriebes dort zuerst positive, aber auch eventuelle negative Konsequenzen auf die Kommune und die Bevölkerung wie auf die ansässigen Händler abzeichnen können. Deshalb wollen wir uns zunächst den Auswirkungen großer Handelsbetriebe auf Gemeinden zuwenden.

Es dürfte unbestritten sein, daß die Eröffnung einer großen Verkaufsstelle ceteris paribus das Warenangebot quantitativ und zumeist auch qualitativ verbessert und damit eine für die Verbraucher günstigere Versorgung mit Gütern beschert. Darüber hinaus zeichnen sich insbesondere große Einkaufseinrichtungen durch ein niedrigeres Preisniveau aus als Nachbarschaftsläden, die allein schon aufgrund ihrer schlechteren Einkaufskonditionen nicht mit den Großen mithalten können. Da Verbraucher für einen bestimmten Geldbetrag in großflächigen Outlets deshalb mehr kaufen können als in Tante-Emma-Läden, tragen jene Einkaufsstätten zur Steigerung der Kaufkraft der Konsumenten bei. Nicht zuletzt werden große Handelsbetriebe vorwiegend an für Kraftfahrzeuge gut erreichbaren Standorten (Ausfallstraßen, Verkehrsknotenpunkte) errichtet, was für die Konsumenten, die mit einem Pkw ausgestattet sind, das Einkaufen größerer Mengen sehr erleichtert.

Neben diesen exemplarisch genannten Vorteilen können sich aber auch eine Reihe von Nachteilen aus der Ansiedlung großer Handelsbetriebe ergeben, die sich in Kommunen an vielen Stellen zeigen. Im Ortskern angesiedelte Handelsbetriebe nehmen aus der Sicht der Standortgemeinde wichtige Funktionen wahr. Solche sind z.B. die Versorgung der Bevölkerung mit Waren und Dienstleistungen oder die Sicherung einer im Hinblick auf die Vielfalt des Angebots attraktiven Mischung von Geschäften. Doch gerade hier besteht die Gefahr, daß dezentral angesiedelte großflächige Handelsbetriebe im Kernbereich von Kommunen lokalisierten Läden durch Kaufkraftabzug das Leben schwer machen. Daß dies Realität ist, läßt sich am anhaltenden Abschmelzprozeß bei kleinen Ladeneinheiten, sog. Tante-Emma-Läden, ablesen. Des weiteren befürchten Gemeindevertreter um die Attraktivität von Innenstädten, weil oftmals in die Lücken, die kleine Handelsbetriebe nach deren Schließung hinterlassen, Spielhöllen, Sexshops und ähnliche aus kommunaler Sicht unliebsame Nutzungsformen einziehen. Damit sind ein Verlust an Attraktivität und letztendlich die Verödung des betroffenen Ortskernes programmiert.

Doch nicht genug damit. Insgesamt gesehen werden bei der Neuansiedlung eines großen Handelsbetriebes in einer Kommune oftmals mehr Arbeitsplätze vernichtet als geschaffen und per Saldo Gewerbesteuereinkünfte gemindert. Des weiteren entsteht in der Nähe des neuen Objektes eine höhere Verkehrsfrequenz durch Liefer- und Kundenverkehr. Damit einhergehend kommt es zu Umweltbelastung durch Lärm und Abgase der Fahrzeuge. Mit der Errichtung großflächiger Baukörper und weiträumiger Parkplätze werden Flächen versiegelt, was den Wasserhaushalt der Umgebung beeinträchtigt. Nicht zuletzt können die Baukörper das örtliche Klima beeinflussen, weil Frischluftschneisen zugebaut werden. Dies führt beispielsweise zu einer schlechteren Luftqualität in der betreffenden Gemeinde.

Am gravierendsten sehen Kommunen allerdings das Problem an, daß das Ladennetz dünner wird und damit die Entfernung, die ein Konsument von seinem Wohnstandort zum nächsten (Lebensmittel-)Geschäft zurücklegen muß, zunimmt. Während diese Entwicklung für den mobilen Teil der Bevölkerung nicht nur kein Problem darstellt, sondern, im Gegenteil, Vorteile schafft (preisgünstige und per Pkw bequem zu erreichende Einkaufsmöglichkeiten), sieht die Lage für immobile Konsumenten anders aus. Die Verlängerung der Wegstrecke zum nächsten Lebensmittelladen kann für letztgenannte Bevölkerungsgruppen zu einer merklichen Verschlechterung der Versorgungslage mit Gütern des täglichen Bedarfs beitragen.

2.2 Auswirkungen der Expansion großer Handelsbetriebsformen auf die Landesplanung

Raumordnung und Landesplanung richten sich grundsätzlich an der Leitidee aus, die Versorgung der Bevölkerung sicherzustellen, und zwar derart, daß die Bewohner einer bestimmten Region möglichst wenig Aufwand betreiben müssen (Zeit, Wegekosten), um in den Genuß bestimmter Versorgungsleistungen zu kommen. Versorgung bezieht sich aus landesplanerischer Sicht allerdings nicht nur auf das Zurverfügungstellen von Gütern des kurz-, mittel- und langfristigen Bedarfes (in diesem Zusammenhang vor allem die Sicherstellung der Versorgung mit Lebensmitteln), sondern beispielsweise auch auf die Bereitstellung von Bildungseinrichtungen, Gesundheitsinfrastruktur und Erholungsstätten.

Um diese umfassende Versorgung möglichst effizient zu erreichen, orientieren sich öffentliche Planungsträger am Konzept der Zentralen Orte, welches auf Christaller zurückgeht. Diesem folgend wird die Bundesrepublik Deutschland von einem flächendeckenden System sog. Zentraler Orte durchzogen, die verschiedene Versorgungsfunktionen sicherstellen sollen. Da einerseits dieses System, zumindest theoretisch, die flächendeckende optimale Versorgung der Bevölkerung sicherstellt und andererseits darüber hinaus die Zuteilung öffentlicher Finanzen an dieses System geknüpft ist, weil es, zumindest was öffentliche Einrichtungen angeht, zur optimalen

Allokation entsprechender Gelder bzw. Investitionen führt, ist dessen Aufrechterhaltung aus der Sicht des Bundes und der Länder äußerst wichtig.

Die Umsetzung der Christaller'schen Planungsidee wird jedoch durch die Ausbreitung großflächiger Handelsbetriebe negativ tangiert. Große Outlets mit mehreren tausend Quadratmetern Verkaufsfläche siedeln sich nämlich oftmals nicht in Oberzentren an, wo man sie aus raumordnerischer Sicht gerne zulassen würde, sondern in Mittel- und Unterzentren, weil sich insbesondere in kleineren Kommunen viel einfacher geeignete Grundstücke für große Handelsbetriebe zu einem günstigen Preis finden lassen als in großen Städten. Zudem lehnen Oberzentren in der Regel Ansiedlungsbegehren wegen der schlechten Erfahrungen mit solchen Verkaufsstellen entschieden ab. Nicht zuletzt ist dort durch die ohnehin schon dichte Besetzung von Standorten der Markt unter den Wettbewerbern weitgehend verteilt.

In kleineren Kommunen herrscht demgegenüber oftmals eine positivere Grundhaltung gegenüber großflächigen Handelsbetrieben als anderswo, denn der Zuzug eines neuen Betriebes verheißt unter Umständen (zunächst) mehr Arbeitsplätze, mehr Gewerbesteueraufkommen, bessere Versorgung der dort lebenden Konsumenten. Des weiteren erhoffen sich manche Gemeindevertreter für die Kommune ein höheres Ansehen und ggf. die Hochstufung im Zentralörtlichen System (mit den damit verbundenen finanziellen und infrastrukturellen Vorteilen) (vgl. Freese, 1994, S. 23).

Daß damit die Idee des Zentralörtlichen Systems konterkariert, ja geradezu auf den Kopf gestellt wird, liegt auf der Hand. Denn Kommunen, die aufgrund ihrer geringen Größe und ihres zugewiesenen Verflechtungsbereiches einen in den Augen der Landesplaner ausreichenden Versorgungsgrad schon beispielsweise mit einem Supermarkt erreichen, nunmehr aber z.B. über ein Einkaufszentrum verfügen, haben in der Zentralen Orte Hierarchie einen höheren Rang als zugedacht. Damit treten solche Kommunen in landesplanerisch unerwünschte Konkurrenz zu größeren Orten (Kaufkraftabzug; Bedeutungsverlust höherrangiger Zentren). Da diese sog. Stadt-Umland-Problematik in jüngerer Zeit an Schärfe gewinnt, versuchen Landesplaner, mittels raumplanerischer Instrumente die Zulassung neuer Handelsbetriebe streng an das System der Zentralen Orte zu koppeln.

3. Mittel zur Steuerung der Ausbreitung großflächiger Handelsbetriebe

3.1 Instrumente der Raumordnung und Landesplanung

Höhere (Bezirksregierungen) und obere Landesplanungsbehörden (Ministerien) können nicht unmittelbar einen Bauantrag für einen den Zielen der Landesplanung zuwiderlaufenden großen Handelsbetrieb ablehnen. Die Planungshoheit und auch die Frage der Baugenehmigung liegt je nach Ortsgröße und Kommunalorganisation bei der zuständigen Behörde einer Kommune oder eines Landkreises. Allerdings haben Landesplanungsbehörden raumplanerische Instrumente an der Hand, mehr oder weniger Einfluß auf die Handelsentwicklung zu nehmen. Handlungsmöglichkeiten ergeben sich für Bundesländer und Stadtstaaten aus Landesentwicklungsplänen und -programmen bzw. den darin enthaltenen sog. Zielen (§ 4 Abs. 3 ROG) und damit verknüpften Durchsetzungs- und Sicherungsinstrumenten sowie aus der Bekanntgabe einschlägiger Ländererlasse, die diese Ziele im Hinblick auf die Steuerung großflächiger Handelsbetriebe ergänzen und detaillieren sowie dazu dienen, Kommunen Hilfen für die richtige Anwendung planungs- und baurechtlicher Normen zu geben.

Die entsprechenden Behörden der Bundesländer und Stadtstaaten haben gemäß § 4 Abs. 3 ROG die Pflicht, im Rahmen ihrer Landesplanung durch das Aufstellen von Landesentwicklungsplänen und -programmen auf die Verwirklichung der in § 2 ROG genannten Grundsätze (u.a. Versorgungssicherung) hinzuwirken. Die Planung vollzieht sich auf zwei Ebenen, der Landes- und der Regionalplanung. Die Verbindung zur kommunalen Bauleitplanung ergibt sich aus § 1 Abs. 4 BauGB. Diese Norm enthält die Pflicht der Gemeinden, Bauleitpläne an die Ziele der Raumordnung und Landesplanung anzupassen. Planungsleitlinien werden im „Zielteil" niedergeschrieben und prägen damit die Ausgestaltung der Bauleitplanung von Kommunen, somit auch die Ansiedlungsmöglichkeiten für große Handelsbetriebe. Zwischen einzelnen Bundesländern und Stadtstaaten bestehen unterschiedliche Definitionen der Ziele für die landesplanerische Beurteilung und Steuerung großer Verkaufsstellen. Allen ist jedoch gemein, daß Handelsobjekte, wie z.B. SB-Warenhäuser und Verbrauchermärkte, nur dort zugelassen werden sollen, wo sie der zentralörtlichen Gliederung nicht widersprechen. So legt beispielsweise ein Landesraumordnungsplan des Landes Schleswig-Holstein aus dem Jahre 1988 fest, daß Einkaufseinrichtungen mit über 3000 qm Verkaufsfläche nur in Ober- und Mittelzentren entstehen sollen. Im sog. Erläuterungsbericht, der sich an die Definition der landesplanerischen Ziele anschließt, werden die Zielvorgaben begründet und näher beschrieben. Allerdings entfalten solche zumeist detaillierten Ausführungen gegenüber der kommunalen Bauleitplanung, anders als die Ziele, keine Bindungswirkung.

Zur Durchsetzung landesplanerischer Leitlinien stehen den damit betrauten Behörden mehrere Instrumente zur Verfügung. Zum einen müssen Flächennutzungspläne und Bebauungspläne gem. §§ 6 und 11 BauGB von der zuständigen höheren Verwaltungsbehörde genehmigt werden. Zum anderen können Landesplanungsämter auf die Untersagung raumordnungswidriger Planung und Maßnahmen, die Zurückstellung von Baugesuchen, das Raumordnungsverfahren (auch Raumplanerisches Verfahren genannt) und das Zielbekanntgabeverfahren zurückgreifen (vgl. Hoppe, 1986, S. 74f.; Bielenberg/Erbguth/Söfker, 1989, S. 1ff.).

Doch nicht nur landesplanerische Vorgaben dienen zur Steuerung der Handelsentwicklung seitens öffentlicher Planungsträger, sondern auch sog. Ländererlasse. Die relativ starke Nutzung dieses Instruments hat u.a. zwei Gründe:

Die im Rahmen der Raumordnung und Landesplanung entwickelten und in Programmen niedergelegten Zielvorstellungen in bezug auf die Ansiedlungssteuerung von Handelsbetrieben haben in der Baugenehmigungspraxis oftmals nicht die Durchschlagskraft, die Landesplanungsbehörden sich von ihnen erwünschen. Dies liegt zum einen an der grundsätzlichen Planungshoheit der Gemeinden bei der Bauleitplanung, zum anderen an der fehlenden unmittelbaren Verknüpfung der Ziele der Raumordnung und Landesplanung mit der Genehmigung oder Versagung von Bauanträgen privatwirtschaftlicher Investoren.

Die Planung auf Landes- und Regionalebene ist längerfristig angelegt. Die teilweise über zehn Jahre gültigen Pläne oder Programme können nicht so ausdifferenziert werden, daß jederzeit eine aus der Sicht der Landesplanung ausreichende Steuerungsmöglichkeit der Ansiedlung von großen Handelsbetrieben erreicht wird. Aus diesem Grunde werden mittels Erlassen konkrete Handlungsrichtlinien und Empfehlungen gegenüber Kommunen abgegeben, um diese in die Lage zu versetzen, das rechtliche Instrumentarium gegenüber raumordnungspolitisch problematischen Ansiedlungsbegehren für große Handelsbetriebe richtig anzuwenden und entsprechend auszuschöpfen.

Von Landesplanungsbehörden in Verwaltungserlasse aufgenommene Vorschriften zielen oftmals auf die Vermeidung von in § 11 Abs. 3 BauNVO aufgezählten potentiellen negativen Auswirkungen großflächiger Handelsbetriebe. Die Vermeidung von Unterversorgung der Bevölkerung steht dabei am häufigsten im Mittelpunkt des Interesses. In Verwaltungserlassen werden aber auch Sanierungsabsichten von Kommunen ins Feld geführt. So dürfen große Handelsbetriebe nicht dezentral angesiedelt werden, wenn sie einer Verödung gewachsener Versorgungszentren (Ortsteile oder Ortskerne) Vorschub leisten und damit die mit öffentlichen Mitteln finanzierte Sanierung und Revitalisierung von Orts- oder Subzentren konterkarieren.

3.2 Instrumente der kommunalen Bauleitplanung

Während noch vor etwa 15 bis 20 Jahren viele Gemeinden Ansiedlungsbegehren für großflächige Handelsbetriebe positiv gegenüberstanden und bereitwillig Baugenehmigungen erteilten, ja sogar vereinzelt erst durch entsprechende bauplanerische Maßnahmen die Grundlage für die Zulässigkeit eines großen Handelsobjektes schufen (z.B. Ausweisen eines Sondergebietes), sieht die Szene heute grundlegend anders aus (Freese, 1994, S. 25).

Analog zu den Trägern der Raum- und Landesplanung streben Kommunen an, die Versorgung der Bevölkerung (mit Waren des täglichen Bedarfs) im Gemeindegebiet zu sichern. Da nun kleinen und mittelständischen Handelsbetrieben ein besonderer Beitrag für die Erreichung dieses Zieles zugeschrieben wird, tendieren Kommunen in jüngerer Zeit dazu, großflächige Vorhaben abzulehnen, sofern von ihnen negative Auswirkungen auf versorgungspolitische, aber auch städtebauliche und umweltbezogene Ziele ausgehen können. Dabei stehen, wie bereits erwähnt, vor allem große Discountbetriebe, Verbrauchermärkte und SB-Warenhäuser im Zentrum des Interesses, da diese Objekte mit wesentlich höherer Wahrscheinlichkeit Kommunen belasten als etwa Fachmärkte (eine Ausnahme bilden solche Objekte, die ein sog. innenstadtunverträgliches Sortiment anbieten).

Gemeinden haben eine Reihe gesetzlicher Mittel an der Hand, um unliebsame Vorhaben zu unterbinden. Solche Normen entspringen vorwiegend dem Bauplanungsrecht, vor allem dem Baugesetzbuch (BauGB) und der Baunutzungsverordnung (BauNVO), und werden im Zuge des Baugenehmigungsverfahrens relevant. Das Bauordnungsrecht spielt zwar bei der Genehmigung eines Bauvorhabens ebenfalls eine wichtige Rolle (z.B. Gefahrenabwehr), doch läßt sich mit diesen Normen kaum ein Projekt zu Fall bringen. Insofern wollen wir uns im wesentlichen auf das Bauplanungsrecht konzentrieren. Neben rechtlichen Mitteln im Rahmen des Baugenehmigungsverfahrens kann eine Kommune aber auch schon im Vorfeld eines Baugesuches, namentlich im Zuge der Aufstellung von Flächennutzungs- und insbesondere Bebauungsplänen (bzw. deren Änderung), Hürden für die Realisation großer Handelsobjekte errichten (vgl. Schenke, 1990, S. 61ff. und 1988, S. 65ff.).

Die Anwendung einschlägiger Paragraphen des Bauplanungsrechts und damit die Höhe der Ansiedlungshürde wird von dem Gebiet innerhalb einer Gemeinde (beplanter und unbeplanter Innenbereich) bestimmt, auf das ein Bauvorhaben abzielt. Handelsobjekte, die, grob gesprochen, außerhalb zusammenhängender Bebauung angesiedelt werden sollen, also im sog. Außenbereich gem. § 35 BauGB, sind in aller Regel von vornherein unzulässig, so daß eine Kommune mit deren Ablehnung keine Schwierigkeiten haben wird. Anders sieht die Lage im Innenbereich aus.

Hier muß zwischen unbeplantem und beplantem Innenbereich unterschieden werden. Letzterer liegt dann vor, wenn ein wirksamer qualifizierter Bebauungsplan existiert. Gem. § 30 BauGB müssen in solchen Plänen Festsetzungen nach Art und Maß der baulichen Nutzung, der überbaubaren

Grundstücksflächen und den örtlichen Verkehrsflächen enthalten sein. Ansonsten handelt es sich um unbeplanten Innenbereich gem. § 34 BauGB. Während es hier im wesentlichen darauf ankommt, ob sich das zu errichtende Handelsobjekt in die Umgebung einfügt (quasi mit ihr harmoniert), hängt es in beplanten Gebieten maßgeblich davon ab, ob das Vorhaben den Festsetzungen des zugrundeliegenden Bebauungsplanes entspricht. Hiermit haben Kommunen ein effizientes Mittel in der Hand, um kommunalen Zielen zuwiderlaufende geplante Handelsobjekte zu vereiteln.

Zunächst kommt für die Beurteilung der Zulässigkeit eines Baugesuches in Gebieten mit einem qualifizierten Bebauungsplan die Fassung der BauNVO in Betracht, die zur Zeit des Inkrafttretens des maßgeblichen Bebauungsplanes gilt. Zur Zeit kann dies je nach Alter des Baugebietes eine von fünf (!) Versionen der BauNVO sein. Während im Hinblick auf großflächige Handelsbetriebe erst die Fassungen von 1977 und 1986 resp. 1990 sehr restriktive Normen aufweisen, enthalten die ursprüngliche Fassung von 1962 keine und die 1. Novelle von 1968 nur schwache Zulassungsschranken.

Im Zusammenhang mit der Genehmigung oder Versagung eines großen Handelsbetriebes hat § 11 Abs. 3 BauNVO zentrale Bedeutung. In der Urfassung der BauNVO aus dem Jahre 1962 sind keine spezifischen Regeln hinsichtlich großflächiger Handelsbetriebe enthalten, da sich zum damaligen Zeitpunkt solche Betriebe noch nicht am Markt durchgesetzt hatten und deshalb auch keine negativen Auswirkungen auf Versorgung, Umwelt und Städtebau befürchtet werden mußten.

Nachdem Kommunen der damals stürmischen Ausbreitung von Verbrauchermärkten und Einkaufszentren bauplanerisch kaum etwas entgegenzusetzen vermochten, wurde im Zuge einer Novelle der BauNVO im Jahre 1968 im § 11 Abs. 3 festgelegt, daß soeben genannte Betriebsformen, sofern sie vorwiegend der übergemeindlichen Versorgung dienen sollen, nur noch in bestimmten Baugebietstypen zulässig sind (Kern- und Sondergebiete). Allerdings zeigte sich bald, daß auch diese Novelle kein probates Mittel darstellte, die Expansion von großen Handelsbetrieben zu verhindern. Zum einen lag dies daran, die vorwiegend übergemeindliche Versorgungsfunktion nicht nachweisen zu können, zum anderen am Einfallsreichtum der betroffenen Investoren. Denn immer dann, wenn hinter einem Bauantrag kein Einkaufszentrum und kein Verbrauchermarkt standen, konnte § 11 Abs. 3 BauNVO 1968 unterlaufen werden. Dies gelang beispielsweise trefflich mit der Errichtung von Fachmärkten.

Wegen der akuten Probleme, die mit der Anwendung des § 11 Abs. 3 BauNVO 1968 verknüpft waren, wurde 1977 die BauNVO zum zweiten Mal novelliert. An die Stelle von Absatz 3 des § 11 BauNVO trat eine neue Norm. Erstmals wurden neben Einkaufzentren auch sog. großflächige Handelsbetriebe (die unbestimmten Rechtsbegriffe wurden in der Folgezeit vom BVerwG konkretisiert), also solche Verkaufsstellen einbezogen, deren Geschoßfläche 1000 und mehr qm umfaßt (dies entspricht einer Verkaufsfläche von etwa 700 qm). Allerdings fallen nur Betriebe unter § 11 Abs. 3 BauNVO 1977, von denen nicht unwesentliche Auswirkungen auf Städtebau, Versorgung, Umwelt etc. ausgehen können. Um die Prüfung entsprechender Vorhaben zu vereinfachen, enthält § 11 Abs. 3 BauNVO 1977 noch eine Bestimmung, die besagt, daß ab einer Geschoßfläche von 1500 qm in der Regel negative Auswirkungen befürchtet werden müssen. Allerdings kann der geplante Zuschnitt eines Bauvorhabens (z.B. enges Sortiment) Anhaltspunkte dafür bieten, von dieser Vermutungsregel abzuweichen.

Trotz der Verschärfung des § 11 Abs. 3 BauNVO konnte die Ausbreitung großflächiger Handelsbetriebe nicht wesentlich behindert werden. Konsequenterweise novellierte der Verordnungsgeber 1986 die BauNVO ein weiteres Mal. Diesmal wurden die Geschoßfläche im Rahmen der Vermutungsregel auf 1200 qm gesenkt und in einem neuen Satz innerhalb des Absatzes 3 deren flexible Handhabung in Abhängigkeit vom Einzelfall festgeschrieben. Die Novelle aus dem Jahre 1990 zielt nicht auf großflächige Handelsbetriebe ab.

Es ist unschwer zu erkennen, daß Bauwillige bei der Suche nach geeigneten Bauflächen erst einmal solche Baugebiete präferieren, in denen eine alte Fassung der BauNVO gilt. Dort ist bei der Beantragung einer Genehmigung für einen großen Handelsbetrieb viel weniger mit Schwierigkeiten zu rechnen als anderswo. Diese für Gemeinden mit vielen alten Baugebieten unersprießliche Situation läßt sich, wenn nicht über die Generalklausel des § 15 BauNVO, mit der Änderung des Bebauungsplanes beheben, in dessen Geltungsbereich das Vorhaben realisiert werden soll. Durch eine Über- bzw. Umplanung eines Baugebietes tritt die neueste Fassung der BauNVO in Kraft, die, wie bereits erwähnt, relativ scharfe Normen im Hinblick auf die Zulässigkeit großflächiger Handelsbetriebe enthält. Im Textteil eines Bebauungsplanes ist es sodann möglich, Festsetzungen zu treffen, mit denen bequem bestimmte Betriebsformen oder Warengruppen (Sortimente) ausgeschlossen werden können. Im Einzelfall läßt sich sogar eine Obergrenze für die Verkaufsfläche von neuen (oder zu erweiternden) Handelsbetrieben definieren (§ 1 Abs. 5 und 9 BauNVO).

Im Zuge der Änderung von Bebauungsplänen kann eine Kommune ein Baugesuch zurückstellen und zudem eine Veränderungssperre erlassen, wodurch der Bauantrag für mehrere Jahre „auf Eis“ gelegt wird (§ 14 Abs. 1 und 3 sowie § 15 Abs. 1 BauGB). Sollte der Investor danach noch immer Lust verspüren, die Baugenehmigung einzufordern, können ihm die neuen, zumeist entsprechend ungünstigeren Festsetzungen im Bebauungsplan entgegengehalten werden. In diesem Zusammenhang haben Kommunen bei bereits bestehenden oder genehmigten Gebäuden die Möglichkeit, eine Variante zu wählen, bei der das Grundstück, auf dem sich diese befinden bzw. errichtet werden sollen, beispielsweise als ein Sondergebiet mit für diesen Betrieb „maßgeschneiderten" Festsetzungen ausgewiesen wird. Damit lassen sich dann eine baugenehmigungspflichtige Erweiterung oder eine Nutzungsänderung (z.B. Verlagerung des Sortimentsschwerpunktes) leicht ablehnen.

4. Kritische Bewertung einer Steuerung der Handelsentwicklung mit Hilfe bau- und planungsrechtlicher Normen

4.1 Anknüpfungspunkte für eine Bewertung der Einflußnahme des Staates auf die Entwicklung im Handel

Ansatzpunkte für eine Bewertung des Einflusses bau- und planungsrechtlicher Normen auf die Handelsentwicklung befinden sich auf drei Ebenen. Beginnt man mit Instrumenten, die zur Steuerung der Handelsdynamik eingesetzt werden, so gilt es, Gesetze, Verordnungen, Erlasse oder Satzungen auf deren Handhabbarkeit, Anwendung und juristischen Problemgehalt zu untersuchen.

Auf der zweiten Ebene setzt die Bewertung bei der Frage an, ob rechtliche Vorgaben, z.B. in Form von Gesetzen und Verordnungen, überhaupt in der Lage sind, steuernd auf die Entwicklung im Handel einzuwirken. Auf der dritten Ebene schließlich geht es um die Ziele und Leitprinzipien des Gesetzgebers und der öffentlichen Planungsträger (z.B. Sicherung der Versorgung, Wahrung städtebaulicher Belange, Wettbewerbsneutralität des Baurechts). Diese wirken sich über eine entsprechende Anwendung rechtlicher und planerischer Instrumente auf die Handelsentwicklung aus. Eine Bewertung der Einflußnahme öffentlicher Stellen auf Handelsbetriebe mittels bau- und planungsrechtlichen Regeln greift insofern an der Sinnhaftigkeit der diesen zugrundeliegenden Leitvorstellungen an. Es erscheint deshalb verständlich, daß je nach Standpunkt des Betrachters bestimmte Ziele und Ideen einmal erstrebenswert, das andere Mal problembehaftet erscheinen. Wir wollen uns vor allem beiden letztgenannten Betrachtungsebenen zuwenden.

4.2 Die Steuerungseffizienz bau- und planungsrechtlicher Normen

Wenn Baugenehmigungsbehörden und Kommunen mittels baurechtlichen Regeln die Entwicklung im Handel lenken wollen, verfolgen sie das Ziel, eine bezüglich bestimmter Leitideen optimale Handelsstruktur zu erreichen. Daß die praktische Umsetzung allerdings eminente Schwierigkeiten aufwirft und nicht immer das dabei herauskommt, was beabsichtigt war, zeigen die folgenden beispielhaften Überlegungen.

Eines der wichtigsten Ziele öffentlicher Planungsträger besteht darin, das unkontrollierte und stürmische Wachstum großflächiger Handelsbetriebsformen mit Mitteln des Bau- und Planungsrechts, vor allem unter Zuhilfenahme der BauNVO, zu bremsen und in solche Bahnen zu lenken, daß durch die Ansiedlung neuer Betriebe kommunale und landesplanerische Ziele (Versorgungssicherung, Umweltschutz, geordnete städtebauliche Entwicklung etc.) nicht oder nur unwesentlich negativ tangiert werden. Dies jedoch können öffentliche Planungsträger, seien es nun Kommunen oder auch Landes- und Regionalplanungsbehörden, oftmals nicht erreichen.

Landesentwicklungspläne bzw. -programme enthalten Zielvorstellungen, die die kommunale Bauleitplanung und damit auch die Baugenehmigungspraxis steuern sollen. Diese Ziele sind jedoch in aller Regel (wegen ihrer Allgemeingültigkeit) relativ abstrakt und unscharf formuliert und deshalb wenig geeignet, die Handelsentwicklung entsprechend zu beeinflussen. Im dem Zielteil eines Landesentwicklungsprogramms nachgelagerten Erläuterungsteil werden diese Ziele zwar detailliert und konkretisiert, jedoch entfalten diese Ausführungen im Gegensatz zu den Zielen keine Bindung gegenüber Kommunen bzw. deren Bauleitplanung und fallen insofern für die Steuerung der Standortwahl von Handelsbetrieben aus. Nicht zuletzt besitzen Gemeinden auf ihrem Gebiet Planungshoheit und verfügen über Mittel, gegen landesplanerische Ziele vorzugehen, wenn diese die Bauleitplanung zu sehr einschränken. Neben Rechtsbehelfen wie der Erhebung einer Normenkontrollklage haben sie die Möglichkeit, im Rahmen der Bauleitplanung die relativ groben Vorgaben der Landesplanung differenzierter darzustellen und dabei Abwägungsspielräume zu nutzen, was wiederum die Steuerungseffizienz landesplanerischer Vorgaben mindert.

Dieses Steuerungsdefizit wird noch durch das Phänomen der interkommunalen Konkurrenz (auch Stadt-Umland-Problematik genannt) verschärft. Der Grund dafür ist, daß sich manch eine Kommune bzw. deren Vertreter durch die Ansiedlung neuer (Handels)Betriebe eine stärkere Stellung gegenüber anderen Gemeinden verspricht (Gewerbesteueraufkommen, Arbeitsplätze, Kaufkraftbindung etc.). Diesem Bestreben kommt zugute, daß Bauwillige nach einem abschlägigen Bescheid der höherrangigen Kommune oftmals versuchen, einen großen Handelsbetrieb in einer Umlandgemeinde zu realisieren. Es liegt auf der Hand, daß dadurch raumordnerische Leitvorstellungen an Schärfe einbüßen. Eine Untersuchung von Millarg, Pantel und Spengelin belegt beispielsweise, daß die von landesplanerischen Stellen gewünschte Wirkung entsprechender Vorgaben in der Praxis nicht erreicht wird (vgl. Millarg/Pantel/Spengelin, 1988).

Doch Gefahr droht auch aus einer anderen Ecke. In vielen Kommunen existieren noch Bebauungspläne, die Festsetzungen enthalten bzw. auf bauplanungsrechtlichen Normen fußen, nach denen neue Bauvorhaben für großflächige Handelsbetriebe problemlos realisierbar sind. Deshalb versuchen Gemeinden, „ansiedlungsverdächtige" Baugebiete entsprechend umzuplanen. Eine Änderung (bauplanungsrechtliche Verschärfung) just solcher Bebauungspläne kann aber unter Umständen dann zu Entschädigungsansprüchen führen, wenn nach der Bebauungsplanänderung das beantragte Bauvorhaben nicht mehr zulässig ist (§§ 39ff. BauGB). Modifiziert eine Kommune alte Bebauungspläne oder überplant sie Gebiete, für die noch kein qualifizierter Bebauungsplan vorliegt (z.B. Innenbereich) aus eigenen Stücken, so treffen etwaige Entschädigungsansprüche die Kommune. Da solche Forderungen ein beachtliches Volumen aufweisen können und bei ihrer Durchsetzung der betroffenen Kommune ein großes Loch in den ohnehin knappen Haushaltsetat reißen, ist die Neigung von Gemeinden, Bebauungspläne zu ändern, wenn bereits für große Handelsbetriebe Bauvoranfragen oder -anträge laufen, nicht gerade hoch ausgeprägt.

Ändert nun eine Gemeinde auf Betreiben der zuständigen Landesplanungsbehörde die für ein Vorhaben maßgebliche bauplanungsrechtliche Genehmigungsgrundlage, so ist die Planungsbehörde für die Begleichung etwaiger Entschädigungsansprüche verantwortlich. Insofern ist zwar die Kommune aus dem Schneider, jedoch können auf Bundesländer, in denen die Landesplanungsbehörden von Kommunen eine strenge Anpassung der Bauleitpläne an die Ziele der Landesplanung verlangen, Entschädigungsansprüche zukommen. Um dem vorzubeugen, wurde z.B. in einem Bundesland auf Betreiben des Finanzministeriums ein Zwang zur Anpassung an entsprechende landesplanerische Ziele nur für neue Bebauungspläne vorgesehen.

Allerdings wird die Entschädigungsproblematik dadurch entschärft, daß solche Ansprüche gegen die Gemeinde oder das jeweilige Bundesland (in Abhängigkeit vom Initiator einer Bebauungsplanänderung) nur dann zum Erfolg führen können, wenn der ursprüngliche (nunmehr geänderte) Bebauungsplan rechtmäßig war. Fehlerhafte Pläne lösen deshalb keine Entschädigungspflicht aus. Offensichtlich ist diese Situation für Gemeinden nicht immer die schlechteste Lösung. Daß fehlerhafte und damit rechtlich nicht haltbare Bebauungspläne übrigens keine Seltenheit darstellen müssen, belegt beispielsweise die Situation einer rheinischen Großstadt. Dort konnte nachgewiesen werden, daß von 870 Bebauungsplänen höchstens 30 (!) – nach Maßgabe der zum jeweiligen Zeitpunkt ergangenen verwaltungsgerichtlichen Rechtsprechung – einer gerichtlichen Prüfung standhalten würden.

Obere Landesplanungsbehörden versuchen mit Verwaltungserlassen, Kommunen in der Anwendung bauplanungsrechtlicher Normen soweit anzuleiten, daß diese in der Lage sind, Bauvorhaben für neue großflächige Handelsbetriebe nur noch dort zuzulassen, wo sie aus der Sicht der Landesplanung keine negativen Wirkungen auf das Zentralörtliche System haben. Dabei stoßen allerdings insbesondere Vertreter kleiner Kommunen auf Umsetzungsschwierigkeiten. So verfügen insbesondere in kleinen Gemeinden die mit Bauvoranfragen und -anträgen beschäftigten Sachbearbeiter oftmals nicht über den entsprechenden Kenntnisstand, der für die sachgemäße Beurteilung von Anfragen bzw. Anträgen im Hinblick auf die Genehmigung großflächiger Handelsbetriebe erforderlich ist. Der geringe Informationsgrad und damit auch das Problem der effizenten Umsetzung entsprechender Vorgaben wird beispielsweise durch folgendes Zitat eines Beamten einer kleinen Gemeinde deutlich: „Hinweise auf Rechtsprechung und Gesetzgebung erreichen uns vorwiegend über ministerielle Erlasse. Von dem was drin steht, verstehe ich vielleicht ein Viertel... Das ist ein Wust von Papier, der wird abgeheftet, und wenn der Ordner voll ist, kommt er in den Keller. Im Anwendungsfall suchen wir die Auskunft der Aufsichtsbehörde oder blättern 'mal selbst in den Erlassen.“ (vgl. Scharmer/Wollmann/Argast, 1985, S. 58). Der geringe Kenntnisstand führt beispielsweise dazu, daß, sofern nicht mit hinreichender Sicherheit feststellbar ist, ob ein Baugesuch für einen großflächigen Handelsbetrieb rechtmäßig abgelehnt werden kann oder nicht, lieber einem entsprechenden Gesuch stattgegeben wird (vor allem dann, wenn der Investor im Falle der Ablehnung mit Entschädigungsansprüchen droht).

Es ist zwar unstrittig, daß die Expansion großer Betriebsformen, vor allem Verbrauchermärkte und SB-Warenhäuser, gehemmt wurde (was nicht zuletzt auch dadurch zu erklären ist, daß es fast keinen betriebswirtschaftlich interessanten Standort für solche Objekte mehr gibt), nicht aber gänzlich verhindert werden konnte. Mehr noch, erst die Anwendung bauplanungsrechtlicher Regeln hat Unternehmen mit großflächigen Betriebsformen zur Diversifikation bzw. zur Realisation neuer Einzelhandelskonzepte bewogen. So erwies sich die Novelle der BauNVO im Jahre 1968 als eine wesentliche Triebfeder für die Ausbreitung von Fachmärkten, weil sich durch die Beantragung solcher Objekte sehr leicht § 11 Abs. 3 BauNVO 1968 ausmanövrieren ließ. Des weiteren, und dies ergab eine empirische Untersuchung bei Betreibern großflächiger Handelsbetriebe (vgl. Koob, 1993, S. 217ff.), führten die Novellen der BauNVO 1977 und 1986 dazu, daß man bei neuen Objekten die Geschoßfläche unter den Schwellenwert der Regelvermutung (1500 resp. 1200 qm) senkt und das Sortiment einengt, um damit problemlos eine Baugenehmigung zu erhalten. Solche neuen Betriebe können aufgrund der geringeren Verkaufsfläche viel leichter in zentrumsnaher Lage errichtet werden als vergleichsweise große Objekte. Dadurch hat sich der Wettbewerb, dem traditionelle Fachgeschäfte ausgesetzt sind, zusätzlich verstärkt, die Konzentration im Handel verschärft. Insofern trafen der Verordnungsgeber und öffentliche Planungsträger vorwiegend jene mittelständischen Unternehmen, die eigentlich vor den Großen geschützt werden sollten.

Des weiteren wurde mittels bauplanungsrechtlichen Normen um bestehende großflächige Betriebe ein Schutzzaun gezogen, der sie dem Wettbewerb mit gleichartigen Einkaufseinrichtungen entzieht. Damit wird eine Entwicklung gefördert, die dem Grundgedanken der Marktwirtschaft, funktionsfähigen Wettbewerb aufrechtzuerhalten, völlig entgegenläuft. Mehr noch: mittelständische Unternehmen, die, um den Kampf mit den Großen der Branche aufnehmen zu können, den Schritt wagen würden, große Verkaufsobjekte zu errichten, haben gar nicht die Möglichkeit, eine entsprechende Betriebsgröße zu erreichen.

Letztendlich können auch deshalb das Bauplanungsrecht, vor allem aber einzelne Normen der BauNVO, kein effizientes Steuerungsinstrument verkörpern, weil die Regeln, und das beweisen die verschiedenen Fassungen des § 11 Abs. 3 BauNVO, immer einen Schritt hinter der Handelsentwicklung zurückbleiben. Um auf eine neue, aus der Sicht öffentlicher Planungsträger nicht zielkonforme Entwicklung im stationären Handel sofort reagieren zu können, fehlen zumeist die entsprechenden baurechtlichen Instrumente. Hinzu kommt, daß die Novelle einschlägiger Normen in aller Regel zu lange Zeit in Anspruch nimmt, so daß ein frühzeitiger Versuch, eine unerwünschte Entwicklung zu beeinflussen, allein schon von dieser Seite aus zum Scheitern verurteilt ist.

4.3 Die Sinnhaftigkeit bestimmter Leitvorstellungen im Hinblick auf die Steuerung der Handelsentwicklung

Wenn es um den Eingriff in die Investitions- und Expansionspolitik von Handelsbetrieben geht, werden von seiten öffentlicher Planungsträger u.a. städtebauliche, stadtwirtschaftliche und versorgungspolitische Kriterien ins Feld geführt. Wir wollen uns wegen der gesamtwirtschaftlichen, sozial- und nicht zuletzt ordnungspolitischen Relevanz auf versorgungspolitische Aspekte beschränken.

Die Leitvorstellung, die (möglichst verbrauchernahe) Versorgung der Bevölkerung zu sichern, durchzieht das gesamte Bau- und Planungsrecht der Bundesrepublik Deutschland und stellt schließlich über § 1 Abs. 4 BauGB in der Bauleitplanung ein Ziel dar, das es in Kommunen zu erreichen gilt. Auf der Ebene der Raumordnung und Landesplanung soll mit Hilfe des Systems der Zentralen Orte die optimale Versorgung (nicht nur mit Handelseinrichtungen) gewährleistet werden. Dieses System wird auf Kommunen für die infrastrukturelle Ausstattung vom Ortszentrum und gegebenenfalls von Subzentren übertragen und führt dazu, daß beispielsweise Handelsbetriebe möglichst nur in zentraler Lage zugelassen werden.

Einen wesentlichen Baustein dieser Sichtweise von Versorgung bildet die Nähe von Einkaufseinrichtungen zur Wohnung der Verbraucher. Allein an der räumlichen Nähe anknüpfend, teilweise vor dem Hintergrund zeitlicher Kriterien (Gehzeit in Minuten) oder mit Hilfe der Entfernung in Metern zum nächsten Geschäft wird die Sicherung bzw. Gefährdung der Versorgung gemessen. Wenn durch die geplante Ansiedlung eines neuen großflächigen Handelsbetriebes (und dem damit wahrscheinlich einhergehenden Abschmelzprozeß bei kleinen Läden) anhand der soeben genannten Maßgrößen Unterversorgung befürchtet wird, kommen entsprechende bauplanungsrechtliche Instrumente zum Zuge, um das Bauvorhaben zu vereiteln.

Allerdings provoziert diese Sichtweise der Versorgungssicherung in zweifacher Weise Kritik. Zum einen ist es die Frage, für wen die soeben angesprochenen Distanzmaße gelten sollen. Der Problemgehalt beispielsweise einer „Meter-Norm" zeigt sich u.a. darin, daß es einen erheblichen Unterschied ausmacht, ob ein trainierter oder zumindest gesunder Konsument beispielsweise eine Strecke von 600 Meter zu Fuß zum nächsten Lebensmittelgeschäft zurücklegt oder ob ein kranker, alter bzw. gebrechlicher Nachfrager dieselbe Leistung vollbringt. Im ersten Fall sind die benötigte Zeit und der physische Aufwand für die zurückgelegte Distanz wahrscheinlich einem Konsumenten zuzumuten, im zweiten Fall aber unter Umständen schon nicht mehr. Welche „Meßlatte" soll aber nun im konkreten Fall angewandt werden, um festzulegen, wie groß die Maschen des Versorgungsnetzes sein dürfen?

Zum anderen, und das belegen einschlägige empirische Erhebungen, widerspricht die Sichtweise öffentlicher Planungsträger von Versorgung denen vieler Verbraucher. Aus deren Blickwinkel kommen neben der Entfernung zum nächsten Laden (in dem ohnedies fast niemand ausschließlich entsprechenden Bedarf deckt) eine Reihe anderer Kriterien zum Zuge (Preise, Qualitätsniveau, Einkaufsambiente usw.), die das Bild vom potentiell unterversorgten Konsumenten relativieren. Beispielsweise konnte man feststellen, daß die Versorgungszufriedenheit wesentlich stärker von der Einkaufsatmosphäre oder den Parkmöglichkeiten abhängt (Rangkorrelationskoeffizient nach Spearman = 0,23 bzw. 0,28) als von der Möglichkeit, in der Nähe der Wohnung einzukaufen (0,05) (vgl. Schneider, 1989, S. 223).

Nicht zuletzt zeigt ein Vergleich der Versorgungszufriedenheit von Stadt- und Landbevölkerung, daß die letztgenannte Gruppe kaum unzufriedener ist als die erstgenannte, obwohl Konsumenten auf dem Lande weit größere Distanzen zum nächsten Geschäft überbrücken müssen als Stadtbewohner (Forschungsstelle für den Handel (FfH), 1980, S. 88). Die Entfernung zum nächsten Laden dürfte deshalb für die Versorgungszufriedenheit offensichtlich eine untergeordnete Rolle spielen. Obwohl wegen der Ausdünnung des Ladennetzes mittlerweile längere Wegstrecken überbrückt werden müssen, scheint auch objektiv die Versorgungslage darunter nicht drastisch gelitten zu haben. Insbesondere auf dem Lande, wo die gravierendsten Versorgungsengpässe befürchtet werden, haben etwa 80% der Bevölkerung Gelegenheit, ein Kfz für Einkaufszwecke zu nutzen. Schließlich übernehmen „rollende Läden" und Tiefkühlkostheimdienste Versorgungsfunktion. Nicht zuletzt richten in Einzelfällen Betreiber von großflächigen Handelsbetrieben in Zusammenarbeit mit Trägern öffentlicher Verkehrsmittel sogar eine Verbindung zum nächsten SB-Warenhaus ein.

Insgesamt gesehen gilt es daher, den Aspekt der verbrauchernahen Versorgung nicht mehr mittels der räumlichen, sondern anhand der psychischen Nähe von Konsumenten zu Einkaufsstätten zu definieren. Daß diese Forderung die Präferenzen der Konsumenten widerspiegelt, zeigt sich auch daran, daß diese längst mit den Füßen abgestimmt haben, welche Betriebsformen ihren Bedürfnissen am ehesten entsprechen.

5. Fazit

Lösungsansätze zur ordnungspolitisch effizienten Steuerung der Handelsentwicklung ergeben sich aus dem Trend zur Polarisierung des Kaufverhaltens. Auf der einen Seite sind Konsumenten im Rahmen von Versorgungskäufen geneigt, preiswerte, zumeist dezentral gelegene Einkaufsstätten aufzusuchen, weil sich mit dem Pkw bequem größere Vorratskäufe erledigen lassen. Auf der anderen Seite werden für Erlebniskäufe Geschäfte in Citylage mit entsprechend hochwertiger Ware frequentiert.

Dieser Trend kann von seiten der Kommunen durch die Anwendung von Mitteln des Stadtmarketing genutzt werden. So gilt es, Innenstädte durch eine ansprechende Gestaltung von Fassaden, Plätzen, Fußgängerzonen und Passagen attraktiver zu machen, das Nahverkehrsangebot kundenfreundlicher zu gestalten, in Zusammenarbeit mit dem ortsansässigen Handel Promotionaktionen durchzuführen etc. Insgesamt führt dies in Innenstädten zu einem der Einkaufsatmosphäre dienlichen Ambiente und damit zur Bildung eines Gegenpoles zu dezentral gelegenen Einkaufseinrichtungen.

Nicht zuletzt eröffnet sich Kommunen und staatlichen Stellen die Gelegenheit, kleinen Handelsbetrieben im Rahmen der Binnenhandelspolitik

Hilfen zur Verbesserung der Leistungsfähigkeit (z.B. Management-Schulung, Förderung zwischenbetrieblicher Kooperation, Finanzierungshilfen) anzubieten, die geeignet sind, sie im Wettbewerb mit großen Handelsbetriebsformen zu stärken (vgl. Dichtl/Raffée/Wellenreuther, 1981, S. 211ff., und Dichtl, 1988, S. 119ff.).

Andererseits böte sich durch eine liberalere Einstellung gegenüber großflächigen Handelsbetrieben die Chance, dem Bedürfnis nach preiswertem und „autogerechtem" Einkauf Rechnung zu tragen. Durch die bauplanungsrechtliche Eindämmung einer Ansiedlung großer Handelsbetriebe am Rande von Kommunen kann zudem nur kurzfristig Wettbewerbsdruck von in der City ansässigen Handelsbetrieben genommen werden, weil die Betroffenen durch neue Betriebsformenkonzepte baurechtliche Hürden unterlaufen können, somit in der Lage sind, sich näher an der City niederzulassen und damit letzlich noch mehr mit ortsansässigen Betrieben konkurrieren.

Durch eine gezielte Ausweisung von entsprechenden Baugebieten an der Peripherie entstehen für Einzelhandelsgroßobjekte genügend Entfaltungsmöglichkeiten. Infolge des daraus resultierenden Besatzes mit solchen Verkaufsstellen ist es nach marktwirtschaftlichen Regeln wahrscheinlich, daß eine weitere Expansion großer Handelsbetriebe über den Markt im Interesse aller gedämpft wird.

Literaturverzeichnis

Alles, R./*Sauter,* H. (1983): Erfahrungen mit Großbetriebsformen des Handels, Darmstadt 1983.

Bielenberg, W./*Erbguth,* W./*Söfker,* W. (1989): Raumordnungs- und Landesplanungsrecht des Bundes und der Länder, Bd. 2, Kommentar, Heilbronn 1989.

Dichtl, E. (1988): Die Ansiedlung von großflächigen Betrieben des Einzelhandels im Spannungsfeld von Mittelstands- und Verbraucherpolitik, in: Dichtl, E./ Schenke, W.-R. (Hrsg.), Einzelhandel und Baunutzungsverordnung, Heidelberg 1988, S. 119 - 137.

Dichtl, E./*Raffée,* H./*Wellenreuther,* H. (1981): Die Förderung des Mittelstandes im deutschen Einzelhandel – Motive, Formen, Wirksamkeit, in: Treis, B. (Hrsg.), Der mittelständische Einzelhandel im Wettbewerb, München 1981, S. 211 - 241.

Forschungsstelle für den Handel (FfH) (Hrsg.) (1980): Die Versorgung mit Lebensmitteln in städtischen Randlagen, Berlin 1980.

Freese, G. (1994): Zurück ins Zentrum, in: Die Zeit, o. Jg. (1994), Nr. 36 v. 2.9. 1994, S. 23, 25.

Hoppe, W. (1986): Allgemeine Grundlagen, in. Hoppe, W./Menke, R. (Hrsg.), Raumordnungs- und Landesplanungsrecht des Bundes und des Landes Rheinland-Pfalz, Köln usw. 1986, S. 3 - 348.

Koob, F. (1993): Die Wirkung des Bauplanungsrechts auf die Entwicklung des deutschen Handels, München 1993.

Millarg, H./*Pantel,* F./*Spengelin,* F. (1988): Folgewirkungen großflächiger Einzelhandelsbetriebe, Institut für Städtebau, Wohnungswesen und Landesplanung der Universität Hannover, unveröffentlichte Studie, Hannover 1988.

Scharmer, E./*Wollmann,* H./*Argast,* M. (1985): Rechtstatsachenuntersuchung zur Baugenehmigungspraxis, Schriftenreihe 03 „Städtebauliche Forschung", hrsg. vom Bundesminister für Raumordnung, Bauwesen und Städtebau, Bonn 1985.

Schenke, W.-R. (1988): Prüfungsschritte bei der Beurteilung der Zulässigkeit der Errichtung großflächiger Betriebe des Einzelhandels, in: Dichtl, E./Schenke, W.-R. (Hrsg.), Einzelhandel und Baunutzungsverordnung, Heidelberg 1988, S. 65 - 74.

— (1990): Rechtsfragen bei Einzelhandelsgroßprojekten, in: Wirtschaftsverwaltungs- und Umweltrecht, 1. Jg., 1990, S. 61 - 70.

Schneider, A. (1989): Was bedeutet der „Wandel im Handel" für Konsumenten?, in: Geipel, R./Hartke, W./Heinritz, G. (Hrsg.), Geographische Untersuchungen zum Strukturwandel im Einzelhandel, Münchener Geographische Hefte, Nr. 63, Kallmünz, Regensburg 1989, S. 213 - 233.

Ausgewählte Veröffentlichungen von Erwin Dichtl

Das literarische Werk von Erwin Dichtl ist bereits zum heutigen Tag umfangreich und vielgestaltig. Einen kleinen Eindruck kann die nachfolgend wiedergegebene Bibliographie vermitteln. Dabei wird neben der umfangreichen Arbeit von Erwin Dichtl als Herausgeber auch die Spannweite der von ihm bearbeiteten Themen als Buch- und Aufsatzautor sichtbar. Die viele Hunderte von Arbeiten umfassende Literaturliste wird hier nur ausschnittweise wiedergegeben.

A. Herausgegebene Werke

I. Einzelwerke

Fallstudien zum Marketing, Teil 1: Entscheidungssituationen, 1. Aufl. 1973, 5. Auflage 1980, Teil 2: Lösungsskizzen, 1. Aufl. 1973, 4. Auflage 1979, Duncker & Humblot, Berlin.

Erfolgskontrolle im Marketing, zusammen mit F. Böcker†, Duncker & Humblot, Berlin 1975.

Verbraucherschutz in der Marktwirtschaft, Duncker & Humblot, Berlin 1975.

Exporte als Herausforderung für die deutsche Wirtschaft, zusammen mit O. Issing, Deutscher Instituts-Verlag, Köln 1984; 2., völlig neubearb. Aufl. erschienen unter dem Titel „Exportnation Deutschland“, C. H. Beck, München 1992.

Vahlens Großes Wirtschaftslexikon, zusammen mit O. Issing, 2 Bände, Verlage C. H. Beck und F. Vahlen, München 1987; 2., überarb. und erw. Auflage, München 1993; Taschenbuchausgabe, 4 Bände, Beck/dtv, München 1989; Nachdruck 1991; 2., überarb. und erw. Auflage, München 1994.

Innovation und Wettbewerbsfähigkeit, in Zusammenarbeit mit W. Gerke/A. Kieser, Gabler, Wiesbaden 1987.

Einzelhandel und Baunutzungsverordnung, zusammen mit W.-R. Schenke, Verlag Recht und Wirtschaft, Heidelberg 1988.

Innovatives Pharma-Marketing – Marktorientierung als Erfolgsstrategie der 90er Jahre, in Zusammenarbeit mit H. Raffée/M. Thiess, Gabler, Wiesbaden 1989 (2. Aufl. in Vorb.).

Schritte zum Europäischen Binnenmarkt, 1. Aufl. 1990, 2., völlig überarb. Aufl., 1992, dtv, München.

Marke und Markenartikel als Instrumente des Wettbewerbs, zusammen mit W. Eggers, dtv, München 1992.

Allgemeine Betriebswirtschaftslehre, in Zusammenarbeit mit F. X. Bea/M. Schweitzer, Gustav Fischer, Stuttgart/New York (Uni-Taschenbücher), Band 1: Grundfragen, 1. Aufl. 1982, 6., neubearb. Aufl. 1992; Band 2: Führung, 1. Aufl. 1983, 6., neubearb. Aufl. 1993; Band 3: Leistungsprozeß, 1. Aufl. 1983, 6., neubearb. Aufl. 1994; Japanische Übersetzung abgeschlossen, chinesische und ungarische in Arbeit.

Standort Bundesrepublik Deutschland – Die Wettbewerbsbedingungen auf dem Prüfstand – Frankfurter Allgemeine Zeitung, Verlagsbereich Wirschaftsbücher, Frankfurt 1994.

II. Broschüren

Fallstudien aus der Unternehmenspraxis, Reihe I: Marketing, herausgegeben in Zusammenarbeit mit der Deutschen Unilever GmbH, Hamburg, 7 Fallstudien, 1973 - 1982.

Marktforschung im Automobilsektor, herausgegeben in Zusammenarbeit mit H. Raffée/V. Potucek, Schriftenreihe des Verbandes der Automobilindustrie e.V. (VDA) Nr. 40, Frankfurt 1983.

III. Zeitschriften

MARKETING · Zeitschrift für Forschung und Praxis, herausgegeben in Zusammenarbeit mit H. H. Bauer/H. Diller/W. Kroeber-Riel † (im Januar 1995 verstorben)/ H. Raffée/P. Weinberg/J. Zentes, Verlage C. H. Beck und F. Vahlen, München, seit 1979 (erscheint vierteljährlich).

WiSt – Wirtschaftswissenschaftliches Studium – Zeitschrift für Ausbildung und Hochschulkontakt, gegründet zusammen mit O. Issing, herausgegeben in Zusammenarbeit mit N. Berthold (ab 1991), und O. Issing, Verlage C. H. Beck und F. Vahlen, München, seit 1972 (erscheint monatlich).

IV. Schriftenreihen

Grundwissen der Ökonomik – Betriebswirtschaftslehre, Arbeitsbücher, in Zusammenarbeit mit F. X. Bea/M. Schweitzer, Gustav Fischer, Stuttgart/New York, 8 Bände.

Grundwissen der Ökonomik – Betriebswirtschaftslehre, Uni-Taschenbücher, in Zusammenarbeit mit F. X. Bea/M. Schweitzer, Gustav Fischer, Stuttgart/New York, 34 Bände.

Schriften zum Marketing, in Zusammenarbeit mit H. H. Bauer/F. Böcker †/H. Diller/S. Müller (seit 1993), Duncker & Humblot, Berlin, 33 Bände.

WiSt Studienkurs, zusammen mit O. Issing, F. Vahlen, München, 3 Bände.

WiSt Taschenbücher, zusammen mit O. Issing, F. Vahlen, München, 33 Bände.

B. Selbständige Veröffentlichungen

I. Einzelwerke

Über Wesen und Struktur absatzpolitischer Entscheidungen, Duncker & Humblot, Berlin 1967.

Marketing, in Zusammenarbeit mit H. Hörschgen/R. Nieschlag†, 1. Aufl. 1968; 17. neu bearbeitete Aufl. 1994, Duncker & Humblot, Berlin; Version in russischer Sprache im Druck.

Die absatz- und kostenwirtschaftliche Prüfung eines Investitionsobjekts im Einzelhandel, Duncker & Humblot, Berlin 1969.

Die Beurteilung der Erfolgsträchtigkeit eines Produktes als Grundlage der Gestaltung des Produktionsprogramms, Duncker & Humblot, Berlin 1970.

Netzplantechnik und Jahresabschlußprüfung – Modell einer Bankabschlußprüfung, in Zusammenarbeit mit F. Böcker†/P. Penzkofer, Fritz Knapp Verlag, Frankfurt 1970.

Mehrdimensionale Skalierung – Methodische Grundlagen und betriebswirtschaftliche Anwendungen, zusammen mit R. Schobert, Verlag F. Vahlen, München 1979.

Grundzüge der Binnenhandelspolitik, Gustav Fischer, Stuttgart/New York 1979 (Uni-Taschenbücher).

Die Wirksamkeit staatlicher Mittelstandsförderung im Einzelhandel, in Zusammenarbeit mit H. Raffée/W. Aufsattler/A. Kaiser/H. Wellenreuther, Duncker & Humblot, Berlin 1981.

Reisende oder Handelsvertreter – Eine Anleitung zur Lösung eines Entscheidungsproblems mit praktischen Vorschlägen, in Zusammenarbeit mit H. Raffée/H.-M. Niedetzky, C. H. Beck, München 1981.

Die Kommunikation zwischen Handelsvertretung und vertretener Unternehmung, in Zusammenarbeit mit H. Raffée/H.-M. Niedetzky, I. H. Sauer-Verlag, Heidelberg 1985.

Der Weg zum Käufer – Das strategische Labyrinth, Verlag F. Vahlen, München 1987; 2., überarb. Aufl., Beck-Wirtschaftsberater im dtv, o.O., 1991; chinesische Übersetzung der 2. Aufl. erschienen bei Academy Press, Beijing 1993; Strategische Optionen im Marketing (1./2. Aufl.: Der Weg zum Käufer), 3. neubearb. Aufl., Beck-Wirtschaftsberater im dtv, o.O., 1994.

II. Broschüren

Ratgeber für Wissenschaftliche Assistenten, in Zusammenarbeit mit R. Czycholl/L. Fischer/D. Keese/P. Penzkofer, J. F. Lehmanns Verlag, München. Band 1: Bayern (mit F. Walter), 1. Aufl. 1968, 3. Aufl. 1969; Band 2: Baden-Württemberg (mit K. Fischer), 1970; Band 3: Nordrhein-Westfalen (mit H. Severin/M. Twardy), 1971; Band 4: Niedersachsen (mit H.-D. Rahlves), 1972; Band 5: Hessen (mit H. Kuni), 1971.

Orientierungsrahmen für die handels- und absatzwirtschaftliche Forschung – Ergebnisse einer Befragung, Veröffentlichungen der Kommission zur Förderung der handels- und absatzwirtschaftlichen Forschung, in Zusammenarbeit mit M. Geist/ H. Raffée, Katalog F, Köln 1979.

C. Aufsätze und Beiträge zu Sammelwerken

Die Zufriedenheit mit der Versorgung mit Gütern des kurz- und mittelfristigen Bedarfs in den Neuen Bundesländern, in: Strategien für nationale und internationale Märkte, Hrsg. J. Engelhard/H. Rehkugler, Wiesbaden 1994, S. 181 - 196 (zusammen mit A. Dohet).

Kundenzufriedenheit im Zeitalter des Beziehungsmanagement, in: Lean Management und Lean Marketing, Hrsg. Ch. Belz u.a., St. Gallen 1994, S. 6 - 12 (zusammen mit W. Schneider).

Produktionstiefe, in: Handwörterbuch der Betriebswirtschaft, Hrsg. W. Wittmann † u.a., 5., völlig neu gestaltete Aufl., Teilband 2, Stuttgart 1993, Spalten 3519 - 3529.

Was erfolgreiche von erfolglosen Exporteuren unterscheidet, in: Exportnation Deutschland, Hrsg. E. Dichtl/O. Issing, 2., völlig neubearb. Aufl., München 1992, Seiten 337 - 357 (zusammen mit S. Müller).

Marketing und Ethik, in: Marktorientierte Unternehmensführung, Hrsg. K.-H. Hoppe/ F. J. Hoffmann, Wiesbaden 1992, Seiten 151 - 166.

Grundidee, Varianten und Funktionen des Marketing von Waren und Dienstleistungen, in: Marke und Markenartikel als Instrumente des Wettbewerbs, Hrsg. E. Dichtl/W. Eggers, Beck-Wirtschaftsberater im dtv, München 1992, Seiten 1 - 23.

Diverse Stichwörter*), in: Vahlens Großes Marketing Lexikon, Hrsg. H. Diller, München 1992. (*) Binnenhandelspolitik, CEN, Europrotektionismus, Abbau technischer Hemmnisse, Local Content, Maßnahmen gleicher Wirkung, Obsoleszenz, Versorgung, X-Efficiency).

Merkmale erfolgreicher Exporteure, in: Handbuch der internationalen Unternehmenstätigkeit, Hrsg. B. N. Kumar/H. Hausmann, München 1992, Seiten 429 - 446 (zusammen mit S. Müller).

Die Beseitigung von Grenzkontrollen und technischen Hemmnissen im Warenverkehr, in Schritte zum Europäischen Binnenmarkt, Hrsg. E. Dichtl, dtv, 2., völlig überarb. Aufl., München 1992, Seiten 15 - 38.

Erwartungen an eine Allgemeine Betriebswirtschaftslehre aus der Sicht von Forschung und Lehre – Podiumsdiskussion, in: Integration und Flexibilität – Eine Herausforderung für die Allgemeine Betriebswirtschaftslehre, Hrsg. D. Adam/K. Backhaus/H. Meffert/H. Wagner, Wiesbaden 1990, Seiten 137 - 189.

Public Aid for Small and Medium-Sized Firms, in: Handbook of German Business Management, Vol. 2, Hrsg. E. Grochla/E. Gaugler u.a., Stuttgart/Berlin/Heidelberg 1990, Spalten 2010 - 2017.

Hat sich die Unterscheidung zwischen Groß- und Einzelhandel überlebt?, in: Handelsforschung 1989 – Grundsatzfragen, Hrsg. V. Trommsdorff, Wiesbaden 1989, Seiten 153 - 165.

Die Kommunikationspolitik pharmazeutischer Unternehmen – Bestandsaufnahme und Gestaltungsempfehlungen, in: Innovatives Pharma-Marketing, Hrsg. E. Dichtl/H. Raffée/M. Thiess, Wiesbaden 1989, Seiten 373 - 395 (zusammen mit M. Thiess).

Der Mitarbeiter als Schlüsselfigur im Apothekenmarketing, in: Innovatives Pharma-Marketing, Hrsg. E. Dichtl/H. Raffée/M. Thiess, Wiesbaden 1989, Seiten 419 - 433 (zusammen mit M. Lingenfelder).

Exportentscheidung, in: Handwörterbuch Export und internationale Unternehmung, Hrsg. K. Macharzina/M. K. Welge, Stuttgart 1989, Spalten 511 - 526 (zusammen mit H.-G. Köglmayr und S. Müller).

Produktauslegung und Fertigungstiefe als Determinanten der Wertschöpfung, in: Marketing-Schnittstellen – Herausforderungen für das Management, Hrsg. G. Specht/G. Silberer/W. H. Engelhardt, Stuttgart 1989, Seiten 87 - 102.

Die Ansiedlung von großflächigen Betrieben des Einzelhandels im Spannungsfeld von Mittelstands- und Verbraucherpolitik, in: Einzelhandel und Baunutzungsverordnung, Hrsg. E. Dichtl/W.-R. Schenke, Heidelberg 1988, Seiten 117 - 137.

Diverse Stichwörter, in: Vahlens Großes Wirtschaftslexikon, Hrsg. E. Dichtl/O. Issing, München 1987; Taschenbuchausgabe 1989; Nachdruck 1991; 2. Aufl. 1993.

Country Risk Evaluations and Export Market Entry, in: Managing Export Entry and Expansion – Concepts and Practice, Hrsg. P. J. Rosson/S. D. Reid, New York/ Westport, Conn./London 1987, Seiten 111 - 127 (zusammen mit H.-G. Köglmayr).

Die Bedeutung des Bildschirmtextes für die Wirtschaft, in: Neue Kommunikationstechniken, Hrsg. A. Hermanns, München 1986, Seiten 33 - 39.

Identifying Export Potential: A Comparative Analysis of German and Japanese Firms, in: Advances in International Marketing, Vol. 1, 1986, Hrsg. S. T. Cavusgil, Greenwich, Conn./London 1986, Seiten 233 - 254 (zusammen mit H.-G. Köglmayr und S. Müller).

Marketing vor neuen Herausforderungen – Ein Problemaufriß, in: Strategisches Marketing, Hrsg. H. Raffée/K.-P. Wiedmann, Stuttgart 1985, Seiten 465 - 474.

Binnenhandelspolitik in der Bundesrepublik Deutschland, in: Distributionsstruktur und Distributionspolitik – Ein Vergleich zwischen Japan und Westdeutschland, Hrsg. E. Batzer/T. Suzuki, Tokio 1985, Seiten 101 - 121 (japanisch).

Verlaufsformen und Wirkungen des technologischen Wandels, in: Marktorientierte Unternehmensführung und Innovation – Neue Kommunikationstechnologien als Herausforderung an das Marketing, Hrsg. H. Meffert, Münster 1985, Seiten 137 - 164 (zusammen mit R. van Wyk).

Die Auslandsorientierung von Führungskräften: Eine Schlüsselvariable für Exportförderung und Exporterfolg, in: Exporte als Herausforderung für die deutsche

Wirtschaft, Hrsg. E. Dichtl/O. Issing, Köln 1984, Seiten 429 - 462 (zusammen mit H.-G. Köglmayr und S. Müller).

Das Ladenschlußgesetz: Probieren geht über Studieren, in: Ladenschluß kontrovers – Beiträge zur aktuellen Diskussion, Hrsg. H. Piepenbrock, Stuttgart/Herford 1984, Seiten 27 - 41 (zusammen mit S. Müller).

Das Bildschirmtextsystem als Marketing-Instrument des Handels, in: Handels-Marketing, Hrsg. W. Hasitschka/H. Hruschka, Berlin/New York 1984, Seiten 307 - 326 (zusammen mit M. Weber).

The Foreign Orientation of Management as a Central Construct in Export-Centered Decision-Making Processes, in: Marketing Aspects of International Business, Hrsg. G. M. Hampton/A. van Gent, Boston/Dordrecht u.a. 1984, Seiten 119 - 141 (zusammen mit M. Leibold, H.-G. Köglmayr und S. Müller).

Möglichkeiten einer monetären Bewertung von Produkteigenschaften, in: Marktorientierte Unternehmensführung, Hrsg. J. Mazanec/F. Scheuch, Wien 1983, Seiten 559 - 578.

Die Idee der Partnerschaft zwischen Herstellern und Handel, in: Unternehmerische Zusammenarbeit – Beiträge zu Grundsatzfragen bei Kooperation und Zusammenschluß, Hrsg. K. Küting/K. J. Zink, Berlin 1983, Seiten 111 - 135.

Marketing im Automobilsektor: Eine Einführung, in: Marktforschung im Automobilsektor, Schriftenreihe des Verbandes der Automobilindustrie e.V. (VDA), Nr. 40, Hrsg. E. Dichtl/H. Raffée/V. Potucek, Frankfurt 1983, Seiten 7 - 14.

Die Bewertung von Marketing-Aktivitäten, in: Methoden und Anwendungen in der Marktpsychologie, Hrsg. M. Irle, unter Mitwirkung von W. Bussmann, Göttingen/Toronto/Zürich 1983, Seiten 483 - 674 (zusammen mit W. Beeskow, G. Finck und S. Müller).

Staatliche Mittelstandspolitik als Beitrag zur erfolgreichen Führung mittelständischer Unternehmen, in: Erfolgreiche Führung kleiner und mittlerer Unternehmen, Band II: Finanzen, Steuern, EDV, Hrsg. E. Gabele †, Bamberg 1983, Seiten 84 - 103 (zusammen mit H. Raffée und H. Wellenreuther).

Marketing, in: Allgemeine Betriebswirtschaftslehre, Band 3: Leistungsprozeß, Hrsg. F. X. Bea/E. Dichtl/M. Schweitzer, 6. Aufl., Stuttgart 1994, Seiten 131 - 202.

Mittelstandspolitik, in: Spezielle Wirtschaftspolitik, Hrsg. O. Issing, München 1982, Seiten 43 - 58 (zusammen mit H. Raffée und H. Wellenreuther; Nachdruck).

Needs and Satisfaction with Respect to the Supply of Daily Goods: A Consumer-Oriented Approach, in: Studies in Decision Making – Social Psychological and Socio-Economic Analyses, Hrsg. M. Irle, in collaboration with L. B. Katz, Berlin/New York 1982, Seiten 549 - 626 (zusammen mit W. Beeskow, G. Finck und S. Müller).

Mängel in der Versorgung mit Waren des täglichen Bedarfs und Ansatzpunkte zu deren Überwindung, in: Marketing und Verbraucherpolitik, Hrsg. U. Hansen/B. Stauss/M. Riemer, Stuttgart 1982, Seiten 400 - 417 (zusammen mit W. Beeskow, G. Finck und S. Müller).

Die Werbung in den Wirtschaftswissenschaften, in: Die Werbung – Handbuch der Kommunikations- und Werbewirtschaft, Band 1: Rahmenbedingungen, Sachgebiete und Methoden der Kommunikation und Werbung, Hrsg. B. Tietz, München 1981, Seiten 51 - 62 (zusammen mit A. Kaiser).

Die Alternative Reisende – Handelsvertreter: Eine notwendige Korrektur verfestigter Literaturmeinungen, in: Die Führung des Betriebes, Festschrift zum 80. Geburtstag von C. Sandig, Hrsg. M. Geist/R. Köhler, Stuttgart 1981, Seiten 389 - 403 (zusammen mit H. Raffée und H.-M. Niedetzky).

Die Förderung des Mittelstandes im deutschen Einzelhandel – Motive, Formen, Wirksamkeit, in: Der mittelständische Einzelhandel im Wettbewerb – Größenbedingte Vor- und Nachteile, Hrsg. B. Treis, München 1981, Seiten 211 - 241 (zusammen mit H. Raffée und H. Wellenreuther).

Versorgungsprobleme von Verbrauchern – Ein empirischer Stadt-Land-Vergleich, in: Handelsforschung heute – Festschrift zum 50jährigen Bestehen der Forschungsstelle für den Handel, Berlin 1979, Seiten 177 - 191 (zusammen mit W. Beeskow und G. Finck).

Ein Verfahren zur Aggregation von Elementen zu organisatorischen Einheiten, in: Unternehmung und Markt – Systemtheoretische und prognostische Betrachtung zu Marketing und Distribution, Hrsg. Forschungsinstitut für Absatz und Handel der Hochschule St. Gallen, Zürich 1978, Seiten 103 - 122 (zusammen mit R. Schobert).

Grundidee, Entwicklungsepochen und heutige wirtschaftliche Bedeutung des Markenartikels, in: Markenartikel heute – Marke, Markt und Marketing, Hrsg. Gabler-Verlag, Wiesbaden 1978, Seiten 17 - 33.

Formen staatlicher Mittelstandsförderung, in: Der kaufmännische Geschäftsführer, Hrsg. G. Haberland, München 1978, o.S. (zusammen mit A. Kaiser).

Die Hersteller-Handels-Kommunikation bei neuen Produkten auf dem Prüfstand, in: Informationen zur Rationalisierung der Kommunikation, Nr. 6, Hrsg. Deutscher Fachverlag GmbH und Lorch Verlag GmbH, Frankfurt 1978, o.S. (zusammen mit H. H. Bauer; Nachdruck).

Die Versorgung der Bevölkerung mit Gütern des täglichen Bedarfs – ein meßtheoretischer Problemaufriß, in: Absatzwirtschaft – Marketing, Betriebswirtschaftliche Probleme und gesellschaftlicher Bezug, Hrsg. R. Bratschitsch/E. Heinen, Wien 1978, Seiten 91 - 112 (zusammen mit H. H. Bauer und G. Finck).

Helaz – Ein neues Verfahren zur Wahl von Lagerplätzen in Vorratslägern, in: Marketing – Neue Ergebnisse aus Forschung und Praxis, Hrsg. E. Topritzhofer, Wiesbaden 1978, Seiten 397 - 417 (zusammen mit E. Merkle und R. Schobert).

Marktforschung, in: Handwörterbuch der Wirtschaftswissenschaft (HdWW), Hrsg. W. Albers u.a., Stuttgart/New York u.a. 1978, Seiten 113 - 127 (zusammen mit F. Böcker †).

Markenartikel, in: Handwörterbuch der Wirtschaftswissenschaft (HdWW), Hrsg. W. Albers u.a., Stuttgart/New York u.a. 1978, Seiten 89 - 104 (zusammen mit H. Diller).

Ein Ansatz zur simultanen Optimierung von Produktionsprogramm und Investitionspolitik, in: Entscheidungshilfen im Marketing, Hrsg. R. Köhler/H.-J. Zimmermann, Stuttgart 1977, Seiten 487 - 499.

Marketing, in: Handwörterbuch der Betriebswirtschaft, Hrsg. E. Grochla/W. Wittmann †, 4. Aufl., Stuttgart 1975, Spalten 2584 - 2596.

Marktsegmentierung und Direct-Marketing, in: Handbuch des Directmarketing, Hrsg. H. Dallmer/R. Thedens, 6. überarb. Aufl., Wiesbaden/Darmstadt 1991.

Zur Schutzwürdigkeit des Verbrauchers, in: Verbraucherschutz in der Marktwirtschaft, Hrsg. E. Dichtl, Berlin 1975, Seiten 23 - 41.

Die Rolle der Erfolgskontrolle im Rahmen des Marketing Management, in: Erfolgskontrolle im Marketing, Hrsg. F. Böcker †/E. Dichtl, Berlin 1975, Seiten 11 - 21.

Clusteranalyse, in: Handwörterbuch der Absatzwirtschaft, Hrsg. B. Tietz, Stuttgart 1974, Spalten 426 - 431.

Möglichkeiten einer quantitativen Erfassung des Sortimentsverbundes, in: Perspektiven des Marketing im Handel, Hrsg. E.-B. Blümle/W. Ulrich, Fribourg 1974, Seiten 105 - 126.

Die Multivariatenanalyse im Dienste der Verhaltensforschung, in: Computergestützte Marketing-Planung, Hrsg. H. R. Hansen, München 1974, Seiten 74 - 107.

Computrex AG – Marketing-Probleme einer Vetriebsgesellschaft im EDV-Supply-Sektor, in: Fallstudien zum Marketing, Teil 1: Entscheidungssituationen, Seiten 131 - 138, Teil 2: Lösungsskizzen, Seiten 115 - 132, Hrsg. E. Dichtl, Berlin, Teil 1: Entscheidungssituationen, 1. Aufl. 1973, 5. Aufl. 1980; Teil 2: Lösungsskizzen, 1. Aufl. 1973, 4. Aufl. 1979 Fallstudie (zusammen mit H. Diller).

Marketing und Wohlfahrtsökonomik, in: Marketing – Ideologie oder operable Wissenschaft, Hrsg. W. F. Fischer-Winkelmann, München 1972, Seiten 104 - 132 (Nachdruck).

Methodische Bemerkungen zur Erfassung des Konsumentenverhaltens, in: Marketingtheorie, Hrsg. W. Kroeber-Riel, Köln 1972, Seiten 53 - 60 (Nachdruck).

Marketing und soziale Verantwortung, in: Kommunikation und Gesellschaft – Dokumentation des BdW-Kongresses 1972 in Berlin, o.O., o.J., Seiten 65 - 78.

Die Anwendung der Netzwerktechnik im Marketingbereich (Vertrieb) der Produktivgüterindustrie, in: Probleme und Methoden des Marketing in der Produktions- und Investitionsgüterindustrie, Hrsg. Battelle-Institut e.V., Frankfurt/Main, o.S., 1966 - 1968.

D. Artikel, Kommentare, Glossen, Fallstudien, Buchbesprechungen und journalistische Beiträge*

Faktische Grenzen der Exportkontrolle, in: Betriebs-Berater, 49 Jg. 10. September 1994, Seiten 1726 - 1730.

Marketing-Eminenz (Prof. Dr. R. Nieschlag 75 Jahre (†)), in: absatzwirtschaft, 23. Jg., März 1980, Seiten 6f.

Wer legt wen an die Kette? – Der Wandel in den Beziehungen zwischen den absatzwirtschaftlichen Institutionen, in: absatzwirtschaft, 11. Jg., 2. Ausgabe Oktober 1968, Seiten 9 - 15 (zusammen mit R. Nieschlag † und H. Hörschgen).

Cash und carry – Catch oder Sketch?, in: absatzwirtschaft, 11. Jg., 1. Ausgabe Januar 1968, Seiten 27 - 34.

Neue Marketing-Ideen durch „diskutierendes Nachdenken", in: absatzwirtschaft, 8. Jg., 2. Ausgabe Juli 1965, Seite 882.

Wenn betrieblich nicht verwendbare zu betrieblich verwerteter Ware wird – Die Anatomie zweier Entscheidungen des BGH zum SB-Großhandel: I ZR 55/87 und I ZR 184/88, in: Betriebs-Berater, Heft 28, 10. Oktober 1990, Seiten 1913 - 1917.

Degressionseffekt bei Verzugs- und Zinseszinsen durch die Berücksichtigung von Ertragsteuern, in: Betriebs-Berater, 43. Jg., Heft 17, 20. Juni 1988, Seiten 1125f. (zusammen mit H.-W. Arndt).

Betriebsfremde Ware für den privaten Bedarf – Stellungnahme zu dem Urteil des OLG Köln vom 6.2.1987: 6 U 68/86, in: Betriebs-Berater, 42. Jg., Heft 35/36, 20./30. Dezember 1987, Seiten 2383 - 2390.

Kredo eines kategorischen Kritikers, in: Betriebswirtschaftliche Forschung und Praxis, 26. Jg., Februar 1974, Seiten 152f.

Zur Problematik der Ableitung exakter Lösungen im Absatzbereich, in: Betriebswirtschaftliche Forschung und Praxis, 23. Jg., März 1971, Seiten 129 - 138.

Entscheidet die Plazierung der Anzeige? – Fragwürdige Faustregeln der Mediaplaner – Wie läßt sich Werbewirkung messen? (5), in: Blick durch die Wirtschaft, Nr. 157, 27. Jg., 29. August 1984, Seite 1 (zusammen mit S. Müller).

Richtige Farbe im rechten Augenblick – Vor dem Bumerang-Effekt wird gewarnt – Wie läßt sich Werbewirkung messen? (4), in: Blick durch die Wirtschaft, Nr. 156, 27. Jg., 28. August 1984, Seite 1 (zusammen mit S. Müller).

Hören oder Sehen? – Die Verwendung von Fachausdrücken – Wie läßt sich Werbewirkung messen? (3), in: Blick durch die Wirtschaft, Nr. 155, 27. Jg., 27. August 1984, Seite 1 (zusammen mit S. Müller).

Humor muß bekömmlich sein – Die Bedeutung der Textanordnung – Wie läßt sich die Werbewirkung messen? (2), in: Blick durch die Wirtschaft, Nr. 154, 27. Jg., 24. August 1984, Seite 1 (zusammen mit S. Müller).

---

* Die Beiträge sind geordnet nach Publikationsorgan und Erscheinungstermin.

Vom Mythos der geheimen Verführer – Glaubwürdigkeit ist wichtig – Wie läßt sich die Werbewirkung messen? (1), in: Blick durch die Wirtschaft, Nr. 153, 27. Jg., 23. August 1984, Seite 1 (zusammen mit S. Müller).

Mietspiegel mit Methode – Ein neuer Ansatz zur Bestimmung der ortsüblichen Vergleichsmiete, in: Blick durch die Wirtschaft, Nr. 192, 26. Jg., 5. Oktober 1983, Seiten 1 und 5 (zusammen mit M. Weber).

Zeitschriftenmarketing für die nächsten zehn Jahre – Ist Abbonement noch zeitgemäß? Überlegungen zu Zeitschriften-Vertriebsformen/Referat vom Zeitschriftentag, in: Börsenblatt für den Deutschen Buchhandel, 37. Jg., Nr. 30, 7. April 1981, Seiten 934 - 942 (zusammen mit H. H. Bauer).

La Segmentación de Mercados, in: boletín de estudios económicos, Número 97, Vol. XXI, April 1976, Seiten 195 - 225.

Marketing und Wohlfahrtsökonomik, in: Der Markt, 8. Jg., 1970, Nr. 4, Heft 36, Seiten 100 - 111.

Die einzel- und gesamtwirtschaftliche Verankerung der Marketing-Lehre, in: Der Markt, 6. Jg., 1968, Nr. 2, Heft 26, Seiten 1 - 4 (zusammen mit R. Nieschlag † und H. Hörschgen).

Einzelhandel und Baunutzungsverordnung, in: der Verbraucher, Nr. 20, 15. Oktober 1988, Seiten 10 - 12; Nr 21, 1. November 1988, Seiten 8 - 11.

Kontoführungsgebühren als Gegenstand von Marktmodellen, in: Die Betriebswirtschaft, 43. Jg., 1983, Seiten 417 - 430 (zusammen mit H. H. Bauer und S. Schölch).

Ansatzpunkte zur Messung der Bedürfnisbefriedigung – Ein Problemaufriß, in: Die Unternehmung, 29. Jg., Nr. 1, 1975, Seiten 1 - 21.

Worum geht's beim Bananenkrieg?, in: Economic Daily (Bejing), Nr. 3542, 2. 1. 1993, Seite 4 (Chinesisch; zusammen mit Jinxiang Li).

Das Ladenschlußgesetz – ein alter Zopf?, in: FfH Mitteilungen, N.F. Nr. X/5, Mai 1969, Seiten 1 - 3 (zusammen mit M. Kopp).

Chinas schwerer Weg von Marx zum Markt, in: Harvardmanager, III. Quartal 1985, Seiten 109 - 113.

Risikobewertung im Auslandsgeschäft – Eine empirische Analyse des „mm-Ländertests" –, in: Jahrbuch der Absatz- und Verbrauchsforschung, 30. Jg., Heft 3, 1984, Seiten 208 - 229 (zusammen mit W. Beeskow und H.-G. Köglmayr).

Deutsche Erzeugnisse auf japanischen Konsumgütermärkten, in: Jahrbuch der Absatz- und Verbrauchsforschung, 29. Jg., Heft 3, 1983, Seiten 221 - 246 (zusammen mit W. Beeskow und S. Puls).

Marketing-Politik zwischen Profit und sozialer Verantwortung, in: Jahrbuch der Absatz- und Verbrauchsforschung, 20. Jg., Heft 2, 1974, Seiten 128 - 143.

Psychologische Marktmodelle und Konsumentenverhalten, in: Jahrbuch der Absatz- und Verbrauchsforschung, 19. Jg., Heft 2, 1973, Seiten 89 - 92 (zusammen mit G. Müller-Heumann).

Adequate Provisioning – The Need for Revision of Domestic Trade Policy Orientations, in: Journal of Consumer Policy, Vol. 6, 1983, Seiten 419 - 435 (zusammen mit M. Leibold).

International Orientation as a Precondition for Export Success, in: Journal of International Business Studies, Vol. 21, No. 1, 1990, Seiten 23 - 40 (zusammen mit H.-G. Köglmayr und S. Müller).

Foreign Orientation as a Precondition for Export Success, in: Korean Marketing Review, Vol. II, No. 1, February 1987, Seiten 243 - 264 (zusammen mit K.-A. Park).

Die Öko-Unvernunft der Kunden – Fehlende Alternativen, Unwissenheit, Bequemlichkeit als Ursachen –, in: Lebensmittel-Zeitung, 44. Jg., Nr. 20, 15. Mai 1992, Seite 84.

Ulkomaille suuntautuminen vientimenestyksen edellytyksenä, in: Liiketaloudellinen Aikakauskirja – The Finnish Journal of Business Economics [Special Edition], Vol. 36, 1987, Heft 3, Seiten 260 - 273 (zusammen mit H.-G. Köglmayr, S. Müller und T. Borck).

Country Risk Ratings, in: management international review, 1986, Vol. 26, No. 4, Seiten 4 - 11 (zusammen mit H.-G. Köglmayr).

The Export-Decision of Small and Medium-Sized Firms: A Review in: management international review, 1984, Vol. 24, No. 2, Seiten 49 - 60 (zusammen mit M. Leibold, H.-G. Köglmayr und S. Müller).

Public Policy towards Distribution in the Federal Republic of Germany, in: management international review, 1983, Vol. 23, No. 2, Seiten 33 - 44 (zusammen mit G. Finck).

Exportförderung trotz Exportboom? – Plädoyer für die Schaffung eines Exportpreises nach kanadischem Muster –, in: Markenartikel, 48. Jg., 1986, Seiten 530 - 532 (zusammen mit H.-G. Köglmayr und S. Müller).

Die Idee der Partnerschaft zwischen Hersteller und Handel, in: Markenartikel, 40. Jg., 1978, Seiten 255 - 258 (zusammen mit H. H. Bauer).

Der europäische Binnenmarkt – Status quo und Perspektiven, in: Marketing, 14. Jg. (1992), Seiten 211 - 226 (zusammen mit A. Dohet).

Dimensionen der Produktqualität, in: Marketing, 13. Jg., 1991, Seiten 149 - 155.

Strategische Dimensionen der Produktentwicklung im Informationszeitalter, in: Marketing, 10. Jg., 1988, Seiten 157 - 163.

Anspruchsinflation und Nivellierungstendenz als meßtechnische Probleme in der Absatzforschung, in: Marketing, 8. Jg., 1986, Seiten 233 - 236 (zusammen mit S. Müller).

Innovationsfähigkeit, Auslandsorientierung und strategisches Profil als Determinanten der Wettbewerbsfähigkeit, in: Marketing, 8. Jg., 1986, Seiten 103 - 113.

Der Einsatz des Conjoint Measurement im Rahmen der Verpackungsmarktforschung, in: Marketing, 8. Jg., 1986, Seiten 27 - 33 (zusammen mit U. Thomas).

Gesättigte Märkte, technischer Fortschritt und Beschäftigung, in: Marketing, 6. Jg., 1984, Seiten 206 - 209.

Leitlinien der Marketing-Forschung, in: Marketing, 5. Jg., 1983, Seiten 61 f.

Die Dynamisierung mehrdimensionaler Marktmodelle am Beispiel des deutschen Automobilmarktes, in: Marketing, 2. Jg., 1980, Seiten 163 - 178 (zusammen mit H. H. Bauer und R. Schobert).

Die Faktorenanalyse als Instrument der Absatzforschung, in: Marktforscher, 17.Jg., 1973, Nr. 5, Seiten 109 - 116; Nr. 6, Seiten 135 - 142.

The Foreign Orientation of Managers – A Key Variable for Export Promotion and Export Results, in: The Ritsumeikan Business Review, Vol. XXIII, No. 2, (No. 130), July 1984, Seiten 1 - 33 (zusammen mit F. Kondo, H.-G. Köglmayr und S. Müller).

Public Policy towards Small and Medium-Sized Retail Businesses in the Federal Republic of Germany, in: Rivista Internazionale di Scienze Economiche e Commerciali, Anno XXX, 1983, N. 4 - 5, Seiten 424 - 439 (zusammen mit H. Raffée und H. Wellenreuther).

The Need for More Consumer Protection, in: Rivista Internazionale di Scienze Economiche e Commerciali, Anno XXV, 1978, N. 6, Seiten 508 - 522.

Die Internationalisierung des institutionellen Handels im Spiegel der Literatur, in: Schmalenbachs Zeitschrift für betriebswirtschaftliche Forschung, 43. Jg., 1991, Seiten 1023 - 1047 (zusammen mit M. Lingenfelder und S. Müller).

Marketing auf Abwegen?, in: Schmalenbachs Zeitschrift für betriebswirtschaftliche Forschung, 35. Jg., 1983, Seiten 1066 - 1074.

Faktisches Bestellverhalten als Grundlage einer optimalen Ausstattungspolitik bei Pkw-Modellen, in: Schmalenbachs Zeitschrift für betriebswirtschaftliche Forschung, 35. Jg., 1983, Seiten 173 - 196 (zusammen mit H. Raffée, W. Beeskow und H.-G. Köglmayr).

Die Konsumentensouveränität – ein Phantom von Nationalökonomen und Marketing-Theoretikern?, in: Schmalenbachs Zeitschrift für betriebswirtschaftliche Forschung, 26. Jg., 1973, Seiten 807 - 812.

Marktnähe und Marketingkompetenz als Mittel zur Überwindung von Standortnachteilen, in: WiSt – Wirtschaftswissenschaftliches Studium, 22. Jg., 1993, Seiten 382 - 388.

Zweifel an der Nützlichkeit von Forschungsergebnissen zum Konsumentenverhalten, in: WiSt – Wirtschaftswissenschaftliches Studium, 21. Jg., 1992, Seiten 361 f.

Grundidee, Funktionen und Varianten des Markenartikels, in: WiSt – Wirtschaftswissenschaftliches Studium, 21. Jg., 1992, Seiten 270 - 274.

Marketing und Ethik, in: WiSt – Wirtschaftswissenschaftliches Studium, 20. Jg., 1991, Seiten 388 - 393.

Orientierungspunkte für die Festlegung der Fertigungstiefe, in: WiSt – Wirtschaftswissenschaftliches Studium, 20. Jg., 1991, Seiten 54 - 59.

Schritte zum Europäischen Binnenmarkt, in: WiSt – Wirtschaftswissenschaftliches Studium 18. Jg., 1989, Seiten 321 f. und 333 - 350.

Marketing als Sozialtechnik, in: WiSt – Wirtschaftswissenschaftliches Studium, 10. Jg., 1981, Seiten 249 - 255.

Investitionsgütermarketing, in: WiSt – Wirtschaftswissenschaftliches Studium, 9. Jg., 1980, Seiten 145 - 153 (zusammen mit W. H. Engelhardt).

Ein Verfahren zur Abgrenzung des „relevanten Marktes" auf der Basis von Produktperzeptionen und Präferenzurteilen, in: WiSt – Wirtschaftswissenschaftliches Studium, 6. Jg., 1977, Seiten 290 - 301 (zusammen mit K. Andritzky † und R. Schobert).

Die Wahl des optimalen Standorts von Maschinen, in: WiSt – Wirtschaftswissenschaftliches Studium, 6. Jg., 1977, Seiten 47 und 198 - 200 (zusammen mit R. Schobert).

Die Marktsegmentierung als Voraussetzung differenzierter Marktbearbeitung, in: WiSt – Wirtschaftswissenschaftliches Studium, 3. Jg., 1974, Seiten 97 - 102 und 148 f.

Die Bildung von Konsumententypen als Grundfrage der Marktsegmentierung, in: WiSt – Wirtschaftswissenschaftliches Studium, 3. Jg., 1974, Seiten 54 - 59 und 94.

Die Auslandsorientierung als Voraussetzung für Exporterfolge, in: Zeitschrift für Betriebswirtschaft, 56. Jg., 1986, Seiten 1064 - 1076 (zusammen mit H.-G. Köglmayr und S. Müller).

Die optimale Anordnung von Gütern in Vorratslägern mit Hilfe der Mehrdimensionalen Skalierung, in: ZOR – Zeitschrift für Operations Research, Band 24, März 1980, Seiten B 51 - B 64 (zusammen mit W. Beeskow).

Die Autoren

Prof. Dr. Hans H. *Bauer,* geboren 1947. 1969 - 1973 Studium der Betriebswirtschaftslehre an der Universität Erlangen-Nürnberg. 1973 - 1976 Assistententätigkeit am betriebswirtschaftlichen Institut der Universität Erlangen-Nürnberg. 1976 Wechsel an die Universität Mannheim, Fortsetzung der Assistententätigkeit bis 1981. 1979 Promotion. Mittelbaudozent an der Universität Mannheim von 1981 - 1986. Habilitation 1986 an der Universität Mannheim. 1986 Ruf an die WHU, Koblenz, dort Inhaber des Lehrstuhls für ABWL und Marketing. Von 1987 - 1993 Vorsitzender des Promotionsausschusses. Von 1991 - 1993 Pro-Rektor dieser Hochschule in privater Trägerschaft der Deutschen Wirtschaft. 1993 Ruf an die Universität Mannheim, Inhaber des Lehrstuhls für ABWL und Marketing III. Direktor des Instituts für Marketing (zus. mit Prof. Dr. Dr. h.c. E. Dichtl und Prof. Dr. H. Raffée).

Prof. Dr. Hermann *Diller,* geboren 1945, ist Inhaber des Lehrstuhls für Betriebswirtschaftslehre, insb. Marketing, an der Universität Erlangen-Nürnberg, in Nürnberg. Er studierte in München und begann dort kurzzeitig noch bei Prof. Dr. Dr. h.c. Nieschlag, anschließend in Nürnberg als Wissenschaftlicher Assistent von Prof. Dr. Dr. h.c. Dichtl seine akademische Laufbahn. Nach der Promotion 1975 zum Dr. rer. pol. wechselte er mit Prof. Dr. Dr. h.c. Dichtl an die Unversität Mannheim, wo er 1979 habilitiert wurde. Noch im selben Jahr nahm er den Ruf an die Universität der Bundeswehr in Hamburg an, wo er das dortige Institut für Marketing aufbaute. Nachdem er Rufe auf die Marketing-Lehrstühle in Hagen und Innsbruck abgelehnt hatte, folgte er jenem an die Universität Erlangen-Nürnberg, wo er seit 1990 lehrt und insb. auf den Gebieten Marketingplanung und -organisation, Preis- und Vertriebsmanagement, Beziehungsmanagement und Internationales Marketing sowie Handels-Marketing forscht und als Vorstand der GIM-Gesellschaft für Innovatives Marketing e.V. um den Wissenstransfer zwischen Wissenschaft und Praxis bemüht ist.

Prof. Dr. Heribert *Gierl,* geboren 1959. 1983 Diplom-Kaufmann, 1986 Dr. rer. pol. 1991 Habilitation im Fach Betriebswirtschaftslehre an der Universität Regensburg. 1986 bis 1989 Mitarbeiter am Lehrstuhl für Betriebswirtschaftslehre, insbesondere Marketing, an der Universität Regensburg (Prof. Dr. Dr. Franz Böcker). Vertretungen: 1989 bis 1991: Gartenbauliche Marktlehre an der TU München, 1991 bis 1992: Betriebswirtschaftslehre, insbesondere Marketing, an der Universität Regensburg, 1992: Gründungsprofessur für den Fachbereich Wirtschaftswissenschaften an der TU Freiberg. 1992 Annahme eines Rufes an die Universität Augsburg auf den Lehrstuhl für Betriebswirtschaftslehre mit dem Schwerpunkt Marketing. Prof. Dr. Dr. h.c. Erwin Dichtl betreute die Ausbildung von Prof. Dr. Dr. Franz Böcker, dieser wiederum meine eigene.

Prof. Dr. Erich *Greipl,* Jahrgang 1940. Studium der Betriebswirtschaftslehre. Berufliche Tätigkeiten: Ifo-Institut für Wirtschaftsforschung, München. Coop AG, Frankfurt, METRO-Gruppe, Düsseldorf. Lehrtätigkeit an der Universität Mannheim.

Dr. Andreas *Herrmann,* Jahrgang 1964. Studium der Betriebswirtschaftslehre an der Wissenschaftlichen Hochschule für Unternehmensführung (WHU), Koblenz (1984 - 1988). 1988 - 1991 Doktorand am Lehrstuhl für ABWL, insbesondere Marketing von Prof. Dr. Hans H. Bauer. Promotion 1991 an der WHU, Koblenz. 1991 - 1992 Aufbau des Marketing-Controlling bei der Audi AG, Ingolstadt. Seit 1992 Habilitand bei Prof. Dr. Hans H. Bauer an der WHU, Koblenz, und am Lehrstuhl für ABWL und Marketing III an der Universität Mannheim.

Prof. Dr. Hans *Hörschgen,* Jahrgang 1936, seit 1975 Inhaber des Lehrstuhls für Absatzwirtschaft und Leiter der Forschungsstelle für Angewandtes Marketing (FORAM) an der Universität Hohenheim. Forschungsschwerpunkte: Strategisches Marketing im Business- und Non-Business-Bereich, Informations- und Kommunikationsprobleme im Business- und Non-Business-Bereich und Unternehmensführung vor allem im (Groß- und Einzel-) Handel, Distributionsentscheidungen. Veröffentlichungen zu Fragestellungen des Marketing, Strategischen Managements, Handels sowie der Allgemeinen Betriebswirtschaftslehre; u.a. Autor/Mitautor von sieben Monographien insbesondere aus dem Bereich Marketing, darunter das zusammen mit Prof. Dr. Dr. h.c. R. Nieschlag und Prof. Dr. Dr. h.c. Erwin Dichtl verfaßte und 1994 in der 17. Aufl. erschienene Werk „Marketing".

Prof. Dr. Otmar *Issing,* geboren 1936. 1954 - 1960 Studium Altphilologie, Volkswirtschaftslehre an der Universität Würzburg. Studienaufenthalte in London und Paris. 1960 - 1966 Assistent am Institut für Volkswirtschaftslehre und Sozialwissenschaften der Universität Würzburg. 1962 Promotion. 1965 Habilitation. 1965 - 1967 Universitätsdozent an der Universität Würzburg. 1967 - 1973 Professor und Vorstand des Instituts für Internationale Wirtschaftsbeziehungen an der Wirtschafts- und Sozialwissenschaftlichen Fakultät der Universität Erlangen-Nürnberg. 1980 - 1983 Mitglied des Wissenschaftlichen Beirats beim Bundesministerium für Wirtschaft; 1987 - 1988 Stellvertretender Vorsitzender. 1984 - 1988 Mitglied des Senats der Universität Würzburg. 1985 - 1987 Dekan der Würzburger Fakultät. 1987 - 1990 Mitglied des Kronberger Kreises. 1988 - 1990 Mitglied des Sachverständigenrats zur Begutachtung der gesamtwirtschaftlichen Entwicklung. Seit 1.10.1990 Mitglied des Direktoriums der Deutschen Bundesbank und des Zentralbankrats. 1991 Ordentliches Mitglied der Akademie der Wissenschaften und der Literatur, Mainz. Mitglied der Academia Scientiarum et Artium Europaea.

Dr. Andreas *Kaiser,* Jahrgang 1947. Studium in München (u.a. bei Prof. Dr. Dr. h.c. R. Nieschlag), Assistentenzeit in Nürnberg und Mannheim bei Prof. Dr. Dr. h.c. E. Dichtl, Promotion 1977 (Thema der Dissertation: Die Identifikation von Marktsegmenten), Leiter des Institutes für Empirische Wirtschaftsforschung in Mannheim 1977 - 1979, Assistent des Geschäftsführers Vereinigte Motor Verlage, Stuttgart, 1979 - 1982, Verlagsleiter Motor Presse International, Stuttgart, 1982 - 1985, Vertriebsleiter C. H. Beck-Verlag, München, 1985/1986, Verlagsdirektor Fachmagazine Vogel Verlag, Würzburg, seit 1986.

Prof. Dr. Hans-Georg *Köglmayr,* geboren 1954. Studium der Betriebswirtschaftslehre an den Universitäten Heidelberg und Mannheim. Mitarbeiter am Institut für Marketing in Mannheim, danach von 1982 bis 1988 Assistent von Prof. Dr. Dr. h.c. Erwin Dichtl am Lehrstuhl für ABWL und Marketing I. 1983 Forschungsaufenthalt in Japan. 1984 Forschungsaufenthalt in Südafrika. 1988 Promotion über „Die Auslandsorientierung von Managern als strategischer Erfolgsfaktor" an der Fakultät für

BWL der Universität Mannheim. Von 1988 - 1992 Ressortleiter in der Abteilung Zentraleinkauf der Heidelberger Zement AG in Heidelberg. Seit Beginn des Wintersemesters 1992/1993 Professor an der Fachhochschule Pforzheim im Fachbereich Logistik.

Dr. Fritz *Koob,* Jahrgang 1961. Dipl.-Kfm. 1981 - 1987 Studium der Betriebswirtschaftslehre an der Universität Mannheim; Schwerpunkte: Marketing, Bankbetriebslehre, Psychologie. 1987 - 1992 Wissenschaftlicher Mitarbeiter am Lehrstuhl für Allgemeine Betriebswirtschaftslehre und Marketing I, Prof. Dr. Dr. h.c. E. Dichtl, Universität Mannheim, und Mitarbeiter am Institut für Marketing. Lehrtätigkeit an der Technischen Universität Dresden, der Berufsakademie Stuttgart und der VHS-Akademie des Landkreises Ludwigshafen/Rh. 1992 Promotion zum Dr. rer. pol. 1993 Wechsel zum Versandhaus Quelle; derzeit verantwortlich für Neukundengewinnung.

Dr. Michael *Lingenfelder,* geboren 1960 in Landau/Pfalz. Studium an den Universitäten Mannheim und Hohenheim. Promotion zum Dr. rer. pol. 1990 in Mannheim. 1985 bis 1991 Wissenschaftlicher Mitarbeiter, seit 1991 Wissenschaftlicher Assistent am Lehrstuhl für Allgemeine Betriebswirtschaftslehre und Marketing I, Universität Mannheim. Seit 1987 Mitarbeit in der Redaktion der Zeitschrift WiSt. Seit WS 1992/93 an der Universität Mannheim beurlaubt. Übernahme von Vertretungen der C4-Professuren für „Allgemeine Betriebswirtschaftslehre und Betriebswirtschaftslehre des Handels" an der Philipps-Universität Marburg und für „Allgemeine Betriebswirtschaftslehre, insbesondere Marketing und Handelsbetriebslehre" an der Friedrich Schiller-Universität Jena. Seit SS 1994 an der Philipps-Universität Marburg tätig. Voraussichtlicher Abschluß der Habilitationsschrift über „Internationalisierung im europäischen Einzelhandel" Frühjahr 1995. Besondere Forschungsinteressen: Internationalisierung, Vertriebsmanagement, Pharma-Marketing und Handelsbetriebslehre.

Dr. Erich *Merkle,* 49 Jahre. Studium an der Universität Erlangen-Nürnberg (Dipl.-Kfm. 1972), Promotion an der Universität Mannheim (1979, Prof. Dr. Dr. h.c. E. Dichtl); Mitarbeit und Leitung bei diversen Forschungsprojekten 1972 - 1975; Lehrtätigkeit an den Universitäten Erlangen-Nürnberg, Mannheim, Kaiserslautern und Kassel 1975 - 1984; Geschäftsführender Gesellschafter in mehreren Produktions- und Handelsunternehmen im Konsumgüterbereich 1984 - 1994; Unternehmensberatung mit Schwerpunkt Sanierungsmanagement seit 1993.

Prof. Dr. Stefan *Müller,* geboren 1948. Buchhändlerlehre, Studium der Psychologie, Pädagogik und Schriftpsychologie, Wissenschaftlicher Mitarbeiter in den von Prof. Dr. Dr. h.c. E. Dichtl geleiteten DFG-Forschungsprojekten „Zufriedenheit mit der Versorgung mit Waren des täglichen Bedarfs" und „Entscheidungsfindung im Exportgeschäft". 1991 Rufe an die Universität Regensburg und an die TU Dresden, seit 1.4.1992 Inhaber des Gründungslehrstuhls für Betriebswirtschaftslehre insbesondere Marketing an der TU Dresden, Mitglied der Gründungskommission und zahlreicher Berufungsausschüsse sowie Prodekan Forschung.

Prof. Dr. Günther *Müller-Heumann,* ist derzeit Professor für Marketing an der ältesten Universität Neuseelands, der University of Otago in Dunedin. Dort leitete er von 1976 bis 1990 das Department of Marketing. Er wanderte 1975 nach Neuseeland aus und war zunächst als Senior Lecturer an der Victoria University of Wellington in der Hauptstadt von Neuseeland tätig. Unmittelbar vor seiner Auswanderung arbeitete er mehrere Jahre am Lehrstuhl von Prof. Dichtl in Nürnberg. Neben seinen akademischen Aufgaben ist Prof. Müller-Heumann auch aktiv mit Unternehmensberatung und Wirtschaftsseminaren beschäftigt.

Prof. Dr. Hans-Manfred *Niedetzky,* geboren 1952. Studium der Betriebswirtschaft an der Universität Mannheim, von 1978 bis 1985 Wissenschaftlicher Mitarbeiter am SFB 24, am Institut für empirische Wirtschaftsforschung, am Institut für Marketing, Universität Mannheim, Produktmarketing-Manager in der Telekommunikationsindustrie, 1988 Promotion über „Neue Medien im Außendienst", seit Oktober 1990 Professor für Betriebswirtschaftslehre und Handelsbetriebslehre an der Fachhochschule Pforzheim.

Dr. Vladimir *Potucek,* geboren 1948 in Prag. Studium in Prag und Nürnberg. 1977 Diplom-Kaufmann an der Universität Erlangen-Nürnberg, bis 1985 Mitarbeiter bei Prof. Dr. Dr. h.c. Erwin Dichtl Lehrstuhl für ABWL und Absatzwirtschaft an der Universität Mannheim, dort auch 1988 Promotion zum Dr. rel. pol., seit 1985 tätig in einem international operierenden Großunternehmen, zuletzt als Vertriebsleiter Objekt Ausland.

Prof. Dr. Hans *Raffée,* geboren 1929. 1951 - 1955 Studium der Betriebswirtschaftslehre an der Universität Frankfurt/M. 1955 - 1961 Wissenschaftlicher Assistent an der Universität Frankfurt/M. Promotion 1960. 1961 - 1964 persönlicher Assistent von Josef Neckermann, Inhaber der Neckermann Versand KG, Frankfurt/M. 1969 Habilitation und Annahme des Rufes auf den Lehrstuhl für Allgemeine Betriebswirtschaftslehre und Marketing II an der Universität Mannheim. Forschungsschwerpunkte: Strategische Unternehmensführung, Strategisches Marketing, Internationales Marketing, Unternehmung und Gesellschaft, Wertewandel, Konsumentenverhalten, Verbraucherpolitik, Pharma-Marketing, Marketing nicht-kommerzieller Institutionen, Wissenschaftstheorie, Wirtschaftsethik. Umfangreiche Forschungsarbeiten, Publikationen und Beratungstätigkeit in den oben genannten Bereichen. Veranstaltung von Seminaren für Führungskräfte (z.B. Pharma-Marketing). Außeruniversitäre Lehrtätigkeit: Regelmäßige Veranstaltungen über Internationales Marketing in Shanghai (Zielgruppe: Chinesische Führungskräfte). Regelmäßige Marketing-Seminare für Führungskräfte in den alten und neuen Bundesländern. Mitgliedschaften (Auswahl): Verband der Hochschullehrer für Betriebswirtschaft, Deutsche Marketing-Vereinigung Düsseldorf, Werbewissenschaftliche Gesellschaft, Verwaltungsratsmitglied der Firma Pfannkuch, Karlsruhe, Verwaltungsratsmitglied der Stiftung Warentest, Berlin, Stellvertretender Aufsichtsratsvorsitzender der WOB, Viernheim, Vorstandsmitglied des Instituts für Markt, Umwelt und Gesellschaft (IMUG), Hannover, Beiratsmitglied der Firma Neu, Worms, Evangelische Akademikerschaft, Rotary Ludwigshafen.

Dr. Rudolf *Schobert,* Jahrgang 1947, Studium der Betriebswirtschaftslehre an der Universität Erlangen-Nürnberg. Promotion ebenda bei Prof. Dr. Dr. h.c. Erwin Dichtl. Assistent am Lehrstuhl von Prof. Dr. Dr. h.c. Erwin Dichtl. Beruflicher Werdegang: Geschäftsführer der Milchunion Nürnberg, Geschäftsführer der Bayerischen Milchversorgung, Marketing-Direktor und Profit-Center-Manager bei Kraft, Geschäftsführer bei Meßmer-Tee, seit 5 Jahren geschäftsführender Gesellschafter der Beratungsunternehmen Dr. Schobert & Partner und MI-Management-Information Consulting.

Dipl.-Oec. Ralf *Steinbach,* Jahrgang 1968. Studium der Wirtschaftswissenschaften an der Universität-Gesamthochschule Kassel, seit 1993 Wissenschaftlicher Assistent am Lehrstuhl für Absatzwirtschaft an der Universität Hohenheim.

Dr. Uwe *Thomas,* Studium der Betriebswirtschaftslehre an der Universität Mannheim, 1982 Diplom-Kaufmann. Anschließend 6-monatiges Praktikum im Vertriebscontrolling eines deutschen Anlagenbau-Unternehmens in Johannesburg, Südafrika. 1983 bis 1989 Wissenschaftlicher Assistent bei Prof. Dr. Dr. h.c. E. Dichtl, Institut für Marketing, Universität Mannheim. 1988 ebenda Promotion („Die Substitutionskonkurrenz als Herausforderung für das Marketing"). Träger des Herbert-Gross-Autorenpreises 1990 der Deutschen Marketing-Vereinigung e.V. Seit 1989 bei der Robert Bosch GmbH. Zunächst Abteilungsleiter Internationales Marketing Handelserzeugnisse, seit Ende 1993 Verkaufsleiter Robert Bosch (France) S.A., Paris, Bereich Kraftfahrzeug-Ausrüstung Handel. Regelmäßige Fachvorträge sowie zahlreiche Publikationen.

Prof. Dr. Bartho *Treis,* 1957 - 1961 Studium der Rechtswissenschaft in Bonn, München und Münster, Gerichtsreferendar, 1962 - 1965 Studium der Betriebswirtschaftslehre an der Universität in München, 1966 - 1974 Lehrassistent für Allgemeine Betriebswirtschaftslehre, Marketing und Handel am Lehrstuhl von Prof. Dr. Dr. h.c. R. Nieschlag – größtenteils gemeinsam mit Prof. Dr. Dr. h.c. E. Dichtl. Seit 1974 Professur an der Georg-August Universität in Göttingen, Direktor am Institut für Marketing und Handel.

Dr. Hans *Wellenreuther,* geboren 1950. 1970 Studium der Betriebswirtschaftslehre und Rechtswissenschaft an der Universität Mannheim. 1978 - 1982 Wissenschaftlicher Assistent von Prof. Dr. Dr. h.c. Erwin Dichtl am Lehrstuhl für ABWL und Marketing I. 1982 Promotion. Leitende Positition im Marketing und Vertrieb der mittelständischen Textil- und Bekleidungsindustrie. Seit 1989 zuständig für Marketing und Vertrieb in der Geschäftsleitung von RZB-Leuchten, Bamberg, einem der 10 größten Unternehmen der deutschen Leuchtenindustrie.

Dipl.-Kff. Susanne *Wolf,* Studium der Betriebswirtschaftslehre an der Georg-August Universität Göttingen, anschließend Studium an der Ecole Superieure de Commerce in Pau/Frankreich, seit 1992 Wissenschaftliche Mitarbeiterin am Lehrstuhl von Prof. Dr. Bartho Treis.